国家哲学社会科学成果文库

NATIONAL ACHIEVEMENTS LIBRARY
OF PHILOSOPHY AND SOCIAL SCIENCES

中西中古税制
比较研究

顾銮斋　著

社会科学文献出版社
SOCIAL SCIENCES ACADEMIC PRESS (CHINA)

顾銮斋　历史学博士，山东大学历史文化学院教授，博士生导师。主要从事西欧古代中世纪史、英国史、经济史、文化史、中西中古历史比较、西欧中古文明的宪政精神等研究。主编《西方宪政史》（五卷）等，在《历史研究》《世界历史》《中国史研究》《史学理论研究》等期刊和《光明日报》等报纸上发表文章多篇。主持国家社科基金"九五"项目"中西封建税制比较研究"、"十五"项目"西欧中世纪教俗经济思想与政府经济政策研究"、"十二五"重点项目"西欧中古文明的宪政精神研究"，以及"985工程"项目"西方宪政历程"、北京大学学术基金项目"古希腊经济思想"等。

《国家哲学社会科学成果文库》
出版说明

为充分发挥哲学社会科学研究优秀成果和优秀人才的示范带动作用，促进我国哲学社会科学繁荣发展，全国哲学社会科学规划领导小组决定自2010年始，设立《国家哲学社会科学成果文库》，每年评审一次。入选成果经过了同行专家严格评审，代表当前相关领域学术研究的前沿水平，体现我国哲学社会科学界的学术创造力，按照"统一标识、统一封面、统一版式、统一标准"的总体要求组织出版。

全国哲学社会科学规划办公室
2011 年 3 月

摘　　要

本书以比较方法研究中西中古赋税问题，分为总论、分论两部分，总论探讨赋税理论；分论探讨赋税制度。赋税理论是赋税征收、支出和管理的基本依据，包括两个层次，一是深层理论，是指经过累世传承而贯穿整个中古社会、反映这个社会赋税制度基本特征和基本精神的那个层次的理论；二是表层理论，是指由赋税基本理论派生出来的一些具有一定技术性的具体理论。本书将深层理论称为赋税基本理论，将表层理论称为赋税专项理论。笔者提出赋税基本理论的概念，意在建立一种适于中西中古社会赋税制度的解释方法，以揭示中西中古税制运行的内在理路，探讨赋税基本理论对赋税制度及其运行、演变的制约力量，分析中西中古赋税发展演变的历史。论述过程中强调赋税基本理论与赋税基本问题以及这些问题之间的逻辑关系，力求将各部分结合为一个有机的整体。

中国中古赋税基本理论包括两部分，即宗法君主论、家天下和"王土王臣"说。西方中古赋税基本理论则包括三部分，即共同利益、共同需要和共同同意。赋税基本理论有其形成的内在理路。在中国古代文化模式中，这一理路由家长制起始，经君主制至君主专制，而宗法制则是形成这一理路所必经的桥梁。与中国传统文化不同，西方传统文化是古典文化、基督教文化和日耳曼文化交融混一的产物，这种文化孕育、诞生了协商、同意的社会习俗或制度。在赋税基本理论的制约下，中西中古社会形成了不同的赋税制度，走出了不同的演变路线。

在赋税基本理论概念的基础上，笔者进而提出了税权的概念。税权是关于制税、用税和审计等几方面权力归属的综合，是赋税基本理论的必然反映。在中国中古社会，税权集于中央，归于皇帝，表现为官府组织制税、用税和审计诸活动。西欧中古社会提出了税权归属的问题，在这里，税权大体归属某一权力集体。随着中古社会的发展，中国皇帝对税权的控制日趋强固；西方则转归议会执掌。中古晚期，专制制度空前强化，明清两朝进行了以简化税则、强化防弊为主要内容的税制的细部加工和整体完善，最终使税权高度集中于皇帝之手。西方各国情况不尽相同，但总体来说，王权的加强并未引起议君主制的根本性变化，税权仍由议会执掌。即使在王权控制了税权的国家，国王对税权的行使也仍然受到地方权力集体的制约。

在尽量占有原始资料和掌握个案研究的基础上，笔者主要提出和探讨了以下问题：赋税基本理论的概念，中西中古赋税基本理论的异同，税权的归属与行使，赋税的征收、支出与管理，主税项的演变和转换，税收组织，赋税结构，特色税项与税法，商税和关税的质量及其与资本主义萌芽的关系，中西中古赋税史的演化路线，等等。在对这些问题的论述中，可以为以下问题找到答案：同为传统农业社会，为什么中西中古社会形成了迥然不同的经济政策体系；应当怎样认识中古农业国家必然以农业税作为政府财政基础的传统结论；这一结论是否具有普遍意义。另外，这些问题都属于赋税制度的基本问题，对它们的探讨可以推进或深化中西中古税制的比较研究。

Abstract

This book, composed of the general discussion and the separate discussion, is meant to study issues of taxation between China and Western Europe in the Middle Ages in a comparative way. The general discussion explores the basic theories of taxation, while the separate discussion focuses on the tax systems. As the basis of tax collection, expenditure and management, the tax theories consist of two layers. One is the deep-layered theories inherited from centuries and threaded through the whole Middle Ages, which represent the basic features and spirit of the tax system of the society; the other is the superficial-layered theories, referring to the specific theories derived from the basic theories of taxation. This book refers the deep-layered theories as the basic theories of taxation, while the superficial-layered theories as the specific theories. By proposing the basic theories of taxation, I intend to use a new interpreting means applicable both in China and in the west to throw light on the inner track of medieval taxations between China and Western Europe, explore the controlling force of the basic theories of taxation on the practice and evolution of tax systems, and analyze the history of the development and evolution of taxations of China and Western Europe in the Middle Ages. In the process of the discussion, I strive to emphasize the logical relations between the basic theories of taxation, the basic problems of taxation, and the interrelationships among the basic problems so as to make each part into an organic whole.

Chinese basic theories of taxation include two parts, that is, Patriarchy and Monarchy Theories and Doctrines of Family-Governed Monarchic Country and "Monarch's Land and Subjects". The basic theories of taxation in the Middle Ages in Western Europe consist of three parts: common interest, common necessity and common consent. The formation of the basic theories of taxation has its own inner track. In Chinese ancient cultural mode, it started from patriarchal system, and then developed into monarchy and absolute monarchy system. Patriarchal system played an important role in the formation of the basic theories of taxation. Contrary to Chinese traditional culture, western tradition was the mixture of Classic Culture, Christian Culture and Germanic Culture, which bred and gave birth to the social customs and the system of common negotiation and consent. Under the restrictions of the different basic theories of taxation, different tax systems were generated in China and Western Europe and thus had different tracks of development.

On the basis of the concept of the basic theories of taxation, I further propose the concept of tax right. Tax right is the synthesis of the ownership of the right of setting tax, the right of tax usage and the audit right, which is the inevitable reflection of the basic theories of taxation. In China, tax right rested with centralized government and belonged to the emperor. The central government organized the activities, such as tax collection, tax usage and tax audit. The concept of tax right was raised in Western Europe in the Middle Ages. Tax right by and large belonged to a certain authoritative group. With the development of the Chinese society in the Middle Ages, Chinese emperors had been increasingly strengthening their control of the tax right, while in Western Europe parliaments began to hold the tax right. In the later medieval history, with the unprecedented consolidation of autocratic monarchy system, Ming and Qing dynasties made improvements in minor aspects of taxation system and perfected the system as a whole by simplifying the taxes and strengthening auditing, thus eventually made the tax right centralized into the control of the emperors. Tax right varied in different countries in Western Europe, but on balance, the strengthening of kingship did not result in the fundamental changes to parliamentary monarchy and the tax right was still in the hands of Parliaments. Even in the countries where the king could control the tax right, the king was still constrained by some local authoritative groups when exercising the tax right.

After reading a variety of original historical sources and studying a great many case studies within my reach, I proposed and explored a series of problems, such as the concept of the basic theories of taxation, differences and similarities of the basic theories of taxation in the Middle Ages between China and Western Europe, the ownership and exercise of the tax right, the collection, expenditure and management of tax, the evolution and change of main tax items, tax organizations, tax structure, special tax items and tax laws, the quality of commodity tax and tariff and their relationship with the seeds of capitalism and the evolution of the history of taxation in China and Western Europe in the Middle Ages. Through the discussion of these problems, we hope to find the answers to the following questions: why did they have quite different economic policy systems in China and Western Europe though they both developed from the traditional agricultural society? How to understand the traditional conclusion that agricultural countries in the Middle Ages would inevitably make the agricultural tax as the basis of the government revenue? Does the conclusion achieve the universal meaning? In addition, all these questions are part of the basic questions in taxation system, so the discussion and exploration of these questions will further and deepen the comparative study of taxation systems between China and Western Europe in the Middle Ages.

序　一

顾銮斋的《中西中古税制比较研究》即将出版，我有义务为他写几句话，表示推荐和祝贺。

第一，赋税研究虽然不少，但把中国和西欧结合起来做比较研究还不多，因为这样难度相当大。但顾銮斋还是不畏险阻，砥砺前行，经近 20 年之努力，做出了可喜的成绩。不惟如此，顾銮斋的税制比较研究，更上升到理论的层面，根据中国和西欧的税收制度实际，创建了完整的税收理论体系，这就是一个巨大的创新了。这种发前人之所未发的工作，需要相当的理论勇气和实事求是、综合分析的逻辑力量，应予以充分的肯定。

第二，顾銮斋的税收制度理论，按我的了解，是一个相当宏大的理论，它分为基本理论和专项理论两种，赋税基本理论在西欧古代比较明显，表现为"共同利益""共同需要""共同同意"等，而古代中国缺乏这样明确的理论，作者将其概括为宗法君主论、家天下和"王土王臣说"；专项理论中西方也不相同，中国正税的征收，多采"量入制出"，而正税之外的征收则采"量出制入"；西方则"量出制入"还主要限于实践领域，没有文字的概括，所以表现为赋税基本理论和专项理论二位一体。顾认为，中国历史上很早就建立了专制主义的中央集权帝国，而且是家天下，天下之人、天下之财，都是属于天子的，也就是"溥天之下，莫非王土；率土之滨，莫非王臣"。这种基本理论就暗含着天子可以随意征税的信息，而且纳税人也认为事情本该如此；西方的"共同利益"是指王国内居于社会上层的各群体、各个体利益的一致性。共同利益是国王征税的工具，也是国民抗税的武器，如果所征的税不能证明是为王国的共同利益，就要受到反对。共同利益还必须成为共同需要，才可以征税。而共同需要一般就是如战争等紧急状态，使征税成为不得不进行的理由。有了共同需要，还须"共同同意"，即王国内社会上层群体一致同意，方才可以征税，这在西方赋税基本理论中处于最高地位，具有决定性意义。即征税必须取得臣民同意。所以如此，是因为文化传统就不相同，中国从尧、舜、禹的禅位传说开始，就显示出历史的专断性质，以后历经夏、商、周以至秦汉帝国，更建立了宗法君主制、家天下、王土王臣说，这既是立国行政的基本理论，也是历代王朝聚敛课征的赋税基本理论，这种基本理论导致君主对赋税征收的随意性，缺乏监督制衡机制，缺乏法律约束。而西欧文化由古典文化、日耳曼文化、基督教文化三种文化组成，三种文化都富含民主精神，协商、同意的原则在政治、经济、法律、军事、宗教等领域无不存在，到13世纪，就由法学家、神学家、思想家们提炼和概括而成共同利益、共同需要、共同同意的基本理论。

第三，顾銮斋本书，更对古代中西赋税体系，根据比较详尽的史料，进行了讨论和辨析，其中不乏亮点：他对赋税制度如何制定，如何征税，主要内容等都进行了分析。指出中国是赋税财政大权由国君独揽。包括赋税建制，赋税征免，税项立废，税额增减等，无不由君主决定。他还对中国古代赋税发展的过程进行了实际的说明，指出中国的税制有变化而无变革，即只有量的变化而无实质上的变革。西欧则是征税要经过协商和议决的过程，国君要征税，需要取得纳税人的同意，所以首先就得协商，协商形成一定组织，产生了贵族会议，以后更发展成为国会和三级会议等，进而产生了英国的议会，取得了制税权，总观西欧，中世纪是税制形成的关键时期，如纳税人、议会、分权、制衡、协商式税制等，都是中世纪形成的。

顾銮斋具体分析了中西税收项目历史上的发展变化，中国的赋税史大致可分为三个阶段，第一阶段春秋战国至南北朝，这时人头税占据税收总额的绝大部分；第二阶段从隋唐租庸调制到明末一条鞭法的颁行，这时大量削减人头税，加大土地税征收；第三阶段从明末一条鞭法的推广到清代摊丁入亩的实施，最终确立了土地税独大的地位。在这些转换的过程中，有关官吏也进行深入的讨论、争论，最后经皇帝决定，颁布施行。除了人头税、土地税外，中国历史上工商税也占有相当的比重。因为中国古代工商业不断发展，到了宋代，一度工商税在整个税收中超过 50%，反映了工商业的发达。但由于中国古代王朝都实行重本抑末、重农抑商政策，妨碍了工商业的发展，所以工商税不能成为主要税目。西方，以英国为例，本来是以土地税为主的，后来又开征人头税，这些都遇到困难，而随着工商业的发展，英国的主要税收就转变成了工商税。顾还从所有制方面分析了中西赋税不同的原因和影响。本来中国和西欧古代都存在土地国有制的法律形态，所以当时存在的土地私有制都是一种低度私有，税地应该是当时的正常形态，可是中国是"溥天之下，莫非王土；率土之滨，莫非王臣"，所以税地与税人具有可能性和必然性。而西欧因为动产税与工商税成为税收的主体，这种收入在人民心目中作为私有财产的观念清晰而牢固，所以影响了赋税理论的制定与实行。

本书还对中西赋税的管理、审计、收支进行了比较研究。中国采取国家财政和帝室财政分开管理的办法，机构完备，门类齐全，分工细密。把国家财政和帝室财政分开管理，可以保证国家有需要的用度，而且也可以限制帝室财政对国家财政的侵占。历史上时常发生帝室费用不足因而侵占国家财政经费的事，当然如果国家财用不足而情况又十分紧急，也会把帝室经费拨付国库使用。中国的财政审计制度分为两条线索，一条是由行政组织行使审计权力，一条是由监察机关行使审计权力。审计制度最终形成了独立而单一的组织，技术进步，权力集中，审计方法严密有效，保证了皇帝对财政的控制。西欧也存在着国王审计和议会审计两种办法，但不像中国那样完善。关于赋税的征收和开支方面，本书也对中国和西欧分门别类地做了介绍，其特点是中国的收支大体都由皇帝专断，西方则协商的内容比较多。

本书也有一些可补充之处，如历史上无论中国和西方，都存在着岁用不足的问题，而且越来越严重。为什么会有这种现象？是因为统治者穷奢极欲、诛求无厌，还是因为军事开支不断增加？各国又采取了哪些办法解决这一问题？这就涉及整个国家组织、社会结构的内在因素了，希望作者在以后的著作中关注、研究这一问题，求得解决。

总之，本书是一本经过仔细研究、精心构建而形成的著作，在我国的赋税史研究上可以说开创了新局面，取得了不小的成绩。当然，新思想、新理论，是需要经过读者、同行的审视和考验的，你的理论是否正确，你的史料是否充分，是否准确，留待大家研究。希望通过时间的考验，使这一著作更为完善，使我国的赋税研究更有进步，则幸甚。

北京大学　历史学系　马克垚

2015 年 10 月

序　二

顷闻顾銮斋教授的书稿《中西中古税制比较研究》（以下简称《比较》）即将面世，甚感欣慰，值此出版之际，略缀数语，以表祝贺！

顾銮斋 2002～2005 年跟我读博士学位，博士论文题目即是《中西中古税制比较》。毕业时，马克垚先生专程来津主持了他的博士论文答辩会，答辩委员会对该论文给予了较高的评价。在其后进行的教育部优秀博士论文评选中，该文获 2008 年全国百篇优秀博士论文提名奖，表明该成果在学界更大范围内受到肯定。《比较》的中外史料都相当扎实与详备，不过受到特别嘉许主要原因还是其宽阔的学术视野，理性的适中议论，以及较为周延的逻辑分析。这是一篇趋于成熟的学术作品，适当加工扩充即可出版似是水到渠成之事，谁想该书稿竟沉寂了 10 年！其间我曾几次问起，銮斋总是以不断有事情中途插进来为由，当然也有他自己没有抓紧时间的自我批评。此次接到即将付梓的书稿，再次通读，感到对他有些误解了，这 10 年不是搁置，而是在不断拓展，内容和分析都大大地深化了。因此，这是沉淀的十年，也是不断丰富与完善的十年，是在原有基础上的再研究。其间顾銮斋发表的一系列相关的专题论文在新书稿中都有体现。该作品是否称得上精品，尚需读者们评论，还需经受时间的检验，但是作者"十年磨一剑"的学术精神应当给予充分肯定。作者 1997 年就以此课题立项，因此其探索的进程何止 10 年呢？

一个政府的税收制度的信息含量是相当丰富的，也是至关重要的，税收制度是政府的核心制度之一。税收由谁决定，向谁征收，收取多少，是经济问题，也是政治问题；是权利与义务问题，也是公权力与私权利的界定问题。从后者的意义上讲，税制史也是政府形态的演变史。关于西欧中世纪税制史研究，国内著述不多，而将中国中古社会与西欧中世纪的税收制度进行比较的著述则更为少见，因此说，本书的选题具有一定的尝试性，或者说有一定的开拓性。历史比较研究的有效性一向被国际史学界所公认，然而实践起来却委实不易。中古时代，中西文明没有经常性的往来与沟通，概念、话语各不相同，梳理不同语境下的税收制度并做出比较分析肯定是花费气力的事情。以往的税制史研究，特别是关于中国赋税制度史研究，除了赋税通史，几乎每个断代都有著述出版，有的断代甚至有多种著述。但这些著述主要是稽考、探讨或描述税制、税法、税项、税率等发展变化以及相互之间的关系等问题，多注重资料的检索积累，少从理论上探讨赋税制度及其演变。即或在欧美史学界，从理论上探讨赋税制度的著述也不多见。作者的中西税制比较，重视税制本身，但不是就税制论税制，而是站在中西文明的高度，首先探讨中国和西欧税制的依据是什么，他们根据什么理念和原则动员和督查税收并形成持久的制度，即何谓中国和西欧中古赋税基本理论。这就意味着《比较》与以往的同类著述相比具有一定的理论高度。

赋税基本理论也就是政府税收和税收制度的指导思想。作者将中国中古的赋税理论归纳为宗法君主论、家天下和"王土王臣说"（"溥天之下，莫非王土；率土之滨，莫非王臣"名句的简称）；将西欧赋税基本理论归纳为共同利益、共同需要和共同同意说。这里所谓的"共同"并不是全民共同，而是严格限定在一定范围内——在西欧中世纪很长时间内限定在贵族范围内，以后又扩大到第三等级。赋税基本理论看起来是抽象的，实际上又是相当具体的，它使中西税制史的考察有了一条基本线索，从而使二者比较有了着力点。不论初始的、影响极其深远的税制理论使得哪一方受益，该理论中所包涵的观念元素在各自的文明圈内都是主流观念，都属一定的社会共识。当然，赋税基本理论不是僵化不变的，它们都是不同的特定历史条件下的产物，它们的作用和影响也将取决于特定的历史条件及其变化，包括社会力量对比的变化。不过，应当指出，作者关于税制理论来源以及发展过程的分析是有一定说服力的。欧洲文明框架下的税制理论，如同欧洲文明一样，受到日耳曼人村社传统、希腊罗马古典文明和基督教的影响；中国秦汉以后确定的赋税制度，则受到先秦社会乃至初民社会的深刻影响。作者主治西欧史，然而对中国上古史的分析和资料使用，也相当细致，从《诗》到《尚书》，娓娓道来，夹叙夹议，少有粗糙之感，难能可贵。作者以赋税基本理论统领赋税史的基本内容，以揭示中西中古税制运行的内在理路和发展演变的轨迹，给人以比较清新的面貌。接下来，他以赋税基本理论串联赋税史的基本内容，分析赋税史的基本问题如主税项走势、税权归属、税收组织、赋税结构、税款征收和支出等，论述过程中强调赋税基本理论与这些问题以及这些问题之间的逻辑关系，这就形成了一个比较严谨的逻辑体系，读来感到具有一定的整合性，也容易让人发现问题。

例如，只有在比较的视野中，才能够提出税权这样的概念并洞悉中西的异同。同是中古社会，税权在西欧很早就作为一个问题提出来，为此，不同时期的贵族及其他权力共同体与王权不懈地较量。纳税人同国王争夺税权的斗争几乎贯穿整个中世纪。然而，这个命题在中国历史上却呈现了完全不同的景观。谴责官府重税，甚至因此"为民请命"的朝廷命官代不乏人，因无法忍受重负铤而走险的农民起义更史不绝书，但从来没有人把征税看作一种权利作为一个问题提出来，也少有人将争取这种权利或完全取得这种权利作为斗争目标。这就揭示了欧洲历史和文化与中国历史和文化之间的重大差异。在中国，税权问题虽没有提出来，但作为客观事实无疑是存在的。很明显，与赋税基本理论一致，税权自然集于朝廷并归于皇帝，表现为官府组织制税、用税和审计诸活动。随着中古社会的发展，中国皇帝对税权的控制也就更加强固；到中古末期，税权更高度集中于皇帝之手。如同作者指出的那样，中国的家天下和"王土王臣"说理论时时处处作用于臣民的纳税心理和行为，深刻影响着政府的财政活动，虽然这种影响或作用往往是隐蔽的、潜在的，因而是难以察觉的。如作者云"在征税过程中，朝廷或税吏无须向纳税人说明征税理由，而纳税人也不去质疑他们的行为，反而认为事情本该如此"。

欧洲的税权，在理论上似乎并不是一个不辩自明的问题，在实践上更是充满了曲折与斗争，直接的原因是统治者和被统治者即国王与臣民，哪一方都不足以强大到完全无视对方的存在。强者不强，弱者不弱，国王尤其不能无视与其地位相当的贵族。国王，昔日野蛮人的军事领袖，中古时代不过是贵族中的第一人而已。国王与臣属之间有一种相互忠诚的义务，除尊敬以外，国王不比臣属得到的更多。至于乡村大地上的普通村民，国王不能随意干涉；事实上，国王只有对自己直属领地的佃农享有赋税权，其他贵族治下的领地各自行使司法权和租税征收权。教会领地实行教会法，国王更是无从置喙，尽管教会地产在西欧占据可观的比例。在精神层面上，国王也不能睥睨一切，身为基督徒的国王没有谁不认为自己在上帝之下，因而对教会贵族自然要有几分尊重。显然在那样特定的历史条件下，不论哪一位西欧国王都不能发出秦始皇式的豪言："六合之内，皇帝之土，人迹所至，无不臣者。"在欧洲，税权归属长期是个有争议的话题，意见权重依各方力量的平衡而安排。总的看来国王或皇帝一人说了不算，而是某一权力集体协商决定，后者代表了纳税人的意见，这就是"同意"原则的实施。中古中期由于欧洲等级君主制的形成税权转归议会。中古末期，随资产阶级兴起和民族国家形成王权不断加强，却并未引起税权的实质性改变，恰好相反，相对王权而言，议会话语权越来越有分量以致最终确立了至高无上的地位。经过一系列演变进程，这场斗争以税权明确归属议会而告终。

有权利，才有维护权利的抗争，"谈判"与"妥协"才有可能成为解决社会冲突和社会矛盾的选项。在欧洲，英格兰"自由大宪章"的斗争模式在以后不同历史时期、不同地方不断出现，反复出现，不是偶然的。西欧中世纪有兵戎相见的暴力，也有议会的法庭的斗争和谈判，议会就是在长期的权利博弈中产生并最终执掌税权的。有权利，有权利主体，才有权利主体的对抗和交锋，正是这样的权利博弈产生了税权和赋税理论等话语，锤炼了双方共同遵循的理念和规则，以及使其得以实现的法律程序。这也是欧洲赋税理论话语更加清晰和明确，实践层面的法律步骤更加确定的历史背景。这些，都是《比较》的重要看点。

如上所述，《比较》的创新意义和学术价值是显而易见的，但读后也有令人遗憾之处。例如，西欧的赋税体制应当与欧洲封建制的分析结合起来，亦如中国的应与皇权－郡县制、户籍制分析结合起来一样，从而给读者以更清晰的社会背景框架；文稿没有系统地涉及中西农民土地地租的征缴，后者不仅是中西赋税比较，还是中西社会比较的焦点问题之一；有的概念似也需进一步推敲和规范，余不一一。不过，坚冰已经打破，方向已经找准，《比较》可以再出发，我们有理由期待作者更精彩、更系统的著述！

侯建新

2016 年元月 18 日

于天津师大欧洲文明研究院

目　　录

总论　基本理论

分论　赋税制度

Contents

The General Discussion   The Basic Theories of Taxation

The Seperate Discussion   Tax Systems

前　言
比较研究的魅力与难度

一　比较研究的魅力

近年不时做一点比较经济史研究，偶尔也思考比较史学的一般理论，但往往浅尝辄止，且纷乱芜杂，不成系统。在此，借本书出版之机，对相关问题作一扼要梳理，同时谈谈使用比较方法的体验与感受以及本书比较的适度和范围。

在众多的研究方法中，比较研究自具魅力，深受学者青睐。究其原因，首先在于它具有得天独厚的发现问题和提出问题的条件。所谓"问题意识"，通常指一个人具有发现并提出问题的能力，是科学研究中反应敏捷、思维活跃的表现。而提出问题，是科学研究的首要环节。研究过程的其他环节如提纲的拟定、材料的组织、研究步骤的设计等，都必须建立在这一环节的基础上。没有问题的提出也就没有科学研究的发生。如果将比较研究人格化，即可以认为这种方法在众多的方法中具有突出的、强烈的"问题意识"，这无疑为科学研究的进行提供了极大的便利。

历史研究中的比较方法或比较史学包括纵向和横向两种比较。纵向比较是历史研究中随处可见的现象，你顺手抓来一篇文章，无须细读，就可以发现比较的印迹。横向比较虽非那样泛化，但也十分习见，而且源远流长，论及它的历史，刘家和先生认为它几乎与史学的历史同样古老。比如，早在希腊古典时代，被尊奉为"历史学之父"的希罗多德就已经使用横向比较方法了。[①] 比较研究又有两种表现形式：一是显性比较，是指将比较的对象都

---

① 刘家和：《经学、史学与思想》，北京师范大学出版社 2013 年版，第 1 页。

诉诸文字；二是隐性比较，指将某一或某些比较对象予以隐含或隐藏，因而仅仅将比较的一方用于表述。但实际上，在作者思考的天幕上，这些对象未曾一刻淡出或隐去。这正如著名史学家马克垚先生常说的一句话：你的行文中可以不出现比较，但实际上进行了比较。他力倡世界史学者要"以中国史的眼光研究世界史"。依笔者理解，"以中国史的眼光"即指著述中不涉及中国史的内容，思考时却不能不以中国史作为参照对象。这样一纵一横，一显一隐，便将历史研究的大量事项囊括进去。所以有些著述看似没有比较，实则进行了比较。而这些著述所解决的问题很可能都是通过比较提出来的。由此可见，比较史学对于问题的提出具有强烈的意识和高度的自觉，在历史研究中具有广泛意义。

但只有在比较研究成为应用主体的时候，"问题意识"才可以成为历史研究的得力工具，它的功用才能得到淋漓尽致的表现和发挥。美国著名史学家巴林顿·摩尔曾说："比较研究有助于人们提出很有价值的，有时是意义全新的问题。"[1] 而离开比较方法，这些问题就无从提出。比较方法的魅力激发了历代学者的浓厚兴趣，以至于社会科学、人文学科的学者都竞相使用比较方法阐发自己的思想，建构自己的体系。

西方先哲视野高远，素重比较。从古典时代经文艺复兴、启蒙运动，直到今天，比较史学在西方学术史上形成了一道亮丽的风景，成就了一代代名垂青史的学术巨匠，诞生了一部部彪炳千古的史学巨著。这些学术巨匠以自己的才华与勤奋展现了比较史学的风采和魅力，也依靠比较史学深厚的资源成就了自身。孟德斯鸠考察了欧亚大陆的地理环境、民族性格、历史文化与政治法律等方面的异同，提出了政法精神这一重大问题，建立了比较政法理论；黑格尔分析了东方世界、希腊世界、罗马世界、日耳曼世界之间的异同，提出了人类自由精神的行程问题，展演了这一精神起始、发展的旅程，构筑了博大精深的历史哲学体系。无论是孟德斯鸠还是黑格尔，都是通过比较提出问题。如果将眼光仅仅局限于欧洲或本国历史，他们就不能提出这样的问题，从而不能了解这些民族国家历史文化的差异，也就不能著成这样气势磅礴的鸿篇巨制。如果说《论法的精神》与《历史哲学》的重点在于求

---

① 〔美〕巴林顿·摩尔：《民主和专制的社会起源》，拓夫等译，华夏出版社 1987 年版，前言第 3 页。

异，那么，《西方的没落》与《历史研究》的主旨则在于求同。同属思辨历史哲学范畴，同以世界历史舞台作为观照对象，斯宾格勒和汤因比则通过比较提出了文化形态的兴亡问题。他们都在比较中发现，文明如人的生命，都具有诞生、发育、少年、青年、壮年、老年以至衰亡的共同特征。正是这一共同特征，使他们描绘了世界历史不同地区不同文明花开花落的巨幅画卷，建立了比较文化形态史学。你可以驳难孟德斯鸠等人的观点，可以批判他们的民族立场，但你无法否定他们研究方法的优长，无视这些著述的思想价值与科学意义。

在中国学术史上，类似的著述则比较少见，《中国官僚政治研究》（又名《中国官僚政治之经济的历史的解析》)[1] 可算其中的凤毛麟角。1943年，李约瑟在粤北坪石的旅馆向王亚南先生提出了中国官僚政治问题。显然，这一问题是在比较视野中提出来的。李约瑟是英国学者，对英国的政治制度和历史文化自有深入的认识。他的研究方向又是中国科学技术史，对中国的历史文化也有一定的了解。正是基于这样一种知识和文化背景，他对中国官僚政治的种种现象表现出了浓厚的兴趣，提出了上面的问题。王亚南回忆当时的情景时说，他"实在被这个平素未大留意的问题窘住了"[2]。揣摩作者的心理可知，作者固然由于问题提得突然、尖锐，难以回答而感到尴尬，更由于作为一个中国人，却不能回答外国人提出的中国历史抑或现实的问题，因而感到窘迫。同时，我们也不能排除作者还有"惊喜"的成分，因为问题的深刻和新颖着实超出了作者的意料。而无论是尴尬还是惊喜，无疑都是比较引出的结果。须知，当时的中国正处在国民党官僚政治的控制之下，由于置身其中而远不能识其全貌，没有人能够提出这样的问题。所以，不仅王亚南感到问题新颖，称之为"新鲜的大题目"，理论界亦深有同感。接下来的因果关系便更清楚：如果没有李约瑟的问题，也许就没有王亚南这一著作的问世；没有李约瑟问题的新颖和深刻，也就没有这一著作的思想意义和学术价值。正是由于李约瑟是在比较背景下提出了这一问题，王亚南也以比较方法而且是以显性比较完成了他的研究。从这个意义上说，《中国官

①　王亚南：《中国官僚政治研究》，中国社会科学出版社 1993 年版。
②　王亚南：《中国官僚政治研究》，自序第 14 页。

僚政治研究》应该是王亚南和李约瑟合作的结晶，虽然李约瑟并未参与具
体研究而仅仅是提出了问题。由此可见比较史学"问题意识"的敏锐与强
烈。

　　我们强调比较史学的"问题意识"，并无意于否定采用其他方法的史学
研究也具有"问题意识"。但可以肯定，有些问题只能在一定参照系中才能
产生，或者说只能通过比较方法才能提出。中国封建社会的长期延续及其原
因是 20 世纪中国学术研究中为数不多的重大课题之一。关于这一课题的大
讨论，已经耗费了几代学人的心血，讨论过程中所形成的那种如火如荼、波
澜壮阔的景观至今令人难以忘怀。这个课题即是在比较的视野中提出来的。
试想，如果问题的提出者对西方历史一无所知，他何以知晓中国封建社会长
期延续？身在庐山中，如何识得庐山真面目？正是有了对西方历史的一定了
解，他才发现中国封建社会延续的时间的确太长了。同为封建社会，为什么
中国长而西欧短，而且表现如此迥异？显然，对于那些足不出户、身陷古
籍、皓首穷经的传统学人，这一问题是无论如何都提不出来的。当然，问题
的理论前提——五种生产方式的理论体系正在经受着挑战和考验，但这不妨
碍我们对主题的论证。而且从本质上讲，一些已经成为当代显学的重大课题
的研究，诸如关于中西中古城市比较、社会结构比较、经济结构比较、经济
形态比较、社会转型比较、传统文化比较甚至现代化比较等，追根溯源都与
这一问题的提出密切相关。不可否认，这场大讨论所依据的历史本体由此得
到了既深且广的拓展，大大推进了人们的认识。

　　亚细亚生产方式问题曾长期影响国内外学术研究和世界历史进程。这
个问题从 1859 年马克思在《政治经济学批判》序言中最早提出，至今已
经走过了一百多年的历程。其间，包括问题的提出、共产国际政治活动家
的讨论、苏联学者的研究、斯大林《辩证唯物主义和历史唯物主义》的发
表，以及中国学术界关于中国社会史性质的大争论等，无不是在比较研究
中或以比较研究为背景或借助比较方法进行的。第二次世界大战后，随着
马克思更多著作特别是他的手稿《资本主义生产以前的各种形态》在世界
各国的广泛流传，关于这一问题的争论又复展开，欧洲、中国学者的争论
甚至高潮迭起，这些现象的出现与亚洲、非洲、拉丁美洲及大洋洲各国历
史研究的日趋深入密切相关。问题的学术价值、理论意义特别是深切的现

实关怀，大大推动了国内外学术界和理论界对世界各国历史发展的多样性和统一性的研究，极大地丰富了人们对世界各国历史的了解和对彼此之间相似性和差异性的认识。

东方专制主义问题的研究同样倾注了数代学人的心血。如果培尔、孟德斯鸠、爱尔维修、布朗热等西方学者对东方历史一无所知，且未将东西方历史置于同一参照系中，他们又焉能提出这样的问题？而中国学者对这一问题的质疑和批判很大程度上也是在比较的视野中进行的。类似的例子还可以举出许多，离开比较，这些问题的提出都是不可思议的。

当比较史学发展到一定阶段，对封建社会的比较研究就开始起步了。伏尔泰较早注意了封建主义的类型问题，他说"封建主义不是一个事件；它是一种有着不同运动形式的古老的社会形态，存在于我们所在半球的四分之三的地区。"① 1939—1940 年，马克·布洛赫的法文版《封建社会》出版。该书的第二卷在谈及"作为一种类型的封建主义"时，再次提出了封建主义的种类问题。从他的论述中可知，关于封建主义的分类，已经引起当时西方学术界的普遍关注，布洛赫提到了埃及、希腊、中国、日本的封建主义，并认为这些或更多的形态已经是学术界熟知的概念。② 布洛赫以有限的篇幅比较了欧洲与日本封建主义的异同，认为日本的武士制、委身制、领地制是另一种封建主义的表现。《封建社会》出版不久，美国学者柯尔本又编辑出版了《历史上的封建主义》③ 一书，他将封建主义视为一种统治方式，认为它的核心内容即封君封臣制。这样，从伏尔泰到柯尔本，欧美关于封建主义的认识基本上形成了自己的传统，这就是将封建主义视为一种法律制度和政治制度。布洛赫的《封建社会》虽然涉及了庄园、农民等内容，关于封建主义的理解仍然大体遵循了西方的传统认识。而无论怎样看待西方学术语境中的封建主义，都不能否认它是历史比较的结果。这种比较以其丰富的信息含量大大拓展了我们的视野，产生了深远的影响。

的确，比较研究具有提出问题的天然便利，或者不如说比较过程就是提出问题本身。当你将两个或两个以上的对象置于同一参照系中，无论观察的

---

① 〔法〕马克·布洛赫：《封建社会》，商务印书馆 2004 年版，第 697 页。
② 〔法〕马克·布洛赫：《封建社会》，第 697 页。
③ R. Coulborn, ed. *Feudalism in History*, Princeton：Princeton University Press, 1956.

结果是同还是异，你都已经发现了问题。你可以探究同者何以为同，异者何以为异。而这些问题，也还只有初级或浅层的特征。随着研究的逐步深入，你会进而发现和提出高级或深层的问题。如此由浅入深、由近及远，随着问题的逐步解决，你的观点的论证和体系的建构便水到渠成，而你的比较研究的学术价值和思想意义也就蕴含其中了。

"他山之石，可以攻玉"。如果你感到难以提出问题或没有理想的选题，则不妨将视域放长放宽些，如黄仁宇先生所言"放宽历史的视界"①，在可比原则的前提下，将另外的对象纳入考察范围，或将两个或两个以上的对象置于同一参照系中。这样，你不仅可能达到选题的目的，而且可以感受比较史学强烈的"问题意识"，从而体验"踏破铁鞋无觅处，得来全不费功夫"的快意。

二　比较研究的难度

一经进入研究过程，那种开始时发现问题、提出问题的"轻易"便在不知不觉间消失了，研究过程一步难似一步。首先，必须思考研究对象的可比性问题，搜集和分析具有共性的相异事项和材料。这个环节在一般历史研究中通常不会发生。其次，必须对两个或两个以上的研究对象分别进行考察分析，继而综合归纳，形成观点。这个过程与普通的史学研究也不同，后者只需沿思想者的思路单刀直入，直奔思考目标。比较研究的思考历程则仅在比较的环节上，即可能需要几个或多个反复。而且通常情况下，形成的结论还需要得到验证，即将形成的观点回过来比照各研究对象，以免得出的结论与其中的对象相背离，或脱节，或矛盾，如同一道数学题，为了保证答案的正确，必须回过头来进行验算。在这样的过程中，劳动和时间便在不知不觉间投入和耗费了。特别是在材料检索和选择的过程中，工作异常复杂。一般历史研究虽同样需要材料检索和选择，但复杂程度不能同日而语。这里存在一个"单一"与"同类"的关系问题。单一不需要横向比较，只需与文本的基本思路吻合即可。同类就不同了，所得材料必须进行横向比较，同类的

---

① 〔美〕黄仁宇：《万历十五年》，生活·读书·新知三联书店 1997 年版；《放宽历史的视界》，生活·读书·新知三联书店 2001 年版。

内在规定性决定了检索和选择的复杂性和难度。普通研究由于纳入文本的材料比较单一，没有或很少有比照，形成的观点或得出的结论通常不会发生自相矛盾的问题，即无须验证就可以建立起观点或结论。

布洛赫在比较史学的理论建设方面做出了卓越的贡献。1928 年，他发表了《欧洲社会历史的比较研究》一文，对比较方法进行了透彻的分析，建立了比较史学的精辟理论。迄今为止，这篇文章一直被视为比较史学的为数不多的精品。在他看来，比较方法可以用来验证历史研究中的解释性假说，而解释性假说的验证过程向我们展示了比较史学的复杂性和难度。

在关于中世纪意大利城市国家金币发行的论文中，他通过比较方法否定了当时史学界盛行的结论或假说。这一结论认为，佛罗伦萨和热那亚之所以最早发行金币是因为两个城市十分富庶，两城经济的快速发展早在一个世纪之前就已经开始了。但布洛赫通过比较认为，威尼斯至少与这两个城市同样富庶，当时却没有发行金币，而发行金币已经是 30 年之后的事情了。因此，不能以是否富庶来解释两个城市的金币发行，而应另辟蹊径，寻求新的解释。两个城市与东方国家和邻近岛屿长期保持着贸易往来，贸易的繁荣为两城带来了贸易顺差，从而积累了大量黄金，这构成了发行金币的主要原因。而威尼斯本来也与这些地区和国家有贸易顺差，但威尼斯商人却将黄金兑换了白银，因此不能与两城同时发行金币。这样，他通过比较方法不仅否定了通行的假说，而且建立了新的假说：两个城市发行金币不是由于富庶与发展，而是因为贸易顺差。

这是一个很典型的案例。如果仅仅探讨佛罗伦萨和热那亚的金币发行，如当时大多数历史学家所做的那样，研究过程即可单刀直入，而解释过程通常也比较肤浅，得出的结论也比较简单，一般还容易使人轻信。比较研究则不同，作者必须引进比较的对象，这就要求在考察佛罗伦萨、热那亚的同时，还要考察威尼斯，而且必须将考察所得的信息进行比较。而比较的过程也就穿越了经济富庶的相对表层的现象，触及贸易结构、商品类型以及贸易双方的额度等较深的层次，从而将研究推向了深入。随着探讨的加深，问题的复杂性也就相应增加。但是，复杂自有复杂的优势，它可以避免普通研究易于发生而作者又常常浑然无觉的差错，从而使结论和观点更加准确，更加符合实际。美国学者小威廉·西威尔将布洛赫的这种研究表述为"假说验证的逻辑"。像这样，解释性假说一经进入比较验证的过程，问题的复杂性便顿然加剧，此时再与普通研究相比较，就会真切地感受到比较研究的难度了。当论及14、15世纪法国的地方等级会议时，布洛赫强调了出错的概率，认为，如果单纯征引地方因素来解释法国某一行省出现的等级会议就必然犯错，比较方法则可以证实这种地方因素是虚假的，因为"一个普遍性现象必须具有同样普遍性的原因"。而比较方法必然削弱用单纯地方因素进行解释的基础。① 这无疑反映了布洛赫的睿智与识见。而我们关注的重点却不在此，而在于研究的复杂与难度。当时的等级会议不只是法国一些行省的地方现象，也是国家层面的现象，因为法国有全国三级会议。而在法国之外，德意志、意大利、西班牙等欧洲国家也出现了等级会议。如果通过比较研究寻求形成等级会议的普遍原因，在法国，既要考察建立等级会议的各行省的状况，也要考察国家层面的总体状况；在欧洲既要考察法国的状况，也要考察德意志、意大利、西班牙等欧洲国家的各自状况。如此，比较研究的复杂性和难度也就显而易见了。

布洛赫关于比较史学理论建构的目的在于规范历史学的比较方法，以使之更加准确有效，却从另一个角度显示了比较研究的复杂性。总之，论复杂程度，普通研究不可与比较研究相提并论。

比较研究在对比、思考、归纳等环节上的难度是显而易见的，但更大的难度似乎还不在这里，而在这些环节之外的"学习性"劳作。就本书而言，这项劳作异常繁重，难度也显而易见。正如题目所示，既为比较研究，就不能只写英国而不写欧洲或西欧其他国家和地区，至少要涉及法国等国。而就我而言，关于英国中世纪经济史的相关知识还可勉强说略知一二，对法国中世纪则要生疏很多，所谓知识，大约仅仅停留在给研究生授课的层面上。据我的感受，法国中世纪史较英国似乎更加复杂。这样，当对英国税制有了一定的认识，对相关资料的分布有了一定的了解，基本问题有了一定的思考后，就必须转向法国经济史、赋税史和学术史，建立相关的知识平台。而当建立起关于法国中古经济史和赋税财政史的平台后，又必须进入中国经济

---

① 转引自〔美〕小威廉·西威尔撰《马克·布洛赫与历史比较的逻辑》，朱彩霞译，范达人校，见葛懋春、姜义华主编，项观奇编《历史比较研究法》，山东教育出版社1986年版，第147—148页。

史、赋税史和学术史，了解、思考中国中古税制的诸多问题、资料的分布情况等。而中国经济史、赋税史卷帙浩繁，读不胜读。这样一来，在这个论题上投入的劳动和时间并非从事中国中古赋税史或英国赋税史或法国赋税史研究的简单的三倍，因为你的研究方向或基础研究领域仅仅是英国或法国或中国，其他国家则几乎是一个新的领域。如若不信，你则可以写一篇文章进行体验和比较。

谈到这里，又不能不涉及马克·布洛赫的《封建社会》了。书中，布洛赫涉及了日本的封建主义。对布洛赫来说，将欧洲封建社会与东方的日本作比较，其难度是显而易见的，所以，虽多处涉及却都是寥寥数语，点到为止，最多也不超过千字，既没有展开，也没有深入，更没有具体化，这让人读来感到意犹未尽。那么，是什么原因造成了这种现象？虽不能肯定作者有意避难就易，却也不排除存在这种可能。而且，这里的难度绝不限于对日本历史文化的系统了解。柯尔本的《历史上的封建主义》实际上是一部多个学术会议的论文集，但又与论文集不同，那就是他将穷 20 年之力潜心研究的一本关于封建主义比较的论著收入其中，该论著的篇幅占全书的一半以上。这部论著涉及了西欧、日本、中国、埃及、印度、美索不达米亚等多个国家和地区的封建主义，而论文集中，又有与会学者研究这些国家和地区的专题论文，有的论文还专门研究伊朗、俄罗斯、拜占庭的封建主义。这些论文篇幅都比较长，相比之下，柯尔本对上述国家的研究则比较简略。编者在序言中谈到了比较研究的难度，说他首先需要大量阅读以前不知道的历史，如中国史、印度史、俄罗斯史、伊斯兰史和史前史，另外还需要了解其他学科如人类学、哲学的知识与理论。[①] 所谓大量阅读以前不知道的历史，就是我们所说的"学习性"工作。正因为有这样的难度，他的论著较少涉及上述国家和地区，而研究历程却达 20 年之久。本来，这部论著已经很具规模，可以单独出书，之所以与会议论文一起出版，也许是因为考虑到其中存在薄弱环节，这样的处理便可以弥补这些不足。从这种意义上讲，柯尔本无异于聘请不同国家不同方向的专家进行合作研究。由于参加研究的人员都是各自领域的专家，便大大缩减了"学习性"工作量，缩短了劳动时间。如果是

---

① R. Coulborn ed., *Feudalism in History*, Princeton：Princeton University Press, 1956, p. xi.

柯尔本本人弥补自己同类研究中的不足，以达到这些专题论文的广度和深度，则肯定要花费更多的"学习性"工作，而投入的时间就远不止20年了。不过，这样又可能发生另外的问题，即最终成果可能仅仅大体上反映主编的思想，不排除有的作者未能领会主编的深意而有"跑偏"的可能，甚至专家基于自己的认识而固执己见，有违主编的思想。

朱寰和马克垚先生做同类比较研究也都不是"单刀赴会"，而是各组织一个课题组进行合作研究。朱先生遴选的专家都是国内各自研究领域的权威学者，他们对中国、日本、英国和俄国的封建制度分别进行研究，然后以每章的最后一节集中比较四国的异同，布局严整，资料翔实，挖掘深入。马先生则组织了更多人员，涉及中国史、英国史、法国史、德国史、经济史、政治史、城市史、制度史等多个领域。这些人员以年轻学者居多，也都学有专攻。在体例设计上，马先生没有追求朱先生严整周全的风格，而是采用开放的体系，允许作者以方便的形式进行撰写。所以，有的学者将中国和西方分别论列；有的则只写中国或西方，即以隐性的方法进行比较；有的则将比较的对象合为一体，以获得一个整体的效果。这在撰写方式上显得比较活泼。而在每编之首，都置一概述，综合评论各编的内容和优长，以保持成果的完整与统一。作为国家社科基金重点项目的最终成果，两位先生分别以《亚欧封建经济形态比较研究》①和《中西封建社会比较研究》②为题出版。这种以团队组织进行比较研究的方式虽非没有缺点，但在某种程度上肯定弥补了主编在知识、理论或研究领域的薄弱和欠缺，也会在一定程度上保证成果的质量，且必定大大推进课题结项和出版的时间。假如两位先生都以一人之力进行研究，产出高质量、高水平的成果也肯定没有问题，但庞杂的"学习性"劳作必大大延宕结项和出版的时间。按马先生原初的计划，《中西封建社会比较研究》一书是要出上、下两册，且出英文版，但由于研究本身难度大，后来缩减了规模，合为一册，而且由于参加人员对某些问题的认识和观点不尽一致，不得不将结项成果设定为一个开放的体系。这样的研究过程对我们来说都具有启示性意义，本书的撰写将尽量汲取两位先生的经验。

---

① 朱寰主编《亚欧封建经济形态比较研究》，东北师范大学出版社1996年版。
② 马克垚主编《中西封建社会比较研究》，学林出版社1997年版。

与朱先生、马先生的著作不同，侯建新先生的《社会转型时期的西欧与中国》则是以一己之力完成的。但读侯先生的著述可知，他对于中西社会转型问题早在 20 世纪 70 年代上大学时业已"咬定青山"："我是从中国问题出发研究西欧历史的，这个目标自我 1978 年恢复高考进入高校后，始终未曾放弃。当时，'文革'刚刚结束，国门初开，我带着种种关切和疑惑步入高校，所以对中国与西方社会发展缓与速的历史和现实问题抱有特殊的兴趣。……它像谜一样整天萦回在我脑际之中，促我读书思考。未曾料到，它竟成为我 20 年来的课题，大概也是永远的课题。"① 包括他在此之前出版的《现代化第一基石》《农民、市场与社会变迁——冀中 11 村透视并与英国农村之比较》等著作和发表的系列文章，都可以看作为《社会转型时期的西欧与中国》的出版做准备。这样看来，此书的问世乃是长期积累的结果，也经历了 20 余年漫长的过程。

在论及比较研究的难度时，马先生说："历史的比较研究是一项十分困难的工作。一个国家、一个社会、一个事件，还往往不易搞清楚，何况要把两方面都搞清而作比较。还因为中外历史研究方法多有不同，要拿这个和西方社会来比较，有时因为概念不同，观点不一，似乎无法比较，弄不好就是东拉西扯、胡乱比附。"在谈到"中西封建社会发展比较研究"的难度时，马先生说："本书的设想是谈中西封建社会的发展比较，问题的中心就是要比出：中国为什么到明清之际发展落后？中国为什么没有发展出资本主义？但我们深感这个问题并不容易解决，所以就把题目定的小了一些，即只是从中西封建社会内部的一些结构、形态方面着手，作其发展的比较，而结构则不外是经济、政治、社会诸方面。但这几方面我们也不能进行全面的研究，只能在这些结构的内部，选择一些较小的、我们又熟悉的题目，进行比较。"② 侯建新先生则就他的《社会转型时期的西欧与中国》谈了比较研究的难度："撰写社会转型历史比较研究是个范围很大、难度很高的题目"，"是一个包罗宏富的系统工程"。③

本书原系 1997 年国家社科基金项目"中西封建税制比较研究"的结项

---

① 侯建新：《社会转型时期的西欧与中国》，济南出版社 2001 年版，第 448—449 页。
② 马克垚主编《中西封建社会比较研究》，序言第 3 页。
③ 侯建新：《社会转型时期的西欧与中国》，第 448—449 页。

成果。而实际工作则在 20 世纪 80 年代师从马克垚先生读硕士生时已经开始，我的硕士论文的一章即写英国中世纪的税制。现在还清楚地记得，先生特别强调年轻人不要做比较研究。可当时也正因为年轻不谙学术，对先生的话似懂非懂，只觉得比较研究有意思，所以 1997 年即以"中西封建税制比较研究"为题申请了国家社科基金项目。然而接下来进行具体研究时，就真切地感到了比较的难度，而且随着研究的深入，难度越来越大。后来又到侯建新先生那里攻读博士学位，仍然以此作为博士论文选题。即使将硕士阶段的研习和写作排除在外，从 1997 年立项时算起，迄今也已近 20 年。这期间，当然有太多的事情急需处理，包括几个出版社的书稿临时加塞，加之懒散好玩、资质愚钝等原因，延宕了本书的竣稿和出版。但如果不去涉及中国、法国等欧洲国家，而仅仅写英国中古赋税，在同等条件下，即使有更多的事情需要处理，书稿的竣稿与出版也不至拖到 20 年之后，而且仅仅在取名上，即费了很多思考，反复斟酌修改，一直到将书稿交给出版社前夕，还在考虑书名的选取问题。

总之，做比较研究不仅难度大，而且耗时长。正因如此，当我的博士生以"初生牛犊不怕虎"的单纯和天真提出以中西中古关税制度作为博士论文选题时，我未加思考就给她泼了冷水，而且几乎重复了马克垚先生的原话。

本书取名《中西中古税制比较研究》。既然是中西比较，中国自然构成比较的一方。但"西"不是指西方，也不是欧洲，而是指西欧，因为西方或欧洲地域广袤，国家众多，为作者功力和本书规模力所难及。而在西欧诸国中，英法因地缘、血缘关系密切，在制度甚至文化上相近或相似，且相对于西欧诸国具有突出的典型性和重要性，可以作为比较的主要对象。其他如德国、西班牙、尼德兰等国家和地区，则在必要的情况下有选择地涉及。即使对英法两国，也不是平均用力，而是依必要性原则决定内容的取舍和篇幅的长短。在现有条件下，利用日渐丰富的英文和汉语资料将西欧各主要国家和地区纳入比较范围，进而将这种比较做成规模不是不可能，但那样的研究难免因面面俱到而流于叙述和平庸，失于挖掘，整个成果也就必然乏善可陈。而将论述的重心限定在英法，便有望避免或在一定程度上避免这一倾向，挖掘也就相对深入了。基于同样的原因，本书的撰写还需要在时段上做出限定。上限主要在 10 世纪之后，下限主要在 15 世纪之前。因为大体说来，10 世纪之前，受封建化的影响，西欧的财税体制还没有定型；15 世纪之后，则已临近近代早期的门槛，财税体制又经历着近代化的变迁。

　　需要说明，本书主要集中于中西中古税制的差异性研究。而所谓差异，是就其基本的方面而言的，在此之外，不能排除相左和相反的例证的存在。这正是人类历史千变万化、错综复杂的本来面目。

绪　　论

中西中古税制研究述评

对中西中古税制进行比较研究，须以不同范围、不同层次的个案研究为基础。这方面，国内外学术界已经取得了较好的成绩，虽然在区域赋税史、国别赋税史、断代赋税史等诸多研究上还不够均衡，但毕竟具备了一定条件。这些条件使我们有可能对学术界一向视为畏途的中西中古社会比较研究中的赋税制度进行比较。

一　关于中国中古税制的研究

（一）国内

20 世纪 20 年代，坊间见到了第一部以现代方法研究中国中古财政史的专著[①]。从这一专著出版至今，已过近一个世纪。考察这一时期的赋税史、财政史研究，很容易发现其显著的阶段性特点。中华人民共和国成立之前，学者们直接或主要从古籍中检索资料。由于没有或少有前人的成果可资借鉴，缺乏研究基础，这时的研究，还主要是描述中国赋税财政史的发展演变过程，或对赋税制度的内容进行钩沉考索，缺乏深入讨论，但其开拓开创之功不可低估。自中华人民共和国成立至 1976 年"文革"结束，由于政治运动连绵，政治对学术研究干预太多，更由于学者们忙于政治运动，或慑于政治迫害，著述鲜见，而且大多带有鲜明的政治色彩，远离了学术规范。

"文革"结束以后，赋税财政史的研究进入了创获时代，迄今为止，据不完全统计，出版著作已达四十余种，发表论文数百篇。著作可分两类：一

---

① 胡钧：《中国财政史》，商务印书馆 1920 年版。

类为高等院校教材，另一类为学术专著。

1980 年，中央财政金融学院财政教研室编写的《中国财政简史》① 出版。因作教材，全书突出一个"简"字，提纲挈领，简明扼要，描述了上自夏、商、周三代，下至国民党统治时期中国几千年财政发展史的轨迹，体现了教材的特点。也正因为刻意求简，财政发展史的许多重要内容没有述及，有的则失之太简，而某些观点即或在当时看，也嫌陈旧。中国财政史编写组编著的《中国财政史》②，比之《中国财政简史》已有很大改观，叙述的范围虽无变化，篇幅却扩大了一倍多，内容比较充实，叙述比较全面，除一般说明财政收入、财政支出外，还专门叙述财政制度和管理，并注意概括各朝财政特点，线索清晰，脉络分明。1987 年，由孙翊刚、董庆铮主编的《中国赋税史》③ 出版。相比上述《中国财政史》，该书乃是中华人民共和国成立以来第一本供财经院校使用的赋税专史教材，具有一定的填补空白的意义。1996 年，孙翊刚主编的《中国赋税史》④ 出版，该书在孙、董二人主编的基础上，进一步充实教学内容，订正史实，并缩小篇幅，精简文字，使教材的内容和规模更加符合财经院校教学实践的要求，但在史料、史实特别是理论观点的选择上，尽管学术界已经提出了许多新的观点，却并未进行更多吸收。框架体系、章节纲目也基本保持了财政史的旧貌。

学术专著包括通史与断代史两种。周伯棣先生的《中国财政史》⑤ 即是一部财政通史。该书不以理论分析取胜，亦不以史料丰实见长，但简明浅显、条理清楚。也正因如此，有些论述似显肤浅，有的重要问题则未能论及或论述不够集中，难免给人以分散或整体不连贯的感觉。但须知，该著问世于"文革"结束后的第五个年头，当时的赋税财政史研究百废待兴，著述稀缺，该著在这样的背景下问世也就具有了特殊意义。

郑学檬先生主编的《中国赋役制度史》⑥ 也是一部通史，是一部赋役制

---

①　中央财政金融学院财政教研室编《中国财政简史》，中国财政经济出版社 1980 年版。

②　中国财政史编写组编著《中国财政史》，中国财政经济出版社 1987 年版。

③　孙翊刚、董庆铮主编《中国赋税史》，中国财政经济出版社 1987 年版。

④　孙翊刚主编《中国赋税史》，中国财政经济出版社 1996 年版。

⑤　周伯棣：《中国财政史》，上海人民出版社 1981 年版。

⑥　郑学檬主编《中国赋役制度史》，上海人民出版社 2000 年版。

度史专著，由多名资深经济史家合作完成。该著主要考察中国赋役制度的演变，集中探讨土地税、工商税和役法等贯通中国赋税史的重大问题，而不是面面俱到，将一些临时性赋税财政举措、租税立项或一些枝节性问题等也包罗在内，这就不仅使该著思路畅达、线索明晰，而且由于对一些问题的思考集中，探讨也就必然深入了。例如关于两税法的探讨，着墨尤多，读来感觉视野开阔，笔力刚健，论证周全。作者在进行重要问题研究的同时，更从全局着眼，注意宏观把握，论证了中国古代赋役制度演变的循序性、反复性和差异性等总体特征。另外，该著资料征引亦称翔实，不仅广泛利用典籍文献，而且较多涉及出土文书、考古文物、报刊资料等，堪称宏富。

马大英先生的《汉代财政史》[①] 是探讨两汉财政发展的专著。与周伯棣的《中国财政史》稍有不同，该书注重理论分析和说明，如书中对两汉在中国中古社会的历史地位、国体与政体、经济基础等都做了论述，带有一定的理论色彩。

罗庆康的《西汉财政官制史稿》[②] 主要研究西汉有时包括秦代的财政官制，兼及俸禄、徭役、户籍、上计、货币诸制度，全面、系统、条理。每及一职，必述其源流、职守、权限、属官、俸秩等内容，从皇帝到亭长，从中央到地方，鳞次栉比，层层相属，而论述不厌其烦、细致入微、精益求精。尽管如此，该书亦不无有待改进和深入之处。比如官职与官职之间的关系，作者仅仅叙述了长官与属官的关系，而对于系统不同而职权相关或交叠的状况则几无述及。在我们看来，这恰恰是官制领域错综复杂，因而最应探讨也最有兴味之所在。古代国家，由于开化未久，文化积淀相对薄弱，官位设置与权限给定往往重叠混同，模糊不清，从而引起官员之间的矛盾和纠纷，给国务管理带来不必要的麻烦。也正因此，官制以至国家行政机构的起源、演变才形成一个由简单到繁杂、由低级到高级、曲折多变而又魅力无穷的过程。比如作者叙述了丞相的财政权力，那么，这种权力与大司农、少府之间构成怎样一种关系？又如大司农、少府、水衡都尉都掌财政，大司农掌管国库，少府与水衡都尉掌管内藏，那么，三者的关系是否因此而分立而且平等

---

① 马大英：《汉代财政史》，中国财政经济出版社 1983 年版。
② 罗庆康：《西汉财政官制史稿》，河南大学出版社 1989 年版。

呢？再如，地方长官多有一定财权，同时其下属又都是专掌财政税收的官员，那么，在赋税问题的处理上，长官可否越俎代庖？财政官员能否独行其是？对于这类问题，都需要进一步研究。

这一阶段，唐代赋税财政史的研究取得了重大收获，出版专著达五六部之多。张泽咸的《唐五代赋役史草》①是一部研究唐五代赋役制度的力作，材料丰赡，新见多出，向为治唐史者推重。该书以中唐为断线论述唐五代赋役制度的变化，构建了一个新的框架。因为在该著的成书年代，史学界虽承认唐代为中国中古社会发生巨变的时代，但在进行划分阶段的具体研究时，多以唐末宋初分界，因而基本没有摆脱王朝史研究的窠臼。实际上，发生于唐代中叶、影响深远的安史之乱才是这一巨变的标志性事件，无论在赋役制度、人身关系，还是在土地制度、文化形态上，安史之乱之前和其后皆判然有别。作者正是以安史之乱作为分界线展开论述的，这在当时当然是一个比较新的创建。张泽咸的著作虽名为《唐五代赋役史草》，论述的范围却未限于此。每论及一种制度，辄考其秦汉之源，证五代以降之流，读来感到线索清晰，概念完整而钩沉有力。例如论及租庸调，作者首先探讨了"调"的起源，指出，汉史与汉简中已多有记载，至魏晋，演变为户调；而后，方有隋唐的调。接着，作者稽考调卷布的渊源，指出，调收布绢，汉末已见记载，之后，调与布绢常常连用，曹魏、北魏、西晋莫不如此，而隋唐两朝，不过是历代调征绢布的沿袭。这样，读者对调的源流便比较明了，进而对唐所以征"调"的原因也就易于认识了。

蔡次薛的《隋唐五代财政史》②从隋唐衰亡的财政教训入手，论述了隋唐五代各项财政收支，以及财政管理制度和漕运仓储情况。与许多财政史著不同，它将财政发展一脉相承的相关朝代串联一起，以长时段观察财政发展的变化，能够使人获得一个源流并臻、形态完整的概念。此外该著还论述了作为中国财政史发展主要阶段的唐代著名理财家的思想，从而进一步显示了该著的特点。

陈明光的《唐代财政史新编》③专门论述唐代国家预算，重新建构了财

---

①　张泽咸：《唐五代赋役史草》，中华书局 1986 年版。

②　蔡次薛：《隋唐五代财政史》，中国财政经济出版社 1990 年版。

③　陈明光：《唐代财政史新编》，中国财政经济出版社 1991 年版。

政史体系。该书以安史之乱为界，讨论了安史之乱前后唐代国家预算形态以及安史之乱期间唐代国家财政体系的变动，提出了一些新的观点。该书最富启发意义的是其立论的角度，这一角度摆脱了传统窠臼，论述的内容由财政机构、财政收支等转移到了国家预算。而论证的结果告诉我们，古代国家的发展水平不容忽视，我们不能带着现代人的偏见和优越感看待古人，现代文明的许多东西古人早已创造出来，而不唯书画辞赋之类。

李锦绣的《唐代财政史稿》① 是近年财政史的力作。该书较唐代乃至全部财政税制史的特出之处不仅在于体大，包括上下两卷5册，近200万言，而且在于思精。这表现在两个方面。一是在充分利用原始资料如《唐会要》《唐六典》《唐律疏议》的基础上，最大限度地挖掘利用敦煌吐鲁番文书以及其他考古资料。据悉，该书仅利用吐鲁番文书即达百余件之多。由于研究比较深入，理解也比较准确，有些文书由作者定性定名，且纠正了时人在这方面的若干讹误。基于以上条件，该书在资料的掌握运用上，较同类著作略胜一筹。二是相对重视理论分析。关于中国古史的研究，学者们素重考据，轻理论。本书则在一定程度上克服了这一缺陷，建立了自己的理论体系。

汪圣铎的《两宋财政史》② ，就全书结构和整体框架而言，确如作者所说，贯穿了完整、发展和数量诸观念。完整观念是将宋代财政作为一个统一的系统或整体看待。该书第一编即很好地贯穿了这一观念。它由宋代兴盛时的财政发展入手，客观地描绘了北宋兴盛、熙丰改革、北宋衰落、南宋中兴、南宋衰落诸时期的财政状况。论述的思路紧扣财政发展变化的轨迹，确实体现了完整、发展观念，与以往宋代财政史著偏重专题性研究形成了鲜明的对比。如果说该书第一编描绘的仅仅是这一变化的脉络，那么第二编则是深入财政内部论述收支两大内容，诸如免役钱、身丁税、工商税、官田、禁榷等收入以及王室、军事、吏员、兴学等开支。第三编则是专论履行收支业务的各财政机关，尤其是这些机关之间的联系。值得注意的是作者充分遵循了财政研究中的数量原则，因为数量观念能反映财赋收支转移的数量及其比例关系，对于认识整个财政结构及性质具有重要意义。所以作者不仅在各编

---

① 李锦绣：《唐代财政史稿上卷》三分册，北京大学出版社1995年版。
② 汪圣铎：《两宋财政史》上下卷，中华书局1995年版。

中多处以数量比例分析问题，而且在该著之后附一财政表格，篇幅长达200余页，确实体现了数量观念。而就宋代财赋的具体学术问题的探讨而言，该著亦多有新见，或澄清、修正了一些传统认识，或发前人所未发，具有较高的学术价值。

元代赋税财政史的研究一直是中国赋税财政史研究的薄弱环节，出版的成果还不多见。高树林的《元代赋役制度史》①填补了这一空白。该书探讨了元代赋税财政史的一些基本问题，如赋税征收南北异制、赋税制度的历史渊源等，并对各税色、役色的征发进行了比较详细的叙述，读后能对元代赋役制度有一个比较全面的了解。

与元代不同，明代赋役制度的研究起步较早，成果较多。老一代中国经济史家在这方面已经做了大量工作，如梁方仲先生早已就一条鞭法、粮长制度、赋役黄册、鱼鳞图册、里甲制度、易知由单、户贴制度等问题进行了深入研究②，提出了不少精辟的创见。他的另一部著作《中国历代户口、田地、田赋统计》③则不仅为明代而且为中国历代经济史研究提供了一部十分重要的工具书。在老一代经济史家研究的基础上，近年明代赋役制度的研究又有新的创获。唐文基先生的《明代赋役制度史》④，遵循赋税制度在明初的重建、明中叶的改革、明末叶的崩坏这一线索展开研究，认为这种变化沿三条轨迹逐步发生：一是因解决南方官田重赋问题，国有土地逐渐私有化；二是因商品货币关系的发展，实物与力役的缴纳逐步货币化；三是由于赋税制度的改革，里甲制逐渐丧失控制人口的职能而成为一种治安机构。在此基础上，作者概括了明代赋役制度的特征：一是有别于资本主义国家的强制性；二是赋役的征收具有古老的原始性。作者注意将赋役制度的变化与明代社会经济发展的总体形势结合起来研究，具有一定的高度。

与明代赋役制度史的研究状况相似，有关清代赋役制度史的著述亦较多

---

① 高树林：《元代赋役制度史》，河北大学出版社1997年版。
② 梁方仲：《梁方仲经济史论文集》，中华书局1989年版。
③ 梁方仲：《中国历代户口、田地、田赋统计》，上海人民出版社1980年版。
④ 唐文基：《明代赋役制度史》，中国社会科学出版社1991年版。

见。陈支平的《清代赋役制度演变新探》[①] 主要论述清初赋役财政制度的改革、更名田以及清代福建赋役失控等问题。所论不囿成说，颇多新见。何平的《清代赋税政策研究》[②] 主要从政策的视角研究清代的赋税制度，对政策目标、赋税定额、赋税的日常调整与变动趋势、政策的制定等多方面展开研究，有一定新意。

近来，郑学檬和陈明光两先生撰文[③]对 20 年代以来中国古代赋役制度史的研究进行了细致的考察和客观的评价，认为这一研究在研究角度与层面上具有多样化特征，主要表现为对赋役制度的内容、赋役制度的沿革、重大赋役制度的改革与社会经济变迁、社会改革的关联、赋役制度与等级制度、阶级关系、社会集团的关系以及赋役制度区域特征进行了钩沉索隐、上下考索和探讨研究。这种考察和概括对于中西中古税制的比较研究当然具有重要意义。但毋庸讳言，由于中国史学者往往疏于对国外同类研究的了解，中国赋税财政史的研究就很难利用"他山之石"来攻中国财政史之"玉"。而有些问题只能在两个或两个以上的对象的相互参照下或在比较的环境中才能提出来。

综观赋税财政史研究，以对汉、唐、明、清诸朝的探讨最富成果，也较为深入。对其他各朝的探讨或刚刚起步，或进展缓慢，成果也相对薄弱。涉及的问题主要集中在赋税结构、赋税收支、财政官制、财政机构、财政立法等方面，而对于赋税理论、税权、纳税人、税制与政体形式、税制与经济发展等重大问题则没有或较少论及。这说明，中国赋税财政史研究虽然起步早，但在某些方面其实还十分薄弱。

（二）国外

海外研究中国中古税制史的著述比较少见。在欧美，主要有崔瑞德的《唐代的财政管理》[④] 和黄仁宇的《明代中国 16 世纪的税收与政府财政》[⑤]。

---

① 陈支平：《清代赋役制度演变新探》，厦门大学出版社 1988 年版。

② 何平：《清代赋税政策研究》，中国社会科学出版社 1998 年版。

③ 郑学檬、陈明光：《中国古代赋役制度史研究的回顾与展望》，《历史研究》2001 年第 1 期。

④ D. C. Twichett, *Financial Administration under the T'ang Dynasty*, Cambridge：Cambridge University Press，1963.

⑤ Huang, Ray, *Taxation and Governmental Finance in Sixteenth - Century Ming China*, Cambridge：Cambridge University Press, 1974.

前者由作者的博士论文修改扩充而成，其中利用了一些敦煌吐鲁番文书资料。该书主要论述了与赋税密切相关的土地所有权以及直接税、贸易税、货币与信贷、运输系统、国家财政管理等问题。作者以西方人的眼光审视中国财政史，视角新颖，富于启迪性。后者则论述明代中国 16 世纪的财政状况，利用了大量的方志资料和今人的研究成果，论述了中央和地方的财政组织，阐明了明代中国 16 世纪的财政问题，包括军队的维持、货币的流通、土地和人口问题等。在此基础上，以较大篇幅论述了土地税问题，包括土地税的结构、解运、管理等内容。另外还论述了盐税、商税、杂税等税项，以及国家财政管理。作为美籍华人，作者在其青少年时代曾接受中国传统教育，并有丰富的人生阅历，后又去美国求学工作，因而熟悉美国以至西方文化，因此能以比较的眼光讨论中国赋税财政史问题。所论材料充实，视角独特，富于新意。

　　相比欧美，日本学者的研究则成果较丰，也比较深入。20 世纪 20 年代，加藤·繁即以其力作《汉代的国家财政和帝室财政的区别及帝室财政一斑》①蜚声国际史坛。该文论述了汉代国家财政和帝室财政的区别，尤其考证了帝室财政的收入、支出及其机构的设置与运行，认为秦汉时代统治天下的大权归君主一人所有，为统治天下而运转的财政当然是君主一人的财政，但这种财政不过是君主公的方面，此外还有私的方面，即宫廷生活所需。在汉代，这两种财政虽说其细目互有出入，但各自基本上独立运转，互有区别。所有收入分属国家财政和帝室财政，支出亦然。掌管财政的机构也有区别。东汉以后，两种财政渐趋混一，虽偶有将两者加以区别的倾向，但像汉代那样显著的区别已经不见了。该文对帝室财政的主要收入项目如山泽之税、江海陂湖之税、园圃之税、市井之税、口赋、苑囿收入、公田收入、献物及酎金、铸钱等，以及主要支出项目如膳食之费、被服之费、器物之费、舆马之费、医药之费、乐府及戏乐之费、后宫之费、少府水衡杂费、赏赐之费等都进行了细致入微的考释，并将这些收支项目和国家财政的相关项目进行了比较。最后指出，汉末帝室财政过于膨胀，少府水衡的收支凌驾于大司农之上，致使帝室财政与国家财政丧失平衡，终于导致了东汉光武帝的

---

① 见刘俊文主编《日本学者研究中国史论著选译》第三卷，中华书局 1993 年版。

彻底改革，一举废除了国家财政与帝室财政分理的制度。文中有些观点虽已显陈旧，但就全文而言，仍不失为研究中国赋税财政史的有价值的参考文献。关于日本学者研究中国赋税财政史的有影响的论文，还可举出不少，可参考有关工具书性质的资料①，在此不一一论列。关于中国赋税财政史的断代研究的专著，成果亦颇丰，这里只举曾我部静雄的《宋代财政史》② 一例。该著出版于 20 世纪 40 年代，60 年代又有增补，是从整体上研究宋代赋税财政史的专著。该书对宋代赋税财政史的某些问题进行了深入探讨，不足之处是内容比重失衡，专题性研究所占篇幅过大，而对作为整体的宋代赋税财政内部的关系论述不够。

二 关于西欧中古税制的研究

（一）国内

国内关于西欧中古赋税财政史的研究还可以说刚刚起步，研究人员不多，资料也比较薄弱，研究成果主要见于一些论文，专著还不多见。马克垚先生虽不是专门从事中古赋税史研究，但却最早涉足这一领域。1985 年，他出版了《西欧封建经济形态研究》③ 一书，由于封君封臣制是其中研究的重点问题，封建权利义务关系又是封君封臣制的重要内容，所以探讨了封建税问题，论述了军役、协助金、盾牌钱等税项。在此之前，国内学术界对封建税的了解还仅限于几种译作和教材，知识十分浅薄，因此说，这一研究具有开拓之功。

1991 年，沈汉与刘新成先生合著的《英国议会政治史》④ 出版。正如研究封君封臣制不能将封建税置而不论一样，研究议会也不能不研究赋税财政问题，有时甚至不能不详加论述。所以，该著论述了国王的税收和议会补助金问题，并将赋税进行了合理的分类。与马克垚先生的专著相比，该著在研究范围上有了扩展，不仅涉及了封建税，还论述了国税、关税等

---

① 例如〔日〕山根幸夫主编的《中国史研究入门》增订本上、下册，田人隆、黄正建等译，社会科学文献出版社 2000 年版。

② 参见〔日〕曾我部静雄《宋代财政史》，生活社 1941 年版。

③ 马克垚：《西欧封建经济形态研究》，人民出版社 1985 年版。

④ 沈汉、刘新成：《英国议会政治史》，南京大学出版社 1991 年版。

税项。1992 年，马克垚先生又出版了《英国封建社会研究》① 一书。由于论述的范围仅限于英国，对有关问题的探讨较《西欧封建经济形态》更加具体详明。在对封建税研究的基础上，马先生还论述了一些国税项目如丹麦金、动产税等。并由此进而论及财政署、锦衣库等财政机构，论述了它们的起源、构成、职权、演变等，从而进一步拓展了研究范围。1995 年，刘新成先生出版了他的力作《英国都铎王朝议会研究》②。该著虽名为都铎议会，对某些问题的研究实则追本溯源，向中古纵深拓展。例如关于议会赋税授予制问题的分析，即追溯了中世纪的基础，这对于研究中古赋税制度无疑具有重要参考价值。后来，马克垚先生主编的《中西封建社会比较研究》③ 和孟广林先生所著的《英国封建王权论稿》④ 先后出版。前者列专章探讨了中西封建财政与英、法两国的税权问题，从而使这一领域的研究进一步具体化。后者则对王室的财政来源以及财政机构等展开讨论，在资料检索、理论分析等方面都有进步和深入。除上述与中古税制密切相关的著作外，庞卓恒先生的《唯物史观与历史科学》，侯建新先生的《现代化第一基石》《社会转型时期的西欧与中国》《农民、市场与社会变迁——冀中 11 村透视并与英国乡村比较》以及徐浩先生的《农民经济的历史变迁》等专著，也都不同程度地涉及了赋税问题，具有一定的启发作用。另外，特别是近年来，还不时见到一些专题论文发表，说明学术界关于赋税财政史的研究正在走向深入。

值得注意的是，自 80 年代以来，中国高校研究生群体日益成为西欧中古赋税财政史研究的有生力量。据不完全统计，2000 年以来，已有近十名硕士、博士研究生撰写了这方面的论文。这些论文的面貌虽然显得有些稚嫩，甚至还存在这样那样的缺点，但无可否认，它们蕴含着历史研究新生代的智慧和敏锐，洋溢着勃勃朝气和生机，它们以其鲜明的特征促进和反映了 21 世纪伊始历史研究的发展和繁荣。这些特征有：（1）选题多样化、具体

---

① 马克垚：《英国封建社会研究》，北京大学出版社 1992 年版。
② 刘新成：《英国都铎王朝议会研究》，首都师范大学出版社 1995 年版。
③ 马克垚主编《中西封建社会比较研究》。
④ 孟广林：《英国封建王权论稿》，人民出版社 2002 年版。

化。论文选题分布于税项个案①、赋税机构②、赋税结构③、王室收入④以及
中西税制比较研究等方面。特别是个案研究选题，显然反映了 90 年代以来
历史研究的新趋势，即离弃传统史学重宏大叙事的研究模式，追求具体历史
事项的说明和探究。而选题多样化、具体化现象的形成又反映了史学研究的
繁荣。（2）努力反映国际史学研究的最新动态。随着科学技术的进步和对
外开放的发展，青年学生可以利用网络设备徜徉于国外名校图书系统，直接
阅览国际最新资料，所以，这些学位论文一般都能看到相关问题的最新研
究。（3）资料征引中外文比重的增长。由于国内西欧赋税财政史研究是一
个新的课题，几无中文资料可用，更由于现在的研究生外语基础较好，这
些论文大多是利用西文（主要是英文）资料写成的。而用西文资料写成的
论文在某种意义上是不可与用中文资料写成的论文同日而语或等量齐观
的。（4）注重原始资料的引用。随着研究的深入，青年学生和他们的导师
已经不再满足于西文二手资料的检索，而追求原始资料、档案资料或一手资
料的征引。这表明，一种健康、向上、正规、严格的职业历史研究的风尚正
在形成。翻检他们的论文可以发现，从《英国历史文献》中征引的资料占
很大比重。这是西欧赋税财政史研究的可喜现象，也是世界历史研究进步的
重要表现。

　　可以预见，待这些硕士、博士论文经修改润色送交出版后，中国的世界
中古赋税财政史研究园地将不再满目荒凉，而应该满园春色了。

　　（二）国外

　　国外西欧赋税财政史的研究起步较早，17、18 世纪，已有专著问世。至
19 世纪，无论史料编纂、理论探讨，还是著作出版，都已经取得了显著成绩。
由于选题多，研究范围广，我们可据以分为以下几类而择其要者予以评述。

　　1. 赋税财政史研究

　　欧美史学界关于西欧中世纪国别赋税财政史的研究成果以英国赋税财政

---

　　① 李萍：《中世纪英国关税体系》，山东大学 2007 年硕士论文；周莹莹：《中世纪英国的土地税》，
山东大学 2007 年硕士论文。

　　② 王丽：《英国中古财政署研究》，曲阜师范大学 2003 年硕士论文。

　　③ 王秀芹：《英国中世纪赋税形态与封君封臣制》，曲阜师范大学 2002 年硕士论文。

　　④ 施诚：《安茹王朝的税收与国王的财政研究》，北京大学 1998 年博士论文；张殿清：《英国都铎
王室收入和消费研究》，天津师范大学 2006 年博士论文。

史的研究为最多。道沃尔的《英国赋税史》① 第一卷利用档案资料论述了英国赋税史的演变。作为一部较早问世（1884 年出版）的赋税史著作，该书具有以下几个特点。第一，通。作者从罗马统治时代写起，一直写到 1604年内战爆发止，时间跨度达 1600 年之久。第二，全。一是几乎涉及了这一时期曾经征收过的所有税项，包括罗马统治时期的人头税，盎格鲁－撒克逊时代国王的各项收入，诺曼征服以来的酒税、协助金、附加税、犹太税、丹麦金、土地税、任意税、海关税、动产税、人头税等，几乎有税必述；二是注重稽考各税项的源流。对于这一时期那些曾经立项后又废止的税项如犹太税、丹麦金、卡路卡其、任意税等，必考其发端，探明起征与废止时间。第三，详。书中不少地方写得很细致，例如关于某些税项的征收，常常既说明估值成员的产生、估值过程，又叙述估值对象的品类、数量等，可谓不厌其详。这种现象多因档案资料对多数征收的记载欠详或记载的保存不全所致。由于详细材料难得，一经入目便往往尽多引用，以致叙述过程常常有的地方过于翔实，有的地方又失之太略。比如关于某一税项废止的原因，常常一笔带过，让人读后感到茫然。这就必然造成各部分叙述的失衡。此外，作者还叙述了管理机构如财政署的构成、起源、演变等事项，以及郡守在王室征税过程中的作用等问题，这都有助于我们了解英国赋税财政制度的构成与运作情况，读后对英国赋税史能够获得基本的了解和认识，因而可说是研究英国中古赋税制度的便捷的入门书。

与道沃尔不同，普勒的《12 世纪的财政署》② 是一项典型的个案研究，专述 12 世纪的中央财政署。该书初版于 1912 年，属于有关英国赋税财政史研究的较早著述。作者所以选取 12 世纪作为研究对象，是因为这个世纪既是财政署组建的时代，也是该组织兴盛的时代，还是作者所依据的主要资料《财政署对话》写作的时代。该书首先对财政署卷档以及《财政署对话》作了扼要介绍，然后以解剖麻雀的方法分析了财政署的构成、权能、运作、演变，逐一叙述了国王的宫室、收入、官员、执事、钱币交验、记账、郡守召集、答疑等内容，使我们读后能够对财政署概念有一个较为具体而明晰的

---

① 　S. Dowell, *A History of Taxation and Taxes in England, from the Earliest Times to the Present Day*, Vol. 1, London: Frank Cass & Co. Ltd, 1965.

② 　R. L. Poole, *The Exchequer in the Twelfth Century*, Oxford: Clarendon Press, 1912.

了解。

　　米彻尔的《英国中古税制》① 原为作者在耶鲁大学的英国赋税史讲稿，后由他的家人、同事、学生和耶鲁大学出版社共同编辑出版。如果说道沃尔的著作是一部通史，那么米彻尔的著作则是一部断代专史。这部断代专史从亨利二世即位写起，到亨利三世驾崩止笔，历三王，共 118 年（1154—1272）。其中，主要论述了中央和地方税收机构及其职能和运作、财产估值、赋税授予、自亨利二世到亨利三世统治时期的任意税的征收及废止等问题。关于赋税授予，作者尤为用力，特别是以翔实的资料论述了英国中古赋税基本理论之一的共同同意问题。但在我们看来，作者对贵族大会议、小会议等权力集体对税权的执掌、赋税授予的认识还有欠充分，从而对税制中蕴含的贵族协商精神及其价值估计不足。作者多处强调，对于国王的征税要求乃至对国家的治理，这些权力集体虽有严厉批评甚至激烈反对，但国王的征税要求最终还是得到了满足。情况似乎并非如此，在很多场合下，国王反复提出要求又反复遭到否决，正如米彻尔自己所引证的材料，亨利三世就曾连续 9 次遭到否决②。这类例子恰恰证明，税权的执掌主要不在国王而在这些权力集体，所以国王每次征税都必须首先向他们提出要求。而国王的征税要求须经这些权力集体即纳税贵族的讨论则说明，英国中古税制中的确蕴含着一定范围的民主精神，尽管这种民主还主要局限于封建主或贵族阶层。由于作者利用了大量未刊档案资料，该著作的学术价值很高，因此备受学术界推重。

　　米彻尔的另一部专著《无地王约翰与亨利三世统治时期英国税制研究》③，也是探讨英国赋税财政史的重要著作。该著作出版于 1914 年，也属于英国赋税财政史研究的较早著述。与上书不同，该著作时间跨度更小，历两王，共 70 余年，内容较上书更加充实，除任意税外，大部分篇幅用来叙述其他税项，包括土地税、盾牌钱、犹太税等，同时还叙述了赋税授予、估值征收人员选举、估值征收过程、税物税款交付等内容。而由

　　① S. K. Mitchell, *Taxation in Medieval England*, Hamden：Archon Books, 1971.
　　② S. K. Mitchell, *Taxation in Medieval England*, Hamden：Archon Books, 1971, pp. 2, 161.
　　③ S. K. Mitchell, *Studies in Taxation under John and Henry Ⅲ*, New Haven：Yale University Press, 1914.

于时间跨度小而篇幅大，书中大量引述第一手资料，读来感到极为翔实厚重。由于出处多，注文量约达整个篇幅的 1/3，这在同类著作中也是很少见的。

1925 年，著名财政史家拉姆塞出版了他的名作《英王收入史》①。该著作规模较大，凡两卷，自征服者威廉一世写起，至理查二世止，跨 13 王，共计 333 年的历史。在研究风格上，与前面几部著作相比并无不同，一样注重原始资料的征引，对构成财政收入的各税项都进行了细致描述。但对国王若干重要年份收入的列举和大量表格的制作，却不仅表现了财政史所以为财政史的突出特征，从而为进一步研究英国中世纪赋税财政问题奠定了基础，而且显示了该著有别于上述各著的突出特点。另外，作者还注重对一些具体问题的叙述。例如，关于财政署结算的情景，作者首先依据《财政署对话》绘制了在功能上相当于算盘而看上去类似棋盘的计算工具，这一计算工具四边各置一长凳，每一长凳都按严格顺序坐有数量不等的人。拉姆塞说，他笔下的人员安排既不同于霍尔、普勒的叙述，也不同于《对话集》编者的说明。他显然在《对话集》之外参考了大量文献，并进行了严密考证，然后才确定这样一个在他看来更接近实际的顺序，充分显示了作者严谨的治学态度。对照这一工具，作者一一叙述财政署官员与执事人员的座次、职责、酬金、结算人员的顺序等。② 财政史著述向以枯燥著称，但这些内容的写入无疑使这类著述具有一定的文化含量，从而增加了可读性，使读者在检阅枯燥材料的同时也感受到一定的文化气息。从这里，我们的经济史家、财政史家理应获得关于如何撰写赋税财政史专著的某种启示。

昂温的《爱德华三世统治下的财政和贸易》③ 从财政和贸易的关系入手探讨了爱德华三世统治时期的赋税问题，论述了商税特别是羊毛税、议会和贵族、商人围绕征税问题同国王的斗争、协商制、议会授予制、财产估值等内容，与其他著作相比，该著作内容更集中，说明更细致。

---

① J. H. Ramsay, *A History of the Revenues of the Kings of England 1066 – 1399*, 2 vols, Oxford：Clarendon Press, 1925.

② J. H. Ramsay, *A History of the Revenues of the Kings of England 1066 – 1399*, Vol. 1, Oxford：Clarendon Press, 1925, pp. 26 – 38.

③ G. Unwin, *Finance and Trade under Edward Ⅲ*, Manchester：Manchester University Press, 1918.

　　1939 年，斯特雷耶和泰勒合著的《法国早期税制研究》①　一书出版。该书包括两部分。第一部分由斯特雷耶撰写，主要研究 13 世纪末到 14 世纪初腓力四世（或称美男子腓力，1285—1314 年在位）统治时期的赋税征收。作者对当时的税项进行了分类，主要考察了协助金、补助金（subsidy）和什一税等税项的征收。国王征税必须与纳税人协商，征得他们的同意。协商的对象有时是纳税个体如贵族个人，有时是纳税群体如世俗贵族组织、教会组织，有时则是多个对象。协商通常通过举办会议来进行，这包括中央会议、地方会议、贵族会议和宗教会议等多种形式。在制税与征税过程中，国王必须在多个环节上接受纳税对象的讨价还价，在做出不同程度的让步后方能获得某种额度的授予。本部分是对法国中古中期国王征税协商和同意的个案研究，资料大多取自原始档案，翔实可读。第二部分集中讨论 1318—1319 年即腓力五世统治期间的城市会议与战争补助金的关系，具体考察分析了法国不同地区主要是北部、南部和中部的城市会议，重点解释和讨论了城市会议的宪政意义。由于两位作者在该书出版之前分别进行了单独研究，所以在选题和基本观点方面存在差异，所论时间范围也不尽一致。

　　陶特的《中世纪英国行政制度史》②　则着重考察了财政机构宫室与锦衣库，认为，宫室和锦衣库是国王的私人财政机构，而财政署则是国家财政机构，它们之间的斗争是国王与贵族、议会之间围绕财政控制权所进行的宪政斗争。斗争的结果是，财政署树立了掌管国家财政的最高权威。该著以资料翔实见长，凡六卷，堪称鸿篇巨制。

　　通过以上述评可见，西方赋税财政史研究在 20 世纪二三十年代以前有一个共同特点，这就是重客观实证而轻理论分析。正因如此，我们宁可将这些研究视为一种史料整理或编纂。而这种整理或编纂首先与赋税财政史问题研究的刚刚起步密切相关。从资料整理经初级形式的以资料引用为主体的撰述到理论分析进而体系的建立，乃是学术发展的规律。这种规律注定使道沃尔等人具有这样而不是别样的著述特点。而与此同时，他们又显然受到了兰

---

　　①　Joseph R. Strayer and Charles H. Taylor, *Studies in Early French Taxation*, Cambridge：Harvard University Press，1939.

　　②　T. F. Tout, *Chapters in the Administrative History of Medieval England*，6 vols, Manchester：Manchester University Press，1920 – 1933.

克学派或兰克学派流风余韵的影响。须知，道沃尔的《英国赋税史》第一卷出版之时，正是兰克学派称霸西欧史坛的辉煌之日。即使是普勒、米彻尔、拉姆塞的专著出版时，兰克去世也不过二三十年时间，西欧史学界无疑仍然是兰克学派的天下。联系了这一学术背景，这些赋税财政史家所以具有这样的著述特点也就可以理解了。不过具有这种特点的著作对于中国学者搜寻资料而言却不是坏事，因为作者通过艰苦的劳动已将纷乱杂芜的史料分门别类地整理出来，可以说，几乎每一种税项都能轻易地概览到它的来龙去脉，检索起来十分便利。但是，即使在中国从事赋税财政史研究，也不可重复西方学者在 20 世纪初甚至 19 世纪末已经完成了的工作，而应在继承这些成果的基础上，在借鉴西方同代学者最新研究的同时，做出我们自己的解释。这就要求我们必须回到理论分析上来。只有对历史资料进行理论解读从而获得科学的结论，才是史学研究的最终归宿。

　　这里还应提出另一个问题，这就是面对同一材料，我们与上述史家为什么会产生如此迥异的心理感受？比如，关于国王征税要求的讨论，特别是这种要求遭遇某一权力集体否决的时候，初读米彻尔等人的著作，无论如何也难以理解作者为什么使用这样一种恬淡闲适的散文笔法，对这样一些洋溢着贵族民主精神的鲜活材料如此视而不见，超然物外而无动于衷！而我们呢？初次接触这类材料，首先感受到一种莫名的惊异，惊异人类历史曾经存在如此另类的文化！惊异茫茫中世纪居然蕴藏着这样的精神！那么，我们为什么会产生这样的感受？答案很清楚，我们与西方学者承受的文化积淀和所处的文化环境不同。身处欧美文化环境的米彻尔们对于这些材料所以感到恬淡自然，是因为材料所反映的历史状况原本就是他们生活的常态。但中古东方文化特别是中国文化则属于另一种文化。作为这种文化遗产继承者的我们，乍一接触这些材料时，心中无法不感到新奇、异动和振奋。简言之，我们所以有如此迥异的感受，是因为我们在看这些材料时进行了不自觉的理性比较。正是这种比较使我们产生了这样的感受，形成了这样的认识。这就是比较研究的魅力与意蕴所在。而且在许多情况下，不比较就发现不了问题，甚至不比较就解决不了问题。

　　如果说在赋税财政史研究的起步阶段也就是兰克时代，注重客观实证有其历史的必然，那么在赋税财政史研究的发展阶段或后兰克时代，资料整理已经具有了坚实基础，对这些资料做出理论的阐释同样是历史的必然。所以，到 20 世纪五六十年代特别是 70 年代，情况明显不同了。

1971 年，普林斯顿大学出版社出版了约翰·贝尔·何讷曼（John Bell Henneman）的《法国十四世纪的王室税收：1322—1356 年间战争财政的发展》一书。① 需要说明，反映 1322—1356 年法国王室财政的原始卷档已遭毁坏，因此，这一阶段的王室财政运行状况模糊不清。作者选取这个阶段作为自己的研究对象，其学术价值和理论意义是显而易见的，但其难度也是可想而知的。原始档案的毁损和原始资料的匮乏决定了作者必须首先收集相关资料，描述或揭示这一阶段财政税收发展的基本趋势。在作者看来，王室财政早期的历史可划分为几个阶段。1356 年之前，王室财政是一种战争财政，战争财政的特点是目的单一：征税就是为了打仗。财税管理工作也都是围绕战争而展开，相关机构都具有临时性、权宜性的特点。作者从人口统计和管理机构、经济与社会变化、理论上的王室财政权力与实践上的王室财政权力切入，以编年体而不是以专题或地区的方法依次论述了 1324—1329 年加斯科尼与弗兰德尔的战争补助金，1329—1336 年腓力六世的财政政策与封建协助金，1337—1348 年百年战争早期的三级会议、政治危机、财政困难和战争补助金，1349—1353 年统一税制基本趋势的形成，1354—1356 年的赋税协商制，最后形成自己的结论。

何讷曼对 1322—1356 年法国税收形态的描述或揭示，未必有意以兰克的治史方法研究这一阶段的法国税史。既然是史学研究，总要有一定的史实基础，何况这一阶段的法国赋税财政史暗淡模糊，没有一定的描述就无法进行分析和解释。尽管如此，作者仍然建构了自己的分析框架，力图在资料有限的条件下尽可能做出自己的分析。而当我们将作者的两卷著作合为一体进行观察的时候，作者的后兰克时代的特征就更加显著了：第一卷是在描述的基础上进行力所能及的解释；第二卷则是在第一卷描述的参照或比较中集中笔力解释 1356—1370 年税收财政体制的变化。

上述研究一经形成规模，就意味着独立成书，而对下一阶段财税体制变

---

① John B. Henneman, *Royal Taxation in Fourteenth-Century France: the Development of War Financing 1322 – 1356*, Princeton: Princeton University Press, 1971.

化的分析和解释也就在相对意义上形成另一项成果，因而也应该独立成卷
了。1976 年，爱荷华州立大学出版了他的《十四世纪法国王室财政：
1356—1370 年约翰二世的被俘与赎身》。[①]正如我们的分析所示，作者将两
书视为同一部著作，仅以卷次表现二者的区别，这就进一步彰显了作者的研
究宗旨。在作者看来，1356 年约翰二世的被俘，标志着一个新的财税时代
的开始，特别是 14 世纪 60 年代后期至 1370 年，无论是赋税的征收，还是
税款的管理，都有了经常性、计划性和专门性特点；无论是政府，还是民
众，对征税的意义都有了新的认识，形成了新的态度。由于原始档案的毁
损，对这个阶段进行统计学意义上的研究已不太可能或难度极大，而作者又
将这种变化置于军事、政治、社会以及外部因素的诸多错综复杂的关系中考
察和解释，于是便如作者所言，这一研究实际上是一种赋税政治史研究。然
而须知，当时学术界的同类研究，尤其是法国学术界，主要是从管理学的角
度进行专题讨论，以此观察作者的研究，就感到不仅视角新颖，而且思路比
较独到。另外，这时的法国正处在中世纪晚期向近代早期的过渡阶段，受此
制约，财税体制也经历着相应的变化，预示着近代早期相关制度正在形成。
而这种制度一旦定型，便意味着在未来几个世纪中得到推广利用，成为王室
财税体制的基本模式。从这个意义上说，这一阶段具有承前启后、继往开来
的作用，对大革命前或旧制度下的财税体制的形成和建设具有特别的意义。
这也许是作者以此为研究对象的目的所在了。在第一卷的参照和比较中，作
者仍以编年体方法解析 1356 年兰桂多克三级会议，1356—1358 年兰桂多尔
三级会议，1358—1360 年兰桂多尔关于释放国王的协商，包括赎金条约、
布列塔尼条约以及相关的支付问题，1356—1361 年兰桂多克保卫战的赋税
征收，1361—1368 年的协助金征收问题，1361—1368 年法国北部地区交易
税、盐税和炉灶税的征收，等等。或许是因受斯特雷耶和泰勒的影响，作者
对于法国中世纪的共同利益、共同需要、共同同意，以及三级会议、地方会
议、《大敕令》的积极作用和历史意义评价偏低，对受封建主义影响的地方
主义、特殊主义（particularism）和独立主义传统给予了过分强调，对史学

---

① John B. Henneman, *Royal Taxation in Fourteenth-Century France*：*The Captivity and Ransom of John Ⅱ*，*1356 - 1370*, Iowa：University of Iowa Press, 1976.

家的宪政主义情怀给予了含蓄批评。在我们看来，尽管作者力图描述这一时
期法国财税体制的走势，从而使他的著作洋溢着历史主义的气息，但他并没
有避免学术界的一种常见现象，即以现代人的眼光看待古人。以现代的标准
衡量中世纪的财税体制，这又使他的著作似乎缺乏历史主义的观照。不过，
这样的分析更加彰显了上述著作的理论色彩，进一步体现了后兰克时代的史
学特征。

　　1975 年出版的哈里斯的名作《国王、议会与中世纪英国的国家财政》①，
理论色彩更加鲜明。这部著作主要讨论国税的起源与发展、国王与议会的斗
争、议会授予制与补偿原则、战争对赋税的影响、国家财政机构的运行等问
题。而作者的意图显然在于通过国税的征收与征收的危机，在从个人同意到
共同同意的过程中，借助议会、国王与国家财政的构架建立起国税产生与发
展的理论体系。这就与上述米彻尔等人的著作具有了不同面貌。作者开篇讨
论的第一个问题——"国税的起源"就具有突出的理论特点。由于这个问
题在米彻尔等人的著作中已经述及，所以作者将之写成了驳论文章。为了否
定米彻尔等人的观点，行文涉及了罗马法、封建法、教会法、国家与元首、
封君封臣制、所有权、税项性质、共同需要、共同同意等众多复杂的概念。
而为了使得批驳有力，作者又深论这些概念以及概念之间的联系。正因如
此，该章的面貌迥异于上述几种著作：征引材料少而理论分析多，条分缕
析，逻辑严密。正是在长篇论析批驳的基础上，作者形成了自己的观点：公
共义务概念在许多方面虽然仍不完善，但它在第一次国税征收中显然已经发
挥了作用，成为国税征收的主要根源。② 从第三章开始，作者以较大篇幅讨
论了"税收的危机"。所谓税收危机，是指国王与纳税人或议会关系紧张，
矛盾尖锐，国王征税要求屡遭质疑、驳斥和否定，致使征税难以实施。在辩
论中，双方观点各有依据，涉及习惯法、封建法、教会法、国家与王权、公
民与义务、共同利益、个人同意、共同同意、少数与多数的制约问题等。而
没有概念的解释与理论的分析，税收危机问题便无从解决。另外，英国中古

---

① G. L. Harriss, *King, Parliament and Public Finance in Medieval England to 1369*, Oxford: Clarendon Press, 1975.

② G. L. Harriss, *King, Parliament and Public Finance in Medieval England to 1369*, Oxford: Clarendon Press, 1975, p. 26.

赋税征收涉及包括贵族、教会、城市、乡村、骑士、商人、自由人、农奴等各阶级阶层、群体个体的利益，而这些利益关系又盘根错节、纵横交织，没有理论驾驭，便难以理清史实，更遑论建立体系了。

总之，从 20 世纪五六十年代开始，西欧赋税财政史的研究进入了一个新的阶段，这个阶段以其理论的专长展现出一种迥然不同于上一阶段的风貌，而哈里斯的著作正是这种风貌的集中表现。

除了国别赋税财政史研究，西方学者还进行了区域赋税财政史研究。这种研究虽然将范围局限于西欧，但由于将几个或几个以上的国家置于同一视域，便在客观上产生了一种比较效应，这无疑有助于进行中西中古税制的比较研究。

莱昂研究了中世纪英国以及西欧若干地区的财政机构与组织状况，写成《12 世纪的财政》① 一书，对英国及其邻国弗兰德尔、诺曼底以及法国加佩王朝（987—1328）的财政机构和组织状况进行了比较，提出了一些有价值的观点。维波与维尔达夫斯基的《西方税收与开支史》② 是一部税收财政通史，在中世纪部分，讨论了私人政府、议会、国王收入，以及财政管理中的预算、审计等问题。由于作者以国王和人民的贫富为标准设计时间框架，且提出了一些新的名词和概念，给人面貌一新之感。

2. 宪政史、法律史与经济史研究

自斯塔布斯的名著《英国宪政史》问世以来，宪政史一直是英国中世纪史研究的重点之一。由于宪政史的研究必须而且必然涉及赋税和财政问题，宪政史的著述也就成为研究赋税财政问题必须利用的材料。斯塔布斯的《英国宪政史》③ 以翔实的资料论述了自公元前后以至 15 世纪英国宪政起源、发展的过程。为了描述这一过程，作者不仅深入研究了影响税制发展的若干重要封建文件如《大宪章》《大宪章确认令》《牛津条例》《大抗议书》等，而且征引了大量赋税财政史资料，涉及了英国中古时期各主要税项。而

---

① Bryce Lyon and Adriaan Verhulst, *Medieval Finance*: *A Comparison of Financial Institutions in Northwestern Europe*, Brugge: De Tempel, 1967.

② C. Webber and A. Wildavsky, *A History of Taxation and Expenditure in the Western World*, New York: Simon and Schuster, 1986.

③ W. Stubbs, *The Constitutional History of England*, 3 vols, Oxford: Clarendon Press, 1873.

自斯塔布斯至今，关于西方宪政法律史的著述业已蔚为大观，影响较大的有梅特兰的《英国宪法史》，梅特兰、波罗克的《英国法律史》，波拉德的《议会的演变》，尼尔的《伊丽莎白一世时期的下院》《伊丽莎白一世和她的议会》，霍兹华斯的《英国法律史》，塞勒斯的《英国中世纪议会的职能》，威尔金森的《中世纪英国宪政史》，莱昂的《中世纪英国宪法与法律史》，等等。宪政法律史的研究之所以涉及赋税财政史的内容是因为宪政法律史学家要通过这些内容来认识宪政法律史的问题，加深宪政法律史的研究。反之，利用宪政法律史的资料同样可以拓宽我们的视野，深化对赋税财政史的研究。

与宪政法律史相比，经济史研究与赋税财政史的关系更为密切，因为赋税财政史原本是经济史的一个重要组成部分，所以经济史著也多涉及赋税财政问题。而与宪政法律史相比，西方经济史研究起步更早，著述更多。这里也只能择其要者略作说明。英国经济史家波斯坦的名著《剑桥欧洲经济史》[①] 是一套区域经济史著，其第三卷论述了中世纪英、法、德、意、西以及北欧、东欧等国赋税财政问题。其他如汤普逊的《中世纪经济社会史》[②]和《中世纪晚期欧洲经济社会史》[③]、利普森的《英国经济史》[④]、奇波拉的《欧洲经济史》第一卷[⑤]等也都涉及了赋税财政问题，因而是我们研究赋税史必须参考的著述。

三 关于中西中古税制的比较研究

历史比较研究方法已经很古老了，但关于中西中古税制的比较研究却还远不如人意。欧美学者虽有时在宪政史、经济史、文化史著述中偶尔涉及中国中古赋税问题，但还大多为蜻蜓点水，浮光掠影，更为重要的是未将相关内容纳入中古税制比较研究的框架，因此还很难说是比较研究。国内这方面

---

① M. M. Postan, *The Cambridge Economic History of Europe*, Vol. 3, Cambridge：Cambridge University Press, 1979.

② 〔美〕汤普逊：《中世纪经济社会史》，耿淡如译，商务印书馆1984年版。

③ 〔美〕詹姆斯·W. 汤普逊：《中世纪晚期欧洲经济社会史》，徐家玲等译，商务印书馆1992年版。

④ E. Lipson, *The Economic History of England*, Vol. 1, London：Adam & Charles Black, 1945.

⑤ 〔意〕卡洛·M. 奇波拉主编《欧洲经济史》，徐璇译，商务印书馆1988年版。

工作约始于 20 世纪 90 年代。马克垚先生主编的《中西封建社会比较研究》[①] 列专章比较了中西中古财政的一些异同，但由于该书的宗旨在于将中西中古社会进行全面的总体的研究，关于财政的探讨便不是财政史专论，更非赋税史专论，仅仅点到为止。近年，虽时有关于比较研究的论文发表[②]，但这些论文也都是就中西中古税制中的个别问题进行讨论。由此可见，无论在国外还是在国内，关于中古税制的比较研究基本上还是空白。

上文对中西中古社会赋税财政史的相关研究进行了学术史的考察和梳理。显然，中国和西欧学者关于本土税制的研究都已取得了可喜的成绩，但比较研究与单纯的中国史研究和世界史研究不同，绝非将两方面成果机械地拼凑在一起，形成一加一等于二的关系。而应将中西中古税制置于同一参照系中，在充分占有赋税史资料的条件下和掌握个案研究的基础上构建新的框架，提出新的问题，进行新的研究。这样的研究便不仅具有新意，而且具有难度。所以，要想通过内在的深入的比较，取得一批高质量比较税制史的成果，以改变目前薄弱局面，不仅需要时日，而且需要学者们的共同努力。

---

① 马克垚主编《中西封建社会比较研究》。
② 如《华东师范大学学报》2007 年第 1 期 "中西中古赋税理论比较研究" 栏目中的一组文章：顾銮斋的《主持人的话》《比较史学视野中的赋税基本理论》，顾銮斋的《中西中古赋税理论中的一些概念及其界定》，施诚的《试析中世纪英国税收理论》，张殿清的《国王财政自理原则与英国赋税基本理论——都铎王朝末期突破国王财政自理原则的实证考察》，王毅的《中国皇权社会赋税制度的法理逻辑及其制度后果——从 "王税" "官课" 成为赋税基本形态谈起》，黄敏兰的《从 "家天下论" 看中国皇帝天经地义的征赋役权——兼与西方赋税理论的比较》。

总　论

基本理论

第　一　章

赋税基本理论

第一节　概念

一定的赋税行为或财政活动，总有一定的思想给予指导。这种思想经过一定的重复、贯彻和修正，便逐渐外化为理论，成为实践活动所遵循的基本依据。这种理论有层次之分，其中，经过累世传承而贯穿整个社会，并反映这个社会赋税制度基本特征和基本精神的那个层次，我们称为赋税基本理论。

显然，中西中古社会都不会没有自己的赋税基本理论。但在中国学术界，这种理论似从未有人论及。即使在西方学术界，虽有学说、理论之称，却也没有"基本理论"之说，更没有将这种理论划分为层次。但事实上，赋税理论有层次之分，比如在基本理论之下，有"量出制入"或"量入为出"、预算等理论。在这些理论之下，还有各税项的专门理论。这里主要讨论赋税理论的最高层次——赋税基本理论。

中古社会的赋税理论问题首先是由西方史学界提出来的。早在 17、18 世纪，历史学家和法律史家就已经关注税制中的法律习惯，并开始研究"共同同意"（Common Consent）的相关问题[1]。19 世纪，英国牛津学派的代表人物斯塔布斯在研究英国宪政史时开始注意到赋税制度的重大作用。宪政

---

[1]　E. Sandoz, *The Roots of Liberty*: *Magna Carta*, *Ancient Constitution and the Anglo-American Tradition of Rule of Law*, Columbia: University of Missouri Press, 1993.

运动是近代资产阶级的民主政治运动，但它绝非无本之木，无源之水。为了深入认识这一运动，他们将目光投向中古社会，考察分析了中古社会的赋税理论。斯塔布斯在他的巨著《英国宪政史》① 中探讨了赋税授予、冤情改正、共同同意等理论问题。以今人的标准衡量，他的探讨还有欠深入，对某些概念的概括也不尽确切，甚至显得模糊。但研究宪政理论无法将赋税财政问题置而不论或仅仅蜻蜓点水论而不多，对此，他显然有清晰的认识，所以下笔信马由缰，洋洋洒洒，涉及了大量赋税史资料。正是这些具体生动、丰富多彩的资料和对赋税问题的探讨，引起了人们的极大兴趣，从而将赋税理论的讨论引向了深入。进入 20 世纪，随着赋税理论研究的进一步开展，有人开始在大学讲台上讲授英国税制史。耶鲁大学教授米彻尔的讲稿以较长的篇幅讨论了"共同同意"问题。后来，这一讲稿以《英国中世纪的税制》②为题在耶鲁大学出版社正式出版，引起了很大反响。20 世纪 70 年代，英国学者哈里斯推出了他的力作《英国中世纪的国王、议会和国家财政》③，在更深层次上讨论了英国赋税问题。至此，英国赋税基本理论经过近百年数代人的努力，开始形成拥有自己的概念系统和分析框架的理论体系。但是，由于宪政派史学素有极强的功利色彩，主张研究历史必须为现实政治服务，更由于宪政史学对后世的影响，西方学者难免夸大议会的权力，低估王权的作用。他们所提出的概念、创立的理论、形成的结论难免带有理想色彩，因而存在失实失真之处。但必须承认，这些概念、理论和方法完全是在西方历史文化背景下提出来的，具有很强的比照作用，因而对于研究中国历史具有重要的启示和借鉴意义。

需要说明，西方学者虽没有提出赋税基本理论的概念，但依我们对赋税基本理论的层次划分，他们所谓赋税理论，大体上就是我们所说的赋税理论中的最高层次。

西方史学家之所以能够提出这一问题并就此展开讨论、获得一定成就，首先因为这些概念和理论所分析概括的历史对象原本即西欧中古社会的客观

---

① 　W. Stubbs, *The Constitutional History of England*, 3 vols, Oxford: Clarendon Press, 1873.

② 　S. K. Mitchell, *Taxation in Medieval England*, Hamden: Archon Books, 1971.

③ 　G. L Harriss, *King, Parliament and Public Finance in Medieval England to 1369*, Oxford: Clarendon Press, 1975.

存在，只不过散见于浩繁的史料之中，需要挖掘整理。例如国王要向人民征税，必须首先征得人民同意，这是西欧中古社会的普遍现象。而要征得同意，须首先说明征税目的或理由，说明是否代表人民的利益。于是，"共同利益""共同需要""共同同意"等问题便在国王与人民主要是贵族的讨论、争辩中逐渐明朗，并形成了一定的概念和理论。所以现在一提西方中世纪赋税基本理论，人们会马上想起这些清晰而完整的概念。但在中国中古社会，在人们的观念中，纳税是天经地义的事情，皇帝如此，官员如此，臣民也如此。皇帝及其属下的使命是征税，臣民的任务是纳税，各安其业，各守其位，各尽其责，无怨无悔。所以，不仅臣民不会质疑征税的合理性，质询他们在其中应享有什么权利等，即使是那些抨击"苛政猛于虎"、为臣民鸣不平，甚至为民请命的受过良好教育的高素质官员，也不会认为这里存在什么问题。所以，中国中古社会虽然历史悠久，却始终没有提出这样的问题，自然也不会形成这样的概念和理论。人们甚至不会想到，中古社会的这种状况深深影响甚至制约着中国历代学术的发展，以至于历代史家、经济史家或食货论者，都不会也想不到去研究这样的问题。更为重要的是，由于传统学术视野和方法存在问题，赋税基本理论问题也就必然成为学术的"盲点"。

第二节　概念的界定

在中国学术界，中古社会赋税基本理论问题还是刚刚提出，与之密切相关的其他一些理论问题也都缺乏必要的思考和讨论。有鉴于此，这里拟对赋税理论中的有关概念作一初步界定。而所谓概念的界定，是指除了给予相关概念以定义外，主要是想说明赋税基本理论与其他理论的关系，因为就定义而言，基本理论与其他理论没有本质的差别。

赋税理论是赋税征收、管理和支出的基本依据，如前所论，它包括两个层次，一是深层理论，二是表层理论。依习惯，我们将深层理论称为赋税基本理论，将表层理论称为赋税专项理论。中西中古社会各有自己的基本理论和专项理论。但与基本理论不同，我们为中国中古某一专项理论和西方相应阶段的某一理念形态取了相同的名字，都称"量出制入"。之所以如此，除因赋税收支的确采取了大体一致的形式外，便只是为了依循习惯，因而沿用约定俗成的名称。但须知，相同的名称或形式并不排斥不同的内涵或精神。

一　专项理论

一种赋税基本理论，可以生出几种或多种赋税专项理论。这里以资料相对集中、讨论比较多见的"量入为出"和"量出制入"为例作些讨论。

在"入"与"出"的关系上，中国历史上曾形成了"量入为出"和"量出制入"两种理论。有学者将这两种理论看作会计制度[1]，有学者将之看作财计理论，还有学者看作财政思想、财政制度等[2]。而从税收角度看，笔者则将它们视为赋税理论中受赋税基本理论制约的赋税专项理论，而且认为恰恰是这两种理论构成了自殷周开始而贯穿整个中古社会的两种赋税收支和管理的依据。学术界所以将之看作不同概念，是因为学者们思考的问题不同，观察的角度有异，不能说这些提法没有道理。而作为一种完整的概念，它们的不同侧面的确具有不同的表现和作用。

关于前者，《礼记》在谈到殷周两朝制税时说："冢宰制国用，必于岁之杪，五谷皆入，然后制国用。用地小大，视年之丰耗。以三十年之通，制国用，量入以为出……"[3] 这是所见文献关于"量入为出"的最早表述。而我们所以将之看作赋税理论，是因为它是赋税改革思想的外化，而且一直是中国赋税史上税收实践的重要依据。"量入为出"在提出之前，无疑进行了思想的整理或论证，特别是关于其中比例关系的说明，显然经过了深思熟虑，其结果合情合理，所以外化为理论后已显得相当系统。在这里，支出和储备是关注并解决的首要问题。为了解决这些问题，理财家将收入划分为四部分，其中三部分用于支出，一部分用于储备。这显然是一个比较合理的选择。储备大了，或者影响财政开支，或者增加人民负担，而这两点又都会直接影响国家的治理和安全。储备小了，又往往杯水车薪，无济于事。比例关系确定了，再经过一定的实践过程获得进一步修正，最终形成一个符合实

---

① 周伯棣：《中国财政史》，上海人民出版社 1980 年版。

② 郭道扬：《中国会计史稿》上册，中国财政经济出版社 1988 年版，第 91、251 页；下册，第 370—378 页。

③ 《礼记·王制》。

际、切实可行的方案。正是经过了这样一个过程，《礼记》才说："国无九年之蓄，曰不足，无六年之蓄，曰急，无三年之蓄，曰国非其国也。"① 而要达到这一目标，就必须重视储备。所以又云："三年耕，必有一年之食。九年耕，必有三年之食。以三十年之通，虽有凶旱水溢，民无菜色，然后天子食，日举以乐。"②

后来，《史记》在谈到汉初财政管理时又提出了"量出制入"的理论："孝惠、高后时，……量吏禄，度官用，以赋于民。"③ 学界多以此作为帝室财政和国家财政分理的例证，笔者则将之视为关于赋税征收与管理理论的最早表述。稍后，桑弘羊论盐铁，又提出了"计委量入"的原则，当是对"量出制入"理论的又一次表述。迨至唐中期，杨炎进行改革，更明确提出并贯彻④了"量出制入"的理论："凡百役之税，一钱之敛，先度其数，而赋于人，量出以制入。"⑤ 虽无具体材料证明汉代初年和唐代中叶曾对这种理论进行过分析和论证，但显然不能因此否认它们在提出之前早已经历了一个思想整理、论证和外化的过程，因而不能否认它们的理论性质。而由于《盐铁论》的传世，武帝时代"计委量入"的形成过程具有相对集中的材料，这里即就此作些分析。

迨至西汉高后之际，特别经"文景之治"到汉武之世，商品经济已获重大发展，不仅出现了累积巨万的富商大贾，矿山湖海诸业也臻于繁荣。这时的国家财政不可能只坐视人民致富而甘于国库空虚。对于这种经济形势的变化，精于理财、专于会计且身为大农丞的桑弘羊看得最清楚，所以他说："故工不出，则农用乏；商不出，则宝货绝。农用乏，则谷不殖；宝货绝，则财用匮。故盐铁、均输，所以通委财而调缓急"⑥，从而提出了"计委量入"的主张。"委"，委积也，积聚之意，谓合计各种收入，以制支出。这段议论，可以说是基于当时经济形势的细心观察而对农、工、商之间的关系，特

---

① 《礼记·王制》。
② 《礼记·王制》。
③ 《史记·平准书》。
④ 关于杨炎"量出制入"的贯彻，学界尚有争论。
⑤ 《旧唐书·杨炎传》。
⑥ 桓宽：《盐铁论·本议第一》，中华书局 1984 年版。

别是这些部门与国家财政关系的最好论证。而且具有同样识见的绝不仅桑氏一人，御史也因此支持桑氏的意见。迨至唐代，经济形势又有重大发展。学界虽以汉唐盛世而将两朝并称，其实仅就经济发展而言，汉就不能与唐同日而语。在这种形势下，身为宰相的杨炎不可能面对经济发展与财政拮据的状况而不去制定对策以开拓新的财源。更何况，在经济发展远逊唐代的汉初已经提出了"量出制入""计委量入"的理论，这对他来说无疑是重要的理论遗产。这样，我们便可以说，"量出制入"是从汉初以迄中唐，经过多代理财家的论证而形成的一种非常成熟的赋税理论。

关于西欧，有学者在评价杨炎在世界财政史上的地位时似乎认为，19世纪以前也实行"量入为出"，直到19世纪后期才提出了"量出制入"的理论。[①] 据笔者对西欧财政史的考察，感到很难得出这样的结论。这里必须注意国家财政与王室财政两个概念的区别。西欧中古社会的国家财政是指涉及全国人民共同利益的公共财政。基于特定的历史条件，这时的西欧其实还没有常设的国家财政。赋税包括国税与封建税两类，国税是指向全国人民征收的赋税，征收目的在于进行涉及全国人民共同利益的内外战争。战争爆发之前或进行之中，须筹措战费，于是才有国税的征收，国家财政由此而得以建立。一俟战争结束税款用完，国家财政也事实上不复存在。国王财政是指国王或王室的私人财政。国王都有广袤的私人领地，如英国国王，这种领地遍布各郡，此外还有一些其他财政进项。梅特兰将这种收入概括为6项，如司法收入、教职收入、盾牌钱、协助金、任意税等。[②] 由于王室有这么多进项，而王室人员又不是很多，政府机构也有限，所以往往存有积蓄，于是有别于国家财政。即使如此，所谓王室积蓄，也已是很晚的事情。所以通常所谓国库的起源，其实是指王室私库或内库的起源。一直到13世纪，国王还长年累月乘坐马车巡回就食。[③] 依理，所谓财政，唯国家所有。私人财产的收支管理不宜取财政之名。其所以如此，实因学术界对相关概念有欠清晰却又长期视而不见，因而形成了认识上的误区。另外，国家财政与国王财政的

① 胡寄窗、谈敏：《中国财政思想史》，中国财政经济出版社1989年版，第331页。
② F. W. Maitland, *The Constitutional History of England*, Cambridge：Cambridge University Press, 1946, pp. 92 - 94.
③ 〔英〕肯尼思·O. 摩根：《牛津英国通史》，王觉非等译，商务印书馆1993年版，第155页。

混一管理也容易造成相同结果。无论国税还是封建税，收取之后从来同置一处，无分彼此，并由同一套班子负责管理。相关组织虽也常常遣人予以特别审计，但终究不能取得分理带来的成效。这就很容易造成将王室财政视为国家财政的错觉。战争结束后，国家财政停止了，但国王财政还存在。所以，通常所谓财政即指国王财政，而我们的认识，是将国家财政与国王财政混为一体了。

由此可见，西欧中古赋税理论自始就不是"量入为出"，而是"量出制入"。而"量出制入"是指有出则有入，无出则无入，或有出则有征，无出则无征，所以具有"即征即用"的特点。受这一特征的制约，赋税征收具有很强的目的性，而且一般说来，所征税款都有专人管理或议会委派人员进行审计，稍有盈余或短欠，都不足以改变"即征即用"的特点。这样便与中国不同，西欧国家不是等有了储蓄再去打仗，而是战争的紧迫造成了赋税征收的事实。但对国王来说，类似的储蓄应该是有的，这就是国王作为封君向封臣征收的部分封建常税，即封臣所负的骑兵役。对于这种兵役，国王可依封建法规定随时征召。但又显然迥异于中国，它不是以钱物的形式业已储存备用，而是直接封臣遵令按领地大小每年带领一定数目骑士服役40天，所需费用全由自己负担。另外，从理论上说，对外作战属于公益事业，战费应由臣民缴纳。而这种储备，属国王私有，但国王正是将这种个人储备用于战争了。这就进一步混淆了国家支用和私人消费的界限，从而更容易造成认识的错觉。但是，战争绝不会按封建法规定的时间进行，往往是旷日持久。如此，便不是封臣所负40天就能了事，而必须大量招募雇佣兵作战，而这时，便不能不向全国征税了。但是，这种征税又绝非国王任意而为，因为制税权主要归由贵族组成的某一权力集体执掌。如果国王的征税要求得到允准，接着便就征税的时间、地点、税项、征收规模等做出估计和决定。在西方中古社会，税款用途主要是战费开支，简单而纯粹，而战争发生的地点、持续的时间、投入的人数等，都可以有一个大致的估计，根据这一估计，就可以推算出某一种或几种税征收的规模和数额。这就是所谓"量出"。有了"量出"，自然也就有了"制入"，虽然"量"与"制"本身未必精确吻合。所以，就国税征收而言，的确是在没有储积的情况下以应急需。这时英国的多数对外战争如对法战争、苏格兰战争、威尔士战争等，都是在即将或已经爆发的情况下才开始征税。所以说，这才是真正的"量出制入"。

　　但在西方相关文献中，很少见到关于西欧中古社会"量出制入"的表述或概括。韦伯等著《西方收支史》虽大量论及税款管理内容，并设专章考察财务预算问题，但关于"量出制入"的概念也没有涉及，说明在现存、所见文献中相关内容的贫乏。

　　虽无"量出制入"的概括，却有"量出制入"的理念，而且这一理念在征税实践中具体化了，表现为征税活动依循这一理念进行或开展。这样看来，"量出制入"的专项理论较中国晚成，还处在形成过程中，因而就现阶段而言具有不完备的特点。但就渊源来说，它直接产生于赋税基本理论，因而受到"同意"的有力制约。如果将这一理念分解开来，则可以看到其中至少包括 3 个明显的分析要点。

　　首先，"量出制入"的理念区别了私人消费与国家支出两个概念。在两者的关系上，"量出制入"属于国家支用，国王或王室用度属于私人消费。国家支用出自国税，而王室消费出自国王个人收入。这就从国税开支中排除了国王或宫廷消费费用，从而大大缩小了税款支出范围。如前所论，同一般封建主一样，国王都拥有自己广大的领地，拥有众多的财源，这些领地和财源给国王带来了丰厚的收入，使他有可能依靠自己的收入生活而无紧缺之虞，所以很早就形成了"依靠他自己的收入生活"[①] 的习惯。而且事实上，国王作为封君与封臣缔结君臣关系时已经接受了封臣因领有土地而向国王负担的封建常税，不可再向封臣重复征税。显然，"量出制入"已经将这一点容涵在内了。

　　其次，这一理念肯定了政府的私人性质。西欧中古社会的政府概念不同于中国，有学者称之为"私人政府"（private government），[②] 不无一定道理。所谓"私人政府"，其存在的时间从西罗马帝国灭亡至 14 世纪末。笔者以为，这是对西欧中古政治形态或封建格局的一种写意性描述或概略性说明，虽然比照历史的细部可能存在不尽一致吻合之处，但不能否认在一定程度上

---

　　① 关于这一问题，学术界还有不同看法，参见施诚《论中古英国'国王靠自己过活'的原则》，《世界历史》2003 年第 1 期。

　　② C. Webber and A. Wildavsky, *A History of Taxation and Expenditure in the Western World*, New York：Simon and Schuster, 1986, p. 181.

概括了西欧中古社会的现实。而既然政府属于或在一定程度上属于私人性质，包括吏员薪俸在内的一切政府开支自然由国王自己支付。正是由于很早就形成了这样的社会共识，政府开支由国王个人支付也很早就形成了习惯。而且，即使国王违反传统而为此提出征税请求，也难以得到纳税人或制税组织的同意。这就进一步缩小了税款支付的范围。

最后，这一理念认定战费是税款开支的主要项目。按照这一理念，国王征税必须首先征得纳税人同意。这就意味着，国王只有在从事与臣民相关或涉及全国人民共同利益的事业时才可以征收赋税。而这种事业在当时条件下主要是战争：或对外开疆拓土；或保卫领土；或平定内乱。虽然事实上，关联共同利益的事业不仅仅是战争，还有外交等等，但涉及的开支都属于私人政府的开支范围。这样，战费的筹集也就成为赋税征收的主要形式。正是由于战争的爆发一般为突发事件，同时由于战费筹集涉及每个人的切身利益，在中古社会民族国家尚未产生或刚刚产生因而民众的民族国家观念还十分脆弱的情况下，纳税人不会主动储积税款以备战争爆发，而且国王也缺乏正当的征集理由。这样，我们便可以说，14世纪以前西欧各主要国家绝大部分税款都是应一时急需而临时征收的。而由于征收前经过了有关权力集体的大致的"预算"，这种征收遂有"量出"和"制入"的特征。

也许，西欧中世纪关于这个层面的理论还没有得到概括。如此，则可以认为，赋税基本理论同时发挥了专项理论的作用。那么，这些赋税专项理论或理念与赋税基本理论之间是怎样一种关系呢？

二　基本理论与专项理论的关系

就赋税专项理论而言，它首先是一种征税方法或技术。征收赋税总要采取一定方法，而无论是先量入，还是先量出。量入者，征收在先，量出者，征收在后，这都属于方法选择的内容。同时，量入和量出都须使用一定技术，特别是随着征税实践的不断进行，这种技术必然日益重要，因为它直接关联赋税征收的成败，影响财政目标的实现。无论是方法还是技术，都必然经过一定的分析过程，进行一定的总结或概括，这就必然凝结为理论。这样看上去，专项理论好像独立于赋税基本理论。但实际上并非如此，而仍然与基本理论息息相通。无论是中国的家天下、"王土王臣"说，还是西方的

"同意"，无论这种基本理论潜在地起作用还是彰显地起作用，在它们的运行过程中，总需要一定的方法。这便有了"量入为出"和"量出制入"。相反，如果没有赋税基本理论的制约，这种方法或技术的采用也就不可想象了。而之所以形成上面的错觉，可能是因为我们将赋税基本理论过于意识形态化了。这种意识形态化在客观上造成了两者的割裂，从而造成了上面的假象。笔者曾撰文论及赋税基本理论的实质，认为，它不过是一种文化现象，这种现象是中西中古社会生活过程的最直接、最自然的表现或流露，是后来的政治学研究赋予了它太多的意识形态色彩。

但它同时又反映赋税基本理论的一定精神。这里必须强调，所谓精神，以及下文有关赋税理论的一些用语，都是一种中性的表述，而不包含任何褒贬之意。这里力求以中立的价值尺度客观地认识基本理论和专项理论的关系，而拒绝一切意识形态用语。基本理论是专制的，专项理论通常也是专制的；基本理论具有民主性，专项理论通常也具有民主性。也就是说，专项理论一般反映基本理论的基本性质。

在中国赋税史上，所谓量入，一般不会征求纳税人意见。一部悠久的赋税史，从来都是官方的单向行为，有时甚至是皇帝个人的行为。这里所谓量入，实际上是指制入，或者说量入和制入是同一过程的不同表述。制入即指具体的征收，而征收的过程同时也就是税量统计的过程，随着征收的完结，官方对征收数额也相应了如指掌。在这样一个过程中，从税项的选择、税率的确定到量入过程中一应活动和决策，似乎从来不问民间反应。在中国历史的一定时期或某一皇帝统治的某一阶段，农民的赋税负担可能是轻的，例如汉代的十五税一和三十税一，但这与赋税理论的基本精神无关。农民负担的轻重并不能改变赋税理论的性质。而"量入为出"和"量出制入"的专制性和随意性正是赋税基本理论的直接反映。

学者们无不夸赞两种理论并用的策略，这在技术上当然方便快捷，而且还可能降低征税成本，可以收到取长补短、左右逢源的效果。但问题也恰恰出在这里，选择的可能性越大，回旋的空间越广，采纳的对象越多，税权的随意性就越大，专断性就越强，法律的可依性就越小。事实上，作为两种赋税理论，"量入为出"和"量出制入"各有优劣，欲使这些优劣达到最大化和最小化，则不仅仅是一个技术性问题，而应有相应的制度作保障。在中古社会的具体条件下，皇帝的意志至高无上，这就难免造成随意性的征收行为，因而使制度保障难以建立。正因如此，中古赋税征收时两种理论并采，难有定制可循。

自殷周以迄秦代，历代政府基本执行"量入为出"的赋税理论，这在学界似无争论。但"量出制入"付诸实践后情况不同了，中国政府从此有了两种专项理论。对此，郭道扬、胡寄窗和谈敏等先生都曾有过探讨，都认为两种理论同时受到政府的采行。但郭道扬强调以"量入为出"为主，偶尔改行"量出制入"。① 胡寄窗和谈敏先生则强调实际上以"量出制入"为主，而"量入为出"作为一种"财政教条"，不过为人们在习惯上嗪诵而已。② 在笔者看来，第一种观点主要强调了赋税主体或正税的征收所依据的理论，如是，则可以认为在相当程度上反映了征收的实际。因为第一，从文献记载看，《史记》说仅在高后之际改行过"量出制入"。而且从桑弘羊纵论盐铁舌战群儒的情况来看，时间可能比较短暂。虽然桑弘羊同时提出了"计委量入"的主张，但并未坚持执行。第二，从每年征收的赋税总量看，也似以"量入为出"的征收为主体，虽然不时有皇帝加征的例子发生，加征的总额在多数情况下低于征税的总数，有时甚至很有限。但是肯定前者并不意味着否定后者。在笔者看来，胡、谈的观点至少在加征、增征的问题上反映了历史的实际。因为正税之外的加征、增征，或临时性征收的事例自汉初以迄中唐可谓史不绝书，这些征收实际上遵循了"量出制入"的理论。份额看似零碎，但绝不可小视，累积起来，有时甚至超过正税总额。将两种观点结合起来认识也许更加符合历史实际：赋税主体或正税的征收主要依据"量入为出"，但主体或正税之外的征收都大体贯彻了"量出制入"。

从唐后期开始，政府仍然两种理论并采。先看正税的征收。杨炎改革后，"量出制入"既然作为重要理论再次被提出，而且又确有它的便用之处，政府当然不会将之束之高阁。所以中唐以后一度采用这一理论。其时，"天下之财，限为三品，一曰上供，二曰留使，三曰留州，皆量出以为入，定额以给资。"③ 宋承唐制，也曾承袭这一理论。依笔者理解，汪圣铎先生

---

① 参见郭道扬《中国会计史稿》上册，第286页。
② 胡寄窗、谈敏：《中国财政思想史》，第330页。
③ 《元稹集》卷三十四，《钱货议状》。

所谓"财政收支的预测和先期安排"即包含了"量出制入"的成分。[①] 但元丰改制后，宋廷又转而采用"量入为出"。门下侍郎司马光说："天下钱谷之数，五曹各得支用，户部不知出纳见在，无以量入为出。"[②] 而关于度支郎中及员外郎的职权范围，文献也说："参掌计度军国之用，量贡赋税租之入以为出。"[③] 这样，在"量出制入"得到短暂使用后，赋税理论又回归了"量入为出"。这种回归在更大程度上并非因后者方便适用，而主要取决于皇帝的意志。明初，太祖再三强调"取之有制，用之有节"，因而坚持采用"量入为出"的理论。时隔200年，张居正在任内阁首辅时仍念念不忘祖宗旧制，以"量入为出"为理财之本。他上台后，曾面对皇帝痛陈国家财政之窘，主张坚定不移地执行"量入为出"的古老理论。他说："夫古者，王制以岁终制国用，量入以为出，计三年所入，必积有一年之余，而后可以待非常之事，无匮乏之虞，乃今一岁所出，反多于所入，如此年复一年，旧积者日渐消磨，新收者日渐短少。"方今之计，须谨遵古制，"务使岁入之数，常多于所出，以渐复祖宗之旧。庶国用之裕，即民力亦赖以少宽也。鄙谚云，常将有日思无日，莫待无时思有时。此言虽小，可以喻大。伏惟圣明留意"。[④] 在商品经济已有长足发展的情况下，"量出制入"也许更加适合新形势下的征敛。但作为拥有庞大国家机器的明政府，首先考虑的是节流问题，因而仍然坚持"量入为出"。但张居正虽官至内阁首辅，对于征税却无决定之权。所以欲继续采行"量入为出"，必须奏请皇帝批准。至清代，历史条件虽又发生重大变化，但翻检这时的有关理财论著，仍见理财家将"量入为出"奉为圭臬。柴潮生的《理财三策疏》强调生产、惜农、收入三大环节，认为这三个环节最终须归结为节用，而要厉行节用，就必须贯彻"量入为出"的原则。[⑤] 19世纪后期，民族资产阶级的改良派吸收国外理念，为中国理财领域带来了清新之风，如王韬、薛福成等人，著书介绍了"量出制入"的财政原则，主张借鉴英、法等国的理财经验，采行"量出制入"。

---

① 汪圣铎：《两宋财政史》下册，第646—649页。

② 《宋史·职官志》。

③ 《宋史·职官志》。

④ 《张文忠公全集·奏疏八》。

⑤ 贺长龄：《皇朝经世文编》卷二十六，《户政·理财上》。

但同时，又有人坚持认为，二者必须双轨并行。黄遵宪即强调取有制，核租税，说："权一岁入，量入为出；权一岁出，量出为入，多取非盈，寡取非绌，上下流通，无壅无积，是在筹国计。"① 而无论实践上两种理论并采，还是理论界两种理论并采的主张，都是赋税基本理论制约的结果，或者说是赋税基本理论表层的具体的反映。

再看附加税的征收。两税法实施之时，朝廷曾言之凿凿：多征一钱，即以违法论处！但就在杨炎改革的第二年即782年，淮南节度使陈少游便奏请增征两税钱200文，朝廷也因此命各州照此征收。792年，剑南西川观察使韦皋又奏请加征十分之二的赋税。宋代之后，各朝计财多有亏空。这里列举一些数字予以说明。宋英宗治平二年，亏空达17500000缗。此后，特别是与辽、西夏以及金的和议，更导致连年亏空，如牛负重。元代自建立以来，政府财政似乎一直处在困窘之中。至元二十九年，财政收入为2978300余锭，支出为3638500余锭，亏空660000余锭。大德十一年，国家常赋4000000锭，应支6400000锭，亏空逾2400000锭。至顺二年，亏空达2390000锭。明初，厉行节约，辅以严刑峻法，财政年有结余。但中叶以后，复陷入冗官、冗兵、冗费的恶性循环之中。嘉靖十年以后，太仓收银2000000两，岁出3470000两，年亏1470000两。隆庆元年，太仓存银1350000两，而岁支共计5530000两，一年之入仅维持3月之用。自嘉靖七年（1528）至隆庆元年（1567）的40年间，每年亏空都在二三百万两左右。② 这样，在"量入制出"的部分早已支尽的情况下，或设法弥补财政亏空，或依据量度实施征敛以应急需，等等，而每次增征、加征都经过了大体的预算，因而都属于"量出制入"的征收。

这样，正税的征收，多采用"量入制出"，正税之外的征收特别是众多的增征与加征，多采用"量出制入"。而无论是正税的征收，还是增征或加征，在两者的选择上以及在各自的具体采用中都主要取决于皇帝一己的意志。需要说明的是，这种意志绝不是在没有条件的情况下发生作用。如果皇帝不是无知或年幼，他总要对臣下的意见做出自己的价值判断，以决定采纳

---

① 黄遵宪：《日本国志》卷十五，《食货志》。
② 中国财政史编写组编著《中国财政史》，第304—305、312、350—351、390—391页。

或否定，于是便有了理论的选择以及征税过程中的行为表现。而这些现象或表现，正是赋税基本理论的性质的反映。

西方则不同。就国王自身而言，他也不希望征求纳税人意见，这种例子在英法历史上并不少见，因而反映了国王企图超越纳税人和议会直接征税的某种心理。但这并非西方历史的主流。西方的主流是国王必须而且通常是接受纳税人意见，征得他们同意。所以，西方赋税专项理论的采纳表现为国王对传统或习惯的遵循而不是在多种理论中做出选择。英国早在盎格鲁－撒克逊时期，国王征税就一般征求某一权力集体的意见并征得他们的同意："古代英吉利的撒克逊诸王在王国内并从王国的建立时起，就没有强权也没有特权不经王国大会议同意和授权向他们的人民征收国税。"[1] 诺曼征服后，威廉及其后继者继承了英吉利的法律传统。[2] 在早期阶段，首先征得贤人会议同意，然后再与各纳税人协商。贵族大会议建立后，则须征得贵族大会议的同意，但是贵族大会议的同意并未取代个人同意的表决方式，或者说还不能约束少数人的行为，因而还必须与纳税个人协商。[3] 议会产生之后很久，议会批准国王征税并约束少数人的行为方形成制度。

在法国，由于民族习俗的自然延续和罗马法的直接影响，遇事共同协商表决一直是国家制度的通则。早在查理大帝统治时期，国家大事即须提交公民大会商定。在三级会议诞生之前，国家要征税，都要征得地方会议同意。而同意的习俗不仅国王和臣民都遵守，在观念上也都是认同的。以此而论，《大敕令》（或称《三月大敕令》）的颁布与其说是王权衰落、市民或"第三等级"势力崛起的结果，不如说是法国或西方文化精神的自然流露。三级会议产生以后，所批准的租税都具有临时性质，而且征收明文规定年限。而国王也承认他应当用自己领地收入支付他的开支，而无权下令征收新税。论者常常以 17 世纪初年三级会议的停开证明法国君主专制政体的强大，但

---

① Prynne, "Second Part of a Seasonable, Legal, and Historical Vindication", pp. 64 – 65, quote from John Phillip Reid, *The Jurisprudence of Liberty*, note, p. 207.

② "The Dialogue of the Exchequer", see David Douglas, *English Historical Documents*, Vol. Ⅱ, Oxford: Oxford University Press, 1998, p. 567.

③ S. K. Mitchell, *Studies in Taxation under John and Henry*, New Haven: Yale University Press, 1914, pp. 386 – 387.

须知，此后国王仍然召开一种由社会名流参加的会议，谓之"名士会议"，组成成分虽不似三级会议那样广泛，但仍然来自组成三级会议的三个等级。这就不能说共同同意的精神或习俗已经泯灭或消失。而且新税的设立必须经过他们的同意，然后再派税吏征收。即使在路易十四时代，全国三级会议停开已久，国王征税仍须征得地方三级会议的同意。而这种遵循是西方宪政文化早期发展的表现，是赋税基本理论表层的、具体的反映。

综上所论，中西赋税基本理论与专项理论之间的关系具有不同的表现：在中国，"量入为出"和"量出制入"的并采直接受赋税基本理论制约，反映赋税基本理论的性质。在西方，由于"量出制入"还主要限于实践领域，而没有得到文字或话语的应有概括，所以可认为，赋税基本理论与专项理论二位一体，"量出制入"的实践乃赋税基本理论的表层、具体的反映。而一般来说，基本理论是一种深层理论，专项理论则是一种表层理论，前者一般决定后者的性质，后者则表现或反映前者的特征。即如前文所论，基本理论是专制的，专项理论也一般是专制的；基本理论具有民主性，专项理论也一般具有民主性。

第三节　赋税基本理论

一个政权对民众征税，不可能没有理由。这个理由经过一定的修正加工后必然形成理论。中古时代，文明已有长足发展，无论中国还是西方，都不会没有自己的赋税理论。

关于中国中古赋税基本理论，2005 年以前，尚不见于国内相关史籍和当代著述，笔者著文提出了这一概念，并进行了探讨。[①] 但这次探讨还只是初步的，例如，作为赋税基本理论重要组成部分的宗法论、家天下还仅仅点到为止，且未及嫡长子继承制、君主论以及与这一理论密切相关的分封制。这里，拟就这些概念展开进一步分析和讨论，以尽可能全面地论述中国中古赋税基本理论。关于西方中古赋税理论，如前所述，西方学术界很早就有涉及，国内学术界则刚刚起步。笔者在上述同一篇文章中提出了这一概念，但

[①] 顾銮斋：《从比较中探寻中国中古社会赋税基本理论》，《史学理论研究》2005 年第 4 期。

未展开论述，后应《华东师范大学学报》之邀，组织专栏讨论中西中古赋税理论问题，其中也包括了西方赋税基本理论。[①] 2010 年，施诚的专著《中世纪英国财政史研究》出版，也讨论了英国中世纪的税收理论[②]问题。这样在国内学术界，无论是中国中古社会赋税基本理论，还是西方中古社会赋税基本理论，作为问题，便都已经提了出来，但所谓讨论，都还是初步的。中国赋税基本理论需要中国史学者的深入挖掘；西方赋税理论现在主要涉及英、法、德等欧洲主要国家，其他中古国家仅仅限于提及，还远未展开讨论。这些都有待于学术界同人戮力攻坚，将讨论扩大并推向深入。

一　中国赋税基本理论

中国古代赋税基本理论在嫡长子继承制的逻辑起点上建构了宗法君主论——家天下和"王土王臣"说的理论体系。宗法君主论、家天下和"王土王臣"说在赋税基本理论层面实为一个整体，彼此难以割裂，只是为了论证的方便，才将它们拆开分析。

实际上，中国上古和中古社会的权力话语一直没有中断对赋税基本理论的描述、诠释、论证和宣扬。而受远古遗传基因的强力制约，这种理论呈现了迥异于西欧中古赋税基本理论的鲜明特征。

（一）宗法君主论

经过漫长的传说时代，到了商周，中国政治制度业已成型，这就是嫡长子继承制、宗法制、君主制的初步形成。嫡长子继承制的设置必然涉及与其他诸子的关系，为了嫡长子的控权稳固，也为了其他诸子的生存以至权利上的保障，制度必然安排其他诸子予以辅佐、烘托和拱卫，由此建立起宗法制。而嫡长子在家庭层面上为家长，在宗族层面上为族长，在国家层面上便为君主。君主制一经建立，宗法君主论——家天下和"王土王臣"说便相应形成，作为资源处分的基本形式，分封制的实施与否也必然蕴含其中。综观制度的形成过程可以看到，首先是建构的实践，继而是对这种实践的认同和总结，最终形成理论。

---

① 参见顾銮斋《主持人的话》《中西中古赋税理论中的一些概念及其界定》，施诚《试析中世纪英国税收理论》，《华东师范大学学报》2007 年第 1 期。

② 施诚：《中世纪英国财政史研究》，商务印书馆 2010 年版。

　　商代在康丁、武乙之前已有明显的嫡庶之分。卜辞中称父考为"王帝"，而旁系先王则无"帝"之称谓，因此"帝"表示嫡庶关系。"帝"之外，文献中还有"帝子"称谓，裘锡圭、王晖等先生认为应读为"嫡子"。与此相对应，卜辞中还出现了"介""介子"等称谓。"介"，意为"庶"；"介子"意为"庶子"，恰好分别与"帝""帝子"形成相对的概念。① 但是，嫡庶之分并不意味着嫡长子继承制的必然建立，也就是说，这时的王位继承仍然沿袭兄终弟及制。后来，祖甲对兄终弟及制进行了改革，设立了自幼立储制。至康丁之时，兄终弟及制最终得以废除，从而使自幼立储制过渡到嫡长子继承制。《殷本纪》和殷墟卜辞中的康丁传武乙、武乙传文丁、文丁传帝乙、帝乙传帝辛等都是父子相传、嫡长子继承制建立的证明。与此同时，近亲宗族组织也建立起来。文丁建立了近亲四祖以内的亲族组织，帝乙建立了近亲五祖以内的亲族组织。这就将近亲四祖和五祖以内的亲族族人与他人区分开来，并提高了近亲四祖或五祖以内的父祖的地位。而由于宗法制的基本原则是"亲亲""长长"，所以，嫡长子继承制、宗族组织的建立也就意味着宗法制的建立。这时的宗法制还远不健全，但正是在这种不健全的基础上，西周王朝修正殷商旧制，增建新制，终于使宗法制得以确立并臻于完善。

　　在西周健全的宗法制里，王位由嫡长子继承，为大宗；其他诸子则封为诸侯，为小宗。王室之下，诸侯国国君之位仿王位继承制也由嫡长子继承，为大宗；其他诸子封为卿大夫，为小宗。而卿大夫之位仍由嫡长子继承，为大宗；其他儿子则封为士，也为小宗。士以下，仍有嫡庶之分，一般仍以嫡长支为大宗，庶支为小宗。这样在表现形式上，宗法制酷似金字塔，周王位居塔顶，众多的嫡庶子孙构成塔基。但在本质上，乃是一种建立在血缘关系之上的政治关系体系。在这里，孝亲与忠君是一致的。小宗敬顺大宗既是对祖先的孝，也是对封君的忠。而由金字塔的基层逐级上推，以至于周王。周王既是天下姬姓之大宗，又是各国诸侯的共主。与异姓诸侯，姬姓则通过婚姻关系缔结另一种血缘关系。这样，对于同姓诸侯，周王称伯父或叔父，而对于异姓诸侯，则称伯舅或叔舅了。

----

　　① 王晖：《商周文化比较研究》，人民出版社 2000 年版，第 288 页。

嫡长子继承制的建立是为了维系家庭或家族的完整和有序，使之团结、集中、强大并传之久远。要达到这一目标，嫡长子必须将权力集中并控制在自己手中。而要集中和控制权力，必先控制人口和资源，从而形成"唯我独大独强"的格局。而控制了人口和资源，赋税的征收和税制的建立也就成为题中应有之意。

嫡长子继承制扩及国家，必然为君主制。而由于权力的过分集中，君主必然为专制君主。

春秋战国时代，诸子百家就自然、社会、宇宙、人生等许多重要问题展开了广泛而持久的讨论。可以说，进入讨论范围的这些问题几乎没有一个取得了各家的一致意见。唯有君主、君主专制，几乎作为当然的理论前提和理想的政治制度予以对待和探讨。而且，这个问题是讨论最多的问题之一，很多学者都有专门著述，或在他们的著述中作过专门讨论。所以，在先秦诸子的观念里，国家的治理似乎不需要制度设计，更没有制度选择，唯有君主专制一种形式，而这种形式乃是由天道注定的。在这里，找不到古希腊亚里士多德那样的学者，更没有《政治学》那样的著作。正是在这个时代，建构了历时 2000 年之久的君主专制的理论基石。

诸子都将中国哲学中的"本根""道"等概念用以比附君主。《管子·形势解》说："天覆万物，制寒暑，行日月，次星辰，天之常也；治之以理，终而复始，主牧万民，治天下，莅百官，主之常也。"《老子·二十五章》说："道大、天大、地大、王亦大。"《韩非子·扬权》说："道不同于万物，……君不同于群臣。"这就将君主推上人世的峰巅，成为人间的绝对权威。这个权威必然通过嫡长子继承制而产生并由嫡长子出任，除非这个嫡长子不存在或无法承担这一职位。而支撑这个权威的正是宗族和宗法组织，并通过分封制来建构和维系。于是家天下的景观形成了。既然君主是人世峰巅和人间权威，那么，君主必然只有一个。《慎子·德立》说："多贤不可以多君，无贤不可以无君。"《管子·巴彦》说："使天下两天子，天下不可理也。"孔子说："天无二日，民无二王。"孔子的观点得到了孟子的赞同，[1]虽然孟子在政治观点上提倡民本，对君主多有批评。荀子虽为儒家学派的代

---

[1]　《孟子·万章上》。

表人物，在这一问题上也与法家如出一辙。《荀子·致士》说："君者，国之隆也。……隆一而治，二而乱。自古及今，未有二隆争重而长久者。"君主只有一个，便必然独揽大权，丧失制衡，顺我者昌，逆我者亡。《管子·七臣七主》说："权势者，人主之所独守也。"《商君书·修权》说："权者，君之所独制也。"《慎子·佚文》说："君臣之间，犹如权衡也。权左轻则右重，右重则左轻。重迭相橛，天地之理也。"孔子主张礼、乐、征伐自天子出。墨子力倡一切政令都要听命于天子，认为"上之所是，必亦是之；上之所非，必亦非之"。① 《吕氏春秋·用民》说："君，利势也。"范雎说："势者，王之神。"《管子·任法》说："明王之所操者六：生之、杀之、富之、贫之、贵之、贱之。"而君主独揽大权，毫无制约，便必然以专制、独裁的方式治理他的国家和社会。《管子·明法解》主张"兼听独断"。兼听的目的在于巩固和强化君主的地位，从而为独断提供必要的保证。②

　　先秦诸子的观念中缺乏制度设计和选择的思想以及他们对于君主专制在逻辑上环环相扣、谨严有力的论证，乃是中国传统文化发展的必然现象。是这种文化发展的必然性决定了他们"在众多问题上常呈现多方向、多线条的思维，一个问题常有数种不同见解，唯独在君主专制这个问题上有百流归海之势"。关于这个问题，刘泽华先生认为，"当时有可能从君主专制范围内向外突破，就政治体制问题提出新的设计，但是诸子没有提出新的思想，这个机会一失，再也无法弥补。在后来高度的君主集权制及其淫威横施的条件下，更难于提出新设想了"。③ 而在我们看来，将君主专制"作为当然的理论前提来对待"乃是传统文化制约下中国学术思想发展的大势。这种大势并不排除趋向相左甚至相逆的小势的存在，正如归海的百流之外还存在细小的逆流。但是这些小势绝无力改变强劲而且必然的大势。战国时代的百家争鸣是中国传统文化制约下的百家争鸣。在这种争鸣的环境里，农家不是曾对君主制度产生怀疑甚至挑战吗？但这种怀疑与挑战过于胆怯、苍白和无

_____

① 《墨子·尚同中》。
② 这里参考了刘泽华先生《中国的王权主义——传统社会与思想特点考察》第二章中的"3、《君主一人独裁论》"，所用资料也由此转引。
③ 刘泽华：《中国的王权主义——传统社会与思想特点考察》，上海人民出版社2000年版，第128页。

力，根本引不起主流学派的注意，因而全然湮没在法、儒、道、墨诸家的争吵中了。因此，讨论制度设计问题，不可脱离传统文化的基本背景。

诸子百家中尤其是儒家，对"三代"怀有深深的眷恋之情。这不仅因为上古史中确有他们可以利用的资源，更重要的是，"三代"寄托了他们关于人生、社会、国家或社稷的最高理想。面对礼崩乐坏、群雄并起的社会现实，孔子进行了细致的观察和深入的思考，慨叹世风日下，人心不古，立志拨乱反正，恢复人间秩序，使社会发展重新步入传统轨道。他说："一日克己复礼，天下归仁焉。""仁"是孔子全部思想体系的核心，而"归仁"的前体是"复礼"。"礼"是什么？是周礼，是"贵贱有等，长幼有差，贫富轻重皆有称者也"。① 而周礼，传说由周公所制，是西周关于人际关系和社会秩序的范本。周礼的核心一是宗法制，一种关于君臣、父子、嫡庶、贵贱、贫富、亲疏等上下有别、长幼有序、先后有致的以"家"为基本精神的制度；二是分封制，一种将天下财富和人民视为己有的以"家天下"为基本特征的制度。这种以复古为基本特色的政治理论，企图将千年之前的制度移植到当代，将业已分崩离析的周"天下"破镜重圆。"复礼""归仁"可以说代表了孔子关于周制的基本评价。其实，对周制竭加颂扬并力主移植的并不仅是儒家，如上文所述，诸子百家几乎都将君主制度作为立论的当然的前提。而这种制度不过是各家学者对西周也是春秋战国各诸侯国实行的政治制度的概括和总结。这就表明了他们对君主制度的肯定。法家同样推崇周礼。《管子·明法解》说："君臣之间明别，则主尊臣卑。"《韩非子·忠孝》言，"臣事君，子事父，妻事夫"乃"天下之常道也"。《管子·君臣上》说："天有常象，地有常形，人有常礼……人君之道也。"这些表述从本质上说，与上述儒家的言论没有不同。

所谓诸子的理论，当然首推《韩非子》。它提出了法、术、势学说，极力主张加强君主专制权力，建立中央集权统治，认为商周灭亡的原因在于诸侯过于强大，而晋齐两国所以遭受瓜分和取代，是因为大臣过于富裕。只有以"术"除奸，"散其党"，"夺其辅"，才能巩固统治。另外，影响专制统治的因素还有所谓"五蠹"，包括"百无一用"的学者、以言谈为业的策士

---

① 《荀子·富国》。

与说客、以游侠为生的剑客、逃避耕战而依附于人的患御者，以及工商之民。对此，须禁其行，破其群，从而为君主权力的加强扫清障碍。在论证如何加强专制权力的基础上，韩非子勾勒了专制统治下的政治秩序："明主之国，无书简之文，以法为教；无先王之语，以吏为师；无私剑之捍，以斩首为勇。"① 在韩非子这一理论的影响下，秦建立了中央集权专制政体，并始用皇帝之制。由此可见，学术界所谓嬴政建立专制政权并用皇帝之制，是受了法家理论特别是韩非子的直接影响，这当然是正确的。但如果说秦政仅仅受了法家的影响也似乎与史实有违。因为如前所论，战国百家除了农家外几乎都主张袭用君主制度，而这种制度正是在西周最早形成，并由于宗法制、分封制、礼乐制、井田制的建立而显得结构严谨、秩序井然，因而成为诸子心目中理想的制度。韩非子的这一理论正是在这一现实的基础上提出来的。没有这一现实基础，也就很难说有韩非子的理论。所不同的只是，在君主制的共同前提下，各家对君主如何做得更加符合自己的价值尺度持有不同意见。所以，延续或承袭西周君主制是诸子百家共同的政治理想和理论遗产。

在诸子理论的指导下，战国时代各国开始了变法运动。诸子的理论较之周制自然有其新颖之处，但它的基本部分都是在继承的基础上延续传统，表现为在西周的基础上进一步加强君主权力。传统著述所以极力强调变法的意义，可能与以五种生产方式理论体系为基础的历史分期特别是战国封建说有密切关系。因为既然战国时代标志着中国封建社会的开始，按照一般的思维方式，新旧时代或奴隶制与封建制之间肯定存在重大差别。在这种思维方式的作用下，人们必然极力觅求两者的不同，这样也就自然产生出一些牵强的差别。而如果摈弃了这种分期，人们也许会感到所谓差别其实没有那样显著，甚至会感到继承的东西远多于创新。战国时代各大国主要采用了法家思想进行改革，而这些思想仍然是对西周君主制思想的继承与延续。延续的结果，自然是使君主的权力越加集中，越加强大。

后来，秦始皇借助法家如韩非子的"权、术、势"等理论，建立了中国历史上第一个大一统的中央集权专制主义政权。但这里必须区分一个概

---

① 《韩非子·五蠹》。

念，大一统的专制政权秦朝无疑为第一个，但若说专制政权，则秦朝很可能不是第一个，至少与秦同时建立专制政权的还有一些国家，这就是春秋时代较早建立的各诸侯国。如果仔细考察这些国家的政权结构，就会发现，它们其实都已具备了专制的特质。而这些专制小国的形成，都是实践诸子理论的结果。

宗法君主论以及相应的制度形成后，家天下和"王土王臣"说也就必然顺理成章、水到渠成了。

（二）家天下和"王土王臣"说

中国学术界把中国古代国家的建构形式概括为"家国一体"或"家国同构"，认为中国古代国家是按照家庭的模式建构起来的，家庭是国家的缩影，国家则是家庭的扩大。① 作为这种建构形式的观念形态，早在传说时代业已显露端倪，形成了标明帝王宗法家长属性的"后"的称谓。在甲骨文里，"后"为妇女生育的象形。而在远古，母亲是人类社会最早的权威。所以夏启夺取最高权位不久，即正式称后。而在国家形成之时，"后"更成为"渗透着生殖崇拜、祖先崇拜和家长崇拜的宗法性称谓"。② 后来，又出现了"君父"一词，"君"者，帝王之谓也；"父"者，家长之谓也。将"君""父"结合在一起，可以说绝好地反映了那个时代家天下的思想观念。在这种思想观念中，君主具有绝对权威。表现在政治上，则为建立专制政体，支配天下一切。所以，夏商周三代大大小小的君主皆称自己为"君父"，在《春秋》等儒家典籍中，这一称谓也是使用频率最高的君主称谓。而且，"君父"绝不是君主单方面的自诩，由于当时宗法观念是普遍接受的社会政治观念，社会成员也都认同这一称谓，理所当然地认为君主相对臣民具有父亲的内涵，具有父亲的权利、义务和责任，因而在心理上必然衍生出强烈的从属感。在这种观念的支配下，商、周诸王便以"我邦""我家""王家"来指称国家，从而开始了盛极一时，之后又不绝如缕的延续数千年之久的土、民分封。

如果说，在中国的历史条件下，君主制必然意味着家天下，那么，也同

---

① 参见冯天瑜、周积明《中国古代文化的奥秘》，湖北人民出版社 1987 年版，第 66 页；李宗桂《中国文化概论》，中山大学出版社 1990 年版，第 35 页。

② 刘泽华：《中国的王权主义——传统社会与思想特点考察》，第 225—226 页。

时意味着"王土王臣"说。而"王土王臣"说，在绝大程度上又不过是家天下的另一种表述形式。"王土王臣"是"溥天之下，莫非王土；率土之滨，莫非王臣"① 名句的简称，之所以做这种简称，完全是为了论述的便利。作为中国中古赋税基本理论的重要组成部分，"王土王臣"说其实经常出现在我们的笔端，习见于历代著述的字里行间，只是现当代论者在引用和讨论时忽视了它们的经济作用。更重要的是，即或涉及经济问题，也不去联系赋税征纳，这自然很难将它们看作一种赋税基本理论了。在这里，笔者试图对这一习见的理论给出一种新的解释。

其实，古人很早就将这种理论与赋税征纳联系起来。《管子·轻重篇》即云："先王知其然，故塞民之羡，隘其利途，予之在君，夺之在君，贫之在君，富之在君。"② 管子作为一代名相，无疑接受了去战国时代不久的西、东两周的"王土王臣"理论。在这种理论的支配下，他显然将国家视为君之私产。因此在他看来，"予、夺、富、贫"之权也就由君主独享。而对于国家来说，这些权利集中表现在土地分配和赋税征纳上。如果说"予、夺"之权主要体现在土地上，那么"富、贫"之权也就主要体现在赋税上。这样，管子便将"王土王臣"与赋税征收联系起来。战国之后，每个朝代几乎都有类似的言论。例如，韩非子说"邦者，人君之辐重也"③；荀悦说"天下之财归之陛下"④；陆贽说"夫以土地，王者之所有"⑤；曾肇说"一财之源，一地之守，皆人主自为之"⑥；陈亮言"兵皆天子之兵，财皆天子之财，官皆天子之官，民皆天子之民"⑦。这些言论的思想根源无疑都来自这一理论，而关于处分财源、土地的主张无疑也都触及了征税问题。其实，从《诗·小雅·北山》的"溥天之下，莫非王土；率土之滨，莫非王臣"，经《左传》的"封略之内，何非君土，食土之毛，谁非君臣"，以及秦始皇的"六合之内，皇帝之土，人迹所至，无不臣者"，到《白虎通义》的"普

---

① 《诗·小雅·北山》。

② 《管子·轻重篇》。

③ 《韩非子·喻老》。

④ 荀悦：《申鉴·时事二》。

⑤ 《陆宣公集》卷二十二，《均节赋税恤百姓第六条》。

⑥ 曾肇：《曲阜集》卷一，《上哲宗论君道在立己知人》。

⑦ 《陈亮集》上卷，《上孝宗皇帝第一书》。

天之下，莫非王土；率土之滨，莫非王臣。海内之众，已尽得使之"等，无不暗含着天子随意征税的信息，从而透露出这些源出相同而表述略异的言论的赋税基本理论的性质。

在制度批判的意义上，古人的言论也较多触及了征税问题，从而进一步将"王土王臣"说与征税实践联系起来。叶适在论及治国用人之道时指出："一兵之籍，一财之源，一地之守，皆人主自为之。"[①] 这里也暗含着君主随意征税的信息，而联系上下文的意思可见，作者对这种征税的任意性是持批判态度的。皇帝所以对财源、土地随意处置，概因家天下和"王土王臣"说理论而形成的对国土民众的专有。黄宗羲在与《诗》相反的意义上转引了《诗》的表述，将激情凝注笔端，谴责皇帝"视天下人民为……囊中之私物"[②]；"视天下为莫大之产业，传之子孙，受享无穷"[③]。

这里所引古人言论无疑证明了"王土王臣"说作为赋税基本理论的作用。但须知，这些言论还仅仅将"王土王臣"说与赋税征纳联系起来，却未证明前者即为赋税征收的基本依据。相反，它们对二者之间的关系还很模糊，还不知道前者怎样对后者发生作用。事实上，分封制对此作了注脚，不仅贯彻了"王土王臣"说的基本精神，而且使它的理论性质更具直观意义。

古人很早就对家天下和"王土王臣"说有模糊认识，正是基于这些认识，才采取了相应的分封制的资源处分形式。中国古代的分封开始于传说中的夏代。《史记·夏本纪》说："禹为姒姓，其后分封，以国为姓，故有夏后氏、有扈氏、有男氏……"如果说，夏代的分封因夏本身的是否存在尚存争议还不能形成定论，那么，商代的分封，经过学术界的反复论证则已经确信无疑了。《史记·殷本纪》说："契为子姓，其后分封，以国为姓，有殷氏、来氏、宋氏、空桐氏、稚氏、北殷氏、目夷氏。"不过，这时的分封还是以方国部族内部的自然分化为特征[④]。随着"家天下"观念和"王土王臣"说的发展和完善，在商代分封的基础上，周代开始了典型的分封。这

---

① 《叶适集·水心别集》卷十，《始议二》。
② 黄宗羲：《明夷待访录·原臣》。
③ 黄宗羲：《明夷待访录·原君》。
④ 王晖：《商周文化比较研究》，第 323 页。

里所谓典型，在于天子一授土地，二授人民，三授礼器。授土授民体现"家天下"的本质内涵。授礼器则为分封的形式，具有"册封"的意义。后世的分封，大体效法此制。周代分封始于文王；大规模的分封则在武王克商之后和周公摄政期间；成、康之后，则趋于尾声。分封的对象首先是姬姓贵族，主要是文王、武王、周公的后裔，如文献载："周初立七十一国，姬姓独居五十三人。"① 其次是异姓亲戚。然后是元老重臣和圣王后裔。诸封国中，最重要的是东方的齐、鲁，北方的燕、晋，以及中原的卫国。齐属师尚父，都营丘（今山东淄博），属海岱之间的薄姑故地，是控制渤海沿岸和莱夷地区的重要封国。鲁属周公，在"少昊之墟"，都曲阜，统治徐、奄、淮夷等东方之地。燕归召公奭，都于蓟（今北京），控制燕山南北的戎狄部落，是镇守西周北土的重要屏障。卫属周公之弟康叔，以朝歌（今河南汲县北）为中心，属殷人故地，控制殷民七族。此外有宋、陈、杞、蔡、随、息、申、吕、蒋等封国。

战国时代的七个大国都继承了西周的分封制。齐国的孟尝君继承父亲的封地，"封万户于薛"；齐襄王封田单为安平君，后"益封安平君以夜邑万户"；秦庄襄王封吕不韦为文信侯，"食河南、洛阳十万户"。此外，秦国的卫鞅、赵国的赵胜、魏国的无忌、楚国的黄歇等都曾以都邑、城市或郡县受封，所以才有了商君、平原君、信陵君、春申君之称谓。封君在封地内享有很多权力，包括税权、一定的人事权和用兵权、经商与放高利贷权，有些封地还具有一定的世袭权。② 杨宽先生将战国与西周分封制进行比较，概括了四点差异。③ 由于这些差异过分强调战国分封的封建制性质与西周分封的奴隶制性质，读来似有牵强之感。而且前后也有矛盾之处。客观地讲，两者的分封肯定存在差异，因为前后究竟相隔一千多年，而且，战国时代进行了变法，这种变法必然影响分封制的传承。但是，这些差异很难说有本质的不同。事实上，分封的基本形式经春秋时代传给了战国，又经战国传给了秦汉，并进而传给了后来的中古王朝。

汉初分封以军功为据，厉行"非功不侯""非汉之功臣不得王"的原

---

① 《荀子·儒效》。

② 杨宽：《战国史》，上海人民出版社 1983 年版，第 242—248 页。

③ 杨宽：《战国史》，第 242—250 页。

则，因此异姓功臣受封者甚多。但不数年，异姓诸侯多有反叛，遂尽取其地以封子弟亲属，而改行"非汉之同姓不得王"的原则了。但同姓之中，犹有亲疏，因此进一步灭其疏者，而以异其子孙。另外须知，汉代还开始了分民的先河。古代只有分土，并不分民。汉初，诸侯即依大小等次配以数量不等的民户。文帝时因流民回归故里，户口增加，列侯大者可得三四万户。[①]可以说，自此才真正开始贯彻"王土""王臣"的精神。随着中央权力的逐渐回收，诸侯权力日渐削减，七国之乱后，仅剩"君国子民"之名，而无治国理民之实，仅食其邑入而已。但是西汉后期诸侯虽不参与治国，却还享有封土。至东汉，连封土也没有了，仅得其名，受廪禄。而魏晋以后，所谓封建，更属形式。受封者或寄宿京师，或虽得爵名，却仍须采樵以自给，甚至连袭封也不存在了。唐宋以来，大都有封无建，"设爵无土，署官不职"[②]。正因如此，许多人认为封建的实质已不复存在："唐自中叶以来，唐子弟之封王者不出阁，诸臣之封公侯者不世袭，封建之制，已尽废矣。"[③]虽然明代因"藩屏帝室"的需要又有使分封制呈现死灰复燃的迹象，但历史的主流是分封制违反发展的趋势而必然走向灭亡。所以这种分封只在太祖时实行，其后马上废除，而自此以迄清末的数百年间，不复有分封的现象。上述诸朝的分封，大多仅仅使受封者就食于封土，赋敛于封地百姓。所谓"食封"，正是指这样一层意思。如果说明代的分封因"藩屏帝室"的需要而使这一理论的表现有欠直观，那么汉、唐特别是唐代的分封，则纯粹是一种食封。唯其如此，我们才容易理解家天下和"王土王臣"说的赋税基本理论的直观性。

从一般意义上讲，君主制并不必然意味着家天下和土民归属王有，例如西欧中古社会，情况即如此。但在中国古代的历史条件下，家天下和"王土王臣"说则是嫡长子继承制、宗法君主论及其相关制度的必然逻辑。家天下和"王土王臣"说一经宣布，君主业已将土地和人民收入囊中，这时再俯瞰国之概貌，便形成了宇内一家的景观。至于对人民和土地的处分形式，实施分封还是选择其他，则并不具有绝对必然性或本质意义。而究竟采

① 《汉书》卷十六，"高惠后功臣表"。
② 《唐会要》卷四十六，《"封建"条》。
③ 《文献通考》卷二七六，《封建考》。

取怎样的形式，最终还是取决于君主的意志。所以，分封在秦汉之前是资源处分的主导形式，之后便不绝如缕了。

在我们看来，家天下和"王土王臣"说理论无时无处不影响、制约皇帝、国家的财政活动，无时无处不作用臣民的纳税心理和行为。一般情况下，这种影响或作用是隐蔽的、潜在的，因而是难以察觉的。因为如上所述，在征税过程中，朝廷或税吏无须向纳税人说明征税理由，而纳税人也不去质疑他们的行为，反而认为事情本该如此。这样，如果将中国中古赋税史看作一条长长的河流，那么，赋税基本理论因无须提出无须讲说从而无须跃出河面便成为隐动的潜流。但是，河面所以有浪花飞溅，是因为有潜流在运动，支撑并推动着河面的涌进。中国中古社会的赋税基本理论在征税过程中正是起着这种潜流的作用。

二　西欧赋税基本理论

同中国中古赋税基本理论一样，西方中古赋税基本理论亦渊源有自，后经变迁演化，逐渐形成了思路明晰、逻辑严谨的三个组成部分，这就是共同利益、共同需要和共同同意。

三个部分都包含了"共同"一词，可以认为其中隐含着三种理念。第一，个体或群体的分立。比如一位伯爵是一个个体，一位主教、一个城市、一个修院是一个个体，一位国王也是一个个体。所以所谓"共同"，是指国王的要求代表了各个体而不仅仅是国王一己、几人或少数人的要求。在这里，国王和伯爵、主教、城市或修院等结成了一种分立的关系。而分立则意味着平等或一定程度的平等。第二，国王难以代表国家。在西方中世纪，国家的概念还比较淡薄，对国家的责任还不是非常明晰。所以，国王可以代表政府，却难以代表国家。虽然有时国王宣称代表国家，但却不为贵族所认同。而贵族特别是大贵族，却常常标榜他们代表国家。如果情况相反，像中古时期的东方或中国那样，"天下"归属皇帝一家，"溥天之下，莫非王土；率土之滨，莫非王臣"，皇帝即国家，也就不会有"共同"问题的提出。第三，宗主思想。宗主思想是11—13世纪欧洲大陆与英国封建主中流行的思想。在这些封建主看来，国王是他们的宗主，与他们处于同等地位。法兰西封建主把国王看作同自己平等的人，最多看作一名高级贵族或

"平等者中的第一人"（有学者译为"贵族中第一人"）①。英国封建贵族则把自己看作"王国的平等者"（Peers of the realm），其含义与法兰西封建主类同。② 在西欧封建社会，法制观念是根深蒂固的，人们认为"法律造就了国王"，"国王必须服从法律"，"法律高于国王的尊严"③。虽也有国王高于法律的说法，但不为社会所认同，也没有介入法律实践。而法律是由国王和教俗贵族共同制定的。后来，随着议会制度的确立和议会权力的增长，立法权渐归议会执掌，这就意味着国王必须服从参与立法的诸阶级的意志。

（一）共同利益

共同利益主要强调王国内居于社会上层的各群体、各个体利益的一致性。所以在理论上，只有在这些群体、个体利益一致的条件下，方可谈及征税问题。

经院学者特别是阿奎那曾反复论及共同利益问题，认为君王是由上帝设立的，君王的职责是繁荣公共利益，促进公共幸福。正是由于经院学者有这样的论述，共同利益便成为国王征税的基本依据或理由。可以这样说，英国12—14世纪王室颁布的所有关于征税和涉及征税的重要文件里，几乎都出现了为了共同利益，或王国利益，或公共福祉，或公共需要等字眼。约翰在1205年召集贵族大会议开会，将对法王腓力四世的战争视为王国的战争，将1/13税的征收目的解释为"保卫我们的王国"，并将之等同于"恢复我们的权利"④。在1207年动产税的征收令状上，将这次征税的目的表述为"保卫我们的国家"⑤。而国家是大家的而不仅仅是国王的，而且这时的国王还难以代表国家。亨利三世在1224年贵族大会议讨论怎样恢复他们在法国的世袭领地时，将王领的丧失视为对英国王权尊严和权利的损害。1243年

---

① 〔苏〕康·格·费多罗夫：《外国国家和法律制度史》，叶长良译，中国人民大学出版社1985年版，第72页。

② B. Lyon, *A Constitutional and Legal History of Medieval England*, New York：W. W. Norton & Company, 1980, p. 502.

③ C. Webber and A. Wildavsky, *A History of Taxation and Expenditure in the Western World*, New York：Simon and Schuster, 1986, p. 175.

④ G. L. Harriss, *King, Parliament and Public Finance in Medieval England to 1369*, Oxford：Clarendon Press, 1975, p. 24.

⑤ G. L. Harriss, *King, Parliament and Public Finance in Medieval England to 1369*, Oxford：Clarendon Press, 1975, pp. 18 – 19.

更通告伦敦市民，他在普瓦提埃进行的战争是"为了王国的利益"。1248
年，在谈及恢复王室领地加斯科尼时说事关贵族的利益。① 自爱德华一世
始，国王对"共同利益"的意义获得了更加深入、充分的认识，因而几乎
任何征税活动都以"共同利益"作为理论支持。爱德华一世将国家面临的
威胁解释为对人民共同利益的威胁，将保卫在法国的领地等同于代表共同利
益。如 1297 年 7 月 30 日征税令状提及"为了王国的共同利益"②；1297 年 8
月 12 日王室宣言说："国王始终希望人民幸福"，"为了王国的公共利益"。③
在爱德华一世看来，1297 年贵族提交的《大抗议书》中隐含着一种对他的
战争财政赖以依存的义务原则的威胁。他认为，他所要进行的战争符合经院
学者的"正义"标准，战争的目的是王国的荣耀和公共利益，为了恢复他
对法国领土的合法的继承权，而这种继承权已遭到法国国王的阴谋暗算。因
此，他所加在人民身上的负担是正义的和必要的。另外，在加斯科尼、威尔
士、苏格兰以及其他地方所爆发的战争也都是为了反对他，而没有人民的支
持他便无法保卫他和整个王国。他说，如果不能渡海保卫他的盟邦，王国便
可能陷入危险。虽然目前的远征看起来具有侵略性，战争本身却是自卫的。
他没有将税款用于自身利益，如购买地产、房产、城堡和城市，而是用于公
共利益，用于保卫他自己、他们和全部王国。他并不吝惜自己的生命和财
产，但他的财源不足以应付这场威胁，因而不得不要求人民承受这一负担，
因为目前的需要是巨大的。最后，他说，目前的战争在于获得一个美好的永
久的和平，因而不仅强调了战争目的的正确性，而且承认"需要"也是一
个暂时的理由。④ 从爱德华一世经爱德华二世至爱德华三世，以共同利益为
由实施征税已经形成传统。1344—1360 年，爱德华三世向世俗贵族征收协

---

① G. L. Harriss, *King, Parliament and Public Finance in Medieval England to 1369*, Oxford: Clarendon
Press, 1975, pp. 33 – 34; S. K. Mitchell, *Taxation in Medieval England*, Hamden: Archon Books, 1971,
p. 210.

② "The Eighth and Fifth and Prise of Wool of 30 July 1297", and subsidiary documents, see
D. C. Douglas, *English Historical Documents* Ⅲ, London: Eyre & Spottiswoode, 1998, pp. 473 – 477.

③ Royal Proclamation, 12 August 1297, Udimore, see D. C. Douglas, *English Historical Documents* Ⅲ,
London: Eyre & Spottiswoode, 1998, pp. 477 – 480.

④ "Refer to Royal Proclamation", 12 August 1297, Udimore, see D. C. Douglas, *English Historical
Documents* Ⅲ, London: Eyre & Spottiswoode, 1998, pp. 477 – 480.

助金达 11 次之多，每次征收都是以保护全体人民的共同安全和共同利益为由，而且征得了全体议会代表的同意或批准。

共同利益是国王征税的工具，也是国民抗税的武器。国王征税时，共同利益当然是经常使用的武器。比如国王为了恢复或保卫某一领地，为了获得某国王位，为了进行某种仪式，为了赎取国王人身等而向直接封臣或全国人民征税，贵族或纳税人代表总要对这些征税的事由作必要的分析，论证这种征收是否符合贵族或全国人民的共同利益。而且这种分析绝非敷衍了事，因而国王难以蒙混过关。有时即使国王的征税的确代表了贵族或全国人民的利益，贵族或纳税人代表也往往借助共同利益强词夺理，以达到阻止国王征税的目的。在拟定封建文件特别是具有法律效力的文件时，贵族尤其注意强调和贯彻共同利益的精神。1215 年《大宪章》出现了"为了王国的兴隆""为了王国的富强"① 等短语。所谓"王国的兴隆""王国的富强"，在贵族看来，当然首先是他们以及民众的富裕，尤其不至于因征税过度而致人民贫穷。这显然是共同利益的具体化。1297 年《大抗议书》谈道"为了国王的荣耀，为了人民的维持（for the preservation of the people）"，这里所谓人民，指国王的直接封臣如大主教、主教、修道院长、伯爵、男爵以及王国各社团。而所谓维持，则是指他们作为贵族的生活水准的保持。因为按封建法规定，封君对封臣负有维持义务，其主要内容即保证封臣的生活供应。下文由国王远征弗兰德尔引出了国民的负担问题，并由这一问题进一步涉及且最终否定了国王关于"共同利益"的理由。《大抗议书》说，远征弗兰德尔史无先例，他们的父辈和先祖都未曾在此服役，所以，他们也没有这个义务。即使有这个义务，他们也没有能力从事这种远征。因为他们已被各种任意税和特别税（prises）如小麦、燕麦、啤酒、羊毛、皮货、公牛、母牛、腌肉等的征收折磨得精疲力竭，以至于难以养活和维持自身。② 这显然是关于共同利益理论的进一步具体化。言外之意是你国王口口声声代表人民共同利益，可眼下百姓连生活都难以维持了。你究竟代表人民的共同利益，还是个人利

---

① "Magna Carta, 1215", see H. Rothwell, *English Historical Documents* Ⅲ, London：Eyre & Spottiswoode, 1998, pp. 316 - 324.

② "Monstraunces, 1297", see D. C. Douglas, *English Historical Documents* Ⅲ, London：Eyre & Spottiswoode, 1998, pp. 469 - 472.

益？既然是个人利益，对于弗兰德尔远征，当然难以从命。而且，《大抗议书》否定的不仅是国王关于当前远征弗兰德尔的理由，就连此前赋税征收的理由也否定了，因为《大抗议书》以激烈的言辞指出以往的征税已导致人民贫穷，现在甚至难以养活和维持自己了。1297 年《大宪章确认令》也反复出现了"为了上帝与圣教的荣耀，为了整个王国的利益"，"为了王国的共同利益"的表述①，重申《大宪章》中关于"共同利益"的规定的有效性，同时提示和告诫以后征税必须考虑人民的共同利益而不是国王的个人利益。

在法国，"共同利益"同样构成了赋税基本理论的一个重要部分。随着时间的推移，王室的花费日渐浩繁，但国王无权在王室领地以外的地区征税。而要征收全国性赋税，需召开三级会议，由国王或国王的代理人申述征税理由，然后由与会代表审核这一理由，并做出分析论证，以确定是否实施征收。在这里，国王申述的主要内容是关于共同利益的论证，正如彼·多尼翁记录兰桂多克三级会议召开的情况时所说："总是为着某场以保卫王国为目的的战争而频频征收额外捐税。"② 保卫王国即"代表共同利益"的具体说明。在路易九世统治时代，"最值得注意的大概就是'共同利益'这个口号了"，"它在圣路易在位期间变成了压倒一切的口号"。③ 国王征收赋税、颁发令状、取消某些法律条文都以代表共同利益作为理由或标准。④ 雅克·勒高夫在论及路易九世王权的界限时认为有三个条件使国王无法成为绝对君主，其中之一即为"公共福祉"。而其他两个条件"上帝"和"良心"⑤，也都与"公共利益"有密切关系。三级会议的代表审核国王征税理由的主要内容也是关于共同利益的论证，或者说以"共同利益"作为衡量能否征税的标准。在百年战争结束以前，法国王权远较英国王权软弱，征收全国性赋税更加困难，因而更加依赖"共同利益"的工具。贵族或人民呢？由于

① "The Confirmation of the Charter, 1297", see D. C. Douglas, *English Historical Documents* Ⅲ, London: Eyre & Spottiswoode, 1998, pp. 485 – 488.
② 〔法〕雷吉娜·佩尔努：《法国资产阶级史》上册，康新文等译，上海译文出版社 1991 年版，第 180 页。
③ 〔法〕雅克·勒高夫：《圣路易》，商务印书馆 2002 年版，第 376 页。
④ 〔法〕雅克·勒高夫：《圣路易》，第 698—699、706 页。
⑤ 〔法〕雅克·勒高夫：《圣路易》，第 719—720 页。

征税直接涉及个人的私利，同样依据"共同利益"限制国王征税。因此，"共同利益"的理论在法国赋税基本理论中与英国一样处于重要地位。

如上所论，赋税基本理论既不是国王一己的理论，也不是贵族或国民单方面的理论，而是国王和人民都认同的理论。对于某种形式的征税，国王可站在自己的立场进行理解，贵族或国民也可站在自己的立场提出不同见解。但无论哪一方，不管他的或他们的见解怎样牵强，都必须以共同利益为依归。否则，在征收问题上便难以达成一致，或者一方做出让步或妥协。也许"共同利益"正是赋税基本理论之所以为理论的关键。

（二）共同需要

共同需要与共同利益并非同一个概念。共同利益不一定导致共同需要，所以提出了共同需要的问题。比如关于某次征税，国王宣称代表了共同利益，贵族也同意这种说明，但认为现在不需要征税。这样，共同需要与共同利益相比，也就具有了"突然""紧急""临时"的特点，所以在最初曾被表述为"突发事件或紧急情况理论"（doctrine of emergency）。在具体的争论过程中，"需要"一词往往冠以"明显而急迫"的限定。[1] 比如法国战舰齐集英吉利海峡，剑拔弩张，这时英王征税的需要就是"明显而急迫"的。"明显"者，法国兵临城下，战争在即，铁证如山。"急迫"者，战争一触即发，战费筹集刻不容缓。这时国王的征税即为共同需要。英国 1220 年卡路卡其的征收理由是"巨大的需要和最紧迫的债务压力"；1225 年 1/15 税、1232 年加斯科尼战费等征收的理由都是为了王国或公共需要。[2] 如果将"共同利益"与"共同需要"作一比较，则一般来说，"共同利益"多具"长程"的特点，虽然也不排除某些紧急事例也具有"共同利益"的性质。但"共同需要"除了急迫的特点外，似不包含"长程"的含义。这是可以理解的。在中古社会具体条件下，纳税人一般无须为国王深谋远虑的计划做出经济上的牺牲。相反，他们希望大事化小，小事化了。事情到来了，能拖则拖，目的只在于少纳税或不纳税。何况满足了国王的要求，在监督或审计机

---

① G. L Harriss, *King, Parliament and Public Finance in Medieval England to 1369*, Oxford: Clarendon Press, 1975, pp. 22 – 23.

② Refer to G. L. Harriss, *King, Parliament and Public Finance in Medieval England to 1369*, Oxford: Clarendon Press, 1975, pp. 33 – 34.

制还不够健全的情况下，所征税款也很难保证悉数用于征税的目的。

后来，经过民法学家特别是教会法学家的阐释，共同需要的含义有了新解。法学家认为，共同需要的概念可以凌驾于法律之上；可以废除教会特权。从总体上看，这种解释似乎有利于国王征税，例如 1179 年拉特兰宗教会议允许基督教僧侣在国家紧急需要的情况下捐出自己的属世财产，理由是这样的需要不是来自统治者的怪想，而是来自对公共福祉的威胁。因此，统治者有权得到人民的支持。[①] 而且，在这种征纳关系中，国王对于国家的安全与维持在舆论或宣传上无疑具有恒久的先占权，对于紧急情况的宣布具有创始权。这一点，在哈里斯的分析中给予了特别强调。[②] 但是，只有在国家紧急需要、公共福祉受到威胁时，国王征税才能够超越或无视教会特权，才能够凌驾于法律之上。也就是说，重要的不在于征税的名义，而在于实施了征税的结果，税款得到了征收才具有实际意义。在这里，所谓先占权和创始权只有在公正无私和诚实无欺的情况下才可能发挥作用。而这，取决于贵族或纳税人的评估和检验，而不是纳税人对国王征税理由的轻信和盲从。

共同需要的概念起源于罗马，确切地说起源于罗马共和国。而罗马共和国是一个城邦国家，公民集体在国家体制中起着重要作用。这种体制注重公民的共同要求，强调国家的公共性质。受此制约，罗马法中很早就出现了"共同需要"的概念，甚至从某种角度说，共和国的历史就是实践或贯彻共同需要的历史。比如，国家为了共同的需要对外宣战，然后将战利品或土地分给公民。在这里，对外宣战是共同的要求，均分战利品是共同的目的。帝国建立后，虽然政体形式发生了变化，但共和时代的许多机构如特里布大会、元老院等不仅得以存留，而且仍很活跃。与此相关，帝国政府仍然承袭共和传统，开疆拓土，以应公民要求。

（三）共同同意

共同同意是西方中世纪赋税理论中最引人注目、发人深思的部分，是历史学，宪政学、经济学、社会学、法学、哲学等多学科学者共同关注的重大

---

① G. L. Harriss, *King, Parliament and Public Finance in Medieval England to 1369*, Oxford: Clarendon Press, 1975, p. 22.

② G. L. Harriss, *King, Parliament and Public Finance in Medieval England to 1369*, Oxford: Clarendon Press, 1975, p. 22.

理论问题。18、19世纪以来，西方社会科学各领域就已经展开对这一问题的研究，斯塔布斯、亚当·斯密、梅特兰、黑格尔等学术大师都曾给予深入思考并提出了自己的观点。在历史学领域，道沃尔、米彻尔、克拉克、哈里斯等著名史家则在他们的著述中作了讨论。

　　如上所论，如果征税为了共同需要，是否就一定导致共同同意的结果？回答是否定的。因为即使如此，纳税人也会在多数情况下做出不同反应。比如，有的可能同意缴纳，有的则反对；有的同意中央税率，有的则相反。而且，应诏者并非全部男爵，事实上常常仅为南方男爵，而不包括北方男爵。这些情况都会导致不同的结果，有时是共同同意，有时则是个人同意（individual consent）。这样，共同同意便不单纯是对国王所述理由即"共同需要"的肯定，也不单纯是对征税的最后批准，而是通常包括这两层含义，虽然在具体讨论表决过程中，两者并没有形成两个前后相续的严格程序。《大宪章确认令》关于羊毛补助金的规定即包含了这两层含义，一是就国王的需要是否代表共同利益进行共同评判，二是就是否征收举行共同表决。对需要的认可并非必然意味着对征税的通过，由于需要还停留在理论阶段，而征税却要付诸实际，触动每个纳税人的切身利益，所以还要进行表决。这样西方中世纪赋税理论，也就形成了共同需要和共同同意两个具有内在联系又各自独立的部分。

　　但是，共同同意与共同利益、共同需要在赋税理论中并不具有同等权重。如前所述，共同利益、共同需要的说明和论证是国王征税的理由，理由的说明不能说对纳税人或纳税人代表的表决不产生影响，但它毕竟不是表决本身。在中世纪具体条件下，影响赋税征收的因素不纯粹是经济的或财政的，有时是阶级关系、权力斗争或群体利益。而国王又缺乏控制全局的实力。比如法国加佩王朝早年，王室力量还不及一个大封建主，在这种情况下国王依靠什么实现自己的征税目标呢？而且，在很多场合，国王的征税目的不能说不符合人民的利益和需要，但结果都遭到了否决。由此可见，共同同意在赋税理论各部分中居于最高地位，具有决定性意义。

　　共同同意主要强调王国内社会上层首先是贵族等群体、个体的表决的一致性，这是它的本质。所以在理论上，只有在这些群体、个体一致同意的条件下，方可实施征税。共同同意是在假定共同利益、共同需要已获公众评判的条件下进行的。由于评判的结果必居"是"与"否"其一，所以在程序上，有时与公众评判没有严格的界限，因此并不构成一道独立的程序或某一程序的一个阶段。但有时候，情况可能完全两样。前面的理由阐述和公众评判可能进行得非常顺利，但在表决上可能遇到阻力。而由于国王或共同需要迫在眉睫，税款必须马上筹措。这就需要王室或财政署成员多方协调。在这种情况下，共同同意的获得就可能迁延时日，由此形成一道独立的复杂的程序。

值得注意的是，就我们目前所及资料，还没有看到作为精神权威的经院哲学家关于共同同意的直接论述。不过阿奎那的著述中无疑蕴含了这样的思想。他说：有时国王没有足够资财预防敌人进攻，在这种情况下，"公民（译文如此称谓）们捐助必要的款项来促进公共利益，那是正当的"。① 意思很明显，国王在这种情况下必然要征税，而公民捐助款项的前提必然是他们已经同意了国王的要求。而这种同意在阿奎那看来是"正当"的。由此看来，关于共同同意的说明主要出自法学家的论述和日耳曼人的习惯。如前所述，罗马法中有"涉及众人之事应由众人决断"的规定。而集体议决一直是日耳曼人的传统，虽然进入罗马后原始民主制业已解体，这一传统仍然得到了一定的保持。例如在法兰克王国的一定时期，宫相就是由贵族选举产生的。

共同同意由于源于罗马法规定和日耳曼人的习惯，同时又得到了经院哲学家的认可，所以成为包括王室在内的各利益集团都认同的理论。对于贵族集团，早在《大宪章》颁布以前，这一理论已经成为限制国王征税的武器。1215 年，贵族将这种理论赫然写入了《大宪章》。《大宪章》第 12 款说，除了赎取国王人身之赎金、立其长子为骑士之费用和为其长女出嫁之花销外，征收任何盾牌钱和协助金都须征得全国同意；第 14 款规定，国王如欲征收协助金和盾牌钱，须至少在会前 40 日内致书各地教俗大贵族，注明时间地点，阐明理由，以获得全国的共同同意。② 《大宪章》是由贵族起草，由国王签署的具有宪法性质的封建文件，其中主要反映了贵族的意见，并贯彻了

---

① 〔意〕托马斯·阿奎那：《阿奎那政治著作选》，马清槐译，商务印书馆 1982 年版，第 94 页。

② "Magna Carta, 1215", see H. Rothwell, *English Historical Documents* Ⅲ, London：Eyre & Spottiswoode, 1998, pp. 316 – 324.

共同同意的理论。由于无地王约翰违背封建习惯，践踏成例，肆意征税，教俗贵族方旗帜鲜明地捍卫了这一理论。1297 年《大宪章确认令》更多处征引了这一理论。《大宪章确认令》是在王室财政陷入危机、国内矛盾严重激化的背景下，国王对过去发布的令状予以重新确认的诏令，包括或涉及补充条款、森林宪章、自由宪章、任意税征收等多个封建文件的确认。它同样是在贵族的胁迫下签署的，因而仍然反映了贵族的意见，其中多处重申了共同同意理论。1297 年 10 月 10 日和 11 月 5 日确认令的附加条款第 1 款说，为王室与国王的子孙计，确认《大宪章》和亨利三世在位期间经全国共同同意而颁布的森林宪章；第 7 款说，应纳税人的请求，王室将彻底解除他们的负担，并承诺除经他们共同同意，在已经授予的羊毛、皮革和毛皮等关税以外，将不征羊毛附加税。①"非经同意不征任意税"的文件第 1 款说，如若没有国内大主教、主教、其他高级教士、伯爵、男爵、骑士、市民，以及其他自由民的意愿，并经他们共同同意，王室与国王子孙将不征任意税和协助金；第 2 款说，无论是谁，没有他的意愿和同意，国王和国王子孙的官员将不向他收取粮食、羊毛、皮革，或其他物品。② 共同同意不仅作为理论写入了具有宪法性质的文件，贵族集团也一直将之作为有力武器控制赋税征纳。可以说，一部中世纪的赋税史就是一部贵族捍卫和实践共同同意理论的历史。其间，对于国王的征税要求无论是通过还是否决，都是对共同同意的贯彻和落实。

如果说在 12 世纪，还仅仅表现为贵族主要是国王直接封臣对共同同意的坚持、维护和贯彻、落实，那么，从 13 世纪初始，这些行为或活动已经大众化或广泛化了。这时国王协商的团体除贵族组成的大会议外，始有由郡代表、城市代表、教会代表、商人代表分别组成的团体。这里所谓团体并非指将这些代表召入议会，举行具有全国性质的表决，而是指各团体单独评判国王的要求，然后给予表决。因为国王常常在征税要求遭到贵族否决的情况下单独召开某一团体会议，或派代理人深入基层与某一团体的代表面谈，以

① The additional articles (Confirmatio Cartarum), 10 October and 5 November 1297, *English Historical Documents Ⅲ*, London: Eyre & Spottiswoode, 1998, pp. 485 – 486.

② "De Tallagio non concedendo", *English Historical Documents Ⅲ*, London: Eyre & Spottiswoode, 1998, pp. 486 – 487.

征求他们的意见。如果获得同意，则国王所征便不是全国性赋税，而是单独向各团体征收。共同同意的大众化不是产生于封建税而是国税的征收。1213年，骑士代表应邀赴牛津参加会议，"与国王共商国是"；1225年，沿海城市的代表应诏商讨国防问题，1235年又与国王"共商国是"；进入爱德华一世统治时期，不仅单独与郡代表、城市代表协商并征得他们的同意成为经常的事情，国王也开始单独对教士征税，因而也开始征得他们的同意。由于这一时期王室财政越来越倚重羊毛税，羊毛商人也成为单独协商的对象。而且即使在遭到羊毛商人代表的拒绝时，国王也常常不去寻求议会的支持，从而反映了对羊毛商人的倚重。这样，从13世纪开始，对国王征税要求的表决，便在不同规模、不同范围、不同形式的团体中广泛展开了。有时是上述团体的单独表决，有时是全国性质的表决，有时则是将上述某一团体召入贵族大会议进行某种中等规模的表决。这种现象表明，共同同意业已成为人民认同的赋税理论了。

　　共同同意不仅是贵族、民众认同的理论，也是国王认同的理论。由于《查士丁尼法典》中有"事关众人之事须经众人同意"一说，由于日耳曼人素有遇事集体讨论的习惯，西欧中世纪的国王一般视之为法律。在英国，无地王约翰与贵族的关系虽然最为紧张，但大多数情况下也还是遵守这一习惯或法律的。他在位近20年，多次征税，无一不是征得了大贵族的同意。13世纪，这一理论在英国已广为流传，深入人心，以至国王认为，大贵族对于征税的表决对国内各团体都具有约束力。在这里，国王实际上将贵族的共同同意看作征税的主要条件。所以1232年、1237年王室令状认为，大贵族给予国王征收动产税的同意对所有阶级都有效。后来，由于国王征税日渐频繁，大贵族担心形成新的习惯，所以从1242年开始，连续九次拒绝了国王的征税要求。[①] 为了削弱大贵族的权力，国王要求召集地方代表参会，并相应授予他们表决或同意的权利。爱德华一世即位后，励精图治，对法律制度进行了重大改革。正是这位被誉为"英国的查士丁尼"的国王，视共同同意为"最公正的法律"[②]。而同时期的法学家布拉克顿说，国王宣布的法律

---

① S. K. Mitchell, *Taxation in Medieval England*, Archon Boobs, 1971, p. 161.

② P. Spufford, *Origin of English Parliament*, New York: Barnes & Amp, 1967, p. 130.

就是习惯，必须得到封臣的同意。

这样，共同同意便成为国王、贵族、骑士、市民、教士、商人等利益群体一致认同的赋税基本理论。

在西欧其他国家，共同同意也是赋税征收中国王和臣民认同的理论。因为对于大多数统治者来说，征收额外赋税不是一种权力，恰恰相反，必须向纳税人去请求，这就需要得到他们的同意。这种同意对于纳税人来说自然是认同的，对于国王来说则不得不去认同，因为在这种征纳关系中，国王处于被动地位，如不认同，则征纳关系不能建立，国王难以获得税款。正因如此，国王要扩大征收，便不得不召集各种纳税人集团进行协商。而由于人口有了一定的增长，代表会议制度自然应运而生。正是由于这一原因，13世纪前后，西欧各国大多建立了等级代表会议。在法国，由于民族习俗的自然延续和罗马法的直接影响，遇事共同协商表决一直是国家制度的通则。早在查理大帝统治时期，国家大事即须提交国务大会商定。14世纪，帕多瓦的马西利乌斯著《和平的保卫者》一书，甚至声称国家最高权力不应属于世袭君主，而应属于选立的君主。[1] 合法的政治权力的唯一来源是人民的意志或同意。[2] 同时，国王由选举产生也一直是13世纪中叶以前法国的传统。这说明无论在观念上还是在实际上，法国文化中都蕴含着显著的共同同意的精神。须知，在西欧各国中，只有法国税制在15世纪前后出现了有利于王室征税的趋势。在其他国家如英国，即使在伊丽莎白女王统治时期，由于议会严格控制赋税征收，王室财政一直处于拮据状态，以至于贵族们都嘲笑女王处事吝啬。在卡斯提，国王甚至穷得成了"他们的臣民们嘴上的一个笑柄"[3]。

---

① 〔苏〕康·格·费多罗夫：《外国国家和法律制度史》，叶长良译，第79页。马西利乌斯有多个译名，另有帕多瓦的马西留、马西留斯、马尔西里·巴顿等。

② 〔意〕帕多瓦的马西利乌斯：《和平的保卫者（小卷）》，殷冬水、曾水英、李安平译，吉林人民出版社2011年版，第5页。

③ 〔意〕卡罗·M.奇波拉：《欧洲经济史》第一卷，徐璇译，第276页。

第 二 章
文化现象的内在逻辑

第一节 中国

一 初民社会的"遗传基因"

中国中古社会赋税基本理论是在继承远古初民社会遗传基因的具体条件下形成的。剖析这种遗传基因对于从文化上认识这一理论是十分必要的。而由于学术界对于习称的三代特别是传说中的夏代争论颇多，这里不得不首先就有关文献的学术价值略作说明。

《诗》产生于春秋时代，但"溥天之下，莫非王土；率土之滨，莫非王臣"① 所概括或描述的现象却属于西周，即对西周政治实践的概括和总结。而西周的宗法、分封以及家天下观念则承自殷商②，至于两者之间的一些不同③，乃是继承发展的结果，并不妨碍说明两者的渊源关系。其实，在商代，这些制度已比较完备。这无疑是历史发展的结果。因此，以殷商之制的比较完备推断传说中的夏代已经出现或形成这些制度的萌芽，应该是合理的。从这种意义上说，《尚书》所描述的现象与历史实际当大致或基本吻合。而且，即使是伪古文《尚书》，亦"非完全的凭空杜撰，而是有一定的

---

① 《诗·小雅·北山》。
② 王晖：《商周文化比较研究》，第 310 页。
③ 参见王晖《商周文化比较研究》，第 285—358 页。

根据，……有的甚至还比较可靠"①。这样，我们便可以将《尚书》中的一些具体描述作为一般现象来看待。或者按传统说法，这些描述自有它们的"史影"。这里必须强调"具体描述"和"一般现象"的区别。《尚书》中的描述是具体的，如"禹别九州，……任土作贡"，尧、舜、禹禅位等，其中甚至包含大量的人物对话，但这些描述是否真有其人其事，因无定论，不宜作为具体历史资料征引。但尧、舜、禹可以无其人，在相应历史阶段的真人真事中出现专权现象则是可能的，这就是所谓一般现象或史影。而且，我们必须重视文本的社会作用。只要具备一定的社会条件，无论真本还是伪本，都能够产生相当的社会影响，甚至形成异乎寻常的精神力量。在中古社会发轫、传统观念形成的春秋战国时期，《尚书》已被崇奉为经典，在人们的精神世界占据了崇高的地位。从此，人们对《尚书》所载内容深信不疑，它的词句就是真理、准则，思想就是规范、传统，由此逐渐形成了统治中国社会数千年之久的思想道统。无论皇帝、官员，还是僧侣、百姓，无不顶礼膜拜、遵循或效仿。中古社会的历代君主、学者关于三代的许多历史知识正是接受了《尚书》的记载。唐代杜佑、元代马端临无不依据《尚书》论述三代税制。虽也有学者如清代姚际恒、崔东璧等产生疑问，且著述成说，却因传统观念根深蒂固而和者寥寥，影响有限。而迨及人们普遍重视这一问题时，如乾嘉考据学者关于今、古文经展开大规模讨论时，中国中古社会已经走上穷途末路，而经书的使命也已经基本完成。这样，古时禹定贡赋，后世皇帝制税，世世相传，代代相袭。而在中国几千年文明史中，作为文本的《尚书》，包括造伪的部分，在赋税基本理论的形成中也就发挥了重要作用。显然，这种作用的发挥与《尚书》的真伪无关，换句话说，《尚书》的部分内容可能是假的，但发挥作用却是真的，而且在一定程度上达到了造伪的目的。

现在，我们可以将《尚书》中的有关描述作为一般现象进行分析了。所谓禹划九州、制五服、定赋税，可视为"溥天之下，莫非王土；率土之滨，莫非王臣"观念的早期反映。在这里，禹之所以能够制五服、定赋税，是因为他拥有对九州的归属权或控制权，从中可以看到《诗》的前史中包

---

① 黄怀信：《尚书注训》，齐鲁书社 2002 年版，前言。

含着制税的内容。关于制税的过程，从判认田之等级，到确定赋之多寡，贡之品色，已经表现为一种个人的单向、专断行为：

> 禹别九州，随山浚川，任土作贡。
> 禹敷土，……冀州：……厥土惟白壤，厥赋惟上上……
> ……济、河惟兖州：……厥土惟中下，厥赋贞。……①

对于这种记载，我们当然不能直接理解为像疏浚江河、劈划疆域、制定贡赋等浩繁庞杂的事情，无分巨细，禹必躬亲。但是，从中国的历史特性和当时的历史阶段看，这些事情最终或主要由个人决定是可信的。这里，我们可以通过尧、舜、禹禅位的具体描述透视专断的一般现象。《虞书·尧典》载，尧欲禅位，诏四方诸侯举荐贤才。② 这种举荐习俗，可视为原始民主的一种残留。既然是残留，对冉冉上升的个人或家长权力自然少有或仅有微弱的约束力，因为举荐是否起作用首先和最终取决于尧是否禅位和对诸侯意见是否采纳。尧若不欲禅位或欲终身，便不会有诸侯举荐之事发生；若欲禅位而又不采诸侯意见，举荐必然流于形式。依当时社会环境论，尧完全可以不诏四方诸侯或不采诸侯意见，而将帝位传给儿子朱。只是因为尧德行高远，且想以德治国，才通过这种形式传位他人。又碰巧所荐虞舜的确品行超群，正好符合尧的遴选条件。即使如此，尧仍要拭目以待，因而嫁女以为考验，一有不合，便行罢免。关于用人问题，《尧典》还记载了一个事例。为了提拔人才，尧同样征取大臣意见。首先是放齐举荐尧的儿子朱，但尧以朱不讲真话，喜欢与人争讼为由，否定了放齐的意见；欢兜举荐共工，同样遭到了否定。③ 我以为，这个例子恰好可以弥补禅位在这一问题上所反映的信息的不足。因为在禅位问题上，四方诸侯所荐人选恰合尧之心意，因而仅仅使尧表现了顺合民意的一面。相反，提拔人才的例子则使尧暴露了违逆民意的另一面。尧舜禅位如此，舜禹禅位也如此。《虞书·大禹谟》记载了这一过

---

① 《尚书·禹贡》记载了禹别九州、制定赋税的全部过程。这里仅引冀、兖二州之例，其他诸州因情况相同不一一列出，但这不影响主题的阐述。

② 《尚书·禹贡》。

③ 《尚书·禹贡》。

程。舜欲禅位于禹，禹坚辞，请行占卜。舜说："禹，官占惟先蔽志，昆命于元龟。朕志先定，询谋金同，……卜不习吉。"① 舜告诉禹，负责占卜的官员，先隐藏自己的主意，然后占卜。而我已经定下了主意，征询、商议的结果也相同。而占卜也不会重复相同的吉兆，所以不必占卜。为使禅位成功，舜居然将在人们观念中居于权威地位的占卜神谕置之不顾。舜之专断由此可见一斑。但禹仍推辞，而舜更坚决，最终禹不得不从。尧、舜、禹是传说中的人物，禅位也是传说中的事情，但联系商代的情况，可以将隐含在禅位后面的专断看作一般现象或史影。而且，我们所据《尚书》版本并非原始本，而很可能是经孔子"删述"后的版本。如果确如论者所说，这个本子已受儒家道德标准和价值尺度的影响，则中华文明的专制特性在这一时期的表现应较我们的分析更突出、更显著。因为经孔子修饰后尚且遗存如此多的专断信息，原始本中的专断情景自然可想而知了。

"禅位"之例表明，这时的专断特征已经相当显著。夏禹执政，不可能超越时代违背祖制。而土地定级、赋税定额乃国之大事，必然由中央推行。禹为最高统治者，拍板定案自是顺理成章的事情。这样，大体如《禹贡》所说，禹别九州，量远近，制五服，以土壤的肥瘠规定了田赋的等级，并确定了相应的贡品。在以较长的篇幅记录禹的劳绩之后，《禹贡》又在篇末对这一记录做了简短的概括："……六府孔修，庶土交正。慎财赋，咸则三壤。成赋中邦。锡土姓，祗台德先，不距朕行。"② 这使我们再次了解了个人专断在制定田赋贡品过程中的作用。

这些现象，也许只有在与西方的比较中才能透视出历史的意蕴。刚刚进入文明门槛的盎格鲁 - 撒克逊国王由贤人会议选举产生③，而且习惯法规定，国王的加冕词中必须说明自己是"被推选被拥戴的"④。即使在中世纪法兰克王国，文明已有长足的发展，在王位世袭业已确立的情况下，查理曼继承王位时仍必须至少在形式上通过民众大会选举和全体法兰克人同意。而

---

① 《尚书·虞书·大禹谟》。

② 《尚书·禹贡》。

③ W. Stubbs, *The Constitutional History of England*, Vol.Ⅰ, Oxford：Clarendon Press, 1873, pp. 150 – 153.

④ 〔苏〕司法部全联盟法学研究所编《国家与法权通史》第二分册，中国人民大学出版社 1955 年版，中国人民大学国家与法权历史教研室译，第315—316 页。

当他传位给儿子路易时，虽然他本人早已由教皇加冕为"罗马人的皇帝"，也还必须"召集全国的法兰克贵族，取得大家同意"①。就西欧中世纪而言，13 世纪以前，国王大体上由选举或由某一权力集体推举产生。一般认为，英国国王选举制结束于 1216 年亨利三世即位；法国结束于 1223 年路易八世即位。② 而这种制度对后世产生的影响是深远的，以至于 14、15 世纪甚至一直到 17 世纪，仍能见到国王由选举产生的遗迹，其中，无不在一定程度上蕴含了选举的精神。这种比照，无疑更有助于我们理解上文所说的中国传统文化的特性。

由以上分析可见，田之等级、赋之多寡、贡之品色，大体由一人划定，因而主要是最高统治者的专断行为。中华文明是一个因袭力极强的文明。某种制度一旦产生，便往往为后世所长期传承、效仿，赋税的征纳自非例外。中古税制承自远古，其间，虽不否认有一定变化：增删、修正、完善甚至变革，但税制的基本架构和精神未曾有变。从税类来看，传说中的夏代设置了赋、贡两种并传之中古，而中古历两千多年之久，两个税类依然如故。对于我们的论题而言，重要的不是税制建设本身，而是赋税征收的方式。纵观中国赋税史，不曾见过一条最高统治者与纳税人或纳税人代表协商征税的材料。而西方，虽然史料严重残缺，但只要翻开税史，这类材料可以说俯拾即是。西方赋税基本理论正是在这种协商、争论的过程中建立起来的。中国呢？如果说《尚书》中缺乏这样的"史影"可算特例，那么卷帙浩繁的二十四史也没有记录类似的事实，这便绝非偶然了。汉昭帝时虽有官府与贤良文学讨论盐铁专卖的盐铁会议，但在笔者看来，这次会议是权力斗争的结果，并非真正争取民间的意见，这在后文将专门讨论。仍然回到中华文明的因袭力话题上。由于文本载虞夏设置了田赋、贡品等税类，所以，殷周特别是周有田赋、贡品的征纳；由于三代有这样的征纳，所以中古社会也有同样的征纳。同理，由于虞夏没有最高统治者与纳税人或纳税人代表协商的先例，三代没有形成最高统治者与纳税人协商的传统，中古社会也就不存在皇帝与纳税人协商的实例。这并非说三代没有的东西后世就不会产生，而是说这种民主精神在专

① 〔法兰克〕艾因哈德：《查理大帝传》，戚国淦译，商务印书馆 1979 年版，第 7—8、31 页。
② J. H. Mundy, *Europe in the High Middle Ages 1150－1309*, Essex, 1983, pp. 387, 386.

制制度尚未形成之时就不存在，随着专制制度的发展，它不太可能违背常理而产生。这样，在初民社会"遗传基因"的作用下，赋税基本理论的特征在商周两代始现端倪，至中古社会发轫时终于清晰可辨了。

二　"遗传基因"与理论畸变

与西方相比，中国中古社会赋税基本理论具有两个鲜明的特征。一是与政治理论二位一体，而由于政治理论在其中占据主导地位，赋税基本理论缺乏独立性；二是缺乏征税理由的论证和说明，仅代表皇权的单方面意见或意志，我们称之为不完全理论。

先看第一个特征。如上所述，中国中古社会的赋税征收正是依据宗法君主论、家天下和"王土王臣"说进行的，因而我们将它们视为赋税基本理论。但在我们看来，它们同时也是一种政治理论，而且首先、直接和主要地表现为一种政治理论。

西周建立后，周公"兼制天下，立七十国，姬姓独居五十三人"[①]，初步实施了宗法制分封，创建了以"家天下"为核心的政治体制。这时的君主，无论大小，皆以君父自居。国与家，君与父二位一体，亲属关系即政治关系，构成了当时社会的基本特征，宗法观念成为社会的基本观念。进入春秋时代，有人开始对西周宗法制分封进行研究，方以诗的形式概括和提出了"溥天之下，莫非王土；率土之滨，莫非王臣"[②] 的流传千古的经典表述。这一表述录自当时作为宫廷乐歌因而经常在天子面前演唱的《诗·小雅·北山》，所以，不管作者的身份如何，创作的意图和表达的思想首先是政治性的，即昭告民众必须服从天子的统治。由此可见它是对西周政治实践的概括和总结，是对天子统治合理、合法性的解释和论证，是对后世人民的教育和训化。一言以蔽之，是关于一种政治理论的阐述和说明。应该指出，这一经典表述是对宗法君主论和家天下的具体说明，反过来，宗法君主论和家天下则是这一经典表述的抽象概括。正是这种政治理论，确立了中国中古社会几千年历史的坚实的思想政治基础。

---

① 《荀子·儒效篇》。
② 《诗·小雅·北山》。

　　宗法君主论、家天下和"王土王臣"说自春秋以迄中古末世一直作为意识形态领域的中心话语为人们所讲述、谈论，并作为主流政治理论受到人们的复制、阐释、论证和宣扬。由于这方面的著述较多，兹不赘言。

　　宗法君主论、家天下和"王土王臣"说在分封的政治实践中得到了贯彻和落实。汉所以有分封举措，乃因皇帝固有宗法君主论、家天下和"王土王臣"观念。因此一遇异姓反叛，必然联想起西周的分封，虽然这种分封也非万全之策。于是，"非我族类，其心必异"在汉人的观念中越发牢固了。而分民之举更使这种理论得到进一步的贯彻和论证。在唐代，太宗虽有"以一人治天下，不以天下奉一人"①的言论，但群臣围绕分封进行了讨论后，唐太宗照例实施了分封。唐代分封以王室子弟为主体，间以庶姓功臣。因"设爵无土，署官不职"，并废除世袭，许多人认为"封建之制，已尽废矣"。但在我们看来，这显然为"设爵无土，署官不职"的表象迷惑了。将土地和人口分给自己的儿子，以征收那里的赋税，仍说明皇帝将国家视为己有。分封庶姓功臣，其理亦无不同。与唐代相比，明初的分封更像汉代，基于"非我族类，其心必异"的王室传统观念，为确保朱明江山万古长存，明太祖仅封其子孙，以"藩屏帝室"。藩王各置官署。受封者仅包括他的二十三个儿子和一个从孙，并在部分儿子中授以兵权，或戍边御敌，或监察官员。显然，这些王朝的分封，仅有形式的差别，而无实质的不同。分封的目的都是为了社稷的长治久安，万世一系。而所以产生分封的思想是因为皇帝将国家视为己有，其理至显。

　　当然，这种分封并不是每个王朝都在推行。特别是在目睹了国家瓦解、群雄并起、大权旁落、社会失范的政治现实，接受了分封的历史教训后，有些王朝戒绝了分封。但是，戒绝分封并不意味着摒弃宗法君主论、家天下和"王土王臣"说。首创皇制的嬴政"欲以宇内自私"，"尺土一民，始皆视为己有"，"而以天下奉一人"②。如果说这里的转引还仅仅是史家的评论，而不足以反映当时秦始皇的心态和家天下的实际状况，那么，秦始皇在琅琊所刻的石刻"六合之内，皇帝之土，人迹所至，无不臣者"，则是他作

---

　　① 《贞观政要·刑法》。
　　② 《文献通考·自序》。

为中华大家长的思想的直接表露。像这样，虽未进行政治分封却仍将国家视为己有的皇帝和王朝还可举出许多。所以，不仅分封的不同形式不能说明统治者是否摒弃了宗法君主论、家天下和"王土王臣"说，即使贯彻了戒绝分封的国策也不能说明统治者摒弃了这种理论。事实上，在长达两千五百年的中古社会，统治者一刻也未曾放弃这一理论。而越是戒绝分封，土地和人民便越是集中在一人手中，且仍旧封长建宗，视国为家，视人为子。

那么我们如何认识基于一体的赋税基本理论和政治理论之间的关系呢？在中国中古社会，皇权高于一切，拥有了皇权也就意味着拥有了一切，特别是拥有了全国的一切物权。在这里，皇权的性质当然是政治性的，而物权是政治性的产物，因此也可以认为是政治性的。但在中国中古社会特定的政治环境里，政治性的物权必然转化为法律上的物权。也就是说，皇帝拥有了全国的最高所有权。正是基于政治权力或地位的至关重要性，专制制度建立后，皇帝关注最多的是皇位的代代相传和王朝的长治久安。而要达到这一目标，他必须组织御用文人建立和强化君主政治理论，宣扬君权神授和皇位的至高无上，并同时推行愚民政策和奴化教育。这样，宗法君主论、家天下和"王土王臣"说便势必成为意识形态领域的中心话语和主流政治理论。既然拥有政治权力意味着拥有相应的一切，皇帝便没必要当然也无意识建立什么赋税或财政理论。再配合宗法君主论、家天下和"王土王臣"说的宣扬和实践，尽管皇帝、官员及作为纳税人的平民百姓对赋税征纳的道理模糊不清，赋税的征敛也无一例外地获得了成功。这与西方不同。在西方，不说封建割据时期，即使在传统意义上的专制时期，王权处在巅峰状态，为了取得征税的成功，国王也必须认真研究赋税基本理论，以便征税时或在议会上应对纳税人或纳税人代表的质疑和论辩。但在中国，这些都处在人们意识所及的范围之外，都是不可想象的事情。

如上所论，宗法君主论、家天下和"王土王臣"说是历代王朝聚敛课征的赋税基本理论，同时又是立国行政的政治理论。由于受到了历代文人政客的反复引用、论证、阐释和宣扬，人们在思想文化领域的所见所闻，便充斥着作为政治理论的教化和宣传。久而久之，这些教化和宣传产生了明显的效果，终于在臣民中形成了普遍的思想观念，以至政治理论的功能掩盖了赋税基本理论的作用。又由于赋税基本理论只是在潜在的状态下运行，人们很难将它视为一种赋税基本理论，或者说忽视了它作为赋税基本理论的价值。但在皇帝和臣民的潜意识里，这种赋税基本理论始终发挥着重要作用。这可以从两方面去理解：一方面在皇帝看来，天下或国家是他李家或他张家的，他当然有权从臣民那里获得税收；另一方面在臣民看来，"衣服饮食，悉自于皇恩"①，将部分收入上缴理所应当。所以，无论从哪个方面看，征税都是顺理成章、天经地义的。宗法君主论、家天下和"王土王臣"说正是在这样的情况下以这样的方式发挥了赋税基本理论的效能。

这样，所谓政治理论和赋税基本理论，都是通过宗法君主论、家天下和"王土王臣"说得以体现的，而正是通过宗法君主论、家天下和"王土王臣"说，赋税基本理论和政治理论才连为一体，或者更确切地说是同体或二位一体。但是，这种二位一体并不意味着两者具有均等的外在表现，也就是说，作为政治理论的表现是主导的、活跃的、显扬的，而作为赋税基本理论的表现则是依存的、静态的、隐藏的。正是从这种意义上讲，中国中古社会的赋税基本理论缺乏独立性。

再看第二个特征。与西方相比，中国中古赋税基本理论仅仅说明了土地和子民归属的事实，而没有说明为什么拥有这种归属就可以征税。或许有人认为，土地与子民归属皇帝不就是征税的理由吗？还需说明什么？问题似乎没有这么简单，如果事情发生在西方，则国王必须做出这种说明。如是，按照这种归属的逻辑，皇帝须首先让税民承认他们是他的臣子，因为所谓"王臣"，还仅仅是皇帝的单方面意见。虽然平时无人对这种宣称提出质疑，但当接触实际的时候，特别是在涉及他们的经济利益的时候，臣子们便不像平时那样无动于衷了。如此，赋税的征收便难以进行。而且，这还是制税过程的第一阶段，这个阶段未达目标，接下来的任务便无从谈起。在中国，皇帝不去说明征税的理由，事情反倒好办，臣子们会认为，事情本来就如此，何须多言。

既然皇帝是中华大家庭的家长，土地所有权自然归皇帝执掌，所以无论

---

① 柳宗元：《为耆老等请复尊号表》，《柳宗元全集》卷三十七。

何人占有，皇帝都可以某种事由予以剥夺或没收。这样的事例可以说不胜枚举。西方则不同，封建领地是"硬化了的私有财产"，只要按封建习惯向国王缴纳封建税，国王不得侵占。所谓封建社会的"国中之国"，反映的就是这种土地关系。有些地区甚至长期处于封建系统之外，如法国罗亚尔河以南地区，多半为自主地，德国、意大利的某些地区也存在自主地。这种自主地如按封建关系逐层上溯，则最终只及某一封建主而不是国王。对于这些土地，国王更缺乏统属权。在人与人的关系上，中国皇帝可以向世界宣布国内人民属于皇帝本人。在西方中古社会，似乎没有哪个国王曾作这样的宣布。而且事实上，在封建制确立或封建化完成后也没有人承认自己的人身归属国王，因为那是古代和封建社会初期奴隶的概念。在这里，所谓人民，必须与封建关系中的臣民分开来理解。在封建诸侯与国王的关系中，人们多认同国王是"平等者"中的第一人。即使是农奴，也仅仅在他所居住的庄园上依附于封建主，而在庄园之外，即对于其他封建主而言，则又似一个自由人，几乎拥有自由人的一切权利。这就是西方学者所说的农奴制的相对性。① 即使在王权相对强大的英国，国王也不能将人民视为己有。在封君封臣制中，君臣关系虽在缔结时规定封臣是封君的人，但这种规定仅仅强调一种保护与被保护的关系，双方只遵循封建习惯尽自己的义务，而且，这种关系也仅仅局限于与封君结成君臣关系的人，例如，国王作为封君，只是与那些同自己结成了君臣关系的人即国王的直接封臣保持这样一种关系。而作为封君的国王，这种封臣不过几十个，最多不过百余人，不像中国那样具有普遍意义。

前已论及，中国皇帝每次征税都无须向作为纳税人的臣民说明为什么征税，而纳税人也都认为缴税理所当然、天经地义。但在西方，国王要征税，必须对纳税人申明理由，说明征税依据。而这恰恰构成了征收赋税的必要前提。没有这一前提，国王当然不能征税。而有了这一前提，还须经纳税人或纳税人代表的同意，即必须符合他们认同的征税原则。这里实际上涉及赋税基本理论中另一个重要问题，即税权问题。在西方，税权很早就作为一个问

---

① F. Pollock & F. W. Maitland, *The History of English Law before The Time Edward Ⅰ*, Vol. 1, Cambridge: Cambridge University Press, 1923, p. 415.

题提出来了，且纳税人同国王争夺税权的斗争贯穿整个中世纪。但在中国，人们可以谴责官府甚至皇帝"苛政猛于虎"，可以揭竿而起，铤而走险，却始终没有作为一个问题提出来，从根本上控制赋税的征收。① 由于税权由皇帝执掌，便无须说明征税理由，自然也不会引起争论。而不去说明征税理由，展开征纳双方的论争，中国中古社会的赋税基本理论在技术上也就必然显得简单浅薄，因为只有通过理由的申述，理论中的概念才得以提出并得到阐明；只有通过论辩，逻辑方臻严密，理论才能加强。在西方，由于体制不同，征纳双方不得不经常考虑赋税问题。又由于税权在很大程度上由纳税人或纳税人代表组成的权力组织控制，国王征税便必须说明理由和依据，这构成了西方赋税基本理论的一个重要组成部分。正因为围绕征税理由和依据往往形成长期的、有时是大规模的争论，西方赋税基本理论在技术上便不仅显得复杂，而且具有一定的深度。

由于宗法君主论、家天下和"王土王臣"说以及《诗》的众多复本和释义仅仅说明了土地和子民的归属权，而没有说明何以拥有这种归属权就可以征税，更没有规定每次征税须说明理由或依据，所征税款将作何用；这种理论仅仅代表了皇帝的意志，而征税行为则是征税者和纳税人双方的事情，是皇帝向国民收取财富，因此皇帝理应听取他们的意见，并将这些意见的一般精神纳入基本理论，于是，比照西方，我们认为这是一种不完全理论。在我们看来，它所缺失的关于征税理由、依据的说明和论证，以及听取纳税人意见并争得他们同意，恰恰是这一理论中最重要的部分。

综上所论，在初民社会"遗传基因"的作用下，宗法君主论、家天下和"王土王臣"说一则向着政治理论方面无限扩展，致使赋税基本理论独立性丧失；二则无限强调皇权的集中与专制，从而阉割了关于征税理由和依据的说明与论证，并全然剥夺了纳税人的表决权。而西欧中古社会的赋税基本理论由于蕴含着一定的民主、平等精神，权利分配比较合理，因而发育比较健全，形态比较匀称。两相比较，我们认为，具有上述突出特征的宗法君主论、家天下和"王土王臣"说是一种严重的理论畸变。

---

① 参见马克垚主编《中西封建社会比较研究》，第411页。

三　税权专一的内在理路

读"溥天之下，莫非王土；率土之滨，莫非王臣"的诗句，犹如面对一个顶天立地、法力无边的宇宙主宰；而宗法君主论、家天下和"王土王臣"说则如一张无形的巨网将世间万物包揽无余。中国中古社会为什么会形成这样一种赋税基本理论而不是别样的理论？对于这类性质的问题，学术界习惯于从君主政体的角度寻找答案，这当然是便利的，也容易为人们所接受。因为君主政体易于走向集权专制，而赋税基本理论也集中体现了集权专制的基本精神，二者是相吻合的。但事实上，这一答案并不能回答或解决这一问题，或者说并不是这一理论形成的基本原因。因为它无法解释这一理论在前君主制时代已经开始形成而西周仅仅完成了它的确立这一事实；它同样无法解释一样是君主政体，为什么西欧中古社会没有形成这样的理论。至于君主专制，则更无从谈起了。因为它不是这种理论的创造者，而只是它的继承或接受者。当专制政体在秦汉建立时，这一理论不仅已经形成，而且相当完备了。它的作用只能是维持或强化而不是创造这一理论。

在我们看来，赋税基本理论不过是一种文化现象，所以从文化的角度进行认识也许是一种更好的选择。本文将中国传统文化看作一种文化模式。正如中国人有中国人的行为举止、思想意识、生活方式、价值趋向，欧美人有欧美人的行为举止、思想意识、生活方式、价值趋向一样，中国有中国的赋税基本理论，西方有西方的赋税基本理论。这种理论不因君主制或其他什么因素的产生而产生，而只是中国传统文化模式中的一种内容，一种表现。

从不同文化现象或表现之间的关系看，在一定历史阶段，一种现象产生的同时，另一种现象也在产生；一组现象产生的同时，另一组现象也在产生。时间上无分先后，逻辑上亦非因果，相合相配，共生共存。这就如同人的躯体，所有器官自始就是同步共生的。由此形成了一个和谐有致、井然有序的文化系统。在这个文化系统内，各文化现象看起来都独立存在，实际上却彼此渗透，不可分割。一种子文化只有在另一种或几种或多种子文化同时表现的时候才能有自己的表现，也就是说，这种文化表现中包含了其他文化表现的因子。假若缺乏这一条件，这种文化表现便难以想象。而多种文化共同表现的结果，就形成了所谓的文化模式。这当然不是说文化模式一经形成便不再变更，但无论是渐变还是突变，都一定是全面的、协同的，因而维持一种模式所以为模式的严整性。只是这种变化有时不很显著，难以为人察觉。所以我们说，在不同的文化系统内，各自的行为举止、思想意识、生活方式、价值趋向等都有各自固有的表现。所谓文化模式，表述的应该就是这样一种意义。由此再看中国赋税基本理论，便不是有了君主制、君主专制或其他文化现象之因必然产生赋税基本理论之果，而是中国的文化模式必然产生这些现象，必须这样表现。比如，关于共同体的决策方式，如上所论，中国早在传说时代，即开始了形成个人独断模式的过程，而这种模式形成后，一直贯穿商周以来的中国社会。西方呢？在原始社会末期也开始了形成决策模式的过程，但这种模式排斥个人独断，追求共同协商。模式形成后，也一直贯穿此后的西方社会。这就是文化模式所决定的固有的文化现象或文化表现。所以本文是基于文化模式的理解和认识展开讨论的，赋税基本理论是这种文化模式的固有表现，而不是君主制或其他文化现象形成后的必然结果。

那么，这种文化模式是通过什么方式或途径决定了赋税基本理论的上述表现呢？或者说，在这种文化模式中，赋税基本理论形成的内在理路是什么？由于未来的政体形式必然是君主专制，又由于赋税基本理论是专制政体的统治工具，这种模式便必然为它的政体配置相应的赋税基本理论，并通过这种政体制约或监控赋税基本理论的表现。这样，所谓赋税基本理论的内在理路，它的起点便必然是家长制。由家长制经君主制到君主专制，是其发展的基本路径。而宗法制则是形成这一路径所必经的桥梁。在君主专制这一环节上，这一逻辑发展又必然进一步导致两个依次递进的结果：法律意识的淡薄和民本精神的缺乏①，从而进一步对赋税基本理论所以为这样的赋税基本理论的形成产生有力的影响。

在文明初期的家长制时代，家长的地位是至上的，这使他在家庭事务的（不仅仅是财务的）处理上形成了刚愎自用、专横独断的作风。而家庭是孕育宗法制的母体。在一定条件下，当这个家庭发展到几代以上，宗法关系便自然形成，并为这个发展了的家庭或说大家庭所必需了。家庭的最高首领必须通过或借助宗法制来控制它的成员，管理日常事务。一个大家庭是多个小

---

① 这里涉及"民本"概念的理解，后文将予说明。

家庭的组合，一个家族是多个大家庭或更多小家庭的组合，而一个国家是众多家族的组合。大家庭的家长或家族的族长通过宗法制管理这个家庭或家族，君主也必须通过这种手段治理这个由家庭、家族作为基本细胞而组成的国家。虽然君主治理国家的手段很多，但在中国历史的具体条件下，宗法制无疑是其中基本的、有效的手段。这样，由家庭经家族到国家，通过宗法制，家长制便转化为君主制。在君主制的条件下，权力集中还只是在一定程度上进行，赋税财政还可表现出一定程度的分割的特点。但由君主制过渡到君主专制后，情况不同了。皇帝登上了权力的极顶，进入了"一览众山小"的境界。而由于宗法制正趋强劲，能量的释放正趋炽烈，税权也就收归一人之手。

在君主专制的条件下，皇帝习惯于独断专行的理政方式，这就必然导致法律意识的淡薄和法制观念的薄弱。而这，又可分为两种情况。一种情况是由于帝位的至高无上，历代王朝似乎缺乏专门针对皇帝的成文立法。既然如此，也就几乎不存在皇帝违法、犯法的问题。所谓中国历史上的皇帝罪己，包括汉武帝的轮台罪己，主要是一种道德自责，并无法律意义。① 在这方面，可以说皇帝的法律意识和法制观念几乎不存在。由此，又产生了第二种情况，即所谓法律，实际上都由皇帝或在皇帝的控制下制定，为皇帝执掌，而立法的根本目的在于维持社会秩序，巩固君主统治。这里实际上涉及目前学术讨论中的一个热点问题，是王在法下，还是王在法上？笔者认为，后者更符合中国历史的实际。在这里，所谓法律意识的淡薄和法制观念的薄弱，是指皇帝在具体的司法活动中常常超越法律或置法律于不顾，以自己的意志和好恶理案。如果有法不依，有律不守，即使好的法律也起不到应起的作用，甚至成为一纸空文。

王在法上的状况必然导致赋税征收的随意性，这在官位的设置和战争的发动等事例中看得很清楚。在中国中古社会，皇帝封官设爵似乎是很随便的事情，特别在每个王朝后期，由于腐败的加剧，这种现象尤为严重，终至冗官大增，机构臃肿，官俸高涨。官员到任后，国家必须通过增税来支付他们

---

① 中国历史上下过罪己诏的皇帝多达近百位，诏文多达 260 多份，主要是灾异性罪己和自谦性罪己，参见 http://baike.baidu.com/link? url = DWbjx6hMsvjP3I582NJ43hy5a9wISz96w8R－xN3mE6zV5QgXyg8H5kgvlvB37k－2qMSFXDnuNOk9LLglwYJKka，2015/11/11。

的俸禄，由此对税制造成直接的影响。而与封官设爵相比，赏赐吏员更是司空见惯。在战争的发动上，皇帝的喜怒哀乐等情感变化往往产生决定性作用，因而给国家财政带来沉重负担。赋税征收的随意性由此可见一斑。但也许有人认为，西方中古社会官位的设置亦由国王决定，为什么没有导致赋税征收的随意性呢？须知，这种决定与中国皇帝不同。如前所论，西方中世纪的政府在一定程度上具有私人性质，官俸的发放须由王室也就是国王个人收入而不是国税收入支付。所以，国王要设置官位必须考虑他的收入状况。至于战争的发动，国王则必须征求纳税人的意见，如果遭到纳税人或纳税人代表的否定，则战费无从筹集，军队难以集结。

由于缺乏监督制衡机制，缺乏法律制约，君主专制又必然导致赋税基本理论中民本精神的贫乏和不足，并最终使这一理论变成专制君主控制赋税财政的工具。需要说明，在笔者看来，民本思想可作两个层次的理解：一个层次是指在社会发展还普遍落后、物质生活还十分贫困的情况下，将民众糊口活命作为社会治理的基本目标；另一个层次是指在国家或政府事关国计民生的重大活动中，尊重而不是无视民众的意见和建议，使国家的大政方针尽可能符合民众的意愿。这里讨论的主要是后一个层次的民本。而这个层次又与第一个层次密切相关，因为民众的意见对赋税基本理论及赋税政策一旦产生影响或形成制约，皇帝的贪欲便必定受到遏制，民众的负担必定得到减轻。从一般意义上讲，赋税征收是君主或国家向广大国民掠取财物的活动，因而这一活动应首先体现纳税人的意愿。但在中国中古社会，征税过程仅仅体现皇帝或国家的意志，而纳税人则被置于完全被动的地位，任凭驱使和摆布。这就必然造成赋税基本理论中民本精神的缺失。中国古代思想宝库中并非没有民本精神，而且对赋税基本理论产生了一定影响。但这一精神主要甚至仅仅限于第一个层次。而所谓影响，也只产生于皇帝"视国为家，视人为子"的基本认识，产生于作为中华大家庭的家长对子女的责任感，因为在一个家庭内，解决子女的温饱问题是家长的起码义务。而且，这种影响仍然使赋税基本理论单方面表现了皇帝的意志。在这里，我们不宜过分指责君主的专制行为，不必嫉视赋税基本理论中这种单方面的现象。如果换个角度提出这样一个问题，即广大民众能否制约赋税基本理论？答案必然是否定的。那么，是谁塑造了中国古代政治舞台上专制君主这个角色？要回答这个问题，仍须检讨传统文化。传统文化中的专制文化并非由君主制造，特别是在历史步入中古社会的关键时期，这种文化业已定型，作为一个历史人物，君主所做的最多是强化这种文化，却不能制造这种文化。在这种文化中，纳税人只有遵守纲常伦理，履行忠孝义务，而不可有别种选择。以此观之，中国赋税基本理论单方面体现皇帝的意志，而且从家长制出发，的确有它的必然性。

比较西方中古社会的民本思想及其对赋税基本理论的影响，也许会加深我们对这一问题的认识。西方民本思想根源于古希腊罗马，很早就提出了"自然法"的概念。关于这一概念的含义，中世纪的神学家和法学家曾有激烈的争论。[①] 但他们无不认为自然法中蕴含着"自然权利"（natural rights）。这种自然权利或称个人权利（individual rights），或称主体权利（subjective rights），具有人皆有之、与生俱来、不可剥夺的特点，而无论肤色、信仰、贫富、高下、贵贱等方面存在多大差距。正是依据这一概念，他们提出了穷人的自然权利的命题（the rights of the Poor），而这种权利可以用生存权来概括（subsistence rights）。[②] 正是在对这一思想资源加以挖掘利用并发扬光大的基础上，早在12、13世纪，他们就创建了自己的权利话语系统。[③] 而综合其中有关论述，所谓自然权利大体包括：财产权、自卫权、婚姻权、表决权（the rights of consent to government）、信仰权（rights of infidels）等。[④] 显然，这一概念虽然涉及了第一个层次的内容，却不像中国古代民本思想那样仅仅局限于这一层次。相反，它所关注的对象主要在第二个层次。这就将西方中古民本思想与中国区别开来。更为重要的是，通过法律的复兴运动，这一理论在西方得到了广泛传播，直接影响了那里的赋税基本理论和赋税征收的实践。所谓"共同利益""共同需要""共同同意"，无疑都体现了人的主体权利精神。而从税权的演变过程看，西方赋税基本理论中由赋税"协商制"到"议会授予制"的转变，无疑更体现了这种精神。

中国中古社会赋税基本理论的演变过程基本上是沿着这一内在理路进行

---

① B. Tierney, *The Idea of Natural Rights 1150 – 1625*, Atlanta: Scholars Press, 1997, pp. 62 – 64.

② B. Tierney, *The Idea of Natural Rights 1150 – 1625*, Atlanta: Scholars Press, 1997, pp. 70 – 76.

③ B. Tierney, *The Idea of Natural Rights 1150 – 1625*, Atlanta: Scholars Press, 1997, pp. 55 – 77.

④ B. Tierney, *The Idea of Natural Rights 1150 – 1625*, Atlanta: Scholars Press, 1997, p. 70.

的。家长制萌芽、产生于包含一定史影的《尚书》文本中的尧、舜、禹时代，只是因为处在发轫时期的文明还笼罩在原始文化的暮霭中，家长形象一时还难以辨清。但若以动态的眼光考察这一过程便不难发现，禹定贡赋所隐含的家长形象较尧舜禅位的时代更加清晰、鲜明。这时，赋税征收虽没有理论指导，但禹定贡赋掩盖下的一般现象则可看作这一理论形成过程的开始。由夏经商到西周立国，是家长制发展、君主制萌芽并确立的时代。周朝的建立是君主制确立的标志，它的分封则是家长制、宗法制的典型表现。这时，赋税基本理论开始朦胧出现。说其朦胧，是因为这一理论还没有得到应有的概括。但分封的实践及其表现说明周天子及其姬姓家族成员已有比较明确的指导思想，或者说赋税基本理论正处在观念的孕育之中。进入春秋战国时代，诸侯并起，礼崩乐坏，周朝开始走向分裂和衰亡，一个新的社会正在孕育、诞生。但是，春秋战国的纷争局面并不妨碍家长制、宗法制的继续发展，从而无碍于权力的集中和君主制向君主专制的目标迈进。纷争的小国就它们在辖区内的控制能力、集权程度而言，大约较东周天子要强些，因而实质上都是一些君主国。未取君主称谓概因周天子之名尚存。但控地较广、人民较众的诸侯已经有能力"挟天子以令诸侯"了。这就在相当程度上说明了问题。这时的赋税基本理论已由西周时的"朦胧"日渐清晰，由幼稚转向成熟。春秋诸国相继进行的税制改革、"溥天之下，莫非王土；率土之滨，莫非王臣"的概括，以及前文所引管子、韩非子等人的言论即是具体的说明。不过，这时的赋税基本理论只是在这些小国内而且仅仅在一定程度上得到了贯彻，因而天子、诸侯各有自己的财政，表现出一种分割的特点；但作为一个国家的赋税基本理论确立或形成的标志，它必须在一个统一国家内得到全面、彻底的贯彻。秦始皇统一中国，标志着多民族、大一统、中央集权、君主专制政体的最后形成。秦始皇无愧于中国历史上的第一位皇帝，他显然深知作为皇帝的要诀所在，所以一经登基，便全部接受了前君主专制时代业已定型的赋税基本理论的遗产，并向全世界宣布："六合之内，皇帝之土，人迹所至，无不臣者。"如前所论，这几乎是对《诗·小雅·北山》的复制了。此后，国家财政便如陈亮所说"财皆天子之财"，曾肇所言"一财之源，一地之守，皆人主自为之"。而通过这种理论的贯彻所建立起来的统一国家的财政，便成为君主专制政体赖以存在和运行的经济基础。秦始皇对这一理论的继承和贯彻，其意义不仅在于秦朝的专制统治本身，而且在于由秦首开其端、延续两千年之久的中古社会历代王朝的专制统治。两千年来，统治者进行了大大小小的数不清的税制改革，但指导国家财税活动的基本理论一直没有实质性变化。

同上述普通法律一样，财税制度也没有针对皇帝的立法。这在我们看来恰恰是专制政体的本质表现，因而属于正常现象。而且只有这样，国家机器的组装运行才和谐有致，浑然一体。如果情况相反，财税立法涉及皇帝，便都可视为对皇权的限制或束缚，这反而不正常了。正因如此，皇帝绝没有违法犯法的现象。皇帝独揽财税大权在法律上虽不见反映，却可以通过法律决定财税事务，包括制税，如税项立废、税额增减；用税，如官俸发放、战费支拨；审计，如查核账册、奖惩官员等。既然皇帝把持了税权，财税活动中便不会有纳税人的立足之处。既没有纳税人参与，中国中古税制中便不会产生西方那样由纳税人代表组成的组织，而赋税基本理论第二个层次民本思想的缺失也就顺理成章了。

第二节　西欧

与中国传统文化不同，西方传统文化不是单一或某一主流文化演化的结果，而是几种文化交融混一的产物。这些文化主要是：古典文化、基督教文化和日耳曼文化。从文化人类学意义上讲，这些文化相近相通，一经接触，便极易融合，所以在民族大迁徙之后很快形成了相对统一的文明。正因如此，我们把欧洲视为一个文明整体或分析个案。

古典文化特别是古希腊文化，创建了民主和法律制度，为西方传统文化奠定了基础。作为西方传统文化的重要遗产，这些制度在罗马文化中得到了继承，形成了共和政体，特别是在法律建设方面取得了重大成就。基督教本来是基于近东文化而形成的宗教，具有浓厚的契约思想和强烈的普世情怀，后来传入罗马帝国，继承和吸收了古典文化的精华并进行了创造，从而形成了一种博大精深的宗教文化。日耳曼文化是一种由史前向文明过渡时期的文化，可分狭义和广义两种。狭义的日耳曼文化，是指公元前后分布于欧洲大陆的各部族文化，包括东哥特、西哥特、法兰克、勃艮第、伦巴德、苏维汇、汪达尔等文化。广义的日耳曼文化除了这些部族文化之外，还包括盎格鲁－撒克逊、裘特以及后来的诺曼人的文化。这里所指为广义的日耳曼文化。从地理上看，这种文化分布很广，遍及日耳曼尼亚、斯堪的纳维亚和不列颠诸岛。日耳曼各部族或区域文化之间自然存在差异，但基于地理、气候、语言、习俗以及民族性格等因素的相近性，以及处于原始社会末期、富含原生态民主资源的共同性，可以将它们归类于广义的日耳曼文化。

无可否认，三种文化都含有一定的民主精神，可否称为民主文化可以讨论，但正是这类文化诞生了协商同意的社会习俗或制度，进而形成了西欧中世纪富有特色的赋税基本理论。

一 异族同质文化的交汇

早在罗马帝国时代，三种文化的交往业已开始。在欧洲大陆，罗马帝国将基督教接受为国教之前很久，罗马民众已经大量皈依基督教。与此同时，日耳曼人也以和平方式迁入帝国境内，从而开始了三种文化的最初交往。在不列颠，罗马征服之前，罗马文化、基督教文化与不列颠土著之间已经开始接触。公元前 1 世纪中叶，罗马对不列颠实施了征服，建立了统治，并维持这种统治达 600 年之久。其间，罗马在其统治区域主要是不列颠中南部，大力推行罗马法，并依据罗马法中的所有权理论征收赋税，从而产生了最初的影响。① 随着罗马帝国的扩张，基督教文化也深入不列颠，从而开始了罗马文化、基督教文化和不列颠土著文化之间的交往。

如果说这时三种文化的交往无论在广度还是在深度上都还比较有限因而仅可以称为交往的话，那么，随着民族大迁徙的爆发，这种交往更以军事冲突的形式波澜壮阔地展开，因而可以称之为交汇了。公元 4、5 世纪，西罗马帝国的巍峨大厦在民族大迁徙的浪潮中轰然倒塌，日耳曼民族遂在它的废墟上建立了许多小王国。作为征服者，日耳曼人自然要维系和巩固甚至推广自己的文化，但罗马遗产是如此丰厚，用来又如此便利，在百废待兴的形势下，国家的治理不可能舍此而求他。在先进的罗马文化面前，日耳曼人表现了强

---

① S. Dowell, *A History of Taxation and Taxes in England*, *from the Earliest Times to the Present Day*, Vol. 1, London: Frank Cass & Co. Ltd, 1965, p. 5.

烈的"为我所用"的冲动，很早便已采行罗马旧制。东哥特、西哥特、汪达尔等王国一方面使用本土的习惯法，另一方面又借用罗马法，并大量任用罗马官吏。这就为罗马法的传承开辟了道路，使本土文化和罗马文化相互吸收混一。与此同时，他们纷纷皈依基督教，因而也完成了与宗教文化的交融。

在不列颠，诺曼征服之前，盎格鲁－撒克逊诸国与大陆日耳曼诸国已经开始频繁交流。盎格鲁－撒克逊诸国中最早的一部法典《埃塞尔伯特法典》编订于6世纪末7世纪初。其时罗马势力业已退却，而诺曼征服又远未到来。但法典的编订已经深受日耳曼法影响，在编订模式上不仅仿效哥特法典、勃艮第法典，而且直接模仿了法兰克法典。① 而在法典编订之前，埃塞尔伯特已经迎娶法兰克王国的公主作为王后。通过这种往来，日耳曼诸国本土文化以及所承袭的罗马法因素已不断输入不列颠。② 罗马撤离后，诺曼人对不列颠实施了征服。这次征服标志着一种深受罗马文化影响的日耳曼文化的大规模全方位的输入。从地理上看，诺曼底公国虽远离当年罗马统治中心，但仍属罗马旧地，至1066年诺曼征服，诺曼人在此定居已达150年之久，因此已经深受罗马文化影响。而诺曼征服后，征服者威廉也编订了自己的法典。他以忏悔者爱德华的真正继承人自居，承诺英国臣民必须维持并遵守爱德华关于土地占有和其他所有物的法律。③ 为了落实法典精神，他在履位第4年，即专门组织委员会调查英格兰各地习俗，以便行政时遵守各地习惯而保持社会安定。④ 在这里，征服者虽携战胜之余威，但没有废除异国法律，反而予以维持遵行，这就为盎格鲁－撒克逊旧法与诺曼王朝新法的交融提供了条件。

罗马军队退出不列颠不久，一批来自西欧大陆饱读教会经典、熟稔罗马文化和日耳曼文化的传教士和学有所长的教会执事人员又复迁入，这就大大

① Timothy Reuter, *The New Cambridge Medieval History*, Vol. 3, Cambridge：Cambridge University Press, 1999, p. 6；D. P. Kirby, *The Earliest English Kings*, London：Routledge, 2000, pp. 24 – 27.

② F. Pollock and F. W. Maitland, *The History of English Law*, Vol. 1, Cambridge：Cambridge University Press, 1923, Introduction, pp. xxxii – xxxiii.

③ "Law of William the Conqueror", *see* D. C. Douglas, *English Historical Documents Ⅱ*, *1042 – 1189*, New York：Oxford University Press, 1998.

④ Refer to W. Stubbs, *The Constitutional History of England*, Vol. I, Oxford：Clarendon Press, 1873, pp. 290 – 291.

加强了基督教在不列颠的影响。圣奥古斯丁作为基督教在英格兰的开拓者之一，不仅在坎特伯雷建立了英国第一座教堂，确立了大主教教座地位，而且吸收肯特国王皈依基督教，直接指导编订了著名的《埃塞尔伯特法典》。这些教会人员筚路蓝缕，将大陆罗马法、教会法观念和立法技术输入不列颠。至 7 世纪中叶，在肯特王国之后，盎格鲁－撒克逊诸国相继接受了基督教洗礼，颁行了法典。与此同时，这些教会人员也得到了盎格鲁－撒克逊各国的倚重，纷纷到宫廷任职，这对罗马文化的传播和普及发挥了极为重要的作用。里昂认为，这时的英国法律中可以清楚地看到罗马法思想的生长。但必须强调，这时的罗马法都披着教会的外衣，而教会法（canon law）也正是由此而得名①。

后来，西欧历史进入罗马法复兴时期。罗马法复兴始于意大利，不久即扩及整个欧洲大陆，并影响了不列颠。11 世纪，法学家开始着手罗马法的普及工作，从教会法中检索资料为各国民众编辑通俗易懂的法律文书。自 11 世纪上半叶始，帕维亚、波伦亚等相继建立法律学校，面向欧洲各地招收学员，讲授研习罗马法及《查士丁尼法典》。而 1066 年诺曼征服，恰逢罗马法复兴初潮，遂使不列颠进一步受到罗马文化的影响。这期间，先后有兰弗朗克（Lanfranc）、安瑟伦（Anselm）、瓦卡里乌斯（Vacarius）等著名罗马法大师前来传道讲学或从政任职。

如前所述，三种文化各有自己的特点，彼此之间存在显著差异。古希腊罗马文化由于文化创建者的消逝而仅仅以文化遗产的形式存世。基督教文化与日耳曼文化作为两种新生的文化，则呈现出一种强劲的发展态势。这种发展表现为基督教组织和日耳曼国家的普遍建立。两种文化在传播中都大量吸收古典遗产，同时又相互吸收，基督教的传播很快使日耳曼人和欧洲各族人民成为它的教众，而日耳曼民族不仅从基督教那里获得了信仰，它的原生态民主也影响了教士的思想和教会的建制。这样，在这些文化接触、交汇、交融的过程中，各自吸收了其他文化的因素后，彼此之间的差异日渐削弱，而共性相应加强，久而久之，便形成了一种适于全欧、

---

① B. Lyon, *A Constitutional and Legal History of Medieval England*, New York: W. W. Norton & Company, 1980, p. 15.

具有一定普适性的大文化。

　　需要说明，古典文化中曾出现与民主文化相悖的现象，如希腊曾出现亚历山大帝国，罗马曾出现罗马帝国，它们都曾形成专制政体。但在笔者看来，专制皇权的出现并不代表古典历史的主流。亚历山大帝国仅存 10 余年，自不必论。从王政时代开始到西罗马帝国灭亡，罗马历史共历 1300 年，包括王政时代 300 年，共和时代 500 余年，帝国时代 450 余年，帝国历史占全部历史的 1/3 强，命数可谓悠久。但在我们看来，在帝国时代的 450 年中，至少有 250 年是以帝制之名行共和之实。后三头政治结束后，从屋大维到戴克里先，历任元首为什么都不称帝而沿用"元首"之名，那是因为共和体制仍然健在，共和机构仍然活跃，仍然控制政治局面。他们不是不想称帝，实惮于共和威力而不敢称帝，因为谁都不想成为凯撒第二。与此同时，元老院又不时宣布丧失民心的皇帝为人民公敌并推举新的皇帝。除去这 250 年，西罗马帝国若从戴克里先称帝算起，也只维持了 200 年。之所以将戴克里先之前的罗马政体也称为帝制，是因为传统史学借助文本的力量夸大了专制的作用，将目光聚焦于专制现象而漠视其他，结果在某种意义上对罗马史作了过分的解读，以致形成了今天的罗马帝国的概念。事实上，戴克里先称帝前的政体很难称为专制政体。而戴克里先称帝之时，帝国的辉煌已成明日黄花。三世纪危机宣告了帝国的衰落，北方日耳曼民族的迁徙又接踵而至，奴隶贫民起义也相继爆发。在这样的情势下，从 238 年西罗马皇帝马克西米连被士兵刺杀至 284 年戴克里先即位，50 余年即有 30 多个皇帝上台下台，皇帝的专制事实上已经成为神话。同时我们不要忘记，罗马史的一个显著特点是法律的发达和法制的健全，皇帝都十分注重立法或法律建设。而法律制度越是完备，对政府权力的限制就越是有力。这一点，也使罗马帝国迥异于中华帝国，或者说，罗马帝国原本就不是中华帝国那种意义上的帝国。结论很清楚，在罗马帝国的大部分时间里，虽有专制之名，却乏专制之实。所以，所谓罗马帝国的学术认识，并不妨碍我们将古典文化判定为民主文化。而所谓文化的交汇，本质上即是民主文化的交汇。

二　"遗传基因"的混一与普适

　　三种文化都富含民主资源。而民主，必然意味着协商、评议和争论，进而意味着否决或同意，例如关于法典的制定颁行，在民主制度下一定要经过一定范围的协商和同意。但是，任何一种文化现象都是错综复杂的，因此要细致梳理和剖析其中任何一种因素的演变都非易事。由于西方传统文化至少由三种文化汇集而成，要对赋税基本理论的遗传基因做出清晰的梳理和剖析就更为不易。因此，我们只能在资料基本具备的条件下进行粗线条梳理。

"同意"，可以是一种制度，也可以是一种社会习俗。在古典和基督教文化中，它无疑是一种制度；在日耳曼文化中，可视为一种习俗。而无论在哪种文化中，同意都具有广泛性，覆盖政治、经济、法律、军事、宗教等领域。在这些领域，只要涉及民众权益，一般都要经过民众同意。

古典文化中的同意，植根于古希腊、罗马民主、共和的沃土。早在古希腊，已经形成了发达的观念并诉诸实践。在雅典，执政官由选举产生。梭伦宪法规定，每个部落先行选出 10 人为候选人，然后再由候选人抽签出任。梭伦设立了 400 人会议，400 人会议无疑是公民直接同意的结果。正因如此，亚里士多德说："因为人民有了投票权利，就成为政府的主宰。"[①] 克利斯提尼改革后，公民表达意见的空间得到了进一步扩展。除依旧制按部落数目选举 50 人组成 500 人会议、选举十将军委员会和执政官委员会外，克利斯提尼还创建了"陶片放逐法"，曾有多位政治家受到陶片放逐法的处置。[②] 在这里，公民的"同意"发挥了重要作用。至伯利克里时代，随着雅典民主政治的确立和繁荣，"同意"的表达也臻于成熟。公民大会每 10 天召开一次，每次都对相关议题进行表决。

在古罗马共和时代，"同意"同样表现为选票或其他票类的投出。罗马法中不仅业已出现同样或类似的概念，而且在贯彻实施中积累了丰富的经验。共和时代的法律拟制、国家决策、赋税征收、权益分配等大多是共和机构运作的结果。公民会议包括立法、司法、选举等多个类型，不同会议有不同的投票方法，一般包括两个步骤。第一个步骤是库里亚、百人队、特里布大会组织单位投票。公民逐一走出围栏，进入一个特设通道，在通道尽头，接受检票员问询。检票员将公民意见记入某一特制表格。如为选举，则记在

---

① 〔古希腊〕亚里士多德：《雅典政制》，商务印书馆 1963 年版，第 12 页。
② 〔古希腊〕亚里士多德：《雅典政制》，第 26—27 页。

候选人名下，或将当选者的名字写在票面。选民各执一票，写上意见，投入票箱。第二个步骤是检票人员计票，以多数票决出各单位意见，并报告会议主席，由他指定专人宣布投票结果。①

罗马帝国建立后，国家权力虽有一定集中，但共和传统仍然强劲有力。由于对外战争属众人之事，涉及人民的需要和利益，公民必须纳税和当兵。而战争所得如土地和动产也相应归属国有或在公民中分配，这无疑更体现了"共同利益"的性质。森都里亚、特里布大会和元老院的决议与中世纪类似的国家机构相比，无疑体现了显著的"共同同意"的特点和公民的民主性质。

及至罗马帝国晚期，"同意"开始作为表决程序的一个独立词汇出现在法学家著作和政府法律文书中。后来更作为"格言"（maxim）收入《查士丁尼法典》，拉丁原文为"quod omnes tangit，ab omnibus approbetur"②，汉语译为"涉及众人之事应取得众人同意"或"涉及众人之事应由众人批准"（或"决断"）。原意说如果几个保护人共同监护一个被保护人，那么，涉及这个被保护人利益的某些行为须经这些保护人同意或共同决断。从罗马私法开始，这一格言已经成为法律史上一个重要的概念。后来，教会法学家用其解释或定义主教与教会法之间的法律关系，并很快引入教会管理系统，用以支持教会中下层成员参与教会管理。③

日耳曼人的同意则属于原始民主文化系统，无书简之文，主要表现为日耳曼国家原始民主的议事方式。公民大会、亲兵组织富于活力，社会风习中富含民主精神。正是这种民主精神，构成了封君封臣制的根源之一。米彻尔、克拉克等人认为"共同同意"来源于封建法，正是注意了这种民主精神的遗存。需要强调的是，既然是民主遗存，必然蕴含"共同同意"等观念，而这些观念与罗马法或罗马文化中的相关概念无

① 陈可风：《罗马共和宪政研究》，法律出版社 2004 年版，第 134—135 页。

② *Justinian's code*（5，59，5，par，2-3）. There are several English translations：what touches all is to be approved by all，what touches all should be approved by all，what touches all must be approved by all，What touches all ought to be approved by all，etc.

③ Pennington, Kenneth J., "Bartolome de Las Casas and the Tradition of Medieval Law", *Church History* **39**, 1970, p.157, see Carl Watner, "Quod Omnes Tangit: Consent Theory in the Radical Libertarian Tradition in the Middle Ages", *Journal of Libertarian Studies*, Vol. 19, No. 2 (Spring 2005): 67-85.

疑是吻合的。正是这种吻合便利了这些概念或观念的传承，因为无论对于文明的罗马人还是作为征服者的日耳曼人，这都是容易接受的，不会产生排异反应。

早在罗马帝国分裂前，东哥特、西哥特、法兰克、勃艮第等部族已经在欧洲大陆陆续定居。塔西佗记录了公元1世纪末日耳曼人"共同同意"的活动状况："日耳曼人中，小事由酋帅们商议；大事则由全部落议决。人民虽有最后议决之权，而事务仍然先由酋帅们彼此商讨。"每于新月初升或月圆时节的固定之日，日耳曼人议决部落大事，但遇紧急事务，则不在此例。"在聚合了相当多的人以后，会议便开始，大家都带着武器就坐。祭司们宣布肃静，在这个时候，他们有维持秩序的权力。于是在国王或酋帅们之中，或以年龄，或以出身，或以战争中的声望，或以口才为标准，推选一个人出来讲话；人们听他讲话，并非他有命令的权力，而是因为他有说服的作用。如果人们不满意他的意见，就报之以啧啧的叹息声；如果大家很满意他的意见，就挥舞着他们的矛：这种用武器来表示同意的方式，乃是最尊敬的赞同方式。……在这种会议中，也提出控诉和宣判死刑。刑罚的处理方式取决于罪行的性质……他们还在这种会议上选举一些长官，到各部落和村庄处理诉讼事件：每一个长官都有一百名陪审者，他们是由人民中选出来作为他们的顾问的。"① 这里涉及了选官、诉讼以及部落其他大事的议决等重要活动。其中，致辞者的产生并非由首领或贵族垄断，而是以年龄、出身、声望、口才为标准，由众人推举；表决过程中，无意见者以武器撞击之声表示赞同，有意见者以叹息之声表示反对，而无论何种情况，都无首领的独断专行或颐指气使。如此等等，也就反映了日耳曼人特定时代淳朴无华的原生态民主习俗，显示了日耳曼人独特的民族文化特征。

西罗马帝国灭亡后，分布在帝国废墟上的日耳曼诸王国，都先后编订了自己的法典。法典的编订颁行过程也无一不经某种范围的民主协商或表决。《勃艮第法典》由国王贡多巴德颁行，由31名出席者签署。《萨利克法典》经由萨利克法兰克人和他们的贵族制定，后由克洛维和查理大帝重新颁行。《阿勒曼尼法》由国王克鲁赛尔（Clothair）与众王子、33名主教、34名军

---

① 〔古罗马〕塔西佗：《日耳曼尼亚志》，商务印书馆1977年版，第60—61页。

事首领和 62 名出席者重新颁行。[①]

　　现存盎格鲁－撒克逊诸王国的法律文书对国王向贤人会议提出的有关传位、征税、宣战、媾和等国家重大事项的讨论表决作了诸多规定，[②] 编年史家更大量记载了贤人会议对国王要求的讨论表决情况，这些文献都留下了关于"协商""同意"的丰富的文字记录，并被西方学者屡屡征引。各国法典的前言中一般都讲述法典的制定过程，以昭告人民国法的颁行经过了一定范围的协商和同意。所以梅特兰说，没有任何国王不经贤人会议以及其他人士的协商同意而独自立法。[③]《伊尼法典》的颁行经过了主教们的协商和指导，经过了全体郡守、贤人会议成员的协商，并经过了众多"上帝奴仆"的集体表决。《艾弗莱德法典》的制定经过了贤人会议的协商和同意。《埃塞尔斯坦法典》由国王与大主教、主教等共同协商，制定颁行。[④] 在埃克塞特，立法活动由贤人会议负责，与国王协商。埃德蒙德颁布法律，与由教俗封建主组成的贤人会议协商。另外，埃德加、埃塞雷德等国法典也都经过了与贤人会议的协商和同意。[⑤] 在肯特，"国王威特莱德（Wihtraed）当政时期，设有杰出人士参加的讨论会，参会者有不列颠大主教波特瓦尔德、国王本人、罗切斯特主教盖博蒙德，以及教会各阶层，……这些杰出人士通过全体投票表决颁布了这些法律，并将其增列肯特习惯法"。丹麦国王卡纽特颁行《卡纽特法》，也经过了与贤人会议的协商。[⑥]

　　在西方传统文化中，所谓民主资源首先和主要指古典文化的民主和日耳曼民主。而基督教文化，除了自身吸收两种文化的民主精神并进行一定的创造外，它的使命便是促进三种文化的交融。约至 7、8 世纪，三种文化的交

　　① Refer to W. Stubbs, *The Constitutional History of England*, Vol. I, Oxford: Clarendon Press, 1873, p. 142.

　　② *Medieval Sourcebook*: *The Anglo - Saxon Dooms*, 560 - 975, http://legacy.fordham.edu/halsall/source/560-975dooms.asp.

　　③ Refer to F. W. Maitland, *The Constitutional History of England*, Cambridge: Cambridge University Press, 1946, p. 6.

　　④ "King Athelstan's Laws", from *Sources of British History*, www.britanna.com/history/docs/document.

　　⑤ W. Stubbs, *The Constitutional History of England*, Vol. I, Oxford: Clarendon Press, 1873, pp. 141 - 142.

　　⑥ F. W. Maitland, *The Constitutional History of England*, Cambridge: Cambridge University Press, 1946, p. 6.

汇业已基本完成，这时的"同意"，便不再保持不同文化系统的原有的独立和特点，而已经是交融混一的概念了。

诺曼征服后，征服者威廉依然使用他在诺曼底的立法原则，与他的将帅、教职等共同协商，制定了著名的《征服者威廉法》。① 诺曼人的协商表决方式，原本与塔西佗时代日耳曼人的协商表决没有多少差异，入主诺曼底后，在接受罗马文化的同时，又受到了基督教文化的浸润，所以包含了诺曼因素、罗马因素和基督教因素。诺曼征服后，又进一步与盎格鲁－撒克逊文化发生交融。这种交融除保留和维持盎格鲁－撒克逊法之外，便是建构自己的封建法。而封建法的建构，已经完全是在三种文化交汇的基础上进行了。封建法的重要特征之一，是国王处理封建事务必须征求直接封臣的同意。11世纪70年代的两则令状，即是经过基督教、诺曼底、不列颠封建主的"同意"而颁行。一则是关于将多尔切斯特（Dorchester）主教座堂移转到的林肯郡问题。令状说，国王曾与教皇、教皇使节、坎特伯雷大主教兰弗朗克、英格兰主教们进行协商，并征得了他们同意。二则是关于主教法（Episcopal Law）修订问题，说曾召开教俗大会，与大主教、主教、修道院长、全体大贵族协商，征得了他们的同意。② 这种协商和同意表现在国家机构上，首先是国王必须征得贵族大会议的同意。这个贵族大会议，正是由盎格鲁－撒克逊人的贤人会议发展而来，其本身便是封建法与盎格鲁－撒克逊旧法交融的结果。会议成员不仅来自国王的直接封臣，而且包含了原贤人会议的成员。所以克拉克说："在征服者威廉统治之下，传统的盎格鲁－撒克逊惯例与协商、同意的封建观念相互融合，以至于几乎不可能将两者区别开来。"③ 这里所谓盎格鲁－撒克逊惯例，在克拉克看来，首先指他们的"同意"。随着封建关系的发展，这种同意又通过代表制度由直接封臣扩及各郡骑士和城市

① "Law of William the Conqueror", see D. C. Douglas, *English Historical Documents II*, *1042 – 1189*, New York: Oxford University Press, 1998.

② *Charter of William I in Favour of Remigius, Bishop of Lincoln; Writ of William I Concerning Spiritual and Temporal Courts*, see D. C. Douglas, *English Historical Documents II*, *1042 – 1189*, New York: Oxford University Press, 1998.

③ M. V. Clarke, *Medieval Representation and Consent, A Study of Early Parliament in England and Ireland, with Special Reference to the Modus Tenendi Parliamentum*, New York: Russell & Russell, 1964, p. 249.

市民，从而在文化交汇的基础上更上一层楼。

基督教会是西欧中古初年动荡、无序、倒退局面中的文化使者，基督教神学家或经院哲学家以文化传承、发展和创造为己任，批阅异教典籍，研讨古代规章，竭力吸取精神营养。因此，基督教文化中的"协商"和"同意"是文化交汇的产物，也更为丰富多彩。在理论上，基督教神学家进行了大量的阐述和研究。在实践上，基督教会建立了中古时代堪称完备的选举表决制度。

西罗马帝国灭亡以后，《查士丁尼法典》中的"同意"条款作为一种闪耀着宪政民主精神的思想资源，一直被教会法学家、天主教神学家、中世纪思想家、注释法学派（glossators）以及教会会议至上主义者（conciliarists）广泛传诵、引用、解读和讨论。[①] 教会神学家的理论创新具有强烈的现实关怀，讨论的话题与社会现实息息相关，如政府组建、教皇选举、国王权威与教皇权威等重大经济、政治权力的合法性与合理性等问题，都在讨论范围，且居突出地位。

早在主教授职权之争（Investiture Contest）期间，一些有识之士已经在思考教会本身权力与控制的关系问题，特别是这种关系中的同意理论问题。而主教授职权之争的结果，使格里高利七世控制了教会大权，教会内部遂呈教皇专权之势。这时候，德国大部分主教意识到他们的"同意"的权力遭到了践踏，因而奋力抨击教皇的集权政策，用他们自己的话说，"我们厌恶像地方长官那样任人驱使"[②]。这样，随着思考的深入和争论的进行，保障教会各阶层权力，限制教皇权威的思想逐渐明朗。主教授职权之争结束后，教会先是于 1123 年在罗马，之后于 1139 年、1179 年、1213 年在拉特兰召开过数次宗教会议，确立了一项基本原则：宗教大会有权代表教会，教皇权力必须接受大会制定的教会法规的约束。而在经历了乌尔班六世和克勒门七世及其继任者的教会危机之后，宗教大会又进而决定选举新的教皇，并相应确立新的原则：教会会议高于教皇权威；教皇不是专制君主，在某种意义上

---

　　① M. V. Clarke, *Medieval Representation and Consent, A Study of Early Parliament in England and Ireland, with Special Reference to the Modus Tenendi Parliamentum*, New York: Russell & Russell, 1964, p. 264.

　　② Margaret Deanesly, *A History of the Medieval Church 590 - 1500*, London: Methuen, 1972, p. 101.

只是宪政统治者。①

　　与此同时，教会内部以"同意"原则管理教会事务也已形成制度。英诺森三世在他编订的教令集中便引用了"同意"条文。当人们问及乡村教堂堂长是由主教还是副主教（archdeacon）抑或二者共同任免时，教令集回答："依据帝国法律的权威，涉及众人之事应由众人决断；因此，既然乡村教堂堂长是对公众行使他的权能，那么，他的选举和罢免应该征得公众的共同同意。"② 由于教令集编订的目的之一在于规定低级僧侣的纪律，普及率极高，以致英国许多主教教区逐字逐句辑录了这一教令。1222 年，塞利斯伯里分会条例规定："乡村教堂堂长的任免须经主教和副主教共同同意。"14 世纪初，巴斯的选举登记表这样写道："巴斯副主教教职的传统源自古代，值得赞美，因此，领取圣职薪俸的神职人员每年选举他们的堂长。"③ 而在教皇之外，众多高级教职也都以身示范传播和践行这一理论。于是我们看到，在英国很多普通教堂里，这一原则甚至张贴在教堂墙壁上，作为行动的准则。

　　后来，这一原则被人权倡导者用来制衡王权，反对国王的专制主义。他们认为，如果教会能够通过会议决议废除教皇，那么男爵会议也可以废除残暴或专制的国王。意大利帕多瓦的马西利乌斯（Marsilius of Padua）认为，由于好的政府都是对自愿者进行统治，这种政府必须通过同意才能得到建立，这是顺理成章的。统治者只有通过选举，而不是通过他的法律知识、慎思明辨，或过人德行才能获得权力。1323 年，赫尔维尤斯（Hervaeus）提出了一个系统的观点："所有合法政府都必须建立在被统治者同意的基础上。"人生而平等，如果国王未经同意而据有政权，那么，他便是通过暴力而据有它。邓斯·司各特（Duns Scotus）认为，正当的政治权威只有通过共同体的共同同意和选举而获得。所有政治权威，无论依存于个人，还是依存于共同体，

① Carl Watner, "Quod Omnes Tangit: Consent Theory in the Radical Libertarian Tradition in the Middle Ages", *Journal of Libertarian Studies*, Vol. 19, No. 2 (Spring 2005): 67-85.

② Decretals Gregorri IX, Lider I, Tit, 23, cap. Vii, 6; Innocent III, Collatio IV. See M. Y. Clarke, *Medieval Representation and Consent, A Study of Early Parliament in England and Ireland, with Special Reference to the Modus Tenendi Parliamentum*, New York: Russell & Russell, 1964, p. 264.

③ M. Y. Clarke, *Medieval Representation and Consent, A Study of Early Parliament in England and Ireland, with Special Reference to the Modus Tenendi Parliamentum*, New York: Russell & Russell, 1964, p. 264.

都必须通过共同同意才能证明是正当的。[1] 奥卡姆的威廉（William of
Ockham）说得更直接，合法政府必须建立在同意的基础上，因为人生而自由，
而不是依附于其他任何人。共同体不可能将绝对权力授予统治者，因为它本
身没有凌驾于个人之上的绝对权力。[2] 库撒的尼古拉斯（Nicholas of Cusa）接
受了人生而平等的理论，认为，除非经过自己的同意，人是不能服从政府的。
他注意到，每个政府都建立在个人同意和公民同意的基础上。正是由于人生
而平等，政治权威未经其他人选择和同意是不能建立的，而基督教的本质恰
恰在于排斥强权与专制。所以，同意意味着所有人是在圣灵指导下取得了完
全的一致。他把教会构想为一个自由社会，这个社会是经过它的成员的自愿
同意而构成的。[3] 1556 年，庞奈特（Ponet）在一篇论政治权力的短文中说：
"无论是教皇、皇帝，还是国王，都不能不经同意做伤害人民的事情。"[4]

　　与基督教相比，东罗马帝国对罗马文化的传承具有更便利的条件。东罗
马帝国原本就是西罗马帝国的同宗兄弟，本身即为罗马文化的创建者。西罗
马帝国灭亡后，它又以重建罗马帝国，复兴罗马文化为己任，企图收复失
地，重整河山，同时编纂《国法大全》，比较完整地保存了罗马法文献，推
动了法律事业的建设。由于在国际事务中的特殊地位，东罗马帝国的统治有
力地推动了罗马文化的继承和传播。

　　正是在这样一种协商同意的社会氛围中，西欧中古国家形成了大致统一
的赋税基本理论。

三　协商同意的必然逻辑

　　既然协商和同意具有广泛性，覆盖政治、经济、法律、军事、宗教等领

---

① 　Carl Watner, "Quod Omnes Tangit: Consent Theory in the Radical Libertarian Tradition in the Middle Ages", *Journal of Libertarian Studies* Vol. 19, No. 2 (Spring 2005): 67–85.

② 　Carl Watner, "Quod Omnes Tangit: Consent Theory in the Radical Libertarian Tradition in the Middle Ages", *Journal of Libertarian Studies* Vol. 19, No. 2 (Spring 2005): 67–85.

③ 　B. Tierney, *Religion, Law and the Growth of Constitutional Thought 1150 – 1650*, Cambridge: Cambridge University Press 1982, p. 107. Carl Watner, "Quod Omnes Tangit: Consent Theory in the Radical Libertarian Tradition in the Middle Ages", *Journal of Libertarian Studies* Vol. 19, No. 2 (Spring 2005): 67–85.

④ 　W. S. Hudson, *John Ponet: Advocate of Limited Monarchy*, Chicago: University of Chicago Press, 1942, pp. 137, 140; Refer to Carl Watner, "Quod Omnes Tangit: Consent Theory in the Radical Libertarian Tradition in the Middle Ages", *Journal of Libertarian Studies* Vol. 19, No. 2 (Spring 2005): 67–85.

域，关于赋税的协商和同意也就必然蕴含其中。

在欧美学术界，关于赋税的协商和同意与古典文化、封建文化、基督教文化以及日耳曼文化的关系，存在不同意见。米彻尔主张源于封建习惯①，并得到了克拉克的赞同②。波斯特则认为国税植根于罗马法而不是封建法。哈里斯更从几个方面否定米彻尔的意见，认为米彻尔所谓"友善的帮助"（gracious aid）大多指一般领主与封臣而不是国王与他的直接封臣之间的关系。不仅格兰维尔没有证明而且12世纪也没有例证曾将"友善的帮助"授予国王。同时在王领之上，这种征收与任意税的征收很难区分开来。其次，尽管13世纪的国王与国家以及他的男爵之间的关系仍具有很强的封建性，1207年1/13税的征收在令状用语、制税程序、估值方式等方面仍然更具国家而不是封建色彩，比如这次征收得到了公众的授权并取得了贵族会议的同意。另外，所谓"帮助"（auxilium），在这里很可能用作技术术语，意指领主、封臣之间"友善的帮助"与1207年征收的连续的一致性，或者包含一种自由同意的思想。"帮助"的确是一个可指各种义务和赋税的普通用语，但更经常用于新设的尚未确定的赋税。在这里，罗马法的作用在于为统治者征收赋税提供理论辩护和法律基础，同时也为民众保卫自己的权利反对专横掠夺提供确切的理由。③

上述学者的观点各有道理，但都因局限于某一角度看问题，视野不够开阔，难免失之偏颇。前文业已论及，随着三种文化交汇的进行，中世纪的"同意"事实上已经是混一的概念。也就是说，三种文化在赋税协商和同意理论的形成中都发挥了作用。如果追溯它的理论化过程，则可以认为，早在罗马帝国时代，这一过程已经开始了。前引"涉及众人之事应取得众人同意"的格言显然蕴含了一定的论证，即为什么"涉及众人之事"就"应该取得众人同意"，其中的民主诉求是显而易见的，只是因为格言须有微言

---

① S. K. Mitchell, *Taxation in Medieval England*, Hamden：Archon Books, 1971, p. 159; *Studies in Taxation under John and Henry III*, New Haven：Yale University Press, 1914, pp. 84 – 85.

② Refer to G. L. Harriss, *King, Parliament and Public Finance in Medieval England to 1369*, Oxford：Clarendon Press, 1975, p. 17.

③ G. L. Harriss, *King, Parliament and Public Finance in Medieval England to 1369*, Oxford：Clarendon Press, 1975, pp. 17 – 21.

大义的特点而不得不将论证隐去。但这时，在广大的日耳曼人中间，"同意"的表达还仅仅出于人的本能，仅仅依靠习俗的力量。在诺曼征服前的诺曼底和盎格鲁－撒克逊时代的不列颠，经过"同意"的众多的立法活动和征税活动，在很大程度上也都是这样一种本能的朴素的反映，显然缺乏理论的支撑。

随着基督教的传播，关于赋税的协商和同意问题进入了神学家、法学家和思想家的讨论。12、13 世纪，教会内部提出了主体权利的概念并形成了相应的语境，上自教皇，下至普通教士，纷纷发表意见，形成了踊跃热烈的场面。论者的言论和著述大量涉及赋税的协商同意问题。他们不再停留在为什么"涉及众人之事"就一定获得"众人同意"的思考层面，而是扩大范围深入挖掘，以图发现"同意"究竟具有怎样的价值，主要关联哪些问题，等等。1166 年、1188 年，教皇号召西欧各国基督徒踊跃缴纳什一税，以保卫在近东建立的十字军国家。1179 年拉特兰宗教会议，更鼓励基督教僧侣在国家紧急需要时捐出自己的属世财产。这些行为背后，都有"同意"的理论予以支撑。

13 世纪末，法国天主教思想家戈弗雷（Godfrey of Fontaines）提出了这样一个问题：当统治者要求他的臣民为国家公共设施缴税而这种需要又不够急迫的时候，统治者是否可以征税？而臣民是否必须缴税？问题直指法王腓力四世为进行战争而征税的事例。戈弗雷认为，对征税表达同意是自由社会的基本特征。统治者无论何人，都不应征收任何赋税，除非征得自由人同意。正因为他们是自由人，他们不应受到任何强迫。他们应该自愿缴纳，因为他们能够理解征税的理由。对于统治者而言，仅仅说为了公共利益或为了国家急需是不够的。如果他不征求臣民同意，他们就拒绝缴纳。戈弗雷进一步证明，同意是使非常税合法化的唯一手段，如果与公共福祉（公共利益）进行比较，后者更具重要意义。所以他认为，那些拒绝缴纳正义之税的人应该给予缴纳的人以补偿。[①] 对类似问题的讨论及讨论的结果形成了著名的《大敕令》等文件，其中都涉及了"同意"问题。在西班牙，多米尼加传教

---

① M. S. Kempshall, *The Common Good in Late Medieval Political Thought*, Oxford: Oxford University Press, 1999, pp. 253, 255.

士拉斯·加萨斯（Las Casas）在论证同意时涉及了财产权利和统治者权力之间的关系问题，认为，统治者的权力不能扩及人民的财产所有权。既然人人都是自由的，政治权威只能产生于他们自愿的同意，否则，他们会被剥夺依据自然法或自然权利而享有的自由。除非征得人民同意，统治者不能征收赋税和增加人民负担。[1] 无论何时，让自由人接受义务或负担的适宜的做法，是将他们召集在一起进行自由表决，征得他们同意。[2] 托马斯·阿奎那则在熟读西塞罗等古典作家的著作、深研罗马法和日耳曼法的基础上，写了《论君主政治》《论对犹太人的统治》等著作，其中反复论证了君主、征税等问题。[3] 而早在 13 世纪 20 年代，教皇已多次利用共同需要的理论向广大基督教国家征收什一税了。[4]

随着讨论的深入，神学家、法学家和思想家们对相关表述作了提炼和概括，从而形成了"共同利益""共同需要""共同同意"的基本理论。而由于中世纪是一个信仰的时代，这些神学家以及身兼神学家的法学家和思想家等文化精英，在精神领域享有权威地位，他们的言论和著述对于世俗群体自然具有经典意义，基督教会的实践也相应具有榜样或模范作用，因此关于赋税的协商和同意的理论便成为中古新兴国家征收赋税的依据。

---

① B. Tierney, *The Idea of Natural Rights*, Atlanta: Scholars Press, 1997, pp. 280 – 282.

② B. Tierney, "Aristotle and American Indians – Again", quotes from Carle Watner, "Quod Omnes Tangit: Consent Theory in the Radical Libertarian Tradition in the Middle Ages", *Journal of Libertarian Studies* Vol. 19, No. 2 (Spring 2005): 67 – 85.

③ 托马斯·阿奎那：《阿奎那政治著作选》，第 43—96 页。

④ G. L. Harriss, *King, Parliament and Public Finance in Medieval England to 1369*, Oxford: Clarendon Press, 1975, p. 22.

第 三 章
由所有权形态看赋税基本理论

赋税项目的设定是中古国家赋税基本理论涉及的重要内容，是赋税基本理论内在制约的结果。在中国，基于"溥天之下，莫非王土；率土之滨，莫非王臣"的古老理论，这种设定是在皇帝的直接控制下进行的，参加人员为朝廷命官，而不是纳税人。在西方，赋税项目的设定则主要是在国王和民众共同需要的条件下经共同同意而实现的。由于双方在赋税征纳中处于不同地位，国王是征收者，民众是纳税人，在西方特定的政治文化中，前者一般处在被动地位，而后者则处于主导地位。所以，所谓共同同意下的税项设定，其实主要是纳税人控制下的设定。

在中国，中古前期主要征人头税，后期主要征土地税。在这里，人头税、土地税分别与"王臣""王土"相对也许是一种巧合，但税人与税地确实反映了中国中古税制以及赋税基本理论的主要特征。西方则不同，英国中世纪前期曾有少量土地税征收，后期曾有几次人头税征收，但这些征收在当时从未占据主导地位，特别是人头税，很快遭到废除。法国主要征教会税、财产收入税、交易税等，土地税和人头税①较少征收。文献中出现的达依税有时翻译为人头税，但这种翻译未必恰当，因为达依税依据纳税人的收入和土地征收，而不是按人头征收，这迥异于英国的人头税，因此称财产税似乎更恰当些。而且，在 15 世纪之前，达依税也只是一种临时税，只有在特殊情况下经三级会议同意后方能征收。这也反映了欧洲中古赋税基本理

---

① J. R. Strayer and C. H. Taylor, *Studies in Early French Taxation*, Cambridge：Harvard University Press, 1939, pp. 7 – 19.

论的重要特征。依习惯理解，在生产力低下、生产方式原始、生活资料主要靠土地产出的传统农业社会，赋税征收必然以人头税与土地税为主体。以此衡量，中国的情况最为典型。而欧洲，竟是违背常理，不去依靠人头税与土地税而去依靠其他吗？不管这看上去怎样不可思议，而事实的确如此。如何解释这一现象？为什么同属传统农业社会，同依土地维生，而结果却如此迥异？

第一节 "低度私有"的所有权形态

在中西中古赋税基本理论的形成中，财产所有权都是重要的制约因素。而中古时代具有怎样的所有权形态与这种所有权具有怎样的历史基础和现实条件密切相关。这里所谓历史基础和现实条件，应处于中古社会发轫时期，在中国约为春秋战国前后，在西方约为西罗马帝国灭亡至 10、11 世纪。那么，处在这一时期的中国和欧洲，财产所有权状况如何呢？

从西罗马帝国灭亡至 10、11 世纪，是欧洲大陆和不列颠私有制萌生的关键时期。正是这一时期，陆岛两地先后数次受到外族长期的大规模入侵和统治。在大陆，主要是公元 5 世纪前后的日耳曼族如法兰克人、勃艮第人、汪达尔人、伦巴德人等，8 世纪的阿拉伯人，8、9 世纪的诺曼人的入侵和统治；在不列颠，则分别是公元前 1 世纪中叶的罗马人、公元 5 世纪的盎格鲁－撒克逊人、公元 8 世纪的丹麦人，以及 1066 年诺曼人的入侵和统治。[①] 这些入侵和统治，无论积极与否都留下了深刻的历史印记。

陆岛两地的历史运演无疑存在很多差异，但就封建制的形成而言，都包含了罗马和日耳曼因素。罗马因素是指两者都具有西罗马帝国的私有制基础；日耳曼因素是指两者都经历了日耳曼族的多次入侵和征服，这些外族都处在原始社会末期，私有制发展有限。而且，两种因素在两地的表现具有显著的相似性。在大陆的罗马帝国属地，曾存在发达的私有制；但在日耳曼人聚居区，私有制程度较低，且因罗马私有制的一定影响所致。在不列颠，罗

---

① 诺曼人、盎格鲁－撒克逊人、裘特人、丹麦人等都属于日耳曼族，但为了行文方便，这里仅将法兰克人、勃艮第人、汪达尔人、伦巴德人、东哥特人、西哥特人等统称为日耳曼人，而诺曼人、盎格鲁－撒克逊人、裘特人、丹麦人等仍以同名称之。

马也曾建立了统治，并相应形成了私有制经济。根据凯撒的记载，在罗马入
侵之时，英格兰还是一块荒蛮之地。不列颠大多数人口尚处在群婚制阶段，
个体家庭和私有制还远未产生。他们"大多数不种田，只靠乳和肉生活，
用毛皮当作衣服。……妻子们是由一群十个或十二个男人共有的，特别是在
兄弟们之间和父子们之间共有最为普通，如果这些妻子们中间有孩子出生，
则被认为是当她在处女时第一个接近她的人的孩子"①。而在沿海地区，南
方沿海人口虽因罗马影响而稍有开化，亦不过刚刚踏入文明的门槛，处在农
村公社的早期阶段。但是这种落后状况并不排除英格兰短期内产生私有制的
可能，因为它的强邻罗马已经有几千年的文明史，业已形成发达的私有制，
而不列颠与罗马的来往又随着工商业的兴盛和文化交流的发展日益密切。从
人类历史上看，先进民族征服落后民族并在那里建立一定时期的统治，是后
者在短期内走出野蛮步入文明的常例。在罗马征服之前，不列颠已经频频感
受到来自海峡对岸的罗马文明之风。征服之后，罗马人在不列颠中南部建立
了统治，并曾按大陆通行的方式在这里征收动产税和人头税。② 正是通过赋
税征收以及其他的统治方式，罗马私有权观念和理论在一定程度上传入不列
颠并形成了一定的私有制形态，从而为不列颠私有制的发展奠定了最初的基
础。罗马在不列颠统治长达五六百年之久，结果不仅催生了农村公社组织，
而且导致南部发达地区农村公社的解体，从而使不列颠获得了长足的发展。
但是，罗马帝国的入侵和统治以及私有制的建立主要限于不列颠中南部地
区，在北部，私有制的发展仍很有限。所以，论私有制的分布和强度，陆岛
之间可能只存在量的区别，而非质的不同。

公元5世纪前后，陆岛两地开始受到蛮族移民的大规模侵袭，大陆主要
是日耳曼人移民，不列颠则主要是盎格鲁-撒克逊、裘特以及稍后的丹麦人
移民。

这时的日耳曼人，正处在由原始社会向阶级社会的过渡阶段，已经普遍
建立起农村公社组织。随着日耳曼人的迁徙，农村公社也布展开来，逐渐遍
及欧洲大陆。在古代罗马，私有制的发展曾达到古代世界的最高水平，日耳

---

① 〔古罗马〕凯撒：《高卢战记》，任炳湘译，商务印书馆1979年版，第52页。

② S. Dowell, *A History of Taxation and Taxes in England, from the Earliest Times to the Present Day*,
Vol. 1, London：Frank Cass & Co. Ltd, 1965, pp. 3 – 5.

曼人的到来，不仅推翻了西罗马帝国的统治，也带来了农村公社组织，这使大陆由古代到封建的私有制进程似乎受到了严重干扰。但如果把欧洲视为一个整体，那么，就不能把罗马私有制的发展孤立起来考察。何况，现在的日耳曼人是大陆的主人，欧洲私有制进程无论如何都不可能超越日耳曼时代而独自向前发展，这注定了大陆的私有制进程长期处于低迷状态。日耳曼族入侵之后，与罗马民族杂居相处，处处受到罗马私有制的影响。正因如此，农村公社的土地很快私有化了，这从恩格斯的《马尔克》和《法兰克时代》[①]两篇名文中可以看到当时私有的情景。

在不列颠，盎格鲁－撒克逊人、裘特人和丹麦人的入侵，也打断了私有制的萌芽，使私有制的产生表现出断续坎坷、步履维艰的特点，产生了消极的影响。

与罗马军队撤离而基督教传入同时，盎格鲁－撒克逊人渡海征服了不列颠并建立了统治。从社会发展进程看，盎格鲁－撒克逊人尚处于原始社会末期，这使在一定程度上业已罗马化的不列颠受到消极影响，社会发展受阻，并出现倒退现象。这种现象的重要表现之一，是他们将土地按农村公社的原则进行分配，从而在那些罗马化程度较高、已获长足发展的地区重演了农村公社的历史。伊尼法典第 42 款反映了农村公社存在的一些情况。[②] 当然，随着时间的推移，这些土地在一定程度上也被私有化了，比如自 7 世纪中叶始，国王赐地之事即不断发生。赐地所立文书，皆由来自大陆的教士起草，其中所用术语，多袭自罗马法。由此，罗马法原则再度影响英格兰的经济关系。遗存的国王赐地文书约千余件，所赐对象包括教俗两界的封建主，而以宗教人士或团体居多。但资料证明，这时不列颠土地可分两种，一种是书田（bookland），另一种是民田（folkland）。[③] 所谓一定程度的私有，即指国王封赐的土地——书田。书田只是很少一部分，绝大部分是民田，而民田仍属

---

① 恩格斯：《马尔克》《法兰克时代》，分别见《马克思恩格斯全集》第 19 卷，人民出版社 1965 年版，第 353—369、539—599 页。

② D. C. Douglas, *English Historical Documents I*, c. 500 – 1042, London：Routledge, 1955, pp. 368 – 369.

③ S. F. Pollock and F. W. Maitland, *The History of English Law*, Cambridge：Cambridge University Press, Vol. 1, 1923, pp. 41, 60 – 63.

农村公社所有。所以综合看来，罗马私有制的影响仍然有限。

但就是这样一株纤弱的根苗，在丹麦人的入侵中再次遭到蹂躏。盎格鲁－撒克逊人统治期间，丹麦人曾多次大规模入侵不列颠，历时 300 年之久，对不列颠的历史发展造成了严重影响。与盎格鲁－撒克逊人相比，这些丹麦人大体处于公元 4、5 世纪民族迁徙时盎格鲁－撒克逊人的水平。作为落后民族，他们的入侵给不列颠带来了巨大破坏。基督教会和修道院受到严重冲击，教堂等建筑设施多成断壁残垣，而基督教会不仅代表不列颠的最高文明，且担负着文明传播的历史使命。因此，对基督教的破坏必然带来不列颠历史的倒退。另外，由于丹麦人处在原始社会末期，他们对征服的土地仍像 5 世纪的盎格鲁－撒克逊人那样按农村公社的原则进行分配，从而使不列颠特别是丹麦法区又一次展现了农村公社的历史景观。受此影响，业已私有化或正在私有化的土地复归公有。例如，上层的赐地由私有恢复了马克公社的公有性质。私有制的发展再次受到遏制，历史进程再次中断甚至倒退。

大陆日耳曼人、不列颠盎格鲁－撒克逊人、裘特人、丹麦人的喧嚣刚刚沉寂，诺曼人的入侵又开始。诺曼人的故乡原在日德兰半岛和斯堪的那维亚半岛南部，8、9 世纪开始迁徙，迁徙的范围十分广阔，西至不列颠岛，南跨欧洲大陆抵地中海诸岛，东达俄罗斯西部。东进的一支固然因建立了基辅罗斯公国而产生了重大影响，但对我们的论题而言，影响最大的还是南迁的诸支，它们打断了日耳曼人的私有制进程，却也接受了罗马私有制的丰厚遗产。也正是这个部族的一个支族，占领了法兰西王国的部分领土，形成了强大的诺曼底公国。

与此同时，大陆中南部地区还遭到了阿拉伯人的入侵。阿拉伯人在伊比利亚半岛建立政权，之后翻越比利牛斯山，直捣法兰西腹地。此时的阿拉伯人，亦拜别原始社会不久，私有制发展有限，但由于对大陆只有短暂的军事入侵且以失败而终，对法兰西承自罗马的私有制基础影响不大。查理·马特的采邑改革虽因此而发生，但从本质上说，仍然为大陆或法兰西封建关系自身发展的必然结果。这样，所谓阿拉伯人的影响，便主要限于伊比利亚半岛，对欧洲中世纪主流封建关系的发展影响不大。

至 11 世纪，诺曼底公国已经成为大陆封建体系的重要组成部分，并已充分感受到自己力量的强大，于是跨越海峡，携带着大陆封建私有制形态，对不列颠的英格兰王国进行征服。显然，这次征服与盎格鲁－撒克逊人、丹麦人不同，不是以落后征服先进，而是以先进征服落后。这种征服当然也有一定的破坏作用，但对不列颠文明来说，总体看来利大弊小。如罗马征服一样，诺曼人带来了大陆先进的文明，从而改变了在原始社会末期徘徊不前的局面，加速了不列颠的发展。

外族的入侵和征服，农村公社的反复展现，不仅干扰了陆岛两地的私有化进程，也削弱了罗马法的正常作用。赋税基本理论赖以形成的现实条件正是接受了这样一种历史基础。

所谓现实条件，就大陆而言，主要是由查理·马特采邑改革奠基，后来得以规范和推广的以封建等级制为基本特征的私有制形态。10、11 世纪，这种形态业已定型和巩固。就不列颠而言，主要指诺曼底公爵从大陆输入的以这种私有制形态为主要内容的封建原则。陆岛两地的赋税基本理论正是在这种封建私有制形态的影响下形成的。

按传统观点，大陆封建化早在 9 世纪已经完成。作为大陆封建体系的重要组成部分，诺曼底公爵领地同法国其他地区一样，封建化早已完成，封建秩序和封建阶梯也相应形成。在这一阶梯中，除国王外，各级封建主所占土地皆领自上一级封君。通过土地的领有，封建主一方面榨取农奴的剩余劳动，另一方面享受封臣提供的协助金与其他封建义务。而由于一定范围内的各级封建主都从同一土地上获得收益，这块土地的所有权也就在这些封建主中分割开来，封建主所获收益因而被视为他分享部分所有权的表现。因为对封君来说，土地一经分出，便在封建法的保护下受到封臣的有力控制而难以收回。这意味着他所享有的部分所有权的丧失。而就封臣而言，因土地领自封君，必须按封建法设定的条件承担协助金与其他义务，所以也不享有这块土地的全部所有权。而当我们将这一封建关系置于整个封建阶梯或等级体系中审视的时候，便必然发现，任何一级封建主包括国王在内，都不享有完整的所有权，而只是享有它的一部分。① 这就是欧洲的所有权状况。诺曼征服后，威廉将这种所有权形态输入不列颠，也正是在这个意义上，马克思称不

① 马克垚：《西欧封建经济形态研究》，第 118、134—135 页。

列颠的封建主义为"导入的封建主义"①。马克思所谓"导入"的含义,首先是将英国封建主义视为法国的同类,在此前提下认为,前者较后者更为完备。既然法国土地所有权在各级封建主中分割,无论哪一级封建主,都难以拥有土地的完全所有权,而土地又是当时社会的主要财富,土地非私有条件下的财产私有绝不是一种发达的私有,那么,从这种意义上讲,英国自然也难以形成发达的私有制。但事实上,陆岛两地的私有制也并非不存在差异,也就是说,"导入"一词并没有将英国封建制度建立的特征准确地表达出来。在"导入"过程中,威廉并没有完全照搬法国的模式,而是在"导入"的基础上予以改造,例如在塞利斯伯里盟誓时特别强调了国王的权力,从而使不列颠封建制度在其建立时即克服了不利于集权的一些因素,使英国形成了相对强大的王权。这种改造显然背离了封建主义原初的精神,即强调诸侯的强大、国土的割据和王权的软弱。这样,仅就现实条件来说,英国的私有制程度只能低于而不会等同更不会高于法国。这种私有制由于王权相对强大,封臣对土地的控制或处分受到限制,因而土地制度向国有或王有方面倾斜。

为便于讨论问题,这里使用一个"低度私有"的概念,以概括处在一定参照系中的中古私有制的发展状况。所谓"低度私有",首先指中世纪私有制自身的发展状况。如果把这时陆岛两地的所有制视为一个整体,那么,构成这个整体主要部分的土地并非私有,或者不如说为贵族公有或共享。②私有的部分主要是动产和少量不动产如住宅等。而就一般家庭来说,这些私有财产的价值要远低于地产的价值。也就是说,私有制的发展过程尚处在较低的程度,所以称之为"低度私有"。另外,与罗马相比,这种私有制也处于较低水平。罗马的私有制是古代社会发展的高峰,而且在罗马法的保护下发展得相当完备。恩格斯谈及罗马的私有土地时称其为"罗马式的",一种"无限制的私有财产"。③这种私有制及其在法权上反映的私有权对中世纪的西欧社会产生了广泛而深刻的影响。但是,就整个中古欧洲而言,所谓

---

① 马克思、恩格斯:《马克思恩格斯全集》第46卷,人民出版社1979年版,第489—490页。

② 参见〔美〕道格拉斯·诺思、罗伯特·托马斯《西方世界的兴起》,张炳九译,学苑出版社1988年版,第25页。

③ 马克思、恩格斯:《马克思恩格斯全集》第19卷,人民出版社1965年版,第357页。

"低度私有"并不具有绝对或均衡的意义，英国的私有制与大陆相比存在差异，例如与同时期的法兰西相比，后者直接继承了罗马私有制的基础，私有制含量自始就比较大，发展的起点比较高。英国虽也曾受罗马因素影响，但其深度和广度都相对较低，而私有化过程又一再因原始部族的冲击而中断，这就必然造成财产私有程度进一步降低。但是，作为概念，"低度私有"主要是相对于土地私有状况和罗马私有制水平提出来的，在这个前提下，陆岛两地虽非不存在差异，但都置于"低度私有"的水平上认识，显然是可以成立的。

与西方不同，中国的私有制产生过程较少受到外族入侵的干扰。村社土地所有制约自西周中后期即已开始解体，"田里不鬻"的格局渐被打破，出现了赠送、交换、抵押、典当等现象。周宣王即位后，深感"民不肯尽力于公田"，于是宣布"不籍千亩"[①]，废除借助民力以耕公田的籍田制度。与此同时，私有土地开始出现，而且随着荒地的大规模开垦而迅速发展，至春秋末期，已经出现买卖现象。值得注意的是，与贵族地主抢占公田为私有的同时，村社成员也纷纷将所占土地变为私田，并竞垦生荒，扩大经营，转化为自耕农。这是欧洲中世纪私有制产生过程中少见的现象。另外还可以发现，中西私有制产生的过程虽然都伴随社会的动荡，但动荡的性质不同。中国主要是诸侯兼并战争。西方中世纪则主要是外族入侵。前者引起的社会动荡虽可能对经济发展造成不良影响，却不会导致私有制产生进程的中断，相反，其所造成的内乱还可能成为私有制发展、确立的重要条件。如前所述，正是趁着这种内乱，贵族地主才侵吞了公田，村社成员才转化为自耕农。西方则不同，入侵者多为落后的部族，而一经征服，便往往推行原始落后的经济关系，这就必然造成私有化进程的中断。由此可见，就财产私有权的历史基础而言，中国显然高于西方。

但是，进入中古社会前后，中国没有像西方那样发生制度移植的现象。所以所谓现实条件，是指王权与土地在这时结成了怎样一种关系。村社的解体，不仅是土地私有制确立的重要标志，而且是这种私有制进一步发展的良

---

① 《左传》鲁宣公十五年记载"民不肯尽力于公田"；"宣王即位，不籍千亩"（《国语·周语上》）；《公羊传》宣公十五年何休注道："时宣公无恩信于民，民不肯尽力于公田，故履践案行，择其善亩谷最好者税取之。"

好契机。但文明的演进使专制制度过早地登上了历史舞台。就在村社解体的同时，专制政体也形成了。这里所谓专制政体，是指战国时代各诸侯国实行的政体形式。因为在我们看来，这些国家规模虽小，却都已具备专制的特质，与秦汉相比并无不同，因而都属专制国家。而秦汉只是完成了国土的统一，在国家规模上获得了发展，但在专制内涵上并无创新。专制制度形成伊始，王权即发现"溥天之下，莫非王土；率土之滨，莫非王臣"的古老理论具有可资利用的巨大价值，于是一方面告谕天下，土地和生民属国有或王有乃祖宗之制；另一方面利用国家机器，强力推行土地国有。而中国历史的地平线上也就出现了这样的景观：私有土地刚刚从西周王朝的废墟上生成，旋即落入各诸侯国强有力的掌握之中。可以说，战国时代土地国有制的恢复取得了巨大成功。这种成功的主要影响并不在于扼杀了新生的土地私有权，而在于为中国未来两千多年的土地制度设定了基调。

秦汉以降，土地国有制无疑是占主导地位的所有制形态。虽然有学者竭力证明中国很早就出现了土地私有制，主张中古时期土地私有制非常发达，土地买卖盛行云云，大概谁都不能否定"溥天之下，莫非王土；率土之滨，莫非王臣"的古老理论在中古土地所有制中的深刻影响和巨大作用，否定皇帝或官府对土地的控制权和最终决定权。否则，便不能解释中国历史上抑豪强、抑兼并的反复展演；不能解释抄家、籍没的频繁发生。[①] 在这一古老理论的作用下，每个王朝建立初期，都无一例外地承袭了土地国有制。这样，所谓屯田、占田、均田，便都是国家分配土地，农民在土地国有制的前提下使用土地。即使是官僚占有的土地，虽可能由皇帝赐予，亦未超出土地国有制的范围。

在中古社会的具体条件下，由于土地是主要生产资料，是财富的主要形式，土地的国有便意味着财富的私有仅限于一个有限的部分。而在中国中古社会，臣民私有的财富则可能限于一个更小的部分，而且即使这个更小的部分，其私有也远远不能确定，因为它缺乏起码的法律、制度保障。而没有法律、制度保障的权力是脆弱的，这在后文还将论及。而且，在生产力低下、生产方式原始的情况下，吃饭几乎是生产生活的头等大事，这就决定了人们

---

① 参见王家范《中国历史通论》，华东师范大学出版社 2000 年版，第 97 页。

对土地的依赖性。而土地的价值越是突出，其他财富便越显得无足轻重。何况所谓动产如粮食等也都是土地所产。而不动产如房屋，它们的存在和积累也都以土地为先决条件。总之，中国中古社会的私有程度相比西方，不仅不高，而且更低，更具有"低度私有"的特点。只不过，这种私有呈现为不同的类型。

在历史基础与现实条件的关系中，如果历史基础已经具有较高的私有制含量，那么在现实条件不变的情况下，也会形成较强的私有制。比如法国，作为征服者的日耳曼人在社会发展阶段上与盎格鲁－撒克逊人基本相似。但它所接受的历史基础就私有制发展水平而言却是古代世界最为发达的罗马文明，仅此一点，法国便可以建立高于英国的私有制。事实也正是如此，征服时代的日耳曼人处在原始社会末期农村公社发展阶段，公有制形式处于主导地位，因而对征服土地的分配仍然贯彻了农村公社原则。但由于公有制正在衰落，私有制业已产生并加速发展，日耳曼人对于罗马发达的私有制并未产生明显的排异反应。在这种情况下，罗马的私有制基础对这些征服者产生了巨大的反作用。日耳曼人入侵之后，西欧大陆百废待兴，各蛮族小王国亟须一定的法律理论来规范和保证经济的发展和经济关系的协调，而这靠自身之力是难以解决的，于是充分继承罗马遗产，起用罗马旧吏，承袭罗马法条文，[①] 使罗马法中物权关系的基本内容在日耳曼人内部推广。这样，日耳曼人定居后不久，土地便停止了重分，转化为"自主地"，很快完成了由公有向私有的过渡。后来虽进行了采邑改革，使土地关系变得复杂曲折，但财产私有权的基础业已确立，否则便难以说明为什么采邑制自始就含有世袭的萌芽，并在此后不久便转化为世袭的封地了。征服者威廉任诺曼底公爵时，其领地的财产所有权状况即大体如此。但在不列颠，征服者接受的是发展进程落后于自己的盎格鲁－撒克逊人的同时又掺杂了丹麦人的财产私有权基础。在这一基础上，私有制含量十分有限，当国王挟征服之威集中权力时，这种基础自然不可能发挥像大陆罗马文明那样的作用，而封臣对土地的权力也就受到相应的限制。在同一关系中，在历史基础不变或相似的情况下，现实条

---

① 　R. Collins, *Early Medieval Europe: 300 - 1000*, New York: St. Martin's Press, 1999, pp. 105 - 111.

件中私有制含量高些，也会形成较强的私有制。但如前所论，英国现实条件是指从法国导入的封建原则，本来私有制含量就不高，又经过了威廉的改造，私有制含量自然更低了，所以在这方面，也不可能形成高于法国的私有制而只能是低于法国的私有制。而如果历史基础和现实条件的私有制含量都低呢？结果自然是不言而喻的。所以，从表现形式看，英国的土地制度与大陆大体相同，都呈现为等级形式，都是在一块土地上重叠着多种权力，都具有不完全占有的特点。① 但在私有程度上，英国的土地私有较法国更低。这可从王权的强大得到解释，也可从封臣处分土地的权力上得到说明，还可从封建主的独立性状况得到证实。

中国则不同。中国中古私有状况虽有高于英国的历史基础，但它的现实条件却不是顺应私有地产发展的政治政体。这些政体的执行者即各国王公，很像封建割据时期的德国诸侯，对外对上力主分权平等，对内对下则厉行集权专制。而一经从周王控制下获得独立，便站在国君的立场急于实施土地国有。这样，在专制王权的强力控制下，私有制的发展态势遭到遏制，而所有制形态也就向着国有制方向发展。这表现为诸国王公纷纷将那些不在册的"隐田"等私有地产纳入国有范围。而所谓晋国的"作爰田"、鲁国的"初税亩"、郑国的"田有封洫、庐井有伍"、齐国的"均田畴"等便都是从整顿田地入手，改革税制，使私田复归国有。② 这就将新生的土地私有制扼杀在了摇篮之中，其结果，是中国中古社会与英国殊途同归，也形成了"低度私有"的所有制形态。

这样，大体上可以认为，中英中古社会都具有"低度私有"的特征。

第二节　赋税基本理论的分野与殊途

就财产所有权的主体而言，欧洲中古土地所有权既不同于罗马，属私有，也不同于中国，属国有。在这里，土地所有权在多人中分配或分割，致使一块土地上重叠着多种权力，而产权关系也就变得模糊不清，难以辨

---

① 马克垚：《西欧封建经济形态研究》，第 116—119 页。
② 参见王家范《中国历史通论》，第 114 页。

认。这种土地关系在所有权意义上应该如何表述？可否看作公有的一种形式？也就是说，公有可有多种形式，公社占有、教会占有、城市占有等都是公有的不同表现。这些表现当然具有不同特点，如公社占有制表现为横向占有，而领主占有制表现为纵向占有。但在我们看来，这些表现并不能体现公有的性质，而仅仅具有形式的意义。正是这种形式，才决定了不同公有的不同特点。公有的本质是什么？是特定群体中的个体共同享有公有对象的权益。这方面，公社制与领主制并无显著不同，或者说二者并无本质的差异。赵文洪先生在论及经济、社会环境对西欧中世纪私人财产权利的影响时说："中世纪西欧是一个团体、集体或共同体至上的社会，无论封臣封土制度、公地制度、行会制度还是宗教制度，都体现出这一特点。社会的过度重要，压抑了个人权利和自由。"① 也许正是因为"共同体至上"和"社会的过度重要"，西欧中世纪的封土制才具有了公有或共享的性质。至于权利义务，亦非封君封臣制的孤立现象，公社成员在享有权利的同时，对公社也必须承担相应义务。而且，所谓权利义务，亦非体现公有的本质，而只是这种本质的结果。

动产情况则不同。某些动产与地产的关系密切相连，例如粮食，如前所述，一入仓廪，便以动产视之，这无论在理论上，还是在实际中，似都没有争议。也就是说，动产基本上是私有的。如此则可以认为，欧洲中世纪的私有权主要是一种动产私有权。这一点，是我们认识欧洲中世纪私有权形态的关键，也是所以形成这种而不是别样赋税基本理论的基点。如前所论，在中世纪，土地是主要的生产资料，是财产中的主体。既然作为财产主体的土地是非私有的，那么，动产的私有便显得相对微弱了。这就是欧洲中世纪私有权形态的基本情况。

与欧洲不同，中国中古社会实行土地国有制。土地由国家直接分配或赐予广大小农和地主官僚，而土地所有权仍由国家或皇帝执掌，在土地所有人和使用者之间不存在分权的阻隔，具有"一捅到底"的特征。至于动产，好像无人不说是私有的。但接触到的材料却使我们感到似乎并非如此，因为

① 赵文洪：《私人财产权利体系的发展——西方市场经济和资本主义的起源问题研究》，中国社会科学出版社 1998 年版，第 61—62 页。

这种私有的指向非常软弱，具有很强的不确定性。因此，以"低度私有"概括和表达当时的私有状况，在相当程度上其实是为了行文的严密，至于私有的物品具体指什么，实在是一个难以回答的问题。即使是细软珠宝之类通常理解为真正私有的物品，官府都可以随时随地加以抄没，这方面的例子在中国历史上可谓不胜枚举。论及此，人们很容易联想起古典时代雅典的立法：如果某人经公民大会表决犯有叛国罪，那么这人须被放逐国外，时限为十年。但放逐期间，他的家产仍受法律保护，一俟放逐归来，即马上归还。在西方中世纪，这一法律精神是否得到继承虽然无从稽考，但抑豪强、抑兼并，籍没、抄家的事情似乎很少发生。两相比较，对于认识中国古代的"私有"显然不无意义。

那么，在西方中世纪，这种弱势的私有权是怎样制约复杂的经济关系从而形成了以这种私有权为核心并在后世资产阶级革命中产生了"私有财产神圣不可侵犯"的观念的赋税理论呢？封建土地所有权的分割造成了欧洲中世纪较少征收土地税的表征。这里应当区分国王作为国君和封君的双重身份。作为国君，他可以征收国税，而由于土地在理论上属于国君，土地税又属于国税，所以国君可以征收土地税。作为封君，虽然封地也从封君处领得，由于他已经征收封建税，所以不能再征土地税。但是，国王可以扮演两种角色，土地却不可以如此。因而，当国王作为封君通过土地的封赐征收了封建税后，作为国君便不能再从土地上另外索取。这样，假定有一方土地，国王要征土地税，公爵可以说这块土地虽原从国王处领得，但又转封给了伯爵。而若向伯爵征税，伯爵亦可以同样理由予以拒绝。如是一直到骑士，而骑士仍可说业已分给庄园劳动者，而劳动者无土地所有权是各级封建主都承认的。结果使土地税的征收不能付诸实行。事实也正是如此。1066年诺曼征服前，盎格鲁－撒克逊国王曾经征收名为丹麦金和卡路卡其的土地税，那时封建等级制尚未确立，因而各等级间的阻隔还未形成，而且是处在丹麦人大兵压境的形势下，所以这种征收是可能的。尽管如此，这时的征收次数很少，征收量也不大，因而为一特税而非常税。诺曼征服后情况不同了，封建等级制业已建立，各等级间的阻隔业已形成，所以从理论上说征税已不可能。既然如此，为什么还有土地税的征收呢？答案应该是：土地税虽不常征，却已经是国人认可的税项，征收旧税要较新税容易得多，对于这种现成的税项，国王当然不能轻易舍弃；而对人民来说，由于已经形成了习惯，或至少已有先例，继续征收也是可以接受的。更重要的是，与其把这时的土地税视为封建王朝税收体系中的一个税项，还不如将这种税项视为盎格鲁-撒克逊时期土地税征收的余续。某种历史现象的消失或终结，不可能像某个历史事件的发生那样可以戛然而止，而总是表现出一定的余续。这种余续往往由于多种历史因素的综合作用而得以长期维持，时隐时现，甚或若有若无，直至消失。而待近现代土地税设定、启征的时候，虽仍沿用土地税之名，但因世易时移，此时的土地税已非彼时的土地税了。诺曼统治者征收土地税自有一定的历史原因，但征收非常困难，且只有在特殊情况下才能征收，所以往往多年甚至十多年不见征收，且征收量很小，[①] 在税收体系中无足轻重。如此似废未废、时续时断地维持了百余年，终于在1224年被明令废止。[②] 法国中世纪赋税史中几乎不见土地税的征收。教会税是最大的税项，其中主要是什一税，即从教会财产中征收 1/10 用于国务开支。而什一税属财产税，虽不能说与土地没有联系，但显然不是按土地面积征收。其次是个人财产收益税，也主要是财产税，该税具有协助金性质，由俗人缴纳，辅以教会俗产税，主要用于战争。而交易税、借贷税等更与土地税无关。[③] 这一赋税或财政现象的形成，显然与土地的层层封授以及由此造成的产权关系不明密切相关。

　　正因如此，欧洲中世纪赋税基本理论没有涉及土地税的征收，这是欧洲中世纪赋税理论区别于中国乃至东方中古赋税理论的一大特征。不征土地税，政府依靠什么来推动国家机器的运转呢？相对土地而言，人民对动产的所有是清晰而牢固的，不似土地所有权那样形成了若干等级，因而也就没有征收土地税时所遇到的阻隔，所以征收是可能的。同样，工商或交易税的征收也不存在这样的障碍。于是，动产与人们习惯区分于动产的工商之人便成为政府的征收对象。其实动产就其来源而言，大部分仍产自土地。但如上文

---

　　① G. L. Harriss, *King, Parliament and Public Finance in Medieval England to 1369*, Oxford：Clarendon Press, 1975, pp. 5 – 6.

　　② S. K. Mitchell, *Taxation in Medieval England*, Hamden：Aarchon Books, 1971, p. 220.

　　③ Refer to J. R. Strayer and C. H. Taylor, *Studies in Early French Taxation*, Cambridge：Harvard University Press, 1939, pp. 7 – 19.

所言，这种产出一经与土地分离，便属动产范围，从而与以土地面积作为征收依据的土地税区别开来。而工商之入在大多数情况下也是以动产的形式存在的。但在征税实践中，政府都将之分列，所以别称工商税。就英国而言，笔者曾著文认为，中古赋税初以土地税为主体，继以动产税为主体，约自14世纪初起，始以工商税为主体。① 赋税结构的这种变化是赋税基本理论影响的结果，同时也对赋税理论产生了一定的反作用。由于动产与工商之入的所有清晰而牢固，所以政府在废止土地税后相继以动产税和工商税作为财政收入的主体。正因如此，人民才尽其所能限制或阻止动产税和工商税的征收。也正因为英国中古社会主要征动产税和工商税，人民对动产和工商之入的私有才足以制约或影响赋税理论的制定，并决定它的性质，而赋税理论中涉及这两种税的内容也就特别突出。

在中国中古所有权形态等特定条件下，税人与税地不仅具有可能性，而且具有必然性。先看税人。"溥天之下，莫非王土；率土之滨，莫非王臣"的古老理论在人头税以及徭役的征发中发挥了重要作用。受这一古老理论的影响，在深层的民族意识中，皇帝是中华大家族的家长，人民为皇帝的臣子。对皇帝而言，"臣子"的概念虽不同于"奴隶"，但在宗法制意义上，却也具有某种所有权的意味。这种文化特性作用于税制，便易于表现为人头税与徭役的征发。而在中古前期商品经济成分、人的独立性和人口流动还很有限，自然经济占绝对统治地位的情况下，税人乃是最便利可行的选择。这里包含着税人的某种必然性。再看税地。财富的"低度私有"同时也意味着"高度国有"。而"高度国有"表现在土地制度上必然意味着国家对于土地具有近乎完全和直接的控制权。这样的控制权无疑为土地税的征收提供了保障。此外，这里不存在西方中世纪土地所有权的分割问题，从而排除了土地制度中的层层阻隔，因而征收土地税是可能的。另外，由于土地本身具有不可移动、变更的特点，税地在技术上最便于操作。在商品经济显著发展、自然经济日益解体、人的独立性日渐增长、人口流动日臻频繁的情况下，与税人相比，其优越性是显而易见的；又由于土地是中古最重要的财富形式，税地能够保证赋税的最大量征收。这样，税人也就必然过渡到税地了。

① 参见顾銮斋《中西中古社会赋税结构演变的比较研究》，《世界历史》2003年第4期。

第 四 章
赋税基本理论与税收体制

第一节 税收体制

所谓税收体制，是指赋税的制、征制度，具体来说，是指赋税的制、征之权由谁控制，怎样行使，税收政策和法规怎样制定，等等。税制是一个比较特殊的概念，赋税本身属于经济或财政范畴，但在制度层面，便有了政治内涵，涉及与王权、相关机构或部门乃至整个政治制度的关系等问题。从这个意义上说，税制不是政治制度的外在或异体因素，而应为政治制度的一部分，而且是一个重要的组成部分。于是引出了两个问题：一是税制在政治制度中处于怎样的位置，在这个位置上，它与王权有什么关系，与立法权、司法权有什么关系，等等；二是税制由哪些因素构成，如制税组织是由纳税人或纳税人代表与政府官员共同组成，还是由政府官员单独构成，等等。正是由于处于这样的位置，拥有这样的构成，税制才发挥了相应的历史作用。在我们的论题下，这种作用主要是对它与王权的关系而言，而它与王权的关系又常常与它和立法权、司法权的关系缠绕在一起，难以割裂。在很多情况下，它与王权的关系，恰恰表现为它与立法权、司法权的关系。而所谓税制的走向，在西欧，主要是就各主要国家和历史发展的主流而言，如个别地区个别现象与此不合，并不影响结论的形成。在中国，则不存在这样的问题。

中西中古税制的发展演变基本上按照赋税基本理论设定的方向行进。在中国，由于皇权至高无上，制衡缺失，皇帝虽非总是参与相关事务，但税收体制仍然反映皇帝的意志，本质上为个人专权；在西欧，由于纳税人或由纳税人代表组成的机关处于主导地位，相关税务的处理通常表现为集体议决。

一　集权与专一

如前所论，中国赋税基本理论不仅特别古老，根深蒂固，而且家喻户晓，即使是草民百姓，未受过儒家教育，不能记诵"溥天之下，莫非王土；率土之滨，莫非王臣"的诗句，也能大致讲出其中的道理。文化如此，人民如此，个人专权体制的演进也就必然如铺轨的列车，呼啸向前，而少有阻力或障碍。

税赋财政既为国之大事，关乎国之命运，决定之权便由国君总揽。早在春秋战国时代，由于天下动荡，王权式微，一些强势王公趁机割据称雄，实际上已经具备了专制君主的特质。国内税务，包括财税建制、税赋征免、税项立废、税额增减等由王公确定。这并非说他们事无巨细，事必躬亲，而是说他们独享最终决定之权。通常是由某一赋税专家或官员提出某一建议，之后由他们采纳，下诏实施。这里当然不排除某一建议可以引起朝野内外的激烈辩论，如王安石变法，但采纳多数人的意见或少数人的意见，最终由皇帝决定，之后通令全国实施。须注意，这里所谓讨论，必须在不触动皇权专制制度的基本前提下进行，基本目的是献计献策，找出最佳方案，加强和巩固皇帝的专制统治，看似知无不言，群策群力，实非民主议决，因而与西方不同。自秦始皇统一六国以迄清末，中国税制发展演变逾二千年，内容浩繁，这里无法面面俱到，拟仅就税制演变的重大事项作一论述，以证明赋税基本理论与税制基本走向的关系。

秦朝建立后，废分封，置郡县，从中央到地方，建立了庞大的官僚系统。同时又建立了常备军，服役人数高达一二百万之众，几占全国男子的三分之一。秦代官僚系统之庞大远迈前代，中央财政必须投放巨额资金维持这个系统的正常运转，特别是从中央机关到基层组织，为每位吏员发放俸禄，这构成了庞大的国库开支，开创了中国历史上俸禄制度的先例。常备军规模亦史无前例。为了维持国内的稳定和边关的安全，更为了秦朝的长治久安，中央财政也必须保证常备军的浩繁花费。如此，仅俸禄和军费正常支出两项，已使百姓如牛负重。而皇帝穷兵黩武，恣意妄为，曾遣 30 万大军出塞北，五十万大军赴岭南，长期屯戍；且好大喜功，穷奢极欲，筑长城，修驰道，挖河渠，建宫室，造陵墓……如此庞大的花费，没有专制权力、高压手段和严刑峻法难以达到目的。因此，税制的建立，税法的制定，诏令的颁行，赋役如田租、口赋、工商、关市之税、徭役、兵役等的废旧立新和征免增减，无一不由皇帝钦定，即所谓"天下之事无小大皆决于上"①，以致田租口赋盐铁之利"三十倍于古"，甚至形成"赋敛无度"的失控局面。中央虽设治粟内史和少府分别掌管国家和帝室财政，但这些官职及其主管的机构实际上没有任何独立性可言，都是皇帝的工具。这里不存在西方那样的权力集体，如贤人会议、贵族会议等，缺乏起码的制衡和监督机制，相关事务都由皇帝专断行事。

"汉承秦制"，有关税项的设置、征收的额度等具体技术问题虽有变化，但皇帝财税专权的基本制度却无不同。所谓"约法省禁""与民休息"，所谓"田租尽免""十五税一"，甚至"三十税一"等文本信息，虽然显示了人民负担的减轻，但仍然反映了"天下之事无小大皆决于上"的专断实况。因为赋税征收在本质上仍属皇帝的个人行为，在权力层面上与"赋敛无度"并无二致。

秦汉之后，经魏晋南北朝的动荡至隋唐两朝，中国历史又进入相对稳定时期。物是人非，从均田令的颁布，到租调和租庸调的征收，从租庸调的废除到两税法的实施，依然通过皇帝的批准，依皇帝的意志而行。开皇十二年，文帝实行"轻徭薄赋"，"有司上言，库藏皆满。帝曰：'朕既薄赋于人，又大经赐用，何得尔也？'……下诏曰：'既富而教，方知廉耻，宁积于人，无藏府库。河北、河东今年田租，三分减一，兵减半，功调全免。'"② 如此，赋税的征免，税额的增减，全凭皇帝一句话。贞观二年，尚书左丞戴胄建议仿照隋制开征新税作为救灾专项粮储。太宗答曰："既为百姓，先作储贮，官为举掌，以备凶年，……利人之事，深是可嘉。宜下有司，议立条制。"③ 征新税应为国之大事，但在中国，皇帝可随意而行，谈笑间即可做出决定。而隋文帝和唐太宗在中国历史上都以"明君"著称。

① 《史记·秦始皇本纪》。
② 《隋书·食货志》。
③ 《唐会要》卷八十八《仓及常平仓》。

"明君"尚且如此，暴君更可想而知了。

随着均田制的瓦解，租庸调制逐渐丧失了依存的基础。建中元年（780年），宰相杨炎建议实行两税法，唐德宗采纳了他的建议，遂废除租庸调制。当时，德宗言之凿凿："今后除两税外，辄率一钱，以枉法论。"[①] 但禁令发出不久，他即连年下令提高两税税额，并开征新税，致使百姓负担反较旧时更重，陆贽说："本惩赋敛繁重，所以变旧从新，新法既行，已重于旧，旋属征讨，国用不充，复以供军为名，每贯加征二百，当道或增戎旅，又许量事取资。诏敕皆为权宜，悉令事毕停罢，息兵已久，加税如初。此则人益困穷。"[②] 事实也正是如此，两税法实行后，很多旧税照征不误，如盐税、酒税、矿税、青苗税等；同时又增加了一些新税，如茶税、关税、间架税、除陌钱等。有些税项则是随征随罢，随罢随征，毫无定制可言。关于徭役，规定两税法实行后"其租庸杂徭悉省"[③]。但事实上，直到唐朝终结，杂役未曾一刻省却。所以陆贽上疏说，"所在徭赋，轻重相悬"，"今赋役已繁，人力已竭"。[④] 而唐文宗、懿宗在位期间，"百役繁兴"，"色役差科无虚日"[⑤]。所谓"色役差科"主要是土木营建、运役和差役。这方面，张泽咸先生作了深入的研究。[⑥] 既然已经明令推行两税法，且悉省租庸杂徭，就应该严格执行落实，皇帝却出尔反尔，朝令夕改，恣意而行。这就违背了两税法的基本精神，从而反映了赋税基本理论制约下的中国税制运行的实况。

明代一条鞭法是中国赋税史上继两税法实施800年之后又一次赋役制度的变化。一条鞭法在推行之前，已经进行了数十年涉及多地区的设计和实验。[⑦] 这种现象的出现是可以理解的。当时的大明王朝犹如一座即将倾塌的大厦，正如张居正所言，"室已圮而鼎新之"[⑧]。而以"修齐治平"为人生抱

---

① 《旧唐书》卷二十二《德宗纪》。
② 《陆宣公集》卷二十二《均节赋税恤百姓》。
③ 《旧唐书》卷一一八《杨炎传》。
④ 《陆宣公集》卷二十二《均节赋税恤百姓》。
⑤ 《新唐书》卷八《武宗纪》。
⑥ 张泽咸：《唐五代赋役史草》，第291—302页。
⑦ 黄冕堂：《明史管见》，齐鲁书社1985年版，第405—407页。
⑧ 张居正：《张泰岳文集》卷九《京师重修贡院记》，转引自唐文基《明代赋役制度史》，第316页。

负的"王臣"们，须尽"臣子"的本分，尤其在国运不济时以自己的聪明才智效忠皇权，使王朝走出困境。所以，各地官员争先恐后多方探索的努力与朝堂之上文武百官献计献策并无本质不同。而一旦哪位官员的实验得到了皇帝的首肯，他的设计就可能转变为国策，而他本人升迁的机会也就随之到来了。在我们看来，这正是赋税基本理论制约的结果。

一条鞭法推行于大明王朝的一个特殊历史时刻。当时的皇帝还只是一个不谙世事的小儿，即位时才刚刚十岁，在张居正大刀阔斧地清丈土地时也不过十六七岁，稚气未脱，自然难以执掌朝纲。而中国历史上幼儿继承皇位的例子很多，通常是由先帝临终托孤，指定几位才华出众、深孚众望而又备受先皇信任的顾命大臣予以辅佐，待幼帝成年，再复以朝纲。明穆宗去世神宗登基时正是这样。这对于身为内阁首辅的张居正来说无异于天降大任，是施展才能的绝好机遇。万历八年十一月，清丈田粮律拟出，凡八款，得到了神宗奏准①，而后开始了大刀阔斧的粮田清丈运动。这里所谓神宗奏准，不过招牌而已。以当时张居正的气势，皇帝不得不有求必应。而在一条鞭法推进过程中，张居正权倾朝野，实际上扮演了皇帝的角色，他是以皇帝的权威完成了土地的清丈和税法的推广。但是，就在他去世之后不久，已届成年的皇帝一反常态，对他本人和他的家族进行了清算和抄家。神宗在都察院参劾张居正的奏疏中这样写道："张居正诬蔑亲藩，侵夺王坟府第，箝制言官，蔽塞朕聪……专权乱政，罔上负恩，谋国不忠。本当断棺戮尸，念效劳有年，姑免尽法追论。"结果，张居正被尽削官职，剥夺所有玺书和四代诰命。而他的家族，也随之被查抄，顿时分崩离析，甚至一些家奴也因未及时退出家门而遭封闭，饿死者达十余口之多。似此，顾命大臣不得善终几乎是中国历史的铁律。张居正虽怀匡世之才，却难以超越这一铁律，因此从本质上说，仍然是专制制度的殉葬品。

那么，应该如何认识张居正的政绩和结局以及二者之间的关系呢？一条鞭法推行的成功固然反映了张居正本人的施政才能，但更重要的是得到了皇权的支持，没有皇权作保护伞，他必定一事无成。他在一条鞭法推行过程中之所以能雷厉风行，力挽狂澜，都因为皇帝幼小而专制权力由他执掌。从这

---

① 《万历实录》卷一〇六。

个意义上讲，所谓一条鞭法的成功，在本质上仍然是皇权的成功。而张居正之所以落得这样一个结局，全因他在任内阁首辅特别是在一条鞭法推行期间超越了雷池。他只顾成就自己的事业，却忘记了作为一个"臣子"的身份，尤其是忘了皇权的基本特征，这就是它的"唯一性"。这种"唯一性"排斥他人染指，顺之者昌，逆之者亡。这在很久以前就以"寡人"的称谓晓谕天下，可以说家喻户晓了，只是处在迷局中的张居正，已经丧失了意识，全然没有发现他身边的皇帝受到了冷落。神宗在参劾张居正的奏疏中特别提到了"专权乱政""谋国不忠"等罪行。专权是皇帝的行为，张居正作为皇帝的"臣子"，只能尽一个臣子的本分。而现在，却专擅朝纲，行皇帝所行，岂非"谋国不忠"？可是，这里显然引出了一个悖论，既然幼帝不能完成拯救王朝巩固皇权的历史重任，就必须安排某一大臣来承担这一使命，这也是先帝的遗诏。而如前所论，这位大臣只有扮演皇帝角色方能力挽狂澜扭转乾坤，这就必然意味着朝纲转由他人执掌。如果张居正不执掌皇权，他就无法实现先帝的重托，无法保证一条鞭法的成功，无法辅佐大明王朝走出困境。但无论如何，皇权总是不能缺位。所以，待问题得到解决时，再回头审视事情的经过便可以发现，其实都是皇权起了作用。在皇权体制下，拯救社稷巩固皇权的仍然是皇权本身。可是，专权是皇帝的事情，王朝一经走出困境，复趋安定和繁荣，清算臣子"专权乱政""谋国不忠"的罪行也就必然提上日程。这样，在一条鞭法取得成功之后，明朝又有惊无险地恢复了常态，而税制的基本走向，在赋税基本理论的制约下仍然因循了中国赋税史的传统路线。

一条鞭法的实施为清代税制的演变提供了条件。清初税制的主要变化是摊丁入亩。而在摊丁入亩之前，皇帝曾针对税役征免问题采取了许多措施，这些措施在一定程度上反映了税制走向的基本状况，对摊丁入亩也产生了一定影响。康熙八年，实行"更名田"，对于新垦土地给予3年免税，后来延为6年，最后增至10年；同时，蠲免钱粮，曾先后在20多个省区实行蠲免，其中重大蠲免达32次。自康熙五十一年开始，又在全国范围内实行一次轮流"三年而遍"的"普免天下钱粮"。[1] 前文论及，在秦代，

---

[1]　中国财政史编写组编著《中国财政史》，第394页。

"天下之事无小大皆决于上",康熙时较秦代已经过去近 2000 年,但关于钱粮减免的问题仍然"事无小大皆决于上",由此可见中国赋税基本理论的制约作用和赋税制度的基本走向。接下来是确定人丁数额。康熙五十一年谕旨:"朕览各省督抚奏编审人丁数目,并未将加增之数尽行开报,今海宇承平已久,户口日繁,若按见在人丁加征钱粮,实有不可。人丁虽增,地亩并未加广,应令直省督抚,将见今钱粮册内有名丁数,勿增勿减,永为定额。其自后所生人丁,不必征收钱粮,编审时只将增出实数察明,另造清册题报。"① 康熙五十二年更诏令全国:"嗣后直隶各省地方官遇编审之期,察出增益人丁,只将实数另造清册奏闻,其征收钱粮,但据五十年丁册定为常额,续生人丁永不加赋。"② 这样也就确定了丁役的常额,为 24601324 口。此后增加的人丁,不再对国家服役。"丁役"问题解决了,"摊丁入亩"也就水到渠成了。

正如一条鞭法在正式推行之前经过了漫长的设计、实验一样,"摊丁入亩"的设想早在顺治年间已经萌发,很多官员鉴于明末赋役不均而致农民起义的教训提出了新的征收方案,但一直没有得到皇帝的批准。康熙元年(1662 年),江苏巡抚韩世琦提出了"均田均役"的建议,未果。康熙十三年,江苏布政使慕天颜设计了"均田均役"的整套方案,主张首先在苏、杭、嘉等地试行,亦未果。康熙二十年,直隶乐亭县知县于成龙主张在乐亭县实行"均田均丁"法,未及实行便被调离。稍晚,湖南安乡县试行"人丁随粮摊"的征收,受到上级的严加指责和追查。康熙五十二年(1713 年),御史董之燧建议,"统计丁粮,按亩均派",结果"(户)部议不便更张而止"。③ 这些材料说明,"地丁合一"的征收早已呼之欲出,但由于权力过于集中,即使是一个设想,一项设计,一种实验,也必须得到皇帝的批准,否则,不是遭到压制、废止,就是当事人受到追责、惩罚。直到 1723 年,雍正即位,在财政状况积重难返、不得不改的形势下,方采纳直隶巡抚李维钧建议,颁布诏令,在全国范围内推行"摊丁入亩"④。似此,"摊丁入

① 《清圣祖实录》卷二百四十九,康熙五十一年二月壬午条。
② 嘉庆《大清会典事例》卷一三三,《户部·户口·编审》。
③ 戴逸主编《简明清史》第一册,人民出版社 1993 年版,第 317—318 页。
④ 戴逸主编《简明清史》第一册,第 318 页。

亩"自顺治年间萌生设计到雍正即位全面推广近百年，是什么原因使摊丁入亩的产生如此艰难？

　　清初虽规定"永不加赋"，但在实际征收过程中，额外加征多如牛毛。这些加征有些为地方官所为，有些系执行皇帝的诏令，有些则得到了皇帝的默许。而无论哪种情况，都反映了清初赋税征收的专断与随意。皇帝下诏和默许征收如此，地方官擅自征收也如此。清朝地域辽阔，权力虽称集中，但有些地方特别是边远地区毕竟鞭长莫及，地方官很容易变成土皇帝，因此，某些权力上溯到某一级地方官也就到达了终点。在这种情况下，他就可以口含天宪，专权而为。与皇权相比，这类权力只有规模和层级之别，若论专权的性质，则并无不同。因为专制政体从皇帝到基层官长形成了一个严整的系统，在这个系统之内，形成了鳞次栉比的多层专制权力，不同层级的专制权力几乎都是模仿皇权建立或形成的。在全国，君主是最高专制首长；在各省，巡抚或总督是最高专制首长；在各县，县令是最高专制首长。只要是皇帝的权力不及之处，这些地方专制首长就可以在他所控制的范围内行使相应的专制权力。因此说，这种专权与皇帝的专权并无本质的不同。

　　随着工商业的发展，工商税目和税额也迅速增长。这里以盐税为例做些分析。清初，盐税是国家财政的重要支柱。史载，滇黔闽粤地区战事频发，"所需兵饷，半资盐课"①。这里所说的盐税乃是一个综合项目，包括若干子项，如灶课、引课、杂课、税课、包课等。其中，杂课为衙门征收的浮费，按惯例缴纳，繁复异常，如在长芦盐区，即达 19 项之多，计银 111000 两，致使盐民不堪重负，怨声载道。引课是盐商缴纳的正税，以盐引为单位征收，税率初期较轻，后加重，如淮南初为 6 钱 7 分，后增为 1 两 1 钱 7 分。引课之外，盐商，特别是大的盐商，每遇国家重大事项，还须向皇帝捐输，实为向盐商征收的专税。乾隆一朝，有史可考者即为 32 次，计银达 22850000 两，可见数额之重。② 盐商通过结交皇室与官府、垄断盐业生产和运销而成为清初最大的财团，国家和皇室急需时应该提供捐输。问题在

---

　　① 《皇朝经世文编》卷五十六，"户政"二十五。
　　② 中国财政史编写组编著《中国财政史》，第 412—414 页。

于，皇帝的需索既无时也无限，而由于垄断经营，盐商捐输的银两，实际上都转嫁到了消费者头上。换句话说，盐商的捐输，在本质上是民众缴纳的盐税的变体。这样看来，所谓皇帝对盐商的需索，实际上是对民众的征收。正因如此，售盐加价司空见惯。乾隆四十七年，山西巡抚奏请增盐价，各地加价不等，有的每斤加数文，有的加一文。久之，相沿成习，累积巨万，较康熙时增加一倍之多①。正是通过类似的途径，盐商的捐输转嫁到了消费者头上。

此外，有地丁附加税、漕运税、关税、茶税、矿税、牙税、当税、契税、酒税等项。这些都是综合税项，每项都包含若干子项，其征收时间、额度、对象等都呈现出专断、随意的特征。

中国历史上关于税收政策的制定并非没有讨论，也有形似西欧中世纪的关于税收问题的争论，有的讨论或争论也介入了民间的力量，但是这些都不会影响和改变税收体制中皇权专断的特征。

早在汉昭帝时期，即曾有针对政府专卖盐铁而举行的著名的盐铁会议。会议于昭帝始元六年即公元前81年召开，主要议题是认识和评价武帝时盐、铁、酒等商品的专卖问题，以制定未来的经济政策。与会人员除丞相车千秋、御史大夫桑弘羊、丞相府属官和御史大夫属官等官员外，大多数是来自民间的贤良文学，达六七十人之多。会期持续5个月之久，共发言114次，包括御史发言19次，丞相史发言15次。

看上去，这像是一个具有一定范围、一定民主，甚至具有一定学术意义的代表会议，但从会议召开的背景、各种权力的博弈以及召开的目的等考察会议的起因，又似乎感到这场会议不是或者主要不是问民疾苦、听取群众意见，而是统治者内部权力斗争的结果。公元前87年，武帝病重托孤，加封霍光为大司马、大将军，与桑弘羊等共同辅佐幼主。但霍光与桑弘羊等在很多方面意见不合，更因为昭帝立皇后一事而矛盾激化，以至于以桑弘羊为首的反对派试图合谋推翻霍光的辅臣地位。而霍光为了巩固自己的统治，也必然予以回击，遂安排、召开了这次会议。会议召开的目的是揭示和认识武帝轮台罪己前的理财措施的弊端和缺陷，而这些措施正是桑弘羊为了富国强兵

① 中国财政史编写组编著《中国财政史》，第413页。

制定的。这样看来，会议的性质并非在真正意义上为制定国家政策而征求民间代表的意见，因此与代表性、民主性关联不大。正如马克垚先生所说："贤良文学代表什么人的意见，我们还不十分清楚，但是不能说他们的意见就是代表人民的，是完全正确的。也不能说他们是代表商人要求自由主义商业政策的。这些还要再仔细研究。"[①] 而且事实上，会议结束后，朝廷也仅仅取消郡国酒榷和关内铁官，其他各项政策仍然维持不变。对于贤良文学的意见，霍光并没有吸收多少，他所追随的，是汉武帝轮台罪己诏的精神，而结果只不过使官营政策有所收敛而已。但是，他利用了贤良文学对盐铁专卖的批评，打击了政敌，实现了他的政治目标。需要注意的是，这时霍光利用的是皇权，因皇帝幼小，皇权必须有人代行。而之所以有人敢于叫板，是因为霍光毕竟不是皇帝。一俟皇帝长大成人，不再需要辅政，便无人再敢这样无礼。盐铁会议召开的结果如此，不可能对专断、随意的税收体制有所影响。

北宋时期，面对国家财政"百年之积，惟存空簿"的贫弱局面，围绕王安石变法也曾形成革新和保守两大派别的长期争论。纵观变法的过程，无论是革新派还是保守派，若想实现自己的抱负或目标，必须得到皇帝的支持，皇帝的意向具有决定性意义。变法前，王安石和司马光各有自己的主张，王安石主张开源，司马光主张节流。但王安石的变法方案符合神宗的意向，所以王安石得到了重用，于1069年任参知政事，顺利地走上革新之路。司马光因不合皇帝的意向，没有得到皇帝的支持，但因其为北宋重臣，历仕仁宗、英宗、神宗三朝，未受处罚，也未得重用。面对革新的渐次展开，他只好退隐洛阳，而以撰述为业，不再谈论政事，长达15年之久。然而改革是艰难的，由于触犯了很多人的利益，遭到保守派的反对。法令颁行不足一年，就围绕其展开了激烈的论辩和斗争，"新旧党争"遂即展开。关键时刻，神宗做了王安石的后盾，贬谪、罢免了很多官员，保证了变法的进行。可以说，没有神宗对保守派的打击，就没有变法的成就。但是接下来，随着神宗心思的游移，改革的难度加剧，力量对比的天平开始向司马光一方倾斜。王安石虽多方努力，历尽艰辛，却难以坚定神宗的信心和立场，以至于不得不请求辞官归隐。熙宁七年（1074年）春，久旱不雨，保守派又以"天变"

---

① 马克垚：《封建经济政治概论》，人民出版社2010年版，第175页。

为由，再次掀起大规模反攻。当时，司马光上《应诏言朝廷阙失状》陈情，皇帝祖母曹太后和母亲高太后则哭诉"王安石乱天下"，几股力量合一，致使神宗对变法产生怀疑，立场动摇，甚至罢免了王安石的宰相职务。后来，王安石虽再次拜相，但革新派大势已去，变法运动已经很难进行了。熙宁九年（1076 年），王安石辞去宰相，从此隐居江宁。神宗去世（1085 年）后，哲宗即位，因年幼而由高太后垂帘听政。皇权的变化使保守派度过了隐晦的时期：司马光遂上《乞开言路札子》和《修心治国之要札子》，主张废除新法；高太后则起用司马光为相；一批反对新法而被贬谪的官员如刘挚、范纯仁、李常、苏轼、苏辙等人和一些老臣吕公著、文彦博等也相继召回朝中任职，"元祐更化"由此开始。为了彻底废除新法，司马光又上《请革弊札子》《请更新新法札子》，并把新法喻为毒药，请求立即采取措施予以"更新"。"元祐更化"历时九年，新法相继废止。哲宗亲政后，力图重启变法，但此时已非彼时，统治集团内部派系倾轧，革新派也不复此前的团结与锐意了。

纵观这一变法或新旧之争的过程，所谓胜败，一切都以皇权的立场或意向为转移，其间虽因皇帝幼小而有太后、大臣辅政，但皇权的行使并无不同。有意思的是，以王安石、司马光等文化精英的智商，他们当然不会意识不到皇权的支持固然可以实现抱负，成就大业，但基于皇帝至高无上的地位，皇帝的心思也必然因喜怒哀乐而随时发生变化，而一旦有变，自己就可能遭遇罢免、放逐甚至面临灭顶之灾。正所谓伴君如伴虎，这样的悲剧可谓史不绝书。但"明知山有虎，偏向虎山行"，古代文化人恰恰在这方面表现了少有的执着，这也许是他们对"人主"的"忠"的表现。但正是这个"忠"字，使中国古代的士大夫特别是体制中的官员缺乏应有的批判和叛逆精神。所以，这类争论虽有发生，却难以对税收专断体制产生影响。

无论是王安石还是司马光，他们的争论都是在皇权之下进行的，胜者依靠皇权的青睐而获胜，负者也因皇权青睐的缺失而落败，无论胜者还是负者，目标都是一致的，即巩固皇权的统治，这在王安石的诗中得到了清晰的反映："三代子百姓，公私无异财。人主擅操柄，如天持斗魁。赋予皆自我，兼并乃奸回。奸回法有诛，势亦无自来。后世始倒持，黔首遂难裁……"① 王安石显然认为，

---

① 王安石：《临川文集》卷四，《兼并》。

财富的开阖敛散之权必须由皇帝控制。[①] 而司马光严守祖宗之法和财政上坚持节流的立场又何尝不是主张由皇帝控制财富的开阖敛散之权。所以无论怎样争论，争论得如何激烈，都不会影响税收专断体制的运行。

由以上分析可见，中国中古社会关于税收问题的讨论或争论不同于西欧。在中国，这类讨论特别是召集民间人士参加的讨论极少发生，而在西欧，特别是在中世纪中后期，讨论和争论是征税过程中的常态，这足以看出两者质的区别。更重要的是，在西欧中古税制中，一旦形成决议，国王通常会遵照执行，例如，如果贵族会议或议会没有通过国王的征税要求，国王就不能征收。但在中国，讨论可以进行，但最终决议一定由皇帝做出，而无论何人，都必须遵照执行。

上文分析了中国赋税史上税制的若干重大事项的变化。在笔者看来，从春秋至清末，中国税制有变化而无变革。所谓变化，是指征收技术、税项设置、钱粮额度等有改变或增减。而改革，是指体制的创新或变革，从春秋战国特别是秦朝奠基后以迄清末，并无实质性变化，税权一直高度集中于皇帝之手。赋税征收既然不去征求纳税人意见，而仅由单方面意志所决定，自然也就具有了专制、随意的特征。论者在论及租庸调、两税法、一条鞭法、摊丁入亩时，常常肯定他们如何简化了征收手续，带来了征税的便利，又如何充实了府库，带来了盈余，从而认为它们具有进步意义。这些观点当然不无道理。但笔者认为，论者仍然是站在王朝史的角度谈它的进步意义，因而没有走出本土历史的圈子，限于纵向的时空审视历史的发展。但当如黄仁宇先生所说，放宽历史的视界，横览西方历史的时候，所谓进步，便具有了另一种意涵。这种意涵不是指本土历史长河中后期较前期或晚期较早期的量的变化，而是上文所说的改革或革新。

正当清朝统治者沿中国传统道路忙于复制专制帝国的时候，欧洲各国已经走出中世纪，于17、18世纪诞生了新的理论家，进行了新的权力构架的设计，这就是洛克、孟德斯鸠的"三权分立"学说的诞生。在我们看来，所谓"三权分立"学说，其实主要是对中世纪政治体制的概括和总结，其核心因素即议会，而议会得以孕育、诞生和确立的关键则是税权。正因如

---

① 邓广铭：《北宋政治改革家王安石》，陕西师范大学出版社2009年版，第53页。

此，新的权力架构自然将税收理论融入其中，通过分权制衡最终将君主专制送进历史的坟墓。

早在这一权力架构设计之前，当中国社会还在一个几乎封闭的世界里昏睡的时候，西方文化已经在叩击中国的大门了。西方世界虽在地理上远隔重洋，其文化和思想的影响力却强劲，足以远播世界上任何国家和地区，以致早在明末，已经进入并影响中国社会和国人生活。但是，那时中国社会的精英阶层还远没有意识到它的价值及其蕴藏的颠覆性力量，直到19世纪中期才慢慢醒来，从而开始了中国式的启蒙运动。这里所谓"中国式"，意在表达不同于西方的特征，因为在我们看来，中国的启蒙运动主要是西学东渐的结果，而西学东渐之于中国社会的真正意义也恰恰在于它对启蒙运动的孕育与催生。

随着西学东渐的深入和启蒙运动的发展，中国社会终于突破了技术意识的局限，转向思想制度的变革，于是发生了清末新政中的"仿行宪政"。而变革的结果，则是引发了中国社会的大变局。

在启蒙运动的历史场景中，"三权分立"学说曾在政府文件和学人著述中被广泛提及和引用，十分醒目和突出。从清初出洋考察的五大臣的著录，到立宪派的宣言，从改良派的著述，到孙中山的思想，无不闪现着它的影子，因而对中国近代社会以及思想演进产生了深远的影响。而由于"三权分立"学说的深厚基础乃是税收问题，晚清"仿行宪政"便不能不涉及这一问题，从而可以清楚地看到西方文化带来的变化。

晚清统治者深知财政税收之于国家的意义，因此，尽管中国社会已经发生了深刻的变化，他们仍然追随中国历代王朝，以图"仿行宪政"后仍将财权留在皇帝之手而排斥他人染指。1905年，随着出洋考察的五大臣归国，中国社会形成了立宪改革的高潮。1906年，清廷召开御前会议，正式宣布"预备仿行立宪"，并制定了四大方针，其中第三条规定："财政及兵马之事权，悉收回中央政府。"① 依我们理解，这个规定仍然强调权力的集中，而联系1911年关于皇权神圣不可侵犯的规定更可以清楚地看到，权力集中的目的仍在于专制。对一个国家来说，财政和军队的作用是不言而喻的。而在

① 1906年"预备仿行立宪"。

财政与军队之间，当然以财政为先为重，所以将财政列在首位，置于军队之前。显然，清朝政府和社会精英都理解并重视财政税收的意义。在西方，税权主要由议会或纳税人执掌；而在中国，则由皇权控制。而晚清立宪的意图，仍在于沿袭并固守传统。

那么，宪政改革需要一种怎样的财税制度，换句话说，宪政改革与税权财权之间应该结成一种怎样的关系？税权财权与宪政制度本为一体，税权财权是宪政的基础，没有财税之权的宪政是不可思议的。因此，只要进行宪政改革，就必须进行相应的财税制度改革，而且应将这一改革置于总体改革之先。而1906年四大方针的基本精神则与此相悖，虽名为立宪，实则墨守成规，维持旧制。由此再看1911年《大清帝国宪法重大信条十九条》，第一条即规定"大清帝国皇统万世不易"，第二条规定"皇帝神圣不可侵犯"。[①] 既然大清皇统万世不易，皇权神圣不可侵犯，还谈什么宪政改革？可见皇帝、皇族人员和保守派对1906年"仿行宪政"中关于财税制度的指向显然有清晰的认识，所谓晚清立宪的皇室意图也就昭然若揭、暴露无遗了。

但是，恰恰就是《大清帝国宪法重大信条十九条》，对延续数千年之久的财税制度做了一些变更。如第十四条规定："本年度预算，未经国会议决者，不得照前年度预算开支。由预算案内，不得有既定之岁出；预算案外，不得为非常财政之处分。"第十五条规定"皇室经费之制定及增减，由国会议决"。至此，皇族内阁总算给了国会一定的权力。迫于西方文化的强劲攻势和国内舆情的巨大压力，清政府的这种变更是必然的。问题在于，基于前面宪政改革与财税体制关系的认识，在我们看来，强调"大清帝国皇统万世不易"和"皇帝神圣不可侵犯"与变更财税体制根本就是矛盾的。但恰恰就是这样一对矛盾的关系，赫然列入了这一不足600字的文件中。由此可见清政府在立宪问题上骨子里的拒斥和策略上的敷衍。

但是，晚清立宪既已形成大势，便由不得清政府坚持这样的立场和策略了。于是，我们在孙中山先生的民主革命纲领三民主义中，看到了处理税权财权问题的进步。1912年1月，孙中山在南京宣布就职，组成中华民国临

---

① 1911年《大清帝国宪法重大信条十九条》。

时政府，同年 3 月，颁布《中华民国临时约法》（以下简称《临时约法》）。
《临时约法》第十九条规定了参议院的职权，其中第二至第四款分别涉及
"议决临时政府之预算决算""议决全国之税法币制及度量衡之准则""议决
公债之募集及国库有负担之契约"等问题。① 因为约法的临时性质，这些规
定未见其详，但其基本精神是税收财政之预决算等相关权力由经选举产生的
参议院执掌，虽没有像西方同类文件那样从纳税人的概念或高度出发规定相
关权力，但与清政府的财税体制比较，已经显示了重大的进步，特别是联系
1911 年《大清帝国宪法重大信条十九条》所规定的政体形式来看，就更是
如此。随着中华民国大总统人事的变更，《临时约法》也相应为 1914 年
《中华民国约法》（即"袁记约法"）所取代。由于"袁记约法"强化了大
总统的权力，相关财税体制也必然受到影响。但仅就财税改革本身而言，
《临时约法》的基本精神还是得到了"袁记约法"一定程度的继承。由于不
再具有临时性质，相关规定较之《临时约法》更加细致，也更加周全，如
第五十条涉及新课租税及变更税率问题，第五十二条涉及特别事件预算内预
定年限设继续费问题，第五十三条涉及为备预算不足或预算以外之支出须于
预算内设预备费问题，第五十五条涉及为国际战争或战定内乱及其他非常事
变不能召集立法院时财政紧急处分问题，等等。② 总体而言，"袁记约法"
虽较《临时约法》有所倒退，但较《大清帝国宪法重大信条十九条》还是
有进步的，即如前面所言，在一定程度上继承了《临时约法》的基本精
神，确认和巩固了参政院和立法院的权力，从而保存了辛亥革命的成果，
从中可见晚清立宪中财税体制的继承与进步。而纵观晚清立宪起始以来的
历史，革新与保守力量的对比和胜败虽有反复，作为立宪基础的财税体制
改革的成果还是在一定程度上延续下来。这样的结果，从浅层看，是晚清
立宪和辛亥革命的成功；从深层看，则是西学东渐、西方文化，特别是西
方思想学说的胜利。

晚清财税体制的进步以至于社会变革的发展和深入，竟是由以税收为基
石的三权分立理论的启迪和推动所致？不管这看上去多么不可思议，却无疑

① 1912 年 3 月 11 日《中华民国临时约法》。
② 1914 年《中华民国约法》（"袁记约法"）。

是一个不争的事实。但必须指出，随着启蒙运动的开启和改革大幕的拉开，晚清社会虽然先后发生了洋务运动、戊戌变法、晚清立宪、辛亥革命等曾经如火如荼、轰轰烈烈，且震古烁今、彪炳史册的重大历史事件，但由于中国传统社会过于漫长，传统文化过于强固，保守势力过于强大，这些变革又无一逃脱短命或夭折的命运。洋务运动坚持30余年以失败告终自不必论，辛亥革命推翻了帝制却也没有实现三民主义理想。推翻帝制只能说在一定程度上标志着革命目标的实现，但帝制复辟闹剧的反复上演却又难免使这种胜利黯然失色。正因如此，孙中山先生用"革命尚未成功，同志仍需努力"勉励他的同道，而这种勉励又何尝不是提醒他们路途尚称遥远且任务还很艰巨。凡此种种，都与财税体制的改革不够彻底密切相关。改革的有限性或不彻底性，使革命的成果很难得到巩固，而革命失败的结局又反过来影响了财税体制改革的进行。由此再纵览中国数千年以来的财税体制走向，晚清立宪的经验与教训理应成为今天中国社会革新与进步的财富，因而受到国人的珍视和借重。

二　协商与议决

西欧中古社会的赋税基本理论承自原始社会末期的习惯法，一经形成，便表现出强劲的韧力，制约着税收体制的运行。国王要征税，须与纳税人协商，征得纳税人同意。而在具体税务的处理中，占据主导地位或掌握主动权的通常不是国王，而是某一权力集体。与中国不同，王权与权力集体之间存在一个力量对比问题。受这种力量对比变化的影响，赋税基本理论制约下的体制走向自然不似中国那样顺畅，但无论多么强势的国王或强大的王权，征税要求总要提交相应权力集体讨论决定，从而使税收体制呈现出集体议决的基本特征。

任何一种王权，都具有天然的集权专制倾向。但是，只要国家建制形成了一定的分权制衡机制，这种倾向就可以得到改变甚至遏制，继而走向分权、制衡的良性状态。西欧税收体制即是一种蕴含着分权制衡精神的制度类型。在特定的历史条件下，这种体制形成了自己理想的构成，包括纳税人、纳税人代表以及由纳税人代表组成的制税组织等，从而使税权独立于王权，并与立法、司法等权能相连相济，彼此助力。正因为形成了理想的构成并独立于王权，西欧各主要国家的税收体制才表现了强劲的制衡力量。

5—11 世纪，欧洲大陆主要处在法兰克王国墨洛温王朝（481—751年）、加洛林王朝（751—987 年）时期，不列颠则处在盎格鲁－撒克逊时期（5 世纪—1066 年）。此时，国家政权尚属草创，主要由王权和贤人会议（或长老会议）构成。

由于民主遗风强劲，王权无法独立处理国家大事。即使是国王，也须在一定范围经一定程序选举产生。8 世纪，法兰克王国宫相赫里斯塔尔丕平死后，法兰克王国两分，法兰克人召开民众大会，选举查理和卡罗曼分别为两国国王。两年后，卡罗曼去世，两国合二为一，民众大会又将查理拥戴为唯一的国王。[①] 987 年，加佩王朝的首位国王于格·加佩也由大贵族选举产生。[②] 1016 年，英格兰王国国王埃塞尔雷德逝世，贤人会议和城市居民推选埃德蒙为国王。[③] 德意志的国王选举遵循相似的原则，王位继承从继承人确立时起即须征得权贵的同意。而要将这位继承人进一步确立为国王，[④] 须复经世俗和宗教两种会议选举，方为合法。世俗选举会议主要由公爵以及其他权贵参加；之后再在教堂里举行宗教会议，参加者除相关教职外，即为民众代表。奥托一世的选举即经过了这样几个环节。宗教选举会议由大主教主持，他把这位"由上帝挑选的、先王指定的、现由全体诸侯推举为国王的奥托"介绍给民众，然后征求他们的意见，如果他们满意，即可以对选举表示赞同。[⑤] 王位既然这样产生，国王又置身于这样的政治环境，自然无法形成专制权力，而国家大事，包括涉及个人特别是贵族切身利益的赋税征收，也就无法自己决定。而早在 614 年，在巴黎宗教会议和王国会议上，贵族要求参政，墨洛温王朝克洛塔尔二世就颁布敕令同意这些要求，认为应该恢复过去的习惯权利，取消所有新征的关税和赋税。[⑥]

---

① 〔法兰克〕艾因哈德：《查理大帝传》，戚国淦译，第 7、8 页。
② 〔法〕乔治·杜比主编《法国史》上卷，吕一民、沈坚、黄艳红等译，商务印书馆 2010 年版，第 314 页。
③ 《盎格鲁－撒克逊编年史》，寿纪瑜译，商务印书馆 2004 年版，第 157 页。
④ 〔德〕赫伯特·格隆德曼等：《德意志史》第一卷，古代中世纪上册，张载扬等译，商务印书馆 1999 年版，第 281、296 页。
⑤ 〔德〕赫伯特·格隆德曼等：《德意志史》第一卷，古代中世纪上册，张载扬等译，第 296—298 页。
⑥ 〔德〕赫伯特·格隆德曼等：《德意志史》第一卷，古代中世纪上册，张载扬等译，第 164 页。

在贤人会议的议事内容中，征税和立法占据突出地位；而立法和征税密切相关，法律文本中常常涉及赋税征收问题。英国盎格鲁－撒克逊时期的立法无不由国王和贵族讨论决定，法令颁布文书总要说明经与贤人会议协商、经教俗贵族同意等信息[①]，并列举由教俗贵族组成的签署者名单，以显示立法代表民意，具有合法性和权威性。法兰克王国亦如此。620 年，克洛塔尔二世颁布法典，签署者中即包括 33 个主教、34 个公爵、65 个伯爵。[②] 税收以及与税收密切相关的立法虽在贤人会议的议事内容中占据突出地位，但这时的国王，则主要依靠他的领地收入、司法收入和各种间接税生活，且已经形成了"依靠他自己的收入生活"[③] 的习惯和原则，所以就他自己而言，本不需要征税，为了国家，却又不能不征税，而征税就必须与相关方面协商。协商通常包括两个层次：一是与制税组织协商，决定是否征收；二是与纳税人协商，明确能否交，交什么，交多少。而协商的层次越多，征税的难度就越大。协商的结果，就必然形成一定组织，进而形成一定制度。991 年，专断者埃塞尔雷德欲征丹麦金以贿买丹麦人，即得到了贤人会议的同意。994、1002、1007、1011 等年份，国王与贤人会议都曾讨论过丹麦金征收问题，达成了一致意见。1012—1013 年，丹麦人曾几次向专断者埃塞尔雷德提出丹麦舰队在英国服役的津贴问题，国王与贤人会议都征收了常税（heregeld），满足了丹麦人的要求。[④] 国王为什么召集贤人会议讨论征税议案？因为国家和王权正面临被征服和颠覆的危险。而既然将征税要求提交讨论，这个要求便有遭到否决的可能。只是，盎格鲁－撒克逊时代资料存留有限，涉及国王与贤人会议协商征税的记录不多。但无可否认，贤人会议权力很大。在其他事项的审议中，国王的要求不时遭到否决[⑤]，由此可见贤人会议对国王征税要求的意见和讨论的结果。同时期的墨洛温王朝、加洛

---

① W. Stubbs, *The Constitutional History of England*, Vol. I, Oxford: Clarendon Press, 1873, pp. 141 – 142.

② 张芝联主编《法国通史》，北京大学出版社 1988 年版，第 25 页。

③ 〔法〕乔治·杜比主编《法国史》上卷，吕一民、沈坚、黄艳红等译，第 209 页。

④ B. Lyon, *A Constitutional and Legal History of Medieval England*, New York: W. W. Norton & Company, 1980, p. 48.

⑤ J. E. A. Jolliffe, *The Constitutional History of Medieval England*, London: Adam and Charles Black, 1937, p. 27.

林王朝，情况也大致如此，相关事项须经过王室会议（Royal council）同意。在这里，纳税人可以是大封建主，也可以是小自耕农，与他们协商，主要是由相关组织或税吏来完成的。由于缺乏居民居住和财富拥有状况的信息，税吏必须查访相关人员如邻居了解情况，遂有税吏和纳税人协商之说。协商过程中，他们须谨慎从事，征与否，征多少等问题都必须予以切实解决。① 如未经同意而强行征收，则税吏可能被杀，而之后，如杜比所言，生活又很快恢复常态。② 显然，西欧税收体制自始即包含着分权的精神和制衡的力量。

随着制税组织由贤人会议转化为贵族会议，税权也大体上转由贵族会议执掌。由于国家规模空前扩大，事务浩繁，征税日频。每次征税，国王都必须说明理由，征得相关组织支持，进而与纳税人协商，争取他们同意。而社会，也就相应形成了"不经同意不纳税"③ 的习俗或传统。由于征税涉及切身利益，纳税人又在一定程度上控制了税权，国王要求遭拒的事情时有发生。这不仅反映了纳税群体的强大，更反映了分权制衡机制的强化。

11—15 世纪，各地大体上在贤人会议的基础上形成了御前会议和贵族会议，并由贵族会议进一步演变为议会。之所以给出这样一个宽泛的时段，是因为在我们看来很难确定议会产生的时间，或者在贵族会议和议会之间画出一条清晰的分界线。与其勉强为之，还不如模糊处理。在英法两国，御前会议为常设机构，主要为国王出谋划策。④ 贵族会议虽非常开，却控制实权。在英国，贵族会议通常在征税前夕召开，参加者主要是身为纳税人的教俗大贵族，有学者称之为御前扩大会议。⑤ 关于这种会议的权威性和威慑力，从1215 年《大宪章》事件的发生和1258 年牛津会议的召开便可窥见一斑。在法国，1302 年腓力四世召开三级会议之前，这种会议通常由教俗两个系统分别召开。而所谓"年度全体大会"，传统学术通常认定为"三月校

---

① Refer to Joseph R. Strayer and Charles H. Taylor, *Studies in Early French Taxation*, Cambridge：Harvard University Press, 1939. 该书比较集中地论述了法国中世纪前期协商征税的形式。

② 〔法〕乔治·杜比主编《法国史》上卷，吕一民、沈坚、黄艳红等译，第209 页。

③ Refer to De Tallagio Non Concedendo, see D. C. Douglas, *English Historical Documents Ⅲ*, 1189 - 1327, London：Eyre & Spottiswoode, 1998. p. 485.

④ 〔法〕雅克·勒高夫：《圣路易》，许明龙译，第82 页。

⑤ 沈汉、刘新成：《英国议会政治史》，第9—10 页。

场"或"五月校场",但杜比经考证认为,这种认识来源于骑士文学,是错误的。据杜比的描述,这种大会主要由宫廷高级官吏、伯爵、主教、修道院院长以及国王的直接附庸参加,"具有明显的贵族特征"[①],很像英国的贵族会议。而从大会参加成分、表决议题以及分组讨论的方式来看,当为上述两种会议的集合。

贵族会议在欧洲中世纪赋税史上代表了一个重要的时代。在这个时代,纳税人已经意识到赋税作为斗争工具的重要性,并以纳税主体的有利地位要求分享权力,参与管理,制衡王权。这时英法诞生的两个文件都表达了类似的精神。《大宪章》第12、14款规定:凡在传统3项[②]之外征税必须征得纳税人同意。而要获得纳税人同意,国王就必须在国家权力、国务管理乃至私人利益等方面做出让步。《大敕令》也有多条涉及赋税问题,规定三级会议批准的赋税必须用于战争之需,废除对臣民的掠夺性征收。[③] 两个文件的侧重点虽有不同,反映的基本精神则基本一致,这就是王权必须受到纳税人或纳税人代表机构的制约。

在税收体制的演进中,贵族会议居于十分重要的地位,发挥了重大作用,产生了深远影响。但在这方面,特别是在贵族会议和议会之间,学界一向不自觉地突出后者而忽视前者,致使传统认识相对客观实际有所疏离。事实上,贵族会议的运行与发展为议会组织的形成和确立提供了必备的条件,或者说后者不过是前者水到渠成的结果。以水到渠成表述两者的关系,即在强调贵族会议的作用,以及两者在一定时段内交搭重叠的意义。因为在我们看来,不宜用一个时间节点将二者截然分开。传统的观点将英国议会的诞生确定为1295年,其实,早在1295年之前"parliament"一词已经见诸政府文件和编年史籍。刘新成先生即考证认为,1236年王室秘书便以之代称御前扩大会议;1255年以后,人们已经普遍将御前扩大会

---

① 〔法〕乔治·杜比主编《法国史》上卷,吕一民、沈坚、黄艳红等译,第252—253页。

② 作为封君,国王的长子立为骑士、长女出嫁、本人被俘赎身时,封臣须向国王缴纳协助金,此系封建习惯,具有法律性质,理论上无须征求封臣意见。

③ *Ordonnances des roys de France de la troisième race recueillies par ordre chronologique*, Farnborough: Gregg Press, 1967 – 1968, Vol. Ⅲ, pp. 121 – 146.

议称为议会了。① 莱昂也说，12 世纪英国已有议会一词，称 "parliamentum"；1236 年，它初次使用于英国高等法院的司法记录；1239 年，编年史家马修·帕里斯描述了 "parliamentum" 的召开情况；1258 年，《牛津条例》使用了这一词汇；后来，特别是 1275 年后，该词频频出现在官方记录和各种文献中。② 斯塔布斯更认为，早在 1175 年，这个词已为 Jordan Fantosme 所用，并进而推测，在亨利二世（1154—1189 年）和理查一世（1189—1199 年）统治时期，可能已经通用于一些会议了。③ 但在斯塔布斯看来，13 世纪 60 年代之前，包括 1258 年、1259 年的 "parliament"，都还没有使用代表制度。1261 年，在与国王的斗争中，男爵首领为获得社会支持而召开会议，开始求助于代表制度，从每郡召集 3 名骑士代表参加；接着，国王也召集同一部分骑士代表参加他的温莎议会，以同样方法回应男爵的挑衅。④ 此后，1264、1265、1267、1269、1273、1275、1278、1282、1283、1290、1294 诸年份，都曾有 "parliament" 召开，召集不同系统、以不同标准选举的代表参加，有的年份甚至召集两次或者更多。但只有 1295 年会议，同时从各城市、各郡和各自治市分别召集两名代表参加议会。斯塔布斯认为，此次会议才将城市和各郡的代表权力确定下来。这样，通过对 1295 年会议与 1295 年之前的会议的比较，以及对代表制、选举制的分析，斯塔布斯最终确定 1295 年为议会产生的标志性年份。⑤ 这一观点一经提出，很快得到了许多学者的认同，进而形成了西方学术界的主流认识，并通过这种主流认识影响了国际历史学界。但我们认为，即使不去考虑贵族会议与议会的交搭重叠，仅就这个时间节点而言，也嫌粗疏，需要在进一步考察和研究。总之，这个问题比较复杂，宜以专题论文的形式进行论证，这里显然难以展开。

在组织结构上，1295 年之前，随着赋税征收的难度的加大，除了召集

---

① 沈汉、刘新成：《英国议会政治史》，第 10—11 页。

② B. Lyon, *A Constitutional and Legal History of Medieval England*, New York: W. W. Norton & Company, 1980, p. 413.

③ W. Stubbs, *the Constitutional History of England*, Vol. Ⅰ, Oxford: Clarendon Press, 1873, p. 611.

④ W. Stubbs, *the Constitutional History of England*, Vol. Ⅱ, Oxford: Clarendon Press, 1873, p. 233.

⑤ W. Stubbs, *the Constitutional History of England*, Vol. Ⅱ, Oxford: Clarendon Press, 1873, pp. 232 – 237.

贵族开会，国王同时还另辟蹊径，在贵族会议之旁，仿照贵族会议的组织形式，不时召集处于封建等级底层和之外的城乡代表协商征税问题，征求他们的意见。那时，城乡代表相对于教俗贵族代表都是单独接受召集。如果说贵族会议是这一时期制税组织的原生形态，那么城乡代表会议可算作它的次生形态，两者具有很大的相似性。后来英国的议会，正是在组合两种会议的基础上形成的，且形成后的组织形式、议事方式等仍然沿袭 1295 年之前的传统。结论很清楚，所谓 1295 年议会的建立，乃是贵族会议运行发展的结果，与 1295 年之前相比，不过将原来分散召集的会议集中起来，因而规模扩大了而已，其中鲜有实质性变化，而学术界很可能低估了贵族会议的这种作用和地位。

法国三级会议诞生于 1302 年。与英国的议会不同，1302 年之前，法语中尚无三级会议这个名字；1302 年之后，方因会议由三个等级组成而诞生，三级会议的名字（Estates – General，法语：états généraux）也见诸书刊与政府文件。在组织结构上，作为三级会议的基本形式在 14 世纪以前实际上已经存在。如前所述，它通常以教会贵族会议和世俗贵族会议的形式分别召开，有时也以年度全体大会的形式召开，讨论国王的征税要求。三级会议形成后，召开的方式仍循传统，三个等级经常单独召集，分别议事。显然，法国三级会议的形成和形成后组织、召开的方式与英国议会因循了相似的路径，都是将已有的、不同的会议集中起来，组成全体会议，同时又单独召开或单独议事。

在英国，如前所述，议会形成后，开会的方式仍然保留了议会形成之前的传统，贵族会议和城乡代表不时分别集会，后来，便形成了议会的上、下院。在法国，腓力四世为了在与教皇斗争中获得民众支持，将两个会议合二为一，并同时吸收特权城市的代表参加，三级会议随之产生。同时期的尼德兰由多个省区构成，各省都有自己的三级会议，而整个地区又有统一的三级会议。13 世纪的伊比利亚半岛，卡斯特、阿拉冈等王国也已形成了议会组织。15 世纪，卡斯特、阿拉冈和加泰罗尼亚统一为西班牙王国，议会组织及其职责仍然遵循传统。正是基于这一作用，在贵族会议的基础上，议会组织相继形成，而中世纪的欧洲，也就大体完成了权力格局的议会化。

议会最初虽也处理一些司法事务，但显然以制税为主。英国 1295 年召开议会的目的，即主要为了征收军费。而在爱德华一世长达 30 余年的统治时期，会议的召开大都是为了征税，争得纳税人代表的同意和支持。法国 1302 年召开三级会议的目的之一，也是为了弥补财政亏空。其后，王权虽然走向强化，但关于征税问题，仍然必须通过召开三级会议予以解决。只是后来，出于百年战争期间组建和维持常备军的需要，三级会议将征税权力无偿地授予了国王，付出了沉重的代价，造成了深远的遗患。[①] 但即使如此，也不能形成王权可以撇开三级会议而单独征收赋税的结论。尼德兰三级会议的职责是审议并批准政府的征税议案。卡斯特、阿拉冈、加泰罗尼亚以及统一后的西班牙王国，议会的主要职责也是讨论国王征税要求。随着税收体制的演进，议会的权力进一步扩围，立法权渐行突出，遂强化了制衡力量，限制了权力的集中。例如英国，14 世纪以降，随着两院制的形成，议会又先后获得了立法、司法等权力，并能弹劾国王、自行召开，这就形成了强大的分权制衡力量，避免了专制政体的形成。而立法权的获得，制衡力量的加强，都是在税权掌控的基础上实现的。

与由贵族会议到议会组织的发展相适应，欧洲各国相继形成了代表制、补偿原则、分权制衡等政治概念。这是一个环环相接的逻辑序列。议会的职责既然是讨论国王征税要求，就必须有各等级各群体的代表参加。如果仍沿袭旧制，席位主要由大贵族充任，则城市和乡村就难以组织征税，这在英法都一样。随着封建时代趋于终结，纳税主体渐由封建主转向城乡居民，作为纳税大户的城市和乡村自然不能没有代表参加。于是，代表制产生了。议会产生初期，它的职责虽然是讨论国王征税要求，却也必然涉及相关问题或事务，如战争、立法、司法等，而且各等级各群体总要代表自己的等级或群体，站在自己的立场，反映自己的利益诉求。既然满足了国王要求，那么国王又怎么可能不去反映或在一定程度上反映他们的诉求呢？于是又形成了"补偿原则"。在英国，补偿原则称"redress before supply"[②]，是指议会下院向国王提交请愿书，国王接受这些请愿书并对上面提出的问题给予一定的答复和解决。这就意味着如果国王不去反映他们的诉求，或不履行"补偿原

---

① 〔美〕道格拉斯·诺思、罗伯特·托马斯：《西方世界的兴起》，张炳九译，第 114、166、174—175 页。

② B. Lyon, *A Constitutional and Legal History of Medieval England*, New York: W. W. Norton & Company, 1980, pp. 601 – 602.

则"，下院对国王的要求就不予满足甚至拒绝。国王同意的请愿书，往往以法规的形式予以颁布，这就扩大了下院的权力，由批准国王征税转向了立法和司法领域。① 发展的结果，是 14 世纪下半叶，议会获得了立法权。在法兰西、卡斯特、阿拉冈、尼德兰，虽未见这样的表述，但补偿的事实大量存在。也正是由于"补偿原则"的普遍存在，欧洲各国都形成了某一权力集体与国王分权，并形成制衡的政治格局。而从欧洲中世纪"不经同意不纳税"的史实看美国 18 世纪的"没有代表不纳税"的口号，便可清楚地看到其中的继承关系，由此可见税收体制演进的重大意义。

相应阶段权力集体的诞生和运作，是税收体制演进的重大成果。这一成果蕴藏着显著的分权制衡精神。随着时间的推移，这种精神日益增长，终于在资产阶级革命后建立了既能保障人权又适于经济发展、文化进步的政治体制。虽然各国国情和具体条件不同，政治体制也存在差异，但就"三权分立、分权制衡"的权力框架而言，各国政体的基本精神是一致的。这就使欧洲政治文明具有了与世界其他文明不同的特征。

税收体制的演进产生了深远影响。17—18 世纪，欧洲理论界诞生了两位伟大的理论家，一位是英国的洛克，另一位是法国的孟德斯鸠。洛克在 1688 年"光荣革命"后思想理论界激烈的争论中完成了他的名作《政府论》，认为国家权力可分为立法权、执行权和对外权三种。执行权即为行政权，对外权则指宣战、媾和、签约等涉外权。三种权力应分别由专门机关执掌，而立法权是最高权力，须由民选议会执控。② 这就是后来三权分立理论的雏形。洛克自然不会意识到他正在担负着设计欧洲未来的伟大使命，更不会意识到他的研究成果将会改变欧美的政治格局，但启蒙思想家却慧眼识珠。伏尔泰首先将这种理论介绍到法国，孟德斯鸠则在它的基础上加以发挥和完善，终于提出了"三权分立、分权制衡"的权力架构。孟德斯鸠认为，国家权力可以划分为立法、行政和司法三种，分别由某一机构执掌，立法权归人民代表机构，行政权交君主或国王，而司法权授陪审法庭。在孟德斯鸠看来，"一切有权力的人都容易滥用权力，这是万古不易的一条经验"。"而

---

① 参见顾銮斋《中西封建社会的税权问题》，载刘明翰主编《世界中世纪史新探》，内蒙古大学出版社 1996 年版。

② 〔英〕洛克：《政府论》下篇，叶启芳、瞿菊农译，商务印书馆 2010 年版，第 91—94 页。

要防止滥用权力，就必须以权力制约权力。"① 因此，掌权的三个部门又必须相互制约，法律须经君主批准，一些行政要务如征税、募兵等也必须由立法机关决定。这里，孟德斯鸠仍然将征税事务交由人民代表机构执掌，可见他对税权的重视。无论是洛克，还是孟德斯鸠，他们的理论实际上都是对中世纪以来欧洲历史和现实政治的概括和总结，赖以建立的基础仍然是赋税问题。他们讨论的对象是王权和议会，而议会是基于赋税才产生的，也正是由于议会的产生，才形成了中世纪分权制衡的权力格局，其中的逻辑关系至为清晰。由于在分权层面上讨论议会和王权，而税权属于更深层次的问题，两位理论巨人自然适可而止、较少论及，但这不等于说赋税问题在这里就不重要。道理很简单：没有赋税支持，国家机器就不能运转；一旦税权落入国王之手，他就必然如脱缰之马，朝着专制的目标狂奔。这类例子不胜枚举。

17、18 世纪，欧洲君主制业已风雨飘摇，政治体制的演进正处在新的历史关头，面临新的抉择。从这个意义上说，两位理论家可谓生逢其时。新的理论一经产生，便很快传播开来，并在欧美很多国家得到实践并取得了重大成功：英国以非流血的方式实现了权力转移，国王成为名副其实的"虚君"，议会则立于国家权力之巅；法国大革命以摧枯拉朽之势攻克了君主制的象征——巴士底狱，建立了共和政体；在大西洋彼岸，英国的殖民地更摆脱了君主制的羁绊，建立了民主共和国。这时放眼欧洲大地，政治体制的演进虽还有反复，民主、共和的建立和巩固无疑已成历史大势。而这种大势的形成，正与税收体制的运行和演进密不可分。

纵观税收体制的演进，中世纪无疑是税制形成的关键时期。正是这个时期，为后来欧洲近现代税制或如一些学者所称宪政税制的进一步发展奠定了基础。即使在今天，一些税制概念如纳税人、议会、分权、制衡、协商式税制以及诸多的税收品类都是在这个时期形成的。这并非说后世就没有发展，但相比中世纪特别是议会产生后的建构，主要是在政权管理技术上作了改进。所谓君主立宪制，其实就是管理技术的进步。而近现代以来英国的《权利请愿书》《权利法案》《国会法》，法国的《人权宣言》，美国的《独立宣言》等宪法文件以及相应的制度建构，包括美国独立战争期间"无代

① 〔法〕孟德斯鸠：《论法的精神》上册，张雁深译，商务印书馆 1987 年版，第 154 页。

表不纳税"口号的提出，都不过是 13 世纪《大宪章》精神和议会组织框架的滥觞和发展。

第二节　税收主项

中古社会的主税项，通常是指传统学术所认同的税收体系中的大税，一般是土地税、人身税或人头税，以及工商税。作为本题的重要概念，主税项须具备两个特征。第一个特征是在一定税收总量中通常占份额最大或比例最高。由于最高者只有一个，主税项必然具有唯一性。但又不尽然，由于某些特殊原因，有时可能为某一税项所超越。在这种情况下，第二个特征就显得比较重要了，这就是在一定时段内，它贯穿始终，且税率相对稳定。而那些超越它份额的税项往往是为应急而临时设置，或为偶然征收，或税率骤起骤落，缺乏稳定性。

第一是土地税。在传统农业社会，主税项当首先指土地税，因为土地是社会财富的主要来源，是人类赖以生存的基础。土地的价值决定了它的税收价值，也决定了它在传统农业社会的大税地位。

第二是人身税或人头税。人是社会财富的表现形式之一，而且可能是最富价值的财富形式。正因如此，亚里士多德将奴隶视为有灵魂的工具，瓦罗则称之为"会说话的工具"。[1] 而工具无疑是财富的表现形式之一，或者说是最好的财富。人又是社会财富的创造者，无论是土地，还是其他财富来源，都必须通过人的劳动来实现它们作为财富源泉的价值。人也是财富的所有者。只要有人在，一般就有财富的存在，即使是细微的财富形式，也是随着人的存在而存在。而所谓征税，首先是向人征收。即使是人头税之外的税项，也必须通过人来征得。更重要的是，财富之为财富，是相对于人而言的，或者说是人使物品成为财富，离开了人，物品的财富属性也就不存在了。这就意味着向人征税可以把所有的财富都变成赋税的来源，而征收的范围也就无所不包了，从而意味着人头税可以多种形式的税项征收。因此，人

---

① 　徐铁英：《古罗马奴隶法律地位还原——"奴隶是会说话的工具"说法之批判》，《河北法学》2012 年第 5 期。

头税构成了税收的第二主项。

人头税是一个综合概念。它首先指依据人头征收的赋税，如中国秦汉的口赋、算赋，英国1279年的"poll tax"；其次指徭役。在中国古代，徭役具有人头税性质。国家要征调民工或雇用工人进行土木工程建设。当人丁服役的时候，还表现不出税的特点。但当以钱代役的时候，这一特点就表现出来了。人丁服役实际上是将自己应向国家缴纳的工程税款以工时的形式交给国家，因而赋税征收不过多了一个曲折。另有兵役以及与兵役有关的役务。在古代中国，兵役与人头税有密切的关系。首先，常备军的建设与维持是造成人头税征收的重要原因。宋元以前，人头税构成了财政收入的大部分，其中很大比例即用以军费开支。三国两晋以迄隋唐的"调"，征收的主要目的即在于解决常备军的建设和维持问题。另外，从军打仗保家卫国是每个自由民的义务，一旦国家需要，就必然征调兵役及其相关役务，民众主要是自由民必然成为征调对象。汉代的"更赋"即是为了解决这个问题而采取的措施。更赋包括正卒、更卒、戍卒三种役务，22至56岁的男子都须承担。正卒为正式服兵役，役期一年，服役期满便可回乡，之后遇战事，仍可能被征调，且有时数年不得归乡。更卒是一种地方劳役，每年一个月。亲自服役者，称"践更"。不愿或不能服役者，可以钱代役，由官府雇人代役，称"过更"。更卒虽为地方役务，其中部分与军事有关。更卒一旦形成制度，即使地方没有劳役或所需劳役不多，农民也必须交钱，因此成为一种沉重的负担。戍卒是指屯戍边防或进京做卫士。男子一生中须有一年时间屯戍边防或赴京城做卫士。不愿或不能服役者，也可以钱代役，具体操作同更卒。如此，无论常备军的建设与维持，还是与军事、兵役有关的役务，都需要大量的钱物，这些钱物无不以赋税的形式征自民众，而其中很大比例即来自人头税。所以，兵役在很大程度上与徭役一样，都是赋税或人头税的表现形式。人头税的表现形式如此之多，征收又如此便利宽泛，必然成为中古社会税收体系的主项之一。

第三是工商税。学术界将商品经济是否发展与发达视为判定传统社会是否进步发展的重要标准，认为传统经济是二元经济。但东西方相比，西方商品经济比中国发达。作为这种发达的重要表现和结果，是西方很早就产生了资本主义萌芽并很快确立了资本主义生产方式。而中国，由于商品经济发展缓慢而且不够发达，无法突破自然经济的桎梏，导致资本主义萌芽晚出抑或无出，并进一步导致中古社会的长期延续。这与中国历代王朝实行重本抑末的经济政策有关，而这一国策即与税收政策密切相关。也正因如此，工商税的征收体现着一个社会的经济性质，成为传统社会经济形态是否处于良性状态的重要表现。

学术界所认同的大税基本上符合中西历史的实际。无论在逻辑上还是历史上，土地税和人头税无疑都是国家最早征收的税项。而具体到某一国家，先征收土地税还是人头税，可能有其偶然性，但最先以人头税为主项还是以土地税为主项，却有其历史和文化的意蕴。至于工商业，因其出现较晚，征税必然在土地和人身之后。但如果是一个健康或正常的社会，随着经济的发展和历史的进步，工商税量必然稳步提升，最终取代土地税或人头税而成为税收的主项。问题在于中国和西方中古赋税主项走出了怎样的演变路向，表现了怎样的主项走势。

一　从人税到地税

中国中古社会赋税基本理论是中国传统文化育化的产物，形成后，也自然在中国中古社会潜移默化，滋生出一种普遍而顽固的社会思想观念。因此，很少有人怀疑税权由皇帝执掌的合法性和正当性。而赋税的设置、征收也就无须征求纳税人意见，一切由官府而为。这并非说官府可以无限制地设置新税和增加税率，事实上，任何一个王朝都不可能任意而为，而通常以前朝或历史为借鉴或参照。即使客观情况需要增加，或需要设置新税，也总要有一个限度，因为一向习惯于忍耐的广大税民的承受力和容忍度也是有限度的。一旦超过这个限度，他们就会揭竿而起，即所谓"若使之不以道，敛之如不及，财尽则怨，力尽则叛"。① 到那时，即使官府很轻易地将他们镇压下去，所花费用也往往要超过征收的额度。这样的赋税经济学，无论对皇帝本人还是对各级官员，显然太简单了，何况皇帝一向"视国为家，视人为子"，常怀一种属于家长的怜悯之心。这种状况一直延续到清末，方在西学东渐和中国社会的激荡中发生了变化。在此基础上，赋税基本理论通过皇

---

① 《隋书》卷二十四，志十九《食货》。

权控制着中古社会主税项的变迁。

与赋税基本理论对土地和人丁具有本能的反应一样，大凡政府，特别是专制政府，它的本能反应首先是垄断和控制一切财富源泉，如将土地、山海和人民收归国有。然后，便是依据土地和人丁数目向人民征税。如果说这时将土地和人丁作为纳税对象还主要是一种来自本能的意识，那么，接下来便是借助赋税基本理论的强大力量维持田赋、人头税的基本走向。在中古社会前期，由于商品经济不发展，这种走向在细节上虽然有所调节，但基本的方面没有变化。到了中古社会的中后期特别是后期，商品经济有了一定发展，人口流动加速加剧，这时的政府，便很难一如既往地维持人头税的征收了。于是，税项变迁再次依靠赋税基本理论的力量实现了意识的转换，这就是将人丁并入土地征收。新的方向形成了，赋税征收仍然需要赋税基本理论一如既往地支持，以维持人头税并入土地税后赋税征收的基本格局。

纵观中国中古赋税史，主税项变迁可大致分为三个阶段。第一阶段从春秋战国至南北朝。在这个阶段，人头税占据税收总额的绝大部分，租调制的设立开始了改变这一格局的漫长历程。第二阶段从隋唐租调制和租庸调制到明末一条鞭法的颁行。通过租庸调制特别是两税法的实施大量削减人头税，加大了土地税征收。第三阶段从明末"一条鞭法"的推广至清代"摊丁入亩"的实施。一条鞭法实为摊丁入亩的前奏，推广的结果是清政府通过摊丁入亩将人头税并入田亩征收，从而最终确立了土地税一税独大的地位。这里通过划分阶段的方法描述和认识主税项的变迁是由于受到高树林先生关于中国封建社会赋税制度税役变化的论文的启迪。高先生的论文以五种生产方式的基本理论来论证中国中古社会的税役变化，认为战国之前为奴隶制，战国之后为农奴制，两宋之后为租佃制，人头税由压倒一切到最终消失实际上是这一变化过程的反映，具有历史的必然性。这样的论证不无可讨论之处，但他所测算的数据对我们的讨论具有参考意义。

（一）主税项的转换

中国中古社会前期，主税项不是土地税，而是人头税。如前所论，人头税的征收非常便利，许多税项都可以人头税的名义征收。所以中古伊始以迄南北朝，人头税可谓一税独大，占据了税收总量的绝大部分。春秋战国时代的徭役、兵役、口赋、力役制度已很发达，秦汉时更进一步发展，成为政府财政倚重的对象。这时，人头税包括口赋、算赋、更赋、徭役。秦代的徭役十分繁重，"……月为更赋，已复为正，一岁力役，三十倍于古"[1]。据估计，秦代人口不过两千万，每年征发的徭役即达三百万人，占总人口的15%强[2]，可见人头税征收之高。汉承秦制，徭役仍然居高不下，连同其他涉人项目，据高树林先生多角度测算，人头税占赋税总额高达94%—99%。[3]

土地无疑是最易于获取财富的源泉，在古代，几乎不需要投入多少智慧、经验和劳动就能轻易获得生活所需，且越是在生产力普遍低下的情况下，与其他生业相比，获得生活所需就越容易。正因如此，中国夏、商、周三代的"贡、助、彻"中首先包含了农业或土地所出。进入春秋战国时代，各王公征收的赋税首先是田赋。而历代食货志和现代财政史著也无不把田赋置于税收系列的首项。尽管如此，这时的田赋征收尚无法与人头税相比拟，因为土地所出实际上主要以人头税的形式征收了。与人头税相比，土地税最多占全部税收的5个百分点，最少估计则不及1个百分点。[4]

也正是在秦汉魏晋南北朝时期，土地税开始呈快速发展趋势，这种趋势将很快颠覆人头税与土地税严重失衡的格局，并最终将人头税收编而占据税收体系的独大地位。

秦汉之后，田赋开始成为税收体系中的常税。租调制、租庸调制、两税法、一条鞭法、摊丁入亩等无不以此为主项。

租调制由三国时期曹魏率先设立，蜀、吴两国相继效仿。三国归晋后，又得到了两晋和十六国的承袭。后来，南朝的宋、齐、梁、陈，北朝的魏、齐、周、隋也无不沿用。直到隋朝建立统一帝国，在继承北魏均田制的同时仍然实行租调制。至开皇十年，方规定丁男满50岁可以"庸"代役，从而意味着租调制将为租庸调制所代替。其实，租庸调制的"租"仍然是对租调制中"租"的继承。这样，从三国开始，即使到隋朝前期，租调制的历史也达七八百年之久，成为三国、两晋、十六国、南北朝等朝代和国家的赋

---

① 《汉书·食货志》。
② 中国财政史编写组编著《中国财政史》，第78页。
③ 高树林：《古代社会经济史探》，河北大学出版社2011年版，第99—101页。
④ 高树林：《古代社会经济史探》，第101页。

税基础，构成了这一时代税项变迁的基本方向。

唐朝继承隋朝的均田制，并相应实施租庸调制。租即为田租，虽貌似人头税，实因丁男授田而按亩征收，岁纳二石。这已构成财政收入的很大比例。由于租庸调制所收不敷使用，政府又以两税即户税和土地税补之。这时的土地税，虽有时也按丁征收，但主要还是按亩征收。这就意味着对土地税进行了双重征收，从而使土地税税额得以显著提高。这时再看两者在税收总额中的比例，秦汉时的失衡开始趋向平衡。仍据高树林先生的测算，人头税降至赋税总额的 57.13%—76.36%，而土地税则相应上升到 23.64%—42.87%。①

租庸调制实施既久，其弊端便逐渐暴露出来，于是在建中元年（780 年），在土地税、户税的基础上，唐德宗颁行"两税法"，改以资产为本，从田而税，一举改变了从丁而税的格局，统一了税制，简化了税则。两税法从唐中期实施，经五代、两宋，至明末一条鞭法颁行，前后凡八百年之久。所以史籍说："自杨炎作两税法，简而易行，历代相沿，至明不改。"② 其间，辽、金、元诸朝虽有变化，特别是元，人头税曾一度激增，但基本上还是以土地税作为基础税项或主项。两税法实施的结果是，到了宋代人头税急剧下跌。北宋时已降至赋税总额的 30% 上下，至南宋更进一步降至 10% 左右。③ 这样的测算虽不很准确，但正如高树林先生所说，用以认识税役变化的基本趋势却是没有问题的。这时取代人头税而占据税收最大份额的税项是"杂变之赋"。值得注意的是，土地税的征收额度虽不及"杂变之赋"，却也有大量增加。史载："宋二税之数，视唐增至七倍。"④ 而且，按田亩征收的赋税并非仅此两税，另如加耗、折变、支移、脚钱、头面、呈样、预借、和买、和籴等。⑤ 同一性质的项目又有多个名称，如熙宁以来，"和籴入中之外，又有坐仓、博籴、结籴、俵籴、兑籴、寄籴、括籴、劝籴、均籴等名"。⑥ 这

---

① 高树林：《古代社会经济史探》，第 104 页。
② 《明史》卷七十八，《食货二·赋税》。
③ 高树林：《古代社会经济史探》，第 107—108 页。
④ 《宋史·林勋传》。
⑤ 高树林：《古代社会经济史探》，第 161—162 页。
⑥ 《宋史》卷一百七十五，《食货上三》。

说明，土地税正在沿着既定的路线向前发展。

一条鞭法解决的主要问题仍然是简化税则，简化的结果是将形形色色的赋役归并一起计亩征银，这就使传统的丁役、"丁、产从户"都集中到田亩上来，从而进一步削减了人头税税额，加强了土地税征收，人头税的征收由此渐趋终结。必须说明，在税收项目多如牛毛的情况下，政府所依靠的对象首先是土地，这充分说明了土地税在政府心目中的地位。而人头税并入土地税征收的过程说明，中国中古社会的主税项变迁正在遵循既有的路径向前演变。与此同时，政府又于正课之外加征田赋，如前文所论建造乾清宫等而引起的加派，特别是三饷加派，使田赋征收额度远超其他税项，从而成为政府财政的倚重对象。

清初，因政权初建，百废待兴，尚无暇创建自己的税制，因此沿袭明代嘉靖至万历年间的一条鞭法，而只是取消杂役和"三饷"。一条鞭法是将固定支出摊派于丁、田两项。如丁、田变动，则丁税和土地税就不能合一。而康熙年间的"盛世滋丁，永不加赋"，为地丁合一创造了条件，所以到雍正年间也就实行了摊丁入亩。官府只要认定田主，就可以保证赋税的征收，从而最终将实行数千年之久的丁税并入田赋。

（二）主项走势的控制力量

那么，这些主税项又是怎样依靠赋税基本理论的力量得以颁行实施进而完成转换的呢？在中国中古社会，一种税项、税率的制定实施，通常先由某一官员以奏疏的形式奉呈皇帝，皇帝可以直接降旨实施，也可以交付官员讨论，而后由皇帝决定是否采纳。有时，皇帝本人也直接做出决定，这在文本中留下了很多记录。一般税项如此，主税项也如此。

本书第五章论证税权的归属，旨在证明税权归谁执掌的事实。本章则论述赋税基本理论如何通过税权的执掌制约主税项的演变，完成从人头税到土地税的转换。由秦汉以迄明清，史书留下了主税项转换的大量印记。这些印记主要隐存于史书对相关内容的记录转录、相关人员主要是官员的讨论对话、皇帝的诏令和"即兴式定制"、史书作者对特定场景的描述之中，脉络连贯而清晰。

官员的讨论有时要经历很长的过程，其中鲜见皇帝的身影。这并非说皇帝超脱了讨论过程，将问题完全交由相关人员处理，而是对提出来的方案还不满意，或期待提出更好的方案，之后再予以确定。正因为皇帝较少介入具体过程，有的讨论不仅持久，而且十分激烈，甚至演变为争论。但无论进行怎样的讨论，无论争论多么激烈，最后还是由皇帝拍板定案。这样的讨论，与西方的同类讨论相比也许没有本质不同，但在讨论的最后一刻，便判然大异。不要以为专制政体下一定言路不通，言路阻塞绝不代表专制政体的主流，相反，皇帝听取、征求官员意见也是专制政体的常态。因为任何一位皇帝或国王，无不竭力避免他的王朝重蹈秦、隋覆辙，成为短命王朝，而希望自己的政权长治久安，万世一系。要达到这一目标，仅靠一个人的智慧是远远不够的。正如历代选官制度的探索与设置，目的就是广揽天下人才，以为专制政体效力。如果有官不用，这样的君主不是昏庸便可能是低智商。在这种情况下，选官制度的设置也就没有多少意义了，而中国中古社会的长期延续也就难以理解。但是，专制政体永远也走不出一人独断的围城，而将问题交付一定范围的人员表决。因此，少数服从多数，这一历史上最古老也是最简单的表决方式，也就成为中西中古两种政体的分水岭，或检验两者性质的试金石。在皇帝的潜意识里，赋税基本理论无时不在发挥作用，日常的税务活动中也就不时出现"帝升高座"的景观，拍板定案自然不容别人染指。所以，吴兆莘先生说："在当时君主专制政治下，国家财政亦如君主之个人经济，……依君主之意志如何，而国需伸缩自如。"① 吴先生并非认同专制财政的决策方式，却也陈述了一个事实，这就是皇帝视国家财政为个人财政，征免收支，一切由个人决断。也正因如此，明初征税，一方面人民"陷于困苦，辗转流徙逃亡者，不胜其数也"，另一方面"凤阳以帝乡而特轻，青田以刘基故乡而半其赋"。② 皇帝家乡的乡民当然不都是皇族血统，却因邻里关系而几乎获免税优待。而刘基家乡，也因刘基身为皇帝的宰相而得皇帝优抚。

　　讨论的结果以及皇帝的决定，通常以诏令的形式发布，但这并不排除皇帝本人也可以做出"即兴式定制"。通常有两种情况，一是对讨论的诸方做出仲裁或折中；二是在一定的语境或场合中，为了阐述某种精神或下达某项

---

① 吴兆莘：《中国税制史》上册，商务印书馆 1988 年版，第 127 页。
② 吴兆莘：《中国税制史》上册，第 133 页。

指示说了一大段话，在某个节点上突然做出决定。前者是对讨论或争论诸方的主张做出调整或修改，即没有完全采取任何一方的意见，皇帝个人意见的表达也非深思熟虑，因而具有"即兴式"特点；后者则完全代表皇帝的意见或意志，具有专断性特征。当然不能否认，文本中有些"即兴式定制"实际上也是官员讨论的结果，只是基于某些原因，讨论的过程未能记录下来。即使如此，仍然不能否认皇帝的决定性作用。这些，都是赋税基本理论控制力量或制约作用的具体反映。

秦汉两朝的人头税之繁重，是由皇帝基于赋税基本理论对人民肆意驱使的结果。关于秦代的人头税，由于文献记录缺失，只能间接了解："至于始皇，遂并天下，内兴功作，外攘夷狄，收太半之赋，发闾左之戍。"[1] 这里所谓"赋"，不独指"田赋"，当同齐景公时"民参其力，二入于公，而衣食其一"[2] 中的民力。所谓"太半之赋"，在一定程度上显示了人头税的沉重。而"月为更卒，已复为正；一卒屯戍，一岁力役，三十倍于古"[3]，则在一定意义上显示了秦代徭役较前代的陡然加剧。由春秋战国王公定税和始皇素行专制可推知，作为过程和结果，"太半之赋"和"三十倍于古"即或经过一定范围的讨论，最后仍由始皇决定。力役、军役的起征，有时受皇帝好恶的左右，具有随意性特点。由此，中国中古社会的人头税便在秦代奠定了作为主税项的基础。

汉初约法省禁，于民休息。高祖轻田租"什五而税一"。后因财政需要，税率有所提高，所以惠帝"减田租，复十五税一"。文帝即位，循前朝制度，于二年（公元前178年）下诏："农，天下之本也，民所恃以生也。而民或不务本而事末，故生不遂。朕忧其然，故今兹亲率群臣农以劝之。其赐天下民今年田租之半。"十二年（公元前168年）复诏："道民之路，在于务本。……且吾农民甚苦，而吏莫之省，将何以劝焉，其赐民今年租税之半。"[4] 十三年（前167年）再诏："农，天下之要，务莫大焉，今廑

---

① 《汉书·食货志》。
② 韩连琪：《汉代的田租、口赋和徭役》，见韩连琪编著《先秦两汉史论丛》，齐鲁书社1986年版，第465页。
③ 《汉书·食货志》。
④ 《汉书》卷四，《文帝纪》。

身从事，而有租税之赋，是谓本末者无以异也，其于劝农之道未备。其除田之租。"① 景帝元年（公元前 156 年）五月，"令田半租"②。对于商贾，"天下既平，高祖乃令贾人不得衣丝乘车，重租税以困辱之"③。后承此制，循而未改。似此，租税减免全在皇帝一句话，还不时受皇帝喜怒哀乐的影响，从中可见赋税基本理论的控制作用。而田租减免了，人头税的比重也就相应提高了。

租调制的施行达千年之久。它的形成，首先赖于曹操建安九年（204年）的决定："欲望百姓亲附，甲兵强盛，……其收田租亩四升，户出绢二匹、绵二斤而已，他不得擅兴发。"④ 关于户调制创始的年代，学术界存在争论。有学者认为，建安九年乃为推广及于河北地区的年代，并非创始的年代。⑤ 但无论哪种观点，同秦"收太半之赋"一样，都是最高统治者的独断。租调制的确立，提高了田租的比重。从此，人头税的比例开始下降。

经长期混战魏晋南北朝归统隋朝后，皇帝仍循"轻徭薄赋"的传统。"开皇三年正月，帝入新宫。初令军人以二十一成丁。减十二番每岁为二十日役。减调绢一匹为二丈。""十二年，有司上言，库藏皆满。帝曰：'朕既薄赋于人，又大经赐用，何得尔也？'对曰：'用处常出，纳处常入。略计每年赐用至数百万段，曾无减损。'于是乃更辟左藏之院，构屋以受之。下诏曰：'既富而教，方知廉耻，宁积于人，无藏府库。河北、河东今年田租，三分减一，兵减半，功调全免。'"⑥ 皇帝轻徭薄赋的富民思想明快清朗，令词简洁直白，对税率的确定，与西汉相比并无二致。

唐两税法的实施，先由杨炎提出奏疏，之后纳入讨论。讨论过程在史书中得到了反映："议者以租、庸、调，高祖、太宗之法也，不可轻改。而德宗方信用炎，不疑也。"⑦ 后来，因两税法弊端渐显，又有陆贽等人上疏极

---

① 《汉书》卷四，《文帝纪》。
② 《汉书》卷五，《景帝纪》。
③ 《史记·平准书》。
④ 《三国志·魏书·武帝纪》。
⑤ 高敏主编《魏晋南北朝经济史》上，上海人民出版社 1996 年版，第 453—454 页。
⑥ 《隋书·食货志》。
⑦ 《新唐书》，卷五十二，《食货二》，第 1351 页。

陈租庸调之长和两税法之弊，结果，或"以谗逐，事无实行者"[1]；或"疏入，亦不报"[2]。同时宣布禁令："今后除两税外，辄率一钱，以枉法论。"[3]可是此后不久，为了筹集战费，又不得不违背自己的禁令，连年下诏提高两税税额，开征新税。皇帝征税的随意性由此可见一斑。

随着租调制、租庸调制和两税法的实施，人头税在赋税收入中的比重迅速下跌，至北宋，已降至30%左右。元太宗即位次年（1230年），"定诸路课税，酒课验实息十取一，杂税三十取一"[4]；1236年，太宗拟裂州县赐亲王、功臣，耶律楚材曰："裂土分民，易生嫌隙。不如多以金帛与之。""帝然其计，遂定天下赋税，每二户出丝一斤，以给国用；五户出丝一斤，以给诸王功臣汤沐之资。地税中田每亩二升又半，上田三升，下田二升，水田每亩五升；商税，三十而一；盐价，银一两四十斤。"[5] 明朝建立后，皇帝尤为重视税制的建设，朱元璋亲自整顿税法，耗费大量时间和精力编订赋役黄册和鱼鳞图册，以鳞册为经，黄册为纬，并定期更造，以密切掌握土地和人口的变化。中国专制皇权在明代达于极顶，不仅赋税，连立法都由皇帝亲为。朱元璋即亲制大诰、大诰续编、大诰三编、武臣大诰等，以补大明律之不足。经元代和明初，人头税比例的下降进入了常轨。

随着历史的发展，至明中叶，实行近千年之久的两税法不再适应新的社会经济形势，一些地方官员已经开始思考并试行新的征税方案。宣宗（1426—1435年在位）江南地区的征一法，英宗（1436—1449年，1457—1464年在位）江西的鼠尾册、东南地区的十段锦法，宪宗（1465—1487年在位）浙江、广东的均平银，孝宗（1488—1505年在位）福建的纲银法，等等，都具有"摊丁入亩"的意味。这种多点开花的局面并非赋税基本理论制约作用弱化的表现，亦非中国财政体制"近代化"的象征。面对日益严重的财政危机，皇帝急于找寻一种切合实际且简单易行的征税方案而不可得，不得不默认地方官员"各显其能"。而探索本身既然不影响原税额的征收，又有

---

[1] 《新唐书》，卷五十二，《食货二》，第1357页。

[2] 《新唐书》，卷五十二，《食货二》，第1358页。

[3] 《旧唐书》卷二十二《德宗纪》。

[4] 《元史》卷二，《太宗纪》。

[5] 《元史》卷一四六，《耶律楚材传》。

找到有利于国家财政新方案的可能，何乐不为？何况最后的方案仍然而且必须获得皇帝的批准。这样，一条鞭法便进入了历史的视野。与租调制、租庸调制和两税法不同，一条鞭法从酝酿、思考、设计、推广到全面实行（万历九年，1581年），历时百年之久，但关于皇帝或朝廷对一条鞭法的确认推广却只见一些间接的记录，但这并不能否认赋税基本理论的制约作用。一条鞭法的实行不仅加速了人头税的下跌，而且预示了土地税的扩张和人头税的消亡。

清初，沿袭明万历税制，仍行一条鞭法，人头税继续下跌。前文曾引下面史料予以证明：康熙五十一年（1712年）开始实行"滋生人丁，永不加赋"。康熙谕旨说："今海宇承平已久，户口日繁，若按现在人丁加征钱粮，实有不可……应令直省督抚，将现今钱粮册内有名丁数，勿增勿减，永为定额。自其后所生人丁，不必征收钱粮。"① 康熙五十二年（1713年）又诏曰："嗣后编审增益人丁，只将滋生实数奏闻。其征收办法但据五十年丁额定为常额，续生人丁永不加赋。"② 这样，皇帝以诏令的形式将丁额从而丁税固定下来，不仅在一定程度上杜绝了人头税的反弹，而且为"摊丁入亩"的改革准备了条件。"盛世滋丁，永不加赋"上承明中叶的一条鞭法，下启雍正朝的"摊丁入亩"，通过诏令的形式贯通明中叶以来的税制改革，为主税项的走势，即土地税将人头税的最终收编铺平了道路。1723年，雍正即位，接受李维钧建议，正式发布诏令在全国推行"摊丁入亩"。但同一条鞭法的实施一样，"摊丁入亩"的推广同样经历了漫长的岁月，经乾隆（1736—1795年在位）至嘉庆（1796—1820年在位）方告完成，从中可见主税项演变的复杂性。

纵览中国中古社会主税项的走势可见，在唐中叶之前，两大主税虽严重失衡，却也不具有决定性意义，因为在统治者的心目中，土地税从来居于重要地位，也一直是朝廷关注的主要对象。唐中叶，这种失衡开始发生变化，征收的天平始向田赋倾斜。两税法以资产为宗，这里的资产显然以土地为其主导，虽也包含动产特别是经商所得，但不足以改变土地作为主要财富的格局。如果说这时两税法确定以地产为倚重的制税思路，还时时

① 《东华录》康熙朝卷八十九，康熙五十一年二月。
② 嘉庆《大清会典事例》卷一百三十三，《户部》《户口》《编审》。

受到众多杂税徭役以及商品经济的发展所带来的人口流动不居因而丁税难以征收的困扰，那么，一条鞭法的计亩征银便想要解决这个问题了。一条鞭法在徭役方面实行里甲、均徭合并征收，差役亦由丁地征银；在赋税方面，将人头税改为物税，将"丁、产从户"改为计亩征银。很多先贤曾赞扬此制法良意美，但专制权力却无法控制自己的贪欲，以致正额之外又有了频繁的巨额的加派。这大概是专制制度下财税关系运行的铁律，虽有良法却无法超越现行体制。一条鞭法为摊丁入亩的实施推广创造了条件。但一条鞭法仍然保留了丁役，不过将之并入田赋征银罢了。摊丁入亩却是将丁役总量并入田亩征收，从此不再有丁役一说。这样，从两税法改革开始，传统两大税项并征的格局终于朝着田赋的方向归并，到摊丁入亩改革，最终将丁役全部归并田亩征收，从而清晰地显现了赋税基本理论制约下中国中古税项的基本走势。需要说明的是，在这一税项变迁的过程中，田赋的计征额度或比例在某些历史时期未必最高最大，但大多数情况下无疑是最高最大的。更重要的是，如前所论，它贯穿始终，这显然符合我们前文给定的主税项的条件。

从理论上讲，随着历史的发展和文明的进步，传统的赋税基本理论应该有所淡化，在赋税征收中的控制力量有所减弱，这是历史的大势。但在中国，在现代国家诞生之前，这种淡化似乎没有多少起色，基本方向反呈加强之势。分封制直观地表达了我们的结论。中国古代的分封制始于商王武丁。约公元前 13 世纪，武丁分封同姓诸侯达数十人之多①。分封一经实施，便很快形成了制度，经西周以迄南北朝，除秦代有过短暂的"废封建"外，一直受到统治者的推重。后来因其固有的"缺陷"一再暴露，从隋唐到两宋，就都没有人再提及和实施分封。但是一种制度一经形成，绝不会轻易退出历史舞台。所以至明清两朝，中国虽已临近现代门槛，皇帝仍然遵循传统而实施分封。元朝建立后，这种尘封了 700 年之久的制度再度高调现身，在皇权独尊的前提下，臣僚奴化，宗亲分封，家臣执权。中国历代王朝都将天下视为己有，但元朝带来了北方草原游牧民族的一些特性，这对明朝政治产

① 胡厚宣先生认为，商王武丁分封了邶、庇、黎、铁、奄、薄姑、权、梅、潜、索、萧、宋、桐、京、钟离、钟吾、繁、戴、沬、髦、御、时、苑、艾、施、邓、瓦、亘、长勺、尾勺等众多同姓诸侯。参见胡厚宣《殷代封建制度考》，《甲骨学商史论丛》初集，齐鲁大学国学研究所 1944 年版。

生了重要影响，成为极端君主专制的重要来源。① 元朝灭亡后，明朝的分封并未因世易时移而有所减弱，反而更变本加厉。朱元璋称帝伊始（洪武三年，1370 年），即大封诸王，将他的二十四个儿子和一个从孙分封各地，"外卫边陲，内资夹辅"。有识之士见状，遂指陈分封弊端。洪武九年（1376 年）九月，名臣叶伯巨上书言："今裂土分封，使诸王各有分地，盖惩宋、元孤立，宗室不竞之弊。而秦、晋、燕、齐、梁、楚、吴、蜀诸国，无不连邑数十，城郭宫室亚于天子之都，优之以甲兵卫士之盛。臣恐数世之后，尾大不掉，然后削其地而夺之权，则必生觖望，甚者缘间而起，防之无及矣！"叶伯巨出于忠君才史证分封弊端，却未料朱元璋对此极表反感，认为这是外人干预朱家家事。"书上，帝大怒曰：'小子间吾骨肉，速逮来，吾手射之。'既至，丞相乘帝喜以奏，下刑部狱，死狱中。"②

分封是家天下的重要内容和集中表现，是"溥天之下，莫非王土；率土之滨，莫非王臣"的理论指导下处分土地和人民的方式之一。分封制的强劲必然意味着赋税基本理论的活跃。既然土地任由皇帝按自己的意志分封，赋税征收等一切事务也就必然按皇帝的意志运转。而分封制越活跃，赋税基本理论的作用就越强大。那么在没有分封制的条件下，是否可以认为赋税基本理论就弱化了呢？回答是否定的。必须指出，所谓分封制，只不过是家天下的一种表现形式。由于这种形式比较直观，人们通常以分封制作为家天下的证明。事实上，除了分封制，家天下还有很多表现形式。在未实行分封制的朝代，亦不乏家天下的言论。秦始皇废除了分封制，实行郡县制，仍然将天下视为己有，"六合之内，皇帝之土；乃今皇帝，一家天下"，皇权世袭，家国同治。及至隋、唐、两宋，虽无人再提分封，但不能证明这时的皇帝已摒弃了家天下或接受了"公天下"的观念。所以，没有分封制发生，也不意味着赋税基本理论制约力量的减弱。

既然皇帝将天下视为私产，将土地和人民分封子孙，所谓税制的选择建设进而税率的讨论决定，便都由皇权掌控。而每次赋税改革，都是赋税基本理论制约税项走势的典型案例。租调制、两税法如此，一条鞭法、摊丁入亩

---

① 张帆：《论蒙元王朝的"家天下"政治特征》，《北大史学》第八辑，北京大学出版社 2001 年版。

② 《明史·叶伯巨传》。

也如此。

（三）工商税的地位和质量

与西方中古社会不同，基于"工商食官"的基本理念，国家控制了一切可能赢利的行业，这就将私人排挤到工商业经济的外围或边缘，使工商业经济难以形成赖以发展的条件——真正意义上的竞争环境，从而缺乏发展的内在动力。另外，历代政府无不以重本抑末作为基本国策，工商税的制征通常以惩罚、遏制甚至歧视工商业及其从业人员为基本目的。早在西周，贱商的观念业已形成："有司者治之耳，有贱丈夫焉，必求垄断而登之，以左右望而罔市利，人皆以为贱，故从而征之。征商，自此贱丈夫始矣。"① 原无征商之说，随着贱商观念的形成，征商也就开始了。至春秋时代，管仲更提出了"四民"之论，将民众划分为士、农、工、商四个等级，并依此制定政策，使之分处定居，而商人须持特定户籍。但是，工商业经济具有超强的生存能力，只要有空隙能以容身，便可以生存并发展。所以至汉代，私营商业的发展已成气势。所谓"今法律贱商人，商人已富贵矣；尊农夫，农夫已贫贱矣；故俗人之所贵，主人之所贱也；吏之所卑，法之所尊也"②，正反映了这种气势的形成。这个案例说明，虽然中国传统经济政策导致了商品经济发展的迟滞或缓慢，但基于自身超强的生存能力，工商业经济在一定时期内总是有一定的发展。正是这种发展，带来了中国中古社会工商税由小到大、由少及多、由低而高的进步。但这是经济发展规律的反映，其中并无或少有政府政策的激励和支持。工商税征收的荣衰和税额在税收体系中的高下是以工商业的发展为前提的。没有工商业经济的繁荣，就没有工商税的高额回报。

基于中国中古社会的特定环境，春秋战国之时，方有关市之征。但是所谓关市之征，在宋代之前一直处于低迷状态。前引高树林先生的测算结果即可证明，在这一时期的税收体系中，工商税尚处于较低地位，这种状况一直延续到宋代才有改观。宋代的"杂变之赋"，征收所得在税收体系中高达50%以上，其中主要是工商税的征收。比例如此之高，一方面说明了官府抑商的苛政，同时也证明了工商业顽强的生存发展能力，即使在恶劣的政治经

---

① 《孟子·公孙丑下》。
② 《汉书·食货志》。

济环境中，仍然自强不息。在我们看来，工商税虽然获得了显著发展，但并非如学术界估计的那样乐观，因为其中很多项目并不属于工商税。

工商税比在税收体系中的提升特别是工商税向主税项转化，须以工商业的发展和繁荣为前提。但在明清两朝，由于政府一直实行重本抑末政策，工商业仍不具备真正发展的条件。缺乏政府的支持，仅靠自己顽强的生命力，发展必然是有限的。明太祖起于田间，虽开国之初曾利商人，但很快便故态复萌，重蹈重本抑末覆辙。而且，这种政策不仅表现在经济上，也贯彻于社会生活中。洪武十四年，"上加意重本抑末，下令农民之家许穿绸纱绢布，商贾之家只许穿布；农民之家但有一人为商贾者，亦不许穿绸纱"①。这显然是汉法的重颁。类似的法规，明代多有颁行。② 无独有偶，清初也曾有恤商令下达，然仍不过政府的一时之措，难以改变重本抑末的基本国策。康熙二十九年谕："阜民之道，端在重本。"康熙三十九年谕："国家要务，莫如贵粟重农。"雍正二年谕："四民以士为首，农次之，工商其下也。"遂令州县每年推举勤劳俭朴之老农一人，授以八品顶带，以示鼓励。雍正七年谕：农事乃国家首务。乾隆二年谕：农桑为政治之本。又："朕欲天下之民，使皆尽力南亩，历观三朝，如出一辙。"③ 所以，王孝通云："清代重本抑末虽不若古代之甚，而欲人民舍商业农，昭然若揭。全国人士复以为四民莫贵于士，而以商居四民之末，朝野上下，均不知以重商为务，……高宗之时，版图日广，生齿日繁，物价低廉，民力饶裕，而商业仍未能振兴也。"④

余英时先生曾援引王阳明"四民异业而同道"、王献之"士商异术而同志"、王文显"士商异术而同心"、王艮和王栋"农工商贾人可共学"、沈垚"后世四民不分"等大量案例，证明明清之际社会观念发生了重大变化，形成了新四民说、"工商皆本"理论和新商业伦理。⑤ 遗憾的是，这些还主要限于思想理论、社会观念领域，并因此在某些地方的经济领域引起一定变化，这些变化只能间接地影响国家政策的制定。但从上面的引文可见，这方

---

① 徐光启：《农政全书》，卷三。
② 王孝通：《中国商业史》，商务印书馆 1998 年版，第 167 页。
③ 转引自王孝通《中国商业史》，第 187 页。
④ 王孝通：《中国商业史》，第 187—188 页。
⑤ 余英时：《士与中国文化》，上海人民出版社 1987 年版，第 519—533 页。

面的影响还很有限，因而难以制约税项走势。

随着国门的打开，清政府的商机非但没有到来，反而愈加陷入困境而且难以自拔。既然乾嘉盛世"商业仍未能振兴"，在后来的乱世里，指望税项走势有大的变动更不可能。说到这里，便不能不涉及中华民族那段屈辱的历史。国门打开后，洋货蜂拥而入，而其中以鸦片、布类、羊毛织品为大宗。出口商品则以茶、丝、绸缎、土布等为大宗。王孝通先生举清季 10 年海关贸易账籍证明，"我国商业之在清季殆完全处于失败之地位"①。进口贸易年盛一年，出口贸易则日渐萎缩，致使输出总值与输入总值相比悬殊。输出品前两项为丝与茶，分别占输出总值的 35% 和 20%；输入品前两项为洋布与鸦片，分别占输入总值的 37% 和 19%。两相比较，如果说以丝易布是以原料易成品，已致出口贸易呈现劣势；那么，以茶叶易鸦片则是以有益品易有害品，更使出口贸易陷入病态。②

商品经济的发展和繁荣，是征税广度和密度趋强的必要条件。具备了这一条件，即使税率低些，政府财政也总会获得可观的收入。而如相反，征税的广度和密度必受影响，从而使税收增长受到限制，虽可通过提高税率予以弥补，但效果终究有限，不可能带来大的改观。况且，所谓提高税率，也总有一定限度，政府不可任意而为。清代商品经济状况属于后者，由于重本抑末政策的实施和外国势力的入侵而呈现出全面低迷状态，而且交易对象主要是盐、茶、矿产等原料性商品，技术含量低，又主要由政府垄断经营。

这里以清代为例，通过比较土地税和工商税两组收入数据，以观察主税项的变迁问题。清代前期，工商税是政府财政的重要支柱之一。而在工商税中，盐税居首。所谓"所需兵饷，半资盐课"③，是说清代滇黔闽粤战事所费之半，由盐税支付，可见盐税之重要。顺治年间，盐税年入约 560000 两；乾隆十八年激增为 7010000 两；嘉庆十七年为 7470000 两；道光二十七年为 7500000 两。④ 其次为关税，包括户、工两类。乾隆时期户关收入为 4320000 余两，工关收入为 270000 余两。两者相加，仅为盐税的一半强。其他税项

---

① 王孝通：《中国商业史》，第 232—233 页。
② 王孝通：《中国商业史》，第 232—233 页。
③ 《皇朝经世文编》卷五十六"户政"25。
④ 中国财政史编写组编著《中国财政史》，第 414 页。

收入数额低下，无关税收大局。再看地丁税。顺治十八年，地丁银为21570000余两，粮6470000石；雍正二年，地丁银为26370000两，粮4730000石；乾隆十八年，地丁银为29610000余两，粮8400000石。[1] 两相比较，可见地丁税收入与盐税、工商税收入之悬殊。

清代后期，工商税仍主要是盐税，而且税率显著上升。道光二十一年，为4958290两；同治十二年为6632000两；光绪十七年为7398799两；光绪十九年为7679829两；光绪十八年，盐课盐厘两项合计13659000两。鸦片战争之后以迄清末，盐税总收入大体维持在13000000两。[2] 田赋收入，道光二十一年为29000000余两；光绪十一年以后每年都在30000000两以上，这还不包括地方受命对田赋的任意附加和增派。[3] 这样看来，工商税仍远居田赋收入之下。

重要的是，盐税并非严格意义的工商税。由于食盐具有矿产性质，制盐又没有多少技术含量，只需投入少量人力且基本无须加工就可推向市场，食盐量从而盐税收入的增长，很难反映商品经济的发展水平，特别是在传统社会向近代社会转变、商品经济向市场经济转化之时，尤其不能反映经济的发展水平，也很难代表历史的进步。在现代科学技术产生以前，所谓盐税收入的高下，主要取决于食盐数量的多寡，食盐数量的多寡则取决于人口数量的升降，而人口数量的升降在承平年代更多是一个自然过程，与商品经济的发展水平无大关联。这样，如果在工商税中排除盐税的份额，然后再与土地税额相比，则工商税无论如何都难以成为这时的主税项。

随着洋货输入和国货主要是原料输出的日益增长，关税收入也与日俱增。新海关成立之时，每年不过5000000两。同治以后，逐年增长。同治十年为11000000两；宣统三年，增为36000000两。与乾隆十八年相比，140年后增加了36倍。但必须指出，"在关税收入中，出口税始终占据主要地位，经常比进口税高40%—80%甚至一倍以上。"[4] 这说明中国的关税体制非但没有发挥保护民族经济的作用，反而成为西方列强侵略性进口的工具。

---

① 中国财政史编写组编著《中国财政史》，第402页。
② 中国财政史编写组编著《中国财政史》，第443—444页。
③ 中国财政史编写组编著《中国财政史》，第441页。
④ 中国财政史编写组编著《中国财政史》，第445—446页。

出口商品又主要是原材料，这样的出口，数量越大，税收越高，对经济的破坏就越严重，而所谓关税及工商税收入的提高就越不是一种健康的现象。

这样直到清末，由于在税收总量上远低于土地税，中国中古社会的工商税终于未能超越土地税而成为税收体系的主项，从而未能实现主税项的转换。而在比较的视野中，由于出口商品主要是原料，且国内商品中具有矿产性质的税收率占据主导，中国中古社会也未能形成一种健康的工商业经济结构，这不仅严重影响了主税项的走势，而且使工商税体系本身呈现出严重的质量问题。

二　由地税转商税

（一）主税项的转换

西方中古社会各地区各国家税收资料的遗存和保护情况不尽相同。以本题涉及的主税项而言，英国的遗存相对好些，如关税，各口岸的档案保存相对完整，再加上财政署的记录，可资描述关税收支的基本情况。正因为资料遗存相对完整，研究成果也比较丰富。欧洲大陆则不同。路易十一之前的法国，资料遗存有限，且琐屑零散，只能勾勒，有时甚至不得不推测财政收支的大致轮廓，相关研究难以用数字或统计来说明，所以，研究成果很少见到列表。[①] 路易十一之后，财政收支记录遗存有所好转，即使如此，布罗代尔仍然感到远不如人意，在论及 16、17 世纪法国的财政状况时说，他也"只有几个数量级"[②]，意为无法形成普遍联系的数字系统。以现有资料可见，西方中古社会主税项征收的情况不尽相同。英国以土地税起始自无问题，但欧洲大陆情况不同，在中古社会前期，由于封建纷争，甚至很难提出主税项的问题。随着王权的加强和政府的发展，腓力四世之后，才逐渐呈现出主税项形成的走势。

---

① Refer to Joseph R. Strayer and Charles H. Taylor, *Studies in Early French Taxation*, Cambridge: Harvard University Press, 1939; John B. Henneman, *Royal Taxation in Fourteenth - Century France, the Development of War Financing 1322—1356*, Princeton: Princeton University Press, 1971; John B. Henneman, *Royal Taxation in Fourteenth - Century France, the Captivity and Ransom of John Ⅱ*, University of Iowa, 1976.

② 〔法〕费尔南·布罗代尔：《15 至 18 世纪的物质文明、经济或资本主义》第二卷，生活·读书·新知三联书店 1993 年版，第 583 页。

英国早在盎格鲁 - 撒克逊时期，土地税已经作为主税项开始征收。其间，似乎没有哪一个税项可以与之匹敌。检索编年史可知，丹麦金始征于991 年，迄 1066 年诺曼征服，已征达 10 余次之多，平均六七年即征收一次。此时的英国，国王和王室有自己的收入，其消费由国王的收入支出。而赋税是指国税，国税税款一般用于国家事务主要是战争。此时战争虽称频繁，却也不是每年都有发生，所以赋税也不是每年都征。这种看似缺乏严格制度的征收，在盎格鲁 - 撒克逊时期显然已经形成传统。这不像中国，由于存在庞大的官僚体系和常备军，赋税必须年年征收，因此形成了一定的制度。

丹麦金按土地面积征收，是一种典型的土地税。[①] 991 年，面对丹麦人的肆意破坏和郡守的阵亡，西吉里克大主教提议以金钱换取和平，于是将10000 英镑现款交给了丹麦人。[②] 994 年，丹麦人以庞大的舰队围攻伦敦，继而蹂躏埃塞克斯、肯特、萨塞克斯和汉普诸郡，后又在南安普顿驻扎，破坏惨烈。西撒克逊国王和贤人会议除提供给养外，还向敌军缴纳 15000 英镑贡赋。[③] 接下来，1002 年向丹麦人缴 24000 镑，1007 年缴 36000 镑，[④] 1009 年缴 3000 镑，1012 年缴 48000 镑，1014 年缴 21000 镑，1018 年为 72000 + 10500 镑，1040 年缴了两次，先后为 21099 和 11048 镑贡金。[⑤] 后来，梅特兰、费舍尔、莱昂等学者引用了这些记录。[⑥] 作为编年史，这些数字可能存在不尽准确之处[⑦]，亦肯定存在遗漏。如 1008 年，国王下令造船，每 310 海

①　Refer to F. M. Maitland, *Domesday Book and Beyond*, *Three Essays in the Early History of England*, Cambridge：Cambridge University Press, 1907, p. 120；H. R. Lyon, *The Governance of Anglo - Saxon England 500 - 1087*, London：Edward Arnold, 1991, p. 119.

②　《盎格鲁 - 撒克逊编年史》，寿纪瑜译，第 137 页。

③　《盎格鲁 - 撒克逊编年史》，寿纪瑜译，第 138—139 页。

④　有的编年史记载为 30000 镑。

⑤　《盎格鲁 - 撒克逊编年史》，寿纪瑜译，第 142—143、146、147—148、151—152、155、160、171 页。

⑥　F. M. Maitland, *Domesday Book and Beyond*, *Three Essays in the Early History of England*, Cambridge：Cambridge University Press, 1907, p. 3；D. J. V. Fisher, *Anglo - Saxon Ages c. 400 - 1042*, London：longman group limited, 1973, p. 306, 322；H. R. Lyon, *The Governance of Anglo - Saxon England 500 - 1087*, London：Edward Arnold, 1991, pp. 120 - 121.

⑦　Refer to D. J. V. Fisher, *Anglo - Saxon Ages c. 400 - 1042*, London：longman group limited, 1973, p. 402.

德土地提供一艘战舰。每8海德土地提供一顶头盔和一副胸甲。[①] 对于这次为备战丹麦人的花费，编年史就没有记录。1011年，丹麦人袭击、蹂躏了东盎格利亚、埃塞克斯、米德尔塞克斯、牛津、剑桥、赫特福德、白金汉、贝德福、亨廷顿、北安普顿、肯特、萨克塞斯、黑斯廷斯、萨里、伯克、汉普、威尔特等地，由于危害极广，国王和贤人会议不得不遣使与丹麦人议和，最终以停止肆扰为条件，缴纳贡金，提供给养。[②] 关于这次贡金的数目，编年史也没有记载。《财政署对话》的作者甚至说，盎格鲁-撒克逊时期，丹麦金连年征收，这种状况一直延续到诺曼征服。[③] 在我们看来，《财政署对话》所说可能有所夸张。既然丹麦金因丹麦人入侵而设立，便不可能每年都有征收，编年史记录应该大体反映了丹麦金征收的情况。正因如此，包括梅特兰在内的很多英国史家大都引用这些数字以为证据。这样，在盎格鲁-撒克逊时代，英格兰已经建立和奠定了土地税作为大税的基础。

关于诺曼征服以来丹麦金的征收情况，《财政署对话》认为，是征服者威廉降低了原本由英格兰国王连年征收的丹麦金的次数。因为威廉认为，丹麦金本来应战争而设立，既然诺曼王朝给英格兰带来了一个和平安定的环境，也就无须每年都征。但是，这个税项既然已经建立起来，也不必废除。所以，在威廉一世和他的继任者那里，也就很少征收了。[④] 这样，《财政署对话》便给我们留下了清晰的印象：在盎格鲁-撒克逊时代，丹麦金自设立以来连年征收，而在诺曼征服以后，便很少征收了。实际情况究竟如何呢？显然，仅靠编年史很难印证《财政署对话》的真伪，因为它仅仅记录那些在作者看来值得记录的事情，而非事事必录。关于征税，如前所述便有很多疏漏。但无论如何，参以其他资料，可以大体认为诺曼王朝最初两任国王看起来都是如此。

诺曼征服后，征服者威廉从英格兰王室继承了多种习惯性收入，自然也

---

① 《盎格鲁-撒克逊编年史》，寿纪瑜译，第146页。

② 《盎格鲁-撒克逊编年史》，寿纪瑜译，第150页。

③ "The Dialogue of the Exchequer", see D. C. Douglas and G. W. Greenaway, *English Historical Documents* II (1042–1189), London：Oxford University Press, 1998, p. 562.

④ "The Dialogue of the Exchequer", see D. C. Douglas and G. W. Greenaway, *English Historical Documents* II (1042–1189), London：Oxford University Press, 1998, p. 562.

包括丹麦金。① 施诚引《中世纪大辞典》认为，威廉一世共征收 3 或 4 次丹麦金，每海德 2 先令，每次约得税款 5000 英镑。② 另据编年史记载，1083年，为应对丹麦人入侵，威廉曾向全国征收丹麦金，每海德 72 便士，即 6先令。③ 这次征收，超出了以往任何一次征收的税率，且创丹麦金征收史上税率之最，显然不在词典所说的范围之内。但在英国学术界，这次征收却得到了道沃尔等学者的认定。④ 这样看来，威廉统治英格兰 20 年，征收丹麦金 4 次或 5 次，即约四五年就征收一次。而在道沃尔看来，在诺曼王朝，丹麦金实际上是一种常税（regular impost），只是视形势而征，税率高低无定。⑤ 这样的征收，显然超过了编年史家记录的盎格鲁－撒克逊时期丹麦金的征收频率。而且，当时的英国国王主要靠自己的收入生活，这个收入是不可以包括这 5000 英镑的，即不可将丹麦金或土地税所得用之于王室消费。所以，国税负担仍称沉重。也正因如此，编年史家才谴责威廉的搜刮、压迫行径。重要的是，这时国王所征似乎只有丹麦金一项国税，其他税项虽不能说少，却都不是国税，这样看来，土地税甚至是独一无二的国税大项。征服者威廉去世后，编年史关于协助金征收再没有具体记录，次数不明，亦无具体数额。我们仅知道，威廉二世曾于 1090、1094、1096、1097、1098 诸年征收丹麦金，⑥ 税率最高曾达 4 先令即 48 便士。威廉二世在位 13 年，平均不到 3 年即征收一次。若仍以威廉一世的次征收额度衡量，则政府对土地税的依仗得到了加强。

按《财政署对话》，亨利一世即位后仍然遵循诺曼"传统"而很少征收丹麦金。但其他方面的信息却显示，这个说法并非属实。拉姆塞即认为亨利一世连年征收，并确定税率为每海德 2 先令。此说也得到了英国学者如斯塔

①　F. M. Stenton, *Anglo－Saxon England*, Oxford: Oxford University Press, 1950, p. 635.

②　J. R. Strayer, edited, *Dictionary of the Middle Ages*, Vol. 11, p. 612. 转引自施诚《中世纪英国财政史研究》，商务印书馆 2010 年版，第 146 页。

③　《盎格鲁－撒克逊编年史》，寿纪瑜译，第 245 页。

④　《盎格鲁－撒克逊编年史》的译者寿纪瑜先生认为，此次征收应在 1084 年《末日审判书》编订之时，见该书第 245 页；S. Dowell, *A History of Taxation and Taxes in England from the Earliest Times to the Present Day*, Vol. 1, London: Frank Cass & Co Ltd, 1965, p. 34。

⑤　S. Dowell, *A History of Taxation and Taxes in England from the Earliest Times to the Present Day*, Vol. 1, London: Frank Cass & Co Ltd, 1965, p. 35.

⑥　施诚：《中世纪英国财政史研究》，第 146 页。

布斯的认同。① 也就是说，他在位 35 年，至少征收了 35 次。《财政署对话》的校订者也认为，此说与《财政署卷档》（Pipe Rolls）的记录不合。亨利一世财政署案卷显示，亨利一世每年都征丹麦金。② 斯蒂芬即位后，丹麦金的征收也不像《财政署对话》所说的那样。虽然难以找到具体资料予以证明，但我们宁可认同斯蒂芬每年都征的说法，因为在我们看来，斯蒂芬继承了亨利一世的王位后，不可能将这一项大税轻易放弃而听任王室财政受到影响。道沃尔也认为，斯蒂芬统治时期是连年征收，且税率为每海德 2 先令，与亨利一世时同。尽管斯蒂芬曾对上帝发誓他将废除该税，但他似乎一直口是心非，言行不一。③ 道沃尔的意见也得到了编年史家的印证，后者说："在斯蒂芬当国王的 19 个年头里，……他们时时向村庄征税，称之为'保护金'。"④ 道沃尔的说明与编年史家的记载显然是吻合的。

由编年史相关记录，我们也可以窥见当时征收的大致情况。从威廉二世即位经亨利一世到斯蒂芬末年，每朝国王都曾有频繁征收。1095 年，因捐税繁苛、农业歉收而引发严重饥荒，"对所有英国人来说，是一个十分严峻的年头"。1105 年，"捐税繁多，屡征不止"。1116 年，"国王在众多城市里里外外征税"，使国家和人民深受"折磨"。1118 年，"各种捐税从未间断"。1124 年，捐税苛重，"有点财产的人……被剥夺了财产"。而如上述，在斯蒂芬统治期间，各种捐税以"保护金"的名义征收，不暇稍息。这些税类，由于资料贫乏而无从稽考，但参以其他著述可推知，除了丹麦金之外，便是一些封建税和地方税，而丹麦金数额最大，且为唯一国税。如果仅仅是封建税和地方税，则征收范围有限，不致怨声载道，也就不会形成编年史家描述的那种场景。

在这一点上，《财政署对话》很有点"为尊者讳""为仇者黑"的意味。但即使如此，仍可以窥见丹麦金作为土地税和国税的大税地位，以及政府对

---

① J. H. Ramsay, *A History of the Revenues of the Kings of England 1066 – 1399*, Vol. 1, Oxford: The Clarendon Press, 1925, p. 55.

② "The Dialogue of the Exchequer", D. C. Douglas and G. W. Greenaway, *English Historical Documents* II (*1042 – 1189*), London: Oxford University Press, 1998, p. 562, note 6.

③ S. Dowell, *A History of Taxation and Taxes in England from the Earliest Times to the Present Day*, Vol. 1, London: Frank Cass & Co Ltd, 1965, pp. 34 – 35.

④ 《盎格鲁 - 撒克逊编年史》，寿纪瑜译，第 311 页。

它的倚重。

随着时间的推移，丹麦金征收额逐渐减少。而由于亨利二世即位后第二年，其征收不再入档，丹麦金事实上于1163年已不见于账册，[①] 而且实际的征收量也趋于可有可无。这对国王来说，意味着取消了一项收入，自然很不情愿，特别是在用度较大的年份，仍然难忘它曾经产生的重大作用。于是，在1192年理查一世被俘之后，面对巨额赎金又不得不重新启用。但是，既然丹麦金业已废止，且税名已不副实，自然不如换一个名字，于是有了卡路卡其的征收。[②] 从这个意义上说，卡路卡其相对于丹麦金只不过换了一个税名，原来的征收单位海德代之以"一犁之地"即卡路卡其而已。

据研究，卡路卡其约征收了五六次。1194年，为赎取理查一世人身初次征收，税率为每卡路卡其2先令。此后，1198年、1200年、1220年、1224年又各有征收，税率不一，依次为5、3、2、2先令。[③] 征收量通常在数千镑上下。与丹麦金相比，这样的征收量可谓无足轻重。诺曼征服前，丹麦金一次征收通常为数万镑。诺曼征服后，威廉一世时降为5000镑左右，但在亨利一世和斯蒂芬两任国王，由于连年征收，即使是这样的征收量，仍不能说可有可无。而现在的卡路卡其一次征收通常为数千镑上下，且平均五年一征，自然无法与丹麦金相比。这其中当然有物价变动的影响，但考虑到那时商品经济还不发达，升降幅度究属有限。无论如何，土地税的征收在英国税收史上已经无可挽回地走向衰落。

与中国不同，土地税作为英国封建社会前期的主税项，还应该包括其他一些税项如盾牌钱、协助金。这是两种比较特殊的税项，说其特殊，主要是因为它们兼具几种税项的性质。在国税与封建税之间，学术界通常将它们划归封建税类，实际上它们也具有国税的性质，因为从这里征得的税款大多用

---

①　S. Dowell, *A History of Taxation and Taxes in England from the Earliest Times to the Present Day*, Vol. 1, London: Frank Cass & Co Ltd, 1965, p. 35.

②　关于丹麦金向卡路卡其过渡以及消失的原因，可参见 S. Dowell, *A History of Taxation and Taxes in England from the Earliest Times to the Present Day*, Vol. 1, London: Frank Cass & Co Ltd, 1965, pp. 35 – 36；施诚《中世纪英国财政史研究》，第147—148页。

③　S. Dowell, *A History of Taxation and Taxes in England from the Earliest Times to the Present Day*, Vol. 1, London: Frank Cass & Co Ltd, 1965, pp. 36 – 37；Refer to J. H. Ramsay, *A History of the Revenues of the Kings of England 1066 – 1399*, Vol. 1, Oxford: Clarendon Press, 1925, pp. 261, 364.

于国家之间的战争支付，如百年战争等。在这一点上，两者与土地税是一致的。同时它们既具土地税又具人头税性质。关于人头税，后文再讨论，这里先论土地税的性质。它们都是按土地面积征收。盾牌钱按骑士领征收，而骑士领都有一个大致相近的面积；协助金按领地面积征收，封臣从封君那里领得的封地面积不同，即使是同一爵位如伯爵，其领地面积也不同，所以缴纳的数量不同。把这些因素考虑在内，则土地税的数额更大，在中古前期，没有一种税可与之匹敌。

在欧洲大陆，土地税则远没有这样显赫。法兰克王国曾沿袭罗马税制，仿罗马方法征收土地税，但为期过于短暂。由于古风浓重，法兰克人不适应这种先进但复杂的征收方法，加之当时王权羸弱，社会动荡，盗贼蜂起，国家层面的税收便很快趋于分解。580 年，纽斯特里亚国王命令修改土地估价法，遭到贵族反抗；齐尔伯力克亲手将土地册簿付之一炬。这样的社会环境，使罗马的土地税在不知不觉间化为地方税赋，由封建贵族向佃农征收。① 而法兰克诸王也就相应形成了"依靠自己的收入生活"的原则。正如俗语所说，国王"吃着穿着自己的东西"，而王室庄园也就成了国王收入的主要来源。② 这种状况并没有因查理帝国的形成而有多少改观。帝国虽然盛极一时，在税制方面却少有建树，甚至没有建立起真正意义的国库。③ 9 世纪下半叶的法兰西，为防御丹麦人入侵曾征丹麦金。但与英国不同，这种丹麦金不是土地税，而是商税，征收对象主要是行、坐商人。④ 基于以上现象，有学者认为，"正确地说，在封建的盛世，公共征税是不存在的"⑤。这应该是欧洲大陆的基本状况。但在英国，如上所论，土地税也即"公共征税"不仅存在，而且相当显赫。揆诸原因，显然是王权强于欧洲大陆，⑥ 即使是诺曼征服之前的那些分立的盎格鲁 – 撒克逊王国的王权，也较大陆为强大。

① 〔美〕汤普逊：《中世纪经济社会史》上册，耿淡如译，第 263 页。
② 〔法〕乔治·杜比：《法国史》上卷，吕一民、沈坚、黄艳红等译，第 209 页；〔美〕汤普逊：《中世纪经济社会史》上册，耿淡如译，第 257 页。
③ 〔法〕乔治·杜比：《法国史》上卷，吕一民、沈坚、黄艳红等译，第 255 页。
④ 〔美〕汤普逊：《中世纪经济社会史》上册，耿淡如译，第 335 页。
⑤ 〔美〕汤普逊：《中世纪经济社会史》上册，耿淡如译，第 391—392 页。
⑥ Refer to Joseph R. Strayer and Charles H. Taylor, *Studies in Early French Taxation*, Cambridge：Harvard University Press, 1939, p. 6.

国王拥有广袤的土地、众多的庄园，依靠自己的收入生活自无问题。可是，缺乏强大的权力征收赋税，战争又怎样进行？由于中世纪早期欧洲大陆的资料遗存较少，当时的场景难以详述，只能做出一个大概的说明。732年之前，墨洛温王朝的国王与士兵大体上相当于军事民主制时期的军事首长和他们的亲兵，战争双方的打斗也基本上延续军事民主制时期的方式。由于王权衰弱，属于公共性质的事务几乎全由地方进行强迫性处理，而加洛林王朝的进款也就几乎全部由地方当局征集支用。在这种情况下，军役用费便由当事人自己承担，政府无须也难以提供支持。① 732年查理·马特的采邑改革，实际上仍然延续了这种制度，只不过明确了土地的归属权。这样，只要战争需要，各级封建主只需按土地的封受条件提供全副武装的骑士，军队的征集便可告完成。这应该是中世纪欧洲大陆的基本状态。

蛮族的入侵和战争的绵延，使贸易受到了严重冲击。但日耳曼人一经建国定居，商业便开始在各地复苏，这决定了通行税或过境税的普遍存在。汤普逊、皮朗等经济史家为我们描述了通行税存在和征收的实况，那是一种普遍而密集的景观。因此，说到通行税，我们不应只记得莱茵河、易北河、多瑙河上的重重关卡，② 还应意识到乡村甚至偏狭地区各式各样的收费站点。只是，这些通行税的收取已经不属于政府的活动，而是各地贵族的个人行为了。既然中央政府软弱无力，且缺乏统一的国家财政，无论通行税数额大小，都不会形成或提出主税项的问题。但如果放长历史的视线，这种地方性的通行税征收并非没有意义，我们应该意识到，正是这种普遍的、碎化的通行税，孕育了大陆未来的大规模的关税和商税。随着王权的加强和中央集权的发展，通行税的征收渐由地方贵族收归中央政府，从而呈现出向关税和商税演变的明显态势。

那么，英国土地税衰落后，税收体系中以哪种税项为主导？大陆的税收状况如此，接下来又如何发展？人头税居于怎样的地位？

其实人头税是一种很复杂的税项，征收的依据往往以强势政府的意志为转移。因此，它有时表现为一种动产税，即纳税人依据他的动产价值纳税；

① 〔法〕乔治·杜比：《法国史》上卷，吕一民、沈坚、黄艳红等译，第253—254页；〔美〕汤普逊：《中世纪经济社会史》上册，耿淡如译，第277页。

② 〔比〕亨利·皮朗《中世纪欧洲经济社会史》，上海人民出版社1987年版，第78—79页。

有时又包括土地和房产等不动产在内。

英国中古赋税史上曾在 1377、1379 和 1380 年征收过 3 次人头税,1377 年为普通人头税,1379 和 1380 年称累进或等级人头税。

1377 年,议会授权国王征收任意税,征收对象为 14 岁以上的城乡居民,乞丐除外;税率为俗人 4 便士(Tallage of Groats);另外,受俸教职 12 便士,普通教会人士 4 便士,以补俗人所纳之不足。纳税俗人达 1376442 人,共得税款 22607 镑 2 先令 8 便士。[①] 切斯特和德若姆两郡单独征收,未入账。这是一次比较典型的人头税,纳税俗人无论职位高低,都以 4 便士为税率缴纳。征收所得逾超 2 万镑,如再将教会人员、切斯特和德若姆两郡所征入账,则额度将非常可观。

1379 年,议会再次授权国王征收人头税,以爵位、等级之高低为纳税基本原则,并强调富人帮助穷人。由议会相关文件并参阅相关著述可形成 1379 年等级或累进人头税略表(见表 4 – 1)。[②]

表 4 – 1　1379 年英国等级或累进人头税略表

	爵位和等级	缴纳额度
1	公爵 坎特伯雷大主教	10 马克,即 6 英镑 13 先令 4 便士
2	伯爵、伯爵夫人、伯爵遗孀、主教、加冠修道院长	4 英镑
3	男爵、男爵夫人、男爵遗孀	2 英镑
4	青年骑士、乡绅、他们的夫人、遗孀	1 英镑,即 20 先令
5	较穷乡绅	6 先令 8 便士
6	圣约翰医院院长	2 英镑,同男爵
7	法官、财政署首席男爵	100 先令

---

① S. Dowell, *A History of Taxation and Taxes in England from the Earliest Times to the Present Day*, Vol. 1, London: Frank Cass & Co Ltd, 1965, pp. 92 – 93.

② R. B. Dobson, *The Peasants' Revolt of 1381* (*documents collection*), Hong Kong: MacMillan Press Ltd, 1983, pp. 106 – 111; D. C. Douglas, *English Historical Documents* Ⅳ, *1327 – 1485*, London: Eyre & Spottiswoode, 1969, pp. 125 – 126; Refer to S. Dowell, *A History of Taxation and Taxes in England from the Earliest Times to the Present Day*, Vol. 1, London: Frank Cass & Co Ltd, 1965, pp. 94 – 97. 此表以 1379 年议会关于各等级缴纳标准为基础,增加了教会系统的纳税标准。议会原始文件只有教会下层的纳税标准,关于大主教、主教等的标准则阙如,这里依据 S. Dowell 的著述有选择地加入,故为略表。

续表

	爵位和等级	缴纳额度
8	高级律师、学徒	40 先令
9	伦敦市长	4 英镑,同伯爵
10	伦敦高级市政官	40 先令,同男爵
11	所有英格兰大城市的市长	40 先令,同男爵
12	较小城市的市长	20 先令、10 先令
13	较大城市的市政官和大商人	20 先令,同青年骑士
14	一般商人	13 先令 4 便士
15	小商人、工匠	6 先令 8 便士、3 先令 4 便士
16	律师、非贵族出身的地主	6 先令 8 便士或 40 便士
17	农夫、商贩	0.5 马克、40 便士
18	不拥有上述财产的年满 16 岁的已婚男子,除了乞丐	4 便士
19	年满 16 岁的单身男女	4 便士

由于征收原则以爵位、等级为基础,兼顾财产状况,故称等级人头税(graduated poll tax)。一般来说,爵位、等级越高,家资越厚,缴纳额度也越高。公爵与大主教所纳可换算为 1600 便士,是最低一级的 400 倍,是普通农夫、商贩的 40 倍。男爵一级为 480 便士,是最低一级的 120 倍,是普通农夫、商贩的 12 倍。这样的计税原则决定了纳税的主体可能不是底层劳动者,而是包括社会名流在内的社会中上层,尽管底层劳动者通常居多数。正是在这个意义上,我们认为这次人头税具有动产税性质。这次征收预计收入 50000 英镑,而实际所得仅居其半。[①]

与 1377 年人头税相比,这次征收的特点是显而易见的,亦不同于中国古代。中国古代人头税征收似乎不太考虑等级差异与贫富分化的社会现实,每次征收大体上都是一个标准,而且具有一定社会地位的人员包括较高品级的官员、科举考试获取功名的人员往往享有免税特权。这种特权常常因地位隆崇而荫及家族甚至乡里。这并非说英国当时没有蠲免,但原则不同。另一

---

① S. Dowell, *A History of Taxation and Taxes in England from the Earliest Times to the Present Day*, Vol. 1, London: Frank Cass & Co Ltd, 1965, p. 96.

个区别是，在中国，没有劳动能力的小儿曾长期纳入征收范围。口赋或口钱约从公元前 348 年秦"初为赋"起至南北朝前后延续近千年，齐梁成汉仍有所征。汉代口赋从 7 岁起征，每年缴纳，入皇室收入，"以食天子"。汉武帝时提前至 3 岁，有的边远地区甚至规定 1 岁便须纳税，成为平民的沉重负担，致使有的父母生了孩子就立即杀死。① 英国 3 次人头税起征年龄分别为 14、16 和 15 岁。看起来，与中国人头税起征年龄仅差七八岁，却有本质的区别。不说 3 岁幼儿，即使 7 岁儿童也还没有劳动能力，只能靠父母养育。所以向小儿征税实际上是巧立名目，加重纳税人负担。而既然父母负担已然沉重，连养活自己都非常艰难，出现"杀子"现象也就不足为怪了。14、15 岁则不同，已经具有一定的劳动能力。现在这个年龄正处于求学阶段，但那时文化教育发展不够，大多不仅无学可求，而且生活贫困。既不上学，又有一定的劳动能力，也就做一些力所能及的活计，对于贪婪的统治者来说，征税便可以理解了。但在中国，3 岁抑或 7 岁还处在吃奶阶段，既不创造价值，为什么还要向他们征税？

1380 年 11 月议会，下院就征税问题咨询上院。上院提出三种方案供下院选择并阐明了自己的倾向，下院最终确定仍然征收人头税。与 1379 年相比，这次征收原则似乎不再强调爵位和等级的高下，且大大缩小了不同资产之间纳税额度的差距，同时仍然强调富人对穷人的帮助。在降低高等级所纳税额的同时，也降低了低等级的税额，但所降幅度不一，前者降得多，后者降得少。这次人头税预计征收 100000 英镑，教会因占有 1/3 土地而承担其中的 1/3，余者按世俗人口均分，每人纳 3 个四便士银币（groats），即 12 便士。税则规定：（1）乞讨者免；（2）年满 15 岁，无论男女都纳税；（3）第一等级即最富有者夫妇两人所纳不超 60 个四便士银币（groats），即不超过 1 英镑，夫妇单方不过 10 先令；最低一级夫妇两人所纳不少于 1 个四便士银币（groats），单方不少于 2 便士。这样，从富豪经普通劳动者至最贫困百姓，包括公爵、伯爵、男爵、大主教、主教、修道院长、副院长、王室法庭、财政署等部门官员、市民、商人、农夫、摊贩，便都必须接受财产估

---

① 黄今言：《秦汉赋役制度研究》，江西教育出版社 1988 年版，第 218 页。中国财政史编写组编著《中国财政史》，第 87—88 页。

值，按估值结果缴纳。①

1379 年、1380 年和 1377 年人头税的差异是显而易见的。与 1377 年相比，前两者虽也存在差异，但无疑都属于累进或等级人头税一类，因此 1377 年人头税也就成为英国中世纪赋税史上的孤例。按前文分析，主税项具有唯一性。由于某些特殊原因，有时可能为某一税项所超越。但是，这个税项往往是因急需而临时设置，或为偶然征收，或税率骤起骤落，缺乏稳定性。1377 年人头税就是这样一个税项，而且只征收了一次，征收额仅为 20000 余镑。同年征收的工商税中仅关税一项即达 21587 镑，且为不到半年的征收额，因为爱德华三世于 1377 年 6 月去世。② 而此前一直到 1371 年所征关税每年都在 50000 镑以上，分别为 73910、82194、70585、61879、72023、55816 镑，大大高出人头税的征收。③

与 1379 年相比，1380 年人头税的征收由重爵位等级转而重资产财富，而无论重等级还是重财富，都是强调缴纳额度的差异性和区分度，从而将富人的财富纳入国家统筹范围，并体现"富助贫""强助弱"的基本精神。这就使税则的制定和颁行具有了一定的现代性。如前文所论，中国古代的人头税征收可谓源远流长，而且在明代之前的税收体系中独占鳌头，却为什么没有走出传统的藩篱，带来一定的创新？

按传统认识，除了 1377 年、1378 年人头税外，便不再有其他人头税。但仔细思量，感到实际情况又不是完全如此，特别是封建税，如盾牌钱、协助金，似乎也具有人头税性质，与中国古代人头税中的兵役和徭役类似。不过，中国的兵役和徭役属于政府行为，通过官僚系统直接分配给服役人员，或让服役人员在家中服役，或到指定地点服役；其指向或为社会某一阶层，某一群体，抑或为整个国家。但在英国，所谓"役"，偏重封建性质，多属封建主之间的个人行为，限于军事或战争事务，同时又具有一定的国家或政

---

① R. B. Dobson, *The Peasants' Revolt of 1381* (*documents collection*), Hong Kong: MacMillan Press Ltd, 1983, pp. 117 – 118.

② Michael Prestwich, *The Three Edwards, War and State in England 1272 – 1377*, London: Routledge, 1993, p. 293.

③ J. H. Ramsay, *A History of the Revenues of the Kings of England 1066 – 1399*, Vol. 2, Oxford: The Clarendon Press, 1925, p. 292.

府性质。国王宣战抑或参战，需要集结骑士，便以分封土地为条件，从直接封臣那里征召骑士。而他的直接封臣因土地业已大部分封出，也效仿国王从他自己的直接封臣那里征召骑士。如此逐级征召，直至土地的直接经营者。这当然只是一种理论上的说明，实际的征召既可以说比较简单，也可以说比较复杂。说简单，是指当时的英国分为若干骑士领地，亨利二世时约为5000个，13世纪增为6500个。[①] 一个标准的骑士领约为250英亩，年收入约为20—100英镑。封建法规定，领得一个骑士领须提供一名全副武装的骑士。这样一来，骑士征召也就简单了，只要按领得的骑士领数目提供即可。说复杂，是指随着时间的流逝，骑士领面积和数目都发生了较大变动，致使一些封臣以各种理由拒绝服役或减少服役。正因如此，亨利二世才决定全面调查骑士领数目。另外，教士封臣因宗教原因不宜或不便服役，有些世俗封臣则不愿甚至反对服役，这就使国王不得不改变策略，实行以钱代役，以致亨利二世进行军事改革，最终确定了盾牌钱制度。这样，英国中世纪的军役人头税便可概括为以下几方面特征：一是以土地分封为基础，封受面积构成了服役的基本条件；二是偏重封建性质，多体现封建主之间的个人关系；三是实施范围狭窄，服役人员主要是封建主阶级，很少波及自由农民和维兰；四是服役事项主要限于军事和战争事务，而几乎没有中国古代那样庞大的建筑、水利工程。我们所以称之为人头税，是因为国王按领得土地的封建主的人头征收军役，特别是在骑士领一层表现得更加清楚。英国中世纪人头税正是以这样的特点与中国古代区别开来。

显然，人头税，即1377年普通人头税，1379年、1380年累进或等级人头税以及具有一定人头税性质的盾牌钱、协助金的综合，因其主体1377年人头税未能持续征收，累进或等级人头税又具有动产税性质，而盾牌钱、协助金仅具有一定程度的人头税因素，不能构成这个时期的主税项。

在欧洲大陆，人头税的征收很早就开始了。11世纪，已有"家庭税"的征收。同时，还存在"农奴人头税""人头税"等项目。但同其他税项一样，由于王权软弱，这些项目都有很强的地方性，主要由各地贵族征收，因

① S. K. Mitchell, *Studies in Taxation under John and Henry III*, New Haven: Yale University Press, 1914, pp. 300, 302.

此不存在形成主税项的条件。随着王权的加强，这种情况发生了变化，征收权利逐渐收归中央政府。1302—1304 年，腓力四世（1284—1314 年在位）按军役折算原则征收人头税（personal property and income taxes），富人据他们的身份、家产和收入缴纳资产的一定比例；余者除穷人外，则以每 100 个炉灶组成一个纳税单位，缴纳财产的一定数目。[1] 这次征收已经具有明显的等级和累进人头税的特点。腓力六世（1328—1350 年在位）征收附加税，不同地方可按当地习惯征收不同税项，并相应确定征收方法，有的地方按教区征收，有的地方按人口征收，有的地方按炉灶征收。桑城征收炉灶税，每 4 个月缴纳 4 个苏；特鲁瓦则按财产比率征收人头税，富人按资产高下确定税额，穷人可免税。[2] 炉灶税或人头税的征收引起了民怨，有时甚至濒临暴动的边缘，致使国王不得不在三级会议上反复做出解释，这样直到 1360 年，方在"救赎国王"的附加税的名义下，确定炉灶税为永久性税收。与其一起被确定的还有盐税和交易税两个项目。统计显示，此后很长时间内，炉灶税与其他税收的比例一直稳定在 8/25 上下。[3] 而这时的法国，财政收入主要有三大支柱，炉灶税为其一，此外便是盐税和交易税。[4] 在上述比例中，炉灶税所占不到 1/3，其他占 2/3，粗略估计，应为盐税和交易税的份额。虽还有一些其他项目存在，但不常征，税额亦小，不足以改变这一比例关系。这样，虽然在王权加强和中央集权发展的条件下已有可能提出主税项的问题，但由上述比例可见，炉灶税所占份额偏低，还不能成为税收体系的主税项。而且，这种人头税具有英国 1380 年等级或累进人头税的特点，有学者甚至认为，英国 1380 年人头税实际上是效仿法国 1369 年兰桂多克省人头税或炉灶税的征收方法，[5] 意即等级或累进人头税的发明者是法国人，也就是说法国人头税或炉灶税的等级和累进更具本色意义。既属等级或累进人头

　　[1]　Joseph R. Strayer and Charles H. Taylor, *Studies in Early French Taxation*, Cambridge： Harvard University Press，1939，pp. 9 – 10.

　　[2]　〔美〕詹姆斯·W. 汤普逊：《中世纪晚期欧洲经济社会史》，徐家玲等译，第 142 页。

　　[3]　〔美〕詹姆斯·W. 汤普逊：《中世纪晚期欧洲经济社会史》，第 149 页。

　　[4]　Denys Hay，*Europe in the Fourteenth and Fifteenth Centuries*，London：Longman Group Limited，1980，p. 101.

　　[5]　S. Dowell，*A History of Taxation and Taxes in England from the Earliest Times to the Present Day*，Vol. 1，London：Frank Cass & Co Ltd，1965，p. 99.

税，就肯定具有一定的动产税性质，因此，法国的人头税或炉灶税与英国同类，而与中国不同。

那么，历史发展到 14、15 世纪，主税项的归属和表现又是如何呢？

在土地税衰落、人头税偶征的同时，英国工商税主要是关税也开始快速增长。从 1275 年到 1347 年，通过古关税、新关税、呢绒关税、桶税、磅税和补助金的设立，英国关税制度逐步建立起来。[①] 正是这些税率的设立以及相应制度的健全，使工商税特别是关税成为英国税收体系的主税项。

古关税是英国赋税史上第一部关于关税税率的法律规定。随着工商业特别是国际贸易的发展，关税的征收如羊毛、毛皮和皮革的税率渐成习惯。1215 年《大宪章》即将此视为"古代的公正的习惯"。[②] 这里所谓习惯，是指国王可以依据特权对这些商品征收关税，但征收过程中并没有形成一致的税率。十字军事务给英国带来了难得的商机，商人希望与国王合作，在王权保护下从事商业活动。而国王也希望通过这种合作扩大收入。对议会而言，这正是控制税权的良机，通过制定税率将原属国王的特权争取过来，以结束关税征收的任意性。于是在商人的要求下，议会、国王和商人三种力量达成共识，1275 年议会随之召开，羊毛、毛皮和皮革的出口税率遂也明文确定下来，由此形成了著名的古关税（见表 4－2）。

表 4－2　古关税征收情况

品名	单位	税率
羊毛	袋	0.5 马克/袋
毛皮	300 张	0.5 马克/300 张
皮革	打	1 马克/打

资料来源：Grant of Customs on Exported Wool, Woolfells and Hides, (not later than 10 May), see H. Rothwell, *English Historical Documents* Ⅲ, London：Eyre & Spottiswoode, 1998, p. 410。

---

① 〔美〕汤普逊：《中世纪经济社会史》下册，耿淡如译，第 392—393 页。

② 21, Magna Carta, 1215, see H. Rothwell, *English Historical Documents* Ⅲ, London：Eyre & Spottiswoode, 1998, pp. 320－321.

古关税设立的意义在于为关税征收创建一种可资依循的税率，也为了避免或限制国王在关税征收问题上的随意性，在一定程度上反映了商人包括外商的利益，使关税制度沿着程序化的路径向前发展。当时的英格兰毛织业尚属原始，还远没有成为龙头工业，但必须指出，国王和一些议员，已经意识到限制原料出口鼓励毛织业发展的重要性，尽管这种意识还可能比较模糊。这一问题，下文将展开论述。

英国工商业的发展起步很晚。诺曼王朝时期的商人，还主要是外商，如弗兰德尔人、荷兰人、波罗的海沿岸居民、诺曼底人、皮卡尔迪人，英格兰本土商人很少。进口商品主要是酒，出口商品主要是羊毛、毛皮和皮革。但商业发展一经起步，便很快超越其他国家，特别是超越了那些古老的国家。至约翰统治初年，海关制度已粗具规模，关税收入也渐趋可观。据统计，1203—1204 年度英格兰 35 个口岸征收的关税已达 4958 镑之多，其中伦敦、林肯、波士顿、莱昂、南汉普顿等口岸都逾超 500 镑，有的近千镑。由于羊毛在进出口商品中居于特别重要的地位，政府专设海关人员严加管理，对出口商人发放销售执照，建立了严密的税收组织。① 至 1275 年，英格兰已经建立起 13 个港口。②

随着港口和海关制度的建立，也由于关税已成为财政收入的永久税项，财政署收入显著增长。统计显示，从 1275 年古关税确立到 1278 年，共收取关税 43802 镑；从 1290 年到 1294 年，为 46256 镑；1280 年到 1289 年，由于收入记录阙如，无法得知收入详情，但从相应年份羊毛出口量看，应与前后各 4 年的收入记录持平并略有上升，即年均 10000 余镑。③ 格拉斯的研究也证明，1275 年古关税确立后，爱德华一世羊毛出口的年均收入也在 8000 至 11000 镑。④ 古关税的诞生标志着工商税的增长进入了一个新的阶段。

① T. h. Lloyd, *The English Wool Trade*, *in the Middle Ages*, Cambridge: Cambridge University Press, 1977, pp. 11 – 12.

② T. h. Lloyd, *The English Wool Trade*, *in the Middle Ages*, Cambridge: Cambridge University Press, 1977, p. 64.

③ T. h. Lloyd, *The English Wool Trade*, *in the Middle Ages*, Cambridge: Cambridge University Press, 1977, pp. 62 – 63.

④ E. M. Carus – Wilson and Olive Coleman, England's Export Trade 1275 – 1547, Oxford: Clarendon Press, 1963, pp. 1 – 2.

新关税是指 1302 年针对外商规定、出台的包括羊毛、毛皮、皮革、酒以及其他进出口商品的关税税率。由于新关税确立时，1275 年所设关税税率已经得到承认并确立，遂相对称"古关税"（antiqua custuma），而由于后来的新关税也称小关税，所以也相应称为大关税（magna custuma）。

1275 年古关税税率仅涉及羊毛、毛皮和皮革几种税率，其他一些商品如酒、蜂蜜、布匹等税率仍沿习惯向国王缴纳实物而与议会无关。随着对法战争、苏格兰战争的爆发，国王深感财政拮据。既然通过议会征税难以成功，不如另辟蹊径，于是与外商协商，把酒税折算为货币，以常税的形式单独征收，并以特惠条件在古关税之外征收另一项羊毛、毛皮、皮革以及其他商品的关税，以期扩大收入。外商接受了国王的要求，双方签订了《商人宪章》，① 一项新的关税随之产生。后来，这种关税经确认而由议会授权征收，史称新关税或小关税（nova sive parva custuma），以与古关税或大关税相区别（见表 4 - 3）。

表 4 - 3　古关税与新关税征收情况

品名	单位	税率
酒税		
酒	桶	2 先令/桶
新关税或小关税		
羊毛	袋	3 先令 4 便士/袋
毛皮	300 张	3 先令 4 便士/300 张
皮革	打（The last）	6 先令 8 便士/打
呢绒（红色）	匹	2 先令/匹
呢绒（部分染红）	匹	1 先令 6 便士/匹
呢绒（其他）	匹	1 先令/匹
蜂蜡	112 磅（quintal）	1 先令/112 磅
磅税		
所有其他商品	英镑	3 便士/英镑

资料来源：E. Lipson, *The Economic History of England*, Vol. 1, London: Adam and Charles Black, 1945, pp. 611 - 612；S. Dowell, *A History of Taxation and Taxes in England from the Earliest Times to the Present Day*, Vol. 1, London: Frank Cass & Co Ltd, 1965, p. 79。

---

① "Grant to Foreign Merchants in Return for New Custom"（Carta Mercatoria）, February 1, 1303, see H. Rothwell, *English Historical Documents Ⅲ*, London: Eyre & Spottiswoode, 1998, pp. 515 - 518.

新关税的设立虽然仅对外商实施，但由于税率较高，而且已经转化为常税，关税收入呈快速增长态势，而工商税在税收体系中的比例也就得到稳步提升。

呢绒关税是指 1347 年针对布匹进出口而制定的关税税率。布匹很早就是进出口商品，1303 年新关税税率表中布匹出口已占一定地位。随着羊毛出口的减少和毛织业的发展，布匹出口量日渐增长，这不仅引起了国王的重视，也得到了议会的关注。新关税虽已包括布匹，但征收对象仅限于外商，而且税率很低，对财政收入的支持有限。随着 1337 年百年战争的爆发，国家财政亏空加剧，国王亟须觅求新的税源，于是在 1347 年出台了布匹进出口税率的规定。这里仅将普通呢绒的税率列表，以供参考（见表 4-4）。

表 4-4　1347 年英国普通呢绒进出口税率

单位：匹

商人国别	染色呢绒	部分染色呢绒	原色呢绒
本国商人	2 先令 4 便士	1 先令 9 便士	1 先令 2 便士
外国商人	3 先令 6 便士	2 先令 7 便士	1 先令 9 便士

资料来源：Refer to N. S. B. Gras, *The Early English Customs System*, Cambridge：Harvard University press, 1918, p. 72；S. Dowell, *A History of Taxation and Taxes in England*, *from the Earliest Times to the Present Day*, Vol. 1, London：Frank Cass & Co Ltd, 1965, p. 167。

表 4-4 显示的信息有三点值得注意：第一，税率大大高于 1303 年新关税税率，意味着布匹从而关税、工商税在税收体系中比例的进一步增长；第二，商人无分主客内外，都必须纳税，而新关税只针对外商征收，这就扩大了征收范围；第三，本国商人所纳远低于外商，在一定程度上反映了税收政策的保护主义色彩。

古关税、新关税、呢绒关税之外，桶税（tunnage）① 和磅税（poundage）也是关税的重要组成部分。桶税征收对象是酒，磅税所征是除酒、羊毛、毛皮和皮革之外的商品。中世纪早期，酒主要从法国进口，以桶

---

① 有著述将桶税称为吨税，似乎不确。作为计量单位，一桶的重量可能远不及"吨"大，且那时"吨"还可能没有发明出来。

装运，也以桶作为纳税单位，10 到 20 桶之间，纳税一桶；20 和 20 桶以上，纳两桶。磅税初以进出口商品的重量为征收依据，亦可能曾取商品价值的 1/10 或 1/15。[①] 12 世纪，酒关税改以货币征收，仍以桶作为计税单位，每桶 4 便士。1288 年，陡升为 4 先令，后因商人不满降为 2 先令，1317 年又升为 5 先令。[②] 后来征收趋于简捷，改以交易价格英镑为单位征钱。1303 年所征，税率为每镑 3 便士。这次征收不同于补助金中的磅税，所以有学者认为是磅税有明确记录的第一次征收。14 世纪中期之后，征收趋于频繁。[③] 基于商品的特性，桶税和磅税通常划分为同一税类，且同时征收。[④] 主要分三种形式：一种为单独征收，即纯粹征收桶税和磅税；一种作为补助金的一部分与其他商品一起征收；还有一种是作为新关税的一部分征收。制税方式亦分两种：一种是国王直接与商人协商确定征收办法和税率税期；另一种是由议会授予，有时是下院授予，有时是全体议会成员授予，有时又是下院的部分成员如城市、自治市的商人代表授予。

14 世纪中期以前，桶税和磅税由国王依据特权征收，税率由王室与商人协商确定，而无议会参与。1371 年，本土商人意欲扩大贸易范围，于是议会向国王提出了本土商人缴纳酒税、磅税的问题。协商的结果是，议会授权国王征收酒税、磅税和补助金，前者每桶 2 先令，后者为每磅 6 便士，包括除羊毛和毛皮之外的所有商品，有效期至 1372 年。1373 年，议会又授权征收桶税和磅税，为期 3 年。1376 年，再次授权征收，期限仍然为 3 年。[⑤] 桶税与磅税由此得以最终确立。而确立的标志，是议会将由习惯形成的国王的财政特权转换为公共权力，由议会执掌。对本题而言，桶税和磅税确立的意义在于提升了工商税特别是关税的税额。1421、1431、1432、1433 诸年桶税和磅税补助金征收依次为 8237、6920、6998 和 6203 镑，而关税总额分别

①　S. Dowell, *A History of Taxation and Taxes in England*, *from the Earliest Times to the Present Day*, Vol. 1, London: Frank Cass & Co Ltd, 1965, pp. 75 – 76.

②　N. S. B. Gras, *The Early English Customs System*, Cambridge: Harvard University press, 1918, p. 83.

③　N. S. B. Gras, *The Early English Customs System*, Cambridge: Harvard University press, 1918, pp. 80 – 81.

④　N. S. B. Gras, *The Early English Customs System*, Cambridge: Harvard University press, 1918, p. 80.

⑤　S. Dowell, *A History of Taxation and Taxes in England*, *from the Earliest Times to the Present Day*, Vol. 1, London: Frank Cass & Co Ltd, 1965, pp. 169 – 170.

为 40687、34851、30802 和 26510 镑。① 桶税和磅税所占比例达 40% 以上，十分可观。这就进一步巩固了工商税作为主税项的地位，使主税项的演变朝着健康的方向迈进。

补助金最初是国王依据习惯特权在国家或王室财政急需时征收的具有补贴性质的税金，后来随着议会权力的加强和税制的日趋规范，制税权力逐渐转移到议会之手，国王要征收，必须经过议会同意。补助金征税范围很广，可以多种名义如 1/10 和 1/15 税的名义征收。其中以关税名义征收的补助金可称为关税补助金。同普通补助金一样，关税补助金的征收不具永久性，而通常具有时限性。但当战争旷日持久地进行的时候，补助金的征收也就趋于频繁，因此在某些特定的阶段或时期又似乎呈现出常税的特点。关税补助金的征收与古关税、新关税相同，征收对象是国内外商人，物品主要是羊毛、毛皮、皮革以及酒、蜂蜡等。此前曾论及，1294 年英法战争方酣之时，国王避开议会与商人协商，以优厚条件向商人征税，可视为关税补助金的起源。国王的行为实际上是符合习惯的，却因为避开议会频繁征收触犯众怒，遭到激烈反对而不得不予以废除。但议会并非只考虑一己之利的组织。当英法战争正酣之际，仍能以民族或国家利益为己任，从大局出发，在传统税项已不能满足国家财政支出的情况下，而将关税补助金确立为合法的税项。大体上说，1340 年之前，补助金主要由商人、贵族授予，之后，改由议会授予。而且议会反复强调，不经议会同意，国王不得征收补助金。补助金的确立，大大增加了关税的额度，从而进一步提升了工商税在税收体系中的比例，巩固了它的大税地位。

上述各关税税项除布匹关税专征布匹外，所税物品基本相同，但均单独征收，由此，关税保持了一个较大的税量，而工商税在税收结构中的地位也就日渐突出。所以，有学者说，爱德华三世的赋税收入主要来自羊毛。在进出口关税中，除了酒，其他收入都比较小。而当我们谈到这一时期大的收入时，必须记得，羊毛占主要份额。②

---

① S. Dowell, *A History of Taxation and Taxes in England, from the Earliest Times to the Present Day*, Vol. 1, London: Frank Cass & Co Ltd, 1965, p. 173.

② S. Dowell, *A History of Taxation and Taxes in England, from the Earliest Times to the Present Day*, Vol. 1, London: Frank Cass & Co Ltd, 1965, p. 164.

实际上，从爱德华一世起，关税征收已有显著增长，在他统治的 38 年间，年均已达 15870 镑。而经爱德华二世统治到爱德华三世时期，关税征收更出现了飞跃。由于关税记录资料不全，拉姆塞在已有资料的基础上做了合理的推算，[①] 后来施诚教授又据拉姆塞的结果做了进一步推算，得出了年均 78456 镑的结论。[②] 必须说明，这还仅仅是关税一个税项的征收，尚未包括国内市场的工商税以及其他税项如动产税所包含的工商税部分。如果将这些因素考虑在内，则年均额度还会有大的增加。这样一个额度显然是任何一个税项都难以比拟的，关税进而工商税已经成为无可争议的主税项。

这样，通过古关税、新关税、呢绒关税、桶税、磅税和羊毛补助金的设立，政府设置了可资依凭的关税税率，建立了国家关税制度，为关税的稳步增长铺平了道路，从而使关税进而工商税成为税收体系的主税项。

在法国，随着王权的加强，开始出现主税项形成的趋势。腓力四世统治时期，政府主要有 6 项收入，分别是教会税、人头税或炉灶税、交易税、关税、开业许可税和强制借贷。其中，教士税包括什一税和圣职首年收入税，征收最经常，征收量也最大。除战时征收的补助金，很少有哪个税项如教士税的征收那样经常。其次是人头税或炉灶税。这时，人头税只是在战争时征收，通常按贫富、职位和收入计税。富人、名流、高收入者一般缴纳一定比例。余者除穷人外便约以每 100 个家庭为单位任意组成一个纳税单位，缴纳一个总数。其中体现富人帮助穷人的精神。这时的人头税或炉灶税已经表现出等级税或累进税的特点。

交易税主要针对国内市场而言，是指买卖双方各以交易价的一定比例支付给国王，通常为每镑一便士，即 1/240，税率很低。1292 年之前，主要是王领之上的一些城市缴纳交易税，也就是说，王领之外的城市一直没有缴纳。由于纳税个人和群体少，可以肯定，那时政府的交易税收入十分有限。1292 年，政府为了扩大收入，开始向王领之外的城市征收交易税。但法国税收关系十分复杂。由于封建领主权力林立，政府政令常常得不到推行，上情既不能下达，也难以广告。所以，所谓王领之外，也仅限于北方城市，征

---

① J. H. Ramsay, *A History of the Revenues of the Kings of England 1066 - 1399*, Vol. 2, Oxford: Clarendon Press, 1925, pp. 279 - 280.

② 施诚：《中世纪英国财政史研究》，第 190 页。

收区域仍然有限。此外，征收的方式和税率也不同。在诺曼底，由于海防的需要，交易税税率一度高达每英镑 4 便士。而且，扩征不久，很多城市就通过赎买而获得了免税权。同时，所谓扩征，也仅仅指 1292—1297 年的征收。1297 年后，由于普遍反对而不得不放弃扩征的企图。总之，交易税征收量一直很低，在这时的税收系统之后不具重要性。①

　　同英国一样，关税征收是国王的特权。在那个时代，普通经济理论认为，物资出口必然导致出口国贫穷和进口国富有。英国国王这样认识，法国国王也这样认识。所以，在腓力三世和腓力四世时期，出口贸易受到限制，一些原材料和制成品的出口遭遇禁止，羊毛、布匹、粮、酒、牲畜、金银等都在禁止之列。但这并非说国王就没有关税收入。无论哪个时代，商人都是最精明的群体，他们知道如何处理与政府的关系。"以其富厚，交通王侯"，当商人携带金钱进入宫廷，劝说普通官员，即使国王也难以抵挡诱惑，何况那时国王最缺的就是钱。而对政府来说，政策是由人制定的，是可以改变的，且制定是一回事，执行又是另一回事。于是，基于缺钱的现实，政府开始思考和实施权力寻租，而商人也知道怎样投其所好，于是，两者一拍即合。出口禁令遂转换为营业特许（license），商人缴纳一定的费用领得一个执照，即可以获取某一物品的出口权。而这些费用也就成为政府的关税收入。营业执照的发放始于腓力三世时期，腓力四世统治下已经成为司空见惯的现象。领取执照的人主要是意大利商人如米兰商人、佛罗伦萨商人等，也有本土商人，有效期短者 3 年、6 年，长者 10 年、15 年不等。由于经营出口贸易利润丰厚，获得特许又意味着对某种出口商品的垄断，申请特许的商人争先恐后，执照的签发遂趋于频繁而普遍，关税收入也就成为政府收入的重要来源。

　　开业许可税主要对钱币放贷者征收。开业许可税是 Joseph R. Strayer 的用法。因为税款的征收不仅仅是在开业之时，而是贯穿于纳税人的整个营业过程，所以与其称开业许可税，不如直接称放贷税。在那个时代，钱币放贷是一个广受争议的行业，特别是在宗教人士的笔下，可谓备受道德谴责；而

---

① Joseph R. Strayer and Charles H. Taylor, *Studies in Early French Taxation*, Cambridge: Harvard University Press, 1939, pp. 12–13.

在法律层面上，又屡遭制裁。行业的特殊性构成了政府对放贷者重税的口实。放贷者如为本国人，缴纳的税率通常几倍于其他纳税人；如为外国人，除在正常情况下缴纳高额营业税外，更不得不时时面临财产被剥夺的危险。意大利放贷者曾于 1291—1292、1303—1304、1309—1310 诸年度缴纳高额税款。犹太人除缴纳高额税款外，还不时遭遇政府的剥夺。政府曾以提高税率的名义征收犹太税，1306 年的税率为 100%，实际上就是剥夺犹太人的财产。[①] 犹太人的遭遇自有其信仰的原因，但无可否认，放贷的主业也加剧了处境的恶化。放贷者的境况尽管如此，利之所至，人们仍然趋之若鹜。另外须知，政府向放贷者征税的名目常常因时因地而变化，有时征收补助金（subsidy），有时征收任意税（tallage），有时则征人头税或炉灶税，等等。而无论以怎样的名目征收，基于放贷者放贷行业的单一性或主体性，所谓开业许可税，都是一种商业税。而且，征收的频繁性和高额度，以及相对于其他税类征收的低税率和低频率，所谓开业许可税或放贷税，构成了这时法国政府财政收入的重要来源。

强制借贷（the forced loan）是政府借助强权向纳税人索取借款，这在西欧中世纪多国都曾长期存在。强制借贷的部分借款是得不到偿还的，因此学术界通常将这部分借款认定为税款，[②] 或视为一种"经过伪装的税款"。[③] 在法国，强制借贷的发生和推行决定于王权的强弱。中世纪早期，由于王权软弱，强制借贷较少发生，腓力三世时期即如此，且借贷之后往往予以偿还。随着王权的加强，强制借贷日渐增多。腓力四世时期业已司空见惯，且大部分借贷都未给予偿还。即或有偿还，也多限于国王近臣和僧侣，但研究认为，偿还率一般不到 10%，以至于很多借贷者宁可以礼物的形式奉献国王，也不愿冒借贷不还的风险，这样，既可以获得人情，支付额较借贷额也总是小些。1294—1295 年度，兰斯（Reims）进献礼金为 25434 利弗尔，而贷款

① Joseph R. Strayer and Charles H. Taylor, *Studies in Early French Taxation*, Cambridge：Harvard University Press, 1939, pp. 17 - 18.

② Joseph R. Strayer and Charles H. Taylor, *Studies in Early French Taxation*, Cambridge：Harvard University Press, 1939, p. 19.

③ John B. Henneman, *Royal Taxation in Fourteenth - Century France, the Development of War Financing 1322 - 1356*, Princeton：Princeton University Press, 1971, p. 7.

仅 1533 利弗尔；圣东日（Saintonge）和普瓦图（Poitou）进献礼金为 44910
利弗尔，贷款仅 5666 利弗尔。[①] 这样，强制借贷也就变成了政府的一项重要
收入，特别是在战争爆发的特殊时期和特殊环境，这种筹资的方式很得政府
偏爱。这里有两点需要分析，一是原始资料虽有无论穷富而向某一地区或城
市全体居民均等借贷的案例，但这种借贷应该不占主导地位，因为百姓细民
家资薄弱，应付正常的税收已力所不及，更妄谈什么借贷了。所以，借贷对
象应以社会名流和富商富豪为主体。而社会名流和富商富豪进献礼金，除了
名义上满足国王的"急需"，便是借机与政府交厚，以求仕途有所通达或营
业有所便利。[②] 显然，这类借贷的款项来源主要不是农业所出，而应为工商
之利。这样借贷的结果，必然使财政收入的工商税比例加大。情况如此，另
一点分析也就顺理成章了。社会名流和富商富豪通过与政府甚至国王交厚，
也就获得了便利运营的诸多资源，于是他们以借贷的名义奉献的礼金也就转
化为事业走强的"润滑剂"，结果必然推动工商业的发展。腓力四世时期工
商业经济的繁荣提供了这方面的证明。而工商业发展的结果，必然导致工商
税在财政收入中比例的上升，从而使主税项的形成日渐明显。

　　这样，上面 6 项收入中，除教会税、人头税或炉灶税主要源于农业收入
外，交易税、关税、开业许可税和强制借贷主要来自工商所出。这几个项目
的税额虽然不大，但合计算来便不容小觑，而且呈现出快速发展的趋势，再
加上教士税和人头税或炉灶税中的工商业部分，可以说，工商税已经成为这
时法国税收系统的主税项。根据丹尼斯·海的研究，炉灶税、交易税和盐税
从这时开始并称财政收入的三大税项。从 15 世纪开始以迄旧制度终结，更
构成了国家财政收入的基础。[③] 前已论及，汤普逊更精确地计算出三大税中
炉灶税与其他两税的比例为 8：25，[④] 即三大税中炉灶税所占不及 1/3。这
样，在腓力四世统治时期，法国税收体系中的主税项业已形成，这个主税项

　　① Joseph R. Strayer and Charles H. Taylor, *Studies in Early French Taxation*, Cambridge：Harvard
University Press, 1939, p. 20.

　　② Refer to Carolyn Webber and Aaron Wildavsky, *A History of Taxation and Expenditure in the Western
World*, New York：Simon and Schuster, 1985, p. 220.

　　③ Denys Hay, *Europe in the Fourteenth and Fifteenth Centuries*, London：Longman Group Limited,
1980, p. 101.

　　④ 〔美〕詹姆斯·W. 汤普逊：《中世纪晚期欧洲经济社会史》，徐家玲等译，第 149 页。

不是土地税，亦非人头税，而是工商税。在腓力四世之后的五位国王任期
内，赋税结构大体维持了同样的格局。特别是腓力五世的统治，虽然为期不
长，却颁行了大量法规、政策，优渥、礼遇国内外商人，鼓励发展工商业，
工商税甚至关税的比例得到了进一步提升。

　　这当然不是说赋税结构从此就不再发生变化了，事实上，在腓力四世之
后的五十年，赋税制度和税收结构就开始发生转向。这种转向与百年战争形
势的恶化密切相关。1360 年，法国与英国签署了屈辱的《布列塔尼和约》，
被迫将加来及法国西南部的大片领土割让英国。1420 年，在《布列塔尼和
约》的基础上，双方又签署了《特鲁瓦条约》，规定，法国王位转归英王亨
利五世继承，将法国三分，分别由亨利五世、勃艮第公爵和法国王太子查理
统辖。条约的签署，几乎使法国陷入绝境，不仅要交出王位和大半领土，勃
艮第公爵还要另立国家。这意味着法国要保持领土完整和民族独立必须进行
两场战争。而这，仅靠王室财政和传统税制是远远不够的。1445 年索莫尔
法令（ordinance of Saumur）反映了当时王室财政的窘况：英法战争和内战
已将国王领地置于毁灭的境地，王室已经一无所有。所以，早在查理五世
（1364—1380 年）时期，政府已经开始加征特别税。至查理七世（1422—
1461 年）统治末年，特别税已达传统收入的 33 倍。路易十一统治（1461—
1483 年）末年更高达 45 倍。[1] 特别税中的炉灶税，查理七世统治末年年征
120 万利弗尔，约占财政总收入的 2/3。路易十一统治时期，1481 年激增为
460 万利弗尔。1483 年有所下降，仍达 390 万利弗尔，占财政总收入的
85%。[2] 奇波拉也认为，路易十一时代的人头税（炉灶税）占财政收入的
83%。[3] 这时的特别税，当然不是不可以做出具体分析，无论是查理七世时
期的 33 倍，还是路易十一时期的 45 倍，其中都包含一定比例的交易税；即
使是炉灶税，也包含了很大比例的工商税。但无论进行怎样的分析，农业税
的显著增长显然是一个不争的事实。更重要的是，赋税制度的走向已经发生

---

　　① M. M. Postan（ed.）, *The Cambridge Economic History of Europe*, Vol. Ⅲ, Cambridge: Cambridge University Press, 1979, p. 318.

　　② M. M. Postan（ed.）, *The Cambridge Economic History of Europe*, Vol. Ⅲ, Cambridge: Cambridge University Press, 1979, p. 319.

　　③〔意〕卡洛·M. 奇波拉主编《欧洲经济史》第一卷，徐璇译，第 273 页。

了变化。依据赋税基本理论和法国税收传统，特别税的征收必须与纳税人协商，取得他们的同意，由他们投票决定征收额度并规定征敛方法。但从查理七世开始，国王会议渐渐避开了这种协商和同意。对此，查理七世曾在1441、1442 年会议上做出解释，说之所以没有进行协商和争取同意，是因为他希望借以免除臣民参加三级会议的花费，也因为财政的急需。所以，"从 1451 年开始，他就依凭他的唯一的权威征收炉灶税和交易税"。① 贵族、教会、城市等群体一向锱铢必较，寸权必争，缘何在查理七世时代成了温顺的羔羊，默认继而习惯了国王会议的行为，并最终放弃了对税权的控制，造成了赋税制度的转向？② 战争的失败、条约的签订、国土的沦丧和王位的转移强化了民众对王权的依赖，尤其是贵族，忧国日重，很多人希望通过强有力的王权救民水火，走出绝境，而王权的加强须以财政的充裕为前提。于是，支持王权执掌税权的呼声日高，以至于三级会议最终放弃了税权的控制。也正因如此，道格拉斯·诺斯说，法国三级会议"为了安定和秩序而放弃了对课税的有效控制"。③ 15 世纪中期，作为百年战争的结果，查理七世更建立了常备军，④ 这就不仅为战争时期而且为和平时期的赋税征收提供了依据。但正如查理七世的统治导致了一定的转向一样，赋税制度的演变也不是沿着转离的方向一直走下去，而不再回归或靠拢传统。他的继任者路易十一统治时期，三级会议就很活跃，王权与资产者的关系就很融洽和默契。⑤ 国王不是一味增加税收，而是将部分利好让与民众。

　　本来英法两国的税制具有相似的特点，百年战争的重大历史变故改变了法国的命运。由于国王掌握了税权，法国开始偏离传统路线向着专制目标迈进。但是，所谓三级会议放弃了税权并非指国王可以任意征税。后文还将论

　　① Denys Hay, *Europe in the Fourteenth and Fifteenth Centuries*, London：Longman Group Limited, 1980, pp. 101 - 102；M. M. Postan（ed.）, *The Cambridge Economic History of Europe*, Vol. Ⅲ, Cambridge：Cambridge University Press, 1979, p. 319.

　　② 参见〔美〕道格拉斯·诺思、罗伯特·托马斯《西方世界的兴起》张炳九译；熊芳芳《中世纪法国王室收入与赋税征收》，《中国社会科学报》2014 年 8 月 20 日第 636 期。

　　③ 参见〔美〕道格拉斯·诺思、罗伯特·托马斯《西方世界的兴起》张炳九译，第 174—175 页。

　　④ Denys Hay, *Europe in the Fourteenth and Fifteenth Centuries*, London：Longman Group Limited, 1980, p. 105.

　　⑤ M. M. Postan（ed.）, *The Cambridge Economic History of Europe*, Vol. Ⅲ, Cambridge：Cambridge University Press, 1979, p. 322.

到，即使在路易十四时代，国王征税仍然要征求基层或地方三级会议的意
见。而从更高层次的概念看，既然征税还要征得纳税人同意，就不能称之为
专制政体。另外，于法国王权趋强的同时，都铎王朝也削弱了国会的权力，
并通过宗教改革等措施强化了王权。从这种意义上说，法国历史走出了一条
与英国相似的路线。就赋税结构而言，前文引据的科尔伯任财政总监的一组
数据说明，即使被学术界定性为专制主义或绝对主义政体的路易十四时代，
所谓偏离传统，也有一定的限度。首先在区域上，许多省区的三级会议仍然
存在，而且非常活跃；① 其次从过程看，并未引起太大的变化。至于上文所
引炉灶税一度占财政收入的 83% 或 85%，也只是暂时现象。如果纵览这一
时期的变化，可以获得一种约略的描述：从查理七世以迄法国大革命结束，
法国税制走向只是较原来的路线有所偏离，而这种偏离，在经历了大革命后
又很快复归原路。这样看来，英法仍然属于同类。而所谓短暂的偏离，也正
是历史发展错综复杂、生动活泼、千变万化的反映。

　　就法国三级会议在百年战争的关键时刻将税权交由王权执掌而言，那只
是法国民众主要是贵族的一种选择。其实，法国不一定非走王权集中的路
线，而应有更好的选择。比如，全国三级会议可以在执掌税权的前提下全力
支持国王收复失地。既然组成议会的成员多为社会精英，见多识广，富于才
略，而三级会议又是一个富于理性而不只是感性的组织，应该有足够的冷静
和智慧应付发生的一切，率领法国民众渡过难关。如果那样，法国历史也许
不会发生王权向专制主义迈进的变故，不会发生 1789 年大革命的血与火的
激荡，从而不会发生学术界对近代早期或波旁王朝专制主义或绝对主义的定
性。如果那样，法国也许会走出一条更加类同于英国的路线，从而避免政体
演变的不确定性，大大降低法兰西近代化或社会转型的制度成本。由此论及
时下十分走红的威权主义或新权威主义理论，应该可以从此时法国历史的演
变中吸取教训。

　　（二）赋税基本理论的控制力量

　　随着民族大迁徙的结束，在众多的新兴国家里，贤人会议或国务会议在

---

　　① 〔法〕托克维尔《论三级会议各省，尤其朗格多克》，见托克维尔《旧制度与大革命》，商务印
书馆 1992 年版，第 263—274 页。

赋税征收中已享有很大权力。国王要征税，通常要征求贤人会议的意见。随着封建制度的建立和贵族会议的产生，在古典文化、基督教文化和日耳曼文化多种遗产的基础上，逐渐形成了赋税基本理论。这一理论一经形成，即深入影响和控制整个征税过程。有关征税事宜，必须首先召开贵族会议，获得授权。在英国，议会形成后和下院独立前，主要是征得封建主同意。上下院的分离，使征求同意的范围得以扩展，即除了征求贵族的同意，还必须征得城市和乡村代表的同意。随着议会制度的进一步发展，下院逐渐成为控制税权的主要机构，成为国王争取同意的主要对象。在法国，所谓议会，包括全国会议、各省议会、各种地方会议等多种形式。但全国议会不常开，所以，批准国王征税便首先是省议会的事情。此外，还必须争取各种地方会议如贵族会议、城市会议的同意。所谓赋税基本理论的控制力量，是指一种无形的观念和规则通过一种有形的组织即议会所产生的控制赋税征收的力量。

论者谈及英国中世纪关税，特别是议会作为永久性收入授予国王以补贴王室生活之需的关税时，常常轻描淡写地将关税征收视为国王的特权，对于国王或王室似乎与生俱来，犹如天赋。这实际上是误读了历史或至少把复杂的历史简单化了。事实上，从 1275 年古关税的设立到 17 世纪中叶詹姆士一世时新关税的废止，[①] 英国关税的征收以至关税制度的建立经历了一段极不平凡的历程。其中，绝没有田园诗般的温馨与宁静，却不乏刀光剑影的喧嚣甚至战争阴霾的笼罩。这里充满了议会、商人与王权的博弈，显示着赋税基本理论强大的控制力量，反映着文化的特性。

如前所论，在中古前期，土地税是税收体系的主税项，因此它自始即以王室特权外围的特性反映或体现赋税基本理论的控制力量。这方面，前文论述已多。工商税则不同，在成为主税项之前，主要体现国王的税收特权。基于与这一特权的对立关系，赋税基本理论必须首先将工商税从国王特权下解放出来，纳入自己的控制范围，方能使之成为反映自身控制力量的客体。因此，由国王特权转化为议会公权，也就成为体现赋税基本理论控制力量强大的最佳例证。而这个例证，是土地税所无法提供的。所以在我们看来，真正反映赋税基本理论控制力量的税项不是土地税，也不是人头税，而是工商

---

① N. S. B. Gras, *The Early English Customs System*, Cambridge：Harvard University press, 1918, p. 71.

税，尤其是工商税中的关税。具体来说，赋税基本理论的控制力量是指作为它的工具的议会如何跻身关税征收并最终实现关税制权由王权到公权的转移。西方中古赋税基本理论集中体现个人利益、共同利益、个人需要、共同需要的基本精神，而实现这种精神的基本途径是个人同意和共同同意。体现在关税征收上，则是当国王需要并提出征收要求时，由纳税人对这一要求的合理性展开讨论并做出评估，最终形成是否征收、如何征收的决定。这样一种违背习惯侵占国王利益的行为显然难以为国王所接受，因此预示了斗争的激烈和持久。

从古关税、新关税、呢绒关税的设立，到补助金、桶税、磅税的确定，关税制度的设置和演变基本上是在赋税基本理论的控制下进行的。在绝大多数重要的环节上，议会都产生了重大作用。

为方便论述，这里将 1275 年以前的关税称为原始关税，以区别于 1275年之后以迄中古与近代之交的各种关税。原始关税的征收是国王的特权，是习惯的产物，而且得到了《大宪章》的确认。因此，从原始关税初征经《大宪章》颁行到 1275 年古关税确立，原始关税的征收一直受到习惯的保护。而习惯本来即具法律效力，何况还得到了《大宪章》的确认。正因如此，原始关税征收的一应事务，尽由王室官员处理，而无须经过贵族会议和议会组织的同意，从而体现出一定的随意性和专断性。

随着十字军运动的进行，英国商人获得了难得的商机，于是提议召开议会，以期与国王合作，通过支付较高的保险费用获得国王的保护。参加议会的成员主要是高级教士、世俗贵族和城市社区代表，而确定的税率也在习惯形成的一般额度上下。这样看来，1275 年古关税的确立似乎既限制了国王的征税自由，侵犯了他的权利，也违反了习惯。而违反了习惯，也就违反了法律。如何认识这一现象？这里，需要我们思考赋税基本理论的控制因素及其与关税征收习惯之间的关系。在关税习惯运行的背后，赋税基本理论也在运行，而且是在一种更深层次上运行。与这种理论相比，国王的征税特权不过是一种古老习惯的遗存，显然已落后于时代，特别是议会的产生，更加剧了它与社会进步的脱节。赋税基本理论则具有强劲的生命力和强烈的现实性，与古代的民主、法制等理论相近相通，与时俱进。在这样的格局中，议会组织废除或终结国王的特权也就具有了合理性。事实上，基本理论控制的群体并不限于国内商人，即使是外商，国王也通常以协商的方式确定税率和税期，虽然这种协商不时蕴含强制的成分。在原始关税的征收过程中，国王正是这么做的，虽然他未必意识到这种基本理论的控制力量。

　　赋税基本理论对国王特权的控制作用是循序渐进的。古关税的设立虽使相关商品的通行税成为财政署的正常或永久收入，却也因以法律的形式将关税税率确定下来而限制了国王的征税自由。由于国家事务日繁，王室支出日增，加之对法战争的巨额花费，财政收支捉襟见肘，国王不得不违逆民意扩大征收。先是在 1294 年避开议会单独与商人协商，致使后者最终同意在古关税之外缴纳为期 2 到 3 年的补助金（subsidies）；继而于 1297 年扣押了商人手中的羊毛，意欲征收每袋 40 先令的关税。结果引发了众怒，以致 1297 年米迦勒节议会刚一召开，议员们即指责国王的勒索行为，将 1294 年特别是 1297 年的关税斥为"恶税"（Maltote），[①] 认为它们的征收违背了《大宪章》的规定，最终迫使国王签署了《大宪章确认令》。确认令篇幅不长，包括 7 款，但内容丰富，影响深远。就本题而言，主要涉及了以下几点：（1）谴责国王的重税行为，废除这个 40 先令的"恶税"；（2）重申《大宪章》精神，强调国王征税必须符合"共同利益"原则；（3）重申《大宪章》"共同同意"的基本原则，强调未经全国人民同意，不得征收赋税；（4）规定除 1275 年颁布的呢绒古关税，国王不能再另外征收关税。[②] 从 1294 年"恶税"的征收到 1297 年米迦勒节议会的召开，议会和王室颁发了多个文件，其中至少有 4 个文件直接涉及关税、"恶税"问题，分别是：《1294 至 1297 年的"恶税"》《1297 年冤情条款、1297 年 8 月 12 日王室的回应或表白》《1297 年 10 月 10 日和 11 月 5 日〈大宪章确认令〉》《1297 年 11 月 23 日的"恶税"之废除》。由这些文件可以看到国王的税收特权是怎样受到限制的。显然，国王已经不能像以前那样确定税率了。40 先令税率的确定，若在以前，并没有超出习惯允许的范围。但现在不行，即使木已成

---

　　① See H. Rothwell, *English Historical Documents* Ⅲ, London：Eyre & Spottiswoode, 1998, pp. 485 – 486.

　　② "The 'Evil toll'（Maltote）of 1294 – 1297 Abolished", 23 November 1297, see H. Rothwell, *English Historical Documents* Ⅲ, London：Eyre & Spottiswoode, 1998, pp. 488 – 489.

舟，也必须反正。这反映了议会力量的强大，说明税收体制正沿着前文分析的路径行进。

如果说古关税的设立涉及本土商人的权益，那么，新关税的征收对象则专指外商，与本土商人无涉，也与议会关联不大。但在新关税确立过程中，议会千方百计介入其中，以限制和夺取王室的关税权力。

新关税税率确立后，爱德华一世希望以与外商同样的条件向本土商人征收新关税，于是于次年召集国内各城市的商人代表开会。会议的性质与议会相同，只是代表主要来自城市，由利益共同体所派。会议规模很大，参加城市达 42 个，出席代表逾 100 人。[1] 他们研究分析了国王的计划和要求，感到远不能满足他们的条件，因此表示了强烈的反对和拒绝。这样，新关税也就专门针对外商征收，而本土商人，仍然按习惯缴纳酒税。但事情到此还远没有完结。公众与国王的矛盾日趋激化，废止新关税也就成了街谈巷议的焦点，特别是在 1309 年议会上，更成了议会请愿的主题。代表们强烈谴责新关税的征收违背了《大宪章》的条款，于 1311 年通过新的法令，终止爱德华二世对外商进行的一切商品的征收。[2] 事实上，新关税的征收迫于社会压力在 1309 年议会召开时已经停止，只是碍于王室的尊严而不得不对外谎称征收的目的仅仅为了财政实验。然而事情出人意表，这一停征一直持续了十几年，直到 1322 年才得以恢复。[3] 而且接下来的路子似乎仍不平坦，1328 年爱德华三世又不得不予以重新确认，并于 1353 年再次接受羊毛中心站的法令（the Statute of the Staple）的认可。[4] 赋税基本理论控制力量的强大由此可见一斑。

就这样，看似与本土商人以及议会无关或关联不大的新关税征收，在议

---

① S. Dowell, *A History of Taxation and Taxes in England from the Earliest Times to the Present Day*, Vol. 1, London: Frank Cass & Co Ltd, 1965, p. 80.

② Michael Prestwich, *The Three Edwards*, *War and State in England 1272 - 1377*, Methuen & Co. Ltd, p. 122; E. Lipson, *The Economic History of England*, Vol. 1, London: Adam and Charles Black, 1945, p. 611.

③ H. Hall, *A History of Custom - Revenue in England*, Vol. Ⅱ, Burt Franklin, 1970, p. 137; S. Dowell, *A History of Taxation and Taxes in England from the Earliest Times to the Present Day*, Vol. 1, London: Frank Cass & Co Ltd, 1965, p. 81.

④ S. Dowell, *A History of Taxation and Taxes in England*, *from the Earliest Times to the Present Day*, Vol. 1, London: Frank Cass & Co Ltd, 1965, p. 81.

会的干预下走过了这样一段不平凡的历程。在议会代表的理念里，他们既是国家的公民，也是自己财产的主人。作为国家的一员，在国家利益急需时有责任将个人财产用来交税。但作为财产的主人，当共同利益或国家利益需要而征税时，必须要征得个人同意。国家是大家的，财产是个人的，无论作为国家的公民，还是作为财产的主人，他们都有充足的理由对国王的征税要求做出评判或评估，继而做出能否征税的决议。这就注定了议会力量的强大。而干预的结果，是议会最终占得了控制权，国王要征税，必须得到议会的授权。

关于呢绒关税的征收问题，新关税曾有涉及，但因税率低，且征收范围仅限于外商，对王室财政影响不大。随着毛织业的发展，原用于出口的羊毛越来越多地织为呢绒，羊毛与呢绒出口的大幅消长在客观上要求实现关税征收重心的相应转换。而且，英国政府一向鼓励发展毛纺业。1347年之前，呢绒出口一直免税，其后虽有征收，但税率极低，长期维持在2%以内，而同期的羊毛出口却高达33%。[①] 从比较的角度看，羊毛与呢绒税率越悬殊，关税收入损失就越严重。另外，百年战争的爆发大大加重了财政负担，国家亟须找到新的收入来源。[②] 而国王培植工业的目的，虽然为了国家富强，却也并非没有财政税收的考虑。总之，从各方面看，对呢绒征税都是必要的。道理既如此浅显，对于虽重私利却也理性的议会代表来说便容易理解和接受了，特别是在英法关系交恶如百年战争期间就更是如此。所以呢绒关税似乎只经过了内阁会议（the council of the state）的授权，而没有经过全体议会代表的表决就建立起来。其间，虽也有下院成员表达了不同意见，总体上没有形成大的波动。可以说，是时代的需要、国王要求的合理、税率的适中、特别是议会对这些因素的认同和理性，使呢绒关税制度得以顺利地建立。

如前所论，补助金、桶税、磅税，也是国王迫于财政压力、依据自己的特权在古关税、新关税、呢绒关税业已确立的情况下加征的税项。在议员心目中，补助金的征收具有额外的、临时的性质，这种认识似乎自始就预示了

---

① E. Power, *The Wool Trade in English Medieval History*, Oxford：Oxford University Press, 1942, pp. 101 – 102.

② N. S. B. Gras, *The Early English Customs System*, Cambridge：Harvard University press, 1918, pp. 72 – 73；S. Dowell, *A History of Taxation and Taxes in England, from the Earliest Times to the Present Day*, Vol. 1, London：Frank Cass & Co Ltd, 1965, p. 167.

补助金合法化的坎坷与漫长。前已论及，1294 年国王曾避开议会单独与商人协商征收补助金，1297 年又扣押商人手中的羊毛企图重征关税，结果导致了议会将这两次征收定性为"恶税"，并强制签署了《大宪章确认令》，致使王权威信扫地。事实上，对于国王来说，这实在是没有办法的事情。既然一方面其他税项征收不易，几种新立的关税由于税率的确定难以扩征，另一方面随着国家的发展，财政用项又有增无减，在这种情况下，不巧立名目又岂能有其他选择？可问题在于，征收新税的合理性在短期内难以得到议员的认同。在议员们看来，国王虽非直接向他们征税，却也必然涉及他们的利益。他们中很多是羊毛生产者，税率的高低必然影响或涉及他们的利益。而且，征税必须反映民众的共同利益，即使是对外商征税，也必须征得他们的同意。何况《大宪章》对此早有规定。所以，从 1294 年、1297 年定性"恶税"之后，斗争一直在进行。

1322 年，爱德华二世与本国商人协商，对羊毛、毛皮、皮革征收补助金，规定每袋羊毛、每 300 张毛皮、征收 6 先令 8 便士，每打皮革征 13 先令 4 便士，外国商人交纳的补助金是本国商人的两倍。这次征收由于遇到阻力不到一年即停征。

1336、1337 年，爱德华三世征收补助金，税率为本土商人每袋羊毛征 2 镑，外商为 3 镑。这次征收激起了人们的愤怒，几乎重演了 1294—1297 年的场景，所征补助金被斥为"恶税"，而于 1340 年被迫废除。"恶税"废除后，议会授权国王征收另一个补助金，每袋羊毛、每 300 张毛皮、每打皮革共征 2 镑，较 1336 年税率大为降低，且税期只有一年半。[1] 由这个例子可见会议控制补助金征收的实际意义。一是降低了税率。在议会授权之前，税率是由国王与商人协商确定的。由于双方地位、权力不平衡，相关信息如对战争形势的了解不对称，税率更多体现国王的意志。由议会确定税率就不同了，组成议会的成员特别是下院议员都是纳税人代表，且主要是羊毛生产者和商人，税率的确定必然反映他们的利益。二是缩短了税期，减少了征收次数。基于同样的原因，此前税期的确定主要反映王权的利益，而商人，在很

---

① S. Dowell, *A History of Taxation and Taxes in England*, *from the Earliest Times to the Present Day*, Vol. 1, London: Frank Cass & Co Ltd, 1965, pp. 165 – 166.

多情况下不得不默默承受。现在不同了，国王的要求提出后，必须经过议会的讨论，是否符合形势，是否必要，是否合理，议员都要做出自己的判断，而后做出决议。授权都有一定期限，必要时则拒绝授权。原为国王的特权，现在转到了议会之手，掌握了主动权也就获得了制胜的条件。此前国王与商人协商，虽非没有期限，却往往很长，且常常连续征收，致使征收期限流于形式，变成实质上的常税。总之，议会授权可以大大降低税率，减少征税次数，缩短税期，这就代表了商人和羊毛生产者的利益，限制了国王的特权。

　　1340 年的议会授权虽然得到了国王的同意，但作为一种新的制税方式，还远不巩固，比如这次所授期限原为一年半，但到期后，国王又单独同商人协商征得同意后继续征收。税期的延长，自然又激起下院的反对，以致1343 年议会又将之斥为"恶税"。后来，由于羊毛价格的固定，补助金的征收不至于影响羊毛生产者，议会遂以另一个通行税的形式授权国王征收补助金。可是，刚刚固定下来的羊毛价格很快又遭到废止，因而又涉及羊毛生产者的利益。于是，下院又提出了反对意见，而且此后每次征收，都遭到下院的反对。[1]

　　经过长期争论，40 年代末终于形成了焦点，这就是补助金的征收是只需经过商人同意，还是也必须经过议会授权。对议会特别是下院来说，斗争目标是明确的，不达目的绝不罢休。1340 年之后，议会就不断颁发文件限制补助金的征收，规定没有教俗贵族和下院的一致同意，不能征收补助金。[2] 这样的文件在 1340、1348、1362 和 1371 年都有颁发或重申，显示了议会的决心。[3] 对于国王而言，补助金的征收虽然带来了可观的收入，却也总是激发人们的反对和舆情的指责，这使关税的征收难度日增。在这种情况下，国王也就不得不思考怎样以一种合理的方式达到征收目的。斗争持续到1362 年，双方终于通过类似于 1297 年的方式达成了妥协：议会授予国王征

　　① S. Dowell, *A History of Taxation and Taxes in England, from the Earliest Times to the Present Day*, Vol. 1, London: Frank Cass & Co Ltd, 1965, p. 166.

　　② George Burton Adams & H. Morse Stephens, *Select Documents of English Constitutional History*, London: MacMillan & Co., Ltd, 1924, p. 104.

　　③ A. R. Myers, Edited, *English Historical Documents*, Ⅳ, London: Eyre & Spottiswoode, 1969, pp. 444.

收补助金，每袋羊毛和每 300 张毛皮共征 20 先令，每打皮革 40 先令。皮革征 40 先令在以往的征收中不算低，但羊毛和毛皮两种商品合征 20 先令则显然低多了。因此总体看来，这个税率反映了商人和羊毛生产者的利益。更重要的是，国王不仅接受了这个税率，而且同意不经议会授予不再征收补助金。特别是后者，标志着议会最终将补助金制权纳入控制范围，意味着今后的征税次数与期限将大为降低。这里所谓降低，不是仅指以数字表达的绝对指标的下降，而是必须与不同时期的政府规模、经济发展、财政状况、关税额度以及各种利益关系的博弈等因素结合起来考虑。至此，关于补助金的争论总算得到了解决。但关于补助金的税率，后来仍有变化，所以 1371 议会又对此作了确认。[①]

议会对桶税和磅税的控制经历了相似的过程。道沃尔认为，两税开征于 1347 年，当时只是经过了内阁会议的授权和商人的同意，税率为：酒每桶 2 先令，羊毛、毛皮和皮革之外的商品每磅 6 便士。[②] 此后不久，议会即介入两税的授予。1373 年，议会全体会议授予国王征收两税，税率仍然维持 1347 年的规定。[③] 自此始，桶税和磅税便纳入了议会授权的范围。

前曾论及，议员无论来自哪个群体，无疑都属于社会精英阶层，这决定了他们虽有一己之利，更以国家的强盛和民族的前途为己任。特别是在战争问题上，他们虽然与国王存在分歧，不时拒绝国王的征税要求，但对战争的支持显然构成了财政体系演进的主体。正是议会的授权，不惟关税，包括所有传统项目的授权，构成了制胜的关键。没有议会的支持和授权，所谓战争，是不可想象的，国王的活动，很可能一事无成。格拉斯的研究证明，补助金的早期历史，无论是议会授权还是特权征收，无论在词源学上还是在实

---

①　A. R. Myers, Edited, *English Historical Documents*, Ⅳ, London：Eyre & Spottiswoode, 1969, p. 444.

②　S. Dowell, *A History of Taxation and Taxes in England, from the Earliest Times to the Present Day*, Vol. 1, London：Frank Cass & Co Ltd, 1965, pp. 168 – 169.

③　Grant of tonnage and poundage on conditions, 1373, see A. R. Myers, Edited, *English Historical Documents*, Ⅳ, London：Eyre & Spottiswoode, 1969, p. 446; S. Dowell, *A History of Taxation and Taxes in England, from the Earliest Times to the Present Day*, Vol. 1, London：Frank Cass & Co Ltd, 1965, p. 170; N. S. B. Gras, *The Early English Customs System*, Cambridge：Harvard University press, 1918, p. 82.

际之中，都是在战争的血与火中写成的。[1] 所征补助金，或用以支付苏格兰战费，或用以支持百年战争。在这个过程中，议会特别是下院，之所以竭力限制国王的税收特权，首先是出于征收必要性的考虑，此外，便主要是担心税款挪作他用，所以屡屡强调审计的作用。但在英法百年战争期间，特别是在传统税项已不能满足战费支付的情况下，他们毅然将关税补助金确立为合法的税项，说明他们确实是从民族或国家利益大局出发，处理自己与国王的财税关系。除此之外，他们还将补助金用于君主的生活补贴，阿金库尔战后，即不时用以补贴王室生活。如果说这种授予的前提是议会必须牢牢掌握制税大权，即使是国王终生享用补贴，也必须经由议会授权后才能生效，例如，1397 年授权理查二世享用补助金，同时又制定了附加条款，规定不可对他的继承人形成先例。[2] 那么，将补助金用于国王的生活补贴，则主要是基于"国王依靠自己的收入生活"的原则。这就进一步证明了议会的大局观念和国家责任。这样，经王权、议会和社会各种利益关系的博弈，补助金、桶税、磅税也纳入了议会控制的范围，完成了由国王特权向议会公权转移的过程。

在赋税基本理论的制约下，议会屡屡指责国王违背《大宪章》精神，反复强调遵循法律征税的必要性，坚持"涉及众人之事须由众人决断"的基本精神[3]和共同利益、共同需要和共同同意的基本原则，将原属国王的税权纳入自己的控制范围，这就创建了一种富于现代性的税收体制。这一点，置身其间的议员们可能完全没有意识，但它的意义和影响则是重大而深远的。

在法国，议会产生前，涉及征税问题的会议主要有 4 种，分别是中央或国王会议（council）、各地贵族会议（noble assemble）、城市会议（town assemble）、教士会议（prelate council）。中央会议犹似英国的贵族会议，与会成员包括国王、国王家族成员和教俗大封建主。教俗大封建主通常构成会

---

① N. S. B. Gras, *The Early English Customs System*, Cambridge: Harvard University press, 1918, p. 84.

② S. Dowell, *A History of Taxation and Taxes in England, from the Earliest Times to the Present Day*, Vol. 1, London: Frank Cass & Co Ltd, 1965, p. 172.

③ Refer to Michael Prestwich, *War, Politics and Finance Under Edward I*, Hampshire: Gregg Revivals, 1991, p. 260.

议的主体。会议人数不定，成分亦有差别。征税之前，首先要召开中央会议，讨论国王的征税要求，决定赋税是否征收以及征收对象、品色、税率等问题。中央会议的决议并不具有征税的现实性和决定性意义，但为征税工作提供了可能性。现实性取决于地方会议乃至纳税个人的同意，而决定性取决于中央会议、地方会议和纳税个体的共同同意。有学者认为，中央会议的决议或同意在很大程度上只具形式的意义，地方贵族会议、城市会议以及纳税个人的同意才具有实际意义。[①] 这一观点或认识对中央会议的作用可能有些低估，因为无论中央会议离征税实际有多远，它总是征税工作的一部分，没有中央会议的决议，征税工作就无法启动和推进。而纵览整个征税过程，从中央到地方，任何一个环节都不可缺少，任何一个会议都发挥了作用。唯其如此，中古法国的赋税制度才真正体现出赋税基本理论的控制力量。

在中央会议形成决议的过程中，国王通常做出一定让步，有时甚至是重大让步，但这不代表在地方会议召开时不再需要做出让步。也正因如此，争取地方会议和纳税个人的同意难度最大，有学者将之形容为"令人厌倦的任务"。[②] 而且在很多情况下，只有在中央会议之外的各层次会议上做出了让步，征税工作方可进行。所谓赋税基本理论的控制力量，正是通过这些会议和纳税个人的同意以及与国王的讨价还价而表现的。

这样，每次征税，国王必须在多个环节上接受不同纳税群体或个体的讨价还价，做出不同程度的让步。这里，我们以 1303—1304 年的征税做一说明。1303 年 10 月，国王为准备军事远征召开了一个小型会议。会议决定由贵族提供武装齐备的骑士，地产收入每 500 利弗尔提供 1 名；非贵族人员每 100 家供给 6 名军士（sergeant）。作为回报，国王承诺 1304 年不再征收协助金或其他与军事相关的税收。但是，国王的承诺远未满足与会人员的要求。与会的高级教士和男爵要求国王改革通货制度，召回贬值或成色不足的劣币。而这个要求意味着王室财政将面临重大损失，教俗封建主阶层则获得丰厚收益。须知，这是贵族与国王的一个矛盾结点。1298—1299 年，国王曾

---

① Joseph R. Strayer and Charles H. Taylor, *Studies in Early French Taxation*, Cambridge：Harvard University Press，1939，p. 66.

② Joseph R. Strayer and Charles H. Taylor, *Studies in Early French Taxation*, Cambridge：Harvard University Press，1939，p. 66.

通过操纵货币、降低币值约获利 120 万利弗尔（Li. tur），相当于财政收入的 2/3。[1] 几年来的货币贬值使封建主遭遇了重大损失，因为他们的地产都已出租，收取的地租不是劳役而是货币，而货币地租自始是固定的，特别是在 12、13 世纪这个相对稳定、和平的时期，都是一次性合同，无法随着物价的升降而做出相应调整。物价的腾贵，使他们接受的货币的实际价值仅占货币面值的 1/3。而回到旧的币制，则意味着他们的收入可增加 3 倍。对政府而言，情况则恰好相反，劣币的召回和币制的改革，等于重新回到以前的状态，国家财政将重蹈贫穷亏空的覆辙。但是，为了远征的成功，国王还是接受了贵族的要求。博弈的结果说明，国王虽为一国之君，但无权强迫贵族服从他的意志，而必须提出要求交给与会人员讨论、协商，最后服从大家的决定，这正是"共同同意"的意义。而在经济上做出让步，使原本蒙受损失的贵族群体以致普通民众从中受益则又体现了"共同利益"的精神。在文本层面上，中古法国对共同利益的表述似乎没有英国那样明晰，但是作为一种历史的意蕴和一种社会生活的表现无疑是典型的。正是这种典型，对英国赋税基本理论的形成产生了深刻影响。正如封建制度的传承一样，由于原发的封建制度所处的环境掺杂了很多非封建因素，封建制度的表现本身便远不是那样明晰或典型。但传至英国后，情况有了很大改观，所以，英国"导入的"封建制度就显得相对典型和划一。这使我们想起了恩格斯关于封建主义典型问题的论述。12、13 世纪，经十字军东征由封建制度的故乡西欧传至近东后，无论是理论表述、概括，还是制度建构、表现，便都进一步典型化。所以恩格斯说："封建主义曾经和它的概念相符合吗？它在西法兰克王国奠定了基础，在诺曼底为挪威侵略者进一步发展，在英格兰和南意大利为法国的诺曼人所完善，而它最接近于它的概念是在短命的耶路撒冷王国，这个王国在耶路撒冷法典中遗留下了封建制度的最典型的表现。"[2] 恩格斯显然将耶路撒冷王国视为封建制度的模板了。

然而，事情还远没有完结。首先，国王对这次会议的规模和召开做了类

---

[1] M. M. Postan, *The Cambridge Economic History of Europe*, Vol. III, Cambridge: Cambridge University Press, 1979, p. 305.

[2] 《恩格斯致康·施密特》，1895 年 3 月 12 日于伦敦，见《马克思恩格斯选集》第 4 卷，人民出版社 1995 年版，第 153 页。

似于检讨的说明。因为按惯例，中央会议应具有一定的规模，与会人员应包括国家的相关阶层和群体。这种会议虽不能称代表会议，但事实上已经蕴含了代表的意义。既然必须具备一定的规模，且又具有一定的代表性，那么，这个只有寥寥数人参加的会议被称为国王"一手选择"的构成也就显然丧失了它的本来意义。正因如此，国王不得不对会议的组成和召开的仓促做出解释，说局势危重而紧迫，没有足够的时间下发通知和组织大型会议，请民众包涵。在我们看来，国王的致歉乃是"共同同意"和"共同利益"情结的自然流露。如果情况相反，国王的权势压倒一切，像中国中古社会那样，全国上下都必须服从国王的意志，那么，这样的致歉便不仅多余，而且绝不会发生了。其次，在中央会议做出让步之外，国王通常再根据各地具体情况授予不同特权。1303 年会议决议发布后，曾引起法国南部民众的愤慨。编年史家记载，这场民怨曾濒临起义的边缘。形势如此，国王感到有必要马上到兰桂多克（朗格多克 Languedoc）地区做一次巡游，以安抚民众，为计划的实施提供保障。巡游从 1203 年 12 月开始，为期两个月。巡游期间，国王给予图鲁斯城以及图鲁斯（Toulouse）和卡尔卡松（Carcassonne）地区的一些居民一些重要特权，同时修改了 1304 年的征收条款，规定贵族每百户提供 4 名军士。不愿提供军士的城市，也可以每天提供 2 个苏，以供一名军士花费之需。而贵族，或者提供骑士，或者支付军费，地产收入每 500 利弗尔支付 100 利弗尔的军费。① 至此，从中央会议召开以来，国王已经做了两次让步。

由于做了较大让步，腓力很可能得到了兰桂多克地区贵族会议的授权。所以一俟巡游归来，便于 2 月 27 日宣称他征收补助金已经得到图鲁斯等多个城市和社区的同意。但是，这种授权与 10 月份中央会议相比，同样缺乏约束力，所以接下来，必须启动税吏与贵族和资产者的协商。资料显示，这种协商并没有继国王的宣布而马上开始，一直拖到 4 月份才召集会议。而在不同的城市和社区，图鲁斯贵族会议于 4 月 3 日召开，卡尔卡松贵族会议和城市会议 4 月 10 日召开，而比奥开里（Beaucaire）城市会议的召开则是 4

① Joseph R. Strayer and Charles H. Taylor, *Studies in Early French Taxation*, Cambridge：Harvard University Press, 1939, pp. 66 – 67.

月 16 日。由于各种利益关系错综交织，需要时间协调理顺，故而开会时间一再推延，同一地区会议召开前后相差半个月，由此可见赋税征收之难。会议召开后，贵族和资产者一如既往地讨价还价，而王室也根据不同情况做出不同让步，致使不同的城市或社区获得了各自的优惠。卡尔卡松可以自行申报贵族之家的数目，以决定应纳军士的数量。而战事一结束，赋税征收必须马上停止，一年之内不再征收役务、资金或军队补给品。比奥开里除享受卡尔卡松的优惠外，还可以从补助金中扣除国王所欠公社或个人的债务。在这些城市和社区中，图鲁斯的讨价还价最富成果，除了腓力巡游期间所做的让步外，几乎包括了卡尔卡松和比奥开里的所有优惠条件。首先，它可以对自己的收入进行自评；可以对于应纳税额进行分期付款；可以在战事结束后马上停止付款。其次，一经付款，无论国王提出什么借口或托词，它都可以予以拒绝，不再应役。而如应役，一经踏上征途，就可以终止债务。最重要的是，它可以将这次授权所付部分资金扣留图鲁斯，以支付腓力因军役拖欠的图鲁斯贵族的一半债务。[1]

这里，贵族、城市一再强调"即征即停"的征税原则，同样是赋税基本理论控制力量的反映。早在 1298 年，奥弗涅的皮埃尔就提出了"因果相制"的理论，[2] 即既然国王因急需而征税，危机一经结束即应停止征税。所谓"即征即停"，正是皮埃尔"因果相制"的反映。

但是，地方会议给予了同意，并不意味着赋税就可以征收了。那些肩负王命的征税人员还往往遭遇贵族的强力抵制，滞留封地之外而不得进入，以至于国王不得不降低姿态与他们谈判。腓力即以谦卑的口吻给贵族写信，请求他们缴纳补助金，以免树立负面榜样影响他们的邻居而引起连锁反应。[3]结果，还是国王不得不再次做出让步，承诺他们可以通过对从军人员支付现金来履行他们的封建义务。在法国中部和北部的一些地区，国王则通过发放特许状的形式换取了贵族的同意。比较而言，上述地区的贵族对于这次征税

① Joseph R. Strayer and Charles H. Taylor, *Studies in Early French Taxation*, Cambridge: Harvard University Press, 1939, pp. 67 – 68.
② 熊芳芳：《中世纪法国王室收入与赋税征收》，《中国社会科学报》2014 年 8 月 20 日第 636 期。
③ Joseph R. Strayer and Charles H. Taylor, *Studies in Early French Taxation*, Cambridge: Harvard University Press, 1939, pp. 68 – 69.

的反应和态度还算缓和。有些地方则不同，如诺曼底，贵族桀骜不驯，不仅
自己拒绝缴纳，而且还勒令民众进行抵制，致使国家行政系统形同虚设。[①]
贵族阻止税吏进入领地征税正是这一时期赋税基本理论的反应，因为按这时
的规则，出席者的同意不能约束缺席者，多数人的同意不能约束少数人。作
为个体贵族，如果他没有同意政府的条件，或国王的让步没有满足他的要
求，他有权对税吏做出拒绝，这符合赋税基本理论的精神。贵族如此，城市
市民也如此。他们虽不像贵族那样狂放不羁，却也坚韧不移，在缴纳环节上
锱铢必较，所谓税率，自然要经历相应的下降。卡尔卡松即是一个典型的例
子，它应纳税额为 1530 利弗尔，实纳税额却是 1000 利弗尔。其他城市和社
区也都有不同程度的下降，有的下降幅度更大。

　　除了贵族群体和地方会议组织，国王还须与教会系统的纳税个体协商，
这些个体一般为高级教职。基于教会的特殊地位，所纳税率通常低于世俗贵
族。王室姻亲也属纳税个体，如王后母亲的领地，税率可以享受教职的标
准。[②]

　　这样，1304 年征收至少经历了 4 个层次的协商，包括 3 个层级的会议
协商和一个层次的个人协商。经过这些协商和讨价还价后，国王或政府虽然
获得了同意并最终得以征收，他们的计划却因各种让步而不得不大力修改或
严重瘦身了。而在 1304 年的个案之外，赋税征收通常有两个结果，一是类
似于 1304 年的情况，征收的结果虽未达到政府的预期，却也勉强反映了国
王的要求；二是因未得到纳税群体的同意而致征收失败。

　　如前所论，征税过程中对国王讨价还价以至拒绝缴纳的现象，在同时期
的英国也多有所见，只是比较而言，法国似更普遍些。英国王权强大，情况
亦复如此，可见这种现象的形成与王权的强弱关联不大，实乃税收文化以及
由此生成的赋税基本理论的控制使然。由于这种控制力量十分强大，王权必
然显得相对软弱。必须肯定，百年战争爆发之前，这种控制力量在英法两国
的强弱、表现等方面均存在差异。但正如我们前面分析的，这种差异很可能

---

①　Joseph R. Strayer and Charles H. Taylor, *Studies in Early French Taxation*, Cambridge：Harvard
University Press，1939，p. 70.

②　Joseph R. Strayer and Charles H. Taylor, *Studies in Early French Taxation*, Cambridge：Harvard
University Press，1939，pp. 71 – 72.

与赋税文化传播交流中的逐渐规范化和整齐化以及各自的国情相关，但这不影响我们把它们视为同类。百年战争爆发后，这种差异趋于扩大，民族危亡的重大变故使税权的控制逐渐向王权一方靠拢。但是，1356 年《大敕令》仍然规定赋税的征收必须反映人民的意志，得到人民的同意。在 1484 年图尔三级会议上，科曼尼更呼吁："在世界所有的国王中，我们的君主最没有理由使用这样的言辞：'我有向我的臣民任意征税的特权。'"① 在同一次会议上，议员们甚至提出了经院学者的君权理论："君权不属于国王，因为只有有了人民，才有他的存在。"② 之后至大革命爆发，全国三级会议停开，国王征税仍然征求地方三级会议的意见，取得纳税人授权。由此可见，赋税基本理论的控制力量在两国的共性仍然居于主导。

（三）工商税的比重和质量

所谓工商税比重，是指工商税在税收总额中所占的比例。在英国，由于缺乏系统全面的统计数据，这里的工商税，仍主要以关税来做说明。在中世纪后期特定的环境里，关税占据了工商税的大部，构成了它的主体，因此以关税说明工商税具有代表性意义。而由于关税税额总是低于工商税，我们采集的数据也就必然小于工商税的实际指标，从而有助于避免论点的夸大。所谓税收总额，大体上指王室个人收入之外的全部税收收入。由于同样缺乏规范的统计，这里采用的数据资料只能说总体上可靠，这对我们的论证就足够了。在法国，遗存下来的数据更少得可怜，所见主要是学术界依据有限的资料推算的结果。不过，这也能大体反映出法国的税收状况。所谓工商税质量，是相对传统经济而言的，指工商税或关税收入是来自原料出口还是制成品出口。如前所论，中国清代的关税出口主要以原料为主，以至于民初学者每谈及此，无不扼腕痛惜："地大物博、无所不有"的天朝帝国主要以出口原料来获得关税收入！中世纪的英法不同。由于英国关税的品类以及关税与其他税收的比例关系比较清晰，可以据此直接判断工商税的质量。法国的情况则有别，由于数据资料匮乏，只能在现有基础上借助相关资料做出分析。

---

① 〔美〕詹姆斯·W. 汤普逊：《中世纪晚期欧洲经济社会史》，徐家玲等译，第 633—634 页。

② 〔法〕雷吉娜·佩尔努：《法国资产阶级史》上册，康新文等译，第 290 页。

工商税特别是关税的增长和经济尤其是国际贸易的发展是一种互动关系。关税的增长不一定反映经济特别是国际贸易的发展现状和态势。提高税率，也许会立竿见影，带来高税收效益，但从近期看它必然挫伤生产者和商人的积极性，从长远看则必然影响国际贸易的发展。因此，英明的政府不是一味提高税率，即使在战争时期亟须财政支持的情况下，对此也不会不有所考虑。而在和平的环境中，通常是通过所谓"以价换量"的方式获得财政收入，即通过一定的鼓励或刺激政策，待工商业发展达到一定规模，以低税率规模化换得税收的增长。这方面，英国封建政府开辟了道路，积累了经验，留下了深刻的启示。

同其他国家的历史一样，英国中世纪也经历了由以出口原料为主到以出口产品为主的过程。但与大多数国家不同，这个转变过程为期不长。如果从诺曼王朝算起，不过400年之久。前已论及，由于生产力低下，生产技术落后，诺曼王朝还几乎没有自己的商业，前来经商的商人主要来自意大利、弗兰德尔、西班牙和斯堪的纳维亚等地，出口商品主要是羊毛、毛皮、皮革、蜂蜡等英国特产。这时的毛织业，由于技术原始，远远落后于弗兰德尔、意大利、低地国家和西班牙。呢绒生产无论在质量还是产量上长期处于较低水平，无力在国际市场同他国竞争。

针对这一问题，英国政府在推广先进织机的同时，以优惠条件吸引外国技术工人移居英国，加强技术力量。13世纪，政府已不满于男耕女织、农牧结合的传统经济，设计了切实可行、富有成效的组合策略，在原料供应、技术引进、生产加工、市场销售、资金保障等方面采取了一系列措施。就我们的论题而言，其中最重要的便是利用赋税的杠杆作用发展民族工业。

1271年亨利三世即宣布：凡移居英国从事毛织业生产的外籍工人可以享受为期5年的免税待遇，包括通行税、任意税和其他关税等。① 爱德华二世则将前来定居的外国织工接受为英国居民，赐以与土著同等的权利。② 其中，当然包括税收的减免。爱德华三世在其统治的50年间更多次颁令，鼓

① E. Lipson, *The Economic History of England*, Vol.1, London：Adam and Charles Black, 1945, p.449.

② E. Lipson, *The Economic History of England*, Vol.1, London：Adam and Charles Black, 1945, pp.465、462-463、449、466.

励外国工匠移居英国。1332 年，爱德华三世颁令禁止使用进口呢绒，1337
年更宣布禁止外国呢绒进口，命令使用国产呢绒。[1] 爱德华四世也曾反复颁
布类似禁令，命令购买国产呢绒。[2] 为了打开并占领国际市场，英国诸王在
颁布上述法令的同时，又采取措施鼓励呢绒出口，这集中表现在呢绒与羊毛
出口关税的税率上。前已论及，1347 年之前，出口呢绒均享免税待遇，其
后虽规定征税，但税率极低，不及 2%；而同期的羊毛出口税率却高达
33%。上述措施，无论是吸引外国技术工人迁移，还是鼓励呢绒出口、禁止
呢绒进口，除了其中少数具有政治目的或一定政治色彩外，都属于经济政策
范围，造成的直接影响便是财政收入的降低。这些问题，政府显然已经考虑
到了，但仍然坚持推行既定政策，于是关税和财政署记录出现了下面一些统
计数字：1350—1400 年的 50 年，宽幅呢绒产量仅仅增加了 3 倍，而出口量
却增加了近 9 倍，说明原在国内市场销售的呢绒部分转到了国际市场。而自
14 世纪中叶以迄 17 世纪初年，呢绒出口一直呈上升之势（见表 4 - 5）。

表 4 - 5　14—16 世纪的呢绒出口

时间	出口呢绒（匹）	时间	出口呢绒（匹）
1347—1348 年	4423	15 世纪中期	54000
1366—1368 年	14000	1461—1483 年（爱德华四世在位时期）	63000
1392—1395 年	43000	1509—1547 年（亨利八世在位时期）	84000

资料来源：M. M. Postan, *The Cambridge Economic History of Europe*, Cambridge：Cambridge University
Press, Vol. 2, 1987, pp. 677 - 678。

　　据陈曦文先生的研究，此后一直到 17 世纪初年，呢绒出口一直稳定在
11 万匹左右。[3]
　　奇波拉将 1361—1500 年英国出口呢绒折合为羊毛，以袋计量，并与羊
毛出口做了整理比较，结论与波斯坦的统计基本吻合（见表 4 - 6）。

---

[1]　E. Lipson, *The Economic History of England*, Vol. 1, London：Adam and Charles Black, 1945,
p. 454.

[2]　E. Lipson, *The Economic History of England*, Vol. 1, London：Adam and Charles Black, 1945,
p. 455.

[3]　陈曦文：《英国 16 世纪经济变革与政策研究》，首都师范大学出版社 1995 年版，第 73 页。

表 4-6　14—15 世纪羊毛与呢绒出口

年份	出口羊毛（袋）	出口呢绒（袋）
1361—1370	28302	3024
1371—1380	23241	3432
1381—1390	17988	5521
1391—1400	17679	8967
1401—1410	13922	7651
1411—1420	13487	6364
1421—1430	13696	9309
1431—1440	7377	10051
1441—1450	9398	11803
1471—1480	9299	10125
1481—1490	8858	12230
1491—1500	8149	13891

资料来源：C. M. Cipolla, *Before the Industrial Revolution, European Society and Economy, 1000 - 1700*, London：Methuen & Co. Ltd, 1981, p. 278。

由表 4-6 可见，1431—1440 年系出口贸易发展的转折年代，英国从此由一个羊毛出口国转化为呢绒出口国。

关于 1500 年以后的发展情况，齐波拉以伦敦出口为例，为我们勾勒了 1500—1550 年年均出口呢绒的简况（见表 4-7）。

表 4-7　16 世纪初期的呢绒出口

年份	出口呢绒（匹）	年份	出口呢绒（匹）
1500—1502	49000	1527—1529	75000
1503—1505	44000	1530—1532	66000
1506—1508	50000	1533—1535	83000
1509—1511	58000	1536—1538	87000
1512—1514	61000	1539—1541	103000
1515—1517	61000	1542—1544	99000
1518—1520	66000	1545—1547	119000
1521—1523	54000	1550	133000
1524—1526	73000		

资料来源：C. M. Cipolla, *Before the Industrial Revolution, European Society and Economy, 1000 - 1700*, London：Methuen & Co. Ltd, 1981, p. 280。

英国关税从而工商税正是依靠这种变化获得增长的。如前所述，从爱德华一世开始，关税征收已有显著增加，年均已达 15870 镑。爱德华三世时期，关税征收更出现了飞跃。这位被誉为"英国商业之父"的国王，励精图治，使关税收入达到了新的高峰，在他统治的 50 间，年均高达 78456 镑。如果说 14 世纪的关税收入还缺乏深厚、坚实的基础，那么，经过 15 世纪近百年的抚育，英国出口贸易已经获得了巨大的稳定的发展。表 4-8 是根据几种资料整理的爱德华一世至爱德华四世时期英国历代国王所征收关税的总额与税收总额简表，通过比较，可以看出每位国王所征收关税的总额与税收总额之间的比例关系、关税总额的变化以及百余年间两者比例关系的变化。

表 4-8　爱德华一世至爱德华四世期间英国关税与税收总额的比例关系

单位：英镑

国王	关税总额	税收总额	关税所占比例（%）
爱德华一世	507840	1343011	38
爱德华二世	240320	675860	36
爱德华三世	3922800	5642773	70
理查二世	1092605	1985980	55
亨利四世	420000	922400	46
亨利五世	270000	468667	58
亨利六世	775000	1440870	54
爱德华四世	550000	720100	76

资料来源：见施诚《中世纪英国财政史研究》。J. H. Ramsay, *A History of the Revenues of the Kings of England 1066 - 1399*, 2 vols, Oxford：Clarendon Press, 1925.

这里有三点需要说明。第一，为什么会出现爱德华三世时期关税税额高涨的现象？与前任国王相比，爱德华三世时期的关税税额给人以陡然增长的感觉，而随着这个时期的结束又急遽下降。这种现象与百年战争的爆发及商品经济的发展密切相关。爱德华三世在位 50 年，即位第 10 年便爆发了百年战争，其余 40 年都是在战争中度过的。所以，有学者将这一时期的国家财政称为战争财政。在其他税项难以扩征的情况下，关税的增加势所必然，因此较爱德华二世高出了 34%。但是，战争爆发仅仅构成了征收高额关税的理由，要使这个理由得到议会认同和最终实现，还必须具备维持高额关税的资本和条件，这就是商品经济的发展和繁荣。恰恰是这一点，构成了爱德华三世长期征得高税的基础和保证。爱德华三世曾大刀阔斧地发展工商业，因此获得了"英国商业之父"的称号，而英国中世纪的商品经济，在这个时期确也获得了较大发展，形成了繁荣的局面。相比之下，在爱德华一世、二世时期，既无大规模战争爆发，又无繁荣的商品经济，关税税额低下自然符合情理。而行文至此所以列表说明，基本目的即在于考察受商品经济繁荣、国际关系变化等因素制约的关税增长及其与税收总额的比例关系，以此认识作为主税项的工商税在税收体系中的地位和作用。

第二，应该怎样认识爱德华三世之前关税税额的"低下"？这种"低下"是否影响工商税作为主税项的结论的形成？前已论及，由于缺乏必要的工商税统计数据，本书才以关税即工商税中的一个税项予以证明。既然论证的目标是工商税税额与税收总额的比例，那就不要忘记，在关税之外，工商税还有很多税项，且不乏税额较高的税项，特别是关税制度确立以后，就更是如此。这一点，前文业已论及，但未展开。安茹王朝时期，动产税已经成为税收体系中的大项。动产税中很大比例即来自本土商人及其在国内市场交易的商品、犹太人及其钱币放贷、农民的经济作物和手工制品、畜牧业和畜产品等。其中，畜产品指羊毛、毛皮、皮革等关税征收之外的畜群，包括羊、猪、牛、马等，以及畜群的衍生品，如原来的耕地随着畜牧业的发展而转换为牧场，等等。英国中世纪是一种农牧结合的经济结构，其中养殖业占有十分重要的地位。这方面学术界多有论述，本书也有论及，兹不赘述。这样再看爱德华三世之前的工商税，也就没有理由怀疑它的主税项的地位了。另外，我们所说的关税和主税项都是一些动态的概念，它们的形成都需要经历一个过程。所以，主税项的形成只能是一个大致的时期，无法给定一个确切的时间。

第三，中世纪的高关税对近代产生了深远的影响。理查二世之后的几位国王仍然处在战争年代，所以保持了50%以上甚至高达76%的比例。而既然关税税额已经增长到一个新的水平，期望有大的下降便不可能。即使百年战争结束了，下降空间仍然有限，这是事物发展的规律。何况百年战争期间，政府规模已有很大发展，也需要相应的财政投入予以维持。这预示了约克王朝之后都铎王朝的高关税税额。而这种高关税不仅进一步制约着主税项的演进，而且对经济结构乃至对外贸易都产生了深刻的影响。

　　沿着这样的态势发展，进入 16 世纪，英国呢绒已经统治欧洲市场，以至于英国人自豪地说，他们的呢绒"衣披半个欧洲"。[①] 进入 17 世纪，关税收入更获得了飞速提升。如果说表 4 - 5 至表 4 - 7 还主要显示羊毛和呢绒的出口状况及其对比的变化，那么，表 4 - 9 则主要说明进出口商品关税的信息，由此可以获得一个更直观的概念。

表 4 - 9　17 世纪前期英国关税收入的增长

年份	关税收入（英镑）	年份	关税收入（英镑）
1604—1605	112400	1649—1650	275355
1610—1611	136226	1650—1651	320000
1645—1646	277000	1651—1652	331000
1646—1647	263000	1652—1653	311000
1647—1648	203000	1653—1654	417000
1648—1649	147000	1654—1655	501000

　　资料来源：H. Hall, *A History of the Custom - Revenue in England*, *From the Early Times to the Year 1827*, Vol. 2, New York：Burt Franklin, 1970, p. 246；Vol. 1, pp. 183 - 184。

　　需要说明，表格显示信息为进出口关税总收入。其中，出口关税收入居于主体。而在出口关税中，羊毛出口关税业已衰落，呢绒出口关税居于主体。所以柯克在 1621 年议会上宣布，呢绒占英国全部出口商品的 9 成。1702 年贸易与种植园委员（The Commissioners for Trade and Plantations）报告称，1663 年的出口商品中羊毛制品几乎占 2/3。[②] 这样，作为税收体系主税项的工商税特别是关税的提高或增长的质量便显而易见了。15 世纪中期，集中表现了由以羊毛出口为主到以呢绒出口为主的关税征收的变化。此后，羊毛与呢绒出口量再没有出现反复，反映了英国经济顺利告别了中世纪，进入了近代发展的坦途，朝着工业革命的目标迈进。

　　[①]　E. Lipson, *The Economic History of England*, Vol. 2, London：Adam and Charles Black, 1947, pp. 187 - 188.

　　[②]　E. Lipson, *The Economic History of England*, Vol. 2, London：Adam and Charles Black, 1947, p. 188.

英国通过国家政策发展商业贸易，进而发展民族工业，然后从繁荣的民族工商业中获得税收，由此，形成了健康的税收体系。工商税正是这个健康的税收体系的主税项。而这种民族工商业的形成进而健康的税收体系的形成与开明的议会君主政治体制密切相关。

前已论及，由于遗存资料匮乏，法国工商税难以给出具体说明。但本题讨论工商税比重的目的，在于说明工商税的质量，即工商税的征收是否代表一种健康的经济发展。即如上文所论，英国较早完成了出口羊毛到出口呢绒的转变，我们就可以说，这是一种健康的税收结构。转而论及法国的赋税结构，由上述腓力四世时期可见，也是赋税基本理论制约的结果，即使在百年战争的恶劣环境里，这种结构也呈现着健康的走势。但美国学者汤普逊在谈及腓力四世时却每每流露出贬义，指责他为政专断，横征暴敛，置民众饥饱于不顾。例如，詹姆斯·W. 汤普逊说："腓力四世是一个惯常的机会主义者，对私利趋之若鹜，视政策为手中玩物，为所欲为，毫无顾忌。"[1] "腓力四世对商业的横征暴敛，破坏了促进法国商业发展的每一项计划。"[2] 考察腓力四世在位的近 30 年里，基本情况似乎并非如此，而且作者无法否认，正是这位"专断的"国王创建了三级会议，并在征税过程中较好地遵循了赋税基本理论。也正因为遵循了这一理论的基本精神，法国才形成了健康的赋税结构。那么，中世纪后期呢？综合分析这时的经济史资料感到，在缺乏具体数据统计的情况下也可以给出大致的判断。由具体的统计数据出发得出结论是直接的途径，也可以通过其他或相关资料给出判断，这种途径虽称间接，得出的结论仍然不失可靠。

百年战争结束后，特别是路易十一统治以来，几代国王都致力于工商业的重建和发展，制定、实施了积极的工商业政策。学术界普遍认为，查理五世以迄近代之前的法国，特别是路易十一和查理八世统治时期，是工业复兴的时代。复兴的工业中包括一些古老行业如毛纺业等，也包括一些新兴产业如丝质、矿产、邮电等。纺织业的复兴主要有鲁昂、图尔、尼姆、普瓦提埃、朗格多克、蒙彼利埃等城市。为了开创和扶植新兴产业，路易十一从热

---

① 〔美〕詹姆斯·W. 汤普逊：《中世纪晚期欧洲经济社会史》，徐家玲等译，第 54 页。
② 〔美〕詹姆斯·W. 汤普逊：《中世纪晚期欧洲经济社会史》，徐家玲等译，第 60 页。

那亚、威尼斯和佛罗伦萨延揽技术工人，在里昂建立丝织厂；从莱茵区和士瓦本吸引技术工人开采矿藏，并于 1471 年创办矿务局；从列日和纽伦堡招募工匠，在全国推广新印刷术。工业的复兴和发展需要具备相应的商品交流和销售体系，所以在工业复兴的同时，国王也十分注重市集贸易的恢复和发展。路易十一颁发文告创办和重建了 66 个集市；查理八世从 1483—1490 年为市场和集市颁发了 125 个特许状，1490—1498 年颁发了 152 个特许状。[①]但是，工商业体系一经遭到破坏，短时间内得到复兴是很难的。所以，虽然早在 14 世纪早期，法国已经创建了出口关税，1369 年也开始征收市场税，但直到 1523 年，工商税征收也仅为 15000 锂[②]，不仅与同时期的英国相比，征收比例低，在法国赋税结构中的比例也如此。

　　工商税比例的低下首先是由百年战争造成的。由于战争完全是在法国领土上进行，无论是过境贸易，还是国内贸易都受到了严重冲击，致使法国工商业体系元气大伤，从而导致工商税比例的低下。另外，在上述行业复兴和开创过程中，国王利用税收杠杆贯彻刺激政策，授予经济特权，将原由政府获得的部分利好转给工商业者。例如，路易十一在里昂建立丝织工厂，给予工人 10 年免税。[③]查理八世针对意大利、西班牙等城市的强力竞争，实施限制性关税政策，大幅提高进口毛织品税率，以限制外国毛织品的进口，保护法国毛织业的发展。似此，无论对本国工商业者免税或低税，还是对进口商品或外商提高关税，都必然或可能降低工商税收入，导致工商税比例的低下。百年战争的破坏是不以人的意志为转移的历史变故。法国工商税比例低下的历史责任应首先由百年战争负担，政府治理不能说无关，但肯定关联不大。相反，正是这种历史变故彰显了政府的绝地奋起和励精图治。整个战争过程，政府一直在觅求和平环境以发展经济。1470 年，路易十一与亨利六世进行谈判，为英法两国提供了 6 年的自由贸易。查理八世渴望与英国建立一种诚挚的谅解，希冀执行 1492 年协定和 1479 年协定，废除对两国人民的

　　① 〔美〕詹姆斯·W. 汤普逊：《中世纪晚期欧洲经济社会史》，徐家玲等译，第 643—644 页。
　　② M. M. Postan（edited），*The Cambridge Economic History of Europe*，Vol. Ⅲ，Cambridge：Cambridge University Press，1979，p. 319.
　　③ 〔法〕雷吉娜·佩尔努：《法国资产阶级史》上册，康新文等译，第 296 页。

一切额外义务，发展两国间贸易。^①

　　纵观法国工商业复兴的历史，赋税基本理论的制约作用是显而易见的。复兴时期国王的一些先进思想意识都与赋税基本理论的制约密切相关。尽管英国是法国的宿敌，路易十一仍然十分重视英法贸易，因为在他看来英国人可以买走南方的橄榄油、加斯科尼和香槟的葡萄酒、北方的各种织品以及其他杂货。1470 年，路易十一在与亨利六世谈判期间，要求缔结条约的使节利用外交人员享受豁免权的便利将价值 25000 克朗的法国制成品发往伦敦展出。展出的产品包括金丝呢绒、丝绸、香料、麻织品等；展出的目的不是出卖，而是向英国人表明，"法国商人可以像其他国家的商人一样，为英国人提供商品。"^② 1482 年，路易十一召集 11 个城市的商人代表开会，提出了在利凡特沿海投资 10 万利佛尔建立商业和航海业总公司的计划，以垄断利凡特商品的经营。^③ 这些计划虽未收到预期效果，却反映了国王先进的经济发展意识。这些意识显然在相当程度上符合资产者的利益要求，是赋税基本理论"共同利益""共同需要"的反映。但由于未得到与会代表或广大资产者的"共同同意"，国王的要求最终未达目的。在这一过程中，王权虽然空前强大，却没有一意孤行，强迫与会人员和广大资产者服从他的意志，相反，却是他本人服从了民众的意愿。这些意识及其贯彻在同时期的中国是难以想象的。

　　正因如此，三级会议的作用并未因王权的加强而受到削弱。资料显示，这时三级会议十分活跃，按语言分布或地理区划频繁召开，选举制度也由此获得了发展。除了三级会议，路易十一还专门召开资产者代表会议，为发展工商业绘制蓝图，1479 年曾拟定了一系列工业治安条例，以敕令的形式颁行。^④ 上述会议的频繁召开说明，赋税基本理论仍然发挥重要的控制作用，所以有学者说，在路易十一时代，王权与资产者的结盟默契而和谐，这在法

---

① 〔美〕詹姆斯·W. 汤普逊：《中世纪晚期欧洲经济社会史》，徐家玲等译，第 648—649 页。
② 〔法〕雷吉娜·佩尔努：《法国资产阶级史》上册，康新文等译，第 293 页；〔美〕詹姆斯·W. 汤普逊：《中世纪晚期欧洲经济社会史》，徐家玲等译，第 648 页。
③ 〔美〕詹姆斯·W. 汤普逊：《中世纪晚期欧洲经济社会史》，徐家玲等译，第 647 页。
④ 〔法〕雷吉娜·佩尔努：《法国资产阶级史》上册，康新文等译，第 288—289 页。

国史上实属罕见,不仅使结盟双方都从中受惠,[①] 而且使民族工商业趋于繁荣。

判断一种赋税结构是否健康,并不完全取决于制成品出口的比例。在一定条件下,制成品甚至工商税比例的低下也不妨碍经济发展呈现出健康的态势。英法两国各有自己的具体情况,但中世纪中后期的经济发展都呈现着健康的态势。

---

① M. M. Postan (edited), *The Cambridge Economic History of Europe*, Vol. Ⅲ, Cambridge: Cambridge University Press, 1979, pp. 322 – 323.

分　论

赋税制度

第 五 章

税权归属

税权是财权的一个重要组成部分，它包括赋税制度中的制税、用税和审计等几方面权力。而税权的归属则是指税权归谁执掌，归帝王，权力集体，纳税个体，还是几个权利实体共同执掌。

第一节 税权归属问题

税权归属问题是在西欧中古社会提出来的。早在议会产生之前，西欧各主要国家的纳税人与国王已经围绕制税权的归属问题展开斗争。议会产生之后，随着这一斗争的日益深入，用税权和审计权的归属问题也相继提出。所谓税权归属问题，实际上是西欧中古社会的纳税人与议会在不同时期提出来的关于制税、用税和审计等权力归属的综合。

中国中古社会是否提出过税权归属问题呢？作为客观事实，税权的归属当然存在，它由皇帝或朝廷执掌，具体体现为官府组织制税、用税和审计诸活动。但作为问题，却不曾有人提出。中国历史上不乏谴责官府重税，甚至因此"为民请命"的朝廷命官，而以武装斗争的形式抵制征税的农民起义更史不绝书，但是这些斗争的目的无不在于请求或强迫官府降低税额或免除一时一地的征收，而不是将目标放大些、放远些，把制税等看作一种权利作为一个问题提出来，并通过斗争夺取这种权利，以从根本上解决问题。而这也就无异于表明，税权为统治者天然所有。于是中西中古社会产生了一种大相异趣的现象：在西欧，纳税人、议会与国王争夺税权的斗争犹如一条显著的红线，贯穿于整个中古社会；而在中国，抗税斗争此起彼伏，却始终没有提出过税权的归属问题。

那么，何以西欧中古社会提出了税权的归属问题而中国却没有呢？

要回答这一问题，须首先剖析西欧中古社会的封建关系。8 世纪，法兰克宫相查理·马特实施采邑改革，封君封臣制遂在西欧大陆建立起来。与此同时，英国的封君封臣制也日渐形成。而由于 1066 年诺曼征服使法国封君封臣制在英国得以传播，最终促进了英国封君封臣制的确立，并使其在基本的方面与法国保持一致。在这种封君封臣关系中，君臣双方都负有一定义务。封君的义务主要是把土地分给封臣，一则作为封臣的生活来源，二则提供招养骑士的条件。封臣的义务则主要是向封君提供军役和协助金。军役数量视受封的土地面积而定，二者大体相应，任意减少或增加都不符合封建法理。役期一般以每年 40 天为限。提供协助金只是在封君必要时发生，数量大小也基本上以接受封土的面积为准。由以上叙述可见，封君封臣关系在某种意义或某种程度上可以说是一种交换关系，而且因封君赐予的土地与封臣提供的军役与钱款在量上基本相应而包含一定平等因素。这种关系一经确定，无论封君还是封臣一般都不能期望获得额外索取，除非他得到了对方的允准或以相应的代价作为交换。

西欧封建等级制正是由这种封君封臣关系上下延伸而成的。受此制约，等级制具有鲜明的特点：各等级依次受制于上一等级，除了国王的直接封臣外，各等级相对于王权都有一定的独立性，这主要表现为封臣在政治、经济、法律、军事等方面与封君而不是国王发生主要的、直接的关系。而国王除去他的直接封臣外，对社会其他阶层在很大程度上丧失了统摄力量。基于此，法国中世纪形成了"我的封臣的封臣不是我的封臣"的原则。英国塞利斯伯里宣誓虽似不承认上述原则，但实际上也很难说国王对于他的封臣的封臣有直接的人身关系。事实上，他仍须通过其间接封臣与他们发生联系。[1]

由于西欧中古社会动荡不安，战火连绵，原规定的 40 日役期在很多情况下不足使用。而按封建法，封臣如服役期满，可自行离开战场，而不论战争是否结束。果真如此，必然给包括国王在内的封君造成损害。为了补救，

---

[1]　马克垚：《英国封建社会研究》，第 133 页。

便产生了变通办法：超期服役的费用由封君负担，或封君向封臣支付一定的报酬。[1] 问题在于，这种额外的战费如何筹集？如果战争旷日持久地进行下去，仅封君一人的财力是难以维持的。显然，作为封君，他必须求助于直接封臣，而作为国王，必须求助于各级封臣和广大下层群众。如为前者，基于君臣之间某种程度的平等的交换关系，且由于这种额外的战费不属于封建法规定的封臣的义务范围，封臣应享有两种权力：一是由他们决定是否缴纳战费，二是如果同意缴纳，可向国王提出一些条件或索取一些报酬。如为后者，基于"我的封臣的封臣不是我的封臣"的封建原则，基于战争常常被视为国王的私事，人们对于民族国家的概念还十分淡漠因而缺乏责任感，[2] 也基于上述大体平等的交换关系和所征战费的"额外"性质，国王的各级封臣和广大下层群众更应享有以上权力。

这样，国王征收战费不得不首先征求各级封臣的意见，这就是我们在西欧中古税制中常见的"征得公众同意"或"获得全国公意"的由来。封臣可以同意国王征收战费，然国王何以为报呢？追加封地显然不能，因为这仅仅意味着获得的骑士数量得到增加，而役期仍不会改变，更何况王室领地的数量也是有限的。物质的回报难以获得，只能争取非物质的回报。在当时情况下，这种非物质的回报最直接最便利的形式便是制税权。

税权问题的提出与财产所有权也有密切关系。财产所有权包括土地以及农工商各类动产的所有权。西欧中古社会当然不存在完整意义上的土地所有权，但各类动产以及人们习惯区分于动产的工商之人的所有无论在法律上还是在事实上都更具有所有权意义。而在中世纪中后期，西欧赋税的征收恰恰以动产税和工商税而不是以土地税为主体。既然产权关系大体明确，当国王征得了封臣的税款而又无以回报的时候，纳税人提出制税权的归属问题并竭力争取这种权力也就十分自然了。或认为，中央集权和王权的软弱也是制税权归属问题得以提出的重要因素。其实封君封臣制的存在与中央集权和王权的软弱属于同一个问题。因为封君封臣制的形成和发展的必然结果便是权力的分散和王权的削弱。反过来，要加强中央集权、扩大王权，首先必须削弱

① 马克垚：《西欧封建经济形态研究》，第 105 页。

② D. Matthew, *The Medieval European Community*, New York：St. Martin's Press, 1977, pp. 332, 335.

以致消灭封君封臣制。

另外，特定的政治结构和力量对比也是税权问题得以提出的重要原因，而这种政治结构和力量对比实际上是一种文化现象，这在前面已经论及。特定的政治结构是指西欧中古社会并存着王权和限制王权的权力集体。如前所论，英国中古社会曾有3个先后相继的这样的组织或集体：贤人会议、贵族大会议和国会。在法国，查理帝国形成之前曾存在民众会议，查理帝国形成之后，民众会议转变为贵族会议，后来，在贵族会议的基础上，1302年又形成了三级会议。只是，这些会议没有英国的贤人会议、贵族大会议那样积极活跃和强劲有力。在欧洲其他地区和国家，也存在类似的组织。作为权力集体（除法国的民众会议），这些会议的成员都享有一定程度的议决之权。所不同的只是这些早期会议所享有的民主仍然保持一些原始的特点，且在范围上主要为贵族享有。议会形成后，它们所享有的民主，原始的特点已为文明的特征所取代，民主的范围也有了扩大。但是无论原始的民主还是文明的民主，都在一定程度上与国王的个人权力相对立，从而对王权产生一定的钳制作用。作为权力集体，它们独立于王权，形成的意见具有决议性质，极易形成限制王权的政治力量。所以，这些组织或集体的存在是制税权问题得以提出的必要条件。

王权和上述组织或集体之间并非完全或总是处于矛盾或对立状态。所说二者的力量对比只是在意见不统一或进行斗争时发生。具体到赋税问题，由于民众多为纳税人，很容易取得一致。而王室作为税款征收支用者，在阵容上是孤立的，再加上政治上的软弱，必然处于劣势。在这种情况下，纳税人提出制税权问题并争夺这种权力也就具有了必然性。

从封建法理上讲，纳税人提出制税权的归属问题并争取这种权力是合情合理的。但对国王而言，要承认这种权力并始终服从它的控制却极为不易。协商征税虽早已形成制度，却并不意味着国王承认了纳税人有权决定是否征税。国王是封臣们的宗主，是一国之君，他所需要的是集中权力控制臣下而不是相反。他有自己的宏伟事业，为了这种事业他必须进行战争，而这需要有雄厚的财政基础，需要掌握向人民征收赋税的权力。封臣呢？他们同样欲壑难平，获得制税权仅仅是手段，通过这种手段，他们要获得多方面的权力，从而达到限制王权、拟订法律、参与决策等多方面的目的。广大下层群众则反对国王穷兵黩武，但只要决定了缴纳战费，他们同样期望从国王处获得权益。在这一点上，他们与各级封建主的要求是一致的。由此可见，国王与臣民的关系自始便隐含着难以协调的矛盾。这些矛盾的存在与激化注定了臣民与国王必然围绕制税权问题进行斗争，而且这种斗争不会在短期内决出胜负，而要经过一个长期的不断反复的过程。正是由于这种斗争，制税权的归属问题在西欧中古社会表现得特别突出，而斗争的反复性又使这一问题的争论几乎贯穿于整个中世纪。在英国，议会控制制税权约始于 13 世纪末，大体以爱德华一世于 1297 年签署的《大宪章确认令》为标志。自此以迄都铎王朝统治的 16 世纪，国王们对这一法令和类似的文件虽时有反悔，但议会对制税权的控制大体上是牢固的。

需要指出，国王与臣民的协商，开始时范围很小，主要限于他的直接封臣。争论的问题也主要是制税权的归属。随着中古社会的发展，国务日繁，征税日频，税额日巨，征收对象也日广。在这种情况下，仅仅同直接封臣协商征税问题已经远远不够了，而且这时赋税的主要承担者不再限于直接封臣，而是包括他们在内的广大的民众。西欧王权顺应了这种历史潮流，议会政治由此而生。与此相适应，国王协商的对象也就由直接封臣变为由国民推举出来的代表议会议员了，所争论的问题也不再限于制税权的归属，用税权、审计权的归属问题也随着提了出来。

制税权问题的解决，仅仅使纳税人或议会获得了决定赋税征收与税额的权力，却没有涉及税款如何使用、如何保管等问题。而这些问题解决不好，不仅不能保证所征税款全部用于规定的方面，而且也必然影响制税权的实施。由于税款征收额较实际花费额在大多数情况下大些，因而税款在使用后多有剩余。国王往往将这一余额挪作他用。这对于纳税人来说当然不能容忍。于是又提出了用税权与审计权的归属问题。由于制税权问题已获解决，这些问题的争论也就不会十分激烈。如前所述，约在 14 世纪中叶，议会先后控制了用税和审计两项权力，从而基本上掌握了全部税权。

中国中古社会也有分封制和等级制，但与西方不同。这种分封主要是以家天下为基础的宗法性分封。而宗法性分封由于主要是在家庭成员内进行，远没有西欧那样广泛，而且存在的时间通常比较短暂，对等级制产生的影响也比较有限。那么，官僚制度中的禄田呢？与西欧相比不仅面积特小，仅由皇帝授予，更重要的是只具纯粹的经济意义，所有权和统治权仍然归属皇权或中央。等级制的形成与土地分封也没有多少联系，它是基于一定的选官制度和权力封赐而形成的。在这种选官制度中，武功、文治、学识、门第都是统治者认可的标准。一个王朝开基，皇帝首先以军功对开国元勋大加封官定爵，从而形成这一王朝最早的等级。王朝建立以后，为适应政治需要，统治者照例创建或袭用一套选官制度，如西汉的察举征辟、魏晋的九品中正、隋唐以迄明清的科举选仕等。随着统治集团官员的新陈代谢和老幼更替，选官制度逐渐形成定制，成为等级制度赖以存在和维持的基础。这时的选官制度既注重学识，也注重血统、门第。魏晋南北朝时期所以出现"累世宠贵"，"世代官宦"的豪门阀阅和儒学世家，形成"上品无寒门、下品无士族"的用官格局，其原因概在于此。即使在士族地主衰落，"世卿世禄"制消亡，科举制兴起以后，血统门第在选官制度中仍然产生重要作用。这样，武功、文治、学识、门第赋予了人们形式有别、高下各异的社会法律地位和政治经济特权，由此错综交织，构成了中国中古社会独具特色的等级体系。除了这种表现并不是十分典型也不是十分清晰的等级制，还有一种大体以职业划分的等级制，这就是士、农、工、商的等级体系。但无论哪一种等级制，由于不是通过土地的层层封授建立起来的，远没有西欧那样层次分明和错落有致。

中西中古等级制形成的方式既然不同，造成的结果也必然有异。在西欧，等级制形成的过程也是公权衰微、分解和私有的过程。由于土地的分封和特恩权的推行，国家权力分化为众多的个人权利。这些权利摆脱了中央的控制，成为王权强劲的对立因素。也正是由于这种公权的私有化，封建主（包括国王）之间的关系逐渐包含了一定程度的平等因素。这种平等因素作用于经济利益，便产生了上文所说的交换关系。相反，中国中古等级制的形成恰恰因各级官员各司其职、分工负责、政治权力层层统辖、逐级集中而最终加强了皇权。作为中古等级峰巅的中国皇帝不是通过等级制而是通过包含一定等级因素的各级政权组织、统摄、管制他的臣民。正因如此，中国历代王朝无不把"溥天之下，莫非王土；率土之滨，莫非王臣"的理论作为自己的统治依据，从而使等级关系形成了迥异于西欧的特点。前已指出，西欧税权问题的提出与解决主要基于普遍存在的封君封臣之间一定程度的平等的交换关系，以及由这种关系形成的等级制度。中国中古社会既然不存在这种关系与制度，也就失去了提出这种问题的可能。而臣民对皇帝的依赖以及君臣关系的强固又恰恰为税权归属中央并进而归属皇帝提供了必要条件。

从财产所有权讲，检验皇帝或国王对财产所有的程度不是看皇帝对皇庄、国王对王田占有的多寡，而是看皇帝或国王对臣民的财产控制的强弱。西方如英国，国王对臣民的土地虽有在一定条件下收回、没收等权力，但这种权力的行使仅限于直接封臣，因而范围十分狭窄。对于封出的土地，事实上已经不可能收回或没收。随着封建关系的发展，控制的力量逐渐松弛软弱。松弛软弱的控制力量当然难以收回业已转移且由强人控制的土地。更为重要的是，土地一经封出，很快便成为"硬化了的私有财产"，对于这种财产，事实上已不可能收回或没收，而仅仅具有理论的意义了。中国则不同，皇帝的控制权是始终的、直接的和强劲的：所谓始终的，是指中古社会自始至终皇帝都牢牢掌握这一权力，官府对土地的不断清丈和对臣民财产的不时没收便是有力的证明；所谓直接的和强劲的，是指皇帝对这种权力的行使不像西欧那样受到等级的阻隔，上至文武百官，下至百姓细民，都是皇帝强劲用权的直接对象。这种对臣民财产的始终的、直接的和强劲的控制无疑有利于皇帝执掌财税大权。

在政治结构方面，中国不存在西欧那样的权力集体。中国历代也有百官会议或群臣议政制度，有如唐三省（共议制）、明内阁，清军机处那样的机构。但这些会议和机构都非权力集体。百官会议或群臣议政都是朝廷命官以个人身份参加由皇帝主持的军国大议，所以不是权力集体。议论的结果是皇帝以个人意见裁决众议，因此也缺乏起码的民主。唐三省、明内阁和清军机处虽在形式上表现为集体议事，实际上则无独立性可言，只有集体之名，而无权力之实。唯其如此，也就不会形成包含一定民主的组织。既然不存在这样的组织和集体，也就不存在政治力量的对比问题；既然皇帝能以上下统制各级政权机构，税权也就必然归皇帝掌握。

第二节　税权归属差异

税权的归属在中古社会的不同时期有不同表现，它随着历史条件，主要是王权和政体的变化而变化。要对中西中古税权的归属进行总体的、全面的认识，必须对税权归属的变化发展进行动态的比较分析。这需要我们根据变化的特点将这一过程划分出可资比较的相应阶段，以说明中西中古税权归属的差别。结合王权和政体的变化，中西中古税权归属的变化过程可划分为三个阶段。

第一阶段，中国自春秋末叶至战国末叶，西方自 9 世纪至 11 世纪。这一阶段中西变化的共同特点是：王权比较软弱，税权尚欠完备。在中国，由于专制政体初步形成，王权还不够巩固，亦需要强化，赋税制度还不够健全，税权主要限于制税范围。在西方，英国刚刚完成统一，国力薄弱，且不断受到北欧人的入侵。法国在 843 年凡登条约颁布以后，旋陷入封建割据状态。所以两国王权也较软弱，赋税制度亦欠健全，税权也主要限于制税范围。

中国中古税制是随着中央集权君主专制政体的日渐定型于春秋战国时代逐步形成的。公元前 594 年，鲁国率先承认土地私有，初税田亩。紧接，齐国"相地衰征"，楚国"量入修赋"，郑国"庐井有伍（赋）"，至战国初年秦国"初税禾"止，变法运动基本结束，一套新的税制随之产生。在这一新的税制中，国君拥有比较充分的税权，税项的立废，税额的赠减，臣民的征免，悉由国君决断。鲁国"税亩"由宣公立。郑国"丘赋"由子产作。秦昭王令"复夷人顷田不租，十妻不算"[1]。楚国制"鄂君启节"，敕"见其全节则无征"，"不见其全节则征"[2]。在赵国，"简主出，税吏请轻重，简主曰：'勿轻勿重，重则利于上，若轻则利归于民。'"[3] 国君之下，当然设专人负责财政税收，如秦国的治粟内史、少府等。但这些官员无不秉君意行事，唯君命是从。这样，在中国中古制度刚刚确立之时，已经形成了有力的财政集权体制，正如《管子·轻重篇》《国蓄》云："先王知其然，故塞民之（养）［羡］，隘其利途，……予之在君，夺之在君，贫之在君，富之在君。"[4]

西欧中古赋税因国王在封建等级关系中具有国君和封君二重身份而具有

---

① 《华阳国志·巴志》；《后汉书·南蛮传》。
② 白钢：《中国政治制度史》，天津人民出版社 1991 年版，第 201 页。
③ 《韩非子·外储说右下篇》。
④ 《管子·轻重篇》。

二重特点：一是国王作为封君向封臣征收的封建税，二是作为国君向全国人民征收的国税。封建税又分两种：一是在封建关系的发展中约定俗成的封建常税，如协助金（aids）；二是在特殊条件下如王室财政入不敷出或进行战争时而征收的封建非常税，如补助金（subsidy）。所谓税权的归属，主要指国税与封建非常税两种税权的归属。而封建常税，属君臣间固定的权利义务，已被习惯法认可为定制，对于它的征收，一般须循成规。

11 世纪之前，英国税权主要由贤人会议掌握。贤人会议是一个贵族民主机关，主要由贵族、郡守和教会人士组成。国王要征税，首先要征得他们的同意。991 年埃塞尔雷德（Ethelred the Redeless）为贿赂丹麦人征收丹麦金，得到了贤人会议的批准。995 年，会议再次批准国王征收丹麦金，总额为 16000 镑。[①] 有些封建常税如 heregeld 则是由国王与会议共同征收的，如1012—1013 年，国王与议会征收军费以供应丹麦军队为英王服役的骚刻尔舰队。[②] 同时期的法国，因处于封建割据混战的严重时期，王权式微，国王既没有近代领土主权的概念，也不存在土地国有或王有的意识，只能以宗主的名义享受臣下的军役与协助金，经年由扈从陪伴巡游于他的直属领地，而不可对领地以外的土地征收赋税。中央管理机构十分弱小，严格意义的国家财政尚未形成。

第二阶段，中国始于秦汉，迄于宋元；西方起于 11 世纪，止于 15 世纪。这一阶段中西变化的共同特点是：王权得到了强化，税权趋向于完备。在中国，秦以气吞山河之势兼并六国，加强了专制统治。后经隋唐宋元诸朝，制度的某些环节虽有改动，基本原则却无变化。随着专制统治的加强，中国的赋税制度粗臻完备，税权遂包括了制税、用税和审计几种权力。在西方，英国威廉一世以征服立国，威震四方。法国王权虽初嫌弱小，但随着国家机构的日臻完善，也很快得到加强。13 世纪前后，英法两国双双确立议会君主制。15 世纪又形成统一的民族国家。由于 13 世纪之前的王权与政体不同于 13 世纪之后，赋税制度也相应存在差异：13 世纪之前，

---

① B. Lyon, *A Constitutional and Legal History of Medieval England*, New York: W. W. Norton & Company, 1980, p. 48.

② B. Lyon, *A Constitutional and Legal History of Medieval England*, New York: W. W. Norton & Company, 1980, p. 48.

税权主要是制税权；13 世纪之后，用税和审计也逐渐形成定制。

第二阶段伊始，中国秦汉两朝已建立起一套贯通上下、网络全国的税收制度。在这种制度下，绝没有皇帝请求征税的事情。健全完备的财政机构或精明干练的征税官员深知怎样履行自己的职责。所以一到征税时节，作为国家机器的一个组成部分的财政机构，便在正常的自我运行中实现了预期的赋税征敛。而每次征敛无疑都大体执行了皇帝的意见，代表了皇帝的意志。西方则不同，国王不仅仍然不能决定赋税的征收，而且征得贵族会议的意见之后，还必须与纳税人进行具体协商。在英国，随着诺曼征服的完成，贵族大会议取代了贤人会议而成为国家的重要机关。在财政税收方面，贵族大会议在承袭贤人会议的权力之外，有权批准协助金的征收，而协助金属封建常税范畴，因而可以认为作为权力集体的贵族大会议所享税权较贤人会议又有扩大。但是贵族大会议之批准征税并不具有决定性意义，王室税吏还须同纳税人就征收税额、估值方式等问题进行具体协商。如得不到纳税人的同意，贵族大会议的决议也就成为一纸空文。而且所谓贵族大会议的决议，出席者的同意不能约束缺席者，多数人的同意不能约束少数人。这就是英国历史上的协商制（the system of negotiation）[1]。史载，1243 年，国王要在伦敦征收任意税，派官员深入市民之中请求缴纳。他们逐一做耐心的说服工作，说国王正在国外带兵打仗，目的是为了人民的福祉，他很缺钱，要市民一定给予帮助。[2] 1255 年，为向伦敦征收任意税，曾请伦敦市长和一些市民代表列席贵族大会议，商议征收数额。[3] 这一时期，间接税的征收也都采取协商形式。即使是外国商人，国王也必须遵守这一原则。但是并不是国王的每次要求都得到满足。在很多情况下，他不得不向纳税人让步。1225 年，国王向伦敦征收任意税，计划为 3000 马克，实征为 2000 马克。[4] 类似的例子，史籍多

---

[1] S. Dowell, *A History of Taxation and Taxes in England, from Earliest Times to Present Day*, Vol. 1, London: Frank Cass & Co. Ltd, 1965. p. 54.

[2] S. Dowell, *A History of Taxation and Taxes in England, from Earliest Times to Present Day*, Vol. 1, London: Frank Cass & Co. Ltd, 1965. p. 52.

[3] S. Dowell, *A History of Taxation and Taxes in England, from Earliest Times to Present Day*, Vol. 1, London: Frank Cass & Co. Ltd, 1965. p. 53.

[4] S. Dowell, *A History of Taxation and Taxes in England, from Earliest Times to Present Day*, Vol. 1, London: Frank Cass & Co. Ltd, 1965. p. 53.

有记载。纳税人抗税，拒绝纳税的例子亦不少见。无地王约翰统治时期，托马斯曾公然宣布他的教堂领地将不付一便士的丹麦金。杰弗里大主教曾于1201、1207 年两次禁止王室官吏进入他的领地征收卡路卡其。[1] 北方男爵曾拒绝缴纳盾牌钱。[2] 英国王权是在征服的基础上建立起来的，封建割据相对缓和，在征税方面又承袭了征收丹麦金的一套制度。即使如此，英王征税仍然不易。同时期的法国，国王不过是封建主的宗主，其势力甚至不及一些大的封建主，征税无疑更难进行。加佩诸王不得不以低下的姿态与教会、封建主以及城市居民商议征税办法。12 世纪，他们只能在王国的几个城市中征收定期的任意税，而每次征收，都不得不接受纳税人提出的苛刻条件。[3] 亚瑟·提利指出，法国国王征收军费，不得不每次派法官深入基层或将地方官吏、地主管家召入中央法庭商谈所征数额、估值办法与征收方式。当时，这几乎成了王室法官的主要职责。[4]

赋税制度的发展将不同地区、不同阶层纳税人的经济利益密切联系在一起，也使纳税人与国王对于他们之间的关系以及对于民族国家的权利义务有了新的认识。适应这种新的变化，13 世纪末 14 世纪初，英、法两国先后形成了议会制度，而赋税协商制也就随着这一变化过渡到议会授予制。议会授予制其实仍然是一种协商制，不过是一种更高形式的协商制。在这种制度下，纳税人不再以个人的身份同国王税吏协商，而是联合起来，通过组织的形式，通过法律或宪法手段同国王争夺财税的控制权。如果说协商制因纳税人力量的孤立单薄尚难以控制税权，那么，议会授予制则因为纳税人形成了统一的组织而易于控制这一权力了。

在西方，议会的产生使赋税征收逐渐形成定制，走上正轨；在中国，秦汉的统治也使中古税制得以确立并日趋完善。下面，我们就这一时期相对典型阶段税制中的制税、用税、审计等权力的归属作一对比，以较为全面地认

---

① 　W. Stubbs, *The Constitutional History of England*, Vol.Ⅰ, Oxford: Clarendon Press, 1873, pp. 148, 619.

② 　S. Dowell, *A History of Taxation and Taxes in England, from Earliest Times to Present Day*, Vol. 1, London: Frank Cass & Co. Ltd, 1965. p. 42.

③ 　C. Webber and Wildavsky, *A History of Taxation and Expenditure in the Western World*, New York: Simon and Schuster, 1986, p. 180.

④ 　M. A. Arthur Tilley, Medieval France, Cambridge: Cambridge University Press, 1922, p. 7.

识中西税制中的税权问题。

1. 制税权

大体上说，制税权在中国由皇帝控制，在西方由议会掌握。

在西方，制税由国王与议会共同进行，但议会在其中起决定性作用，这首先在法律上有明确的规定。在英国，议会制度确立之前，赋税征收已形成征求王国社团意见的原则。1215 年《大宪章》特别强调了这一原则。其中说，国王征收协助金与免役税，"应用加盖印信之诏书通知各大主教，主教，修道院长，伯爵与男爵，指明召集会议的时间与地点，以期获得全国公意"。① 此外，"仍应通过执事与管家普遍召集凡直接领有土地者。召集之缘由应于诏书内载明"。② 为了确保大宪章的贯彻实施，议会又于 1297 年迫使爱德华一世签署了《大宪章确认令》（the Confirmation of the Charters），规定"如无全国公众之同意并为了王国之共同利益，除了古代应缴纳协助金及税金外，将不再向王国征收协助金、税金等"。③ 自此以后，制税权便牢牢掌握在议会手中。即使是刚强勇武、威行天下的爱德华三世也不得不屈从议会，承认它有决定征收直接税与间接税的权力。1362 年，他签署法令保证以后"没有议会的同意不征补助金和其他赋税"。④ 在法国，赋税的征收也必须征得议会的批准。⑤ 1338 年，腓力六世签署了一个文件，其中规定："除非有紧急需要，而且经过各级人民同意，国王无权征收任何新税。"⑥

在中国，皇帝控制制税权是指制税活动中的原则和制度由皇帝决定。但这在法律上似不见反映。中国历代法律有多种形式，如秦有律、令、科、比等。唐有律、令、格、式等。所说皇帝的制税权在法律上似无反映即指在这些形式中不见表现。相反，对国家财政官员的权力却多有涉及。这种现象可

① J. H. Robinson, *Readings in European History*, Vol. 1, Boston: Ginn & Company, 1904, pp. 235 – 236.

② J. H. Robinson, *Readings in European History*, Vol. 1, Boston: Ginn & Company, 1904, pp. 235 – 236.

③ B. Lyon, *A Constitutional and Legal History of Medieval England*, New York: W. W. Norton & Company, 1980, p. 387.

④ B. Lyon, *A Constitutional and Legal History of Medieval England*, New York: W. W. Norton & Company, 1980, p. 550.

⑤ D. Hay, *A General History of Europe: Europe in the Fourteenth and Fifteenth Centuries*, London: Longman Group Limited, 1980, p. 180.

⑥ 刘启戈：《世界中世纪史》上册，北京师范大学出版社 1957 年版（作为内部交流使用），第 267 页。

否解释为皇帝不享制税权，或皇帝的制税权得不到保障？① 回答是否定的。近年来虽有学者撰文对中国中古专制政体越来越加强的传统观点提出质疑，认为中国皇权不是越来越加强，而是越来越受限制，② 然观其文章大略，感觉这并不能动摇传统的结论。因为第一，有些论据在我们看来不是限制了皇权，而是加强了皇权；第二，可以肯定，无论哪个朝代，都可以找到一些限制甚至抵触皇权的事例，但是，这些事例在量上显得过于单薄与孤立，因而都是特例，难免给人以见树不见林的感觉。所以我们仍然认为历代皇帝握有一切大权，包括官员任免、法律拟制等，制税之权也自然在其掌握之中。正因为皇帝掌握一切大权，权力的具体执掌，即皇帝以下各级官员所享权限由皇帝或由有关人员秉皇帝之意做出规定，而不是相反，也无须皇帝自己规定自己。而且："权归于上"，"政出于一"③ 已经成为历朝历代的定规定则，即使在寻常百姓中也家喻户晓，尽人皆知，自然无须在法律中重复规定。另外，皇帝一则为一国之君，政务繁杂，不可能事无巨细，一一过问。一则晓喻"贵在执要"的"君人之道"。"要"者，当为军国大事，亦可释作朝廷重臣。抓大事，用重臣是历代"君人"的起码道理。基于以上原因，皇帝必然把制税事务委于下属，并在法律中做出相应规定，而这样，也就难以窥见关于皇帝执掌制税的条律了。

皇帝的制税权在律中虽不见反映，皇帝却可直接通过法律进行制税。这种法律即上面所举的"令"。诏令的颁布当然有一定程序，例如魏晋南北朝时皇帝制诏，先与宰相商议，后交中书省起草，再由门下省审署，门下省可提出异议，请皇帝考虑修改或取消。但是不管诏令的颁布经过多少衙门，皇帝的意愿和对诏令的签署无疑具有决定性意义，除非他是一个昏庸之君，或是一个无知童稚。所谓"一兵之籍，一财之源，一地之守，皆人主自为之"④，正好反映了皇帝在制诏中的决定性作用。

事实上，"律"对皇帝的制税之权没有规定，并不影响皇帝将这一权力集中到自己手中。因为律令对赋税的如何征收都做了详细严格的规定。通过

---

① 王瑞来：《论宋代皇权》，《历史研究》1989 年第 1 期。
② 王瑞来：《论宋代皇权》，《历史研究》1989 年第 1 期。
③ 曾肇：《曲阜集》卷一，《上哲宗论君道在立己知人》。
④ 《叶适集·水心别集》卷十，《始议二》。

这些规定，制税权从基层官吏起即渐次收拢，最后集中于皇帝之手，形成了严格的中央集权的财政专制体制。所以，作为这种体制的直接表现，制税与征税都有"律"可循，如非法课征，要受到"擅兴律"的制裁。汉武帝时丞相公孙贺即"因下吏妄赋，百姓流亡"而受诏责。成帝时丞相翟方进因"奏请一切增赋"后赐死。[①] 唐律更严禁官吏擅自增减庸调的法定税率。《唐律疏议》之《户婚律》规定："若非法而擅赋敛，及以法赋敛而擅加益，赃重入官者，计所擅坐赃论；入私者，以枉法论；至死者，加役流。"[②]

"律""令"规定当然不可能将制税权力包揽无遗。所以，主管人员有时也享有一定的决定权。西汉的丞相即如此。《汉书·翟方进》曰："税城郭，及田园，过更，算马牛羊，增益盐铁。"这说明丞相有权对宫外、庙宇之地的出租部分课税，此指征收新税；"增益盐铁"谓增加盐铁之税，此指增加税额。[③] 但是丞相的这种权力十分有限，且最终还是受制于皇帝，因为他对皇帝要严格负责。如成帝时丞相薛宣即因"赋敛无度"而被罢免。

制税具体包括税项立废、税额增减等内容。中国历代税项立废、税额增减主要是通过皇帝的诏令颁行的。这类诏令在汉代、宋代极为多见。汉代高祖、惠帝的什五税一，口赋，算赋，更赋；武帝的盐税，铁税，酒税，市税，等等；唐代名目繁多的杂税；宋代的"杂变之赋"无一不是通过皇帝的诏令设立的。汉文帝则曾下令"除田之租税"长达12年之久，和帝亦曾罢免"盐铁之禁"。而通过皇帝诏令增添税额的例子更是数不胜数。

西方税项立废和税额增减之权归属议会。在英国，议会所立包括中古社会全部的重要项目。直接税如财产税、人头税、教区税、户税、等级所得税等。间接税包括古关税、新关税和布税等。城乡资产税在14世纪以前已按资产比例征收，但无定率。1332年，议会确定其税率为城市1/10，乡村1/15，并决定以此作为直接税的主要的、基本的项目。[④] 教区税、人头税、

① 罗庆康：《西汉财政官制史稿》，第11页。
② 陈明光：《唐代财政史新编》，第8页附文。
③ 罗庆康：《西汉财政官制史稿》，第8—9页。
④ S. Dowell, *A History of Taxation and Taxes in England, from the Earliest Times to the Present Day*, Vol. 1, London: Frank Cass & Co. Ltd, 1965, p. 88.

户税、等级所得税等都是在国家财政急需时由议会临时立项征收①并于此后不久废除的。间接税中的古关税于 1275 年设立，后因议会反对而停征，代以临时的桶税和磅税。② 新关税本由国王与外商协商于 1302 年设立，专征外商，后因国王企图使用于本国商人而遭议会废除，以后又在议会的允准下恢复。③ 呢绒税则由议会于 1347 年设立。④ 法国封建非常税，包括直接税如炉灶税、户口税，间接税如交易税、食盐税也都由议会设立或议会产生前业已存在而后由议会确认。15 世纪以前，这些税都是临时税，后由议会确定为永久税或常税。⑤ 税额增减也主要由议会决定。英国城乡资产税的确定即是一个典型的例子。由于城乡税额分别确定为 1/10 和 1/15，税收总额也就固定在 39000—38000 磅。如确需增加，经议会批准可外征。

与制税权密切相关的财产估值之权在中西中古社会的归属亦不相同。中国史籍中这方面记载比较少见。不过我们可以推定，这种权力仍大体由皇帝掌握，因为依据制度，估值方法与原则即使由主管部门或官员商定，最后仍须由皇帝下诏实施。在西方，由于资产估值牵涉王室及纳税人的切身利益，常常引起争论和人们对国王的不满。正因如此，议会自始便关注财产估值问题，并几乎在它形成的同时，即将估值之权控制在自己手中。在参照之前估值实践，接受其经验教训的基础上，议会规定了估值程序、征收对象，列举了估值物品和豁免物品的种类。并将这些种类印制成文，存入议会卷档，作为以后估值的蓝本和基础，责令国王、税吏遵照执行。13 世纪以后，英国动产税的估值基本上遵循了这一规定。在法国，虽未见议会对估值作这样的规定，但国王每次征税，大体上都与三级会议商定估值事宜。⑥

---

① S. Dowell, *A History of Taxation and Taxes in England*, *from the Earliest Times to the Present Day*, Vol 1, London: Frank Cass & Co. Ltd, 1965, pp. 89 – 110.

② E. Lipson, *The Economic History of England*, Vol. 1, London: Adam and Charles Black, 1945, pp. 610 – 611.

③ E. Lipson, *The Economic History of England*, Vol. 1, London: Adam and Charles Black, 1945, p. 611.

④ S. Dowell, *A History of Taxation and Taxes in England*, *from the Earliest Times to the Present Day*, Vol. 1, London: Frank Cass & Co. Ltd, 1965, p. 167.

⑤ 沈练之：《法国通史简编》，人民出版社 1990 年版，第 93 页。

⑥ W. A. Arthur Tilley, *Medieval France*, Cambridge: Cambridge University Press, 1922, p. 77.

2. 用税权

用税权是指规定税款用途，控制用项数额的权力。中西中古政治制度的差异决定了中西用税权分别主要由皇帝和议会执掌。

由于中国中古政治对皇权缺乏有效的制衡和监督机制，由于政府财政实行专制体制，政府财政的很大部分税额归皇帝支用。虽然中国历史上较早产生了预算制度，甚至提出了"量出制入"的制税原则，但由于这些制度和原则并未得到认真贯彻，甚至仅仅流于形式，[①] 对于皇帝支用税额的权力并无多少限制作用。中国皇帝的用税之权首先表现在官俸的支用方面。官俸的发放当然由财政主管部门具体负责，但部分官员特别是高级官员的任免却属于皇帝的职权范围。只要皇帝任命了新的官员，薪俸的发放也必须马上到位。在这里，皇帝对官员的任命在官俸的发放中显然具有决定性意义。一般来说，在王朝初期，政治比较清明，官位设置崇尚精简，这时皇帝的用税权也相应简约；但随着王朝的日趋腐败，增官设位甚至卖官鬻爵越来越成为严重现象，终至冗官大增，机构臃肿，官俸巨涨，这时皇帝的用税权也随着膨胀。隋朝"民少官多，十羊九牧"已众所周知。唐贞观初年，朝内文武定员不过 642 人，开元时再定官制，激增为 18805 人。仅七八十年间，增官 18200 人，是贞观初年的 30 余倍。贞观之后，官僚体系更加速膨胀。至宪宗元和年间，人数达 368668 人，居汉朝以来诸代之首。当时全国税户不过 144 万，平均每 7 户就得供奉 2 个官员。[②] 宋初设官不过三五千员；至景德年间，已增至万余员；及皇祐年间更增至二万多员。几乎每隔三十年即翻上一番。[③] 在官员的增长额中，排除因经济发展、人口增加而必须设置的职位外，大部分皆非必要，因而都是冗官。这些冗官无疑都由皇帝设立或设立前预先经过了皇帝的允准，并毫无例外地拨发了薪俸。

皇帝的用税之权还表现在军费开支方面。秦汉至宋元间，各王朝的军事用项很多并非必要。如秦始皇举天下之力，修筑长城；以三十万军北击匈奴；五十万众屯戍岭南，致使田租、口赋、盐铁之税二十倍于古。汉武帝北伐匈奴，多者岁费数十百巨万，少者亦百余巨万，致使正常收入不足

---

① 陈明光：《唐代财政史新编》，第 8 页。
② 中央财政金融学院财政教研室编《中国财政简史》，第 84 页。
③ 漆侠：《宋代经济史》上册，上海人民出版社 1987 年版，第 403 页。

支付，不得不专卖盐铁，卖官鬻爵。即使如此，仍不免国库空虚，财力难支。①

官俸与军费是政府开支的主要项目，此外尚有用于农田、水利、教育、祭祀、赈灾、赏赐等多方面的开支。这些开支一般也都经皇帝的允准，从而使中国历代的用税之权在绝大程度上归属皇帝。

在西方，用税权初归国王，但随着议会君主制的形成和发展，逐渐转归议会执掌。西方用税不同于中国。所谓税款，主要是战争用款，受此制约，议会的用税权也就主要是规定并监督国王将税款用作战费，以免挪作他用。1348 年，英国下院在批准 1/15 税时强调这次税款"只能用于苏格兰战争"。② 1390 年，下院批准每袋羊毛可征 40 先令出口税。其中 30 先令须用作战费。③ 至兰加斯特王朝统治时期，议会对税款使用作了明确规定。一般来说，大项拨款用于卫国战争；桶税、磅税用以保卫领海；羊毛磅税与关税用以维持加来驻军军需；而只有王领收入用于王室消费。④ 至于官俸，因此时的政府仍具有一定的"私人政府"的性质，且官员人数很少，不像中国那样形成了庞大的官僚体系，则由国王支自王室收入。其他用项如祭祀、教育、农田、水利等在这一时期的西方皆未见存在。

由于财政制度的运作采用集权专制体制，中国皇帝的用税具有显著的随意性特点。皇帝的喜怒哀乐对财政支出往往产生重大影响。⑤ 例如，公元前 215 年秦始皇发兵 30 万出征塞北，诱因于"亡秦者胡也"的图书谶语；汉高祖北击匈奴诱发于韩王信的叛变。⑥ 这些行动都会给国家财政带来沉重的负担。也正是因为这种用税的随意性，皇帝支用税款过于便利，常常导致外交政策的盲目与失误。上述高祖北击匈奴一例即为明证。在西方，由于议会

① 马大英：《汉代财政史》，第 199 页。
② B. Lyon, *A Constitutional and Legal History of Medieval England*, New York：W. W. Norton & Company, 1980, p. 552.
③ B. Lyon, *A Constitutional and Legal History of Medieval England*, New York：W. W. Norton & Company, 1980, p. 552.
④ B. Lyon, *A Constitutional and Legal History of Medieval England*, New York：W. W. Norton & Company, 1980, p. 602.
⑤ 马大英：《汉代财政史》，第 159 页。
⑥ 白钢：《中国政治制度史》，第 233 页。

控制用税权，国王一般须按议会决议行事，从而在很大程度上避免了中国式的一人专断的随意性。这作用于税制，可以减少不合理的赋税征收，降低纳税人员的负担。由于确定税收用途时须在一定的调查研究的基础上对所需税额进行预算，结果可大体符合用税实际，这样便不致造成征收量的过多或过少，从而减少了国王将税款挪作他用的机会，或造成国王因税量不足再要求征收的口实。

3. 审计权

中西中古社会审计制度的内容都主要是稽核财政收支账目与实际数额是否一致，以保证国家财政的完整性。但是审计权的归属不同。在中国，审计权属于皇帝，这具体体现为审计人员的任命和审计权的分授与集中。中央审计人员都由皇帝任命，以下各级由吏部或主管部门确定。审计权由皇帝和主管部门按高低大小分授各级审计人员具体执掌，同时又从基层审计人员开始依次收归中央审计机关，进而收归皇帝。与此相应，审计材料也由下而上层层汇总，最后由皇帝集中过目，以定夺奖惩。在西方，审计权约于14世纪转归议会。1335年北法三级会议采纳了一个建议，由三级会议的代表监督赋税的征收。① 1357年"大敕令"又明确规定议会对赋税享有征收、开支和监督使用之权。在英国，1379年御前会议责令将赋税账目提交议会接受审查。从此以后，审计人员的任命便由议会独自行使。②

由于审计权的归属不同，中西中古审计制度的对象也存在差异。在中国，审计对象主要是各级财政机构和财政官员，以避免或处理财政人员玩忽职守，贪污侵占与营私舞弊。在西方，审计机关除了监督财政机构和官员外，还专门查阅王室财政账目。在英国，议会对王室财政的审查工作始于14世纪40年代。1340年，议会即认命了专门人员审查王室的收入账目。③ 1377年，理查二世应下院要求任命了几个"合适的人"负责战费的收支，说他们会忠于职守，提供真实的账目。查阅王室账目的目的不同于对财政机

---

① D. Matthew, *The Medieval European Community*, New York: St. Martin's Press, 1977, p. 335.

② B. Lyon, *A Constitutional and Legal History of Medieval England*, New York: W. W. Norton & Company, 1980, p. 552.

③ B. Lyon, *A Constitutional and Legal History of Medieval England*, New York: W. W. Norton & Company, 1980, p. 551.

构和人员的监督，主要是监察王室财政是否违反了议会的决议将征得的税款挪作了私用。这无疑是对王权的有力限制。中国古代也偶有官员指责国藏与私藏不分，皇帝假公济私的实例，如唐代杨炎极谏出大盈内库租赋于左藏库。① 陆贽谴责户部侍郎裴延龄"险猾售奸，诡谲求媚……别贮赢余，以奉人主私欲"，并抱怨德宗"方务崇信，不加检栽，姑务保持，曾无诘责"。② 但这至多是个别官员对财政腐败现象提出改革建议或给予抨击，对皇帝而言却不过是极其普通的不同意见，因而只能听候随意处理。如遇励精图治、善于纳谏的明君，这种建议或能采纳，否则不仅不能产生任何积极效果，进谏者反冒削官贬谪之险甚至杀身株连之祸。唐宰相陆贽即因上述劝谏横遭贬谪之后抑郁忧愤而死。在中国财政专制体制下，官员们可以抨击不合理的财务现象，却不可能形成西方式的审计组织，通过法律程序从制度上钳制皇权，以有效地抑制腐败现象。基于审计权的归属和审计对象的差别，中国中古审计制度的基本目的是保证国家拥有强大的经济后盾，巩固皇权；西方审计制度的目的则主要是保管税款，监督王室开支，以防征自纳税人的税款纳入王室私藏或挪作国王私用。

在西方，议会掌握了税权以后，国王要征税，须首先征得与会代表的同意。在一般情况下，国王的要求只要代表们认为合理，议会大都给予允准，但须有个前提，国王对于议会必须给予"回报"。税款与"回报"是并行的，互为条件的，在一定意义上是不可割裂的。③ 那么，议会究竟怎样获得回报和获得了什么回报呢？

在英国，这具体表现为前文论及的"补偿原则"的实施。"补偿原则"是通过下院议员向国王提交请愿书，国王接受这些请愿书并对上面提出的问题和要求给予一定的解决和实施的。1301 年，议会拖延赋税的征收时间，直至爱德华一世满足了请愿书上提出的要求。④ 1309 年，议会更几次拖延赋

① 《旧唐书·杨炎传》。

② 《旧唐书·裴延龄传》。

③ G. L. Harriss, *King*, *Parliament and Public Financial in Medieval England to 1369*, Oxford: Clarendon Press, 1975, p. 99.

④ G. L. Harriss, *King*, *Parliament and Public Financial in Medieval England to 1369*, Oxford: Clarendon Press, 1975, p. 105.

税的征收，而每次拖延，都从爱德华二世那里获得了权益。① 在 1339 年会议上，下院提交了 6 份请愿书，爱德华三世接受后于 1340 年议会召开时以 4 份法规的形式颁行全国，下院因此批准了国王的征税要求。1348 年第一次会议，下院提交 64 份请愿书，因未得到满意答复，便拒绝了国王的征税要求。在第二次会议上。下院又将 64 份请愿书的大部分重新提出，并宣布如得解决，他们将授权国王连征 3 年 1/10 和 1/15 税②。

但是在 15 世纪以前，"补偿原则"的实施还不够严格，缺乏力度。所以国王在获得税款后难免有意拖延对请愿书所提问题的处理，甚至干脆不予解决。在议员们看来，这是对纳税人权益的侵犯。于是在 1401 年议会上要求亨利四世在他们批准征税之前表明对请愿书的态度。③ 对此，亨利四世当即拒绝，并指斥议会违反程序，有悖祖制。下院则仍以行之有效的拖延战术对国王的征税要求予以冷处理，直至国王因财政困窘、无力坚持，屈从让步而终。1401 年事件加强了下院的权力，并将"补偿原则"的实施固定为一定程序：议会召开时，国王须首先接受下院的请愿书并给予处理，然后由下院讨论国王的征税问题，即所谓"先补偿，后供给"④。

"先补偿，后供给"，从事理上看是讲不通的，因为补偿一定发生在事情出现之后，税款还没有提供，依据什么去谈补偿问题呢？显然，程序的确定表现了议会对待王权的某种"无理行为"。然而正是这种"无理行为"，比较集中地显示了议会对于税权的执掌和利用情况，显示了英国中古社会纳税人与国王之间一种不同于中国的关系。

在法国，"先补偿，后供给"的表述虽未见诸文献，但体现这一原则的具体实例却不少见。1343 年北法三级会议要求国王放弃降低货币成色的政

---

① G. L. Harriss, *King, Parliament and Public Financial in Medieval England to 1369*, Oxford：Clarendon Press, 1975, p. 108.

② B. Lyon, *A Constitutional and Legal History of Medieval England*, New York：W. W. Norton & Company, 1980, p. 551.

③ W. Stubbs, *The Constitutional History of England*, Vol. I, Oxford：Clarendon Press, 1873, p. 30.

④ B. Lyon, *A Constitutional and Legal History of Medieval England*, New York：W. W. Norton & Company, 1980, pp. 601 – 602.

策以换取它对国王征收交易税的批准。① 1355 年，北法三级会议答应为国王
提供一支役期 1 年、为数 30000 的军队以抗击英军入侵，前提条件是：改革
政府；国王与王室成员须像普通公民一样缴纳间接税，不可豁免或给以特
权；从三个等级的代表中选择人员监督税款征收；三级会议于每年春秋两季
召开两次以听取征税工作的汇报。国王当即颁令满足了议会的要求。② 1413
年，巴黎市民提交了一份类似英国下院请愿书性质的财务报告书，要求罢免
所有财政人员，扣押他们的人身和财产，强迫他对财政收支做出说明，建议
招募选举有经验的人充任财政官职。③ 由上述实例可以看出，法国三级会议
的要求在一些方面较英国国会的"补偿原则"更激进。

通过"补偿原则"的实施，纳税人或议会（在英国主要是下院）获得
了众多权益。这些权益依据请愿书的性质可大体分为两类。一类是国王直接
解决纳税人的具体问题。这类请愿书主要是陈诉怨情的，就某一具体问题要
求国王做出合理的解决，如改善不公正的待遇、改正司法审判中的错误判决
等，而国王一般也能秉公处理。另一类是立法创制。在英国，1327 年之前，
下院尚无立法创制权，但已享有参与立法权。所谓参与立法权是指下院议员
所提交的请愿书中有些反映的问题具有典型性和普遍性，因而作为法案制成
了法规，颁行全国。这种法规显然在一定程度上反映和代表了议员们的意见
和利益。但是，请愿书作为法案颁布为法规还不能说议会享有立法创制权。
因为在立法创制活动中。国王掌握主权，而议会则处被动地位，而且请愿书
本身还仅仅是一种公众请愿的工具，不具法案性质。有些请愿书所以作为法
案颁布为法规，是因为国王认为具有必要性。议员的作用还仅仅在于提出请
愿书，让国王了解下情。爱德华三世即位之后，情况不同了。1327 年，下
院议员集体提交了一份包括 41 款的涉及全民总体利益的公众请愿书，处理
的结果是其中 16 项较为重要的条款制成法律颁行，22 项制成法令公布。西
方宪法史家认为，这是英国宪法史上的一次重大改革，④ 它的意义在于，从

① D. Matthew, *The Medieval European Community*, New York: St. Martin's Press, 1977, p. 335.
② D. Matthew, *The Medieval European Community*, New York: St. Martin's Press, 1977, pp. 335-336.
③ D. Matthew, *The Medieval European Community*, New York: St. Martin's Press, 1977, p. 348.
④ B. Lyon, *A Constitutional and Legal History of Medieval England*, New York: W. W. Norton & Company, 1980, p. 553.

此以后，公众请愿书取代了国王与御前会议制定的法案而成为法案的主要形式。也就是说，议会获得了立法创制权。对于民众请愿书，国王与御前会议可在作答时修改，不再拥有创制权。[①]

这样，经过数百年的斗争，纳税人或议会（特别是英国的议会）通过手中的税权，终于敲开了国家权力的大门，而国家政体也就因此而形成了议会君主制的独特形式。

中国呢？依然因循传统。中国税民的抗税目的既然为了减免赋税，那么，汉唐的轻徭薄赋、与民休息，清代的盛世滋丁、永不加赋，便是他们理想的结果。税权既没有作为问题提出来，便只能而且永远作为客观事实而归属官府与皇帝。与西方税权的变化趋向相反，中国税权在中古社会晚期经过改进、巩固和完善，终于达到了高度的集中。

第三阶段，中国包括明清两个朝代，西方则为 16、17 两个世纪。这一阶段中西方变化的共同特点是：王权空前强大，税权在承袭旧制的基础上又有加强。在中国，专制皇权因明朝的建立而得到进一步发展，并于清代达于极盛。皇权的强化使赋税制度在大致完备的基础上进一步加强，这表现为中央深化税制改革，进行了以简化税则，强化防弊为主要内容的税制的细部加工和整体完善。在西方，英法王权也空前强大，但很难说形成了专制政体，特别是英国，构成专制政体的基本要素并不具备。由于王权的加强并未引起议会君主制政体形式的实质性变化，英国税权仍基本沿袭旧制。法国的情况虽因王权的强化使税制发展稍微偏离中古传统路线而与英国略有不同，却也远未形成中国式的财政专权体制。

在中国，随着中央集权专制主义的加强，中央厉行税制改革，进行了以简化税则、强化防弊为主要内容的税制的细部加工和整体完善，终于使税权的集中和强固达到了登峰造极的地步。

税权演变的第一、二阶段的共同特征是侧重税收各项制度的创立。由于这些制度建立不久或刚刚设置，它们本身不仅不够缜密，而且疏漏多出。这使中央税权的加强在客观上受到多种不利因素的影响，其中主要是来自两种

---

① B. Lyon, *A Constitutional and Legal History of Medieval England*, New York: W. W. Norton & Company, 1980, p. 553.

人的干扰：一是官僚体系中的税官，特别是地方税吏；二是缙绅豪右或地方大户。他们的营私舞弊和偷税漏税一直严重侵蚀和削弱着中央税权。尽管历代统治者对此都曾大力整治，却效果总是不明显。所以明清以前的税权可以说是貌似强大，实则软弱。另外，就税收各项制度的创设而言，经过历朝政府的努力，明清之前已大致齐备，能够适应后世政府的需要。基于以上情况，在税权演变的第三阶段，中古政府必然转移税权强化的重心，侧重于税制的细部加工和整体完善。在这方面，明清统治者主要做了两种工作。一是税则的简化归并。在税收各项制度业已建立的情况下，税则的简化归并对于税权的加强具有重要意义。税项越少，手续越简，征税工作就越易进行，钱粮越易管理。这本身便加强了税权。相反，头绪纷杂，手续繁猥，征税工作便难以进行，钱粮难以管理。这本身则削弱了税权。而且头绪既多，易生弊端，必为税吏豪右的营私舞弊提供便利条件，从而进一步削弱税权。二是强化税制的防弊作用。在税收各种制度业已建立的情况下，税法防弊就显得特别重要了。严密的税法配以刑律管制等辅助手段，可大大降低甚至避免营私舞弊的发生。而如相反，则必为其大开方便之门。这很像俗语所说"苍蝇不叮无缝的蛋"，一只健全的蛋，苍蝇们一般不会"光顾"，而如有裂纹，则势必趋之若鹜，且最终导致整只蛋的腐败。

　　明清以前，统治者曾不同程度地采取了一些旨在防弊和简化税则的措施，但数量及涉及的范围有限，成效甚微。比较而言，明清两朝却是以此作为整个税制改革的中心内容。这无论在深度还是广度上都是以前诸代所无法比拟的。明清的简化与防弊工作主要贯彻于税法、税吏和会计三个方面的改革与建设中。税法是中古国家征税的法律依据与基本原则。税法的是否合理可行，直接关系到税权的是否强固有力。税吏是税法的执行者，是税法得以贯彻实施的保证。通过执行税法，可以强化税权，也可以削弱税权。所以税吏的建设对税权的强弱具有重大意义。会计是反映和监督财政管理工作的重要手段，它的职能对于税法的实施、税吏的监督，从而税权的强化也都是必不可少和不可替代的。由此可见，税法、税吏和会计是税权巩固强化的关键环节。只有抓住这些环节，并根据历史条件的变化而进行及时合理的调整改革，税权的巩固加强才能得到保证。

　　明清的税法改革以明太祖编制鱼鳞图册和赋役黄册首开其端。鱼鳞图册的作用不仅在于登载地产，亦在追踪土地的变动情况，可收到地不漏籍之效。黄册不仅登载劳动人手，亦可掌握劳动者与生产资料的结合情况，使征税具有可靠的依据。二者一经一纬，经纬交织、彼此补缺、相得益彰，从而使明初税法空前严密。正如梁方仲先生所说："作为政府剥削农民的田赋制度，到了明代达到一种空前的严密结构。这种严密的结构表现在两个基石上：一为黄册，一为鱼鳞册，这两册籍的意义，不止代表册籍的本身，并且与赋役的整制制度构成一种有机性的联系，彼此互相影响。固然这种册籍在明代以前早已具备……无论从地域与规模的广大，时间上影响的深远，或编制方法的整齐划一各方面来说，明代这两种册籍都是远迈前代的。"[1] 历代统治者向来注重对人口与土地的掌握，希望在征税过程中避免疏漏和遗落，但迨至宋元，并无一个王朝提出切实有效的对策。两册的编制则在手段或技术上获得了显著的改进，从而弥补了历代税制在这方面的不足，加强了税权。

但是明初赋役制度的改革，只注重了税法的严密一面，却忽略了简化一面。注重严密固然加强了中央税权，忽略简化却也不仅使税吏贪赃这一陈陈相因的痼疾得以遗存，而且难免造成税项的进一步繁杂，而繁杂的加剧又不免导致税收系统营私舞弊的恶化，从而使中央税权受到进一步的侵蚀和削弱。而且两册本身也非尽善尽美。随着时间的推移，两册特别是黄册的弊端逐渐暴露出来。明代中后期已有人指出这种册籍的不利，并在实践中加以删繁就简。迨至清代，黄册的使用更弊端丛生。人们认为，它的存在不仅不再对税收的控制与管理有所裨益，反而使事情更加败坏。于是在康熙一朝，它终因"繁费无益"而被一举废除。

如果说明初只注重严密税法，那么至明中叶，随着这种严密所带来的新的问题的逐渐暴露，统治者开始意识到简化税则的必要了，于是开始了一条鞭法的改革。一条鞭法改革之前，赋役纷杂多出，手续繁狠。这为地方官吏和缙绅豪右的营私舞弊大开了方便之门。在北直隶，"富者超然计口之外，积年所签派皆赤贫"。在山东，"每至审编，弊端如牛马茧丝，虽廉察宰不能根究窟穴，豪右猾胥播弄上下，浆酒霍肉，其门如市，……富户操其赢以

---

[1] 梁方仲：《梁方仲经济史论文集》，第264页。

市于吏，有富之实，无富之名。贫者无资以求于吏，有贫之实，无贫之名，州县皆然"。在江西，"有编银一两而费至十倍百倍数百倍者，苦乐不均。至于豪民巧于规避，户之低昂吏得私易之，而低者反昂，昂者反低，低之劳困，十户而九"。在河南，"贫者有粮无地，……富者有地无粮"。在湖广，"阡陌之田无升合之税，税数十石者地鲜立锥，弊已久矣"。以上所列，不过是全国的缩影，其他地区亦大略如此。由于税项繁杂，税制混乱，国家政令下达不畅，执行不力，而奸胥积猾乘机上下其手，浑水摸鱼，侵凌百姓，坑害国家。在这种情况下，中央税权的强大自然无从谈起了。一条鞭法实施之后，情况大为改观。在江南嘉定，"条鞭之法……去繁苛之条，立平易之法……"。在山东东阿，"自行条鞭之法，则夏税、秋粮，均徭带征，确有定额。……简易均平，无为不刊之论也"。在山西，"司国计者以为便，遂著为令甲，山陬海筮，罔不尽一囊于此法"。在福建福州，"行一条鞭法，尽清官户之重免者，诸色丁米稍裕。与雇役，又多赢余，无复轻重不均之叹矣"。在广东，"行条鞭后，官收官解，'民始更生矣'"。从以上对比可以看到，一条鞭法的实施，有效地整治了税制中的积弊，"里胥无由飞洒，奸豪无从规避"[①]，"岁中出入无虑数十万，而宿猾不得有所支吾。"[②] 成效如此之大，税权的加强也就显而易见了。

但是，明代一条鞭法的改革是不彻底的，它只是将部分丁银摊入了田亩，而且即使这部分的摊入，也没有在全国全面推广。一条鞭法改革后，由于各地仍不同程度地实行地丁双轨制，由赋役纷杂而引起的弊端仍有存在。清朝建立以后，赋役制度和征收手续又一度趋向混乱。于是在整顿赋役制度的基础上，统治者将丁银全部摊入田亩征收，从而最终完成了历达千年的摊丁入亩的改革。改革对于强化税权的作用主要表现在以下方面：（1）有效地治理了官贪现象，抵制了政府吏员对于税权的侵蚀与削弱；（2）彻底地废除了豪族地主的免役特权，沉重打击了威胁和削弱中央税权的地方势力；（3）大大减轻了农民负担，因而得到了广大农民的支持和拥护，使改革后的税收政策具有比较广泛的群众基础。

---

①　顾炎武：《天下郡国利病书》卷四、四一、八十、七五、七五、二十、三七、四六、九一、九九、三七。

②　《万历嘉定县志》卷七，"田赋考下"。

　　在一条鞭法实施的基础上，明政府还花大力编订了赋役全书，详细记录了地丁原额、增额、人丁逃亡、土地抛荒等情况，作为征收赋税和征发徭役的依据，以与一条鞭法相表里。汉唐间曾有类似性质的上计簿，但像明代赋役全书这样记录之细微、编订之精审、规模之宏大，历史上却无先例。清朝建立以后，因政局初定，百废待兴，统治者不得不在征税方式上因袭明代，继续编订赋役全书。但随着时间的推移。这种簿书越来越不适应征税实践的要求，统治者于是将之简化，撰修《简明赋役全书》。而《简明赋役全书》亦嫌烦琐，旋以奏销册代之。两相比较，奏销册更为简明扼要和清晰醒目。

　　在税吏的设置与管理方面，明初在制订严刑峻法以惩治贪官污吏的同时，对吏制特别是基层吏制进行了重点改革与建设，这主要是粮长制的设置。粮长制设置以前，地方官吏和赋税揽纳大户具体承办征税事务。他们常常沆瀣一气，狼狈为奸，使中央赋税政策难以实施，而所征税粮不得兑现。这说明中央税权又受到相当程度的削弱。太祖临位，力矫时弊，于编订鱼鳞册和黄册的同时，设粮长征解税粮。粮长的设置，在一定程度上避免了上述现象，从而加强了中央对地方的控制，巩固了税权。由于粮长制的设立的确收到了实效，政府一方面采取措施加强粮长的职权，另一方面对于取得实绩的粮长给予奖赏提拔。[①] 这些措施使粮长成了乡间地主具有殊荣的职务，而有幸得此职务者，多能不辞劳苦，忠于职守，这无疑进一步加强了中央税权。

　　粮长制的设立当然不是自明代开端，而且中国历史上一直存在"有秩""啬夫""里正"一类与粮长具有同类性质的乡官。但像明代这样在重要产粮区广设粮长，倚重粮长，却似无同例。这从中亦可看到中古税权逐步加强的趋势。但是粮长制真正有效实施的时间不是很长，至明中叶，随着政府官僚体系的日趋腐败，它的弊端逐渐暴露出来。由于政府难以设置新的乡官取代粮长，不得不暂以里正兼之。这决定了里甲制对征税的过渡性作用。很快，一种新的征税方法"柜银制度"应运而生。这种方法不是税吏挨家逐户地征敛，而是税户自行封银缴纳，既简化了征收手续，又避免了里正在征税过程中的贪污中饱，同时也削弱了里正的权力，并进一步导致了里甲制度

------

　　① 唐文基：《明代赋役制度史》，第 16—17 页。

的消亡。柜银制度的产生标志着有明一代一个庞大的地方税吏阶层退出政府
税制体系。正如一条鞭法的实施使税项的设置趋于简化一样，粮长制的废除
也标志着税收机构的精简。

在会计工作方面，明清统治者首先注意加强防弊作用。这主要表现为各
种会计凭证、册簿的设置与不断改进。为了防备商人在盐茶贸易中作弊，明
初设置了盐引茶引。商人以粮换取这种凭证，再据此领取盐茶到各地出卖。
盐引在宋元时已有使用，但明朝盐引有副本，手续比较严密。此外，政府还
发放易知由单以防税吏贪污勒索，设置印信手本用于财物出纳以防当事人中
饱私囊。在册簿方面，则设赤历簿以防税吏浮收少报，制循环簿用以登记契
税收入。清初，又有新的凭证如串票、滚单发明使用，其主旨亦在防弊。这
里，我们试以易知由单和赤历簿说明会计的防弊作用。官府征税之前先将由
单发给税民，使其晓知丁、地等则数量以及应纳本色折色税额等。税民据此
将税额自行记入赤历簿，同时将钱粮交给税吏以与赤历簿所记核对。所纳钱
粮确认无误后由税民自行包封投柜，而税吏则将此税额记入流水账，并将赤
历簿送达布政使备查。① 这种赋税的征解方法不同于前朝之处在于使税民参
加征解活动，并亲手填写有关簿册。这就使赋税的征解过程充分公开化，而
加强了对税吏的监督作用，显著降低了作弊率。赵友良先生认为，"这是官
厅会计中的一种创举，法良而意美。"② 其次，明清两朝注意了会计凭证与
册簿的简化，使会计工作更贴近和符合现代原则。明代循环簿的设置意在
"以账代表"，即为了简化减轻基层税收单位的工作。易知由单在清代只开
明上、中、下税则和每亩应征实数，真正做到了简明易知。

与会计凭证的由繁而简不同，会计的核算却日趋精细，例如宋代粟米的
核算单位以升计，明代则在升之下又加上了"合""勺""抄""撮"等单
位，锱铢必较，巨细无遗。③ 核算如此精细无疑带来太多的麻烦，但在会计
上则表现了一定的水平，这与明清整个会计工作防弊作用的加强是一致的。

经过明清两朝不断的改进、提高和完善，会计册簿和凭证开始形成体
系。清代以前，这方面虽有发展，但仅仅表现为个别的账簿、报表在形式或

① 赵友良：《中国古代会计审计史》，立信会计图书用品社1992年版，第325页。
② 赵友良：《中国古代会计审计史》，第325页。
③ 赵友良：《中国古代会计审计史》，第325页。

内容方面的孤立的改进，而不是从整体上设计筹划，所以不能形成体系。清代会计体系的形成，对于财政经济的集权具有重要意义，它是中央税权得到空前加强的重要标志之一。

从明清两朝的税法、税吏和会计三方面的改革可以看到这样一种现象：一种制度往往在其设置后不久即被政府明令废除，或被一种新的制度取而代之。这是西方税制发展过程中少见的现象。这种现象是否与我们的论点相抵触呢？回答是否定的。因为制度的设置和废除是中央税权加强的产物或表现。制度的废除并不意味着曾因其设立而得到加强的税权复归它设立以前的水平，只不过表明这种制度已经完成了自己的历史使命；而新制度的取代则一般意味着税权在旧的基础上又获得了进一步加强，这正是哲学上扬弃的意义。

完成了上述工作，明清税权的强化便具有了以下表征。

第一，高度集中的赋税征用管理制度。

明清赋税的制征、解运、管理和使用都实行一元化领导，各级地方机构由行政长官直接负责，中央则由皇帝集中控制。凡有新的收、支，必先由皇帝批准。地方财政收入除按规定存留俸工之外，"一丝一粒无不陆续解送京师"①。

第二，精审细致的会计审计制度。

在会计方面，会计凭证广泛使用；核算原则精益求精；账簿报表相互为用，相得益彰，始成体系。在审计方面，审计部门的地位显著提高，职权大为加强，其工作范围、对象、程序、方法都做了严格规定，极为具体、细致、详明。在会计与审计的关系方面，既注重发挥各自的作用，又重视二者的配合互补，最终使会计制度形成了一个简繁适中、疏密有致的权力监督网络，有效地维护、强化了税权。

第三，与历代相比，明清赋税项目集中，征收手续简便，防弊手段严密，各项制度周备，而财政领域混乱无序、错弊丛生的局面得到了有效的抑制和显著的改善。

税权强化的表征表现在制税方面，是赋税的加征已经达到了肆无忌惮的

---

① 《清圣祖实录》卷二四十。

程度。明朝政府弥补财政亏空的一贯办法是赋税加派。[①]正德时已有因建乾清宫而征天下赋达百万之巨的加派，此后经长达百余年的局部地区小额加派之后，于万历四十六年开始了臭名昭著的三饷加派。三饷中的辽饷前后加派凡4次，每次大体都先由某一大臣提议而后由皇帝采纳下诏全国执行。崇祯十年，兵部尚书杨嗣昌上疏加派兵饷280万两，朱由检采其建议，于是有了剿饷加派；崇祯十二年，杨嗣昌再次上疏加派练兵用饷，复得朱由检批准，于是又有了练饷加派。对于统治者而言，面对风雨飘摇的朱明江山，加征赋税以应军需是必要的，西方亦并非没有类似的情况。问题在于这种派征的方式不是由中央某一权力集体议定，而是由皇帝决断。加派一词确当地表达了中国皇帝的财政专权，体现了皇帝对于税民的强制与专横。制税如此，用税也如此，这表现为将以某种名义征收的赋税派作别用。辽饷本为辽东战事而征，但至天启年间，用项纷出，多方支应，如用以镇压贵州、四川少数民族起义，镇压山东白莲教起义。所以杨嗣昌不得不说：“臣惟辽饷是一总名，而指其事言之，则廪给公费、工食月粮、料草钱粮、草料、盐菜、赡家、米豆籴本、车船工料、水陆脚价一十五项经费；而指其地言之，则有辽阳、广宁……登莱、宣府、大同……浙江、江西、湖广、河南、山东、山西、陕西、四川……四十四处支销。”[②]税款支用既无确定原则和明确目标，皇帝用税就越加随意，假公济私越为严重，人民负担也越发沉重。制税与用税的专断性必然要求审计的加强，否则便不能避免财政官员的侵吞与贪占，保证税款用得其所。基于此，朱明王朝在建立初年便对审计机关进行整顿改革。其后，财政审计之权归属户部。因户部直属皇帝统领，所以财政与审计机构照例在皇帝的控制之中。由于审计机关的改革是在参照历代经验教训的基础上进行的，皇帝对审计权的控制得到了进一步的加强，从而使其与整个明代庞大的专制机器浑然一体。

　　在英国，王权的加强没有使议会享有的税权受到限制，在某些方面甚至得到了加强。议会仍然尽可能地限制征税次数，压缩课征数额。这使都铎财政一直处在拮据状态。在伊丽莎白统治时期，女王的正常收入（王室土地

①　唐文基：《明代赋役制度史》，第346页。
②　杨嗣昌：《杨文弱先生集》卷四。

和关税收入）每年大约在 20 万磅到 30 万磅之间。① 这比起同时期西班牙和法国君王的收入实在少得可怜。而女王却不得不依靠这些微薄的收入支付她和她的宫廷消费，支付整个政府系统的费用。女王财政的窘迫是显而易见的，议会的拨款却没有因此而增加，绝对数额反而显著下降。在女王统治前期，征税数额只及 30 年前的 4/5，而在后期，在货币贬值已十分严重的情况下，征税数额更进一步大幅度下降。都铎诸王当然不能容忍议会给他们造成的这种财政窘境，为了获得尽可能多的税款，他们都曾多次同下院争论，有的甚至践踏成例，侵犯议会传统权力，私自设立新税。然而这些斗争大多以国王愿望的落空而告终，特别是设立新税的企图，无一例外地遭到了失败。② 正因如此，伊丽莎白女王深知，对于下院议员来说，牺牲他们的生命要比打开他们的钱袋更容易些。③ 所以她不得不时刻警惕地注视着政府的开支，不得不一再勒紧自己的钱袋。以至于她周围的大臣不断地抱怨、嘲笑她的吝啬。④

在都铎王朝的政治体制下，中国加派式的赋税征敛是行不通的。因为加派意味着对纳税人的强制，而强制的实现须以政府力量的强大和税权由政府执掌为其先决条件。对英国国王来说，这些条件都是不存在的。国王势力在政治上比较孤立，税权又由议会掌握，所以所谓"强制"，反而往往是议会对国王的"强制"。1526 年亨利八世曾派遣专员奔赴各郡向僧俗两界分别征收 1/4 和 1/6 的动产税。由于事先没有取得议会的批准，专员们所到之处都遭到了激烈反对。纳税人指斥这次征税是非法活动，声称他们一贫如洗，无力缴纳，并同时在伦敦、肯特和索福克等郡酝酿起义。由于惧怕事情闹大，众怒难犯，国王慌忙致书各地安抚民情，谎称他这样做仅仅是为了获得"友善的授予"，⑤ 起义遂止。这次征税在性质和特点上类同中国明代的"三饷加派"，因为它未经议会批准，是议会拨款正额之外由国王加征的赋税。而加征的失败表明，中国加派式的征收在英国行不通。

---

① 〔英〕J. E. 尼尔：《女王伊丽莎白一世传》，聂文杞译，商务印书馆 1992 年版，第 308 页。

② S. Dowell, *A History of Taxation and Taxes in England*, *from Earliest Times to Present Day*, London: Frank Class & Co Ltd, Vol. 1, p. 127.

③ 〔英〕J. E. 尼尔：《女王伊丽莎白一世传》，聂文杞译，第 330 页。

④ 〔英〕J. E. 尼尔：《女王伊丽莎白一世传》，聂文杞译，第 364 页。

⑤ S. Dowell, *A History of Taxation and Taxes in England*, *from Earliest Times to Present Day*, London: Frank Class & Co Ltd, Vol. 1, p. 132.

16世纪的法国，发生了一些与英国不同的变化。在这里，王权的加强是通过削弱议会的权力实现的，政体的性质由此开始向着专制的方向转化，这在前面已经论及。尽管如此，法国国王对税权的控制也绝没有中国皇帝那样牢固可靠和无可争议。查理八世统治时期，科曼尼的意见言犹在耳："在世界所有的国王中，我们的君主最没有理由使用这样的言辞：'我有向我的臣民任意征税的特权'"①。1484年图尔三级会议再次重申了它的财权②。1624年，路易十三下令撤销凯尔西三级会议对地区人头税的支配权，引发了当地村镇居民的武装起义。1630年黎世留宣布废除勃艮第三级会议，导致了第戎的暴动。③著名的福隆德运动也以与国王争夺税权作为斗争的目标之一。这些实例说明，在强大的君权之下，法国税民与三级会议一直同国王进行着持久不懈的争夺税权的斗争。即使在法国王权处在巅峰状态的路易十四时代，全国三级会议停开了，各省三级会议仍具有很强的活力，同国王进着顽强的斗争，使路易十四每次征税，都不得不照例举行会议，以征求代表们的意见。所以，前面所说法国发生了与英国不同的变化仅仅指下面一层意思：英国税权大体上沿着中古传统路线向前发展，法国则较传统有所偏离，但两国税权运动的基本方向仍大体一致。总之，英法两国在第三阶段的税权状况与中国相比，仍然是不同的。

通过以上考察分析，我们看到，在中古社会的定型时期，中西两方已经形成了不同的税权归属。在中国，税权集于中央，归于皇帝；在西方则归属某一权力集体。进入第二阶段，中西各沿第一阶段的路线向前发展。在中国，随着专制制度的加强，皇帝对税权的控制更加强固；在西方，由于议会君主制的形成，税权由贵族组织控制转归具有比较广大的阶级基础的议会执掌。进入第三阶段，中国进一步沿着原来的路线发展，税权随着专制制度的空前强化而高度集中于皇帝之手。西方则不同。英国都铎王朝的建立虽也使王权空前强大，却未足以引起议会君主制政体的实质性变化。所以税权仍由议会执掌，而国王在征税、用税等问题上也就不得不屈从，受制于议会。法国王权虽较英国为强大，因而在一定程度上控制了税权，但即使如此，国王

---

① 〔美〕詹姆斯·W.汤普逊：《中世纪晚期欧洲经济社会史》，徐家玲译，第663—664页。
② 〔美〕詹姆斯·W.汤普逊：《中世纪晚期欧洲经济社会史》，徐家玲译，第634页。
③ 张芝联主编《法国通史》，北京大学出版社1989年版，第106页。

对税权的行使仍然受到地方权力集体的制约。这里还需要说明，英法两国之间的税权归属虽也存在差别，但这是一种属于同一税权归属类型之内的差别。如果不是把眼光停留于事物的表面现象，不是把视野局限于中古晚期的短时限内，我们便不难发现，这种差别是浅表的、短暂的和局部的，因为在中古社会的绝大部分时间内，两国的归属是大体相同的，且在法国大革命结束之后又归于一致。而比较看来，中国的税权归属则完全属于另外一种类型。

第 六 章

赋税组织

赋税组织或赋税机构，包括制税与管理两部分。在中国历史上，由于制税的随意性，似乎没有也不需要专门的制税组织。但在西方，制税权利一直由某一权力集体执掌，例如在英国，先后存在过贤人会议、贵族大会议、国会等。国王可以参加某一权力集体的制税，却不可独立行事。在管理上，中国实行帝室财政与国家财政分理体制，通常有两套管理系统；而在西方主要是一套管理系统。

第一节　制税机构

一　中国的制税机构

中国中古社会似乎没有专门的制税机构，具有一定身份或职位的人似乎都可以参加制税。这样，一种新的税制或税则是否得到采纳，须先奏明皇帝，却不一定需要提交具有一定规模的会议讨论，若得批准，自可实施；否则，即使再科学、再精妙，也只能胎死腹中。纵观中国赋税史，每次重大赋税改革似乎都是先由个人提出，再由皇帝采纳而后推行。唐代两税法即由杨炎提出，得唐德宗准奏而后实施；明代一条鞭法是浙江巡抚庞尚鹏调查地方试行情况，认为可行而奏闻皇帝并获准后推广的；清代摊丁入亩的改革也大致经历了同样的程序。这中间，当然不排除皇帝曾"广开言路"，或者经过了一定的讨论甚至争论，但它的作用也仅在于通过陈述或论证某一税法的优劣来影响皇帝，而完全不能决定这一税法的命运。也就是说，税法的实施不是取决于其本身的优劣，而是取决于皇帝的意志。

　　这里所谓的制税机构，实际上是在与西方的比照中提出来的。中国既没有专门的制税机构，便必须有某种替代这种机构发挥作用的形式。由上面的论述可知，这种形式既不是宰相或丞相，也不是财政部门的首长，而是凌驾于这些高官之上的皇帝。正是皇帝，在制税中起着决定性作用。中国赋税财政史上还有一种突出现象，就是一种税制一旦产生，往往数朝沿用，具有很强的稳定性。两税法自中唐实施后，宋、元以及明前期一直袭用。其间虽有变化，也都属细枝末节，无关大局。这样，所谓制税机构的作用便大多表现在对既定制度的沿袭上。而一种税法得到数朝沿用，自然因为有它的长处，例如可以保证或基本保证实现财政的目标。但这属于征税的技术问题，与本书讨论的主题关系不大。从税权执掌的角度讲，在这种税法最初实施过程中，皇帝无疑起了决定性作用。在后来承袭的过程中，同样是皇帝起了决定性作用。而这种作用与决定采用一种新的税法是一致的。所以，无论是因袭，还是革新，皇帝都扮演了制税机构的角色。

　　在隋唐以前，皇帝并非事无巨细地参与整个制税过程。但自宋代开始，情况不同了。由于较多地了解了财政官吏的营私舞弊，皇帝开始密切关注赋税的征收与管理。宋代的皇帝不但亲自参与有关财计的各项重要制度的制定，亲自主持有关财计的重要会议，而且还经常过问财计的盈亏虚实。宋太宗于淳化三年（992）下诏规定："自今三司每年具见管金银钱帛军储等簿一本以闻。"真宗、仁宗、英宗三朝，则进一步命三司使主持编订《会计录》，详录有关财计的重要数据，以便使皇帝全面了解财政运行情况。为了进一步加强皇帝驾驭财政的能力，也为了皇室用财的方便，北宋前期又设置了内藏库，其财赋由皇帝亲自掌握。宋代是专制制度进一步升级的标志性朝代，宋朝建立以后，专制制度有了一些新的特征，比如宰相制度发生了重大变化。而财政专权的加剧，是政治制度升级的必然结果。

　　在皇帝扮演财政机构的条件下，税项立废、税额增减等制税的一应事务，必由皇帝决定。如前所述，中国历代税项立废、税额增减主要是通过皇帝的诏令颁行的。这些诏令的出台过程，由于文献无征，我们难以详知，但皇帝定制，甚至在不明优劣的情况下轻易采纳某一税法则是可能的。宋元以来，特别是从元代开始，情况不同了。由于资料遗存较多，我们能够了解到一些定制的具体细节。元代是游牧民族建立的，但借鉴了汉人的制度和经验。关于元代税制的起源，有几条资料很有典型性。其一说，元初定天下，有人建议将汉人杀绝，使草木畅茂，以牧场取代耕地。耶律楚材认为，以天下之广，四海之富，何求而不得？他建议以汉法征地、商之税，取酒醋盐铁山泽之利。太宗说："诚如卿言，则国用有余矣，卿试为之。"后来，"诸路所贡课额银币及仓库米谷簿籍具陈于前，悉符元奏之数。上笑曰：卿不离朕左右，何以能使钱谷流入如此？"① 其二说，1236年，"帝议裂州县赐亲王、功臣。楚材曰：'裂土分民，易生嫌隙。不如多以金帛与之。'帝曰：'已许，奈何？'楚材曰：'若朝廷置吏，收其贡赋，岁终颁之，使毋擅科征，可也。'帝然其计，遂定天下赋税……"② 其三说，关于太宗扑买课税的措施，耶律楚材曾多次谏阻，言"贪利之徒，罔上虐下，危害甚大"。但太宗极力坚持，致使楚材"声色俱厉，言与涕俱"。太宗大怒，"尔欲搏斗耶？"终不能止。③ 这三条资料都反映了皇帝对臣下意见的处理情况，两条是采纳，一条是否定。就是在这种君臣嬉笑怒骂举手投足间，事关民族国家大计的税制便确立下来，其轻易与简单，在世界历史上可谓罕有其匹。何为赋税？赋税是国家之根本，生民之所系。这种关乎国家命运的制度被皇帝玩弄于股掌之间，这种现象，也只有在专制政体下才会出现。自宋元开始，皇帝的专权可谓步步升级。洪武十二年（1380），明太祖朱元璋诛杀丞相胡惟庸，并借机立下规矩，废丞相之制，说："国家罢丞相，设府、部、院、寺以分理庶务，立法至为详善，以后嗣君，其毋得议置丞相。臣下有奏请设立者，论以极刑。"④ 从此一手控制六部，直接掌握财权，"权不专于一司"，而专于一人。而借助"胡蓝之狱"，广造冤案，明代终于以数万鲜活的生命建立起专制的庞然大厦。

　　但是，无论权力怎样集中，也不能缺少臣民的意见或建议，这与西方没什么不同。关键在于决策的方式。正是决策方式，决定了中西方税制的根本

---

① 《国朝文类》卷五七。
② 《元史·耶律楚材传》。
③ 《元史·耶律楚材传》。
④ 《明史·职官一》。

差异。这种差异表现在制税上，在西方，起决定作用的是一种权力集体；而在中国，则为皇帝一人。

二　西欧的制税机构

西方的制税程序几乎与此相反，始终先由国王提出征税要求，再由某一权力集体讨论决定，并具体谋划、制定征税事宜。英国在议会产生之前，这样的权力集体有贤人会议和贵族大会议。它们的主要职责，除与国王协商军国大事外，便是批准国王征税。制税的过程，先由国王提出征税要求，再由这些权力集体经讨论，而后表示同意或者否定。法国等国家在议会确立之前，也有类似的组织，只是没有英国的活跃与有力。

这一集体在不同时期有不同名称、构成和权限。在英国，最早的权力集体是贤人会议（witenagemot）。贤人会议当为盎格鲁－撒克逊人原始民主组织的遗存，以后可能受到了基督教某种会议组织的影响。在文献上，较早见于8世纪的麦西亚王国。至10世纪，英格兰七国中，都可以看到贤人会议活跃的身影。[1] 关于贤人会议的定义，如果从会议的规模、构成，召开的经常性、时间以及地点等方面进行概括，可能会遇到不少障碍。它可以是在国王加冕、节日庆典等特殊日子组织起来，由大人物组成的大会议，也可以是由国王亲信、近臣等组成的小会议。总之，无论什么时候，国王只要需要与这样的组织协商或讨论，需要其署证或批准王室的政令，而且在王室事务管理中确实组织起来，那么，这一组织便可称为贤人会议。这时的贤人会议主要由教俗贵族、国王近臣和王室成员构成。931年3月，麦西亚国王埃塞尔斯坦在科尔切斯坦召开的一次贤人会议，与会成员即有威尔士国王、37名塞恩、13名郡守、15名主教等。由此可见，贤人会议是一种构成人数可多可少、议题可大可小、地点无定、时间不拘、没有定制的会议形式。这应该是原始民主组织演变、遗存的一般状态。

在这里，有两点必须强调。第一，会议讨论的问题有些虽然无关紧要，

---

[1]　B. Lyon, *A Constitutional and Legal History of Medieval England*, New York: W. W. Norton & Company, 1980, p. 45.

但一切重大事务必须提交会议讨论。[①] 而讨论的目的，是国王听取与会人员的意见，接受他们的劝告，并取得他们的同意。由此可见，会议权力很大，因为与会人员都参与了国家大政方针的制定，虽然他们还不能代表符合条件的全体人员的意见。而所谓批准与同意，则意味着这一权力集体可以改变国王的主意，否定国王的决定。由此可见，会议并非如有些学者所说，仅仅是咨议机关。事实上，它在国家立法、司法、赐地、战和、赋税、任免官吏、王位继承等方面享有广泛的权力。[②] 例如，它可以举荐王位继承人。而王位的继承乃是国家头等大事。它有时权力很大，可以变更继承人次序，甚至打破传统，在充任资格之外举荐人选。麦西亚著名国王埃尔弗雷德就是由贤人会议撇开前国王的儿子拥立的。[③] 第二，英国赋税基本理论中的"共同同意"，可以在贤人会议的议决程序中找到萌芽或早期形态。而这种形态又是盎格鲁－撒克逊原始民主组织的遗存。原始民主组织当然不是西方历史中的孤立现象，但基于独特的地理环境、民族性格、思维方式等条件，这种民主组织得到了较好的遗存。正是这种遗存，使西欧形成了迥异于东方的文化模式。

贤人会议在国家政权体系中的地位决定了它在赋税征收中的重要作用。在盎格鲁－撒克逊时代，国王主要依靠他的领地收入、司法收入和各种间接税生活，因此，国税与封建非常税的征收较少发生。但只要征收，便必然涉及贤人会议的同意与劝告问题。991 年，专断者埃塞尔雷德欲征丹麦金以赂买丹麦人，即得到了贤人会议的批准。994 年，经贤人会议同意，又征收丹麦金 16000 英镑。1002、1007、1011 等年份，国王与贤人会议都曾讨论过丹麦金的征收问题，而且达成了一致意见。另外，在 1012—1013 年，丹麦人曾几次向专断者埃塞尔雷德提出丹麦舰队在英国服役的津贴问题，国王与贤人会议都征收了常税（heregeld），满足了丹麦人的要求。[④]

---

① B. Lyon, *A Constitutional and Legal History of Medieval England*, New York: W. W. Norton & Company, 1980, p. 46.

② B. Lyon, *A Constitutional and Legal History of Medieval England*, New York: W. W. Norton & Company, 1980, pp. 44 – 51.

③ 蒋孟引：《英国史》，中国社会科学出版社 1988 年版，第 59 页。

④ B. Lyon, *A Constitutional and Legal History of Medieval England*, New York: W. W. Norton & Company, 1980, p. 48.

对于贤人会议的性质，我们当然不能同意 19 世纪浪漫主义、民族主义历史学家的观点，将其视为所有自由人的民主组织。① 但它显然具有一定范围的民主。这个范围的边界可以及于塞恩，而塞恩只是盎格鲁－撒克逊人的普通军官。莱昂为了彻底否定它的民主性质，强调封建主参会都是为了自己的利益，② 以及会议的贵族性和非代表性。③ 在我看来，这些理由并不能否定它的民主意义。莱昂显然是以当代的尺度来衡量中世纪的民主了。但从概念上说，古代民主不同于近代，近代民主不同于现代。自然，中世纪的民主也不同于现代，更不同于当代。恰恰相反，为自己或自己所归属的群体的利益参会，正是古代民主的表征所在。即使当代民主，也没有且永远不会杜绝这一现象。更重要的是，由封建主参会构成一个权力集体，这已经使西方政体迥然不同于东方特别是中国古代的政治体制。就贤人会议本身来看，封建主参会维权，对国王自然形成一种限制。这就为其他阶级的维权创造了条件，从而为民主范围的扩展奠定了基础。而这个范围扩展的结果，则必将使城乡自由民都受其惠。这在 1215 年《大宪章》中已有显著表现。会议虽然并非纯粹由贵族构成，因而不可将其确定为纯粹的贵族机构，但它的贵族性质是十分突出的，因此，我们可以将会议视为一种贵族民主组织。至于它的非代表性质，当然是显而易见的，但这同样不能否定它在一定范围内的民主意义。因为民主的表达方式并非代表制一种途径。古典时代的雅典政治体制中就不存在代表制，而且也具有一定的范围，但我们不能因此而否定雅典政体的民主性质。

在西欧大陆，民主传统显得更为真切。法兰克王国的国王只有经过人民的同意才能处理或决定重大问题。克洛维皈依基督教就曾征得人民的同意；对西哥特人宣战，亦事先征求了军队的意见。后来，法兰克王国逐渐褪去原始的习俗，国家制度日益健全，国王之下，开始设御前会议。这个会议，由

---

① B. Lyon, *A Constitutional and Legal History of Medieval England*, New York: W. W. Norton & Company, 1980, p. 46.

② B. Lyon, *A Constitutional and Legal History of Medieval England*, New York: W. W. Norton & Company, 1980, p. 47.

③ B. Lyon, *A Constitutional and Legal History of Medieval England*, New York: W. W. Norton & Company, 1980, p. 46.

高级官吏和主教构成，相当于英国的贤人会议。另有贵族会议，每年春秋两季召开，讨论重要问题。《凡尔登条约》颁布以后，由西法兰克王国发展来的法兰西，仍然继承了法兰克王国的民主传统。加佩王朝前期国王的产生，即承袭了选立的习俗。

英国的贤人会议在诺曼征服之后，逐渐演变为贵族大会议（curia regis），但编年史仍循习惯称之为贤人会议。贵族大会议与贤人会议的重要区别是其成员依据封建义务参会。诺曼征服之后，征服者威廉建立了一种比较规范的封建制度，封建主都依据领地承担封建义务。贵族大会议是国王与封建主处理国政的机构和联系的纽带，能否参会也就成为封建权利和义务的重要体现。但贤人会议不同，其资格依据主要不是封建义务，而是业已确立起来的社会或宗教地位。另外，贤人会议的召开时间没有定制，但贵族大会议遵循威廉在法国公爵领地的习惯，每年逢复活节、降灵节、圣诞节都循例召开。其他如王子立为骑士、王室成员举行婚礼以及国王加冕庆典，都是召开的法定日期。相比之下，临时性召开的意义也就显得可有可无了。法国的御前会议也逐渐分化为御前小会议或御前库里亚和御前大会。这两个会议都参与国家重大事务的处理。其中库里亚设财政或会计院，以监督税款解进王室金库的情况。而且库里亚并非王室行政管理的独有建制，大封建主的领地都设有库里亚。这些库里亚除教俗封臣参加外，还常常吸收贵族和市民代表参加。至12、13世纪，公国和伯国开始召开等级代表大会。正是这些等级代表会议，演变成为后来的地方三级会议。

英国贤人会议既然已演变为贵族大会议，原享有的权利也就相应传入后者之手。因此，贵族大会议当时很为国王所倚重，在行政、立法、司法、外交、宗教、官吏任免、宣战媾和等方面享有广泛权力。所谓广泛，并非指事无巨细，全都参与。因为当时的政体毕竟是君主政体。既然是君主政体，有些事情必然由君主独自处理。即使在民主制下，国家首脑也有自己的权力空间。那种由某一权力集体无分大小处理一切的政府是不可思议的，也是不存在的。这样一种政体，足以与中古东方及中国政体区别开来。因为在东方，不存在与贤人会议相对应的机构。由于会议成员平时分布在全国各地，所以一有会议，王廷首先派执事人员奔赴各地，分发国王令状。而接获令状的人员即使住在边远地区，一般也有足够的时间赴会。《盎格鲁－撒克逊编年史》记述了 1123 年 2 月会议召集的情况。"国王向全国各地分发令状，命令他的主教、修道院长和塞恩参加在格鲁塞斯特召开的圣烛节会议。他们都如约赴会。召集完毕，国王令他们选举坎特伯雷大主教。"①

　　既然会议不是对国家事务不分大小处理一切，有关征税事务也不是一应包揽。莱昂谈及诺曼王朝制税时说，大会议对赋税的控制仅限于封建常税，他称之为习惯形成的封建协助金（the customary feudal aids）。又说，会议没有控制国税或非封建税的征收，所有丹麦金的征收都由国王自己决定。② 照理，封建常税无须大会议授权，因为它是君臣关系缔结的起码条件，而且约定俗成。他还举了 1110 年马提尔达与亨利五世结婚时征收协助金的例子，说这种协助金是经大会议同意征收的。由于作者没有注明出处，故无从查考这条资料的原意，或者无法对原始资料给予也许不同的解释。退一步说，即使作者所引符合实际，这也只能是特例而非常例。至于说会议没有控制国税或非封建税的征收，所有丹麦金都是由国王自己授权，似乎不确。根据材料，1095 年忏悔者爱德华征收的丹麦金即由男爵授予，而教士则是反对的。③ 而且，作者在另一处也说："封建习惯税不作为问题提交讨论。"④ 这并非否定诺曼王朝不存在这种现象。这个王朝以征服立国，王权强大，国王征收过这种税是可能的。但一般来说，国王必须尊重传统。传统是什么？是盎格鲁－撒克逊时代形成的国王征税必须征求贤人会议意见的规矩。那时的国王征收丹麦金总是要征得贤人会议的授权。威廉虽以征服立国，却也必须尊重这一传统。而且，纵观议会产生前的英国史，即使莱昂所说的是事实，也绝不是主流。远的不说，在亨利二世和亨利三世统治的 1154—1272 年间，情况即全然不同。当时

---

　　① B. Lyon, *A Constitutional and Legal History of Medieval England*, New York: W. W. Norton & Company, 1980, p. 143.

　　② B. Lyon, *A Constitutional and Legal History of Medieval England*, New York: W. W. Norton & Company, 1980, p. 145.

　　③ S. J. H. Ramsay, *A History of the Revenues of the Kings of England 1066–1399*, Vol. 1, Oxford: The Clarendon Press, 1925, p. 6.

　　④ B. Lyon, *A Constitutional and Legal History of Medieval England*, New York: W. W. Norton & Company, 1980, p. 248.

征收的财产协助金、卡路卡其、动产协助金等，都经过了贵族大会议的同意。这种同意采取了一种联合的特征，出席者的同意约束缺席者，多数约束少数。特别需要指出的是，资料记载，在1237—1269年，国王亨利三世的要求曾九次被拒绝。而1269年岁末，会议因十字军东征是一个非常事件，同意征收动产协助金。而授予的目的仍然遵循传统，所征税金必须用作战费。[①]

与大会议并存的还有一个小会议。而且按莱昂的意见，这个小会议才可称为贵族大会议，[②]才是真正的王廷。通常情况下，大会议与小会议难以区别，只是召集的范围或规模有所不同。如前所述，大会议在集中过程中，有些与会人员由王室直接提名参加，而且这些人往往比较经常参加。这些人员主要有中书令（chancellor）、宫室长（chamberlain）、总管（seneschal）、膳食长（butler）、警卫长（constable）[③]和一些辅助人员，有时有一些较大的男爵。这样，在大会议中便形成了一个核心，这个核心就是小会议。在职责上，二者并无显著区别。一般来说，小会议处理的事情多些，例如王室特许状，多数由小会议署证。只有最正式的特许状，方由大会议署证。在赋税征收方面，国王有时也征求小会议意见，这在文献中也有所反映。但在小会议同意之后是否还须经大会议讨论，目前还缺乏相关资料。但可以肯定，大会议是当时英国政府制税的主要机构。

随着政府机构的发展，国事日繁。由于人员的构成、议事的性质、召开的次数等存在差别，大、小会议的界限渐趋分明，发展开始分途。小会议日益成为国王的贴身会议，被称为御前会议。而大会议则由于主要处理国计民生的重大问题而渐具代表性质，开始朝着等级代表会议或议会的方向演变。[④]这时的税权执掌也相应明朗，主要由大会议掌握，而与小会议无关。例如《大宪章》规定，国王征收盾牌钱与协助金，只需与大会议协商，征

---

① S. K. Mitchell, *Taxation in Medieval England*, Hamden: Archon Books, 1971, p. 2.
② B. Lyon, *A Constitutional and Legal History of Medieval England*, New York: W. W. Norton & Company, 1980, p. 149.
③ 这里沿用马克垚先生的译名，见马克垚《英国封建社会研究》。
④ Refer to B. Lyon, *A Constitutional and Legal History of Medieval England*, New York: W. W. Norton & Company, 1980, p. 251.

得大会议同意。关于小会议，则只字未提。[①]

上文提到，贵族大会议在与小会议分途后开始朝着议会的方向演变。但这并非说议会只由贵族大会议一个组织演变而来。它的形成还必须有地方或城乡政治力量的参与。英国历史上很早就形成了国王向各社会群体咨询并与其协商的传统。咨询、协商的目的是取得地方对王室事务的支持并批准国王的征税要求，而咨询、协商的形式则大多表现为国王对某些人员的召见。12世纪下半叶，这种召见已经相当频繁。被召见者虽多由地方当局临时指定而非选举产生，但其中业已包含代表的性质。乡村代表主要由骑士或其他自由人组成。城市代表则主要由市议员、市民等组成。地方代表的活动，有时与贵族大会议或王室一起进行。例如，1213 年 11 月，各郡郡守接到王室令状，要求推举 4 位慎思谨行的骑士，与男爵大会议一起商谈王国事务。1204 年，约翰从一些港口各召集 12 位市民与王室官员“商讨国家事务”。[②] 在大多数情况下，乡村与城市代表由国王分别召见，单独活动。在乡村，如果从事司法活动，如参加严肃的陪审活动，应召者的意见即代表所属社团对嫌犯的意见。如果从事财政活动，如征税，他们便代表所属社团负责估值与征收。在城市，市议会在一定程度上是全体市民的代表。如果征收任意税，多数情况下是国王的官员与市议会协商，市议会则代表其城市提出自己的意见。同意征收，便履行征收职责，并将税款送交财政署。有时，城市代表也被召进王宫，以便与国王直接协商。如果从事司法事务，例如王室巡回法庭来到城市所在郡，则城市须派代表出席，他们的意见便代表城市群体的意见。

国王与贵族大会议以及地方代表协商的传统，构成了议会制度形成的基础。可以说，议会的产生正是这种协商传统水到渠成的结果。那么，这些各自独立的政治力量是怎样发展起来的？又怎样实现了政治上的沟通和联合？要回答这一问题，必须考察这一时期发生的重大历史事件。正是这些事件，记录着它们壮大的脚步，见证着它们沟通和联合的轨迹。这些事件主要有1215 年《大宪章》的颁布、13 世纪三四十年代的政治危机、1258 年《牛津

---

① "Magna Carta, 1215", D. C. Douglas, *English Historical Documents* III , *1189 – 1327*, London：Eyre & Spottiswoode, 1998.

② B. Lyon, *A Constitutional and Legal History of Medieval England*, New York：W. W. Norton & Company, 1980, pp. 415 – 416.

条例》的制定、1265 年国会雏形的形成、1295 年"模范国会"的召开。在这些事件中，《大宪章》的颁布具有里程碑意义。它强化了贵族大会议的税权，明确规定，国王要征税必须得到国民同意。而所谓国民，当时主要指贵族，这不仅因为在贵族看来，只有他们才能代表国家，而且事实上，也只有贵族势力才能够与国王抗衡，从而造成君权的有限性。《大宪章》的条文也体现了城乡自由民的利益，虽然地方没有派代表参与文件的起草，但作为一支日益壮大，特别是握有部分税权的政治力量，封建贵族不能不给予重视。因为，纳税在西方中古文化中不是无权的表现，而是权力的象征。拥有了税权，也就意味着拥有了其他方面的权力。所以文件中设专款保障他们的权益。而在没有地方代表参加的情况下，贵族主动为城乡自由民争取权益，容易使后者产生信任感，从而为双方的沟通、联合奠定了基础。在许多情况下，贵族的利益与城乡自由民是一致的，比如《大宪章》中关于税权的规定，也适用于城乡自由民。这在双方都是清楚的。13 世纪三四十年代的政治危机，进一步加强了贵族权力。以往国王法令为表明君臣在制定法律中的不同地位，总是不厌其烦地写下这样的文字："经封臣建议，国王制定了以下法律。"1236 年颁布的《莫顿法规》则将这一文字改写为"由大贵族制定并得到了国王承认"。这一文牍程式的变化并非只具形式上的意义，实际上反映了大贵族立法地位的提高。在财政上，大贵族以批准征税为条件，迫使国王改组御前会议，增加了大贵族的构成比例。而在 1242 年，因为国王没有按条件公布 1237 年税款的支出情况，贵族扩大会议更坚决拒绝了国王的征税要求。13 世纪三四十年代的政治危机基本上以大贵族的胜利而告解决。这一解决的意义主要在于贵族大会议更加牢固地控制了税权。而国王为了获得征税的批准，也不得不在诸多重要问题上进行让步，这又进一步加强了大贵族的权力。13 世纪三四十年代的危机过后，《牛津条例》颁布前夕，大贵族曾以骑士代表没有参会为由拒绝了国王的征税要求，希望进一步联合地方力量组成强大阵容，以推进政治改革进程。而对地方势力而言，这直接加强了他们在制税中的作用。《牛津条例》正是在这样的背景下颁布的，其结果必然是有力地推动议会的形成。《牛津条例》规定：贵族大会议有权对国家各方面事务做出决策，一切法令都不得与贵族大会议的法规相抵触，大会议的召开必须制度化，一年至少召开三次，这就确立了贵族扩大会议法规的权威性；改组御前会议，增加大贵族的比例，这使御前会议的力量对比发生了新的变化。随着大贵族权力的扩张，城乡地方势力也在迅速壮大。对他们来说，赋税是他们手中的王牌，他们承担着王国税收的绝大部分。虽然大贵族掌握着税权，国王却可以在征税要求遭到拒绝的情况下单独与城市或乡村的代表协商，不经大贵族而征得税款。对于大贵族来说，税权当然也是他们的王牌，而且正是通过这张王牌，他们才可以从国王那里获得这样那样的权力。但是没有城乡自由劳动者参加的税权是不完全的税权，而不完全的税权很难在与国王的斗争中成为真正有效的武器。1066 年以来两百年的历史中，英国王权这样强大，大贵族在斗争中付出如此之巨，而收效如此之小，原因何在？因为王权可以从城乡自由民那里不断获得税款。这一点，贵族认识到了，国王也认识到了。所以，两百年来，常有贵族争取和国王征召城乡自由民的现象。但对于城乡力量来说，摇摆于两者之间终非长久之计。随着历史的发展，他们的政治目标已经十分明确，就是在大贵族的组织策划下强力限制王权，壮大民主力量，进而完成建立议会政治的大业。而且，这种政治立场的转移丝毫不影响王权对他们的依赖，从而继续获得其他方面的权益，因为他们手中仍然拥有税权。只要税权在手，在西欧中古的历史条件下，王权就必须向他们求助。正因为大贵族和国王都注意并认识到了地方政治力量的重要性，所以在 1261 年，西门·孟福尔和亨利三世都召集地方代表参与他们的讨论。如果说这次召集还仅限于各郡骑士，那么到了 1265 年，乡村和城市的代表同时受到邀请，从而在历史上第一次实现了三种政治力量合堂共议的局面。这次参会的人员包括 5 位伯爵、18 位男爵、每郡两名骑士、每市两名市民，[1] 是一次三方代表都参加的、具有真正代表意义的会议。而在 1265 年的基础上，1295 年爱德华一世又循例召开了会议，参会成分与 1265 年完全相同。按传统观点，这次会议的召开标志着议会的诞生。

　　前文曾论及议会产生的时间或标志性年份的问题，对此，学术界还没有形成一致意见。[2] 这个问题涉及对议会概念的认识问题。斯塔布斯认为议会

---

　　[1]　B. Lyon, *A Constitutional and Legal History of Medieval England*, New York: W. W. Norton & Company, 1980, p. 417.

　　[2]　英国宪政史家斯塔布斯认定 1295 年为议会产生的标志性年代，并称这一年的会议为"模范国会"。这一观点至今仍有不少人袭用；苏联学者认为 1265 年西门·孟福尔召开的会议是议会的开端；我国学者刘新成认为议会的形成应在爱德华二世统治时期。

内涵中应当包括地方代表,① 这是不言而喻的。议会是一个由各等级或各利益群体组成的代表性组织,没有地方代表参加的会议只能是贵族会议,而不能称为议会。另外还应强调,议会召开的主旨是批准国王征税,召集贵族开会的目的如此,召集地方代表参会的目的也如此。这样,地方代表参加了会议,参与了征税讨论,并且这种参与和讨论一经形成先例,以后便常常召集,这样的会议便可以称为议会。

议会产生之后,有些会议往往不召集地方代表参加。对于这样的会议,我们便可以质疑它的性质。按照前面给定的标准,没有地方代表参加的会议便不是议会,而只能是贵族大会议。也就是说,贵族大会议在议会产生之后并没有马上消亡,而是在一定时间内形成了与议会并存的格局。但是贵族大会议的存在不应成为我们考察议会产生的干扰因素。如果注意二者的区别,或者将没有地方代表参加的贵族大会议排除在议会之外,在我们的视野中,议会的召开也就具有了连贯性,从而制度化了。不过仍需注意,所谓连贯性并非指在一定时间内必须召开法定的次数,这样的连贯性是近代以来议会制度的表现形式。中世纪特别是议会早期历史的连贯性恰恰是以没有规律性为特点的。正如这时国税的征收,可以几年不征一次,也可以一年征几次。由于议会产生的历史错综复杂,有些事项模糊不清,很难找出一个标志性年份。而如前文所论,贵族会议的运行与发展为议会组织的形成和确立提供了必要的条件,或者说由贵族会议到议会组织乃是水到渠成的结果。用水到渠成表述两者的关系,以强调贵族会议的作用、认识议会的产生过程,较找出一个标志性年份可能更加合理。

关于议会的权限,尽管早期议会已经享有多方面权力,但讨论和批准国王征税无疑是其中主要的方面。因此,在地方代表参加的前提下,只要议决了国王征税的要求,这种会议便可定性为议会而不是贵族大会议。至于是否具有立法等方面的职能,属于议会发展或完善的问题,而不属于议会产生的范围。

关于地方代表的产生方式,早期议会同样不能像近代资产阶级那样由选

---

① W. Stubbs, *The Constitutional History of England*, Vol. II, Oxford: Clarendon Press, 1873, pp. 232–237.

举产生。这倒不是因为中世纪文明尚属原始，就不会产生选举制度，而是因为议会才刚刚产生，不能求全责备。但必须注意，无论是国王直接征召，还是由地方政府指定，都具有一定的代表意义。因为征召或指定的对象，与未被征召指定的他们的同侪在经济状况、社会地位、利益要求上基本相同，因而能大体上反映他们的意见。其意义虽不能等同于选举，却也与没有这样的人参加有着本质的不同。所以，所谓议会，便是指由地方代表参加的、以赋税征收为中心议题的会议。按这一标准衡量，在 13 世纪上半叶，议会应该已经形成了。

至于议会的职能，从发展的角度看，先是在批准国王征税的同时，处理一些司法事务。后来，主要是在 1258 年《牛津条例》颁布前后，开始拥有一定的立法权。到 14 世纪，议会不仅已经发展为最高立法、司法机构，而且同时成为王室与官员的最高监督机关了。这一时期的议会十分强劲活跃，不仅审判、罢免、处死和任用了许多高官，而且曾废黜爱德华三世和理查二世两位国王，势力之大、权力之高是前所未有的。但必须指出，议会的这些权力都是通过税权获得的，没有对税权的控制，议会的产生是不可思议的，更遑论它的发展与壮大了。

议会的形成，同时也促进了赋税基本理论的定型和赋税制度的进一步完善。在议会管理之下，长期的制税实践使前一阶段的"共同同意"上升为理论，并在"共同同意"之外增加了"共同利益""共同需要""补偿原则"等部分，从而使赋税基本理论臻于定型。以后的赋税征收主要是在这一理论的指导下进行的。与此同时，赋税制度也趋于完善，例如在制税方面，关于税项的设定，1332 年将城市和乡村的 1/10 税和 1/15 税确定为城乡动产税的基本项目，规定，以后议会批准国王征收的动产税都以此为法定比例，如一个 1/10 税和 1/15 税不敷使用，可增征 1/2 税或一个 1/10 税和 1/15 税。

法国三级会议始建于腓力四世统治时期，当时召开的目的主要是国王为了获得社会舆论的支持。1302 年和 1308 年，国王分别与教皇卜尼法斯八世和圣殿骑士团展开了斗争。为了得到广大国民的支持，召开了全国性的会议。"每个城市和村庄的居民奉命聚集在教堂、公墓或中心广场，听取王室钦差向他们介绍情况。然后，他们一致或几乎一致地表示支持王室

的论点。"① 代表来源十分广泛，议会记录曾提到妇女也同男人一样参加了
大会。1308 年大会与 1302 年大会相比，更具有全国三级会议的特点，因为
那不是一次地区性会议，而是一次地点设在图尔的全国性会议，各阶层和各
团体的代表都参加了会议。1308 年会议之后，议会召开的目的不再停留在
舆论支持上，而是已经延及或干脆转到了赋税财政上，并且在此后财政问题
一直占据主导地位。前曾论及，有学者记述了赋税征收和三级会议产生的历
史过程，"总是为着某场以保卫王国为目的的战争而频频征收的额外捐
税……常常被说成是兵役的等价和赎金……由于这种人力和财力的征收日益
频繁，致使王室钦差应顾不暇，不可能再——征求各个城市和每个贵族的意
见；因此，他们就通过代表大会的形式，避免了向每个有关人士——征询的
辛劳"②。在 1314 年 8 月的议会上，国王为进行弗兰德尔战争向与会代表当
面提出了"帮助"的要求。而爱提安·巴尔贝特代表巴黎市民率先答应向
国王提供财政援助。其他城市的代表也纷纷仿效，答应提供帮助。腓力四世
去世之后，三级会议的召开逐渐形成惯例。而在整个百年战争期间，三级会
议一直在国事管理中发挥重要作用。这些三级会议与以前相比，最大的区别
是城市代表在会议中占据了头等重要的地位。此外，会议多以省级会议的形
式召开，如诺曼底三级会议、兰桂多克三级会议等。从那时起，选举代表逐
渐形成了制度。高级教士和世俗贵族不再单独被召去开会，而是和"第三
等级"的代表一样需要经过选举。在城市，每逢礼拜天的大弥撒结束后，
各家家长不分男女集中在一起，选举他们的代表。当选者再聚集到主要城市
选出他们当中的 6—8 人参加三级会议。

　　三级会议的作用始终体现在财政方面。每次开会，都是为了获得必要的
"帮助"，以对付因英法战争而日益严峻的财政局势。1355 年会议投票通过
了对商品出售每锂征收 8 锝的税金。此次大会第一次公开表示了对王室官吏
的不信任。1356 年 3 月的会议将人头税改为仅对收入征收的所得税。1356
年 10 月的会议可谓盛况空前，与会代表达 800 人。该会任命了一个由 80 名
当选代表组成的委员会，根据时局形成了多种决策，解除了多名王室顾问的

① 〔法〕雷吉娜·佩尔努：《法国资产阶级史》上册，康新文等译，第 178 页。
② 〔法〕雷吉娜·佩尔努：《法国资产阶级史》上册，康新文等译，第 180 页。

职务，规定顾问须从三级会议中产生并接受会议的监督。在这一点上，三级会议的意志取代了国王的意志。同时规定，三级会议从此成为定期性会议，每年召开两次，并在必要时召开特别会议。宣布，税收只能"根据人民的意志，得到人民的同意"，方可征收。有学者评论这次会议说，这已经不仅是一个"新的立宪制，而且也是一个议会制"①。1357 年 3 月的会议制定了著名的《大敕令》，规定三级会议定期举行，清洗枢密院，改革国家行政机构，由会议每年单独确定货币价值。1381 年 3 月，在三级会议的胁迫之下，查理六世不得不下诏限制自己在任命大法官和总督方面的权力，他们以后将改由大理院任命；确定了王室地方军政长官的职责，限制大官吏如王室总管、元帅、王室侍从等的权力；每个主教区的征税工作交给由当地百姓选出来的 3 名显贵；这样征收来的间接税只能用于战争，如果挪作他用，它便不再成为一种义务；三级会议代表有权在他们认为必要时集会，讨论税收及其使用问题。

作为制税组织，法国三级会议在其上升时期不仅控制了制税过程，掌握了税权，甚至控制了立法、官员任免等大权。但遗憾的是，它没有始终如一地控制和利用这些权力，而是在百年战争的后期将其拱手让给了国王，致使后来税制的发展偏离了中古传统路线而与英国有了不同。参照中国中古财政体制，则两国的税权归属仍属同一类型。

其实，早在 12 世纪，西欧已经出现议会组织。在西班牙诸王国中，阿拉贡和卡斯提王国的国王咨议会已分别于 1162 年、1169 年吸纳了城市代表参会。1188 年，西班牙北部的琴恩（Keon）国王甚至许诺，除非得到"主教、贵族和从所有城市中选出的有公民权的市民之建议和同意"，他将不宣布战争和结盟。这样，在西欧历史上，西班牙最早形成了等级代表会议，这些等级是高级教士、世俗贵族和城市代表。议会不仅经常召开，而且随着时间的推移，权力越来越大，以致形成了对王权的挑战。国王的咨议员和政府大臣要对议会负责，而议会则可据理解除官员的职务。在赋税法律方面，非经议会批准，国王不得征收任何赋税，实施任何新律。15 世纪末，卡斯提、阿拉贡和加泰罗尼亚等王国合并为统一的西班牙王国后，原来各国的等级会

---

① 〔法〕雷吉娜·佩尔努：《法国资产阶级史》上册，康新文等译，第 220 页。

议仍然保留，并对王权仍享一定的制约权。比如，1520 年卡斯提议会在表决补助金提案时，曾向国王查理一世提出条件，不得任命外国人担任官职，不得把金钱运往国外。国王满足了议会的要求，而议会也同意了国王征收补助金的提案。

资产阶级革命前的尼德兰，各省都有三级会议，在省会议之上是全国三级会议。如果在尼德兰征收新税，须经省议会批准。西班牙国王查理一世及其继任者腓力二世无视尼德兰的传统，加重税收，结果导致了革命的发生。

在西西里，1232 年形成了地方代表会议，称大法庭；在德国，1255 年出现了城市代表会议，称迪耶茨（diets）。它们都具有一定的制税权力。

我们将议会视为制税机构，是因为它一般决定赋税征收的种类、数额、征收对象、时间和地点等。而如征收新税，更要进行广泛的讨论，而后形成决议。这些也就构成了制税的基本内容。在制税过程中，国王或皇帝通常只能提出一些要求，而征税能否进行，怎样进行，则一般遵从议会的决定。中国封建社会没有议会组织，所以制税的具体工作一般由中央财政部门如户部、度支、三司等进行，然后奏明皇帝，由皇帝最后决定。这样，不仅制税的程序与西方不同，重要的是纳税人的意见被完全忽视了。

第二节　管理机构

管理机构是中古财政部门的重要机构。其构成是否合理，运作是否有效，吏员是否清廉等，都直接关系到税款是否用得其所，从而关系到国家机器运转是否正常，因此深受帝王重视。

中西中古社会财政管理的一个重要差别，是中国主要采取国家财政和帝室财政分理的方式，西方主要采取合理的方式。中国中古社会的财政机构是在古代的基础上继承发展来的，所以一开始就显得非常完备，门类齐全，分工细密，职权大体分明。因此，中国中古社会形成了国家财政和帝室财政两大收支管理系统。西方中古社会与中国不同，有的国家和地区如英国，由于进入文明时代较晚，俗淳事简，国家机构不够完善；有的国家和地区如法国，虽曾经过奴隶社会，但由于受到了北方蛮族入侵的影响，古代的遗产没有得到很好的继承，国家机构同样不够完善。因此，相对于中国而言，这些机构显得简单粗拙、职责重叠、权力不明。在相当长的时间内，帝室财政和国家财政收支不分，基本上共用一套管理系统。约到 14 世纪，才出现了分理的端倪。

一　中国的管理机构

上古中国，国家财政与帝室财政不分，公私混一。至秦汉，两者方始分开，双方各有自己比较固定的赋税来源。财政上的这一变化表现在管理上，则是国家与王室分设机构，配备职官分理收支事务。在秦代，管理国家财政的专职机构为治粟内史，管理君主私财的为少府。汉承秦制，而又有发展，国家财政和皇室财政得到进一步划分。汉初，高祖和惠帝即确定了一个基本原则："量吏禄，度官用，以赋于民，而山川园池市肆租税之人，自天子以至封君汤沐邑，皆各为私奉养，不领于天（下）〈子〉之经费。"① 根据这一原则，属于国家财政收入的有田租、算赋、更赋、盐铁专卖、公田、屯田、均输平准、卖官爵、赎罪收入、算缗、告缗、算商车、牲畜税、赊贷税和铸币等项收入。属于皇室财政收入的有口赋、山泽园池的税收、酒税、关市税、贡献和酎金等。汉初，管理国家财政的机构仍为治粟内史，景帝时改称大农令，武帝时又改称大司农。管理皇室财政的机构有两个，一为少府，袭自秦代；一为水衡都尉，武帝元鼎二年新设。二者分理皇室财政。由于税收门类众多，分工细密，需专人负责，故以上诸官均各有佐官、属官若干人。东汉建立后，光武帝实行改革，将帝室土地悉归国家，并彻底推翻了国家财政和帝室财政分理的制度，将少府掌管的山泽园池等租税，全部转归大司农管辖。而少府也就成为仅掌宫廷杂务的机关，原佐官、属官多半被裁。水衡都尉亦被撤销，其职守不易废罢者归并少府，而且对宫廷用度大加削减。光武帝的改革，又恢复了国家财政和帝室财政合理的制度，从而使秦汉以来财政建设分理的趋向发生了逆转。

东汉之后，历代都采西汉旧制，所取得的效果虽不似西汉那样显著，国家财政与帝室财政的划分不甚清楚，但毕竟改变了东汉的合理制度，使后世的发展大体上遵循了分理的路径。在魏晋南北朝时期，朝代更迭，不暇稍

---

① 《汉书·食货志》。

息，财政管理制度变化不大，多袭汉制。曹魏以度支尚书执掌国家财政，下设佐官、属官若干，大司农仅管屯田事宜。但在蜀、吴，大司农一职仍袭旧制。钱谷分藏，钱入少府，谷入司农。晋亦以度支尚书执掌财政，其库藏分钱、谷二部。少府为受银之官，大司农为受粟之官。在南北诸朝，赋税管理与官位设置亦多袭汉制。魏晋南北朝的赋税管理机构，与汉代相比，其变化主要是掌管财计者多为度支尚书。大司农的官名虽存，其职权则已局限于收粟。库藏制度也有变动。少府仍为天子计财，虽与汉代无大区别，但其职权范围已不如汉时明确。司农虽仍掌国用，但隶属于财政官，受其指挥，依令行事。由于仍然保持了国家财政和帝室财政的分立格局，这一时期的赋税管理同样设置了两套系统。

唐初，财赋统归户部掌管，所有收入皆纳太府寺左藏库，其出入，均由比部勾覆。左藏库为国库，与帝室私库大盈库分立。自玄宗始，除租庸正额归左藏库外，其他杂项收入悉入大盈库，以供皇帝私用。大历年间，第五琦为度支盐铁使，鉴于左藏库屡遭侵夺，于是建议将金帛尽储于大盈库，以宦官主其事，以便天子取给。自此天下财赋尽归帝室私藏，使中国中古社会赋税管理制度又一次偏离正常的轨道。大历十四年（779），杨炎为相，复将租赋自大盈库分出，纳入左藏库。后经德宗允准，凡财赋皆归左藏，一用旧式，每岁于数中量进三五十万入大盈。除上述约 20 年左藏与大盈库相合外，其余诸年，两者都是分开的。所以，大体上说，唐代的赋税管理也是分国家财政和帝室财政两套系统。

两宋帝室收支亦自成体系，而且常常出现帝室财政有余而国家财政不足的现象。宋初宫人不及二百，仁宗时仅贵姬即达千余。而靖康年间进一步膨胀，仅放减的宫女即逾 6000 人。[1] 随着宫廷腐败的日趋严重，徽宗时宫人更是恶性膨胀，据估计，或已逾万人。与此同时，内宫吏员与日俱增。宋初，其额不过数十人。皇祐时规定，自供奉至行门，以百八十人为额。但至政和、宣和年间，宦者便动以千计了，且各有俸禄。由于人口众多，收支浩繁，帝室财政管理人员形成了庞大的队伍，与国家财政管理系统并行。

---

① 中国财政史编写组编著《中国财政史》，第 279 页。

至元代，帝室理财机构更为复杂，分设若干院：宣徽院，主管皇帝饮食以及诸王宿卫、怯怜口用粮、抽分羊马等事务；中政院，负责中宫财赋的管理；储政院，主管太子太后的财赋管理；内宰司、总管府，主管帝室库藏及份地出纳；太仆司、上乘寺，主管御马、鞍辔、车辇；诸寺、总管府，主管诸王、后妃之财赋；太府监，主管帝室之钱帛、珠宝；度支监、利用监，主管帝室马驼刍粟、皮货衣物；等等。以上诸院，都有各自的财源，互相之间并无统属关系，因而使帝室理财机构更加庞大、复杂。

明代帝室理财机构之庞大更远超元代。明代帝室支出中，俸禄就十分庞大。皇帝、皇后、太后、太子的俸禄向无限制；甚至贵妃、妃嫔、太监的俸禄也高得惊人。例如，负责皇帝、皇后吃饭穿衣的女官为四品。据记载，宫内编制有 12 监 8 司 8 局 24 衙门，究竟有多少宫人宦寺、厨司乐工，很难有确切数字。光禄寺是专供皇宫膳食、采买衣物、果品、玩好等的机构，设卿一人，少卿二人，下设大官、珍馐、良酝等署。主持的工作，上自帝室的庆典、社典，下至吏员供具及宴赏等，所费皆出于此。据载，洪武中，光禄寺厨役仅 800 名；永乐中，两京共 3000 名；仁宗时，已达 6300 余名；宪宗时增至近 8000 名，多时曾达 9000 余名。宣德十年"罢诸司冗费，……放教坊司乐工三千八百余人，八月减光禄寺膳夫四千七百余人"[1]。一个机构仅裁汰教坊司乐工就达 3800 余人，可见帝室人数的庞大。帝室人数多，其理财机构就大。皇宫机构如此，再加上为皇宫征税、起运等方面的人员，其机构之众多，人数之庞大，便更可想而知了。

清前期帝室理财机构称内务府，内设广储、会计两司。两司之下，又各有专司。专司之外，兼掌内府之库藏，即银库、缎库、皮库、衣库、茶库、磁库等，其机构之多，人员之众，足可与明代相比。

在中国两千余年的中古社会里，国家理财机构和帝室理财机构除东汉及唐大历年间短暂合并之外，在绝大多数时间里，两者是分理的。

二　西欧的管理机构

西方情况与中国不同。英国税款管理组织起源于盎格鲁－撒克逊时代。

---

① 《明史》卷一。

最初，所征钱物纳入王室内府所辖宫室（chamber）的锦衣库（wardrobe），由司宫（chamberlain）掌管。后因王室经常巡游，难以携带，遂于11世纪初在温彻斯特设置国库，以便储存。这时的国库兼有中国中古社会国藏与皇帝私藏的两种职能。诺曼征服后，由于王室规模扩大，国事日繁，收支日巨，且跨越海峡兼控英格兰与诺曼底两地，国王在继承盎格鲁-撒克逊王室财政机构的基础上，设宫室长（master chamberlain）以管理财政收支事宜。随着钱物储积的日益增长，温彻斯特一库已不足用，于是又别建鲁恩、法莱士两库。新库建起后，温彻斯特便不再专作存储之用，而兼为财政人员编写文书、存放文书的场所，地位逐渐突出。威廉二世在位期间，始设国库长（treasurer）一职，负责处理温彻斯特的钱物收支、账目核算、文件归档、财务纠纷等事务。由此，国库渐与内府分离，而向财务管理机构转化。

亨利一世统治时期，塞利斯伯里主教罗杰尔任国库长。此人深受罗马和基督教文化陶冶，精通管理、计算之道，在位时借手中权势，在国库的基础上组建了财政专门组织——财政署（Exchequer）。财政署分上、下两部。上部（Upper Exchequer）统揽财政署全局，负责处理财政署重要事务，人员由贵族小会议的成员构成，包括宰相、中书令、国库长、司宫、司厩等，习称"财政署男爵"（Baron of Exchequer）。宰相统领上部全体官员，处理、裁决署内一切重要问题，而基于在王室的隆崇地位，又可发布宰相令文，批准支拨小额款项。中书令位在宰相之下，主要职责是保管印玺，印证有关文令，并与国库长一起负责缮写和编订财政署档案。此档案有两种，一为原件，称《国库卷档》（Pipe Rolls）；一为副本，称《中书令卷档》（Chancellor Rolls）。《中书令卷档》的作用是一旦前者遗失或破损，即资以查询。但印玺并非由中书令直接掌管，而是存放于其属吏之处，且使用时须经宰相批准，并由国库长与司宫一同提取。由此可见，所谓执掌印玺在中书令又似乎仅具虚名，并无实际意义。国库长的职责主要有两个：一是负责收款、记账；二是与中书令一起撰修财政署卷档，即《国库卷档》。司宫的职责主要是协助国库长处理分内事务，其职位似副国库长。司厩则主要保管记账器具如记账木码，发放催款令文，并羁押或拘捕违令者。由于这些官员多非财政署专职，例如宰相，位居"一人之下，万人之上"，国家和王室事务无所不管，难以专理财政。这样便有了财政署的下部。下部（Lower Exchequer）也称接收部（Receipt），是财政署的执行机构，主要负责收支事宜。人员主要由国库长和司宫的属吏组成。前者主要负责记账、封存钱袋等事务。而所谓记账，即将接收金额刻在木码上，然后将木码劈为两半，一留财政署，一交交款人。后者则负责清点钱币、保管锁钥和支出款项等事务。而由西敏寺至温彻斯特之间的钱币、账目之运输工作则由二者共同完成。此外还有若干执事人员，从事一些具体工作，如熔银、化验、称量、计算、记录、保卫等。[①]

由于战争绵延，社会动荡，国家缺乏有效的管理组织和运输系统，这时西欧的国王，大多采取巡游的方式（peripatetic lifestyle）收取赋税。国王的巡游，可分远程与短程两种。所谓远程是指跨国巡游。英国国王即经常来往于英伦三岛与法国大陆的封建领地之间，以及国内领地与威尔士、苏格兰前线。特别是在战争年代，国王离开国家的时间很长，游动性更大。所谓短程，则指在国内各分散的领地之间的巡游。14 世纪之前，西欧的国王几乎终年在外巡游。所以，"游动的宫廷是中世纪政府的普遍特征"[②]。这种巡游，须有大量扈从，以防不测。巡游的目的，一则按季节变化享用封臣应该缴纳的尚未货币化的赋税，一则向辖区内居民宣布他的存在和权威。7 世纪的法兰克诸王通过这种方式从私有领地上获取税收。11 世纪神圣罗马帝国的皇帝康拉德也通过这种方式获取税收。他的领地广袤无垠，从勃艮第到波兰边界再折回香槟，然后到德国中部北端过冬，行程达 1600 英里。如果绕行，则行程更长。13 世纪末期，英国国王爱德华一世仍然主要通过巡游收取赋税。从 1298 年的 8 月到 1299 年的 10 月，他的行程逾 1300 英里。如遇雨雪天气，道路难行，便择一粮草充裕的地方驻扎下来，待气候宜人时继续出游。[③] 这些情况对西欧中古财政及官制都产生了深刻影响。

---

① "The Dialogue of the Exchequer", see D. C. Douglas and G. W. Greenaway, *English Historical Documents* II, New York: Oxford University Press, 1998, pp. 523 – 609.

② C. Webber and A. Wildavsky, *A History of Taxation and Expenditure in the Western World*, New York: Simon and Schuster, 1986, p. 168.

③ C. Webber and A. Wildavsky, *A History of Taxation and Expenditure in the Western World*, New York: Simon and Schuster, 1986, pp. 167 – 169.

　　在这种情况下，财政官制便缺乏系统。这与中国中古时代大有不同。比如英国财政署，它理应是一个财政专门组织，但它的上部各主要官员，不仅都是兼职，而且主要职责并非财政管理。即使国库长，虽名为专职，在很大程度上也还是兼职。下部则更不必论。由于财政署一年只有两次结账，其中一些职位便都非常设。另外，从这时政府的特征论，这些职位均由国王个人设置，并由国王私人付酬。这与国家官吏迥然有别。再看地方税官。郡守为地方行政区划的首脑，其首要职责应在行政方面，正如宰相的主要职责在行政方面一样。但在13、14世纪之前，郡守的主要职责似乎在财政而不在行政。13世纪，郡守一般由国库长任命，而国库长主要负责财政署事务，所以，这种现象实际上强调了郡守的职责也主要在财政方面。事实也正是如此，郡守不仅负责征收境内王室的收入，如王田收入、司法罚金、封建地产及空缺教职收入，而且代表国王征收盾牌钱、任意税、协助金，负责其在此巡游时的生活消费，以及有关军费开支。另外，每年两度的财政署结账，郡守都必须到场，将应付款项上缴，并接受署内有关人员的质询甚至处罚。除去这些工作，郡守的事情便所剩无几了。所以，郡守与其说是地方行政长官，不如说是地方财政长官。这与正常的国家建制相比，便有些不同。郡守以外，包括郡守财政属员和下层税吏，似与国家和王室无关。这些税吏都由郡守依照习惯从地方征召。例如英国，一般选择两名骑士或一名骑士及一名属员，经过宣誓，即可履行征税事务，对郡守负责。[①] 显然，从人员的选用，到具体工作的履行，这些税吏与其说是国家或王室吏员，毋宁说是郡守的私吏。因为他们既不对国王负责，亦不与国家相干，只是完成郡守交给的任务而领取自己的一份报酬。

　　而且，作为财政组织的宫室、国库、锦衣库和财政署的职能一向游移不定，这又必然影响税官职位的设置、体制的建立和巩固。如前所述，宫室、国库都曾为财政管理的部门，后来因财政署兴起，前者的职能以及官员的职责发生变化。但财政署的地位仍不稳固。后来又崛起了锦衣库。锦衣库原只保管宫内细软之物，类似一后勤机构。但由于经常随侍左右，在国王常年巡游办公的情况下，出于方便，遂处理一些现金收支事务。这种处理，随时随

---

① S. K. Mitchell, *Taxation in Medieval England*, Hamden：Archon Books, 1971, pp. 63 - 70.

地进行，方便、简单、快捷，时间长了，自然形成一些制度。于是，原归财政署管理的一些事务便转归锦衣库处理。后来，锦衣库甚至可以发放记账木码，债权人持此木码找当地郡守收取钱物，而郡守再持木码到财政署结账。久而久之，锦衣库成了收支机关，而财政署变为结算部门。随着锦衣库与财政署某些职能的转换，二者的人员构成也发生了相应的变化。锦衣库增设财政管理岗位，财政署则裁减执事人员。

三　中国帝室财政与国家财政的分理体制

那么，我们又如何认识中国中古社会帝室财政与国家财政的分理体制呢？在笔者看来，分理当然优于合理，但须有一个条件，即将帝室财政限制在一个合理的范围之内，且皇帝必须严格遵守财务制度，力避两者混用，尤其不可侵吞国家财政。所以，就体制本身来说，虽然分理的初衷是首先保证帝室的用度，但如果由此形成对这一用度的限制，则这种制度安排仍然具有可取之处。但事实并非如此。通观中国财政史，混用的情况经常发生，而且主要是帝室财政或皇帝侵吞国家财政。

在汉代，武帝因军需不足，曾将盐铁由征税改为专卖，从而将部分皇室收入转归国家财政，这是两者混用后朝着有利于国家财政储积的一端发展。但这种情况终究很少发生，主要还是帝室侵吞国家财政。更为重要的是，帝室财政在很多情况下大于国家财政。史载："孝元皇帝奉承大业，温恭少欲。"然而，就是这样一位"温恭少欲"的皇帝，其"都内钱四十万万，水衡钱二十五万万，少府钱十八万万"。"少府水衡见钱多也。"① 皇帝将大部分收入划归帝室，犹占用国财，所谓分理，岂非虚设？

在唐代，第五琦为度支盐铁使时，曾将金帛尽储于大盈库，使宦官主其事，以便帝室取给，用度多少，有司亦无从知晓。建中初，杨炎曾与德宗议定，每年由度支拨给大盈库精缯三十五万匹。但贞元初，德宗便说"宫中用度殊不足"，宰相李泌不得不"请岁供宫中钱百万缗"，增加支拨额，但"愿陛下不受诸道贡献及罢宣索"②。此百万缗即所谓"贞元额"。当时德宗

① 《汉书》卷十。
② 转引自陈明光《唐代财政史新编》，第286页。

亲口答应以"贞元额"为限，不再额外宣索。但事实上，这种宣索从未停止。史载，德宗又"数有宣索，仍敕诸道勿令宰相相知。泌闻之，惆怅而不敢言"[1]。德宗之后，皇帝通过"宣索"和接纳"进奉"向国家财政调取财物更变本加厉。由于盐利没有年度预算的限制，盐铁转运使每以"羡余"为名，恣行进奉。如王播在宪宗、穆宗和敬宗三朝掌盐务，曾几次以巨额"进奉"，得皇帝欢心。此外，度支、户部以及其他中央财政专使也另有进途，其额亦不在小数。元和间，王遂以光禄卿充供军使，调度兵食三百万，事毕，进奉羡余一百万。而皇帝竟视各部门进奉为常例。如宪宗曾问："户部比有进献，至卿独无，何也？"这些进奉的钱物，都属国家财政收入，正如李绛回答宪宗时所说："户部所掌，皆陛下府库之物，给纳有籍，安得羡余。若自左藏输之内藏，以为进奉，是犹东库移之西库。"[2] 帝室财政的增加，必然意味着国家财政的削减。

宋代财政，前后各有特点。在北宋，帝室财政极为宽裕。当时，各钱监年铸钱一百七十万，全部供给帝室。皇祐中，岁入绵二百六十五万余；治平间，一百九十三万余。储积之巨，更胜前代。北宋皇帝大都采取了扩大内藏的措施。太祖欲积金帛二百万，用以收取幽燕；太宗将封桩库等改建为内藏库，使帝室财政空前扩大；神宗增建库藏，竟使帝室库藏达三十二处之多；徽宗大肆搜刮，聚财更难计其数。这样日积月累，陈陈相因，至靖康时，金人检视宫中库存：绢五千四百万匹；大物裘缎一千五百万匹；金三百万两；银六百万两；而另库所存金银珠宝还未计其内。一定时期的社会或国家财富有一定量，帝室财政的极裕，必然造成国家财政的严重匮乏，因此，后者不得不常常靠前者的接济维持局面。而国家的事业又不能全然不问，于是帝室财政较前代具有了不同的特征，这就是经常用于赏赐、军费、恤灾、助三司经费等帝室费用以外的支出。用于助三司者，如"天圣以后，兵师、水旱费无常数，三岁以赉军士，……调绢百万匹，银三十万两，锦绮、鹿胎、透背、绫罗纱縠合五十万匹，以佐三司"。用于军费者，如景德元年，"内出银三十万两付河北转运司贸易军粮"；宝元元年，"出内藏库锦绮绫罗一百

---

① 陈明光：《唐代财政史新编》，第 286 页。
② 陈明光：《唐代财政史新编》，第 288 页。

万，下陕西路市籴军储"；皇祐二年，"出内藏库绢一百万，下河北都转运司权易大名府路安抚司封桩钱市籴军储"。用于恤灾者，如嘉祐元年，"出内藏银绢三十万赈贷河北"；明道二年，"以京东饥，出内藏库绢二十万下三司代本路上供之数"；景祐元年，"以淮南岁饥，出内藏绢二十万，下三司代其岁输"。[1] 皇帝让内藏库兼顾皇宫内外支用的基本原因如此，似还有自己的目的。据汪圣铎先生研究，其目的有：一，强制性储存财赋。因为建库动机含有皇帝对理财官吏不放心的因素，恐怠于储积，遇事无以应对。另外，如前所述，太祖、太宗亦有以此收复幽燕之意。二，直接掌握财权，以此制约三司，驾驭群臣。三，掩盖帝室支出真相。宫中消费乃内藏支出之大宗，皇帝惧怕外人窥知支出详情，所以予以遮蔽，以减少外界对皇室财用的注意和议论。[2] 而这三条都是在宋代专制皇权的条件下达到财政专权的措施。通过这些措施，也的确达到了财政专权的目标。帝室财政极裕，又必然造成管理的混乱。宋初，三司对内藏财赋虽无支用之权，却也大体了解岁入与库存额。真宗咸平六年下令："诏内藏库专副以下不得将库管钱帛数供报及于外传说，犯者处斩。"此后，三司不再得知内库存量。以后情况虽有反复，但混乱局面似乎一直没有多少改善。因为即使三司了解岁入与库存数额，却不能插手库内的管理，仍由内臣控制。所以，英宗继任之际，司马光等上书言："今内库专以内臣掌之，不领于三司，其出纳之多少，积蓄之虚实，簿书之是非，有司莫得而知也。"[3] 由于财货出入全无关防，神宗对辅臣说，内藏库账，文具而已。徽宗时，财权更加集中，财务收支全以"御笔"行事，唯皇帝意志是从，致使管理更加混乱，浪费加剧，贪漏之事频发。在南宋，帝室财政不再接济国家财政，恰恰相反，皇帝不断从左藏库调拨财物入内藏库，以供宫中挥霍。渡江之初，只有内藏、激赏二库，激赏库本隶属都省，却被不断调拨内藏库，致使"内帑山积"。后来激赏库改为御前激赏库，所储遂变为内帑。乾道六年前后，左藏西库岁输内藏库金三百两、银五万两、钱一十五万贯。淳熙后，岁输会子四十五万贯。光宗之后，临时征调财赋入内藏库的情况又有增加。与此同时，皇帝又严禁内库财赋派

---

① 转引自汪圣铎《两宋财政史》，第599—600页。
② 汪圣铎：《两宋财政史》，第602页。
③ 转引自汪圣铎《两宋财政史》，第604页。

作他用，并加强了钱物的催征。有宋一代，内藏库与左藏库、三司、户部等机构的关系不断变化，内藏财物调出、库外财物调入之事亦频频发生，都与皇帝意志密切相关，都是财政专权具体条件下出现的必然现象。

在元代，国家财政初隶太府，后归户部。而帝室财政自设立时即隶太府。虽然收支各有劈划，却也常常相互调拨，如世祖定制，赐赉皆出中书，但武宗即位后，改由太府；而皇庆元年，仁宗将国库金银悉移太府。但总体而言，太府抽调多于户部。

随着专制制度的加强，明代帝室财政加剧了对国家财政的侵夺。众所周知，金花银乃由田赋折算而来，依理应上缴国家财政，由户部统管。但金花银出现后，原负责收储坑冶税款的隶属帝室财政的内承运库便改为主要收储金花银。而金花银乃放支武臣俸禄的折粮钱，但俸禄所需仅十余万两。据唐文基先生推算，其余约78%的金花银，即相当于全国9%的税粮，尽为帝室侵吞，由皇帝个人开支。但皇帝并不满足，执掌内承运库的宫内太监还经常凭借皇权，向太仓索取银两。成化十七年，抽三十万两入内承运库；嘉靖三十七年，"令岁进内库银百万两外，加预备钦取银"；隆庆年间，内承运库主管太监公然"以白礼所部帑十万"；另外，在弘治、正德、嘉靖、隆庆年间，内承运库太监多以财用不充，抽取太仓银，而户部不能阻。但在国家财政匮乏时，皇帝却不肯支用帝室存银。万历四十三年，"九边缺饷，太仓如洗，会议诸臣多以借用金花银为请"，户科给事中官应震甚至疾呼："若金花银，则请照旧以太仓故物还之太仓。"神宗却硬是不答应。明末，一方面，朝廷"三饷加派"急如星火；另一方面，内库充实毫无隐忧，银积三千余万两，金存一百五十万两。但皇帝就是不肯动用。[①]

在清代，帝室财政与国家财政相互调配的现象更加严重。清初，帝室支用以皇庄收入为主要来源，但一遇供求失衡，便取诸户部。乾隆年间，皇帝钦定岁支六十万两，但后来，移用日增，而皇帝向不以为然。同时，也有发内府钱物以支国用的例子，如道光年间，因军供、河工、赈灾之需，曾发储银数百万两。清末的中国，虽已处在近代历史的临界点上，但皇帝的理念或

---

① 唐文基：《明代赋役制度史》，第139—140页。

意识似乎还停留在中古深处，潜意识里仍视天下财富为皇室私有。特别典型的例子当为光绪年间重修颐和园。当时的中国，已经陷入深重的民族危机，西方列强以及东方日本，正伺机鲸吞中国领土。由于中日隔海相望，对方须借重海军实施入侵，而中国也须相应以海军抵御。在这种形势下，中国海军的国防地位便陡然突出，建设并加强海军便具有了头等重要的意义。也正是在这种形势下，慈禧太后开始了规模浩大的颐和园重修工程，而这一工程所需经费，又恰恰支自海军军费。如果冷静地解读这一事件，仅纵情山水、修建园林本身，便可定慈禧为中华民族的千古罪人。更何况还是抽取海军军费，因而事实上已是侵略者的帮凶。那么，慈禧怎敢冒天下之大不韪，将取之于民且已经支拨为海军军费的赋税用于颐和园修建呢？答案很简单，在她的思想深处，天下财富乃至整个国家都属于清朝统治者。如此，修建颐和园的经费从哪里征得，也都绝对天经地义。由于花费巨大，时人将清政府海军处称为颐和园工程收支处。这一工程之于海军建设，犹如釜底抽薪，海军部门购买军火的行动，自光绪十四年起即停了下来，光绪十七年又停止增加舰船，致使几代人苦心经营的清朝海军元气大伤，一蹶不振。所以有人说，甲午战争的失败乃是海军的失败，而海军的失败是由于海军军费的严重不足。关于军费抽取之确数，正史无载，有人估计"至十之八九"，[1] 当基本符合历史实际。

　　总之，帝室财政与国家财政分理，是中国财政管理的基本制度安排。但在具体实践中，这种制度却常常被置于不顾，于是便有了两者相互调配以及国家财政调配远超帝室财政的现象。但在笔者看来，比较两者调出的多少没有多大理论意义，重要的是如何看待皇帝对赋税的认识。笔者还发现这样一种现象：由国家财政调配帝室财政往往激起人们的愤慨；而以帝室财政接济国家财政却常常引起人们的赞颂，进而认为皇帝英明。其实，无论是王室财政接济国家财政，还是国家财政调配帝室财政，性质都一样，都反映了赋税基本理论制约下皇帝的同一心态，这就是由宗法制、家天下以及"溥天之下，莫非王土；率土之滨，莫非王臣"衍生而来的天下财富都归皇帝或皇家所有的观念。这样，所谓分理，便仅仅为了实现帝室花费的便利，而分理

---

　　① 胡钧：《中国财政史》，商务印书馆 1920 年版，第 335 页。

的体制也就在很大程度上流于形式。两者的相互调配，都可视为皇帝财政专权的表现。

第三节 审计组织

中西中古社会都较早建立了审计机关。但中西审计机关具有不同特点。在中国，只有一套审计机关，审计权力高度集中于皇帝之手。在西方，则有两套机关，一套由国王控制，主要职责是保证王室财政的完整性；另一套由议会执掌，主要目的在于保护国税收入，以避免国王或王室挪作私用。但是西欧审计机关不像中国那样完善，在某些时候甚至不常设。

一 中国的审计

有国家就有财政，有财政就有审计。这种关系决定了审计是国家维持财政完整、保障经济基础稳固必不可少的工具。正是基于这一关系，在中国中古社会特定的文化环境和历史条件下，审计制度与专制制度息息相通，一荣俱荣，一损俱损。可以说，中国审计制度在每一阶段的变化和发展，都与专制制度的演变、强化密切相关。

（一）审计组织

中国古代审计制度，主要是沿着行政和司法两条线索发展的。所谓行政，是指审计机构由行政组织统领，或者说是由行政组织行使审计权力；所谓司法，是指审计同时属于监察机关的工作范围，或者说监察机关也行使审计职权。审计必然意味着处罚，所以在很多情况下，审计的专职机关隶属刑部。基于这种特殊性质，审计必然与监察、司法相联系。因此，审计具有行政与司法的双重性质。但审计与监察又各有特点，前者的工作对象主要是财政，而后者的工作性质主要是司法，受此制约，前者的工作范围主要是清理、核实账目，而后者主要是监督、稽查包括财政在内的机构和官员。正是基于各自的特点，审计与监察又有大体分工，而分工的目的又在于合作，以最终保证税款合理使用，维持国家财政的完整。

中国中古审计制度自秦汉奠基之后，在历代王朝得到了继承、改革和发展，所以，在不同时代往往有不同的职官增减、机构置换和权力组合。但基本趋势是随着专制制度的加强，权力日益集中，最终由皇帝直接行使。与西方相比，即便就处在奠基时代的秦汉而论，审计制度的特征也可以用两个字概括，那就是完备。

在秦汉，尚无独立的审计机关，审计权力由监察组织行使。在秦代，审计的职官、权限、管理和运作都是作为监察制度的组成部分而设置的。监察机构以御史大夫为最高首长，总揽文武百官和各级政权机构的监察工作。御史大夫之下，设侍御史或柱下御史，管理文书记录、监察报告，以及监察过程中的一些政策性、技术性工作，以保证监察制度的公正与效率。在地方，秦设郡、县、乡、里等机构。郡置监察史，负责一郡的监察。县设县丞，负责一县的监察。而乡、里不再设专职，相关事务一由其长官三老、里正兼理。在这里，财政上的审计从属于监察，是监察工作的一部分。而监察，在性质上属于司法范围，审计自然具有了司法性质。从官吏的设置来看，秦代负责审计的御史大夫位列三公，居一人之下、万人之上。而负责征税和会计的治粟内史则位居其下，受其监察。值得注意的是，秦已将中央财政与帝室财政分理，而地方财政之于中央财政也具有一定的独立性，地方财政支出由地方各级政府自己负担。这样，御史大夫作为审计的最高长官，其审计对象便有三部分：一是中央所有机关，包括中央各机构和文武百官；二是帝室财政部门，由侍御史具体负责；三是地方各级组织，由监察使具体负责。秦代是中国统一国家形成、专制制度加强的重要时代，而包括审计在内的监察制度事关政治的稳定，所以其长官位列三公，这是专制制度加强的必然结果。汉承秦制，审计制度基本沿袭秦代，而又有发展变化。在秦代，御史大夫先作为副丞相行使行政权力，因此，审计职权实际上从属行政，这显然有碍审计工作的开展。到了汉代，御史大夫或御史中丞不再列三公之位，因此便没有明确的行政职务、，而审计官员也就可以相对独立地进行工作，甚至直接面奏皇帝，而不受行政权力干扰。在地方，秦代审计工作由监察使负责，而监察使却非常驻机构或专职审计官员。汉代审计工作由侍御史主管，同时，作为监察区专职审计官员的刺史和作为地方监察官员的司隶校尉，也从不同的角度和不同的地位负责审计事务。这种多系统、多官员共掌审计的格局，说明君主正在技术上摸索加强审计制度的途径，是中央对地方审计重视的表现，同时也意味着地方审计的加强。

作为相对独立的机构，审计组织最早产生于三国时代的曹魏，称比部曹。与秦汉审计机构相比，比部曹乃专门的审计机构，能够独立进行工作。其职权一部分来自尚书省的委授，一部分来自御史台的转移。而御史台作为监察机构，仍然享有一定的审计权力，但工作重点在于监察，审计只是其中的一部分。从性质上说，御史台属于监察机构，而比部曹属于行政机构。在隋唐，比部曹改称比部，负责对户部所属机构的审计。在唐代，它隶属刑部，而刑部又隶属尚书省，所以，比部具有行政与司法的双重性质。御史台仍为最高监察机关，享有一定的审计权力。在比部与御史台的关系上，二者分工合作，各有侧重。前者主管审计，侧重中央，核查籍账；后者主管监察，侧重地方，稽核国库。

在宋代，审计制度一度显得十分紊乱，主要是因为在三司下设置了审计机关。三司是国家最高财政机关，下设勾院、都磨勘司等机构，主辖支收等司和判官等职，审计权力很大。这种财政与审计合一的制度，在技术上很不可取。由于审计不独立，而且恰恰隶属于财政，审计人员很难开展工作。所以"伏以四方财物干没、差谬，漫不可知，三司虽有复审之名，不复省，但有空文。自天圣九年，上下因循，全无检点，纵有大段侵欺，亦无由举发，为弊滋多"①。1080 年，神宗重整财政机构，将三司并归户部，审计权力方由财政机关转归比部。而比部仍同隋唐，由刑部统领，具有行政、司法双重性质。至此，审计制度又恢复了宋代之前的建制，重新获得独立地位。宋代的御史台，亦袭唐制，仍为监察机构，享有一定的审计权力。但地位有所变化，主要是丧失了唐代的独立性，受到其他机关的监督和牵制。例如，尚书省具有"听内外辞诉，奏御史失职"的职责。这就使其受制于行政，自然不能像唐代那样独立行使审计之权。另外，由于三司使享有审计职权，御史台的审计职能也受到影响。而神宗改制，主要是将三司使原享有的审计职权转归比部，御史台之审计权并未扩大。基于这种审计机构的设置和职权的委授，宋代各审计组织之间的关系前后有变。宋初，由于三司使掌有审计职权，御史台相应受到限制。神宗改制后，比部专司审计，勾覆账簿，御史台则进行实际监督，两相配合，使审计机构之间的关系趋于合理。但总体看

---

① 《宋史·职官二》。

来，比部的权力相对大些，御史台则自始至终受到其他机关的限制。

至元代，审计制度发生了一些变化，比部遭到废除，原属比部的审计职权转交户部。户部由中书省统领，为最高财政机构，下置审计科执行审计职责，这类似于宋初的制度安排。这种安排，由于财政部门执掌审计，易生弊端，且已有宋初的前车之鉴，所以皇帝又在中书省下别置检校照磨官，审计中书省所属六部，以防户部因掌握审计而利用审计自身的罅隙。但是，这种安排似乎没有在刑部下设置比部操作起来得力，否则，便不会有宋神宗的改制了。在监察制度方面，元代在机构设置上不同于前代，主要是在中央御史台的基础上，设置派出机构，谓行御史台，专门负责某一地区的监察事务。这样的派出机构有两个：江南行御史台，负责江南十道的监察事务；陕西行御史台，负责附近四道的监察事务。有学者认为这是元代监察制度的重大发展，恐是过誉了。因为仅设中央御史台与增设派出机构的多少，只是一种形式的变化，很难认为较前代更合理、更科学。不设派出机构，而只是在地方各级政权中设置监察机关，由中央御史台统领，同样可以治理得很好。关键在于这种制度的设置是否科学，各级监察官员是否廉洁自律，尽职尽责。

明清两朝，审计制度发生了重大变化，这一变化是专制制度加强的必然结果。明初曾设比部以掌审计，但不久即遭砍削，审计之权悉数转归户部。而为了严格控制地方财政，明太祖和明宣宗又借助十三布政使司的建制，增设了十三清吏司，由户部统领，每个清吏司负责一个布政使司的审计。监察制度也发生了重要变化。洪武年间，罢御史台，将唐宋以来的三院建制合并，且加以扩大，称都察院。地方则依托十三布政使司设十三道监察御史。都察院主要负责中央各机构的监察审计，十三道监察御史则为中央派出机构，负责各布政使司的监察审计。与前朝相比，这种安排显然大大加强了户部的权力。而户部作为国家最高财政机构主掌审计，使财政与审计合一，容易产生腐败现象。这一点已如前述，想来皇帝会有一定认识，所以又于六部特别是户部之外增设六科给事中。该机构品秩不高，但权力很大，独立于都察院，专门监督六部。在三省、宰相制度废除，六部地位空前提高的情况下，该机构的创立，对于六部的坐大无疑具有重要的牵制意义。这样，审计制度也就形成了三套系统，即户部及其统领的十三清吏司、都察院及其管辖的十三监御史、独立于都察院的六科给事中。其中，户部主掌审计，而都察院与六科给事中侧重监察。随着专制制度的进一步加强，经过调整归并，审计权力在清代得到了高度集中。清廷首先适应地方建制的变化，将原来的十三清吏司增加到十五个；但更重要的是将明代审计的三套系统合并为一，将六科给事中和十三清吏司并入都察院。这一改革一举改变了延续两千年之久的政出多门的格局，使审计制度具有了统一性和单一性的特征。改革后的都察院，直接对皇帝负责，摆脱了任何牵制，独自开展审计，权力达到了高度集中。

　　这样，在中古末期，适应登峰造极的皇权的需要，最终形成了独立而单一的审计组织。这种归并避免了历朝重复设置造成的权力重叠、职责不明的弊端，标志着审计制度在技术上的进步。审计技术的进步和政治权力的集中在一定意义上是并行不悖的，没有技术的进步，权力的集中则没有保障；而权力集中到一定程度，又必然要求也必然带来技术的进步。没有技术进步的权力集中是不可思议的。所以说，中国中古社会专制权力逐步加强的过程，就是审计技术不断调整、进步的过程。而审计技术的进步，又必然促进权力的集中和专制制度的加强。

（二）审计的对象与方法

　　中国古代审计的对象，首先是财政机构与官员；其次是其他机构与官员。这些机构与官员虽不执掌财权，却总有一定的办公经费，有些机构也常常经手一定财物，比如兵部，必然支付战费和官兵津贴等，因此与财政有或多或少的关系。但中国中古历史悠久，朝代更迭较多，随着专制制度的发展，前后产生了一些不同。

　　秦汉审计的对象是中央各机关及其官员。由于秦代刚刚完成国家统一，管理这样一个大的国家，尚属史无前例，审计工作自然难有经验可资借鉴，审计事务尚无侧重。汉代已有不同，掌管国家和帝室财政的部门和官员已经成为审计的重点对象。道理很浅显，大司农、少府和水衡都尉等直接管理钱财，时时接触财货，难免滋生贪财之念。事实上，财政上的贪污大案，也大多发生在这些部门或官员身上。明代刑法那样严酷，处罚那样惨烈，户部尚不时发生贪污大案，且贪污之风从未得到有效制止，更不必说明代之前的王朝了。其他官员则不同，纵有贪天之心，所能触及的钱财也只有其所管辖部门的活动经费和经手的钱财。他当然可能索贿受贿，数额也可能非常巨大，但那属于监察范围，与审计关系不大。至于审计的内容，依秦代"上计"的规定，主要是国家机关的财政活动。既然其他部门离却钱财同样无以存在，与财政有关的活动自然也属于审计的范围。至汉代，审计内容趋于广泛，而其核心，仍无外于会计账籍的数字是否真实，与钱物是否吻合，收支是否反映皇帝的意愿和财政规定。具体地说，当时已经形成了比较健全的国家财政与帝室财政分理的制度。属于国家财政的收入有田赋、算赋、更赋、盐铁收入、公田和屯田收入、均输平准、算缗告缗、牲畜税、铸币收入等。这些收入用于国家和政府的经常性开支，包括薪俸、军费、祭祀、赈灾、赏赐、农田水利、抚恤救济、教育投入等。属于帝室财政的收入有口赋、酒税、贡献、酎金、山泽园池、关市贸易等收入。这些收入须用于帝室膳食、衣饰、器物、舆马、医药、后宫、娱乐等开支。在这种情况下，审计的内容就是财政规定下收支的执行情况。魏晋时，审计对象仍然主要是财政官员，但审计的内容更加具体。由于处在战争年代，军费开支更受关注，严格规定不可挪用，所以在一些支出中已经隐约可见"专款专用"财务原则的端倪。及至隋唐，随着专制制度的加强，审计的对象和内容进一步具体化，唐代的比部，"掌勾诸司百僚俸料、公廨、赃赎、调敛、徒役、课程、逋悬数物，周知内外之经费，而总勾之。……凡仓库、出内、营造、佣市、丁匠、功程、赃赎、赋敛、勋赏、赐与、军资、器仗、和籴、屯牧、亦勾覆之"。①规定之细致，涉及之具体，已远非前代可比。隋唐之后，审计制度的发展主要表现为技术的进步，审计的对象和内容基本上逐代相袭，即有变化，也主要是审计权力的分散与集中。而权力的分散与集中，又必然引起对审计对象侧重点的差别。例如明代的审计比较分散，有三个系统，审计的对象也自然各有侧重，内容亦有区别。至清代，由于这些审计组织悉并入都察院，审计权力自然高度集中，明代各审计系统的侧重也就相应消失了。与专制权力高度加强的明代相比，清代的差别就如此显著，比之宋元，自然可想而知了。专制制度加强的结果，必然导致有关规定的细化，这是审计技术进步或提高的表现，但审计对象与内容不会因此发生性质的变化。

①《旧唐书·职官二》。

至于审计方法，重要的无外定期稽核各部门的籍账，不定期巡查地方相关机构和官员。秦代的定期查账一般为一年一次，不定期巡查则根据地区、风习、季节的不同，派专人调查有关部门和官员的财政行为是否违背了皇帝旨意和财务规定。另外，秦已有"上计"制度。按这一制度，地方官员须定期向皇帝报告政令执行和税收统计情况，皇帝则将一年的税收预算写在木券上，然后一剖为二，皇帝执右，吏员执左。及年终，两相比较，以考核官吏实绩，定夺升降。上计的范围很广，举凡户口、人丁、男女、吏员、垦田、税收、仓储、牲畜、饲料等统计数字，都在审查之列。从性质上讲，皇帝核查财务报表仍属审计范围。由于关系到相关人员的地位和前途，尤其事关皇帝对国家财政控制得是否有力，这种审计便属于一种更高层次的审计。在这样的审计中，"上计"自然成了重要的方法。汉承秦制，历法仍以十月为岁首。这时农事已毕，对于政府来说，既可以获得田赋实收的确数；也可以获得算赋、口赋和更赋等现金收入的具体情况；而山林川泽等实物收入以及相关税收，也已经基本确定下来。这样，根据实际收入和政府需要，财务人员便可以平衡预算，编制簿册，以上报朝廷。这种方法显然是对秦代"上计"制度的承袭。秦汉之后，魏晋南北朝仍沿用此制。隋唐以来，随着专制制度的发展和审计技术的进步，审计方法更加严密，仍采取稽核账目、巡查官吏、定期与不定期审计的形式。而皇帝对财政的控制，也基本采取官员上报，即秦汉的"上计"制度。

二 西欧的审计

西欧中古社会的财务审计具有显著特点，即包括国王审计和议会审计两个组织。国王审计与其他国家包括东方特别是中国相比虽无大区别，审计的目的都在于维持王室财政的完整性，以确保税款合理使用，但在其他君主制国家，国王或皇帝至高无上，绝无另一个审计组织凌驾其上。西欧则不同，在国王审计之外，还有议会审计，审计的目的在于维持国家财政的完整性，以防国家税款挪作或窃为国王私用。于是在国王之上，存在着另一种审计。就西方历史文化发展而言，这一特点的形成是顺理成章的。因为在中古社会，国家的花费由议会拨款支付。为对纳税人负责，也为了对自己负责，议会必须对执行国家公务、接受并支出税款的国王实施审计。因为谁也不愿意将自己的钱花到与自己无关或对自己无益的事情上。而这种钱花得越多，意味着纳税越多。而且，在西欧中古社会，在议会产生之前，每一个权力集体都曾有自己的审计活动，只是由于历史记录不够完善，且存留有限，难以据实描述。所以，这里主要论述议会审计以及议会君主制时代的国王审计。

（一）议会审计

议会审计主要在于查阅王室账目，监察王室财政是否违反了议会决议将专项拨款挪作了私用。无论英国议会还是法国议会，似乎都没有专门的审计组织。通常是先由议会做出审计决定，然后通知国王，或由议会指定人员组成审计组织，或由国王选择人员执行议会决议。1340 年，英国议会任命专人审计征税人员的账目；1341 年，下院要求派专人进行同样的审计，国王再次表示了同意；1377 年，下院要求国王任命"某些合适的人"接收并负责支出战争拨款，国王任命了两位伦敦商人，并说："他们会提交可信的收支账目的。"① 前文所论专项拨款设置专账，实行专门管理，在一定程度上也是为了审计的方便。每遇查账，审计人员便可单刀直入，方便而快捷地解决问题，又不致因千头万绪、错综复杂而纠缠不清。这种管理，对国王来说，其便利也是显而易见的，但更重要的是，如果拒绝这样做会招致议会不满，从而影响赋税的授予。1335 年，北法三级会议决定由会议的代表监督赋税的征收。② 1357 年，《大敕令》又明确规定议会对税款享有监督使用的职权。

如上所述，在议会审计之前，某一权力集体的审计由于资料缺乏，难以进行即使是简要的描述。在英国，这种情况自诺曼王朝建立一直延续到安茹王朝终结，约 150 年之久。金雀花王朝建立后，资料逐渐增多，审计活动日趋频繁，国王也积极配合权力集体的工作，很少与其发生争执。这种情况延续了约 250 年之久，涵盖了金雀花和兰加斯特两个王朝。随着王权的加强与集中，在约克王朝建立后，审计活动始呈衰退之状，直至都铎王朝灭亡，情况大抵如此。议会虽没有常设的审计组织。但自 14 世纪中叶开始，这种审计已经经常化了，这对于国王，当然形成了有力的钳制作用，从而对中古乃至近代宪政产生了深刻的影响。

---

① B. Lyon, *A Constitutional and Legal History of Medieval England*, New York：W. W. Norton & Company, 1980, p. 552.

② D. Matthew, *The Medieval European Community*, New York：St. Martin's Press, 1977, p. 335.

(二) 国王审计

国王审计主要监察财政官员是否侵吞了国王的个人收入和议会的专项拨款。西欧中古早期，国王没有专门的审计组织，国王的审计活动主要表现为中央临时派遣代表分赴各地，稽查地方官员主要是涉税人员的财政行为。12世纪中期，法国国王已经在中央与地方管理阶层之间设置了一个监督阶层，以检查和惩处地方官的营私舞弊。他们属于有给职，称为"baillif"，是从巴黎派往各省区实施巡回监察的国王的代表。这个阶层的权力之一即对地方官员实施审计。随着王国的扩大，这个阶层逐渐脱去临时、巡游的特点，具有了常设、定点的性质。13世纪中叶，他们开始居住在各行政辖区，任期一般为3到5年。在英国，国王财政管理在继承诺曼传统的基础上发展起来。12世纪，亨利二世宣称他有随意罢免、任命郡守的权力。他选任居于中间阶层的骑士，以取代自撒克逊时代以来即负责地方管理的贵族。这个阶层因地位比较低下等方面的原因，不似男爵那样桀骜不驯，比较容易管理，但由于家资薄弱，难以恪尽职守。为此，亨利二世设立了津贴制度，并规定每6个月在向财政署上交税款时，扣除所有超出其津贴的合法支出。[①]

12世纪，国王开始建立审计组织。在英国，这个审计组织实际上就是财政署。财政署具有双重职能，平时管理国王财政，这已见前所述；另一职能就是审计涉税人员的账目。这种审计一年进行两次，一次在复活节，一次在米迦勒节。每届这两个节日，王室领地的征税人员，主要是郡守便接到通知，到国王驻地缴纳所征税款，并接受审计和质询。在复活节，征税人员只需将大约半年的税款上缴，其间的花费，也仅由缴税者报上一个大体合理的约数，而上缴的税款则为半年税款金额扣除花费后的实数。但在米迦勒节，情况就不同了。无论是收入还是支出，缴税者必须将票据或账册如数呈上，而后由审计人员清点金额，累计支出，并依据上年度审计结果，得出结论。无论欠还是超，都清楚地写在木码上，然后一剖两半，一交缴款人，一存财政署。下次再来结算时，须持此木码，并与财政署所存一半勘合，以验证真伪。所谓审计，主要在于这一环节。如所报不实，或账目出现漏洞，则结算

---

① C. Webber and A. Wildavsky, *A History of Taxation and Expenditure in the Western World*, New York: Simon and Schuster, 1986, pp. 208－209.

人须受惩罚，严重者可能入狱。①

　　财政史家描述了半年审计的过程，他将审计活动称为"游戏"："现在，游戏开始了。国库长质问他的对手是否准备提供他的账目。后者作了肯定的回答，并马上就前者正在计算的第一项提出挑战。继而，全场骚动。执事人员翻开羊皮纸卷档以比较前几年的账目，同时警卫长的执事将筹码、票据堆上桌子。然后，计算人员站起来，准备口述卷档中的相关内容，以使游戏继续进行。各郡庄园都单独记账，各账册的金额宣读后，……他用硬币或筹码在占用栏中排出上面所引的数量。接着在他面前拣出赊欠并堆在同一栏中，事毕，从便士中扣除便士，先令中扣除先令，英镑中扣除英镑，直至两面对应物兑换完毕。……同时，为防作伪，郡守执事的木码已与财政署所执部分进行过仔细比较，……如发现任何缺损，则当事人必受惩罚，……除非他将此强加在他的代理人身上。"②

---

　　① C. Webber and A. *Wildavsky*, *A History of Taxation and Expenditure in the Western World*, New York: Simon and Schuster, 1986, p. 216.

　　② C. Webber and A. Wildavsky, *A History of Taxation and Expenditure in the Western World*, New York: Simon and Schuster, 1986, pp. 214 – 215.

第 七 章
赋税收支

赋税收支包括税物与税款的收入与支出两部分。赋税收支的实施，深受帝王、国家、政府三者之间的结合方式的影响。由于中西中古社会这三者之间的结合方式存在差异，双方的赋税收支具有不同的特征。

第一节　王权、国家与政府之间的关系

在中西中古社会，国家赋税的征收与帝王、国家、政府三者之间的结合方式密切相关。

中国学术界把中国中古社会的建构形式概括为"家国一体"或"家国同构"，实际是指皇帝、国家与政府的三位一体。这是家天下、宗法制和王土王臣说的另一种表述。西方学术界把西欧中古政府称为"私人政府"①，是指政府在某种意义上属于个人所有，国王代表政府。而如果将国王、国家与政府三者联系起来考虑，则虽不能说国王很难代表国家，亦可以认为，在相当长的时间内，无论作为一种事实还是一种信念，王权都是相当微弱的。

"家国一体"或"家国同构"指中国古代国家是按照家庭的模式建构起来的，家庭是国家的缩影，国家则是家庭的扩大。② 由于中国中古国家是在古代国家的基础上建立起来的，国家的建构形式保持了显著的家国一体的特

---

① C. Webber and A. *Wildavsky*, *A History of Taxation and Expenditure in the Western World*, New York：Simon and Schuster, 1986, pp. 148 – 149.

② 参见冯天瑜、周积明《中国古代文化的奥秘》，湖北人民出版社 1987 年版，第 66 页；李宗桂《中国文化概论》，中山大学出版社 1990 年版，第 35 页。

征。这种特征集中表现为人与人的关系受到宗法原则的有力制约。在此基础上，皇帝与国家、政府的关系绝对化了。皇帝即"中华大家庭"的家长，即国家，即政府。在皇帝看来，他既是"中华大家庭"的家长，便对这个家庭的一切拥有所有权。在人的关系方面，"视天下人民为……囊中之私物"①；在物的关系方面，"视天下为莫大之产业，传之子孙，受享无穷"②。而且这一认识在广大臣民的观念中得到了认同。所谓"天子者，天下之父母也"③；"臣之于君也，……若子之视父"④；所谓"邦者，人君之辎重也"⑤；"天下之财归之陛下"⑥；"夫以土地，王者之所有"⑦，便是广大臣民这一认同心理的直接表述。

　　这种普遍的思想观念当然不是一成不变的。大体上说，在中古社会前期，特别是秦汉两朝表现比较强烈，而随着社会的不断进步、私有制的日益发展和人的独立性的日渐增长，在中古社会后期日趋淡化了。但是，基于中国中古社会特定的历史条件，它是绝不会消失的。对皇帝来说，所谓人的独立和财富的私有，都只能是在他的最高统属权和最高所有权之下的独立和私有。另一方面，历代御用文人又极力维护和反复宣扬这些理论，强调和巩固祖宗之法，这使我们在古籍中经常看到"朕即国家""溥天之下，莫非王土；率土之滨，莫非王臣"之类的表述。而同时，历代王朝又不断贯彻这些理论。明太祖重演分封制以及历代皇帝无不在他们的儿子中封长立王便是直接的例证。由此可见，这一传统思想观念是根深蒂固的，在它趋于衰落、淡化的同时，又有许多因素使其恢复和强化。

　　对于西欧中古政府的认识，当代欧美学者深受19世纪封建主义概念的影响，认为在封建割据状态下，代表政府的国王不过是封建主中的一员，是他们的同等者，充其量不过是他们的宗主。国王的权力限于自己的领地内，而其他封建主在各自领地上也享有与国王类似的权力。国王对于政府公共事务

---

① 黄宗羲：《明夷待访录·原臣》。
② 黄宗羲：《明夷待访录·原君》。
③ 《盐铁论·备胡》。
④ 《荀子·议兵》。
⑤ 《韩非子·喻老》。
⑥ 荀悦：《申鉴·时事二》。
⑦ 《陆宣公集》卷二二，《均节赋税恤百姓第六条》。

与设施的管理与私家豪强并无不同。① 既然政府丧失了统辖全国的权力，政府也就成了国王"私人的政府"。这一私人政府的概念虽不完全符合西欧中古社会实际，却也在相当程度上概括地反映了封建政府的特点，它主要指政府由国王自己设置；政府官吏由国王任命；政府花费由国王个人支付；政府职能主要限于国王自己的领地，而在相当程度上难以甚至有时完全不能影响全国。

国王代表了政府，却难以代表国家。在封建割据时期的法国，加佩王朝的领地仅限于法兰西岛，所享权力也只能在这里行使。"在外省，国王的权威几乎等于零"，"其王法也只有在国王的领地上才得到尊重。"② 英国虽因王权比较强大而有别于法国，但也并非没有出现类似的情况。③ 不仅如此，英国中古社会自始至终，国王代表国家的信念一直是微弱的。在议会产生之前，贵族常常以国家的捍卫者、国家利益的代表者，甚至国家的化身自居，同国王进行斗争。在贵族阶级的心目中，国家与国王是分离的，国家的代表者是作为群体的统治阶级，是《大宪章》《牛津条例》等封建文件中反复提到的"人民"或"臣民"。随着政治制度的发展，国家代表者的范围逐渐扩大，在中古社会后期，它不再限于贵族阶级，而显然已经包括骑士、乡绅、市民等中产阶级了。这在议会不同时期制定的文件中可以清楚地看到。

中国中古宗法制是"家国一体"建构模式的产物，既然西方中古社会不具有"家国一体"的特点，也就不可能产生中国那样强固的宗法制。比如王位继承，中国自商周以来即形成了嫡长子继承制，这一制度历经春秋战国以迄中古末世基本未受动摇。西方则不同，13 世纪以前，国王大体上由选举或任命产生。一般认为，英国选举制结束于 1216 年亨利三世即位，法国选举制结束于 1223 年路易八世即位。④ 而这种制度对后世产生的影响是深远的。14、15 世纪，仍能见到国王由选举产生的实例。王位嫡长子继承制是"家国一体"建构模式中宗法制固有的突出特点，西方选举制虽没有

---

① C. Webber and A. Wildavsky, *A History of Taxation and Expenditure in the Western World*, New York: Simon and Schuster, 1986, pp. 148 – 149.

② 〔法〕皮埃尔·米盖尔：《法国史》，蔡鸿滨、张冠尧、桂裕芳等译，商务印书馆 1985 年版，第 70 页。

③ J. H. Mundy, *Europe in the High Middle Ages* 1150/1309, Essex: Longman Group UK Limited, 1983, p. 378.

④ J. H. Mundy, *Europe in the High Middle Ages 1150/1309*, Essex: Longman Group UK Limited, 1983, p. 386.

改变王位家族世袭的本质，却也使其大受限制，从而与中国形成了鲜明的对比。

中国帝王"视国为家，视人为子"，是"家国一体"模式中宗法制度的必然产物。既然西欧中古社会不存在或很少存在这样的制度，也就不会形成中国式的国民王有的观念。在人与人的关系上，既然国不是按家的形式建立起来的，不是家的扩大，国王便不会把自己视为家长，把人民视为自己的儿女。相应地，国民也绝不会把国王视为君父，他们都认为自己是上帝的儿女，却无一认为自己是国王的儿女。相反，如果剥去封建依附关系的外表，我们甚至可以看到国王与封建主之间存在一定程度的平等关系。在物的方面，由于同样的原因，国王也不可能形成"家天下"的观念，相应地，国民也不会把国家、把自己的家产视为国王所有。这里涉及财产所有权问题。西欧中古社会当然不存在完整意义上的土地所有权，但与土地相比，各类动产的所有无论在法律上还是在事实上都具有所有权意义，即属于个人所有。基于以上原因，英法两国很早便形成了"国王依靠他自己的收入生活"的原则。所谓自己的收入，是指来自国王领地和其他封建特权的收入，而非征自国民的赋税。在法国，政府长期没有统一的财政，没有全国性税收，加佩诸王不仅不会也不能从其"平等者"的领地上获得需索，而且不得不竭力对付法兰西岛上桀骜不驯的小贵族，以获得理应属于他的那份财富。英国虽然早有国税的征收，但这种征收只有在某一权力集体确认国家必须支出而给予批准后才能进行。就王室本身的消费而言，遵循上述封建原则比法国似乎更为严格，因为它有一个强有力的国会。作为几个阶级代表的联合组织，国会时刻关注着国王是否把本属国民的财富充作王室私用。

中西中古社会帝王、国家和政府三者之间构成的不同关系，使中西中古社会的赋税收支具有了不同的特征。

第二节　赋税征收

一　税收的基本特征

基于上述"家国一体"的建构模式，中国中古财政收入具有突出的强制性质，可称之为强权收入。而由于西方中古社会没有形成强固的宗法制和"国、民王有"观念，且王权在很大程度上代表政府，而难以代表国家，财政收入远别于中国。纵观西欧中古财政史，前期财政收入主要依靠特权，后期主要依靠协商，所以我们把前、后期分别称为特权收入和协议收入。所谓强权收入，是指政府主要通过国家强权和高压政策取得收入，它具有两个显著特点：一是随意性，即可以在没有传统依据或惯例的情况下任意设立名目强制征收；二是专断性，随意必然导致专断，这主要指纳税人无权参加制税活动，对于形成的决议只能无条件服从，征多征少，全由中央决定。所谓特权收入，是指依据封建特权取得收入，它也具有两方面特点：一是收入项目一般以传统或惯例为依据；二是排他性、垄断性。排他性是指对于自己业已享有的权利排斥他人染指，但事实上又往往不能将这些权利完全占有，所以产生了独占的欲望，这便表现为垄断。特权收入大体相当于习惯上所说的封建收入，即依据封建特权取得的收入。协议收入是指国王通过与纳税人或纳税人代表组成的集体协商而获得的收入，其特点是国王或政府在一定程度上尊重纳税人的财产所有权，取得收入的过程体现出一定程度或范围的民主性。还应指出，强权收入是中国财政史上居于主导地位的收入形式。同样，特权收入和协议收入是西欧中古社会一定时期内居于主导地位的收入形式。无论在中国还是在西欧，除了这种主导形式外，还有其他形式。例如英国，中古社会前期，特权收入居于主导地位，协议收入与之并存；中古社会后期，协议收入居于主导地位，特权收入受到削弱。

中国中古财政收入项目很多，除赋税外，还有禁榷、土贡，以及名目繁多的杂项收入。在这些收入中，赋税、禁榷、土贡所占比例最高。禁榷是指政府对某些商品特别是生活必需品的专卖，通过禁榷所获得的收入无疑包含了商人从事同类商品买卖所缴纳的赋税。当然，这宗收入要较商人所纳税额大或大得多，否则，实施禁榷便没有意义。但在这里，我们所关注的是其中相当于税额的部分，以便将其作为赋税来分析。在上述收入中，赋税的比重一般来说占绝对压倒优势，这是无可置疑的。禁榷在明清以前的历朝收入中亦居比较突出的地位。例如，唐代大历年间仅食盐一项即达600万缗，占全部财政收入的一半。[1] 宋代绍兴末年，盐茶榷货为2400万贯，

---

① 《新唐书·食货志》。

占全部财政收入的 49%。① 而至淳熙、绍熙年间，茶、盐、酒等坑冶榷货更高达 3690 多万贯，占全部财政收入的 56.5%。② 由于历朝得自地方贡纳的土特产品大多没有折算为钱，有关土贡的有价值的材料比较少见，在此只举汉代的例子进行说明。汉初各地献纳不是实物，而是据此折算的货币。据马大英先生估计，这种献纳每年高达三十一亿五千万钱，占全国算赋总数一半以上。③ 另据历朝列举的品类推知，政府接受捐纳的数额是巨大的。④ 还应指出，禁榷、土贡的实施主要在宋元以前。明清之际，这些收入基本上以赋税的形式征收。由上述可见，中国中古财政收入主要来自赋税、禁榷和土贡等项目。

税收包括制税和征收两大环节。制税是由皇帝会同中央有关部门和官员共同制定征税计划。前曾论及，中国中古社会似乎没有也不需要专门的制税组织，但这并非说没有制税活动。一定的制税活动是必要的。在这种活动中，皇帝拥有最高权力或最后决定权，而参与制税的官员又都非纳税人。这样，整个制税过程从人员遴选、讨论到决议形成，都处在皇帝个人控制之下，所形成的决议也就难以代表民意。皇帝的最后决定权和对制税过程的控制，不排除在一定范围内或一定程度上听取制税人员的意见。制税人员由朝廷命官而非纳税人代表构成，亦不排除相反意见的提出，但这并不能改变制税的强制性质，因为整个制税过程完全没有纳税人的表达机会。在征税方面，纳税人完全处于被动地位，征多少，何时征，怎样征，一任中央下达命令，纳税人如不加抵制，便只有照办执行。西方则不同，国税的征收一般由征纳双方协商解决，而且纳税人代表通常处于主动地位，政府在获准征收的同时，一般也给予纳税人一定形式的补偿。两相比较，中国赋税征收的强制性特点十分突出。

禁榷是凭借皇帝的权威强制推行的。汉武帝依靠桑弘羊等人实施了盐铁官营。由于盐铁是生活必需品，涉及每个人的利益，禁榷之始，便遇到了强

---

① 叶适：《水心先生文集》卷四，《实谋》。
② 漆侠：《宋代经济史》上册，第 443 页。
③ 马大英：《汉代财政史》，第 152—153 页。
④ 参见傅筑夫《中国经济论丛》下册，三联书店 1985 年版，第 650—652 页；蔡次薛《隋唐五代财政史》，第 98—99 页；张泽咸《唐五代赋役史草》，第 239—241 页。

烈反对。《史记·平准书》记载，"其沮事之议，不可胜听"，即反映了当时的实际情况。始元六年（前81），丞相车千秋、御史大夫桑弘羊召集贤良文学商议国是、问民疾苦之时，围绕盐铁专卖展开了激烈的论战。桑弘羊以御史大夫的身份居高临下，却难以辩倒贤良文学。但如前文所论，盐铁会议之后，官府对于贤良文学的意见并没有吸收多少，盐铁官营政策只是有所收缩而已。"盐铁之论"是中国历史上官民双方围绕专卖展开辩难的一个极其少见的例子。其所谓少见，在于代表民间的势力参加了论难，其势亦不可谓不大。但即使如此，反对的力量仍没有逃脱失败的结局。官府的胜利为中国后世禁榷政策的贯彻实施开辟了道路。

西汉盐铁会议之后，中国不复有如此规模和类似性质的论辩。官府开始倚重严刑峻法推行禁榷政策，其强制性质似一代胜过一代。西汉初行禁榷，仅令"敢私铸铁器煮盐者，钛左趾，没入其器物"[1]。西晋亦仅令"凡民不得私煮盐，犯者四岁刑，主吏二岁刑"[2]。此后量刑加重。东晋规定："凡私带盐，十斤以上，即处死，刮碱煎盐者，不论斤两，皆死。"[3] 后周规定："诸色犯盐曲五斤以上，并重杖处死。" "煎炼私盐，所犯一斤以上，断死。"[4] 后唐时，私曲五斤以上者皆死；孔循曾以曲法杀一家于洛阳。[5] 至宋代，处罚更变本加厉。宋太祖建隆二年诏："犯私曲十五斤，以私酒入城至三斗者，始处极刑"[6]。开宝定令："私犯河东及幽州矾一两以上，私煮矾三斤，及盗官矾至十斤者，弃市。"[7] 中国中古社会的刑律主要反映和代表皇帝意志和统治阶级利益，以这样的刑律来保证禁榷政策的实施，无疑进一步反映了这种政策的强制性质。

马克垚先生新近出版专著，对中古中国和西欧主要是英法的专卖制度进行了探讨，提出了一些新见。他认为，西欧中世纪的国王已经实行专卖权、垄断权，英法专制王权继承了这些权利，使国家经济走向了繁荣。在论及中

---

① 《史记·平准书》。

② 《太平御览·饮食部·盐》。

③ 《廿二史札记·五代盐曲之禁》。

④ 《文献通考·征榷考·盐铁》。

⑤ 《廿二史札记·五代盐曲之禁》。

⑥ 《宋史·食货志下》。

⑦ 《续资治通鉴长编》卷十一。

古中国，主要是汉、唐、宋代的禁榷制度时，马克垚先生认为，这种制度并不像传统观点所说的那样，"是一种有害的制度，妨害了商品经济的发展，是封建剥削的集中体现，是中国历史上重农抑商政策的最重要的表现形式"。对它的作用不能一概否定。他引用当代学者的观点认为，这种制度给私商留下了广阔的发展空间，对于国家财政和边防是有积极作用的。专卖、专营制度在封建社会的很多国家都得到了采用，但表现形式因各国条件和环境不同而有所不同。但他认为，法国的盐税与中国的盐税具有相似性，都具有一定的强制性质。① 这些观点，对研究中西中古赋税制度有很好的启示意义。

土贡是赋税的一种变相形式，源出古代的"任土作贡"，指凡统治范围内所产物品，无论农、工、矿、林、渔，只要统治者需要，都须上贡，即所谓"制其贡，各以其所有"②。不仅土贡之名显露着突出的强制性，产品贡纳也在政府强权的高压下进行。由于贡品众多，价值巨大，献纳经常，在政府财政中居于不可替代的地位。贡纳很早便形成了定制。汉高祖十一年，诏令各诸侯国："常以十月朝献，及郡各以其数率，人岁六十三钱，以给献费。"③ 唐前期，户部对各州府的土贡品种与数量曾有明确规定："按令文，诸郡贡献，皆取当土所出，准绢为价，不得过五十匹，并以官物充市。所贡致薄，其物易供，圣朝常制，于斯在矣。"④ 土贡一旦形成制度，贡纳物品也就变成了一种实物租税，或经折算成为货币租税，其缴纳也就具备了赋税的强制特征。⑤ 在西汉，如果诸侯不能完纳酎金，或所纳成色不合标准，要受处罚。酎金律规定："金少不如斤两、色恶，王削，县侯免国。"元鼎五年九月"列侯坐献黄金酎祭宗庙，不如法，夺爵者百六十人，丞相赵周下狱死"⑥。由此可见，土贡的强制性质是十分突出的。

在强权征税的同时，皇帝还在一定条件下采取了"薄赋""恩蠲"之类

---

① 马克垚：《封建经济政治概论》，第170—177页。
② 《周礼·职方氏》。
③ 《汉书·高帝纪》。
④ 《通典·赋税下》。
⑤ 参见陈明光《唐代财政史新编》，第133页。
⑥ 《汉书·武帝纪》。

的善举，如西汉的三十税一、隋唐的轻徭薄赋、清代的尽免三饷。这与我们的结论是否矛盾呢？答案是否定的。在笔者看来，二者只是在形式上存在差别，本质上是一致的。一方面，强权征收使征税工作带有"急政""苛政"的特征，而"薄敛""恩蠲"则可产生一种"缓冲"效应。一味强征容易使事情走向反面，而"薄赋""恩蠲"则可对业已激化的矛盾产生化解作用。从这一点上讲，后者是前者的必要补充。另一方面，随意性是强权征收的一大特征，而正是这种随意性带来了"薄赋""恩蠲"的结果，所以二者又是一致的。

　　强权征收贯穿整个中国中古社会，而且随着专制制度的强化而逐步加剧。例如，中古王朝大多有赋税加征，但在中古社会初期量次较少，以后逐渐增加，至明代终于演成了罪恶昭彰的"三饷加派"。其实，明代的加派并非仅此三饷。正德时，为建乾清宫，已"加天下赋一百万两"。嘉靖中，以东南倭寇进犯为名，亦曾加征徭银。[①] 这些都是以前各朝不曾出现过的情况。随着专制制度的发展，征税权力愈益集中于皇帝之手，而中央又缺乏有力的机构予以牵制，所以，强权逐朝升级，并于明清走向极端，也就成为必然了。

　　西欧各国的财政收入，在中古社会前期主要是特权收入。特权收入中的主要部分是赋税中的封建税，其次是先买（pre-emption）或特许。大体上说，中古社会前期盛行"先买"，后期盛行"特许"。在 14 世纪以前主要是"先买"，之后主要是"特许"；此外是土特产品的贡纳，即所谓土贡。无论是封建税、先买、特许还是土贡，都是西欧封建国王依据他作为封君的身份向封建主征收的赋税。除了这种赋税，国王还可利用他的身份向全体臣民征收赋税。

　　西欧中古社会前期的财政收入主要是特权收入，首先是因为这种收入主要依靠特权取得。这种特权不同于中国皇帝的"强权"。后者具有很大的随意性，往往缺乏法律依据，且以"强制"为其主要特征。前者则自始便具有法律依据，其渊源可上溯至 8 世纪中叶查理·马特的采邑改革，甚至更早。当时的授地文书中即包含了封臣必须向封君服军役以及贡纳其他财物的

---

　　① 唐文基：《明代赋役制度史》，第 346 页。

规定。以后，这些依据逐渐形成了习惯与传统。国王征税，只能遵循成规，不可另立名目。前已指出，国王的特权收入大体相当于国王的封建收入，那么，封建收入在财政总收入中占多大比重呢？

我们首先考察 14 世纪以前的封建收入。先看赋税。12、13 世纪，英国国税只有土地税一项。这种土地税在 12 世纪以前称丹麦金，之后称卡路卡其。丹麦金税率不高，税额不大，征收次数不多，所以有学者指出，它从来就不是一项大税。[1] 卡路卡其征收量也有限，例如，1200 年和 1220 年征收所得分别仅为 7500 镑和 5500 镑。[2] 1124 年，卡路卡其废止，此后，史籍中便很少见到土地税课征的记录。偶有征收，也只是非常时期的特殊举措，不成常例，且数额日减。与国税相比，封建税不仅项目多，包括任意税、王领其他收入、盾牌钱、司法收入、协助金、王室特别收入（Royal Perquizities）等，[3] 而且税率高，征收量大。例如盾牌钱，年收入达 20 英镑的骑士采邑一般要缴纳 20 先令，而一份采邑的面积通常在 1.5 至 1.2 海德之间。依此计算，税率约为每海德 14 先令，是丹麦金、卡路卡其的近 7 倍。任意税主要在王室领地上征收，范围虽小，数额却很大。如 1225 年的征收量为 57838 镑，[4] 是 1200 年卡路卡其的 7.5 倍。亨利一世 1129—1130 年的财政收入为 26000 镑，其中仅 2500 镑来自丹麦金，[5] 其余皆得自封建收入。以此推算，国税尚不及封建税的 1/9。13 世纪以前，法国王室主要依靠封建租税维持收入。1202—1203 年的记录材料表明，王室收入主要由两部分组成。一部分是由行政官和大法官支付的来自王室领地、森林猎场、各种封建特权如司法权、市场权的收入以及教会的捐赠等——这笔收入在偿付某些地方性费用后，余计 60000 里帕；另一部分来自非贵族和封臣的军事代役金、城镇、教

① G. L. Harriss, *King, Parliament and Public Finance in Medieval England to 1369*, Oxford: Clarendon Press, 1975, pp. 5–6.

② G. L. Harriss, *King, Parliament and Public Finance in Medieval England to 1369*, Oxford: Clarendon Press, 1975, p. 15.

③ S. K. Mitchell, Taxation in Medieval England, Hamden: Archon Books, pp. 156–157.

④ S. Dowell, *A History of Taxation and Taxes in England, from the Earliest Times to the Present Day*, Vol. 1, London: Frank Cass & Co. Ltd, 1965, p. 65.

⑤ 参见〔英〕肯尼斯·O. 摩根主编《牛津英国通史》，王觉非译，第 159 页。

堂的献纳、捐赠、犹太税、人头税等，约计 63000 里帕。[①] 在这些收入中，犹太税应归入封建税之列，因为犹太人被视为国王的私有财产，[②] 从犹太人身上勒索榨取钱财是国王的特权。人头税尚属初征，税率低且征收面窄，数额有限。所以大部分属于封建税收。13 世纪，王室领地迅速扩展，国王们通过购买、交换、没收等方式将大片封建领地收归王室，引起了封建收入的增加。[③] 所以，13 世纪末，虽有一些国税项目产生，王室收入以封建税为主体的格局尚未改变。封建税在政府赋税收入中居于主导地位，这就决定了赋税收入的特权性质。

再看先买。中国中古政府实施禁榷并获得成功的先决条件至少有两个。一是专制政体的强大；二是基于这一强大而对自然资源实施真正的国有。[④] 但在西方中古社会，这两方面条件都很不具备。王权软弱已如前述。国王对自然资源例如矿产所享权利在 10、11 世纪之前尚无人承认。这样，西方便难以形成中国式的禁榷制度，而只是国王对某些物品享有一定程度的处分权。在大多数情况下，这种处分权表现为先买权。12、13 世纪，各国国王开始宣称他对矿产资源的处分权。德国皇帝腓特烈·巴巴罗萨曾把这种权利看作皇帝总领主权的象征，企图确立帝国独占特许权的原则。[⑤] 但是，这种原则不仅事实上没有得到承认，而且很快随着 1356 年"黄金诏书"的颁布而被废弃。英国王权虽较强大，因而掌握了德文、康沃尔锡矿的处分权，但他们处分底层矿脉的企图却失败了。[⑥] 法国的情况远不及德、英，直至 15 世纪，国王才开始从封建主手中收取这种权利。[⑦] 即以强大的英国而言，国王处分

---

① M. M. Postan, *The Cambridge Economic History of Europe*, Vol. 3, Cambridge：Cambridge University Press, 1979, p. 302.

② 参见〔英〕约翰·克拉潘《简明不列颠经济史：从最早时期到一七五○年》，范定九、王祖廉译，上海译文出版社 1980 年版，第 194 页。

③ W. A. A. Tilley, *Medieval France*, Cambridge：Cambridge University Press, 1922, p. 75；M. M. Postan, *The Cambridge Economic History of Europe*, Vol. 3, Cambridge：Cambridge University Press, p. 303.

④ 谢天佑：《秦汉经济政策与经济思想史稿》，华东师范大学出版社 1989 年版，第 109 页。

⑤ M. M. Postan, *The Cambridge Economic History of Europe*, Vol. 2, Cambridge：Cambridge University Press, 1987, p. 706.

⑥ M. M. Postan, *The Cambridge Economic History of Europe*, Vol. 2, Cambridge：Cambridge University Press, 1987, p. 711.

⑦ M. M. Postan, *The Cambridge Economic History of Europe*, Vol. 2, Cambridge：Cambridge University Press, 1987, p. 711.

权也主要体现为对矿产等自然资源以及某些手工业品的先买。在王领上，他可将某处矿藏的开采权授予某人，由此获得一笔收入或获得一种对矿产品的优先购买权。这种优先购买权一般是在低于市场价的条件下进行，国王买得产品，除部分留作己用，其他以市场价出卖，从中获得一定差价。这显然不同于中国的禁榷。中国的禁榷是基于真正的国有实施有关物品的全面垄断；西方国王也恰恰缺乏这样的国有，仅仅在局部地区优先购买，而非全面禁止民间买卖。在整个中世纪，西方国家的封建主们，包括主教、公爵、伯爵、边界总督以及独立的城市，似乎一直行使着这种权利。国王处分自然资源的理论依据是他的领主权，所以他对自然资源的处分主要限于他的领地之内。英国国王主要处分德文、康沃尔的锡矿。其他地区大量的铁矿、煤矿都独立于王权，由私人开采。[1] 德国皇帝对帝国境内矿藏的处分与英国类似。这些都体现了西方国王来自自然资源的收入的封建性所在。

最后看土贡。土贡在西方本质上也是地方向国王缴纳的实物地租。在中古社会早期，国王在其领地内享有"伙食征发权"（Purveyance），即国王的物质生活由所辖范围内的人民负责。当时，国王尚没有固定住所，所以，这种权利的行使表现为国王终年巡游于他的领地，以享用各地向他缴纳的包括食物在内的财富。法兰克国王[2]、盎格鲁撒克逊国王[3]、诺曼诸王、金雀花诸王[4]无不如此。随着中古社会的发展，这种"火食征发权"逐渐发展出两种形式。一种是由于国家已经定都，国王一般不再外出巡游，因而各地将他们应向国王缴纳的物品送至王宫。例如 1252 年，英国 10 个郡的郡守受命将猪、鸡、天鹅、云雀等应纳物品送至国王驻地威斯敏斯特[5]。另一种形式是每逢战事，商人等受命将战争所需包括饮食、

①　M. M. Postan, *The Cambridge Economic History of Europe*, Vol. 2, Cambridge：Cambridge University Press, 1987, p. 712.

②　C. Webber and A. Wildavsky, *A History of Taxation and Expenditure in the Western World*, New York：Simon and Schuster, 1986, p. 168.

③　马克垚：《英国盎格鲁撒克逊时期国王赏赐土地的问题》，《北京大学学报》1963 年第 1 期。

④　〔英〕肯尼斯·O. 摩根主编《牛津英国通史》，王觉非译，第 154—155 页。

⑤　B. Lyon, *A Constitutional and Legal History of Medieval England*, New York：W. W. Norton & Company, 1980, pp. 394–395.

武器等运到指定地点，有时征派私人运输工具，不过这已是中古晚期的事情了，而且国王须支付费用①。土贡的特权性质表现在以下两个方面：第一，这种权利承自古代，并非国王新创；第二，无论是随地消费，还是地方贡纳，所纳物品一般来自国王领地，领地之外，国王不享这种权利，人民也无这种义务。

如上所论，14 世纪以前西欧中古社会的赋税、土贡的征收和特许、先买的实施具有鲜明的特权性质。由于来自这些项目的收入构成了财政收入的主体，西方财政收入具有显著的特权收入的特征。

14 世纪以后，西方国家制度获得了巨大发展。政府机构增加，官员人数增多，国务活动频繁，与此同时，国际关系日益复杂，内外战争不断爆发。这一切都需要政府迅速增加收入，以应付日益浩繁的支出。封建收入用以维持王室生活虽绰绰有余，但用于战争，特别是时间较长、规模较大的战争，则远远不足。而且，议会制度的产生，不仅使封建收入不能随着需求的增长而增加，反而日益缩减。处在这样的形势下，政府不得不寻求新的财源，或变革旧的财政制度。由此，以特权收入为主体的政府财政转变为以协议收入为主体的政府财政。

14 世纪上半叶，英国王领收入之外的封建税项逐渐减少。② 与此同时，一些必须由议会批准才能征收的国税项目相继产生，而业已废止的封建税项有的也归入国税项目一并征收。③ 这便引起了财政收入结构的变化。在这些新兴项目中，经常征收且数额较大的是关税和动产税。在爱德华三世即位至玫瑰战争爆发的 100 余年里，关税收入大体在 30000 磅至 40000 磅之间波动，高于或低于这一波动幅度的情况比较少见。④ 学术界一般认为，这时的

---

① C. Webber and A. Wildavsky, *A History of Taxation and Expenditure in the Western World*, New York: Simon and Schuster, 1986, p. 186.

② S. Dowell, *A History of Taxation and Taxes in England, from the Earliest Times to the Present Day*, Vol. 1, London: Frank Cass & Co. Ltd, 1965, pp. 48, 57.

③ S. Dowell, *A History of Taxation and Taxes in England, from the Earliest Times to the Present Day*, Vol. 1, London: Frank Cass & Co. Ltd, 1965, p. 57.

④ S. Dowell, *A History of Taxation and Taxes in England, from the Earliest Times to the Present Day*, Vol. 1, London: Frank Cass & Co. Ltd, 1965, pp. 172 – 173; M. M. Postan, *The Cambridge Economic History of Europe*, Vol. 3, Cambridge: Cambridge University Press, 1979, pp. 317 – 318; D. C. Douglas, *English Historical Documents* Ⅳ, London, 1969, p. 514.

关税收入已构成政府财政收入的基础。① 玫瑰战争期间，关税征收受到影响，但即使如此，在政府财政收入中的基础地位仍未丧失。② 城乡动产税即城市 1/10 税、乡村 1/15 税，14 世纪年征额限制在 38000 镑至 39000 镑之间。③ 15 世纪降至 30000 镑左右④，低于关税征收量⑤。这样，政府财政收入便可粗分为 4 部分：一是以王领收入为主体的封建税，这时征收额约为 20000 镑至 30000 镑；二是以关税为主体的商税；三是以 1/10 税和 1/15 税为主体的动产税；四是人头税、教区税、户税、财产所得税等的综合。这些项目虽不常征，但征收量大，合而计之，则不可小视。这四部分收入中，只有一部分来自封建税，其余皆出自国税，所以封建税收入与国税相比，颇为悬殊，而且随着时间的推移，差距越来越大。这当然是一个笼统的估计，在此还可以进行具体说明。爱德华一世在位 35 年（1272—1307 年），共征直接税、间接税 100 余万镑，其中动产税 50 万镑，教区税 20 万镑，关税 30 余万镑⑥；而他每年的封建税收入达 19000 镑⑦，35 年收入约计 65 万镑；两者的比例约为2∶1。爱德华一世在位期间，正是此处所划分的前后两个阶段的过渡时期，所以两者差距不大。爱德华三世即位之后，情况已大不相同。1374—1375 年，财政署总收入 112000 镑，其中 22000 镑来自封建收入，82000 镑来自直接税和间接税，两者的比例接近 4∶1。⑧

法国政府的财政收入主要包括 3 部分：一是以王领收入为主体的封建

① M. M. Postan, *The Cambridge Economic History of Europe*, Cambridge：Cambridge University Press, 1979, Vol. 3, p. 318；J. L. Boldon, *The Medieval English Economy 1150 – 1500*, London：J. M. Dent &Sons Ltd, 1980, p. 326.

② S. Dowell, *A History of Taxation and Taxes in England, from the Earliest Times to the Present Day*, Vol. 1, London：Frank Cass & Co. Ltd, 1965, p. 88.

③ G. Unwin, *Finance and Trade Under Edward Ⅲ*, London：Manchester University Press 1918, P. 36；S. Dowell, A History of Taxation and Taxes in England, Vol. 1, London：Frank Cass & Co. Ltd, 1965, pp. 86, 89.

④ S. Dowell, *A History of Taxation and Taxes in England, from the Earliest Times to the Present Day*, Vol. 1, London：Frank Cass & Co. Ltd, 1965, pp. 145, 151, 155.

⑤ 这时动产税的定额与关税约略相当，但这个定额是一个虚数，实际征收则低于此，估计为 30000 镑稍多。而关税所征则为一实数。

⑥ M. M. Postan, *The Cambridge Economic History of Europe*, Vol. 3, Cambridge：Cambridge University Press, 1979, p. 304.

⑦ M. H. Keen, *England in The Later Middle Ages*, London：Methuen & Co. Ltd, 1983, p. 42.

⑧ M. M. Postan, *The Cambridge Economic History of Europe*, Vol. 3, Cambridge：Cambridge University Press, 1979, p. 317.

税；二是构成全部财政收入支柱的商品税（aide）、户税（fouage）和盐税（taille）；三是关税、僧侣什一税以及一些新兴税项的综合。其中第二、第三部分是国税。与封建税相比，国税居于压倒优势，因为即使不计第三部分，仅商税、户税、盐税，已经构成政府财政收入的基础。[①] 国税的主导地位不仅表现为国税项目的增加，更重要的是国税征收量的空前增长。1295年腓力四世所征补助金为350000里帕到360000里帕；1304年增至700000里帕。[②] 这些数字究竟有多大，由于缺乏同时期封建收入的统计数字，难以进行直接比较。但如果考虑到1292年的全部财政收入仅为589000巴黎磅（pounds of Paris）[③]，便可大体知道二者之间的比例已经相当悬殊了。腓力四世之后，国税发展十分迅速，至1460年，其征收量已达封建税的33倍。而在路易十一（1461—1483年在位）去世之时，更达封建税的45倍。[④] 在众多项目中，户税（hearth tax）征收额尤为突出。查理七世（1422—1461年在位）末年，其年征量达1200000里帕，占国王岁入的2/3；路易十一时代，更高达4600000里帕，占全部岁入的85％。[⑤]

那么，国税收入是否必须通过协商才能获得，因而都是"协议收入"呢？在英国和1451年以前的法国，这是可以完全肯定的。按封建原则，国王的一切花费均出自他的封建收入，但在特殊情况下，例如战争爆发时，这些收入又远不足用，只有设法求助国民，在封建收入之外获得补贴。为了达到这一目的，国王和他的代理人必须向征税对象说明征税理由，在取得对方理解的基础上方可商议征收数量、时间等事宜。这样便形成了西方中古社会独具特色的协商制。英国动产税、人头税、关税、所得税、教区所得税、教区税以及都铎时代的补助金的征收，无一不是通过协商形成制度，且在每次征收时

① D. Hay, *Europe in the Fourteenth and Fifteenth Centuries*, London: Longman Group Limited, 1980, p. 101.

② M. M. Postan, *The Cambridge Economic History of Europe*, Vol. 3, Cambridge: Cambridge University Press, 1979, p. 305.

③ J. H. Mundy, *Europe in the High Middle Ages 1150 – 1309*, Essex: Longman Group UK Limited, 1983, p. 399.

④ M. M. Postan, *The Cambridge Economic History of Europe*, Vol. 3, Cambridge: Cambridge University Press, 1979, p. 318.

⑤ M. M. Postan, *The Cambridge Economic History of Europe*, Vol. 3, Cambridge: Cambridge University Press, 1979, p. 319；〔美〕詹姆斯·W. 汤普逊：《中世纪晚期欧洲经济社会史》，第364页。

再进行具体讨论。在法国，早在盐税征收之前，也已形成了以地区为基础，由僧侣、贵族、城市市民组成的会议。有关赋税问题，包括可否征收、征收数量、征收方式等，由会议做出决定。[①] 1302 年之后，这些问题又转归三级会议处理了。只是到 15 世纪后期，国王才逐渐摆脱议会的控制，使协商收入具有了一定程度的强权收入性质。这里强调"一定程度"，是指这种强权收入不能与中国同日而语。在历史的时序上，15 世纪后期已经步入近代早期社会。即使按旧的分期，中古社会的终结也已为时不远。所以，所谓一定程度的强权收入，在法国历史上只存在有限的时间，占主导地位的仍然是"协议收入"。

14 世纪以后，有关先买的材料已很少见，而特许的记录逐渐增多。文献表明，这一时期英法国王都进行过一些特许活动。[②] 这时的特许，随着君主权力的加强和民族国家的形成，逐渐失去了特权性质，开始转化为一种国家权力。但即使如此，它仍没有形成中国式基于强权的禁榷制度。前已述及，禁榷是指国家垄断禁榷物品的买卖，其利益不容他人染指。但在西方，特许权属国王或政府，具体经营则属个人或团体。就一项或一种特许而言，前者因特许赚小头，后者因经营获大利。在中国，禁榷之权完全由皇帝控制，完全不容他人干预；在西方，特许权虽同样控制于国王之手，却受到议会的有力限制，国王不可随心所欲。国家特许与私人经营的特殊形式，决定了特许的协议性质。国王对某种物品专卖的特许，照例抽取一笔费用。例如，1600 年，伊丽莎白女王以每卡尔德伦（4480 磅）的煤炭缴纳 1 先令的沿海贸易税为条件，将以泰恩河为起点的各地煤炭贸易的垄断权授予纽卡斯尔的煤炭商。[③] 这桩交易无疑是通过协商达成的。如要价太高，必无人购买，而要价太低，国王或政府也会相对蒙受损失。所以，只有通过商谈，双方在某一合理的数额上取得一致意见，交易方可达成。另外，议会对于特许权的限制与干预，对特许协商性质的形成也具有重要意义。

14 世纪以后，国王对于土贡的征收已很少见，其原因主要是货币经济

---

① W. A. A. Tilley, *Medieval France*, Cambridge：Cambridge University Press, 1922, p. 77；D. Hay, *Europe in the Fourteenth and Fifteenth Centuries*, London：Longman Group Limited, 1980, p. 101.

② 〔德〕桑巴特：《现代资本主义》，李季译，商务印书馆 1958 年版，第 248—249 页。

③ 〔英〕约翰·克拉潘：《简明不列颠经济史：从最早时期到一七五〇年》，范定九、王祖廉译，第 368 页。

的兴起导致了地租折算，从而由实物缴纳改为货币。前已指出，土贡实际上是一种实物地租，这种地租经折算，基本变成一种货币地租。而随着赋税制度的发展，这种货币地租在与其他税项的转化组合中，逐渐丧失了特权性质，而具有了协商性质。

二 纳税人的权利

在西欧中古社会，赋税征收首先由国王提出要求。在中古初期，这一要求须首先征得某一权力集体如贤人会议或贵族大会议的同意，以获得某种名分。然后再与纳税人进行具体协商，史称个人协商制（the system of negotiation）。后来，在个人协商制之外，又出现了另一种形式，即将纳税人召入王宫或会议现场进行协商。13 世纪初，这种集体协商形式已见诸文献。《大宪章》即对此做了规定，第 14 条说："为了获得全国对征收协助金和免役税（盾牌钱）的同意，我们将分别致书各大主教、主教、修道院长、伯爵和男爵，另外，还将通过郡守、法警，召集领有我们的土地者，在固定的时间，即至少应在开会以前 40 天，在固定的地点，召集会议。在这些书信中，我们都将详述召集之缘由。而开会时间一经确定，事情将依据出席者的意见在指定之日进行，尽管被召集者有的并未出席。"① 可以认为，《大宪章》颁布之后，会议的召集基本上循章进行。1255 年，国王在莫顿（Merton）会议上获得了在王室领地征收任意税的同意之后，即将伦敦市长与一些市民召至会场，而后向他们提出征收 3000 马克任意税的请求。伦敦市民则针对他们担负任意税的责任问题提出质疑。② 尽管已有规定，但习惯的作用使个人协商制仍在一定程度上或一定范围内发挥作用。如 1243 年，国王在伦敦征收任意税，派王室官员深入基层，逐一向市民提出请求，说国王为了全国的福祉，正在国外打仗，他需要很多钱，市民务必给予支援。③ 13 世纪末，

---

① Magna Carta, see D. C. Douglas, *English Historical Documents* III, *1189 - 1327*, London: Eyre & Spottiswoode, 1998, p. 318.

② S. Dowell, *A History of Taxation and Taxes in England, from the Earliest Times to the Present Day*, Vol. 1, London: Frank Cass & Co. Ltd, 1965 p. 53.

③ S. Dowell, *A History of Taxation and Taxes in England, from the Earliest Times to the Present Day*, Vol. 1, London: Frank Cass & Co. Ltd, 1965, p. 52.

个人协商制开始为一种由中央代表会议一次性授予的制度所取代，史称议会授予制。这种变化始于 1282 年爱德华一世远征威尔士。当时国王在茹德兰（Ruddlan），由于召集会议不便，不得不下发诏令，在北汉普顿和约克召开地方会议。参加这次会议的代表为每郡 4 名骑士，每个城市、自治市和城镇 2 名市民。会议讨论的结果是授予国王征收 1/30 动产税。估值与征收工作由王室特派员在郡守的协助下组织进行。① 此后，国王的征税要求便基本以诏令的形式下发给某一团体的成员，接获通知者即按通知上写明的时间、地点参会，讨论这一要求。

　　讨论国王的要求是征税过程中的重要环节，也是国王和纳税人特别关注的环节。因为决议的形成事关国王计划的成败和纳税人的切身利益。但由于原始记录详于讨论的结局而疏于过程的描述，我们很难了解或讨论特别是争论的细节。而恰恰是这些细节，对我们的论题往往具有重要意义。在个人协商制阶段，所谓讨论，主要是指财政人员与各纳税人之间的讨价还价，也不免涉及征税法理问题的申述与争论。1201 年、1207 年，杰弗里大主教曾两次禁止税吏进入他的领地征收卡路卡其。② 以大主教愤然阻止征税的史实推测，双方可能有过激烈的争论。而争论可能涉及自由、独裁、专制乃至税制法理问题。《大宪章》颁布以后，对国王征税要求的讨论便多在王宫或会场进行。如上文所言，习惯或传统中蕴含着纳税人的权利与自由。1237 年，围绕协助金的征收是否形成习惯问题展开争论。亨利三世承诺，如果他被允准征收 1/30 税，今后将不再要求类似的征收，并保证这次征收不会成为未来征收的先例。在 1297 年的争论中，爱德华一世也做了类似的保证：本年征收纯属偶然，下不为例；除经国民共同同意，以后永远不征同样赋税。③ 1215 年，约翰企图征收盾牌钱。北方贵族认为，他们虽然在理查、亨利二世和约翰在位的前期曾经缴纳盾牌钱，但他们并没有拖欠海外的役务，因此拒绝缴纳盾牌钱。当约

① S. Dowell, *A History of Taxation and Taxes in England*, *from the Earliest Times to the Present Day*, Vol. 1, London: Frank Cass & Co. Ltd, 1965, pp. 54 - 55.

② W. Stubbs, *The Constitutional History of England*, Vol. I, Oxford: Clarendon Press, 1873, pp. 148, 619.

③ S. K. Mitchell, *Taxation in Medieval England*, Hamden: Archon Books, 1971, p. 163.

翰图谋起兵惩罚这些桀骜不驯的"北方人"的时候，斯蒂芬大主教认为国王没有法庭的评判，不应该对北方贵族发动战争。而当约翰正要改变主意的时候，兰顿又威胁说要开除那些在禁令废除之前动武者的教籍，而且拒绝就此罢休，直至国王确定了日期，以便众男爵出庭听取他们"同等者"的裁判。[①]

　　如果说上述争论对纳税人来说主要是为了通过法律维护习惯，进而达到保护切身利益的目的，那么，下面的争论则主要是为了保护个人单独授予而不是共同或集体授予的权利。在 1237 年的会议上，亨利三世及其政府受到了与会人员的严厉批评，人们谴责政府奢侈腐败，治理不善，并拒绝批准征收协助金的要求。但在亨利接受了这些批评，承诺厉行改革并保证此后不再征收类似的赋税后，人们还是答应了他的要求。这看起来像是一次贵族大会议的集体授予，但对于类似的授予，国王及其官员，甚至文献注释者都认为是贵族个人的授予。然而，决议一旦形成，必将对所有财产持有者形成约束，即没有参加授予的财产持有者也要执行这一决定而缴纳协助金。1217年，温彻斯特主教并未因未参加授予而免于该年的课征。他宣布他从来没有在小会议上同意征收协助金，而且小会议对他的这种做法也表示理解。再如1220 年卡路卡其的征收。估值令文说，这次征收由王国的显贵和信徒共同授予，但约克的封臣以没有参加大会议因而没有参加授予为由拒绝缴纳，并声称如果国王来约克请求授予，则他们会给予允准。其他男爵也成功地抵制了这次征收。尽管任何地方都没有说明他们弃权的原因，但是对他们征税无一成功。[②] 与这则实例性质相同，1248 年，亨利三世在伦敦两度召集贵族大会议商讨国事。第一次会议的与会人员有 9 位主教、9 位伯爵、若干男爵、骑士、修院院长以及一些其他贵族和职员，很像一个贵族扩大会议。在这次会议上，国王要求以现金形式征收协助金，理由是恢复他在国外的统治权，并说这也涉及与会人员的利益。但显贵们拒绝了这一要求，并严厉批评国王的奢侈、专横、治理不善和在任命中书令、警卫长和国库长问题上的无能。在第二次会议上，国王拒绝任命 3 位官员，说那样会剥夺他固有的权利。国

---

① S. K. Mitchell, *Taxation in Medieval England*, Hamden：Archon Books, 1971, pp. 189 – 190.

② S. K. Mitchell, *Taxation in Medieval England*, Hamden：Archon Books, 1971, pp. 195 – 196.

王的行为激怒了显贵，致使会议中断，而国王征税的要求落空。① 这些实例说明，纳税人尤其是大贵族一直在维护着个人授予的权利，并基本上获得了成功。虽然这种个人授予与集体授予对于贵族利益很难说哪种更好，但个人授予无疑更灵活机动，更能体现纳税人的自由意志，而贵族所极力维护的个人授予恰恰体现了这种自由精神。

由于纳税人在赋税征收中享有一定的权利和自由，国王提出征税要求有时需煞费苦心，在扩大征税范围的情况下尤其如此。下面所举实例可以证明国王在讨论中处于何种地位。1226 年 5 月，为了扩大征税范围，国王决定向基层僧侣征税。征税之前，先做了周密计划，然后向塞利斯伯里教长和牧师致函，要求征收协助金。他利用教皇 1225 年 3 月的训令，解释提出这种要求的缘由，说那时教皇对王室的财政状况充满了同情，所以致书大主教、主教和全国的僧侣，命他们慷慨解囊。因此很久以前，高级教士就授予了动产税。"既然问题的解决依靠你们的慷慨，那么我最郑重地请求你们开恩，怜悯我们的急需，捐献协助金。如此，我将对罗马教会和你们感激不尽。"通过坎特伯雷大主教和他的主教的商议，国王承诺将领地 1/10 的干草和磨坊授予教会，并表示努力说服世俗显贵加以效仿。②

就讨论的结果来说，只要贵族或纳税人代表认为国王的要求合理，虽可能拒绝，但多数情况下会给予允准。不过这种允准是有条件的。在中古前期，如果是非正常征收，这些条件一般为不能形成新的习惯，或者要求颁布新的法律、改组政府等。至中古后期，这些条件多表现为制度的实施，例如"补偿原则"③ 的确立。但在许多情况下，如在国王与纳税人产生矛盾特别是矛盾激化的情况下，讨论的结果大多以国王的要求遭到否决而告终，有时甚至遭到连续否决。1207 年 1 月，无地王约翰征收协助金，遭到了与会主教与修道院长的拒绝。在 2 月召开的贵族大会议上，又遭到了拒绝。④ 1255

---

① S. K. Mitchell, *Taxation in Medieval England*, Hamden: Archon Books, 1971, pp. 210 – 211.

② S. K. Mitchell, *Taxation in Medieval England*, Hamden: Archon Books, 1971, pp. 198 – 199.

③ B. Lyon, *A Constitutional and Legal History of Medieval England*, New York: W. W. Norton & Company, 1980, pp. 601 – 602.

④ S. K. Mitchell, *Taxation in Medieval England*, Hamden: Archon Books, 1971, p. 177.

年复活节，亨利三世因负债而请求征收协助金，遭到了贵族大会议的拒绝，理由是他没有按《大宪章》的规定征得所有显贵的共同同意。1257年再次请求征收协助金，复遭拒绝。1258年，又遭男爵拒绝。[①] 而自1242年开始，亨利三世的征税要求曾连续遭到9次否决。[②]

经讨论形成决议，然后按决议的规定进行征收。征收之前首先估值。第二次十字军东征开始之时，亨利一世征收动产什一税，规定：每个人都须缴纳动产什一税，征收须在教堂、圣殿骑士和医院骑士（the knights templars and hospitalers）、国王、男爵和僧侣代表在场的情况下进行。如果有人按征税负责人的意见少缴，则须在本教区选出4—6名自由人，经宣誓，申报他理应缴纳的数量，而他则须补足余额。[③] 1207年，国王为恢复诺曼底等地区的统治权，向全国征收出租财产税和牲畜税，规定伯爵、男爵可通过他们的管家或法警，在王室代理人面前宣誓申报出租财产和牲畜动产的价值。伯爵、男爵之外，则人人都须亲自申报，隐瞒不报或所报不实者，须受惩罚。财产估值由派往各郡的王室特派员在郡守的协助下组织进行。百户区和教区分别登记，王室特派员则负责每个城镇的登记。估值完毕，王室特派员便责令从他们的记录上誊抄估值详情，并交郡守，郡守则在15天内实施征收。估值原本先由特派员保管，后交财政署。而凡经办这一事务者，都须宣誓。[④] 不仅动产税的征收需要估值，土地税的征收亦须估值。1198年卡路卡其的征收，即留下了非常翔实的资料。参加估值的人员包括国王的代理人，即一名骑士与一名随员，郡守和郡内经选举并宣誓履行这项工作的几名骑士。他们将男爵的管家，以及各城镇、百户区的有关人员召集在一起，诚实无欺地申报所在地卡路卡其的数额，并据此估算出相应的税额。估值的结果登记为四卷，国王代理人即骑士、随员、郡守和男爵的管家各执其一，以便征收和查对。

① S. K. Mitchell, *Taxation in Medieval England*, Hamden: Archon Books, 1971, p. 218.

② S. K. Mitchell, *Taxation in Medieval England*, Hamden: Archon Books, 1971, p. 161.

③ S. Dowell, *A History of Taxation and Taxes in England, from the Earliest Times to the Present Day*, Vol. 1, London: Frank Cass & Co. Ltd, 1965, p. 61.

④ S. Dowell, *A History of Taxation and Taxes in England, from the Earliest Times to the Present Day*, Vol. 1, London: Frank Cass & Co. Ltd, 1965, p. 63.

赋税征收有时与估值同时进行，即在对某纳税人的财产估值后，接着取走应缴税款。有时则先估值，后征收。比如一个百户区，先对所有纳税人的财产进行折算，然后按记录统一征收。1198 年卡路卡其的征收，由两名骑士和一名法警收取税金，然后将税金交郡守，并清算账目。郡守验证后再将税金和账目押送财政署。男爵的税金则要求在郡守的协助下向他的封臣征收。如作假，则作假的部分须在他的领地上补偿。自由民与维兰也一样，如被控作伪证，则须将损失的部分提交国王。另外，维兰还须将其犁队中一头最好的公牛交给他的领主。[①] 1225 年动产税的征收，则由王室首先委派钦差，各郡郡守则在规定的时间和地点召集郡内全部骑士开会，然后以百户区为单位选出 4 名左右骑士，负责相邻百户区而不是其所居住的百户区的征收。在城镇，则由城镇长官和 4 名自由人具体负责。征毕，将所收税款送交所选骑士，骑士再上缴钦差，而钦差则将之置于一安全场所，如大教堂或修道院，以待解运王室。所选骑士须在钦差面前宣誓忠于职责。

从个人协商制到议会授予制，从财产估值到赋税征收，整个征税过程显然贯穿着一定的民主精神，在比较的视野中观察就感到更是如此。

在具体的征税过程中，习惯发挥着重要作用，而习惯更集中体现了西方税制中的民主精神。由于习惯力量强大，国王在习惯面前总是谨小慎微，若非不得已，一般不去改变，而如改变，也必须征得纳税人或他们的代表的同意，并保证这种改变不会形成新的习惯。例如在战局吃紧、战费不足时，要求征收新税，便必须说明这种征收仅具临时性质，并保证绝对不会形成新的习惯。即使如此，纳税人也常常给予否定。而如不顾纳税人意志而强行征收，国王则往往会付出沉重代价。这方面的例子可谓不胜枚举，最典型的当为 1215 年《大宪章》的颁布。当时诸侯奋起抵制的主要原因，即无地王约翰违背了习惯，践踏了成例。对于纳税人来说，习惯是防止国王侵权的天然屏障，是保护私有财产的有力武器，所以平素防守极严。而如遇意外情况不得不变，也总要提醒国王，这次行动违背了习惯，下不为例。这样，习惯的重要作用便在西欧中古社会赋税征收中形成了一道独特的景观，从而与东方

---

① S. Dowell, *A History of Taxation and Taxes in England*, *from the Earliest Times to the Present Day*, Vol. 1, London: Frank Cass & Co. Ltd, 1965, pp. 36 – 37.

特别是中国形成了显著的区别。如何解释这一现象？

有两点应予注意。一是现象本身具有一定的民主内涵。西欧中古习惯形成于原始社会末期，当时民主之风仍然盛行，形成的习惯必然包含民主因素。虽然习惯的形成并非到此终结，随着时间的推移，还不断有新的习惯产生出来，但赋税的第一次征收必然经过了一定范围的民主讨论。而这种征收一旦形成惯例，民主因素也就必然融入其中了。于是在第一次征税的基础上，后来每有新的习惯形成，便无一例外地融入了民主因素。这就是西欧中古社会的习惯。理论如此，实际也如此。无论在西欧大陆还是在英伦三岛，中古第一次征税的情况虽因文献无征已难于稽考，但后来习惯的形成无疑都经过了一定范围的民主讨论。如在英国，所谓一定范围依次经过了贤人会议、贵族大会议和国会三个阶段。特别是议会产生后，全部重要税项的设定都经过了议会的讨论。有学者认为，中古习惯在最初形成之时包含了一定的民主因素，但进入阶级社会后，其所蕴含的民主精神必定迅速退化。这一观点适用于东方或中国，但在西方，由于地理、历史、民族等因素的综合作用，伴随着原始社会的终结，很快形成了一个适于民主精神存留、传承和发展的文化环境。所以西方社会并未因阶级、阶层、利益集团的形成而致民主精神沦丧，相反，它不仅得到了存留、传承，而且得到了发展。二是这种民主具有显著的时代性甚至现代性。所谓时代性，是指不同时代有不同时代的民主。中古民主不同于原始民主，因为它越来越褪去宗教色彩，日益强化着人性或人的主体地位。中古民主亦不同于古代民主，古代民主是一种直接民主，强调公民直接参与民主事务，而无须实行代表制。但在中古，由于人口剧增，聚落分散，实行直接民主已不可能，所以一般或主要实行代表制。所谓现代性，是指民主制中包含的"主权在民"而不是"专制独裁"的精神。这种精神是现代民主的实质，而这种实质在古代业已具备，而且在古代范围观察，并与现代比较，两者间并无不同。这样，所谓现代性，乃是指贯通古今而无变化的一种精神。比如代表制，剥去中古与现代的诸多外在表现，中古与现代的代表制其实是一样的，这就是现代性。

综上所论，基于帝王、国家和政府之间的不同关系，"强权征收"成为中国中古赋敛的主导形式。这种形式不仅贯穿整个中国中古社会，而且随着专制制度的强化而日趋加剧，这反映了中国中古赋敛的专断和随意性特征。

西方中古社会与此不同，赋税征收在中古社会前期主要依据特权，后期主要依据协议。但无论"特权征收"还是"协议征收"，都强调法制原则，注重纳税人的权利，这使西欧封建赋敛具有相对鲜明的民主程序化特征。而从整个中古社会来看，由特权征收到协议征收，形成了一道逐步合理化的发展路径，这与中国中古社会征收方式的变化大致呈相反走向。

第三节　赋税支出

在财政运行过程中，取得收入仅仅是手段，而如何将这些收入合理使用，才是真正的目的。从这种意义上讲，财税使用比征收更受统治者关注。中国皇帝重视财政收入，更关注财政支出。皇帝作为"中华大家庭"的家长，希望财政上的每宗进项都能按自己的意志支配。而由于"家国一体"的建构模式，财政支出形成了与财政收入一脉相通的原则，即也具有随意性和专断性特点，我们称之为强权支出。在西方，统治者同样重视税款的使用，但基于国王、政府与国家的独特关系，财政支出形成了迥异于中国的特点。国王只是在某些用项上享有与某一权力集体协商决定的权力，这种支出形式，我们称之为"协议支出"。但就财政支出总体而言，国王的权力是有限的，因为政府的大多数开支不是来自国家赋税，而是国王个人收入。

中国中古税款支出可分为预算内支出与预算外支出两部分。预算内支出是指一定时期内支出数额相对稳定的开支项目，如官俸、军费、行政开支等。预算外支出则指一些临时立项又一般无定额的开支，如恩赐、赈灾等。

预算内支出是由皇帝决定的，这首先表现为皇帝决定国家总预算。中国历代预算一般由上而下编制表册，根据年度支出估算财政收入。在预算过程中，各级财政部门当然要根据各自实际进行一定论证，但预算方案能否得到实施，并不取决于论证是否合理，而是取决于皇帝的意志。这就意味着皇帝决定税款支出的大部分，因为预算制度确立以后，预算内支出总是占国家财政总支出的大半。

在决定国家总预算的基础上，皇帝进一步干预或决定各项专门开支。此处以财政支出中最大的两项官俸与军费中的养兵费用为例作些说明。官俸开支的大小取决于两个因素：吏员人数和薪俸标准。一个皇帝即位，特别是一个王朝开基，朝廷的首要任务是封官定爵，然后确定薪俸标准。封官定爵当然由大臣们参照先帝或先朝官制具体承办，但皇帝在其中无疑起决定性作用。一个王朝的大部分官职，当然在先帝或前朝时业已设立，当朝皇帝所做的多半是沿袭旧制，但这并不能淡化皇帝的强权作用，因为他可以决定采用这些官职，也可以废除这些官职。如果追溯得远些，即可发现皇帝在这些官职的设置中同样起了决定性作用。薪俸的确定也大体经历了类似过程。通过官位设置和薪俸确定，形成了一个俸禄开支总额，这个总额便构成了一定时期官俸开支的基本部分，而皇帝的强权在其形成中的决定性作用是显而易见的。

皇帝对官俸开支的强权作用还表现在另外两个方面。一方面是承平年代的增官设位。每个王朝在其承平年代都有新的官位设置。这种设置虽由有关部门或大臣负责，但必须经过皇帝允准。唐朝皇帝的书面旨谕有 7 种名目，其中"发敕"的作用之一，即是"增官减员……除免官爵"①。武则天"滥以禄位收天下人心"。长寿元年，她引见举人，"无问贤愚，悉加擢用"；神功元年，又置员外官数千人。②唐中宗神龙二年，"大置员外官，自京司至诸州凡三千余人，宦官超过七品以上员外官者又将千人"③。唐玄宗开元、天宝之际，"品官黄衣以上三千人，朱衣紫者千余人"④。另一方面是承平年代的增加薪俸。统治阶级根据财政盈亏增加官员薪俸，在中国历朝是极为普通的事情。在很多情况下，这种增加是局部的，影响很小，即使如此，也须经皇帝允准，通过颁布诏令实施。唐朝皇帝"发敕"涉及钱物的数量标准定得很低，"用库物五百段、钱二百千、仓粮五百石、奴婢二十人、马五十匹、牛五十头、羊五百口以上，则用之"⑤。而官员薪俸的增长则有一定的覆盖面，即使幅度不大，也很容易超过以上标准，因而须经皇帝"制敕"实施。贞观二年二月诏："官人得上考，给一季禄。"十二月诏："外官新

---

① 《唐会要》卷五四，《中书省》。
② 《资治通鉴》卷二〇五、二〇六。
③ 《资治通鉴》卷二〇八。
④ 《旧唐书》卷一八四，《宦官志》。
⑤ 《唐会要》卷五四，《中书省》。

任，多有匮乏，准品计日给粮。"① 开元十六年十一月敕："文武百官俸料钱所给物，宜依时价给。"② 大历十二年，增加州县官月俸定额，同时声明："其旧准《令》、月俸、杂料、纸笔、执衣、白直但纳资课等色，并在此数内。"③ 天宝十四年八月诏："西京文武九品以上正员官……自今后，每月给俸食、杂用、防阁、庶仆等，宜十分率加二分。其同正员官加一分，仍为常式。"④ 以上所举唐代的例子，具有一定的代表性，大体可以说明中国皇帝的强权在官俸开支中的决定性作用。

养兵费用主要取决于官兵员额、津贴标准两种因素。中国历朝军事制度，集中体现了中央集权个人专制原则。皇帝是军队的最高统帅，集征召、调动、指挥等大权于一身。历朝兵员数量当然有一个客观需要的限度，但皇帝却可置之不顾，尽举国之力扩军。据统计，秦、三国、隋、唐、宋、元诸朝，军队都曾达百万以上。⑤ 而这些朝代的人口数量除宋较高外，其他诸朝都未超过 900 万户。⑥ 以 900 万户计，平均不到 9 户供养一兵。其中唐代比例尤高，长庆年间，户口凡 335 万，而兵员约 99 万，通计 3 户资奉一兵。⑦ 唐后期，许多藩镇常常是一户或一户多奉养一兵。⑧ 明代兵员人数达到高峰，永乐时为 270 多万，⑨ 而洪武年间户口不过 1600 万，⑩ 即大体上 6 户须奉养一兵。历史上精兵减员、解甲销锋的例子也可以见到，汉文景二帝、唐贞观年间都曾因经济残破、百姓疲敝而削减兵员，但这似乎不是中国中古社会的主流。一般情况下，在皇帝个人意志的作用或影响下，国家都维持一

① 《唐会要》卷九十，《内外官禄》。
② 《唐会要》卷九一，《内外官料钱上》。
③ 《唐会要》卷九一，《内外官料钱上》。
④ 《册府元龟》卷五〇六，《俸禄二》。
⑤ 参见周伯棣《中国财政史》，第 76、142、290 页；蔡次薛《隋唐五代财政史》，第 164、167 页。
⑥ 石方：《中国人口迁移史稿》，黑龙江人民出版社 1990 年版，第 104、165、233、246、275、300 页；刘展主编《中国古代军制史》，军事科学出版社 1992 年版，第 183、268、269 页。
⑦ 《旧唐书》卷十七，《文宗下》；刘展主编《中国古代军制史》，军事科学出版社 1992 年版，第 268 页。
⑧ 蔡次薛：《隋唐五代财政史》，第 168 页表。
⑨ 刘展主编《中国古代军制史》，军事科学出版社 1992 年版，第 435 页；周伯棣：《中国财政史》，第 397 页。
⑩ 石方：《中国人口迁移史稿》，第 334 页。

支庞大的军队，而且兵员像滚雪球一样不断地扩增。关于津贴标准中官俸的确定，前文已有论及，这里只叙士兵津贴的配给。由于士兵津贴的高低关联财政收支大局，皇帝往往亲自过问甚至直接参与讨论。唐代规定，官健按月发放口粮，每人每天米二升或粟 3.3 升，冬春绢布 12 匹。[1] 宋代规定，班直月俸 3000 文，降充剩员后月俸 500 文；班直和上禁兵月俸 2000 文或 1000 文，降充剩员为 300 文。仁宗时规定，"军士征战至废折者，给衣粮之半，终其身；不愿在军人给钱三十千，听自便"[2]。这些规定都是由皇帝会同有关人员直接做出或经过皇帝批准而后通过诏令的形式实施的。

中国历代预算内支出的"强权"作用具有间接隐蔽的特点，因为皇帝不是直接控制或支配钱款，而是通过举办一些事业或采取一些行动事先造成财政支出的事实，后由财政部门履行其职责。所谓预算，是指国家对未来一定时期内财政收支的计划，同时也是对收支活动的限定。但在中国，这种限定对于皇帝的行为很难产生约束作用，这恰恰体现了皇帝在财政支出中的强权作用。

与预算内支出相比，预算外支出的强权作用具有直接、明显的特点。在这里，皇帝几乎完全无视财政部门的权力，随便而轻易地将钱款预以支付，而不问实际是否必要或合理。战费的相当部分就是通过皇帝强权以预算外形式支出的。战争之前、期间，皇帝都往往大量任命提拔军官，这些得到任命或升迁的军官都相应获得了俸禄。战争次数和规模也是决定战费数量的重要因素。战争发生的多少和规模的大小当然取决于众多复杂因素，但在很多情况下，皇帝的意志起着决定性作用。秦始皇北筑长城役军 40 余万，南戍五岭 50 余万，骊山阿房之役各 70 余万。[3] 隋炀帝入侵高丽，举军 113 万。[4] 这些行动规模都十分浩大，但却没有必要，其所以发生，主要出于皇帝好大喜功、穷兵黩武的本性，结果给国家财政带来难以估量的损失。

战费之外，我们还可以看到众多预算外支项，如祭祀、赏赐、赈灾、优恤等。这些项目的开支似乎更能体现皇帝的强权作用。以赏赐为例作一说

---

① 刘展主编《中国古代军制史》，第 264、268 页。
② 《续资治通鉴长编》卷一二三。
③ 《文献通考》卷一四九，《兵考》。
④ 蔡次薛：《隋唐五代财政史》，第 164 页。

明。隋唐赏赐可谓名目繁多，有劳军、宴会、典礼、巡幸、节日、怀柔、示恩等。开皇九年，隋文帝"亲御朱雀门劳凯旋师，因行庆赏。自门外，夹道列布帛之积，达于南郭，以次颁给。所费三百余万段"①。唐贞元八年正月诏："在京宗室，每年三节，宜集百官列宴会。若大选集，赐钱一百千。非大选集，钱三分减一。"② 明太祖在平定中原及南方诸省过程中，曾多次大赏从征将士。赏格的确定皆出其个人一时的主意，既不预先规定，亦未形成制度。永乐初年升赏将士，其轻重等次，亦由成祖临时裁决，并无成法可依。③ 这种无限制的赏赐是造成历代财政紧张的原因之一，自然引起一些有责任感、正义感的官员的反对。但皇帝非但不检讨自己的行为，反以官员的谏言冒犯皇威为由，予以严厉制裁。唐广明元年，左拾遗侯昌业即以皇帝赏赐无度，上疏极谏而致赐死。④

随着中央集权专制制度的加强，皇帝在财政支出中的强权作用也在加强，至明代，已经达到无以复加的地步，臭名昭著的"三饷加派"即是显证。"三饷加派"本属财政收入的内容，但由于它不同于普通收入，目的明确，一般在征收前已经确定了用途，所以放在支出中讨论。对于明统治者来说，"三饷加派"当然有其客观理由。其时的大明江山已经风雨飘摇，四面楚歌：辽东有后金反叛，贵州有苗族起义，山东有白莲教举事。而辽东战事未已，各地农民起义未熄，更大规模的农民战争又已爆发。在这种情势下，统治者除了扩军抵御外别无选择，所以"三饷加派"绝不是穷兵黩武、无事生非。然而没有这样的历史环境，便不足以充分暴露皇帝在财政支出中的强权本性。皇帝在"三饷加派"中的强权特性表现在两个方面。第一，无视赋税征敛的客观限度。百姓对于赋税负担当然有一个承受的限度，这一限度在大臣们频繁的奏疏中已有清楚的说明。崇祯四年二月第四次加派辽饷时，兵科给事中刘懋奏疏报告了他家乡临潼的情况："尝考皇祖（万历）中年，臣乡条编之税，每亩不过五分，……嗣后岁岁加派，今年加二厘，明年加三厘，因事而派，事已而派不去，日加一日，则日重一日，迄今则每亩八分三

---

① 《隋书》卷二十四，《食货志》。
② 《唐会要》卷二十九，《节日》。
③ 刘展主编《中国古代军制史》，第445页。
④ 蔡次薛：《隋唐五代财政史》，第172页。

厘，连加耗科索，则每亩一钱余矣。计地一顷，条鞭一十余两。夫一顷所出，除人工食用外，岂能办银十余两乎？是以富者不得不贫，贫者不得不逃。"[①] 这一奏疏不仅十分明确地呈现了辽饷加派下民不聊生的情景，而且很有分寸地暗示了皇帝在征税过程中的随意性和强制性，可谓用心良苦。然而皇帝充耳不闻，我行我素，照旧颁布他的加派诏令。[②] 没有比较，还不足以看到皇帝强权的完整面目，下面的例子涉及国家和王室两方面利益，终于使皇帝的强权暴露无遗。辽东战役中，统治者曾多次面临前方将士枵腹待饷，而加派钱粮因百姓穷极而不得聚敛的窘境。尽管如此，皇帝仍严守其私藏，不容染指。万历四十七年七月，辽东缺饷告急，恰巧广东金花银解到，署户部广东司主事鹿继善未奏皇帝允准，擅自将之发往辽东。户部尚书李邦华当时即对鹿说："金花乃主上心头肉；如何割得？"未出李所料，鹿旋遭罚俸贬官。皇帝不用金花银充抵辽饷，却接着下诏在本已无油可榨的百姓身上加征辽饷。[③] 第二，无视财官职权，恣意征支。"三饷加派"中，因支销无度，国库数度空虚。万历后期，御史李邦华曾奏："皇上御极初季，太仓老库几有千（万）之积，仅一平宁夏，再征倭、三剿播，而已如洗矣。臣见监督主库交盘册藏，老库存银八万八千，臣流汗浃背。"[④] 天启六年，户部尚书毕自严说："今自奴警以来，本（色）折（色）发若流水，库藏窘如悬磬，若不予（预）征新饷接济，则冬春之交，饷必中断。"[⑤] 国库空虚，责任在主管财官，所以他事先不会放任支流，亦不会不向皇帝禀报。但因为皇帝对此向不为意，故至国库如洗。由此可见，皇帝实际上独揽了支销大权。

与中国中古社会财政支出高度集权的趋势不同，西方中古社会基本维持了主要由某一权力集体执掌税权的格局。由于西方财政没有形成系统的制度，财政运行常常缺乏计划，财政控制不够稳定，所以不能像中国那样从预算的角度进行分析。但它们同样有战费和官俸开支，这些方面，可以

① 《崇祯长编》卷四十三。

② 唐文基：《明代赋役制度史》，第 363 页。

③ 唐文基：《明代赋役制度史》，第 348 页。

④ 李邦华：《李文忠公文集》卷七，《条陈太仓银库疏》。

⑤ 毕自严：《度支奏议》"新饷司"卷一三，《予征四年加派三分疏》。

做些比较。

从形式上看，西方赋税支用体制表现为国王决定税款支出。但实际上，真正的决定者是某一权力集体。前已论及，国王每次征税，都必须向某一权力集体提出征税要求，这种要求即包含着关于税款用途的说明。而某一权力集体的批复，也相应包含着他们对这种用途的论证与意见。如果认为这种用途符合他们的利益要求而且可行，他们就可以授权征税。而如相反，则可以拒绝。这样，税款支出虽表现为国王一己的活动，实际上却取决于这些权力集体的意见。虽不排除国王在某些情况下可能超越这些权力集体而决定了税款的支用，但那肯定是不合法的。至少，我们迄今还没有发现法律明确规定国王可以支用国税和封建非常税的例证或资料。

为了使税款用得其所，某些专门收入往往设专账由专人管理。这些专门收入甚至不仅仅指军事用项，有时还包括一些常项如卡路卡其、动产税等。通常情况下，这些专项单独立账，不入国库卷档。① 即使在封君封臣关系中，封君也不可违逆封臣意见将协助金挪作他用，除非经过了封君法庭的认可或批准。而这种对封臣缴纳的协助金做出违反民意的处分的事情终究是很少的。② 13 世纪之前协助金的管理就是如此。这一时期，授予国王的所有非正常协助金都作为特别收入予以专门管理，即使在 1232 年，所征协助金纳入了财政署，仍设专账管理。协助金的财务主管（treasurers）通常由任命产生。国王缺席或未成年时，例如在 1193、1203 和 1225 年，这些职位必须由重要官员充任以便坚守职责；在其他情况下，如 1207、1232、1237 年，则由提名产生。如为前者，税款支付由贵族大会议批准，财务主管则负责监督税款的用途，以保证专款专用。如为后者，则国王既决定税款支出，也监督税款专用。在这里，国王的亲自监督与专款专用的财务原则并不矛盾，而且在某些情况下，有可能恰恰强化这一原则。因为协助金的授予是为了应付特别需要，监督税款用得其所恰恰符合国王的利益。这样，协助金的非常性质便保证了它自始便被特别支拨且单独管理。而越是专款专账专用，贵族便越

---

① G. L. Harriss, *King, Parliament and Public Finance in Medieval England to 1369*, Oxford：Clarendon Press, 1975, p. 15.

② G. L. Harriss, *King, Parliament and Public Finance in Medieval England to 1369*, Oxford：Clarendon Press, 1975, p. 18.

容易进行监督。这并非说专款专用财务原则的实施就杜绝了国王对税款的滥用。事实上，这些款项对于软弱、铺张、贫穷的国王来说，仍然是颇具诱惑力的钱财备用之源。所以滥用的情况仍有发生，但发生率肯定大大降低，而且贵族可以据理钳制国王，拒绝批准他的征税要求。1242 年，男爵们就是依据之前此所授协助金被滥用的情况，否决了国王的征税要求。1244 年，官员们甚至要求将协助金交由 12 名被提名者管理。在这种情况下，权力集体的用税权利就显得直观了。税款的专门管理保证了专款专用。1269、1275和 1283 年征收的协助金都由特别征税人负责，他们的账目表明这些税款基本上用在了十字军东征和威尔士战争方面。而且在 13 世纪之前，国王与贵族关于税款支用问题基本上没有发生争论。

问题的关键还不在于将几种税项予以专门管理，而在于这种专款专用的财务体制。这种体制的实施与否与征税方式密切相关。在中国中古社会，政府的诸项开支主要分夏秋两季混征。官员俸禄、战争费用、皇室开支等一并由纳税人负担。而这些用项在绝大多数情况下都不是单独或专项征收，自然也就不可能形成专款专用的财务原则。西方情况不同，官员俸禄、王廷消费乃至政府开支在大多数情况下由国王个人收入支出，虽然不排除国王也有将战费用于王室消费的情况。纳税人承担的只有战费。而战费又可分为针对法国、威尔士、苏格兰等项，所以征收时即有明确的目的和目标。这样便不仅易于形成专款专用的财政体制，而且在技术上也便于操作。随着议会的产生和发展，在爱德华三世和理查二世统治时期，专项拨款实行专门管理逐渐形成了惯例。而王室消费由王领收入维持，只有在偶然情况下由其他来源的专项拨款补充。[①]

这里先讨论战费。14 世纪之前，战费支出大体存在两种形式。第一种是国王封臣按封建原则向国王服兵役。在这种形式下，封臣因享用国王封土[②]而支付战费。但是封臣履行军役不能完全适应战争需要，所以，第二种形式是必要的，即国王通过协商向全体国民征收国税以雇用军队[③]或资助封

① B. Lyon, *A Constitutional and Legal History of Medieval England*, New York: W. W. Norton & Company, 1980, p. 602.

② 马克垚：《西欧封建经济形态研究》，第 138—139 页。

③ B. Lyon, *A Constitutional and Legal History of Medieval England*, New York: W. W. Norton & Company, 1980, p. 48.

臣。现在需要探讨，"协商制"中是否包含"协议支出"的内容。西方国家
征税与中国不同。如上文所论，无论国王还是国王代理人，无论在中央征取
贵族集体对征税的支持还是直接到基层征税，都必须首先说明征税理由。而
说明征税理由也就是就某项财政支出征求纳税人意见。"支"的理由是否合
理，能否为纳税人接受，是"征"的前提条件，事关"征"的成败，所以
国王征求意见与其说为了"征"，不如说为了"支"。而无论同意、修改，
还是拒绝国王征税的要求，无疑都表达了纳税人对某项开支的意见。英国
1215 年《大宪章》以及 1297 年《大宪章确认令》的颁布在法律上确定了大
贵族集体决定国王征税的权力。所谓国王征税须"获得全国公意"或须经
"全国公众之同意"的实质是指贵族是否同意或支持国王的某项开支。法国
1357 年《大敕令》确认，三级会议享有决定税额、监督赋税征收和使用的
权力。① 监督税款使用也就是参与财政支出。不仅如此，这些规定在财政实
践中都得到了贯彻。英国 13 世纪中叶御前扩大会议（Parliament）留下了与
会成员与国王辩论的记录，使我们有可能了解到规定的贯彻情况。1242 年，
亨利三世为对法国作战，筹措战费，遇到了与会人员的一致反对。后者认
为，国王应遵守与法国签署的停战协议。除非法国违约对英作战，他们不会
同意国王的要求。他们说，自亨利三世即位以来，御前会议已经几次解囊相
助，但始终未见国王公布账目，这是令人难以满意的。参会人员实际上认
为，违背和约作战，这样的开支是不合理的，因而拒绝了国王的要求。② 而
就账目公布问题对国王的诘难则显然意味着会议企图进一步扩大它在"协
议支出"中所享的权力。1242 年受挫之后，国王很不甘心，于 1244 年再次
召开御前会议请求征税。与会人员以大主教为首草拟了一个文件回答国王的
请求，指责其没有将会议批准的税款用到王国的公益方面，因而要求组成一
联合委员会监督用税，如果国王接受这些要求进行改革，他们会同意征收赋
税的。如果国王拒绝接受会议的条件，会议则以再次否定国王要求相回
报。③ 1244 年会议再一次证明，大贵族在国税钱款的支出中的确拥有相当权

① 洪波:《法国政治制度的变迁》，中国社会科学出版社 1993 年版，第 114 页。
② W. Stubbs, *The Constitutional History of England*, Vol. II, Oxford: Clarendon Press, 1873, pp. 59 – 60.
③ W. Stubbs, *The Constitutional History of England*, Vol. II, Oxford: Clarendon Press, 1873, pp. 62 –
63.

力，并具有明确巩固扩大这种权力的意识。在法国，15 世纪以前，国税（如商品税和户税）与封建非常税的征收，也必须征得纳税人同意，循例召集僧侣、贵族和城市市民开会，表决所征税额，规定征收办法。[①] 纳税人否定国王征税请求的事情也时有发生。例如，1346 年巴黎、土鲁斯三级会议、1382 年全法三级会议[②]都曾否决国王的征税要求。不仅如此，法国早在 1318 年已建立审计机构，专门监督财政官吏和查阅王室财政账目。这一机构的建立使三级会议直接参与财政支出，从而使其具有显著的"协议支出"的性质。

14 世纪以后，随着封建税形式的消亡和封土合同制的兴起，国王开始主要依靠国税支付战费。这时的国税征收习称"议会授予制"。如果说在 14 世纪之前，西方财政支出中"协议"作用的表现还比较隐蔽曲折，那么，14 世纪之后，这种表现已经十分明显直观了。而且议会在其中的作用显然居于主导地位，这在英国尤其看得清楚。前曾引证，1348 年，下院批准国王征收 1/15 税，规定其"只能用于苏格兰战争"；1390 年，批准国王对于出口羊毛每袋可征 40 先令关税，其中 30 先令必须用作战费。[③] 兰加斯特王朝建立后，议会的规定更加明确：一般来说，大项拨款用于卫国战争；桶税、磅税用以保卫领海；羊毛磅税用于加来驻军军需；而只有王领收入用于王室消费。[④] 同时期的法国，发生了不同于英国的变化。三级会议出让税权的结果导致了它的长期停开。尽管如此，各地仍然涌动着一股民主的潮流：地方三级会议同王权进行着不懈的斗争，以至于即使在君权发展的巅峰时代，路易十四征收赋税也不得不征求他们的意见。

必须说明，战费是赋税支出的主要形式，而战费的主要来源是国税。从理论上讲，国税必须全部用于战费支出，或者说，国王征收国税的唯一目的即在于打仗。国税支出虽只有战费一项，其支出金额却是巨大的。西欧中古

---

① D. Hay, *Europe in the Fourteenth and Fifteenth Centuries*, London: Longman Group Limited, 1980, p. 101.

② D. Matthew, *The Medieval European Community*, New York: St. Martin's Press, 1977, pp. 335, 347.

③ B. Lyon, *A Constitutional and Legal History of Medieval England*, New York: W. W. Norton & Company, 1980, p. 552.

④ B. Lyon, *A Constitutional and Legal History of Medieval England*, New York: W. W. Norton & Company, 1980, p. 602.

社会国王多好大喜功，穷兵黩武，致使兵连祸结，战争频仍。在英国，这些战争包括对法战争、苏格兰战争、威尔士战争、十字军东征等。在法国，除了对英战争、十字军东侵外，十世纪之前，有查理帝国的长期对外扩张。十世纪之后，更有国王针对独立的大封建主的统一战争。这些都是旷日持久的大战。英法百年战争，断断续续进行了一百多年；十字军东侵更延续了200年之久。这期间，交战虽不是没有间歇，但间歇期间在占领地上的驻军仍需要财力维持，其耗费仍然是巨大的。苏格兰战争、威尔士战争、法国统一战争，也都迁延上百甚至数百年之久，给人民带来了沉重的负担。大战之外，又有众多的小战。这些小战有时与大战同时发生、同时进行，有时与大战交替发生、交替进行。大小战并发的结果使英法中古社会几乎常年充满了战争。这样，在战争年代，若以年费为单位比较，仅战费的国税一项开支，即超过了任何一项其他开支并常常超过所有其他开支的总和。而且即使在所谓承平年代，也常有战费性质的开支，如英国，1360—1369 年被称为和平年代，虽无战事发生，但在加莱、道维尔、波尔维克、洛克斯堡以及其他地区都派有驻军，在加斯科尼、庞休、布列塔尼、爱尔兰等海外属地也需要财政维持，[①] 其军费开支亦不可忽视。战费的另一个来源是封建税。封建税虽不似国税那样全部用于战费开支，但估计大部派作此用则是可以肯定的。这首先包括了协助金的大部分。按封建法，国王的直接封臣必须带领他的骑士一年为他服兵役 40 日。这种 40 日的兵役便可以折合为战费，或者说是战费支付的结果。由于形成了定制，40 日的役期每年都须履行，于是构成了协助金的大部分开支。虽然国王被俘赎身、国王长子立为骑士、长女出嫁时直接封臣的花费亦不在少，有时甚至堪称巨大，如英王狮心理查被俘后他的封臣投入了十万马克才将其从德国封建主手中赎回。但这种事情终究很少发生。同样，国王的长子长女也只有一个，征纳的机会也不多见，很难与支于战费的部分相比。这样，仅国税支出一项，已使战费成为国王或王室支出中最大的项目，再加上封建税部分，战费的开支更加庞大无匹了。

将战费置于一定的参照中，有助于进一步认识它在国家财政支出中的分

---

① G. L. Harriss, *King, Parliament and Public Finance in Medieval England to 1369*, Oxford: Clarendon Press, 1975, pp. 473 – 477.

量。这里以王室消费为例作些分析，因为王室消费居于战费之下而远高于其他用项，但由于统计资料缺乏，只能与英国国王爱德华一世的宫廷消费做些比较。爱德华一世的王室消费年支出平均为 15000 英镑。而他在位 35 年，仅战争用款中的国税一项即达 100 万英镑，[①] 年均花费几近王室消费的两倍，这还没将封建税中用于战费的协助金计算在内。另外，还须将另一个因素考虑在内，即王室花费并非全部来自税款。西欧中古社会王室消费有一套独特的运行规则，这就是"国王靠他自己的收入生活"。所谓自己的收入，主要指王领、司法、山泽之入等，在英国则还有城市税款。其中司法、山泽之入便不可以税款视之。如果将这些收入从中扣除，则王室花费必将大打折扣。而且，与东方特别是中国不同，由于政府具有私人性质，王室所费包括了官吏薪俸，这一状况直至伊丽莎白时代仍旧保持。而在中国，官员的俸禄是税款开支的重大部分，特别在官僚机构膨胀的情况下就更是如此。

在上述原则的制约下，国王"自己的收入"构成了王室消费的基本范围和界限。所谓基本范围和界限，是指王室消费虽常有结余和超支的情况发生，但大体波动在"自己收入"的额度上，不会造成大的误差。这样，大体说来，14 世纪中叶之前，国王的生活基本上遵循了这一原则，虽然如上所述，不能说没有国王挪用战争税款的事情发生，但可以肯定，无论哪个权力集体还是国王本人，都不会认为这具有任何合法性。既属违法，对于国王的财政行为便具有一定的限制作用，这也许是王室消费在"自己收入"的额度上波动的基本原因所在。14 世纪末，始见议会将税款的一部分划归王室消费的资料。说明这一原则和传统开始适应新的历史条件而发生变化。15 世纪，议会重申传统，规定王领收入留作王室消费，并做出新的规定，个别情况下可以得到议会专项拨款补助。稍后，议会又决定将王室从国家支出中划分出来，划拨专款维持王室消费。这标志着王室财政和国家财政分离的开始。[②] 但须知，议会做出这一规定的目的在于控制王室消费，使其专款专用，以防挪用其他款项，而不是如人们所认识的那样，后者的支出获得了更多的资源。

① M. M. Postan, *The Cambridge Economic History of Europe*, Vol. 3, Cambridge: Cambridge University Press, 1979, p. 303.

② B. Lyon, *A Constitutional and Legal History of Medieval England*, New York: W. W. Norton & Company, 1980, p. 602.

这样，便可以做出结论，由于战费的征收经过了国王要求、集体讨论、共同同意和议会授予的法定程序，可以认为，税款的开支在某种程度上适应了纳税人的需要，代表了人民的共同利益。这其中有时当然包含了一些比较复杂的因素，比如纳税人虽然最终同意授予，但并非完全出于自己的意愿，然而事情的最终结局却是，通过某种讨价还价（在议会形成后称为"补偿原则"），纳税人仍可获得一定的权益。再将这种情况考虑在内，说税款的支用在某种程度上代表了人民的共同利益并非背离历史的实际。

如果说，战费的支出表明西欧封建君主在财政支出中拥有的权力是有限的，那么官俸发放、教会捐助等方面的支出则证明这种权力更为有限。

如前所述，西欧封建政府具有一定的国王私有的性质，国王构成了这个政府的主要部分。政府官员和机关都是应国王的需要而设置的，它们的职责即是为国王服务。国王有印玺，有财产，要进行司法活动，所以有掌玺大臣、财政大臣和法官。宫廷其他官员如英国的总管、膳食长、宫室长、国库长、警卫长、面包师等则是照顾国王和王室人员饮食起居的服务人员。在地方上，英国有郡守（sheriff），法国有法官（bailli），他们的主要职责则是为国王征税，主持地方法庭，维持社会治安等。正因为这些官员为国王服务，国王必须发给他们津贴。中国中古社会不同，帝室与政府财政在大部分时间里是分立的。一般情况下，帝室财政支付帝室费用，政府财政支付政府费用。吏员属政府系统，所以俸禄支自国库。在西方，官员属于王室，所以薪俸出自国王个人收入。[1] 12 世纪的文件表明，英王亨利一世依官职的高下发放薪俸，最高者每天 5 先令，依次递减。薪俸之外，还有少量食物补贴如面包、饮料、蜡烛等。[2] 地方官如郡守，则从他为国王征收的赋税中扣除一部分作为薪俸。英王亨利二世规定，郡守可以扣除超过他所享薪俸的合法的花费。[3] 法国地方官也是从国王个人收入中领取薪俸。[4] 直至伊丽莎白一世统治时期英国政府官员的薪俸仍然支

---

① Refer to D. C. Douglas, *English Historical Documents I*, c. 500 – 1042, London: Routledge, 1996, pp. 512 – 513.

② C. Webber and A. Wildavsky, *A History of Taxation and Expenditure in the Western World*, New York: Simon and Schuster, 1986, p. 175.

③ C. Webber and A. Wildavsky, *A History of Taxation and Expenditure in the Western World*, New York: Simon and Schuster, 1986, p. 209.

④ 〔法〕皮埃尔·米盖尔：《法国史》，第 96 页。

自国王个人收入。^① 捐助教会主要是 14 世纪各地宗教改革思潮普遍兴起以前的事情，只是偶尔为之，且数量不大，所出皆为个人收入。^② 所谓"国王依靠他自己的收入为生"的封建原则中所指"生活"的范围，应与"私人政府"的概念联系起来考虑，指除战争以外的一切生活事务。而战争一般涉及全国或国内多数人的利益，所以不属于国王私事，其花费也就必须以国税税款支付。

在民族国家兴起以前，西欧封建政府因具有一定的私人性质而规模不大，开支项目也较少。而如上述，大多数项目由国王支自个人收入。这样所谓"协议支出"便主要是战争费用。由此可见，国王在国家财政支出中的作用是有限的。相比之下，中国皇帝的权力则十分集中与强大。

① 〔英〕J. E. 尼尔：《女王伊丽莎白一世传》，聂文杞译，第 308—309 页。
② Refer to C. Webber and A. Wildavsky, *A History of Taxation and Expenditure in the Western World*, New York: Simon and Schuster, 1986, p. 176.

第 八 章
赋税结构

赋税征收具有一定的结构，它在静态上回答赋税由哪些税项构成、各税项之间形成了怎样的比例关系等问题，在动态上则是说明各税项之间关系的变动，勾勒赋税结构在一定历史时段演进的轨迹，诸如哪种税项占据主导地位，各税项之间的比例关系是怎样形成和变化的，等等。本书研究中西中古税制的差异，涵盖时间逾千年，拟从动态上考察中西中古赋税结构演变的差异。

由于赋税结构具有多侧面的特征，对赋税结构的考察和认识可相应从多个方面展开，例如，可从行业或部门分工的角度进行认识，有农业税、工商税等税项及其之间的比例关系；可按赋税征收者皇帝或国王的身份进行认识，有国税、封建税等税项及其之间的比例关系；亦可从赋税的来源进行认识，如土地税、工商税、关税、人头税、动产税等税项及其之间的比例关系。对此，这里不拟面面俱到，而只想选取其中一个侧面，即从行业分工或部门分工的角度进行研究，将赋税划分为农业税、工商税两大部类，考察不同时期赋税结构的演变各以哪一部类居于主导，以及两者之间结成了怎样的比例关系。

关于这个问题，学术界还研究不多或研究不够。在国内学术界，对于中国中古赋税结构的动态研究还主要限于描述的层面，表现为各赋税、财政史著还基本维持一种教科书样的面貌；对于西方赋税结构的演变还几乎没有涉及；而关于中西赋税结构演变的差异等问题的比较研究则更鲜有问津。在西方学术界，关于中国中古赋税财政史的著述还不多见，主要有崔瑞德的《唐代的财政管理》①

---

① D. C. Twichett, *Financial Administration under the T'ang Dynasty*, Cambridge：Cambridge University Press，1963.

和黄仁宇的《明代中国 16 世纪的税收与政府财政》[1] 两部著作。前者涉及的税项主要是土地税，仅旁及坑冶税诸项，所以应为土地税专题或个案研究。后者涉及稍广，但仍主要探讨土地税问题，虽也涉及商税，却未论及赋税结构。因此，也大体未出专题研究的范围。而且这些著述皆限于中国的某一朝代或某一朝代的某一阶段，缺乏总体性、贯通性研究。西方学者对于本土税制的研究则因起步较早而著述较多。在这些著述中，专题性研究如关于财政署、任意税、关税的研究占主导地位。其他虽也有总体性贯通性研究，如拉姆塞的《英王收入史》[2]，涉及面广，从 1066 年诺曼征服写到 1399 年爱德华三世驾崩；道沃尔的《英国税制史》第一卷[3]，有税必考，从罗马统治不列颠写到 1640 年英国革命的爆发。但这些研究或未突破专题、个案研究的范围，例如拉姆塞的著作，实为若干断代史的综合，它以每个国王统治时期的税收为研究单位，然后按时代先后加以连接，从中很难看到每个朝代的赋税结构以及总体结构的演变；或因成书太早，重史料罗列而轻理论分析，道沃尔的研究即属此类，主要描述各税项的兴衰，于赋税结构则缺乏关注。西方学术界关于中西中古赋税的研究状况即大体如此，从比较的角度探讨两者的异同则还未有人涉及。笔者在研究中西中古税制的过程中，深感赋税结构的演变存在很大差异，这里想在借鉴国内外研究成果的基础上，就这一问题作些探讨。

这一研究的学术意义是显而易见的，它有助于解释许多重大的历史现象，如同是传统农业社会，为什么形成了迥然不同的经济政策体系；有助于人们走出传统认识的误区，重新审视中古农业国家必然以农业税作为政府财政基础的结论；有助于深入探讨一些重要理论问题，如国家行政权力配置的阶级特性，中古社会的不同类型等。

需要说明，前文讨论了主税项的变换问题，这里拟讨论赋税结构的演

---

[1] R. Huang, *Taxation and Governmental Finance in Sixteenth – Century Ming China*, Cambridge：Cambridge University Press, 1974.

[2] J. H. Ramsay, *A History of the Revenues of the Kings of England, 1066 – 1399*, Vol. 2 , Oxford：Clarendon Press, 1925.

[3] S. Dowell, *A History of Taxation and Taxes in England, from the Earliest Times to the Present Day*, Vol 1, London：Frank Cass & Co. Ltd, 1965.

变，由于主税项是赋税结构的一个重要组成部分，两者形成的结论应该是相同的，因此可以获得一个相互验证的效果。

第一节 相似的起点

从动态上考察比较赋税结构的演变问题，宜将这一演变过程划分为几个具有可比性的阶段，这样可以彰显赋税结构在不同时期的变动。第一阶段，中国大体为春秋战国时代，西方则从西罗马帝国灭亡到 11 世纪。在这一阶段，中西双方都处在新的生产关系萌发、生长、确立的过程中。按传统观点，西方各主要国家封建化完成的时间虽不完全一致，例如英格兰较西欧大陆稍晚，但这并不影响我们将西欧作为一个整体看待而同中国进行比较。另外，考虑到发生于 11 世纪的诺曼征服不仅对作为西欧主要国家的英国而且对西欧大陆的影响巨大，且这一事件又标志着英国封建化的完成，所以，这里以此作为西欧中古社会第一阶段的结束。在这一阶段，中西方王权都比较软弱，税制都不够健全，赋税结构具有相似的起点，这就是以农业税占据主导。

中国早在春秋时代就形成了土地税占据主导地位的格局。公元前 685 年齐国"相地衰征"之前，春秋各国以及东周王室即多行助、彻之法，以田赋作为税收的主体。之后，随着各国赋税改革的发生，田赋率在其他税率未变或变化不大的情况下扶摇直上。行助、彻之法，各国税率一般十取其一。但鲁国税亩伊始，便十取其二，税率增长了一倍[①]；公元前 538 年，齐国"民三其力，二分于公，而衣食其一"[②]，税率逾十六之上。春秋时代的税制改革为战国时代的税制发展奠定了基础。在此基础上，秦用商鞅之说，更使"田租口赋盐铁之利二十倍于古"[③]。其他如魏、楚等国也都弃旧制而行新率，使税收在更大程度上倚重农业。

田赋在税收中占主导地位当然不一定意味着其额必须逾居税收总额之半。由于生产力水平低下，社会分工尚属原始，专职工商业者还不多见，交

---

① 《公羊义疏》卷四八，"初税亩"条。
② 《左传》，《昭公三年》。
③ 《文献通考》卷一，《田赋考》。

换规模有限，因而税收中来自工商业的部分不大。这里需要对《文献通考》中"秦田租口赋盐铁之利二十倍于古"一语做一分析，因为这样很难看出田租口赋与盐铁工商之利在国家税收中的高下多寡。"古"指秦汉之前的三代。当时华夏文明刚刚发轫，虽有盐铁工商之税，却都微不足道。如果我们把这时盐铁工商之利看作基数，那么，这个基数在增长二十倍（二十倍并非确数，而是一约数）后相对田租口赋（口赋主要来自农业）仍然悬殊，因为三代财赋依赖农业是一个不争的事实，这意味着田租口赋具有一个盐铁工商之利所难以比拟的基数，当后者增长二十倍时，前者也同步增长二十倍，增长率虽然相等，增长量却更加悬殊。由此观之，春秋战国之际，各国财税收入中田赋逾半应该是没有疑义的。

英国亦复如此。国王向全国人民征收的唯一国税是丹麦金，而丹麦金按土地面积征收，故为土地税，这在总论中已有考察。国王的宫廷消费也主要来自领地收入。同时期的法兰西，严格意义的国家财政尚未产生，国王的收入同样主要来自直营地的地租。在比利牛斯半岛，基于罗马时代业已形成的养羊传统，畜牧业已有相当发展。但在南方阿拉伯人聚居区，由于哈里发的鼓励政策，农业居于主导地位，虽然经济作物在种植结构中占有很大比重。而总体看来，赋税征收略偏重于农业收入。

第二节　演变的分途

第二阶段，中国自秦汉至宋元，西方从 11 世纪至 15 世纪。在这一阶段，中西王权都得到了加强，税制趋于定型。但赋税结构的演变却因历史发展的差异而逐渐分途。

（一）中国，以农业税为主体

在中国，土地税、人头税和工商税等几种主要税项比例无定，消长无常。大体上说，从秦汉经魏晋至唐初，人头税在赋税结构中居主导地位，但其变化的基本趋势是日渐削减；土地税虽居次要地位，其变化却与人头税呈相反趋势；工商税的变化趋向与人头税大体一致。

秦代田租、口赋、力役的税率和它们之间的比例因文献无征而难以确知。但于两汉，我们所知则较为确切而且具体。两汉田赋率较秦代低些，因为汉代的"薄赋"政策是相对秦代的重赋而制定实施的。根据高树林的推算，田赋约占赋税总额的 1% 至 5%。但无论采取什么政策，国家机器的运作依旧，发展依旧，再加上封建王朝的日趋腐败，所需税额不是降低而是提高。所以田赋的下降必然以其他税项的增长予以补偿。这样，"薄赋"是事实，"轻徭"却未必，口赋、算赋则必然提高。仍据高树林研究，人头税（高将徭役算在人头税之内）占总税额的 99% 或 95%。[①] 与此同时，工商税也因官府履行抑末政策勒索商人而增加。

　　以田赋的多寡检验政府是否以农业税为倚重最具直观性。而上述田亩税的降低却在一定程度上掩盖了这种直观性。尽管如此，通过分析仍可清楚地看到秦汉政府仍以农业税作为倚重。概而言之，在秦汉经济发展的特定条件下，工商经济成分还很有限。土地是重要的生产资料，农业是获取生活资料的主要行业。所以不管赋税科敛采取何种形式，征收实物还是货币，都主要是农业所出。具体来说，人头税由地主、农民和工商业者承担。而地主阶级、商人中的上层由于种种原因往往享有免税权。而且地主、商人本来就占少数，除去享有免税的部分，缴纳人头税的部分就更少了。这样，庞大的人头税绝大部分也就落在了农民身上。人头税的主要承担者既是农民，其来源便主要是农业成果，虽不排除农民也从事一定的小工商活动，但这种活动主要服务于家庭需要。至于人头税为什么征钱，则主要因为货币方便征敛，而农民将农产品出卖亦不费难。以此观之，人头税在相当程度上不过是土地税的变种，它在政府税收中居于主导地位对于我们说明问题不过增加了一些曲折。

　　魏晋时期，由于军阀混战，社会动荡，政治经济制度受到严重破坏，税项比例难以详知。但可以肯定，无论魏晋的"户调式"，还是北魏的"九品混通"和租调制，都是按户征田赋，调布绢，田赋的比例有所增长，但政府岁入仍以人头税为主。按照这样的发展趋势，至唐前期，田赋已增至 24%—43%，而人头税相应降至 76%—57%。[②]

　　唐中叶是中国税制史上赋税结构发生重大变革的时代。两税法的实施，

---

①　高树林：《试论中国封建社会赋税制度的税役变化问题》，《中国史研究》1989 年第 1 期。
②　高树林：《试论中国封建社会赋税制度的税役变化问题》，《中国史研究》1989 年第 1 期。

使田赋在整个赋税总额中的比例顿然突出。研究表明，政府税收的80%—85%都征粮食。[①] 两税法中的地税履亩征粟，已决定了田赋在财政收入中的重要地位；户税以资产征钱，实际上进一步增加了田赋的数量，因为对大多数税民来说，土地无疑是重要的资产，所以所谓户税，实际上主要是田赋。两税法的实施一举改变了重人头轻田赋的局面，将政府财政倚重农业税恢复了昔日的直观性。

但宋朝建立以后，情况又发生了新的变化，这种变化的基本趋势是两税在财政收入中的比重日益削减。北宋时，两税尚占56%，但至南宋，已降至20.4%和15.3%。与此同时，商税急遽增长，构成了政府财政的主要来源，而包括商税在内的非农业税，也就占据了财政收入的大部分。北宋皇佑治平年间，商税比重不过40%左右，及南宋绍兴、乾道之交，仅茶盐榷货一项即占49%。连同经制钱、总制钱，非农业税达79%强。而至淳熙、绍熙年间，茶、盐酒等坑冶榷货已达56%强，加上经制钱、总制钱、月桩钱，非农业税更达84.7%。[②] 需要说明，上列数字出自漆侠先生《宋代经济史》一书，这些数字是以表格的形式出现的。在这些表格中，有些农业税项似未列入，这就必然降低表中农业税的比重；而所谓经制钱、总制钱、月桩钱诸税项中，不说征自农业、农民、农产的繁多的项目，即使那些看似与农业税无关的科敛，实仍为农业所出，所纳税款多为农民的劳动成果。实际上，经制钱、总制钱、月桩钱诸项主要由自耕农承担，这一点，漆侠先生也曾多次指出。如果将这一因素考虑在内，则农业税所占比重要较上面的推算高一些。

刘光临先生从税收国家和财政国家的现代税收财政学概念出发，考察了宋代赋税财政的发展，[③] 具有一定的启发性。他认为，国家财政收入的2/3来自非农业收入，尤其是消费税收入，宋代因此而成为世界历史上第一个可持续税收国家，并由此而从税收国家向财政国家过渡。他认为这表现在三个

---

① C. Webber and A. Wildavsky, *A History of Taxation and Expenditure in the Western World*, New York: Simon and Schuster, 1986, p. 71.

② 漆侠:《宋代经济史》上册，第406—444页。

③ William Guanglin Liu, the making of a fiscal state in Song China, 960–1279, *Economic History Review* (2014).

方面，即交换手段的货币化，间接税的高比例和财政管理的集中化和专业化。随着这些条件的具备，以税收为基础的公共财政便转化为以信贷为基础的公共财政，从而完成了由税收国家到财政国家的过渡。不过他也认为，所谓财政国家还缺乏稳定的基础。南宋末年，本票的超发引起了严重的通货膨胀，严重威胁了经济的发展。

无论如何，农业税的削减和商税的剧增是一个直观的事实。赋税结构发生如此重大的变化，中国南宋竟是舍弃了农业税而以商税作为政府财政的倚重对象吗？这里首先需要说明，所谓农业税削减是相对商税的剧增而言的，而就农业税本身来说，即使是正税的征收，终两宋 300 余年，也基本维持一个大致统一的水平而未下降。若将与二税具有相同性质的附加税如和买、和籴、支移等考虑在内，则农业税不但没有下降，而且还有较大增长。漆侠先生估算了两宋的农业税额，认为，至南宋末年，包括附加税在内的农业税的征收较北宋增加了三四倍。① 这样，上面的问题便可以分解为三个小问题予以解决，即为什么正税的征收基本维持统一水平而未有显著增加，为什么须大征农业附加税，为什么商税的征收如此大幅度增长。

道理应该是浅显的。冗官、冗兵、冗费现象的形成虽使农业税的加征已成大势所迫，但中国中古社会以农立本，历朝历代无不将农业置于诸业之首而加以珍视和保护，由此形成了重农的传统经济政策。重视农业就必须佑护农业，体现在赋税上则是尽量减少农税税额。汉代的十五税一、三十税一甚至十多年的免征即是保护、倚重农税的显例。两汉之后，魏晋隋唐诸朝无不称羡两汉政策，遵奉重本传统。宋代沿革隋唐之制，亦不会数典忘祖。所以，宋初仍然如出一辙地宣扬了历朝的"轻徭薄赋，与民休息"的许诺，言犹在耳，自不能不有所顾忌。这大约是终宋 300 余年特别是南宋百余年来正税未尝增加的原因所在。

如上所论，由于"三冗"局面的形成，加征农业税已成定局。而既然正税不宜也不能加征，就只有另立名目，并在一个"巧"字上做文章。于是两税之外有了和买、支移、折变、加耗等一系列名目。由于新设项目众多，且各项不断增征，铢积寸累，附加总额很快超过了正税，并最终使农税

---

① 漆侠：《宋代经济史》上册，第 431 页。

总额在南宋末叶达正税的三四倍之多。

但是，出于对农业的倚重以及由此而产生的对农业的佑护，农税的征收是有限度的。这就决定了所征税额远不能满足"三冗"所产生的需要，从而在一定程度上意味着更大的比重必须以商税的形式征得。而在我们看来，重征商税的主要原因并不在于农税低少不足以应付浩繁的开支，而在于中国中古社会传统的抑商心理。在这个社会里，商业一直被看作贱业，商人被视为贱民，在国用日蹙的形势下，政府不征富裕的贱民焉能侵夺贫困的良民？身为庆历宰相的范仲淹的一段话充分反映了这一传统心理："茶盐商税之入，但分减商人之利耳！行于商贾，未甚有害也。今国用未减，岁入不可阙，既不取之于山泽及商贾，须取之于农，与其害农，孰若取之于商贾？"①这样，商人纵然使尽浑身解数，也在劫难逃了。在这里，宋代工商业的巨大发展和"三冗"局面的形成是商税剧增的外在条件，重本抑末的心理状态或思想观念是内在因素，只有在二者兼备的情况下，商税的膨胀才成为可能。否则便难以解释为什么其他朝代同样实施重本抑末政策而商税税额却未超农税。

通过以上分析，可以取得如下认识：宋代商税的高涨是中国财政发展史的特殊现象。在这个重农本的国度里，由于历史条件的变化而表现出异常的现象是可能的。正因为这种高涨是异常的，且持续的时间极为短暂，所以不代表事物的本质或历史的主流。也正因如此，这种商税的高涨不同于西方商税的性质。在这里，它是抑商的产物，西方则是重商的结果。

蒙元帝国的建立，使生产关系出现了一些逆转现象。受此影响，赋税制度又出现了一些新的变化，主要是田赋和人头税比例又有较大回升，而商税的显著下降却使赋税结构的演变恢复了南宋以前的状态。而总体观之，政府财政仍以农业税作为倚重。

与西方不同，中国中古社会未曾提出过税权归属的问题，所以不存在纳税人或纳税人组织与官府争夺税权的斗争，而中国历史的发展也就形成了税权归属官府并进而为皇帝天然所有的格局。由此，大至赋税结构的演变，小至某项税额的增减，一由官府决定。在这样的情况下，南宋偶然出现商税逾超农税的现象自然是官府控制的结果。这一点，后文还要论及。

---

① 沈括：《梦溪笔谈》卷十二，《官政》二，"庆历中"。

（二）西欧，以工商税为主体

在西方，赋税结构演变的基本趋势是农业税日益减少，商税取代农业税而居主导地位。

第二阶段伊始，英国主要有三种税：土地税、动产税和商税。其中动产税占据主导地位，它包括萨拉丁什一税、盾牌钱、任意税、犹太税、出租财产税、一般动产税等。在这些税项中，犹太税主要来自商业收入；其他诸税虽都包含一定的商业因素，但主要的部分则是来自农业收入。在这一时期，还很难将这些税项的来源比较清楚地划分出来，我们只能大体上说，动产税以农业来源为主体。以关税为主体的商税自非农业所出，然因其刚刚设立，国际贸易尚不发达，税量有限。这样，动产税和土地税合计，便构成了政府财政收入的绝大部分。所以，在第二阶段前期，政府财政仍以农业税为倚重。

也正是自第二阶段起，农业税额开始削减。首先是土地税的下降。这时的土地税是从盎格鲁 – 撒克逊时代继承来的丹麦金，它以海德为单位征收，税率为 1—4 先令不等。12 世纪初叶，为不定期征收，每次少者 1 万镑，多者亦不过 4 万—5 万镑。[1] 约 12 世纪中叶，曾作为常税征收，每年一次。但这仅仅维持了几十年，以后，由于土地所有者的反对，以及以海德为单位的计税方法紊乱过时，丹麦金遂于 1169 年废止。为了弥补丹麦金废止所带来的损失，政府复设新的土地税卡路卡其代之。卡路卡其的计税单位和税率与丹麦金约略相当，但征收量因征收范围缩小为土地所有者而显著下降。例如，1200 年、1220 年征收所得仅为 7500 镑和 5500 镑，[2] 比丹麦金显然少多了。

13、14 世纪，土地税在英国税制中的地位明显下降。首先，因为卡路卡其征收困难，经常遇到土地贵族的抵制，而且征收量小，在日益浩繁的开支中可有可无，政府乃在完成 1224 年征收后宣告废止。[3] 尔后，土地税的课征仅仅偶尔为之，且只是非常时期的特殊举措，不成常例，税额日减。至

---

[1] S. Dowell, *A History of Taxation and Taxes in England, from the Earliest Times to the Present Day*, Vol. 1, London: Frank Cass & Co. Ltd, 1965, pp. 8 – 9.

[2] G. L. Hariss, *King, Parliament and Public Finance in Medieval England to 1369*, Oxford: Clarendon Press, 1975, p. 15.

[3] G. L. Hariss, *King, Parliament and Public Finance in Medieval England to 1369*, Oxford: Clarendon Press, 1975, p. 29.

14 世纪末 15 世纪初，土地税征收不再具有纯粹意义。如 1382 年城乡土地所有者分别承包的 1/10 和 1/15 税，即不是按土地面积的多寡计算税金，而是对土地上的农产品进行估价，再换算成税金征收。[①] 而农产品已属动产范围。即使是这种非纯粹意义的土地税，在多数情况下也不是单独征收，而是与动产一起，作为它的补充或附加税征收，如 1382 年 1/10 和 1/15 税即与牲畜税一起征收。1409 年新土地税则是在征收了两个 1/10 和 1/15 税仍不敷使用的情况下征收的。既然是动产税的补充或附加，税额便不会很大。这说明土地税在政府税制中已完全处于从属动产税的地位。15 世纪末叶之后，文献中便很少见到关于土地税征收的记载，说明它在赋税结构、财政收支中不再具有重要意义。

动产税是在纳税人与国王的斗争中逐步下降的，这种斗争充斥诺曼和金雀花王朝。这里，我们以 1215 年《大宪章》的颁行等几次重要的斗争为例做些分析，以说明这种斗争对动产税削减从而引起赋税结构变化产生的影响。关于《大宪章》，虽然前文已经涉及，这里为了论证的需要，还必须做进一步分析。

《大宪章》是无地王约翰在内外交困、民怨沸腾的形势下，迫于诸侯的刀剑而签署的。它确认了"未经国民同意"国王不得征收协助金以外的赋税的原则，规定了御前扩大会议（贵族会议）批准国王征税的权力。其中云："除下列三项税金外，如无全国公意许可，将不征收任何免役税与协助金。这三项税金，一是赎取予等身体时的赎金〔指被俘时〕；二是册封予等之长子为骑士时的费用；三是予等之长女出嫁时的费用——但以一次为限。""凡在上述征收范围之外，予等如欲征收协助金与免役税，应用加盖印信之诏书通知各大主教、主教、修道院长、伯爵与男爵，指明时间与地点，以期获得全国公意。"[②] 这里所说的三项税金即协助金（Aids 或 Auxilium），它的征收属于国王古老的权利，受封建法的保护，一般不能更动。后随社会关系的发展，它的范围有了扩大。免役税（Scutage）就其本

---

①　S. Dowell, *A History of Taxation and Taxes in England*, *from the Earliest Times to the Present Day*, Vol. 1, London: Frank Cass & Co. Ltd, 1965, p. 104.

②　J. H. Robinson, *Readings in European History*, Vol. 1, Boston: Ginn & Company, 1904, pp. 235 - 236.

意而言仅指盾牌钱，出于同样的原因，后来的范围也有了扩大。所谓"凡在上述征收范围之外征收的协助金与免役税"即指这一扩大的部分。这两部分税金的扩大部分即主要征自动产的赋税。1215 年之前，这些赋税的征收，从税率、税额，到征收对象、征收次数，多由国王决定，因此怨声载道。1215 年之后，这些权力开始从国王之手向贵族会议转移。1237 年贵族大会议的召开，即确认了纳税人决定国王征税的权力。所以，这种权力的转移必然意味着动产税征收次数的减少和税额的降低，从而引起赋税结构的变化。1215 年之后，国王曾欲反悔，企图否认《大宪章》的有效性。这自然引起臣民的恼怒，于是在 1297 年，诸侯复以"兵谏"迫使国王再次承认了《大宪章》的有效性，[①] 这就是英国史上著名的《大宪章确认令》（Confirmatio Cartarum）的颁行。现存《大宪章确认令》有法语和拉丁语两个版本，条款不等，内容亦有别。两版本的条款除了确认《大宪章》的有效性以外，又在其之外增加了一些新的条款，这些条款主要是关于动产如谷物、羊毛、皮革，以及其他物品的征税问题。法文版云："近曾征收协助金、特别税金（prise）[②]，今确认下不为例。""确认此后非经国民同意，且为了共同利益不征上述税金。"拉丁文本云："非经国内大主教、主教、其他高级教士、伯爵、男爵、骑士、市民和其他自由人同意，不征任意税或协助金。""若非所有者自愿，不对谷物、羊毛、皮革或其他物品征税。""禁止征收'邪恶的税金'（maletote）。"[③] 与《大宪章》相比，确认令的内容有三点值得注意：一是征收范围不仅扩大了，而且更为具体——《大宪章》中仅涉及协助金、免役税，这里除此之外，还涉及了任意税、特别税、"邪恶的税金"等，尤其指出了谷物、羊毛、皮革等特别税金，而这些物品都是征收对象中的大宗；二是征求意见的范围显著扩大——《大宪章》中除宗教人士外，仅涉及伯爵、男爵，确认令则涉及骑士、市民甚至所有的自由

---

① W. Stubbs, *The Constitutional History of England*, Vol. Ⅱ, Oxford: Clarendon Press, 1873, p. 147.

② Prise, 一种依据封建特权征收的税金。初仅对过往船只所载酒类征收，后延及粮食、羊毛、皮货等物品。我们称之为特别税。参见 S. Dowell, *A History of Taxation and Taxes in England, from the Earliest Times to the Present Day*, Vol. 1, London: Frank Cass & Co. Ltd, 1965, p. 17. 下文的 maletote, 意为"邪恶的税金"。国王曾对出口的羊毛征收每袋 40 先令的出口税，人们认为此种征收蛮横无理，故以此名之。参见 E. Lipson, *The Economic History of Enland*, Vol. 1, London: Adam and Charles Black, 1945, p. 610。

③ W. Stubbs, *The Constitutional History of England*, Vol.Ⅱ, Oxford: Clarendon Press, 1873, p. 148.

人；三是协助金、免役税的征收问题——如上所述，《大宪章》中已涉及这一问题，但效果不明显，正因如此，这里将它们与特别税金相提并论，强调它们都具有国税性质，严厉重申，它们的征收不仅必须征得大、中贵族的许可，而且须征得市民和所有自由民的同意。这便不仅表明国王的征税权受到了严重限制，而且意味着动产税征收的次数大打折扣。[①] 显然，这三项内容中任何一项的实施，都必然造成动产税征收额的下降。而综合作用的结果，则将大大改变动产税在赋税结构中的地位。1215 年《大宪章》颁布以后，国王财政收入在相当程度上受到了贵族的控制。1237 年，国王因财政窘迫召开了由大贵族参加的临时会议，提出征税问题。由于国王在大贵族中留下了不诚实的印象，且征税频繁，国王的心腹大臣不得不在会议上提出征敛协助金的方式由贵族大会议决定并由会议选出的委员会掌握税款的建议，以讨好大贵族。但大贵族并不以此为满足。他们谴责国王非因公共事业而致贫穷，因此拒绝了国王的要求。最后，国王不得不在前面提议的基础上，罢免旧臣，吸收新选的三名大贵族代表入会。至此，与会贵族方批准国王征收1/13 动产税。[②] 对我们的论题而言，这次会议的意义在于确定了纳税人决定国王征税的权力，为"补偿原则"的提出创造了条件。而这也就意味着动产税的征收将会有大幅度下降，因为贵族必然尽可能限制国王从自己腰包里掏钱，何况国王也不是没有自己的财路，比如关税。

　　1258 年，为远征西西里，亨利三世又提出征税问题，结果遭到了诸侯的反对。他们趁机以武力相威胁，迫使国王进行政治改革，结果签署了著名的《牛津条例》。条例包括的内容非常广泛，不仅涉及了征税问题，而且规定了议会法规的权威性，而议会法规包含了议会针对征税问题拟定的一切法规，对税制的发展具有重要意义。[③]

　　1297 年《大宪章确认令》颁布之后，动产税税率还缺乏起码的稳定性。例如，1302 年征收的税率为 1/15，1306 年为 1/30、1/20，1307 年为 1/20、

---

　　① Refer to G. L. Harriss, *King, Parliament, and Public Finance in Medieval England to 1369*, Oxford：Clarendon Press, 1975, pp. 67 - 68.

　　② W. Stubbs, *The Constitutional History of England*, Vol.Ⅱ, Oxford：Clarendon Press, 1873, p. 54.

　　③ D. Douglas, *English Historical Documents Ⅲ, 1189 - 1327*, London：Eyre & Spottiswoode, 1998, pp. 361 - 362.

1/15，1309 年为 1/25，1313 年为 1/15。[①] 这种不稳定性不仅是赋税制度不规范不成熟的表现，更重要的是显示了国王在征税问题上的随意性。而一般来说，赋税制度一经确立，其在一定的历史时期是稳定或基本稳定的。直至 1332 年，国会对动产税的税率进行了改革，终于结束了这种波动不定、沉浮不一的局面。这一年，爱德华三世征收任意税，税率原为动产的 1/14 和 1/9。议员们对此意见很大，认为："倘若国王依靠他自己的收入生活，便不会因蛮横的特别税以及类似的东西使他的臣民痛心。"[②] 这里所谓"国王依靠他自己的收入生活"是英国的封建原则，而在议员们看来，国王常常违背这一原则向臣民非法征税，因此对国王当然就不会有求必应。议论的结果是，允准国王向俗人征收 1/10 和 1/15 税，同时明令废止任意税的征收，代之以一种便利的动产税，税率确定为 1/10 和 1/15。因此昂温认为，1332 年在英国赋税史上是值得纪念的年代。[③] 1332 年改革是议会对所获税权的一次总实践，它为英国税制的进一步发展确立了税率、税额、税项等多方面的原则，产生了深远的影响。

在纳税人同国王斗争的过程中，议会对动产税进行了全面而深入的改革。首先是废除了一些不合理的税项，包括构成动产税的一些主要税项，如萨拉丁什一税（salatin tithe）、盾牌钱（scutage）、任意税（tallage）等；其次是固定了税率和税额，规定城市和乡村分开征收，税率为城市 1/10，各郡 1/15。税率固定了，动产税总量也就固定在 38000 至 39000 镑之间。如征收一个 1/10 和 1/15 税不敷使用，议会可另授 1/2 个 1/10 和 1/15 税。如需要量很大，可授权征收两个 1/10 和 1/15 税，必要时还可多征。总之，只能以 1/10 和 1/15 作为税率的基本单位，一般不另立新率。[④]

那么，38000 至 39000 镑较以前的税额降低多少呢？1207 年，英国首次

---

① S. Dowell, *A History of Taxation and Taxes in England*, *from the Earliest Times to the Present Day*, Vol. 1, London: Frank Cass & Co. Ltd, 1965, Note, p. 74.

② G. Uwin, *Finance and Trade under Edward III*, Manchester: Manchester University Press, 1918, p. 35.

③ G. Uwin, *Finance and Trade under Edward III*, Manchester: Manchester University Press, 1918, p. 35.

④ S. Dowell, *A History of Taxation and Taxes in England*, *from the Earliest Times to the Present Day*, Vol. 1, London: Frank Cass & Co. Ltd, 1965, p. 88.

征收动产税，税额为 60000 镑。[①] 1225 年，亨利三世仅征任意税，税额即达 57838 镑以上。[②] 与这些征收额相比，1332 年定额不及和仅及它们的 2/3。我们并不排除有时征收要低于此，但这里所举也仅为一年之内的一次征收或一种税。而在通常情况下，年征税并非只限一种，而是几种并征，这样合计比较，二者的数量不是接近而是更为悬殊了。另外，有两种因素还必须考虑在内。一是 38000 至 39000 镑还只是规定额而不是实征额。在通常情况下，这一定额很难征足，因为国王每次征税总难免根据实际情况给予某些地区、城市或乡村以一定数量或全部的豁免。1389 年，豁免了屡经法国和苏格兰人抢劫而致贫穷的诺森伯兰、坎伯兰和威斯特摩兰的封建主的 1/15 税。1432 年又赐倍遭洪涝劫难的林肯郡玫伯骚迫城两年免征。由于请求豁免者甚众，王室建立了津贴制度，即从应征额中扣除一定量，然后根据所承担的税额在受灾和贫困地区进行分配。1432 年确定津贴税额为 4000 镑，[③] 而 15 世纪中叶增至 6000 镑，从而使 1332 年的规定额实际降到 33000 镑至 32000 镑之间。[④] 另一个因素是，我们所据资料在年代上较 1332 年改革早一个多世纪。一个多世纪之后，物价提高了，国务繁杂了，花费增长了，这些都是正常的发展带来的结果。依据这一发展，动产税的征税额应更大而不是相反。当然 1332 年议会也承诺如定额不敷使用可以追征，而且这种追征事实上也是有的，但对国王来说，正常的征收尚且不易，另外的加征当然更为艰难。

无论如何，以动产税为主体的农业税数额已大大下降了。在这种情况下，政府必然将课税重心转移到其他税项。而依据当时的具体条件，这一税项只能是以关税为主体的商税。这样一升一降，商税的地位便凸显出来。

商税以关税为主体，主要有三项：古关税、新关税和补助金。三项税名各异，但征税物品大体相同，都主要是羊毛、毛皮和皮革。新关税另有呢

---

① G. L. Harriss, *King, Parliament, and Public Finance in Medieval England to 1369*, Oxford: Clarendon Press, 1975, p. 15.

② S. Dowell, *A History of Taxation and Taxes in England, from the Earliest Times to the Present Day*, Vol. 1, London: Frank Cass & Co. Ltd, 1965, p. 65.

③ S. Dowell, *A History of Taxation and Taxes in England, from the Earliest Times to the Present Day*, Vol. 1, London: Frank Cass & Co. Ltd, 1965, pp. 111 – 112.

④ M. M. Postan, *The Cambridge Economic History of Europe*, Vol. 3, Cambridge: Cambridge University Press, 1979, p. 333.

绒、蜂蜡。补助金也有呢绒出口税、桶税（tunnage）、磅税（poundage）
等。土地税、动产税下降的同时，商税各项税率均有较大提高。关税中以羊
毛为例，1275 年古关税，每袋为 6 先令 8 便士，1302 年新关税甚至仅为 3
先令 6 便士。而从百年战争爆发至 15 世纪末叶，本国商人每袋增至 40—50
先令，外商甚至增至 4 镑以上。① 补助金亦有较大增长。1340 年，羊毛税率
为每袋 2 镑，1453 年增为：本国商人 2 镑 3 先令 4 便士，外商 5 镑。皮革，
1340 年每打 2 镑，1453 年增为：本国商人 5 镑，外商 5 镑 6 先令 8 便士。②
而且商税的征收具有鲜明的特点，即三项所税物品虽相同或大致相同，但均
单独征收，互不为代，不相混杂。例如 1421 年王室税收记录包括羊毛小关
税、大关税、其他商品小关税、桶税、磅税、补助金诸项。1431、1432、
1433 各年对羊毛关税、小关税、羊毛补助金、桶税、磅税均有征收。各税
的单独课征，保证了一个较大的商税税量，避免了因诸税混杂而可能导致的
间接税总额的下降。这样，商税在税收结构中的地位逐渐突出。14 世纪末
叶，商税税额已超过动产税。15 世纪，商税曾一度下降，1411 年估计为 3
万镑。③ 而在商税下降的同时，动产税也大体以同样的幅度下降，所以商税
仍居动产税之上。1421 年，商税又复上升，为 40687 镑。④ 亨利六世统治早
年，财政署每年总收入平均为 5.7 万镑，其中关税为 3 万镑以上。⑤ 所余不
到 27000 镑中，扣除商税其他项目的收入，动产税所占比例就显得更小了。
而在 1455 至 1485 年玫瑰战争期间，关税一直是王室收入的主要来源。⑥

　　与英国不同，法国几乎不征土地税，所以很少存在土地税的减少和转化

---

① M. M. Postan, The Cambridge Economic History of Europe, Vol. 2, Cambridge: Cambridge University
Press, 1987, p. 675.

② S. Dowell, A History of Taxation and Taxes in England, *from the Earliest Times to the Present Day*,
Vol. 1, London: Frank Cass & Co. Ltd, 1965, pp. 166, 175.

③ S. Dowell, *A History of Taxation and Taxes in England*, *from the Earliest Times to the Present Day*,
Vol. 1, London: Frank Cass & Co. Ltd, 1965, p. 172.

④ S. Dowell, *A History of Taxation and Taxes in England*, *from the Earliest Times to the Present Day*,
Vol. 1, London: Frank Cass & Co. Ltd, 1965, p. 173.

⑤ M. M. Postan, The Cambridge Economic History of Europe, Vol. 3, Cambridge: Cambridge University
Press, 1979, p. 317.

⑥ S. Dowell, *A History of Taxation and Taxes in England*, *from the Earliest Times to the Present Day*,
Vol. 1, London: Frank Cass & Co. Ltd, 1965, p. 176.

问题。但法国也以动产税为主，以交易税为辅。法国这一时期的动产税包括犹太税、僧侣什一税、人头税、财产税等。这些税项收入多来源于农业，税额亦居税收总量之首。商税的征收尚未形成定制，税量很小，可有可无。总起来看，在第二阶段开始，法国与英国的税收结构基本相似。

进入第二阶段，法国税收结构也出现了由以农业税为主向以商税为主转化的倾向，这种倾向表现为政府设置了许多新的商税税项，从而导致了商税比例的骤然增长和主要来自农业收入的动产税的相应下降。腓力四世即位后，设战争特别税。该税开始为一临时性商税，税率为每出售价值一镑的商品缴纳一便士。至腓力六世统治时期，这种临时税变成一种常税，即上文论及的商品交易税。税率由每镑一便士上升为 4 便士。至查理七世统治时代，进一步上升为 5%。瓦罗亚王朝建立后，政府始设盐税，从而垄断了制盐业与盐的销售。盐税征收量很大，构成了政府岁入的很大部分。除此之外，政府还设置了商品出口税、进口税。这些税项的征收虽无定制，数额也不大，却有助于说明政府税制的发展趋向。于设置上述商税的同时，政府也设置了新的动产税——炉灶税。其实，炉灶税并非新设，在此之前很早便以人头税的形式存在了，只是当时的征收未形成定制。按规定，该税每 5 年征收一次，税率为每炉灶（一般为 5 人）10 苏。[①] 有学者则把商品交易税、炉灶税和盐税并称此时法国的三大税，认为它们不仅构成了 14 世纪法国而且是旧制度下法国政府的财政基础。[②] 而如前文所说，据汤普逊的研究，炉灶税与其他税收的比例一直是 8/25。[③] 从这里，可以大体上看出农业税与商税在政府岁入中的比例。

但自 15 世纪中叶起，炉灶税的征收趋于固定，成为常税，每年一征，税率由政府决定。与此同时，征收额迅速增长，至查理七世统治末年，年征额已达 120 万利弗尔，似有逾超商税之趋势。

在比利牛斯半岛，农业税业已让位于工商业。16 世纪以前，比利牛斯半岛尚未统一。在割据的王国中，保护、开发养羊业一直是国家经济政策的

① 〔美〕詹姆斯·W. 汤普逊：《中世纪晚期欧洲经济社会史》，第 144 页。

② D. Hay, *Europe in the Fourteenth and Fifteenth Centries*, London, Longman Group Limited, 1980, p. 101.

③ 〔美〕詹姆斯·W. 汤普逊：《中世纪晚期欧洲经济社会史》，第 149 页。

主体。因为在历代国王看来，从牲畜身上收取税款要比从国民手中容易得多。他们没有耐心花费时间等待农业带来的收益，而宁愿因袭他们的先辈所采取的聚财方式。1273 年，阿方索五世颁布了特许令，允许牧羊贵族建立自己的统一组织——迈斯达，[①] 并在承认其已有特权的前提下赋予新的特权。此后一直到哈布斯堡王朝的建立，历代国王无不将发展养羊业作为自己的主要事业。而迈斯达也就成了西班牙王室财政收入的主要支柱。这样，在政府政策的鼓励、保护下，养羊业迅速发展起来。15 世纪中叶，西班牙仅游牧羊群已达 2500000 只，1517 年增为 2860000 只，1556 年更达 7000000 只。此外，尚有大量的农家小户圈养的羊。比之于农产品，这些羊，连同牛、马、猪、骡等牲畜以及大量的畜产品，构成了国家的主要课税对象。

　　还可以考察一下各王国的具体情况。在割据的王国中，卡斯提面积最大，约占半岛的 2/3。这里气候干燥，土地瘦瘠，不宜农耕，畜牧业几乎是居民的唯一职业，产品自然主要是羊毛和其他畜产品。卡斯提的贵族都是大土地所有者，但他们的土地都用作牧场，而不是耕地。相应地，土地上的依附民都不是农奴，而是牧民。这样的经济特性决定了国家赋税主要是畜产品和贸易税，而不是农业税。与卡斯提相比，在半岛的第二大国阿拉冈，除了有发达的畜牧业外，商业也特别发达。这里濒临地中海，具有良好的造船、航海、运输、经商等条件，所以汤普逊说，至 13 世纪，它基本上已成为海洋商业国了。[②] 由于这里不宜农耕，居民多以牧羊和经商为业，粮食产量很低。瓦连西亚只能自给小麦需求量的 1/3；而加泰罗尼亚所需谷物则几乎完全依靠自巴利阿利群岛与西西里进口。阿拉冈的经济特性同样决定了国家赋税主要不是来自农业，而是来自工商业。在阿拉伯统治下的南方富庶地区，情况与阿拉冈类同，畜牧业和商业都很发达。赋税征收主要采取人头税的形式。而就人头税税源而言，仍主要来自工商业收入。在列康吉斯达运动之后，这里的农业受到了严重的冲击，大片土地转化为牧场。而在继续经营种植业的地区，土地也受到了羊群的蹂躏。农业衰落了，赋税征收便更加倚重工商业。这样，就整个比利牛斯半岛而言，财政收入中的工商业部分显然占据主导地位。

---

　　① M. M. Postan, *The Cambridge Economic History of Europe*, Vol. 2, Cambridge：Cambridge University Press, 1987, p. 439.

　　② 〔美〕汤普逊：《中世纪经济社会史》下册，耿淡如译，第 159 页。

第三节 结构的差异

第三阶段，中国包括明清两朝，西方则为 16、17 两个世纪。这个阶段正处在中西中古社会转型的时代。在这一阶段，王权空前强大，税制业已完备，而赋税结构继续沿第二阶段的路径向前发展，致使中西双方差异更大。

进入第三阶段，中国仍沿唐宋以来的趋势发展。一条鞭法的推行，不仅扩大了土地税额，而且扩大了农业税额。土地税的提高仅仅使正税有了依靠农业的直观性，重要的是农业税额的增加。丁税部分摊入田亩意味着原丁税中由商人负担因而来自商业的部分转由农民负担从而转变为农业税。古人所谓一条鞭法厚末病农正是指的商税的降低和农税的提高。

一条鞭法推广之后，商税的大宗如盐、酒、茶、矿及其他商税依然征收如常，而且就商税总额而言，随着抑商政策的变本加厉肯定有所增加。但是即使不说明初商税税率仅为 1/30，以明后期 1/10 税率计算，商税税率仍然低于唐宋。特别是南宋，与之相比，明代的税率低多了。

清代除因实施摊丁入亩而将明代贯彻一条鞭法余未摊入田亩的部分丁税全部摊入田亩征收，因而使政府财政更具倚重农业税的直观性外，税收结构基本维持了明朝的格局，无须赘论。

都铎王朝建立后，英国赋税征收发生了一些变化。1514 年，政府设置了一种新税，称补助金。这种补助金与前述商税中的补助金名同而实异，我们称之为新补助金。后者征收的对象是商人，而且是进出口商人；征收的物品仅限于商品，所以属于商税范围。新补助金则不同，征收对象为包括商人在内的全体国民，乃是在 1/10 和 1/15 税之外对城市和乡村征收的一种综合性财产税。所征物品非常广泛，包括农产品、商品、生活生产设施、牲畜、日用品、租金、年金、薪俸等，不一而足。一次征收所得为 8 万镑左右，[①]不仅是 1/10 和 1/15 税的两倍强，而且超过了同时期商税的征收量。由于该税征收量大，须弄清其主要来源，以便说明赋税结构的性质。

---

① S. Dowell, *A History of Taxation and Taxes in England, from the Earliest Times to the Present Day*, Vol. 1, London: Frank Cass & Co. Ltd, 1965, pp. 154 – 155.

同 1/10 和 1/15 税的征收一样，新补助金的征收也分为城市与乡村两部分。城市所纳，基本为工商业所出，而且由于 15、16 世纪工商业特别是呢绒业的飞速发展，所纳份额很大。在乡镇，征收的物品主要为牲畜、毛皮以及其他手工业品，来自农产品的份额有限。与中国不同，英国素有养羊的传统。当 13 世纪养羊业尚未发展之时，包括维兰在内的一般农户，拥有十数只或数十只羊的羊群已经习见。14 世纪中叶，英国至少有羊 800 万只。而至 16 世纪初，存栏量更达 1600 万只。作为纳税物品，羊除了本身纳税外，所产羊毛、毛皮等也纳税。养羊业的发展使大量耕地转化为牧场。15 世纪中叶至 17 世纪初期，英国 24 个郡所圈土地已达土地总面积的近 3%，而这还不是一个完全的统计数字。这样，上述 80000 镑中的农业所出应将征自这部分土地的税额扣除，因为耕地在转化为牧场后，便不再具有农业性质而属于工商业范畴了。而且，这里还仅仅列举了养羊业，事实上，英国包括养马、养牛、养猪等在内的整个畜牧业都很发达，在国民经济结构中居于重要地位。这一因素对赋税结构产生了深刻的影响。就纳税人而言，我们无须列举那些以养羊为业的乡绅大户，即以上文言及的一般农户而论，他们的牛羊存栏数量不大，但却是最值钱的家产。这些家产连同其他手工业品一起，构成了个体小农所纳赋税的基本部分。而由于小农人数广大，畜群、畜产品和其他手工业产品便构成了乡村所纳新补助金的主要来源。正是基于以上原因，格鲁塞斯特郡一次所征 11629 镑 16 先令 8 便士的补助金中，动产所征为 8251 镑 10 先令，农业所出仅为 3378 镑 6 先令 8 便士。[①]

1/10 和 1/15 税的征收仍循 1332 年确定的原则，这时通常为 3 万镑左右。[②] 该税的来源与新补助金基本相同，1/10 税征自城市，基本为工商业所出。1/15 税虽征农村，但主要来自畜群和畜产品。

关税征收量较兰加斯特、约克王朝有较大提高。都铎诸王无一例外地获

---

① S. Dowell, *A History of Taxation and Taxes in England*, *from the Earliest Times to the Present Day*, Vol. 1, London: Frank Cass & Co. Ltd, 1965, pp. 156 – 157.

② S. Dowell, *A History of Taxation and Taxes in England*, *from the Earliest Times to the Present Day*, Vol. 1, London: Frank Cass & Co. Ltd, 1965, pp. 151, 155.

得了议会所授终身享有关税的权力,[1] 这首先保证了至少不低于兰加斯特、约克王朝的征收量。其次,随着对外贸易的发展,都铎时代又有新的关税征收。例如,1490 年亨利七世接受了议会授予的一种特别关税,向克里特商人征收马尔姆塞(Malmsey)葡萄酒入口税,税率为每桶18 先令。这种特别税属桶税范围。桶税税率原不及一镑,现增为一镑 16 先令。有学者认为,这项特别税的征收,在英国财政史上填补了一项空白。[2] 玛丽女王统治时期,又对窄幅呢绒征收新税,并提高了甜葡萄酒税率。[3] 至伊丽莎白统治末年,关税已达 5 万镑。[4] 关税的发展如果说在都铎王朝时期还仅仅是鹅行鸭步的渐进,甚至偶有南辕北辙的逆转,那么在斯图亚特王朝建立后,便出现了扶摇直上的景象。这可从表 8 - 1 得到证明。

表 8 - 1　斯图亚特王朝建立后关税的增长

年份	税额	年份	税额
1590	50000	1619	284000
1590	50000	1623	323000
1604	127000	1635	350000
1613	148000		

资料来源: S. Dowell, *A History of Taxation and Taxes in England*, *from the Earliest Times to the Present Day*, Vol. 1, London: Frank Cass & Co. Ltd, 1965, p. 195。

以上分析表明,如果说在都铎王朝,关税所征,连同新补助金与 1/10 税和 1/15 税的工商业部分,构成了英国财政收入的主体。那么,在斯图亚特王朝,仅关税一项即构成了财政收入的主要部分。

关于路易十一统治以来法国政府财政的收支情况,遗存的具体资料比较

---

[1] S. Dowell, *A History of Taxation and Taxes in England*, *from the Earliest Times to the Present Day*, Vol. 1, London: Frank Cass & Co. Ltd, 1965, p. 177.

[2] S. Dowell, *A History of Taxation and Taxes in England*, *from the Earliest Times to the Present Day*, Vol. 1, London: Frank Cass & Co. Ltd, 1965, p. 178.

[3] S. Dowell, *A History of Taxation and Taxes in England*, *from the Earliest Times to the Present Day*, Vol. 1, London: Frank Cass & Co. Ltd, 1965, p. 179.

[4] S. Dowell, *A History of Taxation and Taxes in England*, *from the Earliest Times to the Present Day*, Vol. 1, London: Frank Cass & Co. Ltd, 1965, p. 181.

少见，这方面，就连史学泰斗布罗代尔也感到束手无策。[①] 但有一点可以肯定，炉灶税作为国家财政的三大支柱之一，其征收量的增长不仅已经赶上、超过盐税、交易税的水准，从而打破了一度三税鼎立的均衡局面，而且迅速地、远远地将此二税抛在了后面。1481 年、1483 年炉灶税征收额为 460 万利弗尔和 390 万利弗尔，而复兴时期增长到了 1100 万利弗尔，增长了近三倍。同时期的盐税与交易税虽也有增长，但增长速度与比例皆低于炉灶税。这样，我们可否认为法国政府财政主要依靠农业呢？不可。因为炉灶税相当大的份额来自工商业者、城市居民和国家官吏。而且政府财政总收入中除了炉灶税、盐税、交易税，还有关税、包税的份额。关税为商品税自不待言，包税人所交的份额也基本来自工商业。因为炉灶税作为一种以农业收入为主体的赋税，是由国家官吏负责征收的，而包税人则主要负责国家授予他的某项商品如烟草、酒类的税收，某种商税如进口、出口税的征收。

这里有一份账单，由科尔伯特任财政总监时所制。该账单列出了不同税项的征收数额。

由表 8 - 2 可见，炉灶税征收量最大，分别是交易税的 7 倍和盐税的近 3 倍。但如果考虑到此额包括工商业者、城市居民和国家官吏的份额，或者说将他们所纳从 5700 万利弗尔中扣除，则炉灶税与交易税、盐税的差距便不会这样显著。如表 8 - 2 所列，在将工商税分类的情况下，农业税在其中位居第一并不意味着其已为税收的主体。将工商税各项以及炉灶税中工商业者缴纳的份额合计，则可以肯定，工商税仍然占据财政收入的大半。更何况政府一直希望将工商税或间接税作为国家倚重的对象，因而财政收入常常出现倚重工商的倾向。

表 8 - 2　科尔伯任财政总监时赋税征收

单位：利弗尔

税项	应征数额	税项	应征数额
炉灶税	57000000	盐税	20000000
交易税	8000000	承包税	37000000

资料来源：C. Webber and A. Wildavsky, *A History of Taxation and Expenditure in the Western World*, New York: Simon and Schuster, 1986, p. 278。

---

① 〔法〕费尔南·布罗代尔：《15 到 18 世纪的物质文明、经济和资本主义》第二卷，顾良、施康强译，生活·读书·新知三联书店 1993 年版，第 583 页。

在同时期的西班牙，养羊业的发展进一步导致了农业的衰落。迈斯达的专横跋扈与政府对他们的支持纵容严重挫伤了农民的生产积极性；牧羊主的羊群随季节变化的漫游则直接践踏了土地，破坏了庄稼。这一切，都导致了农业收入的下降，使农业税在财政收入中的份额锐减。而与此同时，美洲的金银开始源源不断地流入国内市场，这在相对意义上更加剧了农业收入的下跌，而征自农业的赋税对于现在政府的收入也就几乎是可有可无了。

这样，从总体上看，西欧第三阶段的赋税收入与中国相比表现出了更大的差异。

综上所论，在中古社会的第一阶段，中西赋税都以农业税为主体。进入第二阶段，中国沿第一阶段的路径向前发展，赋税结构仍以农业税占据主导。即使在南宋，商品经济的迅速发展带来了工商税收的巨大增长，赋税结构的基本格局仍难说发生实质性变化。西欧则背离了第一阶段的走向，转而以工商税作为政府财政的基础。进入第三阶段，中国赋税结构的演变再一次证明了农业税无可争议的中心地位。这一阶段发生的几次重大的赋税改革，如明一条鞭法、清摊丁入亩，无不证明政府一直将农业税置于赋税制度的中心。而每一次改革无一不是加强了农业税的地位，大大提高了农业税在财政收入中的比例。西欧如英国、西班牙仍以工商税居于主导是毫无疑义的。便是法国，炉灶税虽然在赋税诸项收入中一度位居第一，但认真剖析这些税项的来源，仍然清晰可见农业税居工商税之次。由此综览中西中古税制，便必然获得以下总体性认识：中国中古税制乃是一种农本型税制，而西方，则是一种工商型税制。中西中古社会赋税结构演变的基本差异由此可见一斑。

第 九 章
特色税项与税法

　　比较研究不仅指对比较对象的共有现象的研究，而且指对某一或某些比较对象的特有现象的研究。这种对某一或某些比较对象的特有现象的研究正是布洛赫比较史学三大功用中的一种，也即小威廉·西威尔所认定的布洛赫所使用的假说验证逻辑的三种用途中的一种。[①] 从某种意义上说，这种研究更能体现比较研究的独特的方法论价值，更能反映比较对象的本质差异。

　　西欧中古税制有一些现象独具特点，这些现象正是布洛赫比较史学所指的某一或某些比较对象的特有现象，对这种现象进行探讨无疑可以深化中西中古税制的比较研究，推进对税制特征的基本认识。基于这一考虑，本章选取西欧中古税制中的两个个案——税项中的协助金和税法中的税收习惯进行讨论。在英法以及其他西欧国家的税制中，两者有相似或相近的表现，具有代表性意义，能体现西欧中古税制的特点。而比较看来，英国的案例最为鲜明和典型，材料也最为集中，所以主要以英国的案例展开论述。

第一节　协助金问题

一　问题的提出

　　如果将中西中古社会的赋税项目进行排比，我们便很容易发现，西方中

---

① 〔美〕小威廉·西威尔撰《马克·布洛赫与历史比较的逻辑》，朱彩霞译，范达人校，见葛懋春、姜义华主编，项观奇编《历史比较研究法》，第147页。

古税制中协助金的征收占据重要地位，中国中古社会则不存在这类税项。因此，协助金的有无构成了中西中古社会赋税项目的突出差异。在西方，协助金初为封臣向国王缴纳的具有个人或封建性质的税项，因此称封建税。后来，随着封建制度的衰退，协助金也发生了相应变化而渐具国税性质。以封建税进行比对，中国中古社会自然阙如；转化为国税后，与相关税项相比仍存在显著差异。

在中国中古社会，人身依附关系主要表现为底层农民与地主之间的关系。而当底层农民转化为佃农之后，这种依附关系也随之淡化或消失。因此，中国中古社会的人身依附关系呈现为有限的特点。西方则不同，人身依附关系不仅表现为农奴对封建主的依附，更表现为各级封建主依次对上级封建主的依附，随着封建等级的提升，这种依附最终表现为对国王的依附，呈现为普遍性特点。两种依附关系当然存在差异，例如，有学者将封建主之间的关系又表述为保护与被保护的关系，但在基本的方面应该是一致的。在这里，依附关系与国家层面的君臣关系分属两个系统，在本质上表现为一种私人关系。而且在中古初期，后者式微，几乎为前者所覆盖，因此与中国中古依附关系大异其趣。这种依附关系在经济上的重要表现，便是协助金的征纳。于是，在中西中古社会赋税制度的比较视野里，协助金便成为西方中古社会的突出特点。也正因如此，对协助金问题展开研究，也就成为认识中西中古税制差异的关键之一。中国中古社会不存在这样的依附关系，赋税体系中也不存在这样的税项，因此对协助金的探讨不仅有助于认识西方中古税制以及中古社会，也有助于认识中国中古税制及中古社会。而当本书从学术史梳理入手依次论及协助金概念、在税收体系中的定位、制税方式、封臣与封君在其中享有的权利以及作为税项本身的属性等问题后，我们便可以大胆地认为，读者不仅对西方中古税制以及中古社会有一个进一步的认识，对中国中古社会及其税制也相应获得进一步的认识。这正是历史比较研究的意蕴。

研读相关著述感到，协助金如同封建关系网络中的杂陈之物，错综缠绕，虽时有现身，却又为历史的迷雾所笼罩，以致难以认清它的面目。那么，协助金概念应该如何界定？它与其他税项结成了怎样的关系？如何定制和支用？怎样征收才合法？如何判定它的性质？这里拟就这些问题进行研究。

二　学术史

由于协助金征收涉及国家和社会的众多领域，有关英国中世纪多个学科的著述或多或少与之都有关联。这里拟就中一些名著的研究作一述评，以获得一个概要的学术史梳理。

12 世纪的英国财政史文件《财政署对话》较早涉及了城市协助金征收或缴纳问题，[①] 但语焉不详。12 世纪末，英国法学家格兰维尔的法律论文对协助金做了说明，认为协助金应该包括封臣帮助封君向上一级领主支付的适度的救济金，封君长女出嫁、长子立为骑士时向封君缴纳的协助金[②]等。此后，协助金便纳入了官方文件系统而开始了它漫长的演变历程。1215 年，《大宪章》对协助金的征收范围做了规定，相对于格兰维尔的说明，主要是对第一项做了限制，其他两项则没有不同。上述资料的原始性质，使它们得到了后世学术界的广泛征引。随着王权和封建主之间斗争的加剧和起伏，又不断有《大宪章》新版本的颁布和 1215 年版本的确认，前者如 1216 年、1217 年、1219 年、1225 年诸版本，也都称《大宪章》（Magna carta）。[③] 后者如 1297 年《大宪章确认令》。[④] 这些新版本和原始版本的确认大多涉及协助金的规定。有的版本的条文中虽未出现协助金一词，但制定颁行过程无疑也涉及了这一问题，1216 年版本就是如此。总之，只要修订《大宪章》，就必须涉及 1215 年原始版本，涉及协助金问题，这需要我们了解版本文字之外的历史。西方学者大多注意到了 1216 年版本关于协助金的阙如问题，其实就是想了解这种外在的、背景式的历史。还有一些封建法律文件虽未称《大宪章》，却也保留或修改了关于协助金的规定，如

---

① "The Dialogue of the Exchequer" (Dialogus de Scaccario) (1177－9), see D. C. Douglas and G. W. Greenway, *English Historical Documents II* (*1042－1189*), London: Oxford University Press, 1998, pp. 595－596.

② Glanville, *A Treatise on the Laws and Customs of the Kingdom of England*, London, 1812, pp. 234－236; also see F. Pollock and F. W. Maitland, *The History of English Law*, Vol. 1, Cambridge: Cambridge University Press, 1923, p. 349.

③ See H. Rothwell, *English Historical Documents III*, London: Eyre & Spottiswoode, 1998.

④ "The Confirmation of the Charters, 1297", see H. Rothwell, *English Historical Documents III*, London: Eyre & Spottiswoode, 1998, p. 595.

1275 年《威斯敏斯特条例 I》，不仅对协助金的数额做了强制性限制，如规定一个骑士领缴纳的数额为 20 先令或稍多，而且对长子立为骑士和长女出嫁的年龄范围做了统一，前者不得小于 15 岁，后者不得小于 7 岁。[①]英国近代早期的官方文件或法律文书，也经常出现协助金一词，如 1628年的《权利请愿书》即提出了协助金的征收问题，规定国王必须征得议会同意方可征收。[②] 这样，在政府文件或法律文书中，关于协助金的说明和规定便形成了一条清晰的线索，由此可见它在国王和国家财政中的重要地位。

18、19 世纪，协助金问题开始进入学术界的视野，但可能因为还没有正确认识它在税收体系中的地位，研究成果很少。坎宁安的《我们的国债史》于 18 世纪六七十年出版。该书曾多次重印，现存有多个版本，但这些版本研究的下限不尽一致，可能是因为研究的进度不同所致，有的版本到 1761 年，有的则到 1773 年。比较这些版本可见，研究下限虽不相同，但关于征服者威廉以来中世纪的内容并无不同。该书第四部分题为《我们的关税、协助金、补助金、国债、税收史——从征服者威廉到 1773 年》，主要研究了近代的税收国债史，虽题目标是"从征服者威廉"开始，但涉及中世纪的内容极少，且笼统，这也许是相关课题最初时的状态。这一部分列举了一些税项和税率，也提到了协助金，但只提到传统三项中的两项，即长子立为骑士和长女出嫁，其他信息皆未涉及。[③] 19 世纪后期，仍未见专著问世，即使是对它有涉及也十分有限。斯塔布斯的《英国宪政史》第一卷仅涉及亨利一世统治时期城市协助金的征收，[④] 叙述了伦敦等城市以及维尔特等郡缴纳的份额。关于协助金的某些种类只是在注释中做了简单列

---

① "Statute of Westminster I" (3 Edw, I), 1275, see H. Rothwell, *English Historical Documents* III, London: Eyre & Spottiswoode, 1998, p. 406.

② "Petition of Right" (1628), see C. Stephenson and F. G. Marcham, *Sources of English Constitutional History: A Selection of Documents from A. D. 600 to the Present*, Publishers New York, Evanston, and London: Cornell University Harper & Row, 1937, pp. 450 – 452.

③ Timothy Cunningham, *The History of Our Customs, Aids, Subsidies, National Debts, and Taxes: from William the Conqueror, to the Present Year*, M, DCC, LXXIII, London, M, DCC, LXI; M, DCC, LXXIII.

④ W. Stubbs, *The Constitutional History of England in Its Origin and Development*, Vol. 1, Sixth Edition, Oxford: Clarendon Press, p. 412.

举，而引用《大宪章》的规定也只是为了论证《大宪章》本身的宪政意义，而不在于研究协助金本身。①《英国宪政史》的第二卷、第三卷虽较多利用赋税史资料，但对协助金的涉及仍然有限。斯塔布斯研究的重点在于英国宪政的起源和演变，这注定了它对协助金涉及的有限。道沃尔的《英国赋税史》则是税制史专著，它的第一卷概述内战以前的英国税收，但对于协助金，也如蜻蜓点水，仅就传统三项的内容做简单列举。② 梅特兰与波洛克所著的《英国法律史》，谈到了协助金的起源和演变问题，认为协助金的早期征收与其说体现一种权力，不如说是体现封臣的善意。作者以布拉克顿的有关叙述作为论据证明这只是古代的理论，后来发生了变化，所谓封臣的"善意"也就演变为法律对封臣的强制。③ 梅特兰的叙述虽没有展开，整个篇幅甚至不足半页，但与前几位作者相比，已算翔实了。20 世纪前期的相关著作与 19 世纪相比变化不大，整个研究依然十分薄弱。1908 年，梅特兰出版了他的《英国宪法史》，其中，追溯了协助金在官方文件中的变化沉浮：起初，封建法规定封君在需要时可以向封臣征收协助金，但缴纳额度是随意的；后来，《大宪章》改变了这种规定，限制了封君的要求；1216 年《大宪章》，避而不谈协助金问题；1275 年法令，又对协助金的征收数额做了规定；而 1297 年，由于国王与其他封建主的关系恶化，为了扭转被动局面，不得不在《大宪章确认令》中重申 1215 年关于协助金征收的精神。④ 这种研究，基本上重复了《英国法律史》的叙述，篇幅短小，内容单薄，基本观点也没有变化。普勒的《12 世纪的财政署》，曾在 1911—1912 年度入选牛津大学福德系列课程讲座，因此影响很大，但关于协助金也仅出现"aids"这个词，既无介绍，也无分析。⑤ 拉姆塞的《英国国王的

① W. Stubbs, *The Constitutional History of England in Its Origin and Development*, Vol. 1, Sixth Edition, Oxford: Clarendon Press, pp. 573 – 574.

② S. Dowell, *A History of Taxation and Taxes in England*, *from the Earliest Times to the Present Day*, Vol. 1, London: Frank Cass & Co Ltd, 1965, p. 21.

③ F. Pollock and F. W. Maitland, *The History of English Law*, Vol. 1, Cambridge: Cambridge University, 1923, pp. 350 – 351.

④ F. W. Maitland, *The Constitutional History of England*, Cambridge: Cambridge University, 1946, p. 27.

⑤ R. L. Poole, *The Exchequer Twelfth Century*, Oxford: Clarendon Press, 1912, pp. 128, 171.

收入》，从 1066 年写到 1399 年，包括自威廉一世到理查二世 12 位国王 333 年的财政史，上、下两卷凡 800 余页，篇幅宏大，资料翔实。该书虽曾辨析 auxilium、dona 等拉丁语专用词，也述及了几位国王对协助金的征收，[①] 但对于协助金专题研究的深入，亦无增进。比较而言，耶鲁大学米彻尔教授的两部著作《约翰和亨利三世时期的税制研究》[②] 和《中世纪英国税制》[③]则较多涉及了协助金问题。两书都以当时尚未发表的原始资料为基础，史料价值较高。正如书名所示，前者主要研究约翰和亨利三世统治时期的赋税，几乎包括了任意税、盾牌钱、土地税、动产税、人头税等在内的所有税项。后者主要研究亨利二世到亨利三世时期四王统治下的税收组织，包括中央机构、地方组织、财产估值、制税方式等内容，特别是集中考证、研究了任意税问题。而协助金作为这一时期的一个重要税项，由于与其他税项有错综复杂的关系，自然穿插其间。20 世纪后期，《大宪章》研究渐成显学。霍尔特的《大宪章》[④] 讨论了《大宪章》的条文和内容、《大宪章》产生时的政府和社会、1215 年取得的成就以及《大宪章》对后世的影响等。出于研究的需要，该书也涉及了协助金问题，但很有限。在赋税财政史领域，学术界的研究兴趣逐渐转向理论。这方面，哈里斯的《1369年以前的英国国王、议会和公共财政》[⑤] 一书影响较大。该书主要围绕1294—1297 年和 1337—1343 年两次征税危机展开讨论，描述英国中世纪封建财政向国家或公共财政的过渡，研究主要集中在理论分析上，也很少涉及协助金问题。1986 年，C. 韦伯与 A. 维尔达夫斯基合著的《西方收支史》出版，此为欧洲财税通史著作，中世纪部分讨论了私人政府、议会、国王收入，以及财政管理中的预算、审计等问题。作者以国王和人民的贫富为标准设计分析框架，提出了一些新的概念，其中也涉及协

---

① J. H. Ramsay, *A History of the Revenues of the Kings of England 1066 – 1399*, 2 Volumes, Oxford: Clarendon Press, 1925.

② S. K. Mitchell, *Studies in Taxation under John and Henry III*, New Haven: Yale University Press, 1914.

③ S. K. Mitchell, *Taxation in Medieval England*, New Haven: Yale University Press, 1971.

④ J. C. Holt, *Magna Carta*, Cambridge: Cambridge University Press, 1992.

⑤ G. L. Harriss, *King, Parliament and Public Finance in Medieval England to 1369*, Oxford: Clarendon Press, 1975.

助金问题，认为，协助金除了传统三项外，领主在其他场合也可以任意指定征收。协助金征收的习惯性可能为领主向臣民征收非正常税收提供了合法性，[①] 但寥寥数语，仅点到为止。总之，这一时期欧美学术界关于英国中世纪的赋税研究主要将重点放在税收总体、税收制度、商业税、关税等方面，对协助金个案涉及不多。

20 世纪 80 年代以来，便很少有关于英国中古赋税史的研究性新著出版了。而所谓新书，主要包括两类，一类为 19 世纪末 20 世纪初的旧著重版，如上述道沃尔、米彻尔等人的著作；另一类则为资料汇编，如关于补助金（subsidy）和人头税的资料整理。关于协助金的专题论文，检索可知，迄今似只有一篇，作者为上文提及的哈里斯，题为《协助金，借贷和善行》[②]，但主要涉及 15 世纪的协助金和借贷问题。

欧美史学家虽有得天独厚的条件，即可以利用档案资料进行研究，因而一般不存在资料匮乏问题，但研究状况并不尽如人意。成果鲜少，既无专著出版，也未见专题论文发表，相关考释、分析比较薄弱，对协助金交织其中的错综复杂的赋税关系缺乏必要的梳理，因而显得纷乱模糊，甚至还缺乏相关概念的必要的界定。

在国内学术界，这方面研究更为薄弱。马克垚先生的《西欧封建经济形态研究》《英国封建社会研究》，施诚教授的《中世纪英国财政史》等书以及笔者撰写的相关论文，都曾涉及协助金问题，但也都点到为止，并未展开讨论。

三　概念

Aid 或 Aids 一词源自拉丁字 Auxilium 或 Auxilia，为"帮助"之意，引申为"资助"，通常译为协助金，是西欧中世纪税收系统中一项十分重要的赋税的名称，也是一种错综复杂的经济或财政现象。关于它的字面含义，欧

---

① C. Webber and A. Wildavsky, *A History of Taxation and Expenditure in the Western World*, New York: Simon and Schuster, 1986, pp. 176 – 177.

② G. L. Harriss, "Aids, Loans and Benevolences", Cambridge University Press, *The Historical Journal*, Vol. 6, No. 1（1963）, pp. 1 – 19.

美学者多有论及，基本看法大体一致，只是在细微之处存在分歧。①

国内著述在涉及这一概念时，通常定性为封建税，包括三项或四项。三项指封君被俘赎身、长女出嫁、长子立为骑士时封臣向封君缴纳的 3 种税费。后者除前三项外，还有封臣向封君服军役一项，一年 40 天。盾牌钱即由此折算而来。本文所论协助金，涉及封建概念的界定问题。而目前学术界关于这一概念有广义和狭义之分，广义的封建，是指封建社会的封建，狭义的封建则指封君与封臣之间因分封土地宣誓效忠而结成的个人关系。本文所指为后者。

西方学者对协助金概念虽缺乏明晰界定，但大体说来，他们首先指《大宪章》中规定的三项，我们称之为传统三项。同时，它又可以是捐赠、礼品（donum 或 dona）、收益税、动产税、丹麦金、卡路卡其，也可以指严格意义的盾牌钱。莱昂根据"财政署卷档"考证认为，市镇缴纳的协助金称"auxilium（aid）"，教会缴纳的协助金称"dona（gift）"。后来，前者习惯上称 tallage（任意税），但不同于领主向农民征收的"tallage"。② 斯塔布斯依据亨利三世时期的财政署卷档记录，列举了与传统三项不同的项目。这些项目有温什科姆和伦敦的城市协助金（auxilium burgi or eivitatis, auxilia burgorum），维尔特郡和博克斯郡的乡镇协助金（auxilium comitatux），萨里郡、埃塞克斯郡和德文郡的军事协助金（auxilium militum）以及郡守为他的义务而缴纳的代役金，称"auxilium vicecomitis"。③ 波洛克和梅特兰则涉及了协助金的起源问题，认为，格兰维尔只提到了传统三项中的前两项，他们认为，封君进行战争不能强迫封臣参加，言外之意是如果封君在战争中被

① See W. Stubbs, *The Constitutional History of England in Its Origin and Development*, Vol. 1, Sixth Edition, Oxford: Clarendon Press, p. 412; F. Pollock and F. W. Maitland, *The History of English Law*, Vol. 1, Cambridge: Cambridge University Press, 1923, pp. 267, 349 – 351; S. K. Mitchell, *Studies in Taxation under John and Henry Ⅲ*, New Haven: Yale University Press, 1914, p. 359; J. H. Ramsay, *A History of the Revenues of the Kings of England 1066 – 1399*, Vol. 1, Oxford: The Clarendon Press, 1925, pp. 41, 51, 58; G. L. Harriss, *King, Parliament and Public Finance in Medieval England to 1369*, Oxford: Clarendon Press, 1975, pp. 18 – 19; J. C. Holt, *Magna Carta*, Cambridge: Cambridge University Press, 1992, p. 318.

② B. Lyon, *A Constitutional and Legal History of Medieval England*, New York: W. W. Norton & Company, 1980, p. 162.

③ W. Stubbs, *The Constitutional History of England in Its Origin and Development*, Vol. 1, Sixth Edition, Oxford: Clarendon Press, p. 412.

俘，封臣可以根据自己的意愿不予赎取封君人身，因此也就不能形成协助金的第三项。他们认为，只是从格兰维尔时代的诺曼底，才听说协助金的传统三项。① 在那里，为军事远征而征收的协助金称"auxlium excercitus"，其含义大体等同于盾牌钱。但英国的协助金与法国不同，随着时间的推移，"auxlium excercitus"与盾牌钱产生了不同含义。② 波洛克和梅特兰还列举了各类封建主对协助金的征收。约翰统治时期，他们曾基于不同原因征收不同种类的协助金：圣斯韦森（S. Swithin）修道院长为支付他的债务而向自由持地人、承租人和维兰征收协助金。温彻斯特主教为维护国王荣耀和教堂尊严、彼得自治镇（Peterborough）修道院长为向国王支付罚金、塞利斯伯里伯爵为购置土地等都曾征收协助金。亨利三世统治时期，巴斯主教为维持他的骑士以履行封建义务曾征收协助金。1217 年威尔士战争结束后，已经履行了义务的封臣获准向辖区内自由人征收合理的协助金。③ 米彻尔依据财政署卷档曾举出为远征诺曼底而征收协助金，称"auxlium excercitus"；为远征爱尔兰而征收任意税，称"auxilium villarum"；而马姆斯伯里（malmesbury）修道院长为他的骑士所付罚款也叫协助金，称"auxlium"。1204 年盾牌钱则被称为"auxliua militaria"。④ 而盾牌钱又同样可以指一种传统或较早的协助金。十字军东征过程中，耶路撒冷陷落，英王亨利二世和法王腓力二世与耶路撒冷大主教协商营救方案，方有萨拉丁什一税之征。关于这次征税，维基百科和米彻尔都称协助金，⑤ 认为是以什一税的形式征收的协助金。而十字军东征绵延 200 余年，萨拉丁什一税之外，法英两国曾多次征税，其中很多什一税，都称为协助金。⑥

① F. Pollock and F. W. Maitland, *The History of English Law*, Vol. 1, Cambridge：Cambridge University, 1923, pp. 349 – 350.

② F. Pollock and F. W. Maitland, *The History of English Law*, Vol. 1, Cambridge：Cambridge University, 1923, p. 267.

③ F. Pollock and F. W. Maitland, *The History of English Law*, Vol. 1, Cambridge：Cambridge University, 1923, p. 350.

④ S. K. Mitchell, *Studies in Taxation under John and Henry III*, New Haven：Yale University Press, 1914, p. 359.

⑤ Saladin Tithe, See Wikipedia, "the free encyclopedia"; S. K. Mitchell, *Taxation in Medieval England*, New Haven：Yale University Press, 1971, p. 169.

⑥ S. K. Mitchell, *Taxation in Medieval England*, New Haven：Yale University Press, 1971, pp. 114 – 116, 168 – 169.

通过上面的引证并参以其他资料可见，协助金的征收十分复杂，征者之众，名目之多，额度之大为封建税所罕见。概括协助金的种类，可获得以下认识。

传统协助金（三项）的征收通常遵循习惯，但征收机会较少，因为封君长子长女只能各有一个甚至可能缺少其中之一，即使征收量大，也只有一两次。而封君被俘赎身，特别是作为国王的封君，则次数更少，发生的概率更为有限。这种协助金在某种意义上也可称为自愿性协助金，而后者还包括其他类型，它的捐纳属个人行为，无须讨论授权，主要盛行于13世纪中期之前，其后，渐趋消失。

据我们考察，传统三项以及包括其在内的自愿性捐纳仅占协助金的很少部分，绝大部分属于其他类型如军事协助金，这些类型也都遵循习惯征纳。关于军事协助金的征纳信息，史料集和编年史中多有反映，不仅征收频繁，额度也比较大。但须知，这种习惯是双向的，封君的征收权利固然受习惯保护，但缴纳是封臣个人的事情，封君通常征求他们的意见，取得他们同意，这也必须遵循习惯。

此外，协助金还包括一些非习惯性征收或突破习惯征收的项目，主要有两类：一类为违反习惯的征收，如1197年引发"牛津会议国外服役之争"的协助金征收，因缴纳者认为服役地点不合习惯而拒绝缴纳。这类征收因意味着在法定额度之外加征或多征，常常引发争论，除了1197年，在1213、1214、1297等年份也都有发生；另一类为应对突发事件而进行的特别征收，通常与宗教事务或国际事务相关，如十字军东征期间的萨拉丁什一税。十字军东征绵延200余年之久，征收协助金难计其数，征收的性质不仅超出了封建范围，也超出了国家范围，是以国家为基本单位进行征收，这在后文将展开论述。

讨论协助金的征收习惯，必然涉及协助金合理性的争论问题。在这一点上，我们的认识可能存在误区，以为只要遵循习惯，就不会发生争论，这实际上是把复杂的历史简单化了。据我们考察，除了传统三项以及包括传统三项的自愿性捐纳，其他协助金的征收一般都存在争论，征收理由、额度、服役地点、品色等，都可能成为争论的焦点。即使是传统三项或包括传统三项在内的自愿性捐纳，也主要存在于13世纪中期之前，此后，这些项目也都纳入了讨论范围。既然提交讨论，就难免引发争议。另外，不要以为非正常或突破习惯征收就一定存在争论，争论的发生在很大程度上取决于征收的因由、环境等因素。有些项目虽曾引起争论，但不具必然性。因为征收对象主要是封建贵族，他们大多为社会精英，常以国家代表自许，对民族国家通常负有某种责任，同时又有宗教情怀，特别在历史的紧要关头，常有爱国爱教、"深明大义"，甚至"杀身成仁"的表现，因此反而不一定引致争论。总之，历史现象是错综交织、曲折多变的，在很多情况下不会按着我们思考的逻辑去运行。因此，不同的协助金未必对应不同的社会现实，从而引起不同的社会反应。

在公私层面上，协助金的征收似乎更为复杂。一些看似定论的征收实际上也是值得怀疑的，仍以传统三项为例进行分析。传统三项虽然在习惯上被视为同类，实际上并非同质。为长女出嫁、长子立为骑士征收协助金，属封君私家事务；而为封君赎身则是国事。用于军事远征的协助金的很大部分是用于国事支付，如 1094 年威廉二世为远征诺曼底而向高级教职征收协助金；1159 年亨利二世为进行土鲁斯战争大量征收协助金。[1]

米彻尔针对 1193 年协助金说：本来是封建协助金的正常征收，但由于数额巨大，必须依靠全体封臣通力合作并征得他们同意才能解决问题。"征收之难迫使政府借助各种非正常的征收。因此，尽管赎金在法律上称为封建协助金，像 1193 年这样额度的征收必然导致封臣的合作和同意。"[2] 意思很清楚，只是因为数额巨大，才改变了协助金征收的性质，否则，仍然是典型的封建协助金。但事实上，协助金属公属私与征收额度无关，关键在于这里忽视了协助金征收的缘由，十字军东征的性质，以及赎金的用途等。

在教俗两界和等级之间，协助金征收极为普遍，无论世俗系统还是教会系统，都倚重协助金维持自己的财政。基于土地的层层封受，世俗征收者包

---

[1] B. Lyon, *A Constitutional and Legal History of Medieval England*, New York: W. W. Norton & Company, 1980, p. 162; S. K. Mitchell, *Taxation in Medieval England*, New Haven: Yale University Press, 1971, pp. 159 – 160.

[2] S. K. Mitchell, *Taxation in Medieval England*, New Haven: Yale University Press, 1971, pp. 171 – 172.

括国王和高级封臣，教会征收者包括教皇和各高级教职。而由于教俗两界彼此渗透难以割裂，两界之间，也时常发生征纳关系。这就更进一步增加了征收的复杂性。俗界的征收，人们相对熟悉，此不赘述。受俗界影响，教皇或教会征收也十分频繁，而且数额巨大，至为广泛，不仅在教皇国，也常常在基督教国家进行，并具有国际或跨国性质，因而与国王的征收有很大区别。而当教皇向高级教职如主教实施征收的时候，为了完纳协助金数额，主教通常向下一级教职如法征收，如此逐级联动，遂呈现出类似世俗国家的景象。此外，各级教职也可在自己领地内单独征收，而与教皇无关。由于各级教职多有教俗双重身份，在教会系统缴纳的同时，还必须向世俗系统缴纳。彼得自治镇修道院长为向国王支付罚金而向他的封臣征收协助金就是一个典型的例子。[1]

　　综上所论，协助金是一个由高级教俗封建主征收、征收对象广泛、征收物品庞杂、涉及税项众多、支用范围宽广，因此为封建主和国家财政所特别倚重的综合性税项。征收人员包括国王、教皇、教俗两界高级领主；征收对象可以是维兰、自由农、工商业者、封建主等群体，也可以是个体、单一群体、多个群体；可以是乡镇、城市、教会等集体或团体，也可以是广大民众甚至全体民众；征收范围涉及捐赠、礼品、收益、动产、土地、罚金、代役等众多项目；所征物款在公私层面上，可用于平定内乱、军事远征、宗教捐纳等国事，也可用于长女出嫁、长子立为骑士等封君家事；税收性质兼具封建税与国税两种，封建税包括传统两项以及包括此两项的自愿性捐纳，所占比例不大，国税或具国税性质的税项包括多种，构成税收主体。作为一个术语，协助金的使用又十分随意，以致有学者说："协助金似乎一直是一个通用术语，可以适用于任何义务和任何赋税。"[2]"战争、十字军、债务，所有普通的实验都可能成为征收协助金的理由。"[3]

　　但就严格意义而言，这个概括还只是关于协助金概念的静态描述。作

① F. Pollock and F. W. Maitland, *The History of English Law*, Vol. 1, Cambridge：Cambridge University, 1923, p. 350.

② G. L. Harriss, *King, Parliament and Public Finance in Medieval England to 1369*, Oxford：The Clarendon Press, 1975, p. 19.

③ S. K. Mitchell, *Taxation in Medieval England*, New Haven：Yale University Press, 1971, p. 163.

为一项大税，协助金征收贯穿诺曼征服以来的英国中世纪史，在每个历史时期，都有一些变化，因此，与这个静态概念相对应，还有一个动态的概念。

一般来说，协助金的形成是习惯的产物，封君的征收必然也必须遵循习惯。但这是问题的常规，常规之外怎么办？封君有自己的事业，这一事业必须依靠强大的财政支持才能维持和发展，这就决定了封君违背习惯的可能性。而习惯从某种意义上说又是一个古旧、僵死的东西，面对新的情况而拒斥革新。但时代的变化从来不会停下脚步，例如，王室规模日渐扩大，12世纪不同于11世纪，13世纪不同于12世纪；王权也不断变化，虽时有沉浮曲折，但基本趋势是由弱到强。凡此种种，都会引起赋税关系和体制的变化。由于国家事务不断增垒，日趋浩繁，而封建税制又严重束缚国王的活动，常常使他囊中羞涩，举债行政，这就必然与习惯发生矛盾，从而意味着习惯维持到一定阶段必遭遗弃。这样，当变化业已发生或即将发生，国王不得不适应新的情况而违背习惯的时候，新的协助金项目也就必然产生了。而与此同时，新的习惯也在形成，如上文所述，约13世纪中期之后，各类协助金相继纳入贵族会议的讨论和授权范围，即使是传统三项，也必须交由贵族大会议讨论，这就形成了新的习惯。而只要提交讨论，就必然意味着争论和拒授。所以，不可认为封君只要遵循习惯就可以完成征收。

这样，诺曼征服以来，随着国家建制和宏观社会经济的发展，协助金征收的动态变化主要表现在三个方面。（1）自愿性缴纳渐趋式微。原来不需要讨论也自然不会引起争论的习惯性各项征收包括传统三项，都大体纳入了讨论范围。（2）征收对象日趋广泛。诺曼征服之初，征收对象主要限于直接封臣，虽也有城镇缴纳，但不多见，且额度较低。13世纪下半叶不同了，考察萨拉丁什一税和理查一世赎金的征收可见，征收的广度已非昔比。（3）产生了一些新的项目，如萨拉丁什一税。这些项目通常为涉及国际事务和宗教事务的史无前例的特种协助金项目。如果说在13世纪中叶之前，由于自愿性捐纳的存在，争论的广度还有所局限，那么，随着这些项目的纳入讨论，相关争论都在一定程度上得到了加强，特别是随着征收对象的增加和特种项目的产生，无论在广度、密度，还是在深度上，争论显然加剧了。

协助金由最初的传统三项发展为后来征自多个社会群体包括多种税收形式的庞大的综合性税项，乃是一种必然的结果。这种必然性在协助金的故乡法国得到了旁证，说明是一种符合规律的现象。在那里，协助金的发展演变遵循了相似的逻辑和路径，也形成了一种庞大的综合性税项。在封君封臣制建立初期，协助金也只包括传统三项，且仅限于封、受两级之间征纳。十字军东征的发生，在三项之外增加了协助封君出征一项，三项增为4项。[①] 随着战争的日趋频繁，至13世纪末，征收范围又由封臣扩及全国民众。这自然引起民众的反对，但政府认为：人人都有保卫国家的义务，必须负担军役，如不能从军参战，则须将军役折算为钱物缴纳，即缴纳协助金。这样，协助金便由一个封建税项扩展为一项全国性税收。可是据考察，扩及民众之后，狭义的协助金即封君征自封臣的传统三项仍然存在，斯特雷耶和泰勒即将之划分为这一时期协助金的一个类型。[②] 由这一过程可见，民众缴纳的协助金实际上是传统三项或四项的派生。1360年约翰二世（1350—1364）被俘赎身，曾以封建协助金的名义大量征收交易税以补额度之不足，其中部分项目的征收后来形成了惯例，成为常税。由此，协助金又获得了间接税的含意。这样演变的结果是，一些官方文件把协助金直接称为间接税（indirect tax），甚至将为约翰二世立为骑士和被俘赎身而征收的传统三项中的两项也称为补助金。[③] 对于政府来说，这种概念转换的用意十分清楚，即一旦形成惯例，协助金便可以借用间接税和补助金的名义进行征收，由此，必然扩大或增加征收的渠道。协助金税项推及英国后，法国的协助金继续沿已有的路径向前演进，1500年前后，已通常指间接税了。[④] 这样，受国王权力强化和政府规模扩大等因素的制约和

---

①　John Bell Henneman, *Royal Taxation in Fourteenth Century France, the Development of War Financing 1322–1356*, Princeton：Princeton University Press, 1971, pp. 3–4.

②　Joseph R. Strayer and Charles H. Taylor, *Studies in Early French Taxation*, Cambridge：Harvard University Press, 1939, pp. 8–11.

③　John Bell Henneman, *Royal Taxation in Fourteenth Century France, the Development of War Financing 1322–1356*, New Jersey：Princeton University Press, 1971, pp. 3–4.

④　John Bell Henneman, *Royal Taxation in Fourteenth Century France, the Development of War Financing 1322–1356*, Princeton：Princeton University Press, 1971, p. 3.

影响，协助金最终发展为包罗众多的综合性税项。这样的演变显然可以佐证协助金在英国演变的必然性，对此进行研究无疑有助于深入认识英国的协助金概念。

值得注意的是，这些变化反映了封建财政向公共或国家财政过渡进而发展的趋向，它们与贵族会议和王权的变化，议会的形成，立法、司法制度的演进相互影响，其中，包含了一定的宪政意蕴，这是英国中世纪盛期协助金发展带来的重要成果。而在英国历史上，协助金是一项历时 600 年之久的大税，1689 年《拨款法案》和 1697 年《年金法案》生效之后，协助金便融入了近代王室的宫廷开支之中。这在表面上似乎反映了传统三项的消失，但实际情况并非如此。作为王室年金的重要组成部分，它仍然在产生影响，如同上文所论自愿性协助金纳入普通协助金一样。如此，要系统考察它的起源、演变、消失以至长女出嫁和长子受封骑士名义上的存续历史，则需要专文论述。

英国中世纪盛期协助金的概念即如上述，下文所论主要限于这一概念中国王或王室征收的协助金，即国王以国君和封君双重身份征收的协助金。

四　与各税项的关系

协助金之名，表达封君与封臣、国王与人民之间的财赋关系，而不是指某一物品或税赋专项。由于取名比较抽象笼统，它注定不是一种可以单独征收的税项，如土地税，按土地面积征收；动产税，按动产估值征收；商品税，按出售商品征收。既然不能循名征收，便必须以某种或某几种其他税项的名义来征收。而这些税项通常是土地税、动产税、盾牌钱、收益税等。这样，由上述协助金种类便可概括出协助金征收主要与以下税项密切相关。

1. 土地税

土地税是协助金征收时经常采用的名目。11—13 世纪，土地税曾有多个名称："Danegeld"，"Heregeld"，"Hidegeld"，"Hidage"，"Carecage"，"Caruage"，等等。菲利普·卡特雷·韦伯认为，土地税初称"Danegeld"，

"Heregeld"，后 称 "Hidegeld"，"Hidage"，最 后 称 "carucage"，
"caruage"。① 米彻尔也认为，"Hidage" 和 "Carucage" 是指在不同地方
征收的同一种土地税，因分别以土地面积单位 "Hide" 和 "Carucate"
计税，所以采用不同的名字。两个土地面积单位都源自土地调查时期的
土地丈量和税赋估值，又称一犁之地，约合 100 英亩。② 在这些名字之
外，还经常以骑士领为单位征收。骑士领的数目因时代变化而有别，
1168 年，约为 6000 个，13 世纪，约为 7000 个。③ 这些名字在被废止之
前，大多经常出现在协助金征收中。亨利一世为女儿结婚征收协助金，
税率为每海德 3 先令；亨利二世以同样理由征收协助金，每骑士领 1 马
克；亨利一世的儿子立为骑士时也以土地税的名义征收了协助金。财政
署卷档记录亨利一世在位 31 年征收的协助金项目，都与土地有关。④
1193 年理查被拘后征收协助金，也包括土地税。

　　土地税用之于国王家事，这与我们的传统认识不符。学术界通常将土地
税划归国税范围，如丹麦金，是为了贿买丹麦人以保全或避免国土遭受蹂躏
而征收的税项，以海德为单位在全国范围内征收，后来演变为一种常税。⑤
卡路卡其由理查一世设立，也根据土地面积征收，曾用于理查一世的赎金
和约翰对法国事务的开支，也曾用于亨利三世在英国和法国的军事远征。
认定两者为国税的理由可能有两个：一是向全国民众征收，二是用于国家
事务或国土安全。但上述封建税征收的事实却告诉我们，土地税征收不一
定面向全国人民，很多情况下只是面向某一群体；所征物品或税款的支用
也不限于国家事务，亦用于国王私事。这样看来，有关土地税的问题可能
需要重新认识，主要有两点：一是土地税并非都是国税，也常常以封建税

　　① Philip Carteret Webb, "A Short Account of Danegeld: With Some Further Particulars Relating to Will, the Conqueror's Survey", Read at a meeting of the society of Antiquaries of London, 1, April, 1756, p. 19.

　　② S. K. Mitchell, *Studies in Taxation under John and Henry Ⅲ*, New Haven: Yale University Press, 1914, p. 7.

　　③ S. K. Mitchell, *Studies in Taxation under John and Henry Ⅲ*, New Haven: Yale University Press, 1914, p. 4.

　　④ W. Stubbs, *The Constitutional History of England in Its Origin and Development*, Vol. 1, Sixth Edition, Oxford: Clarendon Press, p. 414.

　　⑤ G. L. Harriss, *King, Parliament and Public Finance in Medieval England to 1369*, Oxford: Clarendon Press, 1975, p. 4.

的形式征收；二是以土地税名义征收的协助金有时具有国税性质，有时具有封建性质。

2. 动产税

动产税是协助金征收的常见项目。由于动产包罗广泛，征收便利，随着经济发展和社会进步，协助金便常以动产税名目征收。1110 年，亨利一世的女儿马提尔达出嫁，征得男爵同意而征收协助金。征收对象包括各级土地持有者，而缴纳物品实际上是土地持有者的财产，即动产，由郡守负责征收。[1] 这次征收应该是一个比较典型的案例，征收对象局限于土地持有者，造成了征收土地税的假象，但实际上是向土地持有者征收动产税，或者说，是向土地持有者这个群体征收动产税，这便与土地税不同。而采用这样的形式征收，可以保证较大的征收范围，从而征得较大的税额，其优越性是显而易见的。1166 年，亨利二世在他的故乡法国勒芒为十字军征收协助金，以收入和动产为基础，征收物品包括金银盘盏、饰品、牲畜等，钱款、借款等也在征收之列。1168 年，亨利二世为女儿出嫁征收协助金，以直接封臣的骑士领为基本单位，而动产税和收益税也相应成为征收的税项，以个人财产估值为基础，按一定比例缴纳。[2]

3. 任意税

任意税原为法国的一种封建税，后随诺曼征服者传入英国并得以推广，成为风行一时的重要税项。在亨利二世统治之前，它还是一种封建税，按王室领地上的人口、城市、庄园数目、土地面积等估值征收。[3] 维基百科上说它实际上是一种土地税，[4] 正是就王室领地而言的。后来成为王室收入的重要来源。由于税额无定、征收无时，又经常受人们指责，国内学界通常将之译为任意税。1215 年约翰陷入困境时曾备受诟病，后于 1332 年废止。

---

[1] S. K. Mitchell, *Taxation in Medieval England*, New Haven: Yale University Press, 1971, pp. 164 – 165.

[2] S. K. Mitchell, *Taxation in Medieval England*, New Haven: Yale University Press, 1971, p. 113.

[3] S. K. Mitchell, *Taxation in Medieval England*, New Havon: Yale University Press, 1971, p. 5.

[4] "Tallage", see Wikipedia, *The Free Encyclopedia*.

任意税按缴纳者的身份划分有两种类型：一种由王室和贵族领地上的维兰或农奴缴纳；① 另一种由两种领地的包括封建主在内的自由人缴纳。前者的称谓有时与协助金交搭使用，称"aid"，而这种"aid"，又可称"ordinary tallage"。② 单从农奴缴纳的协助金看，任意税似乎可以包括协助金，虽然仅仅称普通任意税。但在封臣向上级领主和国王缴纳的层面上，两种称谓又似乎不兼容。在两税征收过程中，除了上面涉及的为理查一世征收赎金时征收了任意税，很少发现协助金包括任意税或相反的现象，而常见的则是两者同时征收。因此可大致推断，协助金和任意税是安茹王朝两种并列的税项，共同构成王室财政收入的重要来源。

4. 萨拉丁什一税

1188 年，十字军苦心经营的耶路撒冷王国陷落，亨利二世与法王腓力二世遂商定，通过征收什一税以筹集军饷支援圣地十字军，称萨拉丁什一税。按封建法，封君如有急需，封臣有义务提供协助金以帮助摆脱困境。而耶路撒冷王国是英、法、德以及教皇等共同建立的基督教王国，现被伊斯兰军队攻陷，作为封臣，当然有不可推卸的责任和义务，所以向他们的封君缴纳协助金。③ 而之所以称为萨拉丁什一税，是因为埃及阿尤布王朝国君萨拉丁而起征，因此，萨拉丁什一税之名只有标示的意义，不过是协助金的别称。亨利二世发布诏令规定，人不分等级，除诏令所举某些物品免征外，必须缴纳收入或动产的 1/10，按教区而不是以郡为单位，由教士组织估定征收。④ 编年史家吉尔沃斯（Gervase of Canterbury）说，这次征收共得税款 130000 英镑，包括基督教徒缴纳的 70000 英镑和犹太人缴纳的 60000 英镑。数字虽不够准确，却也大致反映了这次征收非同寻常，所以史家认为是安茹王朝统治期间三次最大的征收之一。萨拉丁什一税的征收不仅进一步说明协助金征收的浩繁，也证明了协助金征收额度

①　See F. Pollock and F. W. Maitland, *The History of English Law*, Vol. 1, Cambridge: Cambridge University, 1923, p. 368.

②　S. K. Mitchell, *Taxation in Medieval England*, New Haven: Yale University Press, 1971, p. 236.

③　"Saladin Tithe", see Wikipedia, *The Free Encyclopedia*; S. K. Mitchell, *Taxation in Medieval England*, New Haven: Yale University Press, 1971, p. 169.

④　"Ordinance of the 'Saladin tithe'", 1188, see D. C. Douglas and G. W. Greenway, *English Historical Documents* Ⅱ, London: Oxford University Press, 1998, p. 453.

的庞大。

5. 盾牌钱

在欧美学术界的相关著述里，盾牌钱与协助金呈现为一种十分复杂的关系。有学者考察认为，很多情况下，协助金都以盾牌钱的名义征收。《大宪章》即将盾牌钱等同于协助金，如第 12 款说："非经王国共同协商，王国将不征盾牌钱或协助金。"[1] 1217 年，协助金曾被大法官法庭和财政署卷档描述为盾牌钱。[2] 但霍尔特认为，协助金与盾牌钱是一种分立的关系，[3] 只是在征收过程中常常企图将两者混同征收。[4] 相比其他学者，米彻尔较多涉及了协助金和盾牌钱以及二者的关系问题，但我们发现，这些论述前后并不一致。他有时认为，协助金就是盾牌钱本身，说"盾牌钱是历史上的第二种协助金"[5]。有时认为，协助金术语包含 3 种税项，这就是以骑士领征收的协助金（也称盾牌钱）、卡路卡其和动产税。[6] 有时又认为，协助金和盾牌钱是两种税项，两个概念，因而存在明显区别：协助金征收须经封臣同意，国王可以提出征收要求，但不可强行而为；盾牌钱则不同，就其严格概念而言，它是军事义务的组合，而这种军事义务是封臣必须履行的，法律授权国王向那些不到前线打仗的封臣征收。这些不同在学术研究中常常被忽视，应该予以重视。[7] 显然，在西方学者的著述里，盾牌钱和协助金的关系是模糊不清的。

盾牌钱源于封臣向封君提供的军役。这种军役最初独立于传统三项，役期通常为每年 40 日。在西欧封建社会初期，封臣只需带领自己的骑士向封君服役，并不提供钱款。但由于封君对这种方式多感不便，封臣也不堪其苦，所以英国亨利二世在位期间便进行了改革，将军役折算为钱款缴纳。

---

[1] "12, Magna Carta, 1215", see H. Rothwell, *English Historical Documents* Ⅲ, London: Eyre & Spottiswoode, 1998, p. 318.

[2] J. C. Holt, *Magna Carta*, Cambridge: Cambridge university press, 1992, p. 198.

[3] J. C. Holt, *Magna Carta*, Cambridge: Cambridge university press, 1992, p. 318.

[4] J. C. Holt, *Magna Carta*, Cambridge: Cambridge university press, 1992, pp. 301, 319, 398.

[5] S. K. Mitchell, *Taxation in Medieval England*, New Haven: Yale University Press, 1971, p. 127.

[6] S. K. Mitchell, *Studies in Taxation under John and Henry* Ⅲ, New Haven: Yale University Press, 1914, p. 13.

[7] S. K. Mitchell, *Studies in Taxation under John and Henry* Ⅲ, New Haven: Yale University Press, 1914, pp. 314 – 315.

1130 年，文献中开始出现"盾牌钱"一词。[1] 后来随着封建关系的发展，封君和封臣逐渐习惯了以钱代役的做法，盾牌钱的称谓遂也约定俗成。而由于协助金常以盾牌钱的形式征收，传统军役遂被纳入协助金范围，而协助金也就囊括了盾牌钱等多种税项。12、13 世纪，法、德两国也都仿效英国推广盾牌钱，从而标志了西欧封建军役的基本消失。由于在实践层面上协助金常以盾牌钱的形式征收，在学术层面上，一些学者便将盾牌钱视为协助金，文献中也见将盾牌钱等同于协助金的表述。其实，协助金在征收过程中可以包括盾牌钱、丹麦金、动产税、收益税等多个税项，理查一世的赎金征收可为证明。前文述及，编年史家胡登的罗杰尔曾在 1193 年理查一世赎金即作为协助金的传统三项之一的征收中，也提到征收僧侣个人收入的 1/4，即包括盾牌钱和卡路卡其。[2] 这样看来，协助金相对于盾牌钱应为包容关系，而不是等同和并列关系。

如上所论，除任意税外，协助金与其他税项都是一种包容关系，或反过来说，这些税项都归属协助金范围。而且在具体实施过程中，通常是在协助金名义下几种税项同时征收。1193 年，理查一世被俘赎身。小会议接到理查的信后，决定扩大协助金征收，所征物品除形形色色的教俗动产外，还包括教堂宝器如圣杯等，西多会和其他修会的羊毛或折算而成的钱款等。而圣杯之类，因事关宗教信仰之圣事，平时征收一般不会涉及。由此可见，此次征收范围之广泛。征收对象包括直接封臣在内的教俗两界所有土地持有者和财产所有者；涉及税项有收益税、动产税、财产税、丹麦金、任意税、盾牌钱等。[3] 所以米彻尔称此次征收为综合协助金（"general aids"）。1207 年，无地王约翰在牛津召集大会议，由世俗直接封臣授权征收协助金，为 1/13 税，以收益和动产计算税额。征收过程虽屡遭抗拒、逃避因而使征收屡受挫折，但最后仍然实现了在直接封臣领地上对所有财产所有者的征收。[4] 由于征收对象不限于直接封臣，征收范围仍属广泛。而考察诺曼征服至约翰统治

---

① W. Stubbs, *The Constitutional History of England in Its Origin and Development*, Vol. 1, Sixth Edition, Oxford: Clarendon Press, p. 491.

② S. K. Mitchell, *Taxation in Medieval England*, New Haven: Yale University Press, 1971, pp. 124 – 125.

③ S. K. Mitchell, *Taxation in Medieval England*, New Haven: Yale University Press, 1971, p. 173.

④ S. K. Mitchell, *Taxation in Medieval England*, New Haven: Yale University Press, 1971, pp. 177 – 178.

末期的协助金征收可见，国王主要采纳了4种计税方法，即直接封臣的协助金、骑士领协助金或综合盾牌钱、丹麦金和卡路卡其以及以收入和动产估值为基础按一定比例计税的方法。这种计税和征收涉及土地税、动产税、盾牌钱、收益税和财产税等多种赋税项目。

综上所述，协助金是一个综合性税项。可就某一单独税项征收，也可就几个税项同时征收。通常情况下，是以几个税项的名义同时征收，但这些税项却不可以协助金的名义来征收。这反映了协助金税额的巨大、包容的广泛和地位的重要，更反映了协助金与其他税项的一种特殊关系。

五　自愿、同意与拒授

协助金征缴主要包括自愿与同意两种方式。自愿是一种个人行为，无须协商。但同意是征税过程中最重要的环节，国王必须与纳税人或纳税人代表协商而获得授权后才能征收。这种同意是以贵族大会议为主体或主导，配以不同范围、不同群体、不同层次或等级的同意序列。

自愿捐纳可能是协助金征纳的较早方式，出于捐纳者的善意或自愿，国王无须与捐纳者协商便可以收到一定的税款或实物，拉姆塞称之为老封建协助金 (old feudal auxilia)。它的缴纳，不需要郡守参与。[①] 斯塔布斯谈到封君的赎金时也说，作为三种协助金之一，捐纳的实现几乎不需要贵族大会议授权，只不过是对某种职责的确认。[②]

正因为出于自愿，协助金的缴纳很早就派生了诸如 "Auxilia" "dona" "gratis" "voluntate" 等词汇。布拉克顿以 "grace" 来理解这种自愿，认为它是捐助者 "善意" 的行为，而不是一个权力问题，是习惯而不是奴役性义务，是一种个人关系而不是土地关系。[③] 拉姆塞认为，"auxilium" 虽不是一个敬词，却也并不意味着奴役或卑屈。在辨析这个词时他又引出另一个词

① J. H. Ramsay, *A History of the Revenues of the Kings of England 1066 - 1399*, Vol. 1, Oxford: Clarendon Press, 1925, p. 41.

② W. Stubbs, *The Constitutional History of England in Its Origin and Development*, Vol. 1, Oxford: Clarendon Press, Sixth Edition, p. 539.

③ Refer to Glanville, *A Treatise on the Laws and Customs of the Kingdom of England*, see John Beames, A translation of Glanville, Fred B. Rothman & Co. Littleton Colorado, 1980, pp. 234 - 236; F. Pollock and F. W. Maitland, *The History of English Law*, Vol. 1, Cambridge: Cambridge University, 1923, p. 350.

"donum"，认为无论是"auxilium"，还是"donum"，都是婉转的中性术语，意指具有自愿性质的捐助或捐献，无论对各郡、城镇还是个人都是如此。财政署卷档亨利二世33年收入账册中，有关于捐纳的许多记录，[1] 说明它是当时王室财政的重要收入。但是这些记录被置于"tallage"标题之下，[2] 这又似乎说明这些术语使用比较随意，没有明确的界限。

梅特兰也认为，这是一种合理的自愿的捐纳，称之为"gracious"或"free-will offering"。他大体沿袭格兰维尔和布拉克顿的解释，认为即使在1215年国王十分窘迫的形势下，《大宪章》也将这三种协助金视为合理的征收，无须经过封臣同意。此外，国王如欲征收，则须征求封臣意见。但后来出现了反复，比如1216年《大宪章》颁布之时，便将这一规定删除了。前曾论及，梅特兰认为，这是古代的理论，后来随着社会的发展而逐渐退化过时，特别是1275年法令[3]关于协助金做了一些新的规定，[4] 所谓封臣的善意，便演变为法令的硬性规定。而协助金也就具有了一定程度的国税性质。

封君将封土授予封臣，还要尽其保护之责，这对封臣来说，自然应常怀感恩之心，所以自愿捐纳应该是顺理成章的事情。1096年，威廉二世征收协助金，数额为10000马克，安瑟伦以200马克做礼金，国王接受了。[5] 1222年，耶路撒冷王国的国王约翰·布雷恩（John Brienne）在英格兰王国接受了捐纳，[6] 伯爵、男爵、骑士、土地自由持有者以及虽无土地却拥有牲畜等财产者都捐出了自己的份额。文献说："上述这些人都希望多缴，可能

① "Pipe Roll 33 Henry Ⅱ: the Account of Staffordshire" (1187), see D. C. Douglas and G. W. Greenway, *English Historical Documents Ⅱ*, London: Oxford University Press, 1998, pp. 621–622.

② Refer to J. H. Ramsay, *A History of the Revenues of the Kings of England 1066–1399*, Vol. 1, Oxford: Clarendon Press, 1925, p. 51.

③ "Statute of Westminster I" (3 Edw, I), 1275, see H. Rothwell, *English Historical Documents Ⅲ*, London: Eyre & Spottiswoode, 1998, p. 406.

④ F. Pollock and F. W. Maitland, *The History of English Law*, Vol. 1, Cambridge: Cambridge University, 1923, pp. 350–351; F. W. Maitland, *The Constitutional History of England*, Cambridge: Cambridge University, 1946, p. 27.

⑤ S. K. Mitchell, *Taxation in Medieval England*, New Haven: Yale University Press, 1971, pp. 158–159.

⑥ S. K. Mitchell, *Taxation in Medieval England*, New Haven: Yale University Press, 1971, p. 35.

以他们领主的名义实现了自己的心愿。"① 1249 年，亨利三世陷入债务窘境，圣阿尔班捐 60 马克，邓斯泰布尔捐 10 马克，沃赛斯特小修道院捐 15 马克，圣阿尔班还承诺 1250 年捐更多，以供国王还债。② 1253 年，王后渡海赴法，圣阿尔班又捐 50 镑，以供王后旅途支用。③

　　但这里所谓自愿，在许多情况下可能是一个模糊概念。大会议拒绝国王要求的频繁发生，可以反映直接封臣对国王征收协助金的基本心态。它告诉我们，在王权强大或国王强势的情况下，有的封臣表面上可能表现为"自愿"，心理上却并非如此。有时候，人们做的和想的并不一致，今天如此，古代也如此。另外，早期文献如格兰维尔、布拉克顿的著作，财政署卷档以及一些编年史著所载自愿捐纳的材料大多语焉不详，不尽如人意，要揭示"自愿"的真相，还需要了解文献背后的历史。这对于研究英国中世纪史来说，显然是件很难的事情。

　　后来，随着国家体制的日趋健全，这种自愿捐纳逐渐退出征缴系统，应征份额遂并入普通项目而由贵族大会议或某一群体授权征收。即使国王的长女出嫁、长子立为骑士这样一些原本十分典型也无须郡守介入的征收，也都交由政府某一会议或民间某些群体讨论授权。1290 年，爱德华一世的长女出嫁，仍按传统征收协助金，每个骑士领缴纳 40 先令，在征得议会授权后才行征收。④

　　自愿捐纳之外，国王必须与纳税人协商获得同意后才可征收，由于征收对象复杂，范围、职业、层次、等级各异，便形成了一个同意的序列。在这个序列中，首先为个人同意。个人同意不同于个人自愿，虽然个人自愿的真相未必都如表述的那样，但如前文所述，封建协助金的征收尤其在征收早期，的确存在自愿的情况。两相比较，个人同意在许多情况下则是在国王的压力下或其他因素制约下纳税人的一种被动表态，而内心所想则非如此，甚

---

①　S. K. Mitchell, *Taxation in Medieval England*, New Haven: Yale University Press, 1971, p. 19.

②　S. K. Mitchell, *Studies in Taxation under John and Henry Ⅲ*, New Haven: Yale University Press, 1914, p. 249.

③　S. K. Mitchell, *Studies in Taxation under John and Henry Ⅲ*, New Haven: Yale University Press, 1914, p. 261.

④　M. Prestwich, *War, Politics and Finance under Edward I*, Hampshire: Gregg revivals, 1991, p. 184.

至相反。1093 年，威廉二世为远征诺曼底征收协助金，坎特伯雷大主教安瑟伦提供了一个 500 英镑的礼金，国王嫌少，未予接纳。但安瑟伦拒绝增加，导致了两人关系的恶化。当时主教们劝说大主教，可以先向国王支付500 英镑，同时答应再向封臣征收另外一笔协助金，晚些缴纳。主教们认为，这样可以使国王恢复他们之间的朋友关系，给予他和他的封臣以安宁。① 显然，500 英镑的缴纳经过了安瑟伦的个人同意，但却不是自愿缴纳。所以个人同意和个人自愿是有区别的。

个人同意又可以表现为两种形式。一种是国王或国王代理人直接与各纳税人协商，就相关问题征得他的同意，这种情况多发生在中古前期。编年史证明，为了抗阻协助金征收，封臣们常常串通一气，订立攻守同盟，通过宣誓来坚守他们的立场。而国王也不得不制定策略予以分化瓦解，逐一将他们召入私邸，进行个别协商，以得到他们个人的同意和支持。② 1242 年，亨利三世征收协助金遭到集体拒绝后，即不得不与大会议中的许多人私下单独协商，以获得授予。③ 另一种是参会人员在贵族大会议上逐一表态。这从形式上看是集体讨论表决，实际上则是个人单独表态。对个人来说，这种表态也许能够表明他将以此约束其行为，兑现其承诺，但对其他与会者而言便缺乏这样的效力。多数人的同意不能约束少数人，与会者的同意不能约束缺席者。④ 而我们知道，贵族大会议形成后的主要职责就是讨论国王征税问题，所以事实上的个人同意，主要是采取召开大会议逐一表态的形式。英国赋税史上著名的"牛津会议国外服役之争"证明了我们的认识。1197 年，国王代理人休伯特·瓦尔特召集大会议协商组建远征军、征收协助金实施军事远征、进攻法王腓力·奥古斯都事宜。他的建议得到了多数与会人员的支持，却遭到了林肯主教和塞利斯伯里主教的激烈反对。前者说，林肯主教教座从来都是在英格兰境内而不是出境服役，他不能同意提供骑士远征

① S. K. Mitchell, *Taxation in Medieval England*, New Haven: Yale University Press, 1971, p. 158; see Eadmer, "The History of Modern Times in England" (*1110 – 1143*), D. C. Douglas and G. W. Greenway, *English Historical Documents II*, London: Oxford University Press, 1998.

② S. K. Mitchell, *Taxation in Medieval England*, New Haven: Yale University Press, 1971, p. 209.

③ "The king is refused on aid, 1242", see H. Rothwell, *English Historical Documents III*, London: Eyre & Spottiswoode, 1998, p. 357.

④ S. K. Mitchell, *Taxation in Medieval England*, New Haven: Yale University Press, 1971, p. 161.

诺曼底。① 林肯主教的行为实际上反映了大会议的习惯，这就是会议讨论之后的表决是个人而不是集体。他所强调的林肯骑士在境内服役是林肯主教辖区的习惯。大会议的习惯正是建立在此类习惯的基础上。否则，后者的习惯便无所依据。而无论哪种习惯，都具有法律效力，林肯主教正是依据这类习惯进行表态并据理力争。论及此，我们不禁联想起另一个历史场景，即 1297 年冤情条款的形成和提交。当时部分贵族因认为国王远征弗兰德尔违背习惯而拒绝服役，并拒缴协助金。② 两件事前后相距正好 100 年，虽然时移事易，但情景却颇为相似。在我们看来，1297 年冤情陈述不过是 1197 年主教陈述的习惯的延续和范围的扩大，事情的性质是一致的。

而且，这种个人同意依封建等级而呈现多层次的特点。作为大会议成员，他的承诺仅仅完成了第一道程序。接下来，他必须仿照大会议逐一征求下面封臣的意见。在这一过程中，有些大会议成员由于种种原因可能花费较少周折便兑现了承诺，有些则没有那么幸运。前引 1193 年例，为理查一世赎金征收而召集的大会议结束后，约克大主教曾在他管辖的教会内部逐一征求教士的同意以求完成大会议决定的征税任务，特别是那些与他关系密切的人员。但他们认为，这种授予将会颠覆教会的自由，因此拒绝了大主教的要求。③

同意序列的主体或主导应为贵族会议的同意，又因贵族会议有大小之分而包括两种形式，这就是贵族小会议的同意和贵族大会议的同意。两个会议原本脱胎于贤人会议，后因形成了两个群体便分别进行表决。贵族小会议主要处理王室政务，有时也涉足财政，组织赋税征收。由于组成人员较少，且都是国王近臣，容易取得一致意见，也一般不会与国王发生冲突，这就与大会议不同。小会议涉足征税事务通常表现在绕开大会议而自行组织征收。而

---

① S. K. Mitchell, *Taxation in Medieval England*, New Haven: Yale University Press, 1971, pp. 175 – 176.

② "Articles of Grievance" (Monstraunces), 1297, see H. Rothwell, *English Historical Documents* Ⅲ, London: Eyre & Spottiswoode, 1998, pp. 469 – 472.

③ S. K. Mitchell, *Taxation in Medieval England*, New Haven: Yale University Press, 1971, pp. 124 – 126.

这些征收，无疑都经过了会议成员的同意。1254 年，小会议派遣特别代表去一些城市，要求征收 1/20 税，这些城市都满足了代表们的要求。1270 年，小会议直接任命 5 位伦敦市民监督赋税征收。亨利三世在位末期，未经大会议授权而直接在他的领地之上征收动产税，便经过了小会议同意并由小会议负责与城市直接协商。①

大会议主要由享有爵位的贵族组成，与国王关系相对疏离，又都是征税对象，所以经常因征税问题与国王发生争执，以致国王或小会议在征求他们同意时通常比较谨慎。贵族大会议形成后，主要采取集体议事、个人表决的形式。如上所论，这种形式除了对表决者自身形成一定约束外，几乎没有任何效力。但随着国家建制的发展和贵族与王权斗争的深入，这种无政府状态或如米彻尔所称，旧个人主义开始消退，逐渐代之以集体议事、集体表决的形式。而集体表决形式的形成，实际上标志着大会议作为国家重要机构的重大发展，这时大会议的表决获得了新的权能，这就是多数人的同意可以约束少数人，出席者的同意可以约束缺席者。但是在表决形式完全过渡到集体议事、集体表决之前一段时间，个人表决和集体表决仍然并用，直到 1188 年十字军东侵开始的大规模高额度的征敛，中经 1193 年理查一世巨额赎金的筹集，晚至 1207 年亨利三世 1/13 税的征收，这种双轨并行的表决方式才逐渐为人们弃用，虽然 1207 年之后，个人表决的案例仍有所见。这是一个饶有兴味、充满意趣的历史过程。在这个过程中，习惯一如既往地受到人们的重视和遵循。同时，又不断有新的习惯产生，随着时间的推移，旧的习惯便逐渐为人们所遗忘而代之以新的习惯。这里，我们以上述几次大额度协助金的征收为例进行说明。1188 年，因耶路撒冷王国陷落而征收高额协助金，包括一个 1/10 收益和动产税，一个萨拉丁什一税，被征求同意的成员除大会议成员外，还包括一些具有类似大会议成员资格的人员，范围十分广泛。② 继萨拉丁什一税之后，1193 年理查一世被俘，一项更大规模和额度的赋税开

① S. K. Mitchell, *Taxation in Medieval England*, New Haven: Yale University Press, 1971, pp. 219 – 220.

② S. K. Mitchell, *Taxation in Medieval England*, New Haven: Yale University Press, 1971, pp. 169 – 170.

始征收。这次征收以收入和财产的 1/4 为主体，涉及教会贵重器物、羊毛等商品以及僧侣什一税。征求同意的范围也相应扩大，曾在不同时间、不同地点频繁召开会议，其中包括多次大会议的同意，甚至包括国王全体封臣的同意。① 此外，还有个人同意。

在贵族会议同意之外，还有公众同意。这种形式早在亨利一世时期已经存在，后来逐渐发展，如 1207 年 1/13 税的征收，就经过了公众同意和大会议同意两种形式，② 但在亨利三世时期才趋于经常。同意的达成，主要是双方讨价还价的结果。1225 年，亨利三世欲征协助金筹集钱款以恢复他在法国的领地。据官方陈述，参与这次讨论和同意的有大主教、主教、修道院长、副院长、伯爵、男爵、自由持地人以及王国的全体人民，米彻尔认为，应包括中产阶级的成员，③ 显然是一次公众会议。会议成员首先要求国王确认《大宪章》的有效性，作为回报，才授权国王征收协助金，以 1/15 税的形式征收。1232 年征收，重复了 1225 年的实验，经"大主教、主教、修道院长、副院长、持有但不属于教会的土地的僧侣、伯爵、男爵、骑士、自由人和维兰"等同意，而授予 1/40 税。④ 1235 年协助金以骑士领形式征收，征得了"大主教、主教、修道院长、副院长、伯爵、男爵、王国内直接持有王室土地的所有人"的同意和授权。1237 年，重复 1232 年的方式，大主教、主教、修道院长、副院长、持有不属于教会的土地的僧侣、伯爵、男爵、骑士、自由人，代表他们自己和他们的维兰给以同意和授权。⑤ 表决同意的形式由贵族大会议向公众会议的过渡，反映了国家建制的发展趋势。

此外，尚有男爵、骑士、受俸教职、僧侣、商人、城市等专门或职业群体的同意，这些同意具有临时而应急的特点，而不是像贵族会议那样，本身

---

① S. K. Mitchell, *Taxation in Medieval England*, New Haven: Yale University Press, 1971, pp. 173 - 174.

② S. K. Mitchell, *Studies in Taxation under John and Henry III*, New Haven: Yale University Press, 1914, pp. 86 - 92.

③ S. K. Mitchell, *Studies in Taxation under John and Henry III*, New Haven: Yale University Press, 1914, pp. 159 - 163.

④ S. K. Mitchell, *Taxation in Medieval England*, New Haven: Yale University Press, 1971, p. 203.

⑤ S. K. Mitchell, *Taxation in Medieval England*, New Haven: Yale University Press, 1971, pp. 204 - 205; *Studies in Taxation under John and Henry III*, New Haven: Yale University Press, 1914, pp. 214 - 215.

便是政府会议或机构，虽非常设但却常开。

虽如米彻尔所说，对封臣而言，国王的征税要求很难拒绝。但既然提交会议讨论协商或征求意见，便不免发生批评、分歧和否决，而且难免产生抗拒情绪，有些时候，这种抗拒情绪还表现得非常强烈。如果仅仅注意协助金征纳的同意序列而不涉及它的另一面，那么，我们便很难认识英国封建社会和封建王权的全景和真貌。而所谓同意，原本与拒授相互依存。没有拒授，同意便丧失了存在的条件。没有拒授，国王便无须征求贵族等各群体同意，而这些群体及组成这些群体的成员便不再具有任何意义或价值，所谓同意，也就不复存在了。正因为存在对王权征税要求的批评、否决和拒授，甚至反复拒授，征求同意才能体现出它的价值。1201 年，杰弗里大主教驱逐进入他的领地征收卡路卡其的王室税吏，说他此前没有承诺缴纳协助金。① 我们缺乏关于这次拒授的细节记录，但可以肯定，国王在这次征收前曾召集贵族大会议提出征收要求，杰弗里大主教或者出席了会议，或者没有出席会议，或者出席了会议而没有表态，也可能明确表态反对征收。而无论出席与否，表态还是沉默，他都不应受到他人意见的制约，因为按习惯，出席者的同意不能约束缺席者，多数人的同意不能约束少数人。1207 年，国王又在牛津召集贵族大会议，要求受俸教职缴纳协助金，遭到了与会主教和修道院院长的拒绝。② 后来会期延长，他们仍然否决。无独有偶，这位杰弗里大主教仍然坚决反对，以致激化了与国王的矛盾，不得不出走英格兰。但他最终也没有屈服，而且给予了反击，将那些进入大主教领地估值、征收的税吏统统开除教籍。③ 亨利三世在位 56 年，征收各种税赋无数，亦多遭大会议拒绝。1232 年，向教俗两界征收协助金，遭到强烈反对，致使会议多次中止、延期，又多次召开。但授予之后，反对者的情绪依然十分强烈，多位伯爵禁止估值人员踏入他们的领地。直至三四年之后，他们才授权国王征收协助金。④ 编年

---

① W. Stubbs, *The Constitutional History of England in Its Origin and Development*, Vol. 1, Sixth Edition, Oxford: Clarendon Press, pp. 148, 619.

② S. K. Mitchell, *Studies in Taxation under John and Henry Ⅲ*, New Haven: Yale University Press, 1914, p. 87.

③ S. K. Mitchell, *Taxation in Medieval England*, New Haven: Yale University Press, 1971, p. 177.

④ S. K. Mitchell, *Taxation in Medieval England*, New Haven: Yale University Press, 1971, pp. 152, 200 – 201.

史家马修·帕里斯详细记载了 1242 年亨利三世征收协助金遭拒的情况。参加这次会议的有约克大主教、英格兰全体主教、修道院长、副院长、全体伯爵、全体男爵等，他们齐集威斯敏斯特开会，讨论国王征收协助金的要求。他们以国王与法王签订的合约没有到期、他们曾多次授予国王协助金并因此而致生活困窘、自由宪章得不到落实而有的贵族又遭受国王伤害等原因，拒绝了国王的要求。① 前曾论及，据米彻尔考察，国王的要求遇到了强烈反对，大会议成员接连实施否决，竟达 9 次之多。② 1247 年，向康沃尔伯爵借贷 10000 马克。1248 年召开大会议欲征协助金还债，遭到大会议拒绝，以致不得不卖掉所藏珠宝以应急需。1248 年末和 1249 年初，仍未得到大会议同意，又不得不转求修道院提供捐纳。③ 1255 年，因负债而向贵族大会议提出要求，以协助金的名目征收现款，遭拒。1257 年、1258 年，提出同一要求，连遭拒绝。面对贵族强大的反抗，国王不得不向郡法庭提出援助。1258 年之后，亨利三世再也没有向贵族大会议提出征收协助金的要求。④ 米彻尔将亨利三世统治的 56 年分为两个阶段，认为 1216—1237 年共 7 次征收协助金，其中 3 次由大会议在个人同意的理论下授权，但这些授权事实上是出席者的同意约束了缺席者。而在 1237—1272 长达 39 年的时间里，除了传统三项外，大会议拒绝了国王关于协助金征收的所有要求。⑤

　　正如同意的材料十分多见一样，有关拒授的材料也十分多见，这里只选择其中的典型例子进行说明，以描述协助金征收的全貌。而除了贵族会议的拒授之外，还有男爵、受俸教职、僧侣、骑士、商人、城市等专门或职业群体的拒授，如 1303 年之外，爱德华一世与英国商人协商征税即遭到拒绝。⑥

　　与东方相比，这是一种富于特色的征纳方式。那么，英国为什么会形成

---

　　① "The King is Refused on Aid, 1242", see H. Rothwell, *English Historical Documents Ⅲ*, London: Eyre & Spottiswoode, 1998, pp. 355 – 357.

　　② S. K. Mitchell, *Taxation in Medieval England*, New Haven: Yale University Press, 1971, p. 161.

　　③ S. K. Mitchell, *Studies in Taxation under John and Henry Ⅲ*, New Haven: Yale University Press, 1914, p. 249.

　　④ S. K. Mitchell, *Taxation in Medieval England*, New Haven: Yale University Press, 1971, p. 218.

　　⑤ S. K. Mitchell, *Taxation in Medieval England*, New Haven: Yale University Press, 1971, pp. 193 – 194.

　　⑥ "Failure of Negotiation with Native Merchants, May to June 1303", See H. Rothwell, *English Historical Documents Ⅲ*, London: Eyre & Spottiswoode, 1998, pp. 518 – 519.

这样的征纳方式呢？不列颠很早就有遇事提交某一会议或群体讨论并获得授权的传统。这种传统的形成，从大的方面说，与西欧传统文化的构成、传播与交融不无关系。西方传统文化中的古典文化主要是罗马文化，随着罗马帝国的扩张已于公元前传入不列颠。由于罗马人在不列颠维持统治长达 600 年之久，罗马的一些制度和法律遂得以扎根并推广。梅特兰谈到罗马法对不列颠的影响时认为，罗马制度在罗马帝国撤离后仍然有存留和维持，而且幸免于条顿人的入侵。后来随着海峡两岸文化交往的频繁与繁荣、诺曼征服的发生、罗马法学家的入迁和任职以及衡平法的影响，罗马法的传播又形成了多次浪潮。① 而我们知道，罗马法有"涉及众人之事应由众人决断"的原则，作为法律史上的一个重要概念，② 这一原则所表达的思想内涵主要是遇事交由当事人组成的一定的会议或组织进行讨论、协商并表决。随着罗马法在不列颠的传播，这一原则遂影响了盎格鲁-撒克逊社会，布拉克顿的《英国的法律和习惯》就很好地反映了这种影响。作为西方传统文化的重要组成部分，基督教文化虽原属东方文化范畴，但传到罗马后很快被同化或罗马化了，特别是在西罗马帝国灭亡后，随着西欧封建社会的发展，基督教大量接受罗马法思想和素材。所以，基督教在不列颠的传播过程，几乎同时是罗马法传播的过程。而早在 6 世纪，奥古斯丁已受教皇委派赴不列颠传教，肯特国王埃塞尔伯特就是在约 600 年的奥古斯丁节，开始编纂"罗马风格"的民族法典的。③ 后来，又有大量教会神学家、法学家如兰弗朗克、安瑟伦、兰顿等入迁不列颠，担任高级教职并兼王室法律和宗教顾问。他们也用这一原则解释或定义主教与教会法之间的法律关系，并很快将之引入教会管理系统，用以支持教会中下层成员参与教会管理，④ 从而使之在基督教世界得到

---

① F. Pollock and F. W. Maitland, *The History of English Law*, Vol. 1, Cambridge: Cambridge University, 1923, pp. xxxi – xxxiv.

② Pennington, Kenneth J., Jr. "Bartolome de Las Casas and the Tradition of Medieval Law", *Church History* 39, 1970, p. 157, see Carl Watner, "Quod Omnes Tangit: Consent Theory in the Radical Libertarian Tradition in the Middle Ages", *Journal of Libertarian Studies*, Volume 19, No. 2 (Spring 2005): 67 – 85.

③ F. Pollock and F. W. Maitland, *The History of English Law*, Vol. 1, Cambridge: Cambridge University, 1923, p. 11.

④ Pennington, Kenneth J., Jr. "Bartolome de Las Casas and the Tradition of Medieval Law", *Church History* 39, 1970, p. 157, see Carl Watner, "Quod Omnes Tangit: Consent Theory in the Radical Libertarian Tradition in the Middle Ages", *Journal of Libertarian Studies*, Volume 19, No. 2 (Spring 2005): 67 – 85.

进一步普及。作为西方传统文化的另一个组成部分，日耳曼文化随着日耳曼民族大迁徙布展开来，盎格鲁-撒克逊文化就是其中的一种。中世纪早期，它还是一种年轻的文化，刚刚告别野蛮时代。但正因为年轻，便带有原始民主的浓重色彩，且呈现强劲的发展态势。这为上述现象的形成奠定了重要基础。

相对于不列颠来说，古典文化、基督教文化和盎格鲁-撒克逊文化都是外来文化。虽然前两种文化较后者早临不列颠数百年之久，但由于罗马后来撤离了不列颠，而盎格鲁-撒克逊人却实施了普遍的征服和移居，并很快完成了与土著文化的融合，因而相对于基督教文化以及新一波入传的罗马文化也称得上土著了。这样，在未来文化的交融中，盎格鲁-撒克逊文化注定发挥基础或主导作用。而参与不列颠文化交融的各种文化又具有相近的基因。盎格鲁-撒克逊文化的传统和习惯具有很强的法律效力，对社会各阶级特别是对王权形成了有力的束缚。所以，这里很早就形成了这样的原则：所有供纳都必须遵循习惯且依据当事人的意愿而确定。这里贵族势力彪悍强大，[1]形成了对王权的有力牵制。而隔海相望的诺曼人，也有自己的传统：自由人依据一定条件领有土地，任何超越这些条件的要求都必须在领主与附庸之间通过协商甚至讨价还价才能实现。无论领主还是国王，在自己的领地征收实物还是钱款时可能较少受到限制，但他们必须尊重和遵循传统与习惯。诺曼人的贵族势力也十分强大，同样形成了对诺曼底公爵甚至法王的有力牵制。显然，两种文化具有相近的基质。这种基质在不列颠文化交融中发挥了重要作用。更重要的是，无论古典文化、基督教文化，还是盎格鲁-撒克逊文化、诺曼底文化，在民族性格、文化气质等方面都比较接近，这为新时代的文化融合提供了良好条件。

六　属性

协助金的属性，是指对协助金归属封建税还是国税，抑或是两者兼而有之的学术判定。而这种判定，不仅要看征收范围，而且要看征收理由和税款用途。我们通常说，封君对封臣征收的赋税是封建税，国王对全国人民征收的赋税是国税，这是不全面的。有些情况下，国王对封臣征收的赋税也可以

---

[1]　S. K. Mitchell, *Taxation in Medieval England*, New Haven: Yale University Press, 1971, p. 158.

是国税。国税不一定必须向全国人民征收，也可以对国内某一群体征收，如分别或单独向商人、自由人、城市、教会、土地持有者等征收，当然也可以单独向封臣征收。而向封臣征收的税款不一定用于子女和家庭，也可能用于某一战役或军事远征。在这种情况下，仅仅依据它的征收范围判定赋税性质便失之偏颇，所以，还须看它的用途。国王对封臣征收的税款常常用于国家事务，这时判定该税性质，就不能武断地说是封建税，而要做出正确判断，还须看其他条件。一般来说，国王对封臣征收的赋税有可能用于国事，但对全国人民或其中某一或某些群体征收的赋税较少用于子女或家庭，除非国王不按承诺私自将税款挪作他用，但这是违法的。因为在某项赋税征收之前，他必须向纳税人做出说明和承诺，保证专款专用。而当时民风淳朴，国王也顾及自己的威望，加之相关监督或审计机构的作用，一般不会将专项税款移作他用。

按这一标准，传统三项的前两项归属封建税收一般无疑义。一方面，国王的征收理由通常是长女出嫁或长子立为骑士，而且很多情况下，都是以礼品的形式自愿缴纳；另一方面，税款也大体用得其所，与国家事务无关。更重要的是，前文已经申明，直接封臣是基于从封君那里接受封土而缴纳的，即基于一种个人关系，而且受封建法规定和保护。但关于国王被俘赎身，则情况有别。国内外学术界无不将之与前两项并称而突出它的封建性质，这恐是值得商榷的。事实上，国王被俘赎身问题，就已有成例而言，所征赎金已经突破封建范围，很难做出这样的定性。而之所以如此，很可能与史料的编纂有关。当时的法学家如格兰维尔和布拉克顿都将之纳入传统三项，特别是后来《大宪章》以法律文本的形式对此做了认定，所以后人在涉及这一问题时通常不去质疑这种划分或归属的合理性，而是一味予以征引和注释。这样，古代文献借助后世文书赋予的"权威"盖棺论定了协助金的封建性质。但事实显然没有这么简单，即使协助金因封建关系或国王以封君身份而征收，也无法避免与他作为国君的身份发生关系。国君以王者之尊发动或参与战争，事实上已将两种性质混同为一，已很难将封建战争与国家平定内乱维持和平区别开来。而且，作为那个时代的信念，国王代表秩序、代表国家，虽然比较淡漠，不时受到贵族的质疑甚至挑战，但作为事实，这一信念是一直存在的。所以国王的职责特征与封建性质很难剥离，这就决定了协助金的复杂性，因而任何轻易的定性都难以做到真正客观和合理。

协助金征收的实际要比我们对它的了解和认识复杂得多。这里再以土地税为例进一步阐明我们的论点。我们通常认为，土地税是一项国税，可事实上，无论丹麦金还是卡路卡其，都曾作为传统三项以协助金名义征收，用于王室私家事务，如长女出嫁、长子立为骑士。这显然不是协助金征收混乱的表现，而是我们的认识自始就与历史实际存在差距。之所以造成这种差距，很可能因为国内学术界初识丹麦金时所获得的信息显示不仅征收对象广泛，而且将税款用于国家事务，如丹麦事务等，因此便断定这种土地税是国税。后来，即使以协助金的名义征收，也便熟视无睹或视而不见地认定为国税。所以既不能先入为主，更不能望文生义，一见是土地税，便认为就是国税。现在看来，判定国税还是封建税的标准不能完全依据征收范围，还要看征收理由和实际用途。例如，即使仅仅以直接封臣作为征收对象，只要征收理由和税款用途在于国家事务，就应将此判定为国税。反过来，即使征收范围较大，但征收理由和用途都在国王家务，如长女出嫁等，则这种协助金就应判为封建税。

如前所述，随着国家体制的日趋健全，这种自愿捐纳逐渐退出征缴系统，或并入普通项目由贵族大会议或某一群体授权征收。也就是说，在英国中世纪税收体系中，封建税所占份额可能不大，它的主体可能是国税或具有显著国税性质的税类。同时，沿上文对封建的界定进一步推理，则这个封建税的概念能否成立便可能成为另一个问题。既然封建是基于土地分封而建立的封君与封臣之间的个人关系，按传统认识赋税是国家的经济体现，是一种国家行为或国家行为的结果，那么，只有国家征收的物品、钱款才可称为赋税，而习惯所称的封建税也就不宜称为赋税。这些似乎还需要进一步研究。

现在，我们以中古前期几次最大规模和额度的征收为范例，分析协助金的属性。这几次征收分别为 1166 年收益和动产税、1188 年萨拉丁什一税、1193 年理查一世赎金和 1207 年 1/13 税。其中，前三次都是十字军东征的产物，都基于宗教目的而征收。1207 年则是为了恢复国王在法国的领地而征收，与十字军无关。而为方便讨论，我们首先判定十字军战争的性质。十字军东征是一次宗教战争，是一场超越国界、由一些基督教国家和伊斯兰教国家分别组成的两组国家之间进行的战争，而不是一次封建战争。其次必须确定，战争持续 200 年之久，所征赋税无数，但大多以协助金的名义征收。

1166 年，亨利二世在他的故乡法国勒芒召集他在法国的大主教、主教、男爵协商并征得他们同意，为圣地十字军征收协助金。这次征收的范围十分广泛，包括大主教、主教、修道院院长、执事、伯爵、男爵、小诸侯、骑士、市民、自由民和农民等。征收物品以全部收入和动产为基础，包括金银盘盏、饰品、牲畜、钱款、借款等，1166 年每镑纳 2 便士，接下来每 4 年缴纳 1 便士，或全部财产的 1/40。如既无财产，也无足量收入，而拥有房产或一桩生意，纳 1 便士。在缴纳日期之前债务偿还之后去世的那些人的财产，应纳结算额的 1/10。可见这次征收范围之广，计税之细，以致有学者称，这次征收在范围上是史无前例的。[①] 在勒芒所做的决定虽未用于英格兰，但英格兰同样进行了广泛的征收。编年史载，人们被迫宣誓从他们的牲畜、动产和不动产中以每镑数便士的比例交出一个不确定的额度。于是出现了这样的现象：在英格兰各地，每个教堂都置放一个锁着的箱子，缴纳者经宣誓后将自己应缴数额投入箱子，比例一般为每英镑 4 便士。[②] 通观这次征收，从征收理由看，虽然同意的群体仍然是贵族大会议的教俗贵族，但征税的目的是支援圣地十字军。而如前所述，这是一个由多个国家共同建立的新的国家，这个国家运行的是一个宗教社会，一个国际社会，不仅超越了狭窄的封君封臣关系或个人关系，而且超越了民族和国家范围。英格兰的介入反映了英格兰的国家利益，而不是国王个人或王室一己的利益。虽不能否认其中也存在封建因素从而使什一税的征收带有一定的封建性质，但两相比较，国税性质显然更加突出。从征收对象看，这次征收涉及领地的全体成员或国家的全体民众。而这些缴纳者的绝大部分，他们的财产来源都与国王无关或几乎无关，这就远远超出了封建税的范围。而征收完毕，税款也运送圣地十字军。基于以上分析，可以认为，这次协助金征收已经具备了国税特征。

---

① S. K. Mitchell, *Taxation in Medieval England*, New Haven: Yale University Press, 1971, p. 114.

② S. K. Mitchell, *Taxation in Medieval England*, New Haven: Yale University Press, 1971, pp. 114 – 115.

1188 年协助金征收，是在耶路撒冷王国陷落的特殊形势下进行的一次有别于 1166 年的更大规模的征收。这次征收由教俗两界财产拥有者以 1/10 税、动产税的名目缴纳，[1] 由并非从国王那里获得财产的广大民众授权，由具有贵族大会议特性的组织批准。而封建税征收，战争通常局限于国内，或局限于具有特殊关系的英法两国之间。这次征收显然不属此类。封建税的征收对象，一定是从国王那里领有或间接领有封土的封建主。但这次征收，显然大大超出了这一范围。而从其他信息看，这次征收是集举国之力，缴纳主体已经不限于封臣，而是全体财产拥有者，其中首先是富人。所以当国王意识到征收对象中遗漏了城市的时候，他首先想到的是城市中的富人。这样一种选择方式显然超越了封建或个人关系，而且征收之广泛，数额之巨大，非一个平常的封建税可比。另外，还有一个现象值得注意，即国王的收入和财产也接受了当地陪审团的估值并按规定缴纳了相应份额。[2] 这就向人们表明，这次征收具有宗教和国家的属性，国王作为基督徒和国家的一分子，也应当缴纳自己的份额。如果是封建税，则这种现象便绝不会发生。而从税款的管理和用途看，税款不是入存财政署，而是交给新成立的专门机构负责管理，以便将税款用得其所。支用的目标是为了收复由多国国王、封建主以及教皇建立的共同国家。

另外，从制税方式看，这次征收也具有迥异于封建税的特点，较 1166 年征收也表现了显著的进步。耶路撒冷王国陷落后，在教皇号召下接连召开了多次宗教会议，英王亨利二世和他的男爵参加了在吉色尔斯（Gisors）召开的第一次会议，并当场决定征收萨拉丁什一税。亨利二世回到英国，紧接着在盖丁顿（Geddington）召集会议协商税收事宜。据编年史家记载，参加这次会议的代表除大会议成员，还有很多普通俗人和僧侣。稍后，又在北安普顿召开了另一个会议，规模更非同寻常，参会人员中甚至包括女修道院的代表。从整个征税过程看，处处体现和发挥了公权的作用。首先，征税要求经过了贵族大会议的协商和授权，这说明是政府而不是国王以封君身份决定征收协助金。其次，所征税项为收益税和动产税，而这些税项通常是国税的

---

① "Ordinance of the 'Saladin Tithe'" (1188), see D. C. Douglas and G. W. Greenway, *English Historical Documents II* (*1042 – 1189*), London: Oxford University Press, 1998, p. 454.

② S. K. Mitchell, *Taxation in Medieval England*, New Haven: Yale University Press, 1971, p. 121.

常用形式。所以米彻尔说，会议决定是以"国王在大会议"的方式做出的，言外之意是这些会议已经预示了未来"国王在议会中"的决策模式。但是大会议的决定对城市显然不具代表意义，为了解决这一问题，国王复令各城市从富有之家推选代表，协商征收事宜，伦敦 200 人，约克 100 人，其他城市也各按人口比例推出一定数量，约定时间地点，分别对 1/10 税的征收决定给予表决。这就使 1188 年协助金的征收推广到了全国，具有了广泛的特征。

萨拉丁什一税的征收在英国教俗两界引起了轩然大波。在人们的反对声还没有平息之际，便发生了 1193 年理查一世被俘事件。于是，英国政府为赎取国王人身又进行了大规模、高额度的征收。这次征收又不同于前两次征收，国王被俘而征收赎金，恰好为封建法的规定提供了典型案例，从理论上说，封建性质应该更加突出。但事实并非如此。这里须明晰，这是一次目标明确的协助金征收。因为按封建法，封君被俘，封臣必须筹集协助金为其赎身。另外还须明晰，这是一次系列性征收。所谓系列首先指一个 1/4 税的综合征收。这方面，编年史家与神职人员都有记录，主教斯塔布斯即说，这是一个涉及教俗两界全部收入或相当于全部财产 1/4 的协助金征收。其次包括收益税和财产税两大税项。收益税按 1193 年一年之内的收入缴纳，财产税则按动产数量估值。根据收入账册残片可知，征收物品主要是粮食。有编年史家也谈到了教堂的金银器皿，西多修会的羊毛等。胡登的罗杰尔（Roger of Howden）还提到征收教士个人收入的 1/4。约克大主教曾试图让他的教士按此比例缴纳，以盾牌钱和卡路卡其的形式征收，但没有成功。① 另外，文献中还出现了一个"10 先令以上"的税项，有史家认为，这可能是另外一种基于收益和财产的税项，也是一种收益税或动产税。编年史家则主张，这个名目的出现与这次赎金数量大、征收难有关。第一次征收没有达到预期目标，小会议不得不诉诸第二次、第三次征收，以至于最后税及教堂的金银杯盏。这样，所谓"10 先令以上"就可以理解了。

这是一次复杂的协助金征收，说其复杂，是指它确实以传统三项中赎金

---

① S. K. Mitchell, *Taxation in Medieval England*, New Haven: Yale University Press, 1971, pp. 124 – 126.

的名义进行征收，而前文所论各项，只是在名义上称为协助金，与传统三项无关。这就给我们分析它的国税性质带来了困难。尽管如此，我们仍然能够清楚地看到它不同于封建税的特点。

这里首先需要把握两点：一是战争性质，这在前文已论及；二是当事人身份。已往研究认为，西欧封建社会包括英国国家建制，形成了封君封臣制和国家臣民制两大系统。受此影响，无论国王还是封臣，都具有双重身份。对国王而言，一为国君身份，二为封君身份。封君封臣制因反映封君与封臣之间的个人关系，所以强调国王的封君身份。即使在封君封臣制的鼎盛时期，封君身份居于主导或突出地位，也并不意味着国君身份受到完全遮蔽或不起作用。事实上，在这一时期，国王身份在很多情况下仍有清晰的表现。与此同时，由于土地的层层封授，受封者相应形成了次第展开的封臣序列。这些封臣与授予封土的封君之间，通过宣誓效忠而结成一种私人关系。而在国家层面，他们与金字塔顶端的总封君又结成一种臣民与国君的关系，虽然这种关系在封建法中也被描述为封建关系，但实际上，对于那些直接封臣之外的封臣来说，他们虽然大多听从授予他们土地的封君的指挥，王权概念似乎从来没有泯没。相对于大陆而言，英王以征服立国，王权相对强大，形成了不同于大陆的封建原则。所谓"我的封臣的封臣也是我的封臣"，正是英国王权相对强大的反映。而由于十字军东征是一种宗教战争、跨国战争，而不是简单的封建战争，英王参与战争除了宗教信仰因素外，还有国家利益等因素，这些都与封建性质无关，或已经超出个人或封建关系的范围。这样，理查一世便是以国王身份而不是以封君身份投入战争，这种身份决定了他被俘后仍然是一名独具国王身份的俘虏，而且是德国皇帝的俘虏。由此深一步讨论，英国以举国之力集资救赎的是国王而不是封君，而且赎金征收的对象也不限于国王封臣，上至教俗贵族下至平民百姓，几乎无一遗漏。而综观整个制征管理过程，首先是启动全国机制，组织贵族会议商讨对策、制定原则；继而进行协商特别是逐层协商、筹划估值征收；而小会议自然承担了收支管理的基本职能；[①] 财政署也专门设置"赎金财政署"以承纳赎金税款，

①　S. K. Mitchell, *Taxation in Medieval England*, New Haven: Yale University Press, 1971, pp. 24 – 26, 171 – 172.

所以财政署卷档中出现了"赎金财政署"（the exchequer of the ransom）专名，[1] 以强调专款专用。诸如此类，都表现了赎金征收的国税特征。前文米彻尔关于这次征收的论述也涉及了政府的作用，而且直接使用了"国税"字眼，[2] 只是他没有意识到其论述掩盖了作为赎金的协助金的本质。而在一般情况下，协助金征收本不需要政府出面。[3] 并不是协助金数额导致了性质的变化，而是赎金本身蕴含着国税性质。虽然协助金征收大多表现为国王与直接封臣之间的征纳关系，但须具体问题具体分析，因国事而征且专款专用，这样的征收自然属于国税范围。构成这个缴纳主体的已经不是封臣，而是所有财产拥有者。基于这种特定的背景，封臣的社会角色也必然发生转换，表现为作为封臣的身份隐退台后，作为国民或国家自由民的身份显现台前。也就是说，封臣是以纳税人或国民的资格与其他纳税人一起缴纳，在身份上与其他纳税人已经没有什么不同。

另外，理查一世被俘之后写给坎特伯雷僧众和他的母后、法官以及封臣的两封书信，也透露出他本人已经意识到这次征收不再是传统意义的赎金，而且数额巨大，筹集艰难。所以他在收信人中列出了执事、自由佃户等一些低级群体。这在此前协助金征收中似不多见，反映了他欲向普通公众征收协助金而又忐忑不安的心理。他请求坎特伯雷神职人员以及他忠诚的封臣带头缴纳，为他人树立榜样，以便他们慷慨解囊将部分财产捐出或向他提供借贷。他说："我们不说给，而宁可说借，……我们将双倍偿还。"这样，如果说国王书信对这次征收的广泛性还仅仅是暗示，那么，小会议在形成决议的时候，已将这种暗示具体化为轮廓清晰的国税，包括了以下项目：1/4 收益和动产税、10 先令及其以上的收入、20 先令的骑士领、西妥教团以及类似宗教组织的羊毛折算，以及王室领地上两个古老的税项丹麦金和任意税。[4] 虽然国王仍然按传统三项理解和阐述这次赎金的性质，但赎金大部则

[1] S. K. Mitchell, *Taxation in Medieval England*, New Haven: Yale University Press, 1971, pp. 25 – 29.

[2] S. K. Mitchell, *Studies in Taxation under John and Henry Ⅲ*, New Haven: Yale University Press, 1914, p. 6.

[3] W. Stubbs, *The Constitutional History of England in Its Origin and Development*, Vol. 1, Sixth Edition, Oxford: Clarendon Press, p. 539.

[4] S. K. Mitchell, *Taxation in Medieval England*, New Haven: Yale University Press, 1971, pp. 172 – 173.

征自普通民众，征收范围覆盖了全国，从而显示了这次征收的国税特征。由于虎落平阳的理查一世一直生活在社会顶层，王位的尊崇使他形成了一种惯性思维，决定了他不能超越那个社会环境，所以书信表达得还比较朦胧，不可能清晰地意识到征收的性质已悄然发生了变化。

再看 1207 年的非宗教征收。这一年，英王的故土诺曼底落入法王腓力二世之手。为了夺回领地，约翰在牛津召集贵族大会议，要求征收协助金。前文已有涉及，约翰的要求在受俸教职那里几次遭到拒绝而致征收最终失败，却从世俗贵族那里获得了一个 1/13 税的授权，以收入与动产为基础征收。须知，参加这次会议的成员都是直接封臣，征收对象却是直接封臣领地上的全体财产拥有者，而直接封臣的领地几乎覆盖全国，这决定了这次协助金征收的广泛性。所以当阿宾顿修道院长为 1/13 税缴纳罚金的时候，约翰却令税吏和郡守逼迫修道院长的骑士和自由佃农缴纳协助金。[1] 对于这次征收，我们可以取得如下认识：如果国王要求的征收范围或对象仅为直接封臣，结果也只是直接封臣缴纳了协助金，那么，便可以认为这次征收具有封建性质。但事实是，在约翰的潜意识里，从法国收复英王领地，显然是与全国人民有关或者是人民自己的事情，符合赋税基本理论中"共同利益"原则。这样，对直接封臣领地上全体财产拥有者征收协助金也顺理成章。前曾论及 1096 年威廉二世为诺曼底战事而征收 10000 马克的事例，那个事例与这次征收具有相近意义，可以佐证我们的认识。而结果也都从那些在米彻尔看来"没有从国王那里获得财产的人们"那里收缴了协助金，而且也大体都作为战费支出。甚至也有西方学者认为，这次协助金征收具有非封建性质。[2] 类似的事例在英国中世纪盛期多有发生。

除以上诸例之外，国王所征大凡与国务相关，如军事远征，无论抵御外敌入侵，抑或是开疆拓土，都代表或在一定程度上代表国家和民族利益。而且在战争之前筹集军费过程中，一般都经过了国王关于战争是否代表"共同利益"的说明，和纳税人或纳税人代表的讨论和同意。这些纳税人代表

---

[1] S. K. Mitchell, *Taxation in Medieval England*, New Haven: Yale University Press, 1971, pp. 177 – 178.

[2] B. Lyon, *A Constitutional and Legal History of Medieval England*, New York: W. W. Norton & Company, 1980, p. 162.

除了国王的直接封臣，还常常包括其他成分，特别是邀请各郡和城市甚至商人代表参加，这在亨利二世时期已开始形成惯例，[①] 从而使制税人员的构成具有了广泛的基础。而所征税款，基于审计的监督作用，也一般或大多能够用得其所。

综上所论，学术界通常所说封建协助金在协助金征收总额中所占比例其实很小。特别是 13 世纪中期以后，即使是它的传统三项，也都必须征求封臣的意见和同意，已经并入其他种类的协助金征收。这样一个结果，或可使以往研究关于国家形态的认识进一步接近实际或趋于客观。过去的研究，可能过多强调了封建的强度而低估了国家的作用。从协助金的征缴可见，无论国王还是民众，对于战争的性质，即无论是主动战争还是被动战争，只要合理，都会被视为国家事务而予以支持。

通过上面几个问题，我们对国内外学界尚缺乏研究的英国中古盛期的协助金及其征收做了概括性探讨。清晰地认识协助金概念，厘清它在英国税收体系中的地位以及运行机理，对于赋税史、财政史、经济史、法律史、军事史、宗教史等研究的意义是显而易见的，对于认识中西封建王权、国家形态和政治体制的意义也是不言而喻的。

第二节　税收习惯问题

西欧中古社会特别是中古社会中期以前，习惯在税法中居于重要地位，我们称之为税收习惯。它不仅在征税活动本身，在日常用语交流、政府文件拟制、政治经济关系运行中都有活跃的表现，并得到了社会各团体各阶层的普遍认同、倚重、遵循和维护。这些习惯都具有重要的法律和制度意义，呈现浓郁的自然法色彩。如果国王或政府违背民意而置习惯于不理，就会激起社会不满，甚至引发冲突和战争。而税收习惯，由于起源于原始社会向文明时代的过渡时期，其中包含了丰富的民主因素。这些因素经过漫长的过滤和沉淀，至中古，已经形成了强劲的机理，

---

① S. K. Mitchell, *Taxation in Medieval England*, New Haven: Yale University Press, 1971, pp. 170 – 171.

具有制度化特征和很强的稳定性。这当然不是说税收习惯形成后就一成不变，但通常很难更改。如果出于社会需要而必须变更，也首先要征得相关人员的同意。变更之后，复形成新的习惯，进而形成新的稳定。由此可见，税收习惯的强劲和对社会关系的有力规范构成了西方中古税制的重要特征，如在英国，税法中充斥着习惯的元素，随着社会变动和历史进步，这些习惯在常轨运行的基础上，通过调适、排异、变通、成文等获得承续与更新，排除易于形成习惯的异质行为，废弃淡出社会需求的旧习惯，吸纳适应社会变迁的新习惯，最终形成了富于特色的税收习惯系统。税收习惯通过鲜明的法律和制度效能干预国家和社会管理，维持财政收支格局，显示了强大的控制力量。

中国则不同，习惯在税制中几乎处于阙如状态。所谓税法，主要指皇帝、政府和财政相关部门发布的关于征税的法律、法令和条例，它规定税项、税率、税额、纳税期限以及纳税人的年龄等事项。自有文字记载以来，关于税法的记录，基本上都是关于人定法的记录，几乎见不到习惯的踪影。

这可从远古时谈起。《史记·夏本纪》载："自虞夏时，贡赋备矣。"[①]这里没说贡赋是怎么形成的，但"备"字表露了人工设计的痕迹。司马迁是汉代人，他以汉人"备"的概念衡量夏代，称夏代贡赋已备，如果没有人的设计，所谓"备"是不可想象的。后来，孟子又说："夏后氏五十而贡，殷人七十而助，周人百亩而彻。其实皆什一也。"[②] 对于孟子的记述，历代学者有不同看法，有的甚至提出质疑，杨伯峻先生在《孟子译注》中即肯定这只是孟子借古史抒发个人的理想，[③] 但"贡、助、彻"是西周以前各朝的租赋制度却是没有分歧的。也就是说，无论夏、商，还是西周，都各自统一征税，夏为"贡"，商为"助"，西周为"彻"，这就肯定了人定法的作用。如果说在西周之前，政府制定税法由于文献记载语焉不详而不十分清楚，那么西周之后，税制趋于完备，政府设计税法而无习惯制约的特征已经十分明朗。西周"以九赋敛财贿。一曰邦中之赋，二曰四郊之赋，三曰邦甸之赋，四曰家削之赋，五曰邦县之赋，六曰邦都之赋，七曰关市之赋，八

---

① 《史记·夏本纪》。

② 《孟子·滕文公上》。

③ 杨伯峻：《孟子译注》，中华书局 2012 年版，第 129 页。

曰山泽之赋，九曰币余之赋"①，其分类之细致，征收之齐全，使巧立名目、刻意而为的人工设计暴露无遗。春秋时代，各国相继"履亩而税"，鲁国"初税亩"，齐国"相地而衰征"，楚国"量入修赋"，皆以土地多寡、土质优劣确定税赋差额；而秦则"以卫鞅为左庶长，卒定变法之令……民有二男以上不分异者，倍其赋……耕织致粟帛多者复其身；事末利及怠而贫者，举以为收孥……为田开阡陌封疆，而赋税平"②。其人定法的特征也非常鲜明。

随着统一国家的形成和专制制度的建立，征税权力悉归皇帝执掌。在税权为皇帝控制的情况下，税法的人工设计已然不是问题，这在前面已有论及。秦统一六国后，"使黔首自实田"，规定"顷入刍三石，二石"，即每顷土地应向国家缴纳饲草三石，禾秆二石，同时，又向民众征收"户赋"和"口赋"。汉兴，承秦之制，"既收田租，又出口赋"。③ 但与秦又有不同，即降低税率，于民休息。而在西东两汉，无论税率是降还是升，全由官府而为，而与习惯无关。高祖规定田赋十五税一，景帝降为三十税一。此外，又征"算赋"、"口钱"与"更赋"。高祖四年，初为算赋，"民年十五以上至五十六出赋钱，人百二十为算"，商人、奴婢加倍。惠帝六年，民女子年十五以上至三十不嫁者出五算。文帝时降为四十钱。武帝因国用匮乏，规定"民三岁以至十四岁，出口钱人二十三"，元帝时则提高年龄至七岁以上征口钱，二十以上征赋。"算赋""口钱"之外，民二十而任徭役，至五十五方免。又可以钱代役，谓之更赋，月出二千钱。通观汉代，都是根据皇帝的意志和经济社会现状确定税项、税率、征收条件等事项。如果是在英国，在西欧，类似的制税记录中一定透露出强烈的遵循、敬畏习惯的信息。由此可见其中的差异。

秦汉两朝在中国历史上具有特殊的地位，它们扭转了春秋战国诸侯纷争的形势而形成了统一国家，结束了学派并立百家争鸣的局面而独尊儒术，更重要的是，确立了中央集权的专制政体。有了统一的政治体制、意识形态和文化传统，国家的一切事务便必然纳入制度系统予以严格管理。如果说在此

---

① 《周礼·大宰》。
② 《史记·商君列传》。
③ 《汉书·食货志》。

之前在理论上由于文化相对原始、制度相对松弛还有遵循习惯进行治理的可能，那么，秦汉以降，这种可能性几乎不存在了。无论是晋初的《占田令》，北魏的《均田令》，唐代的"租庸调法"、两税法，北宋的方田均税法、募役法，还是明代的鱼鳞图册、"一条鞭法"，清代的"圣世滋丁，永不加赋""地丁合一""推丁入亩"，等等，无不由皇帝恩准、降旨或颁布诏令后实施，自然不见尊重习惯、因袭习惯的记录。

税收习惯起源于远古，带有原始民主的浓重色彩，它的承续意味着民主的承续，相反，则意味着民主的消亡。税收习惯的活跃无疑是西欧中古社会赋税协商制与议会授予制直接和重要的原因。同理，税收习惯的缺位与中国中古赋税专制体制的形成也有不可割裂的关系。

税收习惯的强劲和对社会关系的有力规范是西方中古税制的基本特征，这方面，英国的材料尤为集中，且具有典型性，因此，以英国为案例进行讨论，以认识中西中古税制的差异。

一 学术史

通过税收习惯认识英国中古赋税形态是较新的视角，这在国内外学界还未见专门研究。

12、13 世纪，亨利二世的首席法官格兰维尔和亨利三世首席法官布拉克顿分别发表法律论文《论英格兰的法律与习惯》① 和 4 卷本巨著《英国的法律与习惯》。② 迄今为止，两种著作仍然是关于当时社会习俗的最翔实著述。作者都重视习惯的作用，将之与法律相提并论，但关于税收习惯，都很少论及。格兰维尔在讨论协助金时点到习惯问题，但未展开说明。③

17 世纪初，斯图亚特王朝王座法庭首席法官、《权利请愿书》的起草者爱德华·柯克（1552 - 1634）在研究《大宪章》时涉及了习惯问题。柯克

---

① Glanvill, *The Treatise on the Laws and Customs of the Realm of England Commonly Called Glanvill*, edited by G. D. G. Hall, Oxford: Clarendon Press, 2002.

② Bracton, *Bracton on the Laws and Customs of England*, edited by George E. Woodbine, translated with revisions and notes, by Samuel E. Thorne, 4 vols, Cambridge: The Belknap Press of Harvard University Press 1977.

③ Glanvill, *The Treatise on the Laws and Customs of the Realm of England Commonly Called Glanvill*, edited by G. D. G. Hall, Oxford: Clarendon Press, 2002, pp. 112 - 113.

的研究自有他的贡献：他发现了隐含在宪章条文中的王在法下的基本法律原则，他的《判例报告》（Coke's Reports）较多讨论了习惯特别是庄园习惯问题，[1] 但关于税收习惯，涉及不多。

波洛克、梅特兰探讨了英国中古王室法院、地方习俗、庄园惯例等内容，[2] 虽曾探讨协助金问题，如封君被俘赎身、长子立为骑士、长女第一次婚嫁封臣须向封君提供捐纳（下称传统三项）的起源和演变问题，却没有涉及税收习惯。[3] 20 世纪初，霍德沃斯也讨论了传统三项，但同梅特兰、波洛克一样，也没有论及税收习惯。[4]

诺丁汉大学霍尔特教授以开阔的视野研究了《大宪章》问题，1965 年出版专著《大宪章》（1992 年出版修订本）[5]，考察了大宪章事件前后的社会习惯，分析了同侪审判、海外服役、财产继承、土地扣押等问题，资料翔实，观点新颖，是近年研究欧美《大宪章》的佳作，也是继格兰维尔、布拉克顿之后关于习惯问题最多的著作。但他研究的重点在于《大宪章》，而不是社会习俗，更不是税收习惯。

剑桥大学密尔松教授对普通法的历史进行了深入研究，1969 年出版了《普通法的历史基础》（1981 年出版修订版）[6] 一书，集中论述了英国法律制度的历史背景、地产、债务和刑法等内容，大量引据英国中古法律案例，但关于税收习惯却鲜有论及。1985 年，他又出版论文集《普通法的历史研究》[7]，讨论了亨利二世至爱德华三世期间的侵犯罪、妇女继承、法律与事实、商品出售、债务诉讼账目等问题，关于税收习惯几乎未涉及。

在中国学术界，吴于廑研究西欧中世纪前期法律与君权的关系以及日耳

---

[1] Edward Coke, *The Selected Writings and Speeches of Sir Edward Coke*, edited by Steve Sheppard, Indianapolis: Liberty Fund, 2003.

[2] F. Pollock and F. W. Maitland, *The History of English Law*, Vol. 1, Cambridge: Cambridge University Press, 1923, pp. 183 – 187.

[3] F. Pollock and F. W. Maitland, *The History of English Law*, Vol. 1, Cambridge: Cambridge University Press, 1923, pp. 349 – 350.

[4] W. S. Holdsworth, *History of English Law*, Vol. 2, Boston: Little, Brown, and Company, 1923, pp. 66 – 67.

[5] J. C. Holt, *Magna Carta*, Cambridge: Cambridge university press, 1992.

[6] 〔英〕S. F. C. 密尔松：《普通法的历史基础》，李显冬等译，中国大百科全书出版社 1999 年版。

[7] S. F. C. Milsom, *Studies in the History of the Common Law*, London: Hambledon Press, 1985.

曼马克公社的残存问题时，涉及了西欧中世纪的习惯法问题;① 齐延平从法学角度研究 1215 年《大宪章》，涉及了"同侪审判""军役""实体法""程序法"等问题。② 而关于税收习惯，两者或未论及，或虽有关联，也是点到而已。

由上可见，学术界都是在一般或综合意义上讨论英国中古习惯问题，很少涉及税收习惯。本章提出税收习惯的概念，以当时官方文件《亨利一世加冕宪章》《亨利二世宪章》《斯蒂芬宪章》《无名宪章》《大宪章》《大宪章确认令》等为主要材料，从纷乱芜杂的社会习俗中检选相关规定和记录，探讨这些习惯的概念、常态、运行、演进以及记录成文等问题，揭示它们在征税活动中的强大作用，从而认识英国中古中期的税收形态。由于当时的军役实际上是税收的一种，且两者常常混同征收，本章的税收内容便涵盖军役，而税收习惯也可以称为税役习惯。

二 概念

税收习惯是英国中世纪赋税征收的基本依据，是中国学术语境中"税法"概念的基本表现形式，具有法律和制度意义。国王或国家合法的征税活动一般在税收习惯构建的框架内进行。学术界通常以惯例来表述一定条件、一定时段、一定范围的习惯。依笔者的理解，两者之间存在显著差别，不宜混用。惯例强调事物的个体性和分散状，习惯则强调事物的连贯性、整体性和系统性。两者之间是包容与被包容的关系，惯例及其之间的内在关联，共同构成了事物的习惯。基于这一认识，本节以税收习惯来表述英国中古赋税征收所形成的法律和制度依据，由封建综合习惯入手，将之置于习惯网络中，尽可能获得关于这一概念的全面、客观的认识。

英国封建习惯的形成，恰逢不列颠由原始社会向封建社会过渡。其时，欧洲大陆北部和北欧民族正处在原始社会末期。随着民族大迁徙的爆发，不列颠土著居民凯尔特人先后遭到了盎格鲁人、撒克逊人、裘特人和丹麦人的入侵和征服。由于这些民族包括土著居民，都处在由野蛮

---

① 吴于廑:《从中世纪前期西欧的法律和君权说到日耳曼马克公社的残存》,《历史研究》1957 年第 6 期。

② 齐延平:《自由大宪章研究》,中国政法大学出版社 2007 年版。

到文明时代的过渡阶段，习惯或习惯法，在社会生活中具有非同寻常的意义。融合之前，包括土著在内的所有民族都有自己的习惯。融合之后，随着民族界限和隔阂的趋于消失，各族习惯也渐趋混同，形成了一个覆盖全社会的网络系统。

在封建习惯形成的同时，不列颠社会也相应形成了信任、倚重、坚持和维护这些习惯的强烈氛围。民众包括贵族在日常生活中遇到维权、诉讼等问题，通常希望法庭"按英格兰的习惯秉公处理"。霍尔特引据的一组案例很有代表性。罗伯特·德·考特尼和他的妻子为索取某一村庄，出钱要求"根据王国的习惯和法令"进行处理；威廉·德·莫伯雷针对某人宣称对其男爵领地拥有权利的讼案，也出资以求"依照英格兰的习惯"做出公正处理；罗伯特·巴尔多夫则请求国王"依据英格兰的习惯"给他以支持和保护，以免于他的领主的迫害；另外一些人则要求依据王国的习惯审理案件，并抱怨某些行为违背了王国的习惯。① 通常情况下，国王也像民众那样敬畏并遵循习惯。亨利二世首席法官格兰维尔在处理一个涉及国王权力的案件时曾说："我们习惯权利的确立是理性和智慧的，其中并无丝毫过分之处，国王既不愿也不敢违反和修改这些古老的和正义的习惯。"② 所谓"不愿"，反映的是国王对待习惯的常态，而"不敢"，则反映了习惯的强大。国王约翰虽以暴君名世，但也尊重传统和习惯。他所颁发的王室令状就时时流露出对习惯的尊重和敬畏。令状内容庞杂，种类繁多，举凡代理人指定、司法决斗、圣职推荐、义务诉讼、血缘关系等无不涉及，而关键的批示语却如出一辙，或"依据英格兰的习惯"进行，或"依据英格兰的法律和习惯"审理，"依据英格兰的习惯公正处理"，等等。③ 国王政令也明文规定，官员须遵循王国的法律和习惯，约翰即要求他的法官不得因国王在民事纠纷中代表某参与诉讼者签署的任何信件，而做出任何与王国的习惯相悖的事情。而"在习惯和国王命令相抵触的地方，习惯通常具有最终决定权"。④ 国王有时也

---

① J. C. Holt, *Magna Carta*, Cambridge：Cambridge university press, 1992, pp. 92－93.

② 〔美〕C. H. 麦基文：《宪政古今》，翟小波译，贵州人民出版社2004年版，第52页；J. C. Holt, *Magna Carta*, Cambridge：Cambridge university press, 1992, p. 93。

③ J. C. Holt, *Magna Carta*, Cambridge：Cambridge university press, 1992, p. 96.

④ J. C. Holt, *Magna Carta*, Cambridge：Cambridge university press, 1992, pp. 112, 96.

像民众一样通过习惯维护自己的利益，常常批评贵族超越习惯限制他的权利。亨利三世征收协助金，遭贵族拒绝，被责不合经院学者意见，行事专横，治理不善，没有像以前那样依照他们的意见任命宫廷要职。亨利三世也拒绝依从贵族愿望，反责他们违背习惯，损害了他的传统权利，为此而愤然解散议会。①

　　从广阔的习惯网络和强烈的社会氛围中，我们不难寻见税收习惯的大致定位以及国王的征税活动必须遵循习惯的基本原因。所谓税收习惯，即指那个植根、运行于封建习惯网络并与其他习惯错综交织、彼此影响而主要制约、规范征税行为的习惯门类。在这个门类中，部分习惯构成了其他习惯的基础，我们称之为税收基本习惯，即国王以及高级封臣征收赋税和军役通常遵循的各种税收习惯所共有的特征或共同的基础。这种习惯具有鲜明的法律和制度性特征，国王征税必先征求纳税人意见，就征收的品色、额度、方式、对象等征得纳税人同意。前文已经论及，这是一个以贵族大会议为主体或主导、配以不同范围或群体、不同层次或等级的同意序列，包括个人同意和集体同意两种基本形式。个人同意可以是国王或国王代理人直接与各纳税人协商，就相关问题征得同意，例如，国王可以将贵族逐一召入私邸进行个别协商，以得到他的同意和支持；② 也可以通过召开贵族大会议听取个人意见之后进行个人表态而获得同意。这种形式看似集体讨论，但多数人的同意不能约束少数人，出席者的同意不能约束缺席者，③ 实际上仍然是个人同意。集体同意表现为多种形式。一是贵族会议的同意。这种同意又因贵族会议有大小之别而包括两种形式：贵族小会议的同意和贵族大会议的同意。随着国家建制的发展和贵族与王权斗争的深入，这种议事形式逐渐代之以集体的形式。而如前所论，集体表决形成后，多数人的同意便可以约束少数人，出席者的同意可以约束缺席者。但在完全过渡到集体表决之前，个人决定仍然使用。二是公众同意，如男爵、骑士、受俸教职、僧侣、

---

① S. K. Mitchell, *Taxation in Medieval England*, New Haven: Yale University Press, 1971, pp. 210 - 211.

② Refer to "The king is Refused on Aid, 1242", see H. Rothwell, *English Historical Documents* Ⅲ, London: Eyre & Spottiswoode, 1998, p. 357.

③ S. K. Mitchell, *Taxation in Medieval England*, New Haven: Yale University Press, 1971, p. 161.

商人、城市等专门或职业群体的同意，虽然在中古前期，这些同意还具有临时应急的意义。如上所述，同意的习惯具有发散性特点，形式繁多。税款收取之后，主要用于战争支出，而国王和王室的消费，则依靠他自己的收入支付，而不是通过征税解决，即所谓"国王依靠他自己的收入生活"，也形成了相应的习惯。

　　基本习惯之外，税收习惯还包括税项之间的征收习惯，例如，丹麦金、卡路卡其、动产税、协助金、任意税等的征收都各有习惯。而十字军什一税、补助金（subsidy）等产生稍晚，也以税收基本习惯为基础，相继形成了一些新的习惯。

　　各地各族之间的同类习惯存在差异，有些差异甚至长期维持，但税收习惯不同。由于赋税征收涉及纳税个体或群体的切身利益，且有些税项的征收覆盖全体民众或涉及社会全局，社会公正、平等问题显得尤为敏感，所以，即使在封建社会初期各地税收习惯存在差别，也比其他门类呈现出显著的普遍性或一致性倾向。特别是随着王权的加强、国家建制的发展和普通法的形成，税收习惯率先归于一统，从而与其他习惯进一步区别。既然信任、倚重习惯已经形成了强烈的社会氛围，那么，作为国家和社会事业重要组成部分的赋税征收，也必须遵循税收习惯，并相应得到社会各等级各群体的信任和倚重。

　　税收习惯概念密切关联习惯的成文化问题，或者说税收习惯的成文化原本就是税收习惯问题本身，因为我们研究的对象和依据的资料大多为记录成文的习惯。那么，记录成文的习惯是否已经是成文法，抑或仍然停留在习惯法的阶段或状态？习惯的成文化又说明了什么问题？在我们看来，所谓习惯的成文化只是指将习惯记录成文，并没有介入理性因素，因而没有改变习惯的性质。而习惯法发展为成文法，还需要一个漫长的历程。成文法虽包含一定的习惯因素，但主要是法学家研究的结果。这样看来，所谓成文化的意义主要是对古代习惯的保存。未做记录或汇编的习惯，可能永远消失了。比如，由于年代久远，我们考察当时的习惯或习惯法，在很大程度上就是通过成文化的习惯或习惯记录来进行。而且，习惯的成文化只是指很小一部分习惯写成了文字，未成文的习惯仍占据习惯的绝大部分,[①] 在成文部分的未及之处扮演着重要的法律角色。在习惯成文化之前,书写语言尚未产生或功能尚未健全,没有条件进行记录。随着文明的进步,书写语言产生了,书写、记录功能加强了。掌握书写语言的人们为了巩固这些习惯,首先想到的就是将它们记录下来,不仅为了传承,而且为了整齐推广。显然是习惯的强大决定了人们的记录行为,或者说,成文化现象在一定程度上或从某个侧面反映了习惯的强大。成文的习惯涉及的问题虽然重要但有限,一般很难脱离那些未成文的习惯而单独发生作用,所以未成文的习惯仍然蕴含着强大的力量。

税收习惯的记录和编纂,是人类历史发展过程中一定历史阶段的必然现象,任何一个民族和国家都经历了这个阶段。古希腊罗马,中世纪欧陆,阿拉伯伊斯兰文明、南亚次大陆佛教文明、中国古代文明等无不如此。有些地区和国家,甚至留下了著名的习惯法汇编,只是基于地理环境、人种差异等因素的制约而各有不同。但无可否认,在这些国家和地区,随着文明之光的普照,法律编纂很快确立了成文法形式。唯有英国的税收习惯,不仅得以很好保留,而且构成了赋税征收的基本依据或主体,与中世纪共始终,并有力制约了近现代的税法,文本之众多,影响之深远,力量之恒久,是世界其他国家和地区无法比拟的。如果说不列颠税收习惯法的汇编和颁布、其他国家和地区税收习惯法的反衬和烘托,都在一定程度上凸显了不列颠税收习惯法的繁荣和强劲,为我们的研究奠定了客观的基础,那么,12、13 世纪的法学家关于习惯的解释、法律和习惯关系的说明,以及后世相关学术研究,则反映了人们对不列颠强大的税收习惯的日益客观的认识,这些认识无疑为我们的研究提供了有力的学术支持。

三　常态

常态是指在社会安定、没有战争或虽有战争却无君臣矛盾或冲突的条件下税收习惯的正常运行状态,通常表现为国王以宪章的形式确认往昔或先王的习惯,国家的制税、征税等活动正是以此为法律和制度依据而循序进行。

---

① Refer to F. Pollock and F. W. Maitland, *The History of English Law*, Vol. 1, Cambridge: Cambridge University Press, 1923, p. 183.

诺曼征服以降，历代国王都十分注重对税收习惯的维护和循守，特别是对古老习惯或先王习惯的确认。征服者威廉即曾参照盎格鲁－撒克逊人的传统编订法律，从英国各郡召见代表，调查寻访，[1] 收集相关习惯，之后便颁布了《威廉一世法》，其中规定："那些在英王爱德华时代遵循了英国人习惯的法国人，须根据英国法律缴纳居民税（scot and lot）。"[2]

从亨利一世起，历代国王都发布了关于往昔或先王税收习惯的确认令。亨利一世即位时颁布了《亨利一世加冕宪章》。这是西方中世纪史研究的著名文本，在王室令状中具有特别意义，人们认为，"它后来被引用为一个重要的先例。作为封建习惯特别是盎格鲁－撒克逊诸王和他们的直接封臣之间的关系的证据具有特别的资料价值"。[3]《亨利一世加冕宪章》针对习惯、邪恶税金和自由做了重要规定，特别强调了他的父亲威廉一世、兄长威廉二世（亨利一世的三哥）和先辈的规定。第1条说："王国一直受到不公正勒索的压迫。"所谓勒索，即指前任国王征收苛捐杂税，正是这些征收违背了古老的习惯并形成了邪恶的习惯。因此，亨利一世宣布："废除一切一直不公正地压迫英格兰王国的邪恶的习惯"。第8款说："任何男爵或我的封臣被处罚金，他将不会被迫把不动产作无限量抵押，像我的父亲和我的兄弟那时所做的那样。但他只根据法律判罚的程度赔付，像我的父亲之前和我的先辈所做的那样。"第13款说："国王爱德华法律已经过我的父亲与男爵协商而修改，现在对你们恢复实行。"[4] 所谓爱德华法律以及他的父亲与他的男爵所做的修改都是"祖宗之法"，而整个加冕宪章突出习惯的地位和意义，以谴责的口吻指斥勒索的无端和邪恶，这就反映了国王征税活动对税收习惯的维护和遵循。

由于《亨利一世加冕宪章》居于特别的地位，斯蒂芬、亨利二世都进

---

① W. S. Holdsworth, *History of English Law*, Vol. 2, Boston: Little, Brown, and Company, 1923, p. 154.

② "The Laws of William the Conqueror (1070 – 1087)", see D. C. Douglas and G. W. Greenaway, *English Historical Documents II* (*1042 – 1189*), London: Oxford University Press, 1998, pp. 431 – 432.

③ "The Coronation Charter" of Henry I (5 August 1100), see D. C. Douglas and G. W. Greenaway, *English Historical Documents II* (*1042 – 1189*), London: Oxford University Press, 1998, p. 432.

④ "The Coronation Charter" of Henry I (5 August 1100), see D. C. Douglas and G. W. Greenaway, *English Historical Documents II* (*1042 – 1189*), London: Oxford University Press, 1998, pp. 432 – 434.

行了确认。斯蒂芬的确认令有两个。一个可能颁布于 1135 年斯蒂芬加冕之时，其中说："我已向我的英格兰男爵和臣下赐予并通过这个宪章确认我的舅舅、英王亨利赐予和授权的一切自由和良法。我也赐予他们在国王爱德华时期业已享有的所有良好的法律和习惯。"① 这个确认令极简短，全部内容都在于突出习惯、法律和自由的地位，以及对他的先人的崇敬和忏悔者爱德华法律的重视。而爱德华法律以及亨利一世所赐自由、法律，在他们各自的时代便都是习惯的反映，在斯蒂芬时期甚至可以称"古老的"习惯了。另一个确认于 1136 年，其中说："……我承认并宣布教会的豁免权，这些权利业已通过他们的特许状得到确认，他们自古以来一直遵守的习惯将仍然不受侵犯。我也承认教会自我的外祖父威廉时期就已拥有的财富及其占有权，无论是现行的还是过时的，都将免于征敛和诉讼。""我将保有我的外祖父威廉和我的舅舅威廉确立和维持的林地为我所用。""我废除一切苛捐杂税、非正义非人道以及诉讼过程中因援引惯例出错而强征的罚金（miskenings）。""我将遵循良法、古代的正当的习惯来征收关于谋杀、诉讼以及其他事项而发生的钱款。"② 与 1135 年确认令相比，除了宣布继续遵循、维护古老习惯外，这里又增加了两个新的内容：一是承认教会对他们的财产的永久性占有和免于征敛及诉讼；二是关于王室林地的保有和维持。前者显然针对国王的勒索和邪恶税金的征敛；后者则表明国王也在借助习惯的力量维护他的权益，宣布王室对林地的所有，警告那些不法封臣的侵占和骚扰。

　　亨利二世 1154 年确认令完全模仿斯蒂芬的格式："我已经承认和恢复并通过这个令状向上帝、神圣的教会以及我的全体伯爵、男爵和臣下（vassal）确认我的祖父亨利王业已承认和让与的所有特权、赠品、自由和自由的习惯。同样，对于亨利废除和减轻的全部恶习，我也以我和我的继承人的名义予以减轻和废除。因此，我将要而且坚定地命令，神圣的教会和我的全体伯

---

① "Charter of Stephen Addressed Generally（probably 1135）", see D. C. Douglas and G. W. Greenaway, *English Historical Documents* II（*1042 – 1189*）, London：Oxford University Press, 1998, pp. 434 – 435.

② "Charter of Stephen Addressed Generally（probably 1135）", see D. C. Douglas and G. W. Greenaway, *English Historical Documents* II（*1042 – 1189*）, London：Oxford University Press, 1998, pp. 435 – 436.

爵、男爵和臣下自由地、不受干扰地、全部、公正、和平地从我和我的子孙处，为他们自己和他们的子孙拥有并坚持这些习惯、赠品、自由和免于钱款的勒索，正如我的祖父亨利王通过他的宪章向他们承认和让与的一切一样。"[1] 从本质上说，亨利二世的确认令与斯蒂芬是一致的，都在于强调维护和遵循"祖宗之法"，但涉及的当事人群体显然更加广泛，措辞也更加考究，更有力度，从而进一步反映了亨利二世遵循和维护习惯的意志。

通过征服者威廉一世、亨利一世、斯蒂芬、亨利二世等对盎格鲁-撒克逊时期的税收习惯、亨利一世加冕宪章的确认令以及确认令里关于忏悔者爱德华、征服者威廉的涉及和说明，我们已经获得了一个关于历代国王遵循、承续、维护习惯、废除邪恶税金、保障自由的清晰脉络。而历代英王以确认、恢复、维护习惯、废除邪恶税金、巩固自由为主要内容的宪章及其确认也自然成为贵族与约翰斗争的有力武器。

税收习惯确认之后，国王的征税活动通常在业已确认或虽未纳入确认范围却已形成传统的税收习惯的框架内进行。这就是首先遵循基本习惯，召开贵族大会议，召集主要纳税人或纳税人代表开会。会上，国王或国王的代理人提出征税要求并陈述征税理由，以取得参会人员的同意。继而，就征收的税类、品色、数量等进一步争取参会人员的同意。由此，我们便可以获得一个关于正常状态下税收习惯表现和运行概要的认识。

四 调适

调适是指国王在现有税收习惯框架内所征税款无法满足王室或国务开支而采取的解决问题的临时措施，表现为国王对税收习惯的适度突破。而这种突破，因没有触及习惯的底线而通常可以得到民众特别是贵族的容忍和理解。问题解决后，习惯并没有因此而发生变化，特别是没有形成新的习惯。

国王确认习惯并在习惯框架内依法循序征税是事情的常态，但常态并不意味着国王与民众之间不发生任何摩擦。这如同广袤的海面，即使在风平浪

---

[1] "Charter of Henry Ⅱ Addressed Generally (19 December 1154)", see D. C. Douglas and G. W. Greenaway, *English Historical Documents Ⅱ (1042 - 1189)*, London: Oxford University Press, 1998, pp. 439 - 440.

静的日子，也无时不荡漾波纹，没有波纹的海面是不可想象的。习惯的常态也如此，其中不时夹杂着一些摩擦，便需要解决，关系才能理顺，社会才能发展，历史才能进步，这就是本题要讨论的调适。

国王在赋税征收中确认并遵循习惯是必然的，但遇到摩擦怎么办？如果仍循习惯行事就可能无助甚至阻碍问题的解决。国王是一国之君，必须依靠强大的财政支持维护领土完整和开疆拓土。而英格兰国王又是法国国王的封臣，因而在法国还拥有广袤的领地，同样需要通过征税筹款征召军队予以维护。这就决定了国王违背习惯的可能性。而习惯从某种意义上说又是一个僵死的东西，面对新的情况而拒斥变通。但国家事务浩繁，无时无刻不在发生变化，这必然与习惯发生矛盾。那么，当变化业已发生或即将发生、国王不得不适应新的形势而违背习惯的时候，赋税又如何征收呢？民众特别是贵族是否给予配合呢？这里涉及王权和贵族的关系问题。我们必须承认，从基本的方面说，两者是相互依存的。国王是贵族的代表，贵族必须依靠国王实现利益的最大化。反过来，国王也必须依靠贵族巩固统治，实现他的政治抱负。而贵族又是一个有识见的精英群体，自知在这个国家的地位和责任，因而并非总是为了一己之利而丧失大体。这一切决定了贵族和国王的对立冲突具有一定限度。表现在税制上，便是贵族可以接受习惯的某种程度的变更，而这又时有发生，致使贵族不时做出让步，赋税征收文书中便开始出现"不成先例"的表述，久而久之，这种表述便转化为一种习惯用语，我们称之为"习语"。而每遇此类情况，双方也都知趣，贵族做出让步，给予同意，国王也做出相应承诺，保证"不成先例"，并向纳税群体寄发特许信件（letters patent），立誓以后不做同类征收。这在亨利三世的征税体制中，几乎变成了一种程序。

1224 年，爆发弗克·德·特雷奥泰起义，国王的一名法官被拘，囚禁贝德福城堡。大会议遂决定展开围攻实施救援，国王于是向高级僧侣征收协助金。按惯例，不经高级教职同意，不能征收协助金。部分僧侣可能给予同意，但属个人同意而不是集体同意。于是国王声明，这次征收是个体而不是全体教职授予他卡路卡其。约克大主教和德若姆主教最初未在其内，但后来也做了捐纳。围攻期间，有许多个人捐纳，后又有一些联合捐纳。国王于是寄发特许书信，宣布这次征收不能构成未来征收的先例。① 1226 年加斯科尼战役，国王向受俸教职征收 1/15 税遭拒。后又向教皇求助，教皇遂致函英格兰教会劝纳，大主教斯塔芬因而提出缴纳 1/12 或 1/14 税的计划，国王遂宣布不成先例。据塞利斯伯里教会记录，该教会曾召集全体教士开会，就是否授予、授予多少、怎样防止成为先例等问题进行讨论。1226 年 10 月，大主教复召集教堂堂长（deans）、执事长（archdeacons）以及未与会的代表在伦敦开会进一步讨论此事，才最后决定授予 1/16 税，1227 年 2 月和 1228 年 6 月各缴纳一半。国王因此发布特许状，宣布此次授予不成先例。②

1229 年和 1230 年，国王曾连续两次向教会征收盾牌钱，欧美学术界通常将前者称布列塔尼盾牌钱，后者称普瓦图盾牌钱。由于两次征收都触犯了习惯，一开始就遭到主教们的拒绝，后经协调，才同意以协助金代缴，每个骑士领 3 马克，并强调这些缴纳与军队征召无关。既然获得了授予，国王也就给教会寄去特许书信，承诺下不为例。同时说，他的权力既没有提高也没有降低。③ 1235 年，亨利三世又复征盾牌钱，为约翰的第二个女儿即亨利三世的姊妹伊莎贝拉结婚置办嫁妆。但伊莎贝拉不是约翰的长女，不能享受封建协助金。亨利三世于是召开教俗大会议，遂获得授权征收盾牌钱，每个骑士领 2 马克。高级教职似乎单独与国王进行了商谈，双方达成协议以不同名目缴纳。他们收到国王特许状，说此次征收不成先例。④

需要注意，国王向僧侣征收盾牌钱，意味着征收新税，目的在于扩大征收范围，增加收入。这显然有违习惯，因为僧侣从没有也不能缴纳盾牌钱。按教会理论，教士是上帝派驻尘世的代表，职责是侍奉上帝。而国王是俗界

---

① S. K. Mitchell, *Studies in Taxation under John and Henry III*, New Haven: Yale University Press, 1914, p. 157.

② S. K. Mitchell, *Studies in Taxation under John and Henry III*, New Haven: Yale University Press, 1914, pp. 169 – 171.

③ S. K. Mitchell, *Taxation in Medieval England*, New Haven: Yale University Press, 1971, pp. 208 – 209; S. K. Mitchell, *Studies in Taxation under John and Henry III*, New Haven: Yale University Press, 1914, pp. 189, 192.

④ S. K. Mitchell, *Studies in Taxation under John and Henry III*, New Haven: Yale University Press, 1914, pp. 208 – 209.

的领袖，他的权力甚至由教皇分予，[①] 因此只能受教会支使而不是相反。可是，教士从国王那里领得了土地，与之结成了封君封臣关系，按封建法，封臣必须向国王服役。而盾牌钱的缴纳，也仅仅意味着军役折算为钱款，并不能改变服役的性质。教士如向国王缴纳盾牌钱，岂非违背了教会理论？于是为了协调折中，就以协助金代之。而协助金，顾名思义，为帮助之意，便合于情理。显然，免服军役免纳盾牌钱是教会的特权，无论在教会，还是在国王，都已形成传统，既是传统，国王必须遵从。所以我们看这些案例，在国王一方，是违背了习惯；在教会一方，则维护了习惯。这一点，国王很清楚，所以给教会寄去特许书信，承诺这类征收都不成常例，同时说，他的权力既没有提高也没有降低。结果是国王获得了税款，也遵循了习惯；教士则维护了习惯，也保守了尊严。

如果说向教会征税常遇到一些宗教禁忌，那么，对世俗封建主的征收则师出有名。但即使如此，国王也必须常常面对新的情况而不得不触犯习惯。1237 年，国王在伦敦召开大规模会议，要求征收 1/30 财产税，说负责收入的官员缺乏诚实不负责任，致使他的婚姻和他姊妹的婚姻花费巨大，透支了国库。这个要求引起了强烈反对，国王最终不得不以重颁《大宪章》的苛刻条件获得授予，而且发布特许书信，宣布此次征收不成常例，发誓永远不会再征这种综合协助金（a general aid）。[②] 1297 年，爱德华一世征收动产税，承诺他绝不会把这次征收作为先例，除非经过共同体同意，他不会再征收这种赋税。这一让步获得了效果，马上被授予一个 1/9 税。[③] 需要注意，这两次征收特别是第一次，对世俗封臣而言，显然意味着习惯的突破。1237 年之前，这种税项都是针对教职征收，而这次则不限于教职，也对世俗领主征收，这便有偏离习惯的倾向。而由于亨利三世承诺"不成常例"，较好地遵守了诺言，所以此后 60 年间，约无同类征收。而爱德华一世也不得不承诺下不为例了。

---

① J. H. Robinson, *Readings in European History*, Vol. 1, Boston: Ginn & Company, 1904, pp. 72 – 73.

② S. K. Mitchell, *Studies in Taxation under John and Henry Ⅲ*, New Haven: Yale University Press, 1914, pp. 214 – 219; S. K. Mitchell, *Taxation in Medieval England*, New Haven: Yale University Press, 1971, p. 163.

③ S. K. Mitchell, *Taxation in Medieval England*, New Haven: Yale University Press, 1971, p. 163.

国王对习惯的适度突破，民众大多可以容忍和接受，只要承诺"不成常例"，问题便有望解决。反过来，国王在这些问题的处理上也通常比较理智和得体。与东方文化不同，国王容忍贵族大会议或参会个人对他的批评、对他要求的拒绝，甚至对他的顶撞和挑战。他并不认为这种批评、拒绝、顶撞是对国王威严的冒犯。相反，在他看来，这次拒绝了，下次再提出来，下次拒绝了，再等下一次，问题总要得到解决的。何况，只要要求合理，贵族大会议和参会个人大多能够顾全大局，以国家利益为重。

在我们理解，"不成常例"虽然在事实上突破了习惯，却不能说国王不尊重和敬畏习惯，特别是联系前文关于国王令状中反复出现"依据英格兰的法律与习惯"行事的表述，便可以清楚地看到，所谓突破习惯，其实是不得已而为的下策。而在不得不为的背后，对传统的敬畏和遵循仍然发生重要作用，所以一定承诺"不成常例"。这恰恰是国王面对强大的习惯而小心翼翼的表现。在某些情况下，国王也不是不想修正甚至改变习惯。如据我们观察，"不成常例"大多是在财政急需、征收频繁的情况下做出的承诺。那么，为什么财政急需、征收频繁就一定宣布"不成常例"呢？道理很浅显，现行征收模式空间狭窄，可选择性可操作性太低，难以在同一时段多次征收同一赋税或一次性征收巨大税额以满足需要，更容易引起民众的不满。但是大势如此，虽不愿超越雷池，却又不得不铤而走险。正是这种两难之境迫使国王"另辟蹊径"，巧立名目，这就反映了他的某种突破习惯的心态。但即使如此，他仍然小心翼翼，举步唯谨，依照习惯征取相关人员的意见，这也反映了习惯的强大。总之，突破习惯的既成事实并非说明习惯脆弱可欺，或国王力图推行专制主义。相反，它恰恰证明了习惯的强大。对国王来说，不仅在心态而且在行动上表明了他对习惯的敬畏和遵循；对民众或贵族而言，则说明他们的坚持和努力维护了习惯。

五　排异

英国中古税收习惯具有一定的民主精神，这主要表现为国王的征税要求须经过一定范围的纳税人讨论，因此，拒绝国王征税的事情时有发生。所谓排异，正是指这种精神排斥与其相抵触的强征行为的介入，这种强征行为可称之为异质行为。当国王为了王国抑或自己的利益不得不违背习惯，而民众特别是贵族又拒不让步、调适或"不成常例"的承诺不再奏效的时候，税收习惯便借助民众或贵族的力量抵制或制止国王的征税活动，冲突甚至战争遂不可免。如果说"不成常例"的宣布还只是显示了习惯柔性的一面，那么，冲突和战争的发生则表现了它刚性的一面，从而显示了税收习惯排斥异己的强大力量。而冲突或战争一旦爆发，便往往以国王的失败和习惯的巩固而告终。这里以 1215 年事件为案例，揭示和分析这些习惯排斥异质行为的强大力量。

1215 年事件的发生具有深刻的经济文化背景，是一系列事件连锁反应的结果。国王约翰频繁违逆或突破习惯，导致了贵族的不满和暴动，最终在刀剑逼迫下签署了以限制王权为基本精神的《大宪章》。事件发生的原因十分复杂，但税收习惯问题无疑是最重要的部分。约翰计划收复诺曼底，为此，他必须筹集足够的战费和征召足量的骑士。筹集战费尤为重要，因为按封建习惯，封臣可以获免军役，而有充裕的钱款，便可招募雇佣军以代之。从当时约翰的行为看，他仍然惮于习惯的力量，慑于征收新税，而只是在传统封建税的基础上提高税率。例如，为远征普瓦图，他挖空心思广泛征敛。征收盾牌钱，每个骑士领 3 马克。这个比例虽史无前例，但征收所得仍不敷使用，所以又滥征继承金、结婚税并催清债务。霍尔特详细列举了当事人的名字和缴纳或清偿的数额，[①] 从中可见约翰是如何违背习惯加重贵族负担而激化矛盾的。他用担保人的方式偿清债务，如在规定期限不能偿清，就对担保人实施扣押，甚至将债务人监禁，以此勒索当事人赎金。如仍不奏效，就在毫无法律依据的情况下剥夺部分甚至全部财产、扣押人质、没收城堡、强占土地。结果，很多封臣既承担了军役，又缴纳了盾牌钱。布汶战争失败后，以北方男爵为重要力量也包括他自己册封的一些贵族，都强烈要求他确认忏悔者爱德华宪章和亨利一世加冕宪章，废除邪恶税金。编年史家记载说："这是他们每个人和所有人的声音和意见，他们将发誓保留领主的房屋，对于教会和王国的自由决不让步。"大部分贵族已经联合在一起，宣称坚决保护教会和王国自由，如约翰拒绝确认，他们就诉诸武力。[②] 贵族和国

---

① J. C. Holt, *Magna Carta*, Cambridge：Cambridge University Press, 1992, pp. 190 - 192.

② J. C. Holt, *Magna Carta*, Cambridge：Cambridge University Press, 1992, pp. 223 - 224.

王的斗争陷入僵局，双方都上诉罗马教廷。英诺森三世遂以严格的法律程序介入争端。教皇的权威虽受到双方拥戴，但问题并没有解决。事态进一步升级，由对峙、谈判终于发展到内战。

考察 1215 年事件可见，北方男爵始终是一支活跃的力量。他们领导了贵族暴动，带领贵族联盟与王军对峙，坚持约翰确认《亨利一世加冕宪章》，组织伦敦谈判，积极推动《大宪章》起草、签署和颁行。而北方男爵之所以如此活跃，在于约翰违背习惯强制服役、勒索邪恶税金。他们认为，他们的职责只是负责北部边疆安全，没有义务异地服役，更没有义务远征法国诺曼底，负担沉重的协助金和盾牌钱。①《大宪章》第 12、14、16、55 款关于协助金、盾牌钱和罚金的规定，② 即与北方男爵密切相关。关于邪恶税金的规定，也是北方男爵和英格兰贵族的共同要求。所谓邪恶税金，以盾牌钱为例，约翰即位以来已有多倍增长。有统计显示，1154—1199 年的两代国王统治时期，盾牌钱增长了 11 倍。而约翰 1199 年即位后至 1215 年《大宪章》颁行时仅 16 年时间，也增长了 11 倍。③ 理查一世的征收最低时只有 10 先令，最高不过 20 先令。而约翰 1199 年加冕首次征收即为 2 马克，高时达 3 马克。④ 可见约翰统治时期盾牌钱增幅之大。而且斯蒂芬和亨利二世关于《亨利一世加冕宪章》的确认令，即把邪恶税金作为废除的首要对象。⑤ 这在英格兰的历史上已经形成了习惯。如此，仅邪恶税金一项，已经怨声载道，再加上其他恶政，贵族的反叛也就势所必然了。

教会是 1215 年事件中另一支重要力量，这支力量以罗马教皇英诺森三世和坎特伯雷大主教兰顿为代表。英国事务涉及教廷直接利益，也事

---

① S. Dowell, *A History of Taxation and Taxes in England*, *from the Earliest Times to the Present Day*, Vol. 1, London: Frank Cass & Co Ltd, 1965, p. 42.

② 12, 14, 53, Magna Carta, 1215, see H. Rothwell, *English Historical Documents Ⅲ*, London: Eyre & Spottiswoode, 1998, p. 318.

③ 〔英〕安东尼娅·弗雷泽：《历代英王生平》，杨照明、张振山译，湖北人民出版社 1985 年版，第 54 页。

④ S. Dowell, *A History of Taxation and Taxes in England from the Earliest Times to the Present Day*, Vol. 1, London: Frank Cass & Co Ltd, 1965, pp. 41 – 42.

⑤ "Charter of Stephen Addressed Generally (1136)", see D. C. Douglas and G. W. Greenaway, *English Historical Documents Ⅱ* (1042 – 1189), London: Oxford University Press, 1998, pp. 435 – 436.

关基督教世界的稳定，所以英诺森三世对事件给予了密切关注。由于教皇身在罗马，鞭长莫及，具体事情多由他在英国的代表坎特伯雷大主教兰顿处理。协调工作大量涉及英国的军役和赋税问题，对此，教皇和大主教一再强调要依靠习惯去解决。英诺森三世在贵族和国王的斗争陷入僵局时，以双方一致拥戴的最高评判者的身份，依据英格兰的法律和习惯介入争端。他先后写了 3 封书信予以调停，一方面劝说男爵接受国王关于服役的要求，因为支付免役金是英格兰的古老习惯，他们和先辈一直都在按照这一习惯履行义务；另一方面告诫国王不要不经审判就实施剥夺扣押，同级贵族审判也是英格兰的古老习惯。① 约翰接受了教皇的劝诫和调停，承诺废除他和理查一世设立的邪恶税金，而且将他父亲亨利二世设立的那些税项交付讨论而后决定它们的存废，并向教皇保证不会拘捕反叛贵族或剥夺他们的权利，而是将他们交给他们的同侪依据王国的习惯进行处分。但是，英国贵族与国王的矛盾由来已久，许多问题难以马上得到解决，对于这些问题，教皇主张提交英国王庭按照王国的法律和习惯通过裁判解决。教皇深谙英国习惯的力量，所以在协调过程中屡屡强调按习惯行事，且把问题的最终解决寄托于英国的法律和习惯，也收到了预期效果。

兰顿秉承教皇意见介入争端。而教皇是依据英国的法律与习惯处理双方矛盾的，所以兰顿也必须如此。更重要的是，兰顿本人一向倚重习惯，无论是面对王权维护教会的利益，还是平时处理教会事务、世俗事务以及教俗之间的矛盾和纠纷，都是如此。而且他深知，只有倚重英国的法律与习惯，这些矛盾才有望化解。所以当约翰征召北方男爵远征普瓦图而遭拒绝后欲以武力迫使他们服从时，兰顿以约翰的行为不合习惯而劝说和阻止。② 有意思的是，编年史家在《亨利一世加冕宪章》发现的问题上巧做文章，利用时人无法确知、发现真相的便利而将之归于作为教皇代理人的兰顿。据霍尔特考

---

① "Pope Innocent Ⅲ Declares Magna Carta Null and Void, 24, August 1215," see H. Rothwell, *English Historical Documents Ⅲ*, London: Eyre & Spottiswoode, 1998, pp. 324 – 326. J. C. Holt, *Magna Carta*, Cambridge: Cambridge university press, 1992, pp. 230 – 231.

② S. K. Mitchell, *Taxation in Medieval England*, New Haven: Yale University Press, 1971, pp. 189 – 190.

证，兰顿的发现纯属子虚乌有，不仅时间上前后错置，与其他编年史家比较也可发现，他其实并没有看到原始档案。而查阅原始档案如帕里斯者，却并没有提及这一重要事件。因此，霍尔特称之为温多佛谣言（Wendover' rumour)。① 但对我们的论题而言，这却是一个合乎逻辑、富于价值的创意。从当事人的角度看，将宪章的发现归诸大主教入情入理，不仅因为这类文件存于大主教卷档是当时最具可能的收存方式之一，因而大主教一般具有发现宪章的便利条件，而且他一直倚重习惯的力量，让他来发现男爵们追求的目标并鼓动他们逼使约翰予以确认更顺理成章。从贵族的角度说，宪章的发现与他们的要求相契合，而温多佛谣言将之归诸大主教必然增加贵族要求确认宪章从而维护习惯的说服力。这样，温多佛谣言便反映了一种时代文化精神，这就是信任、倚重习惯的力量。

面对强大的"反叛"力量，身处劣势的约翰不得不重启谈判，结果自然可想而知。在教会和贵族两种力量形成的强大阵容面前，约翰不得不在《大宪章》文本上签字。回顾整个事件可见，相对于习惯，约翰显然代表了一种异己的力量，他倚势独行，一再违逆众意，终于突破了习惯的底线；教俗贵族则代表了习惯和传统的力量，遇到异质行为自然奋力反击，终致王权惨败，从而显示了税收习惯的排异力量的强大。

六　变通

变通是指税收习惯在一定条件下为了适应新的形势而自身发生的变化。这种变化不同于前文所说的调适。变通侧重于一般性意义，尤指习惯本身发生了一定程度的变化，或形成了新的习惯。变通的价值在于为税收习惯与时俱进、顺应和推动社会进步和历史发展创造条件。

对习惯的信任、倚重、维护和遵循，在一定意义上反映了社会各等级、各群体强烈的法律意识，从而在一定程度上显示了英国中世纪的文化特色。但如果从另一个角度观察这种现象，它又似乎意味着循规蹈矩和故步自封。因为习惯的职责是维护既有，固守传统将人的行为和活动局限在业已形成的规制之中。这种规制在基本方面当然是积极的，对于孕育新的因

① J. C. Holt, *Magna Carta*, Cambridge: Cambridge university press, 1992, p. 224.

素也具有重要作用。但社会发展到一定阶段，它的一些消极甚至反面作用会暴露出来，在维护积极因素的同时，也往往在维护陈规陋习，表现在赋税上，便是维护财政体制的过时因素。这样，对习惯的信任、倚重、维护和遵循，便存在一个保守与发展的悖论问题。在这种悖论中，如果一味强调遵循习惯，维护传统，就必然限制发展。作为一国之君，国王管理的是现实的国家，国家的现实几乎无时无刻不在变化、需要革新和发展，这在本质上便与某些习惯相抵触，因而要求对这些习惯变通甚至改新。

英国中古习惯拥有良好的变通机制，主要表现在两方面。一是随着社会的发展，一些旧的习惯不再为人们所循守，逐渐背离历史发展淡出社会需求而被人们遗忘。随着这些习惯的消失，一些新的习惯逐渐形成，从而适应和满足了新的需求。二是对税收习惯自觉清理，这通常经过一定范围的讨论和表决，而后通过国王的令状宣布废止。清除对象包括一些陈旧习惯，也包括一些邪恶习惯。前文所举《亨利一世加冕宪章》《斯蒂芬宪章》《亨利二世宪章》等文本中关于邪恶习惯的废除，就是这种自觉清理的典型案例。

描述和分析英国中古前期盾牌钱或免役金的形成和演变路线，可以进一步了解税收习惯的变通机制，说明它的意义。此前军制规定，封臣为领主服军役，一年40日。这一规定在当时颁行有它的理由，因而在一定程度上满足了战争之需。但随着岁月的推移、战争规模的扩大和时间的延长，它日益滞后于战争实际。至亨利二世统治时期，特别是国家之间的战争，常常旷日持久，岂是40日就可以结束？但按封建法，封臣服役期满就可以退出战场，而不论战争胜败或是否结束。显然，这一规定已经成为军事制度的陈规陋习，必须改革。但怎么改？延长服役时间吗？那样肯定会激起封臣的不满，有可能导致改革的失败。缩小骑士领面积从而增加骑士领数目吗？那同样会激起封臣的不满，从而可能使改革受阻。事实上，习惯的变通机制很早就开始发挥作用了，只是因为条件不够成熟而效果不够显著。11世纪末，王权已经开始对那些不愿和不能服役的封臣实行一次性现金征收，以代替军役。这里必须说明，封臣带领一定数目骑士为领主服役已经形成习惯，无论什么理由，只要未完成义务都可视为对习惯的违背，而所谓一次性缴纳现金以代军役即是封君对不能服役的封臣的处罚，这不仅指俗界男性封臣，而且包括教职和妇女。[①] 但无论采取什么措施，每次远征总有一些封臣不能从军，这已经成为突出的现实。为适应这一现实，亨利一世开始按领地大小以骑士领为单位，对那些不能服役的封臣实行一次性征收，这就为进一步推行免役金整改创造了条件。为了使征收更有实效，亨利二世对骑士领数量进行了大规模调查，[②] 并将按骑士领征收免役金的方法进一步推广。波洛克和梅特兰并不同意将盾牌钱整改归于 1159 年亨利二世改革的传统观点。[③] 而我们猜测，这种征收的原始文件或已散佚或毁坏，但在亨利二世时期盾牌钱得到推广并形成制度却是不争的事实。1156 年、1159 年和 1165 年的几次征收，在财政署卷档中都留下了记录，使我们有可能了解到征收的一些实况。他将封臣服役时间按骑士领数目和时价折算为免役金，然后用征收所得支付军费或组建雇佣军。但对国王来说，仅仅将盾牌钱推广使用并不能根本解决当时的财政问题，历史的发展需要更多赋税而不仅仅是军役。于是我们看到，这时的盾牌钱事实上已经转化为赋税，与原初意义的盾牌钱并行使用了。这样，从 11 世纪一次性征收，经亨利一世以骑士领为单位实施局部征收，到亨利二世全面推行，再到盾牌钱演化为赋税，这一过程涉及了多个阶层、多个群体的切身利益，更关联经济和社会发展的大局，而牵涉其中的各方都顺理成章地参与了调整，从而使盾牌钱的演变走出了一条健康的、适于发展的路线。

既然变通的过程适于发展，那么，这种变通就一定带来积极效益。事情也正是如此。综观整个过程，11 世纪的征收可能使国王初步感受了征收免役金的优越，但由于这种变通在当时尚属无奈之举，国王的感受还可能是朦胧的，模糊的。亨利一世按骑士领征收无疑为免役金的调整创造了条件，但产生的效益还是局部的，既不可能从根本上改变旧的军制，更不可能对社会经济产生广泛影响，也没有形成利益各方认同的制度。亨利二世的整改最富成效，这是一举多得的变通，相关人员都从中受益。对国王而言，他不再承受陈旧的军制之累，由于雇佣军的组建，不再受时间的限制，从而免除了战场

---

① F. Pollock and F. W. Maitland, *The History of English Law*, Vol. 1, Cambridge：Cambridge University Press, 1923, pp. 268 – 272.

② S. K. Mitchell, *Taxation in Medieval England*, New Haven：Yale University Press, 1971, p. 5.

③ F. Pollock and F. W. Maitland, *The History of English Law*, Vol. 1, Cambridge：Cambridge University Press, 1923, p. 267.

的后顾之忧，提高了战争的胜算，而且可以将折算所得转为军费，灵活方便；对封臣来说，如果不愿服役，可以钱代役，将原本用于战争的时间用于其他，经营牧羊业或从事种植业，从而将折算所失转化为经营所得。

英国中古税收习惯就是在这样的状态中运行、演进，淘汰、荡涤了陈旧、邪恶的习惯，催生、强化了进步、公平的习惯，在一定意义上保证了历史的健康发展。

正因为存在变通机制，循守习惯便具有了重大的法治意义。也正因存在这样的变通机制，素以循守传统名世的英国中古社会，才保持了较快的发展速度。不仅表现为生产力的提高，生产方式的进步，更表现为政治制度的革新。而作为这种发展的集中表现，是早在 13、14 世纪，便产生了资本主义萌芽，从而开始了国力腾飞。

七　成文

前文从概念上讨论了税收习惯的成文化问题。作为一种历史现象，税收习惯的成文化早在盎格鲁-撒克逊时期已开始，且经历了漫长过程。随着民族大迁徙的终结和北欧民族的相继定居，一些习惯陆续写成文字。仅从留存下来的资料便知，关于盎格鲁-撒克逊人的习惯，记录的文本就不下十数种，而颁布的法令更不计其数。其中有些立法或法令就包含了当时的税收习惯。盎格鲁-撒克逊人很早就形成了这样的原则：所有供纳都必须遵循习惯而实施，依据当事人的意愿而确定。[1] 如前所论，在英吉利海峡对面，诺曼人也有相似的习惯，无论领主还是国王，不管征收实物还是钱款，都必须尊重或遵循这些习惯。这种文化上的相近或相似性，构成了两岸税收习惯的共同基础。诺曼征服后，王权又先后将一些税收习惯记录成文。前已论及，征服者威廉在英格兰建立统治后，即派人到各郡调查收集盎格鲁-撒克逊习惯法资料，并据此制定《威廉一世法》，责令法国人依据英国习惯缴纳居民税。在颁行法律的同时，威廉一世又实行属人原则，保留、使用了盎格鲁-撒克逊人的习惯。而属人原则的基本精神，就是尊重

---

① S. K. Mitchell, *Taxation in Medieval England*, New Haven: Yale University Press, 1971, pp. 158 - 159.

被征服者的习惯，这使征服后的不列颠法律编纂和司法活动呈现出多元并存的局面。此后，历任国王都效仿或参考前朝编订法典。这些文件都包含了关于税收习惯的记录，虽历经变迁，年代渐远，所谓法律，仍然无出各朝习惯法范围。

但税收习惯大规模成文还是在《大宪章》诞生的时代，它的起草和颁行则是这次大规模成文的标志。1215 年事件接近尾声，胜利一方遂依据习惯将他们的诉求写成文字，并经国王签署而付诸实施。这一标志性事件不仅进一步显示了税收习惯的强大力量，而且预告了它的长盛不衰，无论在当时还是对后世都产生了广泛而深刻的影响。

前文论及，从本质上说，写成文字的东西不过是对习惯的记录，但文本的力量终究大于人类记忆和口头表达，特别是经国王签署之后，就更是如此，这注定了一些习惯必然记录成文。《大宪章》诞生的时代，历史条件已经远异于盎格鲁-撒克逊时代。彼时文明风貌尚称原始，而这时已有长足发展。尤为重要的是，这次成文的使命在于排斥和清理异质案例，比如前文所论基本习惯如"共同同意"，即作为单独条款赫然列入《大宪章》文本。而这一条款的列入，不仅排除了约翰的巧取豪夺形成习惯的可能，对后来英国和欧美各国政治制度也产生了深远的影响。

《大宪章》作为英国中古前期最负盛名的法律文本，可以说处处显示着习惯的力量，洋溢着习惯的精神。文本共 63 条，几乎每条都涉及税收习惯问题，其中，第 2、3、4、12、13、14、15、16、25、29、41、43、46 等条都是针对或密切关联赋税征收习惯的规定，涉及的税项包括：继承金、未成年人所继承土地的征收物、应付款、盾牌钱、协助金、传统三项、伦敦协助金、劳役、军役、各种罚金、租金等。① 此外，还有多条涉及罚金问题，实际上是针对国王的额外征敛，在本质上与赋税相类。这里试对几个典型条款做些分析。

第 2 条处分直接封臣的遗产继承问题。继承人如按习惯缴纳继承金，即可继承全部遗产。继承金金额为：伯爵爵位 100 镑，男爵 100 镑，骑士领

---

① "Magna Carta, 1215", see H. Rothwell, *English Historical Documents Ⅲ*, London: Eyre & Spottiswoode, 1998, pp. 316 - 324.

100 先令。① 条款明确指出，这些继承金的金额乃由习惯形成。关于伯爵、男爵的继承金，《大宪章》颁布之前通常为 100 镑，虽不排除有时高于这个金额，但条文所列，基本与习惯相合。② 关于骑士领的指标，当时从国王处领得收回的土地（escheat，因无继承人或没收而归还国王的土地），按习惯，通常支付 100 先令，即 5 镑。③ 这也可以从格兰维尔的法律论文中得到佐证：男性继承人只要达到法定年龄，宣誓效忠，并依据王国的习惯提交 100 先令继承金，便可继承全部财产。并说这是索克曼份地一年的价值，而这个价值是合理的。④ 但如前所述，约翰在进行普瓦图战役之前，向男性继承人勒索的继承金多者为上万马克，少者亦达数千马克。这就不仅是对习惯的"违背"，甚至是无视和践踏了。而通过《大宪章》的颁布，被突破了的习惯又得到了矫正和恢复。由于直接封臣去世之时继承人有可能还未成年，《大宪章》又做了第三条规定：对于未成年的继承人予以监护。而继承人一经成年，监护人须将遗产悉数退还，且不可收取继承税。⑤ 因为监护期间，土地转归监护人管理，一应收入也由其收取。其他财产，亦由监护人使用和支配。

　　第 12 条是关于协助金和盾牌钱的规定。除了传统三项外，条款申明，未经全国协商同意不能征收任何协助金和盾牌钱。⑥ 其要旨可归纳为 3 点，即强调传统三项的习惯性，3 项之外协助金和盾牌钱征收的习惯性，以及协商、同意的重要性。对于占据优势的贵族反对派来说，传统三项之外的协助金和盾牌钱征收当然不能由国王任意而为，因为这本来就是贵族起事的目标所在。之所以做出明文规定，意在提醒国王必须按习惯行事，如欲获得授权，就必须征得全国（实际上主要是征收对象代表特别是教俗贵族）同意。

　　① "2, Magna Carta, 1215", see H. Rothwell, *English Historical Documents Ⅲ*, London：Eyre & Spottiswoode, 1998, p. 317.

　　② J. C. Holt, *Magna Carta*, Cambridge：Cambridge university press, 1992, p. 301.

　　③ J. C. Holt, *Magna Carta*, Cambridge：Cambridge university press, 1992, p. 298.

　　④ Glanville, *The Treatise on the Laws and Customs of the Realm of England Commonly Called Glanvill*, ed, G. D. G. Hall, Oxford：Clarendon Press, 2002, p. 108.

　　⑤ "3, Magna Carta, 1215", see H. Rothwell, *English Historical Documents Ⅲ*, London：Eyre & Spottiswoode, 1998, p. 317.

　　⑥ "12, Magna Carta, 1215", see H. Rothwell, *English Historical Documents Ⅲ*, London：Eyre & Spottiswoode, 1998, p. 318.

这种通过协商征得同意的解决方法，原本也是习惯积累、演化的结果。更重要的是，起事贵族并未因控制局面就为了一己之利而无视和践踏习惯，做出"报复性"规定。他们特别重视征税过程中的协商和同意，但关于传统三项，却未强行纳入协商、同意之列，虽然事实上，这些征收要求已经纳入贵族大会议或专门会议的讨论。这样，关于传统三项的征收，他们仍然遵循了习惯。突出了传统三项的重要性，也就突出了习惯的重要性，似乎在表明：国王为一己之利可以无视和践踏习惯，但他们却不能像国王一般见识，国王不仁，他们却不能不义。虽处强势地位，仍能循守规矩，这在一定意义上反映了起事贵族对习惯的持守。

此外，该款还规定，传统三项的征收额度必须适中合理。伦敦作为王国的中心，协助金的征收也必须按习惯与全国一致，这是对习惯的重申。

如果说第 12 款主要强调传统三项征收的相关事宜，那么第 14 款则强调传统三项之外的征收必须经过协商和同意，并对协商、同意的操作规程做了说明：王室须致函各大主教、主教、修道院院长、伯爵、男爵等，或通过郡守、市政官通知直接从国王处领得土地者；信函内容须包括开会时间、地点和征收理由，并盖有印玺。① 在我们看来，协商、同意是赋税征收所依据的赋税基本理论的核心内容之一，是赋税征收活动的最深层次的问题，是西方传统文化精神的集中反映。协助金、盾牌钱的征收与否、额度大小、名色类别等，虽都有相关习惯赖以遵循，但这类习惯的最深层次当为协商和同意的税收基本习惯，正是后者决定了前者的存在。

正因为协商、同意是税收习惯的最高层次，征收行为又错综复杂，同意的形式也必然多种多样，这在前文已经论及。《大宪章》作为一个具有宪法特征的文件，自然难以面面俱到，而仅仅涉及集体同意一种形式，这就为认识和理解赋税征收习惯以及它对社会的控制力量增加了难度。

但是协助金和盾牌钱不仅为国王所征收，甚至不仅为国王的直接封

---

① "14, Magna Carta, 1215", see H. Rothwell, *English Historical Documents* Ⅲ, London: Eyre & Spottiswoode, 1998, p. 318.

臣所征收。国王之下，伯爵、男爵、大主教、主教、修道院院长以及他们之下的封臣等都征收，而且合乎封建法理。因此，既然针对国王做了规定，自然也要针对相关人员做出规定，于是有了第 15 款：相关封臣被俘赎身、长子立为骑士、长女第一次婚嫁，可以征收协助金。但在此之外，无论何人，都不可向自由人征收。① 显然，这种规定与前面贵族必须服从传统三项的征收习惯具有相似性质。虽然以强势控制了国王，贵族仍能以古老习惯约束自身，而这种习惯对他们的利益而言又显然有限制作用。本款还规定，所征额度必须合理。这不仅与第 12 款没有不同，而且也是习惯的表现，与格兰维尔以及《财政署对话》的记录完全一致。

　　第 16 款为额外服役专款。规定：无论何人，都不可强迫领有骑士领和据有自由地者在正当份额之外服役。② 封建制度建立以来，额外服役特别是海外服役，一直是困扰国王与封臣关系的棘手问题。前引 1197 年"牛津会议国外服役之争"即围绕额外服役问题展开。休伯特·瓦尔特代表国王召集大会议协商组建远征军、征收协助金实施军事远征、进攻法王腓力·奥古斯都事宜。他的建议遭到了林肯主教和塞利斯伯里主教的激烈反对。前者说，林肯主教教座一直是在英格兰境内而不是出境服役，他不能同意提供骑士远征诺曼底。林肯骑士在境内服役是林肯主教辖区的传统。在这里，林肯主教实际上是依据习惯提出了反对，因为此前所服军役都是在国内，而这次要求是去法国，自然违背了习惯。另外，这次会议仍然遵循个人同意而不是集体表决的原则，实际上也是遵循了习惯。而组建远征军实施军事远征恰恰违背了这一传统。林肯主教的意见得到了塞利斯伯里主教的支持。他说，他绝不做对教会不利的事情，他支持林肯主教的意见。③ 1213 年，当约翰征召北方男爵远征普瓦图时，男爵们宣布说，根据他们对土地的占有，他们的义

---

① "15, Magna Carta, 1215", see H. Rothwell, *English Historical Documents* Ⅲ, London：Eyre & Spottiswoode, 1998, p. 319.

② "16, Magna Carta, 1215", see H. Rothwell, *English Historical Documents* Ⅲ, London：Eyre & Spottiswoode, 1998, p. 319.

③ S. K. Mitchell, *Taxation in Medieval England*, New Haven：Yale University Press, 1971, pp. 175 - 176.

务是保卫北部边境，不受这种军役的约束，约翰强令异地服役，远征法国诺曼底，并负担协助金和盾牌钱，[①] 显然违背了习惯。第二年5月，约翰出征普瓦图失败，欲征盾牌钱，北方男爵以不欠海外役务为由再次拒绝了约翰的要求。[②] 约翰试图以武力迫使北方男爵服从，却受到了坎特伯雷大主教兰顿的劝说：如非经过同侪评判，他不应对任何人动用武力。言外之意是约翰的行为不合习惯。但约翰不受劝阻，以致兰顿不得不威胁说，除了国王本人，他将对所有武装进攻别人的人实施绝罚。这才使约翰不得不改变主意，确定时间出席法庭听取同等贵族的评判。[③] 同侪审判原为当时的司法习惯，这里用之于国王过度征收协助金和海外服役案件的审理，从而使赋税征收习惯获得了强大助力。时隔100年，当1297年贵族起草《大抗议书》反对国王远征弗兰德尔时，同样利用了习惯的力量。《大抗议书》说，远征弗兰德尔史无前例，他们的父辈和祖先都未曾在此服役，他们也没有这个义务。[④]

上述案例中，无论林肯主教、塞利斯伯里主教，还是北方男爵、兰顿大主教，他们都生活在习惯编织的网络之中，他们的行为都在于遵循、维护这张网络。无论谁改变习惯，都会引发争论甚至经久不息的斗争。由于英王领地横跨海峡两岸，实行"跨海而治"，额外或海外服役事例频发，相关争论也就比较多见。可以说，这是两个因习惯而引发争论的非常典型的案例。《大宪章》第16款就是针对这类事例或争论出台的，具有非常明确的指向性。只是需要说明，用"保守"和"革新"来对这些行为轻易定性、看似正统化的判定都有可能违背实际。

上述诸款都是针对国王和教俗封臣的协助金、盾牌钱的征收，涉及面较

---

①　S. Dowell, *A History of Taxation and Taxes in England*, *from the Earliest Times to the Present Day*, Vol. 1, London: Frank Cass & Co Ltd, 1965, p. 42.

②　S. Dowell, *A History of Taxation and Taxes in England*, *from the Earliest Times to the Present Day*, Vol. 1, London: Frank Cass & Co Ltd, 1965, p. 42.

③　S. K. Mitchell, *Taxation in Medieval England*, New Haven: Yale University Press, 1971, pp. 189 - 190.

④　"Remonstrances in 1297", see H. Rothwell, *English Historical Documents* Ⅲ, London: Eyre & Spottiswoode, 1998, p. 469 - 472.

窄。第 25 条①则按行政区划针对中下层民众征收，涉及各郡、百户、市镇等，具有普遍意义。而依据当时赋税征收的实际推测，这种征收可以包括协助金、动产税、什一税、土地税、丹麦金、卡路卡其等，涉及面极广。对这些征收，条款规定，都必须按习惯进行，不可增加。此外，第 41 款还专门针对国内外商人做出规定，如能遵守传统和习惯，可免于邪恶商税的盘剥。在这里，习惯被用于商人的奖惩，其意仍在强调习惯的法律功能。

这样，通过上述诸款的规定，按习惯征税的原则如同一张巨网，覆盖了社会各等级、各行业、各群体，从而进一步显示了习惯的强大。

1215 年事件尘埃落定后，特别是立足亨利三世统治时期反观这一过程，我们很容易发现，前曾一度被约翰突破的习惯，经过教皇的协调，特别是教俗贵族的矫正以及《大宪章》的颁行，大体维持或恢复了原状，以至于亨利三世时期所遵循的习惯大多仍然为约翰时期的习惯。而如将视野放宽些，视线拉长些，我们还会发现，《大宪章》和《大宪章确认令》的反复颁行，正是习惯强劲有力的集中反映。据 17 世纪英国王室法庭首席法官柯克统计，《大宪章》和《大宪章确认令》的重颁高达 32 次之多。② 而由于《大宪章》本身就是由习惯或成例构成的，这些重颁自然就意味着对习惯的维护和延伸。而教俗贵族、城市市民、各郡骑士的行为，不过是这种习惯制约的结果。但他们很难认识到，他们所做的一切，以及历代英王关于前任宪章的确认和存续，表面上看是为维护自身的利益，实际上则是在维护习惯和传统，不自觉地充当了习惯延续和维护的执行人。这又反映了中古前期习惯的力量。

税收习惯的运行和演进产生了广泛而深远的影响，主要表现在以下几个方面。

第一，为社会营造了强烈的法治氛围。在国王与民众特别是贵族的博弈中，国王既然确认了习惯，就通常必须率先垂范遵循习惯；反过来，当贵族

---

① "25, Magna Carta, 1215", see H. Rothwell, *English Historical Documents* Ⅲ, London: Eyre & Spottiswoode, 1998, p. 319.

② F. W. Maitland, *The Constitutional History of England*, Cambridge: Cambridge University Press, 1946, p. 16.

要求抑或逼使国王信守习惯时，他们自己也必须信守习惯。如此，必然形成良性互动，而整个社会也就形成了强烈的法治氛围。正因如此，我们通览中古中期的赋税史时便可见，国王在绝大多数情况下是遵循习惯的；在某些情况下发行了特许书信，宣布征收"不成常例"；在少数情况下较大程度地突破了传统和习惯，但未得到授予，征收失败。像 1215 年、1297 年事件的发生，可以说绝无仅有，结果仍以习惯的胜利而告终。这样的统计虽显粗疏，却有助于我们概括国王遵守税收习惯以及社会形成法治氛围的大致程度。国王如此，贵族也如此。他们依据习惯向国王或国家纳税，时刻提防国王突破习惯，《大宪章》《大宪章确认令》等文件的颁布正是贵族维护习惯、社会形成强烈的法治氛围的有力证明。12、13 世纪王室法学家格兰维尔和布拉克顿以"英国的法律与习惯"命名自己的著作，并将习惯与法律等量齐观，则进一步证明了这种法治氛围的强烈。我们常说西方社会是法治社会，通常就是指这样一种意义。而现代法治社会正是从古代起步而后在漫长的历史过程不断积淀、承续、自新而形成的。

第二，推动了普通法的形成。诺曼征服后，封建法占据主导地位。随着王权的加强，封建法日益退缩，普通法逐渐形成。在这一过程中，税收习惯发挥了重要作用。前文论到，税收习惯不同于其他门类的习惯，由于赋税征收涉及纳税人的切身利益，社会公正平等问题显得尤为敏感。因此，即使在封建法占据主导地位的情况下，税收习惯也较民族习惯、宗教习惯、婚姻习惯等呈现出显著的普遍性或一致性倾向。国王对世俗封建主征收盾牌钱，对教俗封建主征收协助金，征收对象通常是散居各地的全体封建主，而不是限于哪个或哪些地区，因而呈现出显著的全局性特征。向广大民众征收土地税和人头税，则更是一种高密度全方位的赋税征收。而当国王以宪章或令状的形式确认某一税收习惯如"共同同意"的基本习惯或协助金、盾牌钱等各税项的征收习惯的时候，那么，这些习惯实施的对象是整个国家，意味着在全国范围内推行。而这些习惯一经写成文字，对普通法的形成必然产生强大的驱动力量。由于赋税征收的对象具有普遍性特点，税收习惯在所有门类中可能最有利于普通法的形成。随着王权的进一步加强，税收习惯率先归于一统，从而较其他习惯更有力地推动了普通法的形成。密尔松论及习惯法时说："构成普通法内容的，就是那些社区实体的习惯。"在另一处他又说：

"普通法，即全英格兰在所有的事情上都适用的一种单一性的规则。"[①] 密尔松实际上是强调了习惯的两个层次，首先强调习惯与普通法的关系，但并非所有习惯都可以构成普通法，构成普通法的只是那些在"全英格兰所有的事情上都适用的一种单一性的规则"。这就强调了习惯的普遍性和全局性对普通法形成的重要性。而税收习惯无疑具备了这样的特性，因而对普通法的形成具有重要意义。

第三，推动了议会的产生和国家建制的发展。不同时期的国家都有相应的政府机构。盎格鲁－撒克逊时期已有比较成熟的王权以及与之相配的政府组织，诺曼征服后，又相继形成了御前会议、贵族会议等机构，13世纪前期，更出现了议会组织。在这些机构和组织的形成中，税收习惯无疑发挥了重要作用。税收是国家的命脉，政权的巩固、机构的运行、军队的维持，必以征收赋税为先为大。而征税在英国中世纪的特定条件下，必须先与纳税人协商，取得他们的授权或同意，这就意味着纳税人必须参加国家的税收活动，久之，必然形成相关组织。如果说上述国家机构的形成与税收习惯的运行密切相关，那么，议会以及议会上下院的形成和确立，则可以在更大程度上说是税收习惯运行的直接结果。前曾论及，税收习惯中曾经包含个人同意的部分，即同意的决定只约束表达同意的个人。个人同意是时代的需要和产物，但它的成本显然大大高于集体或共同同意，而效果却相反。所以为了征得共同同意，国王在王宫召见纳税人或纳税人代表，后来便催生了议会。议会最初的职责可能仅仅是批准国王征税，后来虽也处理一些司法事务，但长期显然以制税占据主导。即使在爱德华一世统治时期，召开议会的目的也大多是争得纳税人代表的同意，以支持他的征税要求。对贵族征税如此，对民众征税也必须按习惯召集城乡代表开会，获得他们的同意。最初，城、乡代表相对于教俗贵族代表单独集会，后来，便形成了议会的下院。而随着城乡代表的参加和上、下院的形成，议会得以最终确立。

第四，奠定了国家建制的分权制衡格局，避免了权力的集中和专制政体的形成。任何一种王权，都具有天然的集权、专权倾向。但是只要政治体制包含了一定的分权制衡的框架，这种倾向就可以得到改变甚至遏制。如上所

---

① 〔英〕S. F. C. 密尔松：《普通法的历史基础》，李显冬等译，第4页。

论，不列颠的税收习惯使纳税人很早即在相当程度上掌握了税权，也就在相当程度上控制了王权，这本身即蕴含着制衡的因素，且为进一步分权创造了条件。后来产生了议会，而议会由纳税人或纳税人代表组成，因此它最初的职责仍然是批准国王征税，但不久即获得了一些司法职能，遂强化了制衡力量，也同时限制了权力的集中。两院制的确立更强化了分权制衡的力量，避免了专制政体的形成。而英国中古政体的演进，也就走出了一条不同于同期东方国家特别是中国的道路。

结　语

　　本书在梳理中西中古赋税制度研究的学术史的基础上，对中西中古税制主要是两者之间的差异进行了比较。可以说，其中涉及的问题都是赋税制度史的基本问题，因而涵盖了中西中古赋税制度的基本内容。在尽量占有赋税史资料和掌握个案研究的基础上，本文构建了比较中古税制史研究的框架，力求以赋税基本理论统领赋税制度的基本问题，将涉及的内容有机地结合为一个整体。通过对这些问题的比较，希望对中西中古税制及其差异有一个比较全面的认识。

　　赋税理论是赋税征收、管理和支出的基本依据，这包括两个层次，一是深层理论，是指经过累世传承而贯穿整个社会，并反映这个社会赋税制度基本特征和基本精神的那个最高层次的理论；二是表层理论，是指由赋税基本理论派生出来的一些具有一定技术性的具体理论。我们将深层理论称为赋税基本理论。一种赋税基本理论，可以派生出几种或多种专项理论。提出赋税基本理论概念的目的在于揭示中西中古税制运行的内在理路，同时建立一种适用于中西中古社会赋税制度的解释方法。

　　中国中古税制的基本特征早在《尚书》所反映的远古社会已露端倪。后来《诗》对此进行了概括，进而形成了宗法君主论、家天下和王臣王土说的赋税基本理论。所谓"溥天之下，莫非王土，率土之滨，莫非王臣"，正是这一赋税基本理论的集中说明。既然天下与人民都属皇帝所有，皇帝当然有权按照自己的意志进行任何处分，赋税征敛、支用，税款管理，税制改进、改革、完善等无不由皇帝控制和决断。而人民只能被动地接受和执行朝廷的决议，不能也不会提出自己的意见，更不必说通过纳税应该获得某些权利进而参加国事管理。受赋税基本理论的制约，中国中古社会似乎没有也不需要专门的制税组织，相关事务由中央财政部门负责处理，然后由皇帝决定。在赋税管理上，中国中古社会基本上采取帝室财政与国家财政分理的模式，通常有两套系统。但在具体实践中，这种制度却形同虚设，经常发生两者相互调配以及国家财政调配远超于帝室财政的现象。但无论是帝室财政接济国家财政，还是国家财政调配帝室财政，都反映皇帝的同一心态，这就是由赋税基本理论衍生而来的天下财富都归皇帝或皇家所有的观念。这样，所谓分理体制也就在相当程度上流于形式。受赋税基本理论的制约，中国中古赋税收支主要是强权收支，预算内、预算外收支由皇帝决定。

西方中古税制的基本特征则植根于罗马、基督教和日耳曼文化。基于"涉及众人之事由众人讨论决定"的习俗或传统，西欧中古时代形成了"共同利益""共同需要""共同同意"的赋税基本理论。受赋税基本理论的制约，税权大体由某一权力集体执掌。在英国，这种权力集体曾先后有贤人会议、贵族会议、国会等组织。法国等西欧其他主要国家也依次形成了类似的组织。国王可以参加某一权力集体的制税，却一般不可独立行事。而征税能否进行，怎样进行，也一般遵从这些组织的决定。国王要征税，首先要征求纳税人意见。纳税人可以同意国王的要求，也可以更改和否定国王的要求，这就使纳税变成一种权利。通过这种权利，纳税人可以获得某种补偿，并进而参与法律拟制，参加国家管理。在这里，民主的含义有多种表现和不同范围的表达：在表决方式上，形成了个人同意、贵族同意和议会同意；在征收方式上，形成了个人协商、集体协商和议会协商。受赋税基本理论的制约，西欧在中古社会前期主要是特权收入，后期在特权收入之外主要是协议收入。与此相适应，税款支出也主要是协议支出。纵观中古社会，西欧税制因强调法制原则，注重纳税人意见而具有相对鲜明的民主程序化特征，并由此形成了一条逐步合理化的发展路径。这与中国税制史的演变大致呈相反走向。

中西中古税制的基本特征又与法律或法制问题密切相连。在中国，由于帝位至高无上，历代王朝似乎没有专门针对皇帝的成文立法。因此，也似不存在皇帝违法犯法的问题。所谓皇帝罪己，主要是一种道德自责，并无法律意义。而所谓法律，也便由皇帝或在皇帝的控制下制定，为皇帝执掌，而立法的根本目的在于控制臣下和子民，维持社会秩序，巩固君主统治。另外，关于赋税的征收支用，虽然皇帝颁布了太多的律令，但并不以此为重，且常常朝令夕改，前后相违，甚至苍黄反复，出尔反尔。这样，中国中古税制在法律意义上便表现出随意性的特征。由于皇帝封官设爵往往随心所欲，常常出现"冗官现象"，所谓"民少官多十羊九牧"，正是这种"冗官"现象的真实记录，终致机构臃肿，官俸高涨。官员到任后，国家必须通过增税来支付他们的俸禄，由此对税制造成了直接影响。而与封官设爵相比，赏赐吏员更是司空见惯。关于对外战争，皇帝的喜怒哀乐等情感变化常常产生重要作用，因而给国家财政带来沉重负担。制度是什么？是在一定时空内定型化或凝固化、规范和限制人的行为的规制。它靠什么维系？靠立法。因为没有针对皇帝的立法，或如上文所言王位凌驾于国法之上，皇帝对自己的律令常常置之不顾，所谓制度，也只能是专制制度。这就是中国中古税制的基本状况。

西方则不同。税制中首先包含针对国王的立法。本书多次论及的英国的《大宪章》《大宪章确认令》《牛津条例》，法国的《大敕令》，等等，即是这类立法的典型。这些立法甚至都具有宪法特征，因而较法律更加稳定。虽然国王时有违背，因而与相关权力集体形成对立或冲突，但与中国毕竟不同。需要强调的是，这些文件中都有关于赋税基本理论"共同利益""共同需要"，特别是"共同同意"的规定。虽然官位的设置亦由国王决定，但官俸的发放须由王室也就是国王个人收入而不是国税收入支付。所以，国王要设置官位必须充分考虑他的收入状况，这就不会出现或在相当程度上避免了中国式的"冗官"现象，从而影响或损害纳税人的经济利益。至于宣战，国王通常征求纳税人意见，如遭到纳税人或纳税人代表的否定，则战费无从筹集，军队难以集结。所以，在西欧中古税制中很少有随意性特征。

中古社会赋税收支的性质和特点与帝王、国家、政府三者之间的结合方式密切相关。学术界通常将中古中国概括为"家国一体"或"家国同构"，实际是指皇帝、国家与政府的三位一体。一些西方学者则把西欧中古政府称为"私人政府"，是指政府具有一定的私人性质，因而国王在一定程度上代表政府。但国家的概念非常淡漠，虽不能说国王难以代表国家，却也可以认为，在相当长的时间内，无论作为一种事实还是一种信念都是相当微弱的。

正是基于帝王、国家、政府三者之间的结合方式的重大差异，中西中古赋税收支呈现出迥然不同的特征。在中古中国，财政收入主要是强权收入。西欧在中古前期主要是特权收入，后期主要是协议收入。与此相适应，中古中国赋税支出也主要是强权支出，而西欧则主要是协议支出。随着专制制度的强化，中古中国赋税收支的强权性质日趋加剧。西欧则因强调法制原则，注重纳税人意见而具有一定程度和一定范围的民主内涵，并由此形成了一道逐步合理化的发展路径，这与中国的变化大致呈相反走向。

纵观中西中古赋税史，如果将赋税结构划分为农业税和工商税两大部类进行考察，则可以发现以下现象：在中古初期，中西赋税征收都以农业税为主体。中国从春秋战国至南北朝，人头税占据税收总额的绝大部分，而人头税基本上为农业所出。西方中古社会税收情况不尽相同。英国以土地税起始自无问题，但欧洲大陆情况有别，在中古社会前期，由于封建纷争，赋税征收缺乏定制，但以农业税居首也是可以肯定的。随着中古社会的发展，中国沿中古初期的路径向前发展，赋税结构仍以农业税占据主导。西欧则背离了中古初期的走向，转而以工商税作为财政基础。进入中古晚期，中国赋税结构的演变再一次证明了农业税无可争议的地位，这时发生的几次重大赋税改革，无一不是加强了农业税的地位，大大提高了农业税在财政收入中的比例。这里可以提出一个主税项走势的问题。中国经明末"一条鞭法"的推广至清代"摊丁入亩"的实施，最终将人头税并入田亩征收，从而确立了土地税一税独大的地位。这样直到清末，中国中古社会的工商税始终未能超越土地税而成为税收体系的主项，从而未能实现主税项的转换。而在比较的视野中，由于出口商品主要是原料，且国内商品中具有矿产性质的税收率占据主导，中国中古社会也未能形成一种健康的工商业经济结构。这不仅严重影响了主税项的走势，而且使工商税体系本身呈现出严重的质量问题。西欧如英国、西班牙仍以工商税居于主导，即便是法国，炉灶税虽然在赋税诸项收入中一度位居第一，但认真剖析这些税项的来源，仍然清晰可见农业税居工商税之次。判断一种赋税结构是否健康，当然不完全取决于制成品出口的比例。在一定条件下，制成品甚至工商税比例的低下也不妨碍经济发展呈现健康的趋向。英法两国各有自己的具体情况，但中世纪中后期的经济发展中都呈现了健康的态势。综览中西中古税制，可以获得以下总体性认识：大体说来，中国中古税制乃是一种农本型税制，西方则是一种工商型税制。这就是中西中古社会赋税结构演变的基本差异。这一结论的形成可以回答同是传统农业社会，为什么中西方形成了迥然不同的经济政策体系的重大问题，可以推进国家行政权力配置的阶级特性、中古社会的不同类型等理论问题的研究，也可以修正中古农业国家必然以农业税作为政府财政基础的传统认识。

　　税收的起源与发展有其自身的规律，受这种规律的制约，中古社会的基本税项如农业税、工商税、关税等的形成和发展具有历史的必然性，所以中西中古社会都出现了这些税项，而且在一定时期和一定范围内都居于主税项的地位。但是，基于历史、社会乃至自然条件的差异，有些税项或税收现象可能只出现或存在于一方，而不见于另一方。这正是马克·布洛赫比较史学所强调的比较研究中的特性。研究这种特性，可能更有助于我们对历史事物或现象的观察和理解。正是基于这一认识，本书对中西中古税制中的突出特性，即西欧中古税制特别是英国税制中的特色税项协助金、特色税法和税收习惯进行了研究，揭示了它们的地位和作用，这无疑会加深我们对中西中古税制基本差异乃至中西中古社会比较研究的观察和认识。

附　　录

与英国史家论英国中古税制中的授予问题

英国中古税制的显著特征之一，是国王或政府要征税必须首先与纳税人协商，征得纳税人同意，史称协商制和授予制。协商制和授予制经历了很长的历史演变过程，可分为两个阶段。第一阶段主要与纳税人个人协商，称为个人协商制。与之相适应，所谓授予，主要表现为对国王要求的"同意"。第二阶段主要与纳税人集体协商，所以称集体协商制，授予的形式则是与会人员给予"共同同意"。2009 年，笔者在英国杜伦大学访学期间，与英国著名史学家迈克尔（Michael Charles Prestwich）教授讨论了英国中古税制的授予问题。迈克尔教授精研英国中古政治经济史。而赋税征收管理本身属于经济范畴，授予形式却又属于政治范畴。所以与迈克尔教授讨论赋税授予问题可谓幸遇知音。迈克尔教授才思敏捷、视野广阔、资料熟稔、旁征博引，使笔者受益匪浅。今将讨论内容笔录整理如下，以便中国学术界了解英国学者的相关研究现状，促进西方赋税史研究的发展。由于赋税征收须首先征得纳税人"同意"，所以讨论也自然从"同意"开始。

笔者：作为一位中国学者，我对中英中古赋税制度的差异问题一直怀有浓厚兴趣。从比较的视野观察，"同意"或"共同同意"是英国税制区别于中国甚至东方税制的首要特征。许多历史学家如 F. W. Maitland[①]、S. Dowell[②]、

[①] F. Pollock & F. W. Maitland, *The History of English Law before the Time Edward I*, Vol. 1, Cambridge: Cambridge University Press, 1923.

[②] S. Dowell, *A History of Taxation and Taxes in England*, *from the Earliest Times to the Present Day*, Vol. 1, London: Frank Cass & Co. Ltd, 1965.

W. Stubbs①、S. K. Mitchell②、G. L. Harriss③，还有您④等，对这种特征已经给予了很好的论述和分析。但在中国古代，从来没有法律意义上的纳税人概念，也几乎没有哪一届政府或哪一代皇帝听取纳税人意见。赋税一直由皇帝和直接对皇帝负责的税收部门定制和征收。因此，许多研究中国历史的学者都从这里理解赋税的强制性。正因如此，当听到中世纪英国和西欧大陆国家是通过"同意"或"共同同意"征收赋税的时候，他们往往惊讶世上居然曾存在这样一种没有强制的赋税协商制度。当然，英国和西方税制也并非不存在强制现象，但一般来说，这种现象很少发生，而且首先和主要意味着客观环境形成了必须征税的战争形势，然后，国王借助这种形势或以此为由设法说服纳税人或纳税人代表缴税。所以征税能否实施，最终仍然取决于纳税人是否授予国王以征税权力或"同意"了他的要求。我的问题是，这种特征是怎样形成和起源的？它与盎格鲁－撒克逊时期的原始民主制有没有关系？是否曾受到罗马法条款"涉及众人之事应由众人决断"（quod omnes tangit, ab omnibus approbetur, 英文译为 what touches all is to be approved by all，或 what touches all must be approved by all）的影响？

迈克尔：我认为，这一问题包含两个不同方面。一方面是实际的。国王需要钱，因为在13世纪，传统收入不敷使用，而开发新税只有通过获得纳税人同意才有可能。另一方面是理论的。汲取利用罗马法思想，特别是"涉及众人之事应由众人决断"，有一个理论问题。12世纪，对国王来说，可资利用的主要税项是丹麦金、盾牌钱和封建协助金。在盎格鲁－撒克逊时代，丹麦金是一种土地税，而不是私人财产税，税率为每海德2先令，高时达每海德6先令。最初征收是为了向维金人缴纳贡金。未见材料证明这种征收一定要获得纳税人同意。据说卡纽特1018年征收所得达72000镑，数额

---

① W. Stubbs, *The Constitutional History of England*, 3 vols, Oxford：Clarendon Press, 1873.

② S. K. Mitchell, *Taxation in Medieval England*, Hamden：Archon Books, 1971；*Studies in Taxation under John and Henry* Ⅲ, New Haven：Yale University Press, 1914.

③ G. L. Harriss, *King, Parliament and Public Finance in Medieval England to* 1369, Oxford：Clarendon Press, 1975.

④ M. C. Prestwich, *The Three Edwards, War and State in England 1272 - 1377*, London：Routledge, 1993.

巨大，但数字来自编年史，不可信。1129—1130 年财政署卷档①编纂后，我们才有了可靠数字。这时，丹麦金征收了 2400 镑，许多地方豁免了丹麦金的征收。

盾牌钱是对封建军事义务的一种替代，亨利二世统治时期当然是一种重要税项。约翰统治时期它则丧失了与军役的联系，成为一种常税。盾牌钱依据骑士领数目征收，每个骑士领通常为 1 镑或 2 马克。当时英格兰大约有 5000 个骑士领，所以一次成功的征收可能达 5000 镑左右。征收盾牌钱无须征得缴纳人同意，国王有权征发军役，并且对军役进行货币折算。封建协助金在国王长子立为骑士、长女出嫁和国王本人被俘赎身时征收，与盾牌钱一样，根据骑士领数量定额。

1207 年，无地王约翰征收动产税，税率为 1/13，数额巨大，达 60000 镑之多，为后来征收动产税开了先河。但是，该税并没有马上形成先例，直到 1290 年。爱德华一世在位期间，曾于 1294—1297 年每年征收一次，每次分别估值。但直到 1334 年，王室也没有制定估值的标准。

笔者：你说未见盎格鲁－撒克逊时代征收赋税必须征得纳税人同意的材料。但这时征税却必须征得贤人会议同意。这方面，我们可以举出很多例子。例如，991 年，专断者埃塞尔雷德（"Ethelred the Redeless"）试图征收丹麦金用以贿买丹麦人，便得到了贤人会议的批准。接着在 994 年，又获准征税，得 16000 镑。②在这里，纳税人同意和贤人会议同意当然是两个不同概念。但从这类史料看，却不能不认为盎格鲁－撒克逊时代的确存在一定范围的集体决策。这种集体决策能否称为一定范围的民主或贵族民主都可以讨论，但无可否认，在征税问题上不存在国王的独断。而且与此同时，在西欧大陆，国王征税也必须征得一定范围的同意。而这种同意，从社会发展阶段看，由于西欧大陆日耳曼各族与盎格鲁－撒克逊人都处在史前时代向文明时代过渡之中，应该没有本质差别。这也可以视为贤人会议批准国王征税的旁证。基于共同的决策方式，1066 年诺曼征服后的英格兰，便出现了征得纳税人同意（即个人协

---

① "Refer to Pipe Roll 31 Henry I: the Account of Gloucestershire (1130)", see D. C. Douglas, *English Historical Documents* Ⅱ, *1042 – 1189*, New York: Oxford University Press, 1998.

② B. Lyon, *A Constitutional and Legal History of Medieval England*, New York: W. W. Norton & Company, 1980, p. 48.

商）的记录。而国王或国王代理人与纳税人个别协商也就构成了英格兰封建社会早期"共同决策"的阶段性特征。

迈克尔：盎格鲁－撒克逊人确实在法律语境中使用了同意的概念；许多实例证明国王征求了贤人会议的意见，这在盎格鲁－撒克逊法律汇编中得到了反映。

13 世纪无地王约翰征税，必须征得有关人员"同意"。1207 年，他声称 1/13 税是"经过共同同意和我们在牛津的议会"的同意而征收的。然而并不清楚，是谁给予了同意。1220 年，始征犁税，称卡路卡其。政府声明，此由全体贵族和王国忠诚的臣民授予，由各郡法庭推选两名骑士负责征收。1225 年 1/15 税，据说由"大主教、主教、修道院长、副院长、伯爵、男爵、骑士、自由佃农和我国全体自由人"共同授予。仍由各地推选骑士负责征收。1232 年赋税，政府宣称获得了上至大主教下至维兰的所有人的授予。1237 年，据说自由人代表维兰给予了同意。显而易见，实际上仍然是教俗两界的上层给予了同意。

事实上，当然不是每个人都给予了同意，但同意的观念业已存在，那就是只有国王臣民给予了同意，赋税才能征收。而要想合理地征得臣民同意，就必须通过某种途径。这萌生了通过选举骑士给予同意的想法，而这种想法在征税中业已使用。因此，在 1254 年，每郡有两名骑士应诏讨论赋税的授予。

同意的思想是怎样起源的？是来自教会吗？依据个人财产价值征税的思想来源于十字军赋税，尤其是 1188 年萨拉丁什一税。但教会并没有获得同意。1199 年英诺森三世征收 1/40 税时没有获得僧侣同意，而且，尽管后来为十字军征税的要求曾提交教会会议讨论，但教皇无须征得他们同意。

罗马法短语"quod omnes tangit, ab omnibus approbetur"（涉及众人之事应由众人决断），爱德华一世曾经引用过，那是在 1295 年召集僧侣参加议会讨论征税的时候。我不倾向于强调这个事件；如果这样的会议经常召集，那么，是的，它是重要的。但我认为，它只是一种企图，一种利用僧侣的同情引起争论的企图，但不是一种使国王受约束的原则。更重要的是罗马法代表概念的使用，通过这一概念，代表们被授予全权（plena potestas），代表他们的群体进行表决。召集代表议事的方式，包括这个短语，在 1295 年获得了它的最后的形式。

笔者：罗马法是一个很大的概念，为了说明问题，我们还是应该聚焦"同意"的条款。首先必须承认，这时的西欧基督教会已经接受了罗马法的某些精神和条文，包括"同意"条款，这已经为学术界所证明。英诺森三世在他编订的教令集（Decretum）中便引用了这一条文："依据帝国法律的权威，涉及众人之事应由众人决断。因此，既然乡村教堂堂长是对公众行使他的权能，那么，他的选举和罢免理应征得公众的共同同意。"[1] 而在此之前，这一条文已经在欧洲开始推广使用，之后，在英格兰、德意志、西西里、教皇国、法兰西、西班牙等国更得到了广泛引用和贯彻执行。[2]

所以在我看来，爱德华一世在1295年致函英国各地教会人士时使用"同意"条款，是因为这个条款在基督教系统中已经十分流行并深受教会人士重视和服膺，以至于爱德华一世充分感受到了这种流行和重视。反过来，爱德华所以在会函中强调这一条款，也说明这种流行和重视对他本人产生了影响。另外，考察这时罗马教皇在英格兰的征税活动，包括十字军赋税，可以说绝大多数情况下经过了教会人士的同意。而这种同意，对教皇来说，是贯彻或落实了承自罗马法"同意"的精神和条款；对英国各教会组织教会人士来说，则是享受了"同意"带来的权益。在俗界，约翰即位之前，即已形成了国王征税首先征得同意的传统。理查一世被俘监禁期间，其赎金的征收便是显例。而约翰在位期间，正如你前面列举的例子，国王征税几乎无一不是通过了纳税人的同意。更重要的是，1215年《大宪章》是由教会人士起草的。起草者兰顿作为教皇特使和坎特伯雷大主教深谙罗马法精神，所以《大宪章》中的协商、同意的规定是在罗马法影响下制定的。

另一方面，英国是一个基督教国家，教界，从大主教到基层教区，构成了英国十分重要的组成部分。既然如上所论，英国教会不仅继承而且十分重

---

① *Decretals Gregorri IX*, Lider I, Tit, 23, cap. Vii, 6；"Innocent III, Collatio IV", See M. Y. Clarke, *Medieval Representation and Consent*, *A Study of Early Parliament in England and Ireland*, *with Special Reference to the Modus Tenendi Parliamentum*, New York：Russell & Russell, 1964, p. 264.

② Arthur P. Monahan, *Consent, Coercion and Limit*, *The Medieval Origin of Parliamentary Democracy*, Canada：McGill – Queen' University Press, 1987, p. 100；Carl Watner, "Quod Omnes Tangit：Consent Theory in the Radica Libertarian Tradition in the Middle Ages", see *Journal of Libertarian Studies*, Vol. 19, No. 2 (Spring 2005) .

视"同意"条款，便不能不说英国接受了这一条款。何况爱德华一世不仅在他的会函中使用了"同意"条款，而且在征税活动中大多征得了纳税人的"同意"。所以，如果纵观英国赋税史，我们会看到，诺曼征服前已有贤人会议的同意。诺曼征服后和议会产生前，则有贵族大会议的同意，或者在国王分别向教俗两界征税的时候，各有教界和俗界的同意。而在大贵族和高级教士之下，还有不同层次的涉税人员的同意。因此可以说，爱德华一世引用这一罗马法条文绝不是偶然的。

迈克尔：关于罗马法，另一个重要问题是否是或多大程度上是关于需要理论［the doctrine of necessity（*necessitas*）］的使用。这个概念是说如果统治者能够说明需要是客观存在的，那么，他就有权获得赋税的授予。也就是说，如果需要是客观存在的，他的征税要求虽仍然必须获得同意，但对贵族来说，拒绝同意就是不可能的。Gerald Harriss[①] 认为，这在 14 世纪的英格兰是很重要的。1254 年国王征税，围绕需要问题很可能存有争议，但没有明显的例证证明爱德华一世使用了这一理论。

这一时期，围绕赋税征收发生了很多争论。1300 年，国王提出征税要求，由于议会提出来的条件难以接受，国王最终放弃了要求。1301 年，爱德华一世再次提出征税要求，而议会则以调查树林边界作为交换条件，国王接受了这一条件，也相应获得了赋税授予。由此可见，关于这些赋税征收，的确存在协商和讨论。

爱德华二世统治时期，贵族势力强大，国王显然很难依靠赋税授予征得税款。1312 年，男爵的行为进一步证明了这一点：他们不能保证赋税能够得到顺利授予——那取决于议会代表的意见。然而后来，在爱德华三世统治时期，因为对法战争，议会反对赋税授予便不是很容易。哈里斯的分析开始更多意识到这一点。

另外，并非所有赋税都由议会代表授予。教会赋税便是由教会人士在教会会议上协商解决。集会地点常常设在坎特伯雷，或者约克。尽管 1275 年古关税是在议会上授予的（为此，国王从城镇召集了很多代表），1303 年新

---

① G. L. Harriss, *King, Parliament and Public Finance in Medieval England to 1369*, Oxford: Clarendon Press, 1975.

关税，却是与商人协商的结果。

笔者： 你说，只要征税的必要性是客观存在的，拒绝同意就是不可能的。对此，我有不同看法。这时的议会首先是一个具有一定理性的组织，它的成员大多来自英国社会的精英阶层，为当时英国的有识之士。其次，既然是一个理性组织，必然对国王要求做出自己的思考、分析、判断和评价。如果国王征税要求反映了英国社会或国际关系的实际，在一般情况下，它为什么要拒绝国王的要求呢？它当然要给予同意，虽不排除有时会有其他情况发生。否则，英国社会总处在议会与国王的斗争状态，英国历史还怎么发展？在赋税问题上，议会的基本职责是评判国王的要求是否反映了国民的一般利益。例如战争，其目的对内首先是维持社会稳定。如果有农民起义或政治反叛，而且威胁社会稳定，而国王要求征收赋税前往平定叛乱，作为纳税人代表的议会成员对国王征税要求当然不会给予否定；如果有外敌入侵，而且威胁国家安全，议会成员当然也要批准国王征税募兵予以抵御。更重要的是，议会组织的主要职责是监督税款是否用得其所或避免用于王室消费。国王有他自己的收入，按中世纪英国的原则，国王靠他自己的收入生活，这话虽可能不具法律效力，但在相当程度上也限制了国王将税款用于王室花费的行为。对英国中世纪赋税史稍加考察就会发现，英国政府的征税几乎都用在了战争方面。而战争一方面是抵御外敌入侵；另一方面是开疆拓土；再就是包围国王领地。而无论哪一方面，无疑都在一定程度上代表了纳税人利益。所以，议会都给予了同意。我的意思是，如果征税必要性是客观存在的，且国王的要求合乎情理，拒绝同意便一般不会发生。

在这里，我们是否应该讨论一下同意的具体税项。协助金是一种特别重要的税项，它不同于土地税、动产税、人头税等，是封臣向封君捐纳的一种义务，仅限于封建体系内征收。尽管如此，它的征收也必须与纳税人协商，征得他们同意，《大宪章》对此做了明确规定。但是，协助金又是一种非常复杂的税收，包括封君长子立为骑士、长女出嫁、封君被俘赎身、战时带领一定数目骑士征战等。项目如此复杂，有些项目似乎不需要协商，而需要协商的项目又是如何征收的？

迈克尔： 关于协助金，《大宪章》做了一些规定，其中，重要的条款当然是第12款。它说，"除非通过我们王国的共同协商，不可征收盾牌钱和协助金"①。喏，这显然是奇怪的，因为你是通过支付盾牌钱以取代军事义务。《大宪章》中没有限制国王征收军事义务的权力。因此，说盾牌钱经过同意方可征收是奇怪的。我确信，实际情况是国王约翰一直在征收盾牌钱而不是军役，《大宪章》的措辞也反映了这一点。如果我是对的，那么，"盾牌钱和协助金"便是用以表达"赋税"的短语。

　　为什么《大宪章》使用"共同协商"这个术语？我建议回到 1207 年 1/13 税。当时，国王宣称该税是"通过共同同意和牛津会议的同意而授予的"。《大宪章》第 14 款便试图解释应该与谁进行"协商"。他们是接受单独召见的高级教士、伯爵和男爵。正是这部分人后来构成了上院。然后，举行一般性集会——郡守应该要求那些土地的主要据有者参加。那意味着同意将由国王的直接封臣给予。因此，这种表述在封建术语中经常出现。但显然，这种情况很难令国王满意，所以就在 13 世纪，对于大土地所有者的召集被代表制度取代了——每郡出两名骑士代表，每市出两名市民代表。

　　笔者：你说《大宪章》第 12 款中"除非通过王国的共同协商，不可征收盾牌钱和协助金"显然是奇怪的。我基本上同意你的观点。既然是盾牌钱，至少在理论上，无须通过共同协商便可征收。但是协助金，除了立长子为骑士、嫁长女和赎取国王人身三项花费外，也包括每年 40 日军役，前面 3 项义务是固定或习惯性的，第 4 项则是易变的，不确定的，持续的时间常常超过 40 日。所以，共同协商很可能是指这种军役。事实上，在约翰统治之前和期间，关于延长服役期和额外征税的例子已经很多。所以我想，第 12 款并不完全是奇怪的，尽管它后来被删除了。我们的视野不应该仅仅集中在文本上，也应触及隐藏在文本之后的真实历史。我希望在这方面听听你的意见。

　　重要的是，《大宪章》写下并强调了"共同协商"的原则。虽然"共同协商"一直是英国历史的习惯和传统，但它将这些习惯与传统写成了文本或文件，正如记录罗马习惯和传统的《十二表法》一样，具有重大意义。

　　我近期看了一些中世纪政治理论方面的著述，这些著述的作者主要研究

---

①　"Magna Carta", see D. C. Douglas, *English Historical Documents* Ⅲ, London：Eyre & Spottiswoode, 1998.

政治思想史或政治学，他们几乎一致认为，《大宪章》具有宪政意义。我基本上同意这些学者的意见，甚至感到《大宪章》即为中世纪英格兰的宪法，因为它确定了许多基本原则。至于其中许多内容都很具体、翔实，而且并非限制国王权力，在我看来，恰恰反映了中世纪宪法的原始特征。《大宪章》在英国中世纪后期政治史上无疑产生了重要作用，但比较而言，它对后世欧美历史的影响也许具有更大意义，你是否认为我的意见有些过分？

迈克尔：关于第一个问题，首先看《大宪章》第 12 款。军事义务的确不是作为一种习惯性协助金包括在内。三种协助金用于领主的立长子、嫁长女和赎身，具有特殊地位。格兰维尔的法律论文①提到了这三种协助金，说领主不能通过正当的要求将协助金用于他所从事的战争②。所以，你说领主对军役的要求具有伸缩性是对的。

至于 40 日役期，是否超期有争论。诺曼征服后早年实际上是 60 天——盎格鲁 - 撒克逊时代一直是 60 天。Hollister 则坚持认为诺曼征服后也是 60 天，但我不认为他的观点能够成立。13 世纪，这种义务肯定是 40 天。40 天结束后，军队花费由王室支付。我们不知道 12 世纪是一种什么情况，很可能是 40 日灵活处理。亨利二世在位期间，军役年年征收是毫无疑问的——当然只是在战时提出要求。然而，约翰在位期间，无论是否有战事，实际上开始每年征收盾牌钱。我认为，那就是男爵反对征收盾牌钱而宁肯担负正在转化为赋税的军役的原因。

有趣的是，《大宪章》并没有要求"共同协商"和"共同同意"应该适用于军事义务，对军役数量也没有做任何说明。另一方面，"无名宪章"则规定，拖欠 10 个以上骑士义务的人应该通过男爵协商而削减。③ 显然，约翰不愿意做任何让步。直到爱德华三世在位时期，王权才承认"同意"也应该应用于军役。然而实际上，13 世纪上半期，军役水平大大降低了。而

---

① Glanville："Concerning the Laws and Customs of the Kingdom of England"（*c.* 1189），Select passages bearing on tenure by knight service, see D. C. Douglas, *English Historical Documents* Ⅱ, *1042 - 1189*, New York：Oxford University Press, 1998.

② F. Pollock and F. W. Maitland, *The History of English Law*, Vol. 1, Cambridge：Cambridge University Press, 1923, pp. 349 - 50.

③ "The 'unknown' Charter of Liberties, before 15 June 1215", see D. C. Douglas, *English Historical Documents* Ⅲ, London：Eyre & Spottiswoode, 1998.

关于降低的过程，我们知道的很少，但它一定是建立在个人协商和同意的基础上，而不是全体讨论或协商的结果。

关于《大宪章》，你问了一些非常深入的问题。是的，它书写记录了同意的习惯，具有重要意义；然而，这时出现这种书写是无须惊讶的。13世纪早期，政府制作的类似的材料大量增加。从约翰在位开始，我们得到了大法官法庭颁发的政令复件，这些复件目前保存在王室书信（the patent rolls）和行政记录（the close rolls）卷档中。王室所做的"授予"都采取了书面宪章的形式。领主也以同样的形式将"授予"给了封臣。

1215年，《大宪章》没有发生作用。颁行《大宪章》的目的在于建立国王与封臣之间的一致。很显然，几乎从颁布时起，任何一方都不准备接受它的条款。但在约翰去世后，摄政政府利用了《大宪章》。因此，我们看到了1216、1217和1225诸年的重新颁行。① 特别是1225年的版本获得了重大宪政意义，因为它在此后没有发生变化。对了，1297年颁行时曾有细小的变化，但那是一个抄写错误，不足为虑。

正像你所说的那样，《大宪章》的条款实际上并没有在多大程度上限制后来国王的权力。1297年，爱德华一世的反对派曾想增加新的条款，但被否决了，新的让步是在另外的文件中做出的。仅仅使国王确认《大宪章》是不够的。爱德华二世在位期间，反对派并没有利用《大宪章》来限制王权，而是在1311年条例中寻求新的让步。我认为，《大宪章》再次发挥重大作用是在17世纪，当时，议会借以反对查理一世。在美洲殖民地获得独立的时候，它发挥了重大作用——而且从某种意义上说，《大宪章》的作用在近代美国史上较在英国更为重要。

笔者：这里涉及协助金的征收问题。协助金作为一种重要税项是何时产生的？开始时又是怎样征收的？可以肯定，个人协商制开始于11世纪甚至更早。这时，这种赋税只是封臣的自愿捐纳，没有定制。后来随着封建关系的发展，逐渐转变为一种习惯性项目。而为了征收更多赋税，国王便不得不与封臣协商。这里包含两个问题。首先，封臣为什么一定要缴纳协助金。答案非常清楚，封臣从国王那里得到了土地。其次，为什么国王必须与封臣协商？

---

① See D. C. Douglas, *English Historical Documents III*, London：Eyre & Spottiswoode, 1998.

在这里，答案就不像上面的问题那样清楚。这里触及了另一个概念，即土地所有权。在中国，不仅土地，而且人民都属于皇帝或政府。因此皇帝无须听取纳税人意见，可以专横地制定、征收赋税。其理论依据即为中国经典《诗经》中的著名诗句，"溥天之下，莫非王土；率土之滨，莫非王臣"。众所周知，英国中世纪的土地所有权是非常模糊的。但即使在中世纪盛期，土地属于国王的概念仍然是清晰可见的。但国王征税权力却远没有中国皇帝那样强大。这里，我们又必然提出第三个问题，即中国皇帝和英国国王都掌握土地所有权，为什么中国皇帝不需要与纳税人协商征求他们的意见，英国国王却必须这样做？我想，原因之一很可能在土地所有权方面。在中国学术界，很多学者服膺马克思的结论，即封臣的土地都是"硬化了的私有财产"。随着时间的推移，那意味着封臣拥有越来越大的控制权。土地所有权如此强大，以至于国王权力被大大削弱了，因而不得不通过个人协商征税。您怎样看待这个问题？

迈克尔：你问"协助金何时开始征收"，我认为，协助金是封建赋税，其最早征收不可能发生在诺曼征服之前。严格意义的封建协助金的例证（立长、嫁女、赎身）显然是在 12 世纪晚期。格兰维尔提到了封臣为了其他目的授予的可能性。因此，推测 12 世纪国王为了协助金的授予期望与他的封臣协商是可靠稳妥的。

关于土地所有权，虽然常常假定所有土地都属于国王拥有，但实际上，封建贵族和其他人对土地的占有和控制都非常强劲而且牢固，国王很难实施剥夺。当然，它不仅是一个土地问题，而且也是一个与土地所有权相匹配的权力问题。当爱德华一世在法庭上被责问他依凭什么挑战土地所有者的权力时，他遇到了困难。他想建立一种原则，为了对封臣行使司法权，你必须有一个特许状，但他又不得不承认，如果某人的先人自 12 世纪以来一直行使这种权利，那么，这种权力便不能被剥夺。

对于直接封臣来说（其他人也如此），困难是在封建法下他们无权按自己的意愿让与他们的土地——土地必须传授长子。但到 14 世纪，法律建设已有很大进步，这使他们有可能绕过这个问题而做出其他选择。这是他们的土地控制权加强的另一种表现。

国王当然可以从任何反叛他的人那里收回土地——但 14 世纪，这便不再那么容易。反叛者的子孙仍然宣称他们对那块土地享有权利。例如，看一下 Despenser 家族是怎样从 1326 年的灾难中幸存下来是非常有趣的。所以，是的，你认为英格兰土地所有权非常强大是对的——与中国相比较，这显然是一个重要的差异。

笔者：事实上，"共同同意"只是"同意"的一个阶段。"共同同意"出现之前，曾存在一个"个人协商"阶段。既然是"协商"，其中一定存在"同意"，国王或他们的代理人必须征求贵族的意见，征得他们同意。英国学者如斯塔布斯①、米彻尔②、克拉克③等人的著述中列举了许多这样的例证。"个人协商制"的目标不仅包括教会封建主，而且包括世俗封建主。因此，我们可以说，"个人同意"是"共同同意"的先驱，两者是一种因果关系。随着人口的增长和国家制度的发展，维持个人协商的形式显然越来越不可能。而当许多人被要求集会时，个人协商与同意自然转化为共同协商与共同同意。当然，转化过程要较我们的叙述复杂得多。因此，当我们讨论"共同同意"的时候，我们应该将它们作为一个整体来处理。那么，"个人协商和同意"是怎样形成和起源的？

前面，你提出了一个罗马代表制度的概念。特别是对于"共同同意"的发展来说，那确实是一种很好的解释。但是，这似乎不能使用于"个人协商"或"个人同意"的起源。关于需要理论，你做了许多分析，它是英国中世纪赋税史的一个非常重要的问题。许多学者包括许多中世纪神学家，都给予了很多讨论。另一种理论是"共同利益"，也非常重要。两者都是制税的基本内容，并经常被讨论。我们可以说，"共同同意"中的"同意"即是对于"共同需要"和"共同利益"的同意。因此，我主张将它们作为一个整体进行研究。

迈克尔：关于个人同意是否是共同同意的先导问题，这似乎是显而易见的。但有趣的是个人同意的思想贯穿 13 世纪。亨利三世习惯于会见单个贵族以便试图说服他们给予同意。1300 年，爱德华一世似乎也同样如此，对

① W. Stubbs, *The Constitutional History of England*, Vol. 1, Oxford: Clarendon Press, 1880.

② S. K. Mitchell, *Taxation in Medieval England*, Hamden: Archon Books, 1971; *Studies in Taxation under John and Henry Ⅲ*, New Haven: Yale University Press, 1914.

③ M. Y. Clarke, *Medieval Representation and Consent, A Study of Early Parliament in England and Ireland, with Special Reference to the Modus Tenendi Parliamentum*, New York: Russell & Russell, 1964.

大贵族逐一寻访，而不是将他们召集在一起。① 克拉克的《中世纪的代表制度和同意》一书中的讨论是可用的。例如，她指出，晚至 1270 年，主教授予国王一个 1/20 税，宣布只有那些在授予时出席会议的人才应该缴税。米彻尔列举了男爵们拒绝缴税的史例，理由便是他们没有同意国王要求，因此拒绝授予。我不知道贵族们是否持有这样的观点：大多数人的同意足以代表"共同同意"；但沿着这一线索发展，一定存在某种同意或一致。

我想，你是完全正确的，当人们应诏聚集在一起时，个人同意便转化为共同同意。但重要的是，共同同意在什么时候才可以认为不仅束缚那些授予时出席会议的人们，而且束缚那些没有出席的人们。那就是代表制思想产生的地方。

笔者：另外，你提出了共同同意不仅对出席者而且对缺席者的约束范围问题，这是一个非常重要的问题，学术界一直在讨论。你将它与代表制联系起来并解释共同同意的实质性变化和代表制的产生。我认为那是一个很好的想法。

关于个人同意，你说，13 世纪个人同意的思想仍然很活跃。亨利三世习惯于会晤单个贵族以便试图说服他们同意他征税。1300 年，爱德华一世似乎一直效法亨利一世，逐个寻访贵族，而不是将他们召集在一起。② 我认为，13 世纪特别是 13 世纪下半叶是由个人同意到共同同意的过渡阶段。既然处在过渡阶段，你所叙述的便是一种普通现象，而且很容易理解。在新旧制度交替过程中，新旧因素并存当是一种常态。这种情况往往持续很长时间，直至后者消失。制度如此，思想更如此。

讨论至此，我想我们应该对中英中古赋税制度作一总体关照。如此，你将会发现一种非常有趣的现象。在这个阶段开始，中国主要是人头税，有学者统计认为占政府财政收入的 99%。但英国主要是土地税即丹麦金。在这个阶段末期，中国皇帝康熙实施"摊丁入亩"，后便主要是土地税。"摊丁入亩"意味着人头税全部转化为土地税。但在英国，关税或商业税在税收体系中占据了主导地位。而纵观整个中世纪，在中国，土地税不断发展加

---

① M. C. Prestwich, *Edward I*, London：Yale University Press, 1988, p. 457.
② M. C. Prestwich, *Edward I*, London：Yale University Press, 1988, p. 457.

强，最后占据了压倒一切的地位。但在英国，动产税曾在中世纪盛期居于主导。但进入中世纪末期，关税成了最大的税项。我们应该记取，英国在中世纪末期仍然是一个农业国，市场经济水平还不高。是什么原因导致了土地税的下降和关税的兴起？

迈克尔：就丹麦金来说，问题在于估值方法一直没有得到改进，却又常常对纳税人进行豁免，结果，12 世纪没有得到多少收入。后来，土地调查清册试图建立新的估值方法，但也没有如愿。此外，国王还曾采用其他土地税形式，如 1198 年理查一世征收卡路卡其，但事实证明，最成功的赋税形式还是依据个人财产或动产估值征收。所以，1207 年 1/13 税征收所得便增至 60000 镑之多。对动产税来说，有一个问题是每次授予之后都必须重新估值，这是一件十分复杂需要精心筹划的事情。但到了 1334 年，变化发生了，财政署开始以整个村庄而不是个人财产估值为基础征税。估值方法从上一次开征到下一次征毕，中间并无变化。虽然中世纪中期由于黑死病爆发而大大降低了税率因而不得不进行重大调整，但直到 17 世纪，1334 年估值方法一直被效仿和遵循。所有这些都意味着，从 1334 年始，动产税实际上变成了土地税。

关税始征于约翰统治时期，但没有坚持下来。后来在 1275 年，议会授予征收羊毛关税，税率为每袋羊毛 6 先令 8 便士。英格兰具有发展养羊业的得天独厚的条件，国家也有效地垄断了羊毛生产。而羊毛，在当时有很大需求。英格兰从海路大量出口羊毛意味着国家有可能以一定方式征收关税，而在其他国家，这是不可能做到的。1275 年征收羊毛关税存在特别原因。国王需要找到一种有效方式偿还得自意大利商人的贷款，而意大利商人也注意到，关税对他们来说也是收回贷款的便利途径。因此，新关税的征收获得了极大成功，而且毫不奇怪，1294 年，当财政需求日渐增长时，爱德华一世提高了关税。

是的，这时期英格兰仍然是农业经济。但它日渐商业化了。[①] 有一个复杂的市场网络，大量的庄园为市场而进行生产。羊毛生产是其中之一，在许

---

① R. H. Britnell, *The Commercialisation of English Society 1000 – 1500*, Manchester: Manchester University Press, 1996.

多方面都商业化了。意大利商人进行着相当精细的商业运营，买入有的经济学家称为羊毛期货的产品。在这样的背景下，我想，这种赋税制度的出现便不足为怪了。因此，我认为，关于这种市场经济处在较低水平的观点便应该谨慎了。

与法国作一比较是值得考虑的。操纵钱币是君主政体增加收入的方法——通过降低货币成色有可能获得巨大利润，虽然这会引起很多问题，例如在流通过程中引起货币贬值。比较而言，英国君主政体便没有进行任何规模的货币贬值。我想，这可能一直因为来自商人的压力，那些商人借钱给王室是为了维持货币的稳定。

笔者：你曾在《三位爱德华——1272—1377 年英格兰的战争与国家》[①]一书中说，作为一个富有代表特色的国家机构，议会在发展过程中，战争的重要性应当给予强调。爱德华一世召集各郡和城市代表参加议会，不是为了获取有关国家的信息或情报，或接受地方请愿，而是为了获得较已有的同意形式更令人满意的征收赋税的同意形式。同时，议会也有其他作用。不同的人因不同原因而产生不同需要。它可以是一个国王做出让步的政治论坛；也可以是一个因个人的错误做出补偿的场所。在这里，你强调了两点：一是战争的重要性；二是获得同意的方式。议会因征税而设立，征税因战争而实施，所以强调战争的重要性是正确的；而从策划战争到征收赋税，最终取决于表决的结果——是否同意。所以，同意也十分重要。但是，从行文看，你强调战争和同意的目的在于呼吁学术界以平实的态度客观评价中古议会，而不是美化粉饰。而以我的视野观察英国中古议会，所谓同意，却不是一种平淡无奇的现象因而可以轻描淡写。在 13 世纪的人类社会，广袤的东方虽已有悠久的历史，灿烂的文化，却全然没有衍生出这样一种制度。倒是在偏狭的西方，特别是蕞尔英国，历史虽然短暂，文化相对原始，却创建了这样一种具有现代性的制度，其中的意蕴，很值得探讨。

此文曾在《世界历史》2011 年第 1 期发表

---

① M. C. Prestwich, *The Three Edwards*, *War and State in England 1272 – 1377*, London：Routledge, 1993, p. 136.

主要参考文献

一　史料

（一）中文

1. 《尚书》。

2. 《诗经》。

3. 《荀子》。

4. 《韩非子》。

5. 《管子》。

6. 《礼记》。

7. 《左传》。

8. 《史记》。

9. 《汉书》。

10. 荀悦：《申鉴》。

11. 《后汉书》。

12. 《华阳国志》

13. 《国朝文类》。

14. 《旧唐书》。

15. 《唐会要》。

16. 《贞观政要》。

17. 陆贽：《陆宣公集》。

18. 《宋史》。

19. 《叶适集》。

20. 《陈亮集》。

21. 《元史》。

22. 《文献通考》。

23. 《明史》。

24. 杨嗣昌:《杨文弱先生集》。

25. 黄宗羲:《明夷待访录》。

26. 顾炎武:《天下郡国利病书》。

27. 曾肇:《曲阜集》。

（二）英文

1. Bland, A. E., Brown, P. A., And Tawney, R. H., *English Economic History Select Documents*, London: G. Bell and Sons, Ltd, 1933.

2. Douglas, D. C., *English Historical Documents I*, c. 500 – 1042, London: Routledge, 1996.

3. Douglas, D. C., *English Historical Documents II*, 1042 – 1189, New York: Oxford University Press, 1998.

4. Douglas, D. C., *English Historical Documents III*, 1189 – 1327, London: Eyre & Spottiswoode, 1998.

5. Douglas, D. C., *English Historical Documents IV*, 1327 – 1485, London: Eyre & Spottiswoode, 1969.

6. Medieval Sourcebook, *The Anglo – Saxon Dooms*, 560 – 975, http://legacy. fordham. edu/halsall/source/560 – 975 dooms. asp.

7. Robinson, J. H., *Readings in European History*, Vol. 1, Boston: Ginn & Company, 1904.

8. Paul Brand, *Parliament Rolls of Medieval England I*, 1275 – 1294; *II*, 1294 – 1307, London: The Boydell Press, 2005.

9. Seymour Philips, *Parliament Rolls of Medieval England III*, 1307 – 1327, London: The Boydell Press, 2005.

10. Seymour Philips & Mark Ormrod, *Parliament Rolls of Medieval England IV*, 1327 – 1348, London: The Boydell Press, 2005.

11. Mark Ormrod, *Parliament Rolls of Medieval England V*, 1351 – 1377,

London：The Boydell Press，2005.

12. Stephenson，C.，and Marcham，F. G.，*Sources of English Constitutional History：A Selection of Documents from A. D. 600 to the Present*，London：Cornell University Harper & Row，1937.

13. George Burton Adams & H. Morse Stephens，*Select Documents of English Constitutional History*，London：Macmillan & Co.，Ltd，1924.

二　专著

（一）中文

1. 〔法兰克〕艾因哈德：《查理大帝传》，戚国淦译，商务印书馆 1979 年版。

2. 〔英〕安东尼娅·弗雷泽：《历代英王生平》，杨照明、张振山译，湖北人民出版社 1985 年版。

3. 安作璋、熊铁基：《秦汉官制史稿》，齐鲁书社 1984 年版。

4. 〔美〕巴林顿·摩尔：《民主和专制的社会起源》，拓夫等译，华夏出版社 1987 年版。

5. 白钢：《中国政治制度史》，天津人民出版社 1991 年版。

6. 〔法〕费尔南·布罗代尔：《15 到 18 世纪的物质文明、经济和资本主义》第一、二、三卷，顾良、施康强译，生活·读书·新知三联书店 1992、1993 年版。

7. 蔡次薛：《隋唐五代财政史》，中国财政经济出版社 1990 年版。

8. 陈明光：《汉唐财政史论》，岳麓书社 2003 年版。

9. 陈明光：《唐代财政史新编》，中国财政经济出版社 1991 年版。

10. 陈支平：《清代赋役制度演变新探》，厦门大学出版社 1988 年。

11. 〔美〕道格拉斯·诺思、罗伯特·托马斯：《西方世界的兴起》，张炳九译，学苑出版社 1988 年版。

12. 邓广铭：《北宋政治改革家王安石》，陕西师范大学出版社 2009 年版。

13. 〔苏〕康·格·费多罗夫：《外国国家和法律制度史》，叶长良译，中国人民大学出版社 1985 年版。

14. 冯天瑜、周积明：《中国古代文化的奥秘》，湖北人民出版社 1987 年版。

15. 傅筑夫：《中国经济史论丛》（上、下册），三联书店 1985 年版。

16. 高敏：《秦汉赋役制度的考释》，中州书画社 1982 年版。

17. 葛懋春、姜义华主编，项观奇编《历史比较研究法》，山东教育出版社 1986 年版。

18. 〔日〕谷川道雄：《中国中世社会与共同体》，马彪译，中华书局 2002 年版。

19. 郭道扬：《中国会计史稿》，上、下册，中国财政经济出版社 1988 年版。

20. 〔苏〕司法部全联盟法学研究所编《国家与法权通史》第二分册，中国 人民大学国家与法权历史教研室译，中国人民大学出版社 1955 年版。

21. 何平：《清代赋税政策研究》，中国社会科学出版社 1998 年。

22. 洪波：《法国政治制度的变迁》，中国社会科学出版社 1993 年版。

23. 侯建新：《现代化第一基石》，天津社会科学院出版社 1992 年版。

24. 侯建新：《农民、市场与社会变迁——冀中 11 村透视并与英国乡村比 较》，社会科学文献出版社 2002 年版。

25. 侯建新：《社会转型时期的西欧与中国》，济南出版社 2001 年版。

26. 胡继窗、谈敏：《中国财政思想史》，中国财政经济出版社 1989 年版。

27. 胡钧：《中国财政史》，商务印书馆 1920 年版。

28. 黄怀信：《尚书注训》，齐鲁书社 2002 年版。

29. 黄今言：《秦汉赋役制度研究》，江西教育出版社 1988 年版。

30. 黄仁宇：《十六世纪明代中国之财政与税收》，生活·读书·新知三联书 店 2001 年版。

31. 〔美〕黄仁宇：《万历十五年》，生活·读书·新知三联书店 1997 年版。

32. 〔美〕黄仁宇：《放宽历史的视界》，生活·读书·新知三联书店 2001 年版。

33. 蒋孟引：《英国史》，中国社会科学出版社 1988 年版。

34. 〔意〕卡洛·M. 奇波拉：《欧洲经济史》第一卷，徐璇、吴良健译，商 务印书馆 1988 年版。

35. 〔古罗马〕凯撒：《高卢战记》，任炳湘译，商务印书馆 1979 年版。

36. 李洪海：《普通法的历史解读——从梅特兰开始》，清华大学出版社 2003 年版。

37. 李锦绣：《唐代财政史稿上卷》三分册，北京大学出版社 1995 年版。

38. 梁方仲：《梁方仲经济史论文集》，中华书局 1989 年版。

39. 梁方仲：《中国历代户口、田地、田赋统计》，上海人民出版社 1980 年版。

40. 李宗桂：《中国文化概论》，中山大学出版社 1990 年版。

41. 〔法〕雷吉娜·佩尔努：《法国资产阶级史》上册，康新文等译，上海译文出版社 1991 年版。

42. 刘家和：《经学、史学与思想》，北京师范大学出版社 2013 年版。

43. 刘景华：《城市转型与英国的勃兴》，中国纺织出版社 1994 年版。

44. 刘景华：《西欧中世纪城市新论》，湖南人民出版社 2000 年版。

45. 刘新成：《英国都铎王朝议会研究》，首都师范大学出版社 1995 年版。

46. 刘泽华：《中国的王权主义——传统社会与思想特点考察》，上海人民出版社 2000 年版。

47. 刘展主编《中国古代军制史》，军事科学出版社 1992 年版。

48. 罗庆康：《西汉财政官制史稿》，河南大学出版社 1989 年版。

49. 龙秀清：《西欧社会转型中的教廷财政》，济南出版社 2001 年版。

50. 马大英：《汉代财政史》，中国财政经济出版社 1983 年版。

51. 〔英〕肯尼斯·O. 摩根主编《牛津英国通史》，王觉非译，商务印书馆 1993 年版。

52. 〔德〕马克斯·韦伯：《经济与社会》（上、下册），林荣远译，商务印书馆 1997 年版。

53. 马克垚：《西欧封建经济形态研究》，人民出版社 1985 年版。

54. 马克垚主编《中西封建社会比较研究》，学林出版社 1997 年版

55. 马克垚：《英国封建社会研究》，北京大学出版社 1992 年版。

56. 马克垚：《封建经济政治概论》，人民出版社 2010 年版。

57. 马克垚主编《世界文明史》（3 卷本），北京大学出版社 2004 年版。

58. 〔美〕C. H. 麦基文：《宪政古今》，翟小波译，贵州人民出版社 2004 年版

59. 孟广林：《英国封建王权论稿》，人民出版社 2002 年版。

60. 〔英〕S. F. C. 密尔松：《普通法的历史基础》，李显冬等译，中国大百科全书出版社 1999 年版。

61. 〔英〕J. E. 尼尔：《女王伊丽莎白一世传》，聂文杞译，商务印书馆 1992 年版。

62. 〔意〕帕多瓦的马西利乌斯：《和平的保卫者（小卷）》，殷冬水、曾水英、李安平译，吉林人民出版社 2011 年版。

63. 庞卓恒：《唯物史观与历史科学》，高等教育出版社 1999 年版。

64. 彭小瑜：《教会法研究》，商务印书馆 2003 年版。

65. 〔法〕皮埃尔·米盖尔：《法国史》，蔡鸿滨、张冠尧、桂裕芳译，商务印书馆 1985 年版。

66. 齐鲁大学国学研究所：《甲骨学商史论丛》初集第 1 册，1944 年版。

67. 齐延平：《自由大宪章研究》，中国政法大学出版社 2007 年版。

68. 漆侠：《宋代经济史》上下册，上海人民出版社 1987 年版。

69. 钱剑夫：《秦汉赋役制度考略》，湖北人民出版社 1984 年版。

70. 〔德〕桑巴特：《现代资本主义》，李季译，商务印书馆 1958 年。

71. 〔日〕山根幸夫主编《中国史研究入门》（增订本上、下册），田人隆、黄正建等译，社会科学文献出版社 2000 年版。

72. 沈汉、刘新成：《英国议会政治史》，南京大学出版社 1991 年版。

73. 施诚：《中世纪英国财政史研究》，商务印书馆 2010 年版。

74. 石方：《中国人口迁移史稿》，黑龙江人民出版社 1990 年版。

75. 〔日〕斯波义信：《宋代江南经济史研究》，方健、何忠礼译，江苏人民出版社 2001 年版。

76. 《盎格鲁－撒克逊编年史》，寿纪瑜译，商务印书馆 2004 年版。

77. 孙翊刚、董庆铮主编《中国赋税史》，中国财政经济出版社 1987 年版。

78. 〔美〕汤普逊：《中世纪经济社会史》上下册，耿淡如译，商务印书馆 1984 年版。

79. 〔美〕詹姆斯·W. 汤普逊：《中世纪晚期欧洲经济社会史》，徐家玲译，商务印书馆 1992 年版。

80. 唐文基：《明代赋役制度史》，中国社会科学出版社 1991 年版。

81. 〔意〕托马斯·阿奎那：《阿奎那政治著作选》，马清槐译，商务印书馆 1982 年版。

82. 王成柏：《中国赋税思想史》，中国财政经济出版社 1995 年版。

83. 王晖：《商周文化比较研究》，人民出版社 2000 年版。

84. 王家范：《中国历史通论》，华东师范大学出版社 2000 年版。

85. 王亚南：《中国官僚政治研究》，中国社会科学出版社 1993 年版。

86. 汪圣铎：《两宋财政史》上下册，中华书局 1995 年版。

87. 吴于廑：《从中世纪前期西欧的法律和君权说到日耳曼马克公社的残存》，《历史研究》1957 年第 6 期。

88. 谢天佑：《秦汉经济政策与经济思想史稿》，华东师范大学出版社 1989 年版。

89. 徐浩：《农民经济的历史变迁——中英乡村社会区域发展比较》，社会科学文献出版社 2002 年版。

90. 〔法〕雅克·勒高夫：《圣路易》，许明龙译，商务印书馆 2002 年版。

91. 余英时：《士与中国文化》，上海人民出版社 1987 年版。

92. 袁良义：《清一条鞭法》，北京大学 1995 年版。

93. 〔英〕约翰·克拉潘：《简明不列颠经济史：从最早时期到一七五〇年》，范定九、王祖廉译，上海译文出版社 1980 年版。

94. 张泽咸：《唐五代赋役史草》，中华书局 1986 年版。

95. 赵文洪：《私人财产权利体系的发展——西方市场经济和资本主义的起源问题研究》，中国社会科学出版社 1998 年版。

96. 赵友良：《中国古代会计审计史》，立信会计图书用品社 1992 年版。

97. 郑学檬主编《中国赋役制度史》，上海人民出版社 2000 年版。

98. 中国财政史编写组编著《中国财政史》，中国财政经济出版社 1987 年版。

99. 中央财政金融学院财政教研室：《中国财政简史》，中国财政经济出版社 1980 年版。

100. 周伯棣：《中国财政史》，上海人民出版社 1981 年版。

101. 来囊主编《亚欧封建经济形态比较研究》，东北师范大学出版社 1996 年版。

（二）英文

1. Barlow, F., *The Feudal Kingdom of England 1042 – 1216*, London: Longman Group Limited, 1983.

2. Bennet, H. S. , *Life on the English Manor, A Study of Peasant Conditions 1150 – 1400*, Cambridge: Cambridge University Press, 1938.

3. Bolton, J. L. , *The Medieval English Economy 1150 – 1500*, London, 1980.

4. Bracton, *Bracton on the Laws and Customs of England*, edited by George E. Woodbine, translated with revisions and notes, by Samuel E. Thorne, 4 vols, Cambridge: The Belknap Press of Harvard University Press 1977.

5. Britnell, R. H. , *The Commercialization of English Society, 1000 – 15000* Manchester: Manchester University Press, 1996.

6. Carus – Wilson, E. M. and Coleman, O. , *England's Export Trade*, Oxford: Clarendon Press, 1963.

7. Cipolla M. Carlo, *Before the Industrial Revolution, European Society and Economy, 1000 – 1700*, London: Methuen & Co Ltd, 1981.

8. Clarke, M. Y. , *Medieval Representation and Consent, A Study of Early Parliament in England and Ireland, with Special Reference to the Modus Tenendi Parliamentum*, New York: Russell & Russell, 1964.

9. Coke, Edward, *The Selected Writings and Speeches of Sir Edward Coke*, edited by Steve Sheppard, Indianapdis: Liberty Fund, 2003.

10. Coulborn, R. , ed. *Feudalism in History*, Princeton: Princeton University Press, 1956.

11. Coulton, G. G, *The Medieval Village*, Cambridge: Cambridge Universty Press, 1925.

12. Collins, R. , *Early Medieval Europe, 300 – 1000*, New York: Palgrave Macmillan, 1999.

13. Cunningham, T. , *The History of Our Customs, Aids, Subsidies, National Debts, and Taxes: from William the Conqueror, to the Present Year*, M, DCC, LXXⅢ , London, M, DCC, LXI; M, DCC, LXXⅢ.

14. Davies, R. C. , and Denten, J. H. , *The Englidsh Parliament in the Middle Ages*, Manchester: Manchester University Press, 1981.

15. Day, J. , *The Medieval Market Economy*, Oxford: Basil Blackwell, 1987.

16. Dyer, C. , *Lords and Peasants in Changing Society*, Cambridge: Cambridge

University Press, 1980.

17. Dyer, C. , *Standards of Living in Later Middle Ages: Social Changes in the England 1200 – 1520*, Cambridge: Cambridge University Press, 1990.

18. Dietz, F. C. , *English Government Finance, 1485 – 1558*, London: Routledge, 1964.

19. Dietz, F. C. , *English Public Finance, 1485 – 1641*, London: Routledge, 1964.

20. Dowell, S. , *A History of Taxation and Taxes in England, from the Earliest Times to the Present Day*, Vol. 1. , London: Frank Cass & Co. Ltd. , 1965.

21. Dobson, R. B. , *The Peasants' Revolt of 1381* (documents collection), Hong Kong: MacMillan Press Ltd. , 1983.

22. Duby, G. , *Rural Economy and Country Life in the Medieval West*, London: Edward And Arnold, 1968.

23. Dyer, C. *Standards of Living in the Later Middle Ages, Social Change in England 1200 – 1520*, Cambridge: Cambridge University press, 1989.

24. Dyer, C. , *Lords and Peasants in a Changing Society, The Estates of Bishopric of Worcester 680 – 1540*, Cambridge: Cambridge university press, 1980.

25. Fisher, D. J. V. , *Anglo – Saxon Ages c. 400 – 1042*, London: longman group limited, 1973.

26. Ganshof, F. L. , *Feudalism*, London: Longman Group Limited, 1979.

27. Hallam, H. E. , ed. , *The grarian History of England and Wales*, Vol. 2, Cambridge: Cambridge university press, 1988.

28. Gras, N. S. B. , *The Early English Customs System*, Cambridge: Harvard University press, 1918.

29. Glanvill, *The Treatise on the Laws and Customs of the Realm of England Commonly Called Glanvill*, edited by G. D. G. Hall, Oxford: Clarendon Press, 2002.

30. Hall, H. , *A History of the Custom – Revenue in England, from the Early Times to the Year 1827*, 2 vols, New York: Burt Franklin, 1970.

31. Harding, Alan. , *Medieval Law and the Foundations of the State*, Oxford:

Oxford University Press, 2002.

32. Harriss, G. L. , *King, Parliament and Public Finance in Medieval England to 1369*, Oxford: Clarendon Press, 1975.

33. Harvey, P. D. A. , *The Peasant Land Market in Medieval England*, Oxford: Claredon Press, 1984.

34. Hatcher, J. , *English Tin Productin and Trade before 1500*, Oxford: Clarendon Press, 1973.

35. Hatcher, J. , *Plague, Population and the English Economy, 1348 – 1530*, London: MacMillan Press Ltd. , 1977.

36. Hay, D. , *Europe in the Fourteenth and Fifteenth Centuries*, London: Longman Group Limited, 1980.

37. Henneman, J. B. , *Royal Taxation in Fourteenth Century France, the Development of War Financing 1322 – 1356*, Princeton: Princeton University Press, 1971.

38. Holdsworth, W. S. , *History of English Law*, I , II Boston: Little, Brown, and Company, 1923.

39. Holdsworth, W. S. , *History of English Law*, III , London: Methuen & Co. Ltd. , 1923.

40. Holt, J. C. , *Magna Carta*, Cambridge: Cambridge University Press, 1992.

41. Holt, J. C. , *Magna Carta and Medieval G overnment*, London: Hambledon Press, 1985.

42. Homans, G. C. , *English Villagers of Thirteenth Century*, Cambridge: Harvard University Press, 1941.

43. Huang, R. , *Taxation and Governmental Finance in Sixteenth – Century Ming China*, Cambridge: Cambridge University Press, 1974.

44. Hyams, P. R. , *Kings, Lords and Peasants in Medieval England*, Oxford: Clarendon Press, 1980.

45. Keen, M. H. , *England in The Later Middle Ages, A Political History*, London: Methuen & Co. Ltd, 1983.

46. Kern, F. , *Kingship and Law in the Middle Ages*, Oxford: Clarendon Press,

1939.

47. Leif, Littrup. , *Subbureaucratic Government in China in Ming Times*: *A Study of Shandong Province in the Sixteenth Century*, Oslo: Universitetsforlaget, 1981.

48. Lennard, R. , *Rural England 1086 - 1135*: *A Study of Social and Agrarian Conditions*, Oxford, 1959.

49. Lipson, E. , *The Economic History of England*, Vol. 1, London: Adam and Charles Black, 1945.

50. Lipson, E. , *The Economic History of England*, Vol. 2, London: Adam and Charles Black, 1947.

51. Lloyd, T. H. , *The English Wool Trade*, *in the Middle Ages*, Cambridge: Cambridge University Press, 1977.

52. Lopes, R. S. , *The Commercial Revolution of the Middle Ages 950 - 1350*, New Jersey, 1971.

53. Lyon, B. , *A Constitutional and Legal History of Medieval England*, New York: W. W. Norton & Company, 1980.

54. Lyon, H. R. , *The Governance of Anglo - Saxon England 500 - 1087*, London: Edward Arnold, 1991.

55. Maitland, F. W. , *The Constitutional History of England*, Cambridge: Cambridge University Press, 1946.

56. Maitland, F. W. , *Domesday Book and Beyond*, *Three Essays in the Early History of England*, Cambridge: Cambridge University Press, 1907.

57. Matthew, D. , *The Medieval European Community*, New York: St. Martin's Press, 1977.

58. Milsom, S. F. C. , *Studies in the History of the Common Law*, London: Hambledon Press, 1985.

59. Mitchell, S. K. , *Taxation in Medieval England*, Hamden: Archon Books, 1971.

60. Mitchell, S. K. , *Studies in Taxation under John and Henry III*, New Haven: Yale University Press, 1914.

61. Mundy, J. H. , *Europe in the High Middle Ages 1150 - 1309*, Essex: Longman Group UK Limited, 1983.

62. Pennington, Kenneth J. , Jr. "Bartolome de Las Casas and the Tradition of Medieval Law", *Church History* 39, 1970.

63. Pollock, F. & Maitland, F. W. , *The History of English Law before the Time Edward I*, Vol. 1, Cambridge: Cambridge University Press, 1923.

64. Poole, R. L. , *The Exchequer in the Twelfth Century*, Oxford: Clarendon Press, 1912.

65. Postan, M. M. , Medieval Trade and Finance, Cambridge: Cambridge University Press, 1973.

66. Postan, M. M. , Medieval Economy and Society, London: Penguin Books, 1981.

67. Postan, M. M. , The Cambridge Economic History of Europe, Vol. 2, Cambridge: Cambridge University Press, 1987.

68. Postan, M. M. , The Cambridge Economic History of Europe, Vol. 3, Cambridge: Cambridge University Press, 1979.

69. Power, E. , The Wool Trade in English Medieval History, Oxford: Oxford University Press, 1941.

70. Prestwich, M. , *The Three Edwards*, *War and State in England 1272 - 1377*, London: Routledge, 1993.

71. Prestwich, M. , *War*, *Politics and Finance under Edward I* , Hampshire: Gregg Revivals, 1991.

72. Prestwich, M. , *Plantagenet England 1225 - 1360*, Oxford: Oxford University Press, 2007.

73. Ramsay, S. J. H. , *A History of the Revenues of the Kings of England 1066 - 1399*, 2 vols, Oxford: Clarendon Press, 1925.

74. Reynolds, S. , *Fiefs and Vassals: the Medieval Evidence Reinterpreted*, Oxford: Oxford University Press, 1994.

75. Spufford, P. , *Origin of English Parliament*, New York: Barnes & Noble, 1967.

76. Stenton, F. M. , *Anglo – Saxon England* , Oxford: Oxford University Press, 1950.

77. Strayer, J. R. , and Charles H. Taylor, *Studies in Early French Taxation* , Cambridge: Harvard University Press, 1939.

78. Stubbs, W. , *The Constitutional History of England* , Vol. I , Oxford: Clarendon Press, 1873.

79. Stubbs, W. , *The Constitutional History of England* , Vol. II , Oxford: Clarendon Press, 1873.

80. Stubbs, W. , *The Constitutional History of England* , Vol. III , Oxford: Clarendon Press, 1873.

81. Tierney, B. , *The idea of Natural Rights 1150 – 1625* , Atlandta: Scholars Press, 1997.

82. Tilley, W. A. A. , *Medieval France* , Cambridge: Cambridge University Press, 1922.

83. Titow, J. Z. , *English Rural Society, 1200 – 1350* , London: George Allen &Unsin LTD, 1969.

84. Twichett, D. C. , *Financial Administration under the T'ang Dynasty* , Cambridge: Cambridge University Press, 1963.

85. Unwin, G. , *Finance and Trade Under Edward III* , London: Manchester University Press, 1918.

86. Watner, C. , "Quod Omnes Tangit: Consent Theory in the Radical Libertarian Tradition in the Middle Ages", *Journal of Libertarian Studies* , Volume 19, No. 2 (Spring 2005) .

87. Webb, P. C. , "A Short Account of Danegeld: With some Further Particulars Relating to Will, *the Conqueror's Survey*", Read at a meeting of the society of Antiquaries of London, 1, April, 1756.

88. Webber, C. , and Wildavsky, A. , *A History of Taxation and Expenditure in the Western World* , New York: Simon and Schuster, 1986.

89. Wikipedia, *The Free Encyclopedia*.

90. Wilkinson, B. , *The Later Middle Ages in England 1216 – 1485* , London: Longman Group Limited, 1982.

索　引

M

P

帕多瓦的马西利乌斯　76，105

庞奈特　106

庞尚鹏　255

普通法　94，395，399，421，422

普瓦图战役　416

Q

漆侠　238，298，335，336

齐襄王　63

骑兵役　45

骑士领　174，180，355，367，368，370，372，374，378，389，405，408，412，413，415，416，418

乾道　280，335

乾嘉考据　78

乾隆　132，133，161，165—167，281

乾清宫　156，251，301

强权收入　297，308，427

强制借贷　188，190，191

轻徭薄赋　127，159，244，301，336

清吏司　286，287

清末新政　137

裘特人　111，113，114

权力集体　26，29，45，47，52，81，127，140，148，223，226，229，232，251，253—255，258—261，290，296，309，321—323，327，425，426

《权利法案》　149

《权利请愿书》　149，355，394

R

人定法　392，393

《人权宣言》　149

人身依附关系　353

人头税　25，110—112，124，150—156，158—162，174—182，188，190—192，195，236，253，269，302，303，306，307，330，333，334，337，344—346，357，358，421，427

任意税　25，26，44，68，74，107，176，190，210，232，233，264，277，302，309，331，338，340，342，343，357，359，360，368，369，371，389，399

日耳曼人　73，75，95，97，100，101，103，108，111—114，119，175

日耳曼文化　94—97，99，107，195，382，425

三冗　336，337

S

萨拉丁什一税　338，342，360，361，364，369，377，384，386，387

塞恩　258，260，262

三级会议　8，30，31，52，53，69，110，143，144，146，147，181，193，194，209，216，218，226，237，240，242，243，253，261，268—271，290，308，324，325

三权分立　136，137，139，148

三司　256，271，279—281，285

三月校场　143

后　记

　　本书由国家社科基金结项成果《中西封建税制比较研究》修改而成。项目启动于 1997 年，至今天本书竣稿，已历 19 个年头，这在学术界恐不多见，因此感到汗颜。之所以拖延这么长时间，研究过程因故中断或临时处理其他事情等尚在其次，主要原因还是选题难度大。研究方法的难度已如前言所述，税收研究依我的感觉也较一般经济史选题难些，所以很多西方学者视之为畏途。丹麦学者 Leif Littrup 本来研究中国明代的基层组织和赋税制度，后来便将方向转移到中国人怎样研究世界史。问及转向的原因，他说，赋税史研究难度太大，所以决定博士论文出版后不再继续研究。现在，我充分理解了 Leif 的选择。

　　本书的撰写，得到了多位师友的帮助，特别是我的硕士和博士导师，对我帮助尤大，在此书出版之际，略缀数语，以表谢意。

　　20 世纪 80 年代，我在北大读硕士研究生，硕士论文的一部分即研究英国中世纪的税收。我的导师马克垚先生对学生宽厚谦和又认真严格，视野高远却质朴无华，使我深受教益。为了使学生获得严格的正规的训练，先生责令我们学拉丁语。当时北大没有学拉丁语的条件，先生便默默联系了中国社会科学院世界历史研究所的廖学盛先生，此后我们便买了月票，每周到王府井大街的世界史所跟廖先生学拉丁语。这已经是 30 年前的事情了，想来仍然记忆犹新。一代人有一代人的学术，今天，拉丁语已经成为欧洲中世纪史方向研究生的必修课程，年轻学者如果不懂拉丁语，就很难从事专业研究。前后比较，可见先生对研究生培养目标的先见和执着。先生注重研究生专业基础的建立，尤重研究方法的训练，特别是比较方法的传授，对我后来的教学和研究产生了深刻的影响。这一点，我曾在多个场合说过，这里再次提及，以感念先生的教诲和培养。硕士毕业后，先生一直在关心我的进步，就在本书出版之前，还通读了全稿，提出了一些很有价值的修改意见，由此可见先生对学生的呵护之情。遗憾的是，由于交稿日期迫近，修改时间有限，对先生的意见难以贯彻到位，只能希望将来再有机会弥补了。除了言传身教，先生的两本著作《西欧封建经济形态研究》和《英国封建社会研究》对我产生了很大影响。毕业以后，当面请教的机会少了，我就把两书置于案头，有时放在枕边，不时查阅，以求正确理解两书的思想并吸收其中的精华。直到今天，我仍将两书作为博士生的教材或必读参考书。两书书名虽未显示比较研究，却如先生所说，是以中国史的眼光研究世界史，是隐性的比较。正是这两本书，为我的税制比较研究奠定了基础。

后来，我到侯建新先生那里攻读博士学位。想来感到幸运，在马先生那里得到了比较方法的传授，在侯先生那里得到了实践。研读侯先生的著述可以发现，他的学术研究一直蕴含深切的现实关怀，对国家和民族的前途怀有强烈的使命意识。早在大学时代，他已经提出了这样的问题：中国有几千年的文明史，也创造了自己的辉煌，为什么明清之后落伍了，不仅被欧美赶超，而且形成了巨大的差距？对这一问题的长期思考与纠结，使侯先生形成了难以释怀的"问题情结"。这种研究的进路与马克垚先生相似。马先生主编《中西封建社会研究》的最初设想，也是对中西封建社会的发展进行了比较研究，解决的问题也是中国为什么在明清之际落后了，为什么没有发展出资本主义？从欧洲史或英国史入手解决中国的历史和现实问题，必然借重比较方法。而比较研究可有两种形式，一是追求纲目设计的对仗严整和比较对象的分布均衡；一是侧重思路的畅通和思想的行进。在我看来，侯先生的研究属于后者，但除了显性比较，在单独撰写欧洲史或中国史时也无不以对方作为参照，这样的研究无疑增加了成果的思想性。两位先生研究方法的相似性使我少走了弯路，便利了我对比较方法的理解和运用。侯先生治学秉持一种少有的执着，著述的中心一直是中西社会转型比较研究，30年来，未曾游离或转向，这种精神很值得我们学习。侯先生的著述，特别是《现代化第一基石》和《社会转型时期的西欧与中国》两书，使我深受教益，对我的税收研究产生了深刻影响。侯先生与我年龄相仿，因此常以"亦师亦友"称我们之间的关系，充分体现了作为老师的涵养和谦和，而我，也从来坚执弟子之礼，未敢越雷池分毫。

本书的撰写，受 Leif Littrup 教授的博士论文 *Subbureaucratic Government in China in Ming Times：a Study of Shandong Province in the Sixteenth Century* 助益良多。论文利用大量方志资料研究明代山东地区的里甲制度和赋税制度，对中西税制比较研究是难得的文献。说其难得，是因为这是西方学者以西方人的眼光研究中国中古税制，这类成果比较少见，而我是以中国人的眼光对中西中古税制进行比较，自然奉为必读文献。Leif Littrup 是丹麦哥本哈根大学教授，著名汉学家，我们早在 1989 年即已相识。那时，他来北大作学术访问，我曾受马克垚先生安排前往接待，后来多有交往。这样看来，我们不仅是同行（虽然后来他转移了研究方向），而且是老朋友。基于上述机缘，他对我的博士论文曾提出了很好的意见。

2009 年在 Durham 大学访学期间，接待我的两位教授 Michael C. Prestwich 和 David Rollason 给予我很大的帮助。两位教授都是英国著名史学家，很有涵养，同他们交往，真切感受了英国学者儒雅好客、乐于助人的绅士风度。他们不仅在我的研究计划上提供了很多帮助，而且在生活上给予了细心照料，使我的访学过程充满了愉悦和欢欣。

Michael C. Prestwich 是大历史学家，曾在威斯敏斯特大教堂（Westminster Abbey）做学术演讲，学术地位很高。他主要研究 13、14 世纪英国政治史和宪政史。13、14 世纪正是贵族会议向议会过渡的时期，赋税制度也相应经历着由贵族授予到议会授予的转变，研究这一时期的政治和宪政，无法将赋税问题置而不论。他的著作很多章节即专门探讨英国中世纪的税制，并提出了很多新见，我在本书中吸收了一些他的观点。由于我们的研究方向相近相通，访学期间，我们曾就英国税制的许多问题进行了讨论，其中关于《大宪章》和议会授予问题的讨论曾在《世界历史》上发表，本书出版，也将此文收入，以志纪念，并表谢意。Michael 教授是一位很负责任的师长，为了方便我的研究，赠我多种西欧中世纪赋税史的资料，包括他自己的几本著作，这为我完成本书的撰写提供了条件。他也一直关心我的研究计划，因此常来我的办公室讨论相关问题。此外，他还经常请我吃饭，驾车陪我出游，在餐桌上和游览途中谈论最多的话题也是我们的专业和我的研究计划。回国后，我曾邀他来山东大学讲学，但他谢绝了，说他的夫人 Maggie

曾得脑血栓，正处于恢复阶段，不宜远行。可我在英国时他却从未提及，应邀到他家做客时，Maggie 忙前忙后，看上去没有任何异常。否则，也许可以咨询中医弄些中药帮她康复，也借以表达我的感激之情。

我从伦敦乘机到纽卡斯尔，是 David Rollason 教授驱车把我接到 Durham 大学的住处。我仍然记得当时的情景，当我携带行李走出机场出口时，David 教授已经赶到并在那里等候了。他笑容可掬、热情谦和，初次见面便给我留下了美好的印象。约 40 分钟后，我们来到了我的住处，但见一套容卧室、厨房、浴室于一体的客房早已被打理停当，等待着它的新主人入住。稍事休息，David 又驱车带我到他家，将已准备好的几种地图送我，并详细介绍了 Durham 以至纽卡斯尔的地理、饮食状况，使我进一步感到，英国人的好客、热情没有任何功利，不由得有些感动了。可能考虑到我是中国人，不习惯英餐，又特别叮嘱，纽卡斯尔的中餐很有名，而且价廉物美，可以常到那儿用餐。怎么去的还怎么离开。回国那天，David 教授仍然驱车送我到机场。在托运行李处，我握着这位 16 世纪英国乡绅后裔的双手，久久不舍离去。他明白我是在表达感激之情，所以打破沉寂，说他将来会到中国观光，那时再接受我的款待。于是我不由地想，中西文化虽然存在很大差异，人的感情却是相通的。

David Rollason 教授主要研究盎格鲁－撒克逊时期的诺森伯利亚史和圣徒史，由于他的学术视野宽阔，对比较史学也有一些思考，我们曾就史学方法特别是比较方法进行过讨论。他在一些问题上也认同我的观点，比如关于史料的解读问题，同一条史料具有不同文化背景的人去解读往往会提出不同的观点，得出不同的结论；同一段历史或一种历史现象，本国学者可能提不出问题，国外学者就可能不仅提出问题，而且提出很好的问题。我的言外之意是，不要以为英国和西方学者对英国中世纪税收的研究已很深入，很系统，作为外国学者特别是中国学者，虽语言差异大且研究起步晚，在英国和西方学者研究的基础上同样可以提出新的问题并进行相应研究。David 对我观点的认同，使我坚定了对英国中古赋税问题的一些看法。

本书的出版，得到了学生们很多帮助。博士生葛海燕翻译了书稿的摘要；田庆强翻译了书名和目录；赵卓然对书稿做了技术性处理；李萍、王美君编制了索引；朱晓静、王美君、徐叶彤通读了全文，标示了文中重复的段落，改正了许多错误；山东人民出版社的杨刚、博士生唐秋香利用出版社特有的条件对书稿做了技术性编辑。他们青春洋溢，意识新颖，思维敏捷，与他们在一起，不仅减轻了我的工作压力，也使我获得了不少教益，这也许正是教学相长的含意吧。谢谢同学们！

顾銮斋

2015 年 11 月

图书在版编目（CIP）数据

中西中古税制比较研究/顾銮斋著．—北京：社会科学文献出版社，
2016.3

（国家哲学社会科学成果文库）

ISBN 978 - 7 - 5097 - 8764 - 9

Ⅰ.①中…　Ⅱ.①顾…　Ⅲ.①税收制度 - 对比研究 - 中国、西方
国家 - 中古　Ⅳ.①F811.4

中国版本图书馆 CIP 数据核字（2016）第 031601 号

·国家哲学社会科学成果文库·

中西中古税制比较研究

著　　者 / 顾銮斋

出 版 人 / 谢寿光
项目统筹 / 宋月华　郭白歌
责任编辑 / 郭白歌　周志宽

出　　版 / 社会科学文献出版社·人文分社（010）59367215
　　　　　　地址：北京市北三环中路甲 29 号院华龙大厦　邮编：100029
　　　　　　网址：www.ssap.com.cn
发　　行 / 市场营销中心（010）59367081　59367018
印　　装 / 北京盛通印刷股份有限公司

规　　格 / 开本：787mm×1092mm　1/16
　　　　　　印张：32.125　插页：0.375　字数：510 千字
版　　次 / 2016 年 3 月第 1 版　2016 年 3 月第 1 次印刷
书　　号 / ISBN 978 - 7 - 5097 - 8764 - 9
定　　价 / 198.00 元

本书如有印装质量问题，请与读者服务中心（010 - 59367028）联系